Karl Löwith

Sämtliche Schriften 1

Mensch und Menschenwelt

Karl Löwith

Karl Löwith
Sämtliche Schriften

Herausgegeben von Klaus Stichweh

und Marc B. de Launay

 J.B. METZLER

Karl Löwith
Mensch und Menschenwelt

Beiträge zur Anthropologie

Herausgegeben von Klaus Stichweh

Kartonierte Sonderausgabe

 J.B. METZLER

Sämtliche Schriften von Karl Löwith

ISBN 978-3-662-65911-3   ISBN 978-3-662-65912-0 (eBook)
https://doi.org/10.1007/978-3-662-65912-0

Die Deutsche Nationalbibliothek verzeichnet diese Publikation in der Deutschen Nationalbibliografie; detaillierte bibliografische Daten sind im Internet über http://dnb.d-nb.de abrufbar.

J.B. Metzler

J.B. Metzler ist ein Imprint der eingetragenen Gesellschaft Springer-Verlag GmbH, DE und ist ein Teil von Springer Nature. Die Anschrift der Gesellschaft ist: Heidelberger Platz 3, 14197 Berlin, Germany

Typographie: Hans Peter Willberg, Eppstein

Ursprünglich erschienen bei J.B. Metzlersche Verlagsbuchhandlung und C.E. Poeschel Verlag GmbH in Stuttgart 1981

Inhalt

Seite

9 Das Individuum in der Rolle des Mitmenschen

198 Besprechung des Buches *Rasse und Seele*
von Ludwig Ferdinand Clauss

208 Besprechung des Buches *Wilhelm von Humboldt und der Staat*
von Siegfried A. Kaehler

216 Besprechung des Buches *Das Problem der Individualität*
von Johannes Volkelt

219 Max Scheler und das Problem einer philosophischen Anthropologie

243 Die Einheit und die Verschiedenheit des Menschen

259 Natur und Humanität des Menschen

295 Welt und Menschenwelt

329 Zur Frage einer philosophischen Anthropologie

343 On Speech and Silence

349 Die Sprache als Vermittler von Mensch und Welt

373 Hegel und die Sprache

399 Töten, Mord und Selbstmord: Die Freiheit zum Tode

418 Die Freiheit zum Tode

426 Voltaires Bemerkungen zu Pascals *Pensées*

450 Curriculum vitae

463 Ansprache zur Verleihung der Ehrendoktorwürde
der Universität Bologna

467 Anhang

467 Zur Textgestaltung

469 Nachweise und Anmerkungen des Herausgebers

495 Zu diesem Band

Anmerkungen des Verfassers sind als Fußnoten gesetzt. Anmerkungen des Herausgebers stehen im Anhang; im Text wird auf sie in runden Klammern verwiesen.

Das Individuum in der Rolle
des Mitmenschen

1928

Seite

11 Vorbemerkung zur 1. Auflage
14 Vorwort zur Neuauflage
16 Einleitung

I. Kapitel
20 Feuerbachs Grundsätze der Philosophie der Zukunft

II. Kapitel
29 Strukturanalyse des Miteinanderseins

III. Kapitel
143 Der eine und der andere in ihrer gegenseitigen Selbständigkeit

IV. Kapitel
185 »Ich selbst« in meiner »Einzigkeit«

Vorbemerkung zur 1. Auflage (Anm. 1)

[XIII] Die Untersuchungsmethode des folgenden Beitrags ist die phänomenologische, wie sie dem Verfasser durch seinen Lehrer M. Heidegger zugänglich und vorbildlich wurde. Auf dessen Werk *Sein und
Zeit* ist daher im ganzen zu verweisen. Der Lehrtätigkeit, welche M.
Heidegger in Freiburg und Marburg entfaltete, verdankt der Verfasser
seine philosophische Ausbildung. Streng phänomenologisch geht die
Untersuchung aber doch nur insoweit vor, als Phänomenologie
zunächst einen allgemeinen »Methodenbegriff«[1] bedeutet, nicht
jedoch im engeren Sinn von »universaler phänomenologischer Ontologie«[2]. Zur Abgrenzung gegen diesen rein ontologischen Begriff von
Phänomenologie wird die »Grundlegung der ethischen Probleme« als
eine *anthropologische* bezeichnet. Dennoch impliziert sie als Grund-
stück einer *philosophischen* Anthropologie so etwas wie »ontologische« Ansprüche, wenn auch besonderer Art, nämlich schon allein
dadurch, daß sie an einem bestimmten Strukturzusammenhang des
menschlichen Lebens – dem »Verhältnis« des einen zu einem andern,
ihrem »Miteinander« – ein *ursprüngliches* oder *grundlegendes* Verständnis für den »Sinn« des menschlichen Daseins überhaupt zu
gewinnen trachtet. Der unausdrückliche Leitfaden für dieses prinzipielle Verständnis ist die Möglichkeit und Notwendigkeit, ein-ander
etwas zu sein und ein-ander zu verstehen, nämlich deshalb, weil die
menschliche »In-dividualität« nur dadurch eine »menschliche« ist,
daß sie an andern teilhat und sich im weitesten Sinne mit-teilen kann.
    Als vorläufiges Ergebnis der Analysen kann bezeichnet werden,
daß das menschliche *Individuum* ein Individuum in der Seinsart der
[XIV] »persona« ist, d. h. wesentlich in bestimmten mitweltlichen
»Rollen« (z. B. als Sohn, nämlich seiner Eltern; als Mann, nämlich
einer Frau; als Vater, nämlich von Kindern; aber auch als Schüler,
nämlich seiner Lehrer; als Dozent, nämlich möglicher Zuhörer; als
Schriftsteller, nämlich möglicher Leser usw.) existiert, d. h. überhaupt
von Grund auf an ihm selbst durch entsprechende Andere und formal
fixiert: als Ich eines Du, als Individuum in erster »Person«, nämlich

1 S. Martin Heidegger, *Sein und Zeit*, I. Hälfte, Halle 1927, S. 27 ff.
2 S. ebenda, S. 34 ff. [vor allem S. 38].

einer möglichen zweiten Person und somit *als Mitmensch* – durch
diese prinzipielle »Rolle« – bestimmt ist. Im Hinblick darauf bedeutet
auch schon »Welt« *primär* »Mitwelt«[3].

Obgleich sich die nachstehenden Analysen also ihren ontologischen Konsequenzen weder entziehen können noch wollen, sind sie
doch anthropologisch gedacht und dies in zweifacher Rücksicht,
methodisch und inhaltlich. Anthropologisch sind sie erstens bezüglich
der »Ursprünglichkeit« oder »Gründlichkeit« ihrer Verständnisquelle
und ihres Verständnisweges, weil sie – mit einem Grundsatz Feuerbachs gesagt: »Philosophie« – aber »auf dem Standpunkt der Anthropologie« zur Absicht haben – im Unterschied und Gegensatz zur
Intention der »klassischen« Philosophie, welche eine Philosophie [XV]
auf dem Standpunkt der Philosophie sein wollte. Und es wird demgemäß dieser Standpunkt von jenem her verstanden, weil nur das
anthropologische »Fundament« der Philosophie als das wahrhaft

---

3   Terminologisch sei im voraus bemerkt, daß im folgenden die Ausdrücke:
»Welt«, »Dasein«, »Existenz«, »Miteinandersein«, »Freisein«, aber auch
»ursprünglich«, »primär« u. dergl. ihrem Sinn nach nicht identisch sind mit
den gleichlautenden Ausdrücken in Heideggers *Sein und Zeit*, wo sie in einem
ganz bestimmten, obschon universalen Sinne begriffen sind. Zur Abgrenzung
gegen den dort fixierten Begriff von »Dasein« halten wir mit Absicht fest an
dem populären Ausdruck: »menschliches« Dasein bzw. Leben, obgleich dessen
ontologisch-existenziale Bedeutung vorläufig noch nicht die erforderliche
Bestimmtheit hat.

   Unter »Mitwelt« wird im folgenden nicht die »Welt« verstanden, sofern sie
mit anderen im gemeinsamen Besorgen geteilt wird (s. *Sein und Zeit*, S. 118),
sondern die Mitmenschen als solche und genauer: das In-der-Welt-sein *als
Miteinandersein*. Und dieses baut sich nicht bezugsmäßig auf aus dem Mitsein
des »je eigenen« Daseins und dem Mitdasein des »je eigenen« Daseins anderer,
sondern ist zu verstehen als ein ursprüngliches Miteinandersein, worin es dem
einen je um den andern und mit dem andern zugleich um sich selbst geht.
Durch Besorgen unvermittelt, in »zweckfreiem Füreinandersein« (s. u. §§ 11,
17 und 40 d), ist der eine mit dem andern aber nur dann verbunden, wenn er
weder als ein anderes Selbst noch als ein alius, sondern als »alter« oder
»secundus«, als der andere meiner selbst verstanden wird. Dieser »andere« und
nur dieser ist die wahrhaft »andere Seite« des eigenen Daseins, welche den
Idealismus der einseitig konstituierenden Intentionalität durch eine ursprüngliche Gegenseitigkeit im Ansatz unterbindet. Dieser so verstandene andere kann
und muß in gewisser Weise mit der »Welt« (der ersten Person) »identifiziert«
werden; wogegen alle andern in dritter Person faktisch zumeist nur als ein
solches Dasein, das »auch« »mit« da ist, aus der umweltlich besorgten Mit-
Welt begegnen.

glaubwürdige, als das fundierende oder grundlegende, verständliche und fragwürdige zu gelten hat. Und anthropologisch sind die Analysen zweitens in einem engeren, thematischen Sinn, weil sie die zur Diskussion stehenden Phänomene des Miteinanderseins aus den *faktischen* Fragwürdigkeiten *alltäglicher* Erscheinungen *menschlichen Lebens* entwickeln. Sie gehen, um anthropologisch Grund zu legen, auf elementarste Strukturzusammenhänge des menschlichen Lebens zurück – auf Trivialitäten. Diese Grundelemente (irgend einer und irgend etwas; der eine und der andere; der andere in zweiter und dritter Person, als »alter« und »alius«; Einander; Verhältnis; Wechselseitigkeit usw.) werden von der Ethik, Anthropologie, Ontologie und Logik zumeist wie etwas Selbstverständliches übergangen, und es entstehen dadurch Scheinprobleme, welche die wirklichen Fragwürdigkeiten verdecken. Die Analyse dieser Trivialitäten soll zeigen, wie die ganze Komplikation menschlicher Lebensverhältnisse auf primitivste Grundstrukturen zurückführt.

Daraus ergibt sich auch unmittelbar, inwiefern die »anthropologische Grundlegung« eine solche von »ethischen« Problemen ist, denn die Struktur der menschlichen Lebens*verhältnisse* bildet sich dadurch aus, daß sich die Menschen zueinander *verhalten*, und dieses Verhalten impliziert eine menschliche Grund-*Haltung*, d. i. ein »Ethos«, welches das ursprüngliche Thema der Ethik ist und das seinerseits nur dadurch zur Geltung kommt, daß sich der Mensch verhält, nämlich als Mitmensch zu seinen Mitmenschen. Das Ethos der Menschen bestimmt den Sinn und die Gesinnung der menschlichen Lebensverhältnisse, mag es ein ausgesprochen »verbindliches« oder auch »unverbindliches«, ein moralisches oder auch immoralistisches sein. Ein solches den Menschen als Menschen und d. h. zugleich als Mitmenschen bestimmendes Ethos hat jede Philosophie, auch wenn sie gar nicht von Moral und Ethik redet und diese Worte vermeidet. Ihre Begriffsbestimmungen sind – soweit sie menschliches Dasein betreffen, aber auch noch darüber hinaus – so wenig rein begrifflicher Natur, daß sie vielmehr einen bestimmten Begriff von der »Bestimmung des Menschen« voraussetzen und ihm Ausdruck geben. So handelt auch das folgende zwar weder von ethischen »Werten« noch von einer »Genealogie der Moral« und von »Gut und [XVI] Böse«, sondern von der formalen Struktur des Miteinanderseins, aber dieser von jeder Ethik vorausgesetzte Boden ist als ein anthropologischer eo ipso ein ethisch relevanter Boden.

Vorwort zur Neuauflage

[IX] So erfreulich es für den Verfasser ist, seine erste Veröffentlichung – es war seine Habilitationsschrift – nach vierunddreißig Jahren neu aufgelegt zu sehen, so peinlich ist doch der Wiederabdruck einer Schrift, deren Mängel ihm seither deutlich geworden sind. Würde er das Thema heute von neuem bedenken, so geschähe es nicht mehr in der Vereinzelung auf die formale Struktur des Verhältnisses von »Ich« und »Du«, sondern in dem weiteren Zusammenhang mit der umfassenden Frage nach dem Verhältnis von Mensch und Welt, innerhalb dessen *Mit*welt und *Um*welt nur relative Welten sind. Der Leser möge deshalb zur Korrektur der Fragestellung die letzte der *Gesammelten Abhandlungen* (1960) über *Welt und Menschenwelt* berücksichtigen, um die Frage nach dem Menschen als Mitmenschen in der ihr zukommenden Proportion zu sehen. Die von Natur aus bestehende eine und ganze Welt ist nicht eine Welt für den Menschen, und der vergängliche Mensch ist nicht das Ziel der gesamten, immerwährenden Schöpfung.

Der fotomechanische Neudruck gestattete es nicht, größere Veränderungen und Ergänzungen im Text vorzunehmen. Es sei deshalb nur auf einige weitere Schriften zum Thema verwiesen. Martin Buber, *Ich und Du*. Leipzig: Insel, 1923, um ein Nachwort erweiterte Neuausgabe Heidelberg: L. Schneider, 1958; *Die Schriften über das dialogische Prinzip*. Heidelberg: L. Schneider, 1954 (Anm. 2); Rudolf Bultmann, *Das christliche Gebot der Nächstenliebe* (1930), in: R. B., *Glauben und Verstehen. Gesammelte Aufsätze*. Bd. I, Tübingen: Mohr, 1933, 2. unveränd. Aufl. 1952, S.229–244; John Cullberg, *Das Du und die Wirklichkeit*. Zum ontologischen Hintergrund der Gemeinschaftskategorie. Uppsala: Lundequist, 1933; Karl Barth, *Mensch und Mitmensch. Die Grundform der Menschlichkeit*. Göttingen: Vandenhoeck & Ruprecht (Kl. Vand.-Reihe, 2), 1954 = Auszug aus: Die kirchliche Dogmatik, Bd. III/2. Zollikon-Zürich: Evang. Verlag, 1948, S. 264–329; Paul Christian, *Wesen und Formen der Bipersonalität. Grundlagen für eine medizinische Soziologie*. Stuttgart: Enke, 1949; Jean-Paul Sartre, *L'Etre et le Néant. Essai d'ontologie phénoménologique*. Paris: Gallimard, 1943, S. 85–93 *(Mauvaise foi et mensonge)* und 484–503 (L'»être-avec« (Mitsein) et le »nous«) (Anm. 3); Alfred Schütz, *Der sinnhafte Aufbau der sozialen Welt. Eine*

Einleitung in die verstehende Soziologie. Wien: Springer, 1932, 2. unveränd. Aufl. 1960 [Frankfurt: Suhrkamp (stw 92), 1974]; Ders., *Das Problem der transzendentalen Intersubjektivität bei Husserl,* in: Philosophische Rundschau 5 (1957), S. 81–107 (Anm. 4); F. J. J. Buytendijk, *Das Menschliche. Wege zu seinem Verständnis.* Stuttgart: F. E. Koehler, 1958, insbes. S. 6–100 über »Begegnung«.

Zu beachten ist auch das reichhaltige Schrifttum zur Tiefenpsychologie und zur medizinischen Anthropologie, deren psychologische Einsichten in das unbewußte Zusammenspiel von Mensch und Mitmensch noch keineswegs philosophisch verarbeitet worden sind.

Einleitung

[1]»Wir erwachen durch *Reflexion*, d. h. durch abgenötigte Rückkehr zu uns selbst. Aber ohne Widerstand ist keine Rückkehr, ohne *Objekt* keine Reflexion denkbar«[1]. Zu sich selbst zurück kehrt der Mensch aber zumeist nicht von »Objekten«, sondern von Subjekten, d. h. von Seinesgleichen; denn die »Welt«, an die er sich vorzüglich kehrt, ist die ihm entsprechende Mitwelt. Durch das Dasein Anderer ist das eigene schon allein dadurch von Grund aus und ohne sein Zutun ein für allemal bestimmt, daß es ohne das Dagewesensein bestimmter Anderer überhaupt nicht *da* und nicht *so* wäre wie es ist und – indem es so da ist – je eines, aber nicht zugleich des andern Geschlechts ist. Wenn wir also nach den Andern oder der Mitwelt fragen, so impliziert diese Frage diejenige nach dem einen, für den die andern »andre« und eine »Welt« sind, d. h. es wird nach ihrem *Miteinandersein* gefragt.

Diese Welt des Miteinanderseins hatte Dilthey primär im Blick, wenn er vom »Lebenszusammenhang« als einem »Wirkungszusammenhang« und von der »Welt« als einer »Menschenwelt« spricht. Kraft deren Anspruch verwirklicht sich das je eigene Dasein des Einzelnen »menschlich«. Inwiefern und inwieweit der *Mitmensch* das Leben des sogenannten »*Individuums*« konstituiert – es sei in zuträglicher oder auch abträglicher Weise, praktisch und theoretisch – dies aufzuweisen ist die Absicht der phänomenologischen Strukturanalyse des *Miteinanderseins*.

Eine indirekte Bewährung findet die prinzipielle Bedeutung der Mitwelt, wenn gezeigt werden kann, daß und wie die Mitwelt auch dort bestimmend ist, wo sie zunächst unausdrücklich bleibt: in der »Welt«, in der »Umwelt« und in der Vereinzelung des Menschen auf sich selbst als »Selbst«.

Die zeitgenössische Philosophie fragt zwar unter dem Titel »Du« oder »Fremd-Ich« (Volkelt, Scheler) nach der Mitwelt, aber nicht grundsätzlich. Im äußersten Fall fragt sie danach in der Absicht auf eine Grundlegung der »Geisteswissenschaften« (Dilthey). [2] Zumeist ist der Ort, an dem sie so etwas wie Mitwelt zur Sprache bringt, eine

---

1 Schelling, *Sämtliche Werke*, 1856–61, Abt. I, Bd. I, S. 325. (Anm. 5)

trotz Kant sekundär gewordene Disziplin der Philosophie, die
»Ethik«[2]. Früge sie philosophisch-grundsätzlich nach der Mitwelt, so
müßte diese in derjenigen Disziplin zu Worte kommen, welche ihr als
Grunddisziplin gilt, also in der Metaphysik oder in der Logik, und für
diese ist sie gerade kein Problem. Noch peripherer als in der Ethik ist
die Frage dort gefaßt, wo sie als Teilproblem personalistischer Philosophie, Charakterologie, Anthropologie usw. gestellt wird.

Diese peripherische Zersplitterung der Frage nach der Mitwelt in
ihrer zentralen Bedeutung ist geistesgeschichtlich zu verstehen als die
privative Auswirkung desjenigen Problems, welches in der Geschichte
des deutschen Idealismus positiv ins Zentrum rückte. Die Hauptquel-
len des deutschen Idealismus sind Renaissance und Reformation[3].
Beide wirkten darauf hin, die *Selbständigkeit des Individuums* –
gegenüber der Natur (Umwelt) und der Gesellschaft (Mitwelt) zu
entwickeln. Diese Entdeckung der humanen und religiösen Autonomie
durch Renaissance und Reformation motivierte den philosophiege-
schichtlichen Primat des »Ich bin« und »Ich denke«. Ob dabei das
Wesen der selbständigen Subjektivität als das »sum« des »cogitare«
(Descartes) oder als »reines Bewußtsein« (Husserl), als moralische
»Autonomie« (Kant) oder als »Geist« (Hegel) oder auch als Existenz
des »Einzelnen« (Kierkegaard) begründet wird, ist von sekundärer
Bedeutung gegenüber dem einheitlichen Ausgang aller dieser Positionen von einem mehr oder minder abstrakt gefaßten *Selbst*-bewußt-
sein[4], als dessen Korrelat dann ein sogenanntes Gegenstandsbewußt-
sein fungiert. Die Mannigfaltigkeit [3] der einem einheitlichen Ich

2   Zentral ist die Ethik als »Logik der Geisteswissenschaften« für das System
Hermann Cohens (s.: *Der Begriff der Religion im System der Philosophie*,
Gießen 1915). Ihr Inhalt »ist der Mensch und sein Zubehör« [S. 49]. Am
Begriff des »Guten« als der Bestimmung der »Menschen« gewann nach Cohen
die Antike überhaupt erst den »Begriff« als »Idee« [S. 34]. Das Christentum
habe dann den »Nebenmenschen« als »Mitmenschen« entdeckt, indem es mit
seinem »Leiden« »Mitleid« hatte [S. 49, 53–55, 93]. Denn »der Mensch ist
dem Menschen nicht ein *Fremder* [. . .], sondern *er gehört in mein Selbstbewußtsein*« [S. 76], wogegen die »Einzigkeit« das *religiöse* Selbstbewußtsein
bestimme, nämlich durch seine Beziehung auf Gott, als den Einzigen [S. 61].
3   Die führenden Philosophen des deutschen Idealismus sind über Hegel
hinaus bis zu Feuerbach – Dilthey – Nietzsche in ihrem existenziellen Bildungs-
gang von der protestantischen Theologie bestimmt.
4   Vgl. zur Genesis des »Selbstbewußtseins«: Nietzsche, *Fröhliche Wissenschaft*, Nr. 354.

bewußten Gegenstände gilt als »Welt« und das Verhältnis des Subjekts zu den Objekten, des Ich zur Welt, ist das formale Grundproblem auf dem Standpunkt des Idealismus und des von ihm gegenbestimmten Realismus. Ihren typischen Ausdruck fand die Herrschaft dieser Fragestellung zuletzt in Simmels *Hauptproblemen der Philosopie*. (Anm. 6) Das 3. Kapitel handelt »vom Subjekt und Objekt« und beginnt: »Wenn man eine Grundtatsache sucht, die als die allgemeinste Voraussetzung gelten könnte, so wäre sie zu formulieren: Ich und die Welt.« Und Simmel fährt fort: »Das Dasein, von dem wir überhaupt sprechen können, kann sich gar nicht anders vollziehen, als daß einem Subjekt ein Reichtum von Objekten gegenübersteht, den es lieben oder hassen, den es erkennen und bearbeiten kann, von dem es gefördert oder gehemmt wird« [S. 86]. Diese Auflösung der »Welt« in einen »Reichtum von Objekten« war Simmel aber nur möglich durch den unausdrücklichen Ausgang von der *Umwelt*, und zwar abgesehen von ihrem natürlichen Um-charakter. Die *Mitwelt* kommt in dem ganzen Kapitel überhaupt nicht zur Sprache. Der »andere Mensch« ist auch ein »Objekt, gegen das sich das Subjekt fremd fühlt« [S. 88]. Nur nebenbei fragt sich Simmel, ob die Herrschaft dieses ganzen dualistischen Grundschemas von Subjekten und Objekten nicht etwa auf die anthropologische Tatsache der Zweigeschlechtlichkeit des Menschen zurückzuführen sei [S. 98].

Stirners *Der Einzige und sein Eigentum* ist nur eine letzte, destruktive Konsequenz dieses Ansatzes. Der letzte Sinn aller Objekte, also auch anderer Subjekte, ist für Stirner: dem jeweils Einzigen zu eigen zu sein, vom Ich verbraucht zu werden. Gleichzeitig mit derjenigen Kritik, welche das letzte System des deutschen Idealismus durch Stirners »Einzigen« und Kierkegaards »Einzelnen« erfuhr, hat aber Feuerbach in seinen *Grundsätzen der Philosophie der Zukunft* den programmatischen Versuch unternommen, das formale Grundproblem des Idealismus (Subjekt – Objekt) auf einen neuen Boden zu stellen. Seine ebenso elementare wie primitive These lautet: »Das Wesen des Menschen ist nur in der Einheit des Menschen mit dem Menschen enthalten – eine Einheit, die sich aber auf die Realität des Unterschieds von *Ich* und *Du* stützt.« »Ich bin auch im Denken, auch als Philosoph Mensch mit Menschen.« »Die wahre Dialektik ist kein Monolog des einsamen Denkers mit sich selbst, sie ist ein Dialog zwischen Ich und Du.« [§§ 59, 61, 62] – Die [4] offizielle Geschichte der Philosophie blieb von Feuerbachs *Grundsätzen* völlig unberührt.

Insbesondere in ihrer erkenntnistheoretischen Verflachung blieb sie so sehr im Subjekt-Objekt-Problem befangen, daß eine historische Hinführung auf das Problem der Mitwelt ein künstliches Unternehmen wäre. Was an direkter und indirekter[5] Vorarbeit zu einer prinzipiellen Analyse des Miteinanderseins vor allem durch Kant, ferner durch Feuerbach und neuerdings durch Dilthey und Scheler, sowie durch F. Ebner geleistet worden ist, kann daher nicht in der Form einer geschlossenen historischen Einführung, sondern muß unter rein sachlichen Gesichtspunkten an den einschlägigen Stellen zur Erörterung kommen.

Die ungewöhnliche Bedeutung, welche Feuerbach und nur er in seinen *Grundsätzen der Philosophie der Zukunft* der Mitwelt unter dem Titel »Du« einräumt, rechtfertigt deren vorgängige und gesonderte Darstellung[6]. Diese Schrift ist wie keine andere geeignet, den Blick auf unser Thema zu lenken. Erst auf dem Boden seiner Grundsätze treten wir dann in die phänomenologische Strukturanaylse der Mitwelt ein, welche als eine Ausarbeitung von Feuerbachs konstruktiven Thesen diesen gegenüber zunächst nicht anders als destruktiv sein kann, aber gerade auf solche Weise seine *Grundsätze der Philosophie der Zukunft* konkret *ver-gegenwärtigt.*

---

5 Eine deskriptive Behandlung erfährt das Problem in Aloys Fischers *Psychologie der Gesellschaft*, 4. Abt. (S. 339–456) in: Handbuch der vergleichenden Psychologie, hrsg. v. Gustav Kafka, Bd. II, 4, München 1922; vgl. bes. S. 352 ff. *Psychologie der Wechselwirkung*.

6 Ein prägnantes Referat über Feuerbachs Anthropologie der *Theologie* gibt Karl Barth: *Ludwig Feuerbach*, in: Zwischen den Zeiten 5 (1927), S. 11–40 [ohne das polemische Nachwort S. 33–40 auch in: K. Barth, *Die Theologie und die Kirche. Ges. Vorträge*, Bd. II. München: Kaiser, 1928, S. 212–239].

I. Kapitel
Feuerbachs Grundsätze der Philosophie der Zukunft[1]

a) Feuerbachs Begriff von »Philosophie« überhaupt[2]

[5]Die Philosophie sei derzeit in einem »universalen *Selbsttäuschungsakt*« [II, S. 265] begriffen. Sie »muß das im Menschen, was *nicht* philosophiert, was vielmehr *gegen* die Philosophie ist, dem abstrakten Denken *opponiert*, das also, was bei Hegel nur zur *Anmerkung* herabgesetzt ist[3], in den *Text* der Philosophie aufnehmen. Nur so wird die Philosophie zu einer *universalen, unwiderleglichen, unwiderstehlichen Macht*. Die Philosophie hat daher nicht *mit sich*, sondern mit der *Nichtphilosophie* zu beginnen[4]. Dieses vom Denken unterschiedene, unphilosophische, absolut *antischolastische* Wesen in uns ist das Prinzip des *Sensualismus*« [II, S. 257 f.]. Demgemäß versucht Feuerbach, die »Dialektik der sinnlichen Gewißheit« bei Hegel zu widerlegen (II, S. 213 ff. und Grs. 28)[5].

[6] »Der Anfang der Philosophie ist nicht das Sein als *Prädikat* des Absoluten [. . .] – der Anfang der Philosophie ist das [im Sinne der ›absoluten‹ Philosophie] Endliche, das Bestimmte, das *Wirkliche*« [II,

---

1 Wir zitieren nach der Ausgabe von 1846, die *Grundsätze der Philosophie der Zukunft* [II, S. 269–346] nach ihrer Numerierung (Anm. 7).
2 S. *Vorläufige Thesen zur Reform der Philosophie* (1842), Bd. II, S. 344 ff.
3 Vgl. Kierkegaards Polemik gegen Hegel, [*Abschließende unwissenschaftliche Nachschrift* 2. Teil. 2. Abschnitt, Kap. III, §2] in: Gesammelte Werke, Jena: Diederichs, Bd. 7, 1910, S. 30 ff. [GW, 16. Abt., S. 35 ff].
4 Gleichsinnig damit heißt es in der *Kritik der Hegelschen Philosophie* (1839): »Die Hegelsche Philosophie trifft derselbe Vorwurf, der die ganze neuere Philosophie von Cartesius an trifft: der Vorwurf . . . eines *unvermittelten* Bruchs mit der sinnlichen Anschauung (sc. und der »natürlichen Logik«), der Vorwurf der *unmittelbaren* Voraussetzung der Philosophie. [. . .] Es gibt freilich einen unvermeidlichen Bruch, der in der Natur der Wissenschaft überhaupt liegt; aber daß er ein unvermittelter ist, ist nicht notwendig. Die Philosophie vermittelt ihn dadurch, daß sie sich aus der Nichtphilosophie erzeugt« [II, S. 211 und Anm.].
5 »Hegel ist ein sich im Denken *überbietender* Denker« (Grs. 30). »Derselbe Widerspruch, der uns im Anfang der Logik begegnet (nämlich dies: daß Hegel

S. 252 f.]. »Das Wirkliche in seiner Wirklichkeit« (aber nicht in seiner Gedachtheit) ist der wahre Gegenstand der Philosophie (s. Grs. 50). Sie ist »Erkenntnis dessen, *was ist*«, »*so wie es ist*« [II, S. 254]. Sie »ist die *Negation aller Schulphilosophie*, ob sie gleich das Wahre derselben in sich enthält. [...] Sie hat [...] keine *besondere* Sprache, keinen *besonderen* Namen, kein *besonderes* Prinzip; sie ist der *denkende Mensch* selbst – der Mensch, der *ist* und *sich weiß*« [II, S. 264].

»Alle Spekulation über das Recht, den Willen, die Freiheit, die Persönlichkeit ohne den Menschen ist eine Spekulation *ohne Notwendigkeit*, ohne Grund, ohne Realität. *Der Mensch* ist die Existenz der Freiheit, die Existenz der Persönlichkeit, die Existenz des Rechts. Nur der Mensch ist der *Grund und Boden* des Fichteschen Ichs, der Leibnitzschen Monade, des Absoluten« [II, S. 267]. »Die Philosophie zur *Sache der Menschheit* zu machen, das war mein erstes Bestreben. Aber wer einmal diesen Weg einschlägt, kommt notwendig dahin, den Menschen zur Sache der Philosophie zu machen« [II, S. 413].

b) Das Doppelprinzip seiner Philosophie

»Philosophie« besagt daher für Feuerbach soviel wie: Philosophie *auf dem Standpunkt der Anthropologie*. Anthropologisch oder menschlich philosophieren, das bedeutet für Feuerbach: 1. Rücksichtnehmen auf die das abstrakte Denken allererst bewährende *Sinnlichkeit* und 2. Rücksichtnehmen auf den das eigene Denken allererst bewährenden *Mitmenschen*. In der Berücksichtigung beider bewährt sich die Wahrheit des seiner Verfallstendenz nach eigenständigen philosophischen Denkens »objektiv«. Die innere Wahrheit des Gedankens erweist sich nur äußerlich, durch ein Aus-sich-Heraustreten des selbstgenügsamen Denkers und seines Denkens aus sich selbst. Existenziell wird also

Bestimmungen »*verselbständigt*[...], die *für sich* keine Realität haben,« denn »was ist denn ... der Begriff des Seins *im Unterschied* vom Begriffe des Daseins [...]? Allerdings *Nichts*, aber ist denn *diese Absonderung* und Unterscheidung Etwas?« (II, S. 203 Anm.)), derselbe tritt uns hier im Anfang der Phänomenologie vor die Augen – der Zwiespalt zwischen dem Sein, wie es hier Gegenstand ist und dem Sein, wie es Gegenstand des sinnlichen Bewußtseins ist« (II, S. 213 f.) »Der [wahre] *Gegensatz* des [reinen] Seins ... ist *nicht das Nichts*, sondern das *konkrete Sein*« [II, S. 207], weil mit dem Sein das Etwas unzertrennlich verbunden ist (II, S. 206).

nach Feuerbach der denkende Mensch durch ein wörtlich zu verstehendes Existent-werden, d. h. durch sein »Sein bei ...«, nämlich dem, was gegenständlich außer ihm ist, bei Außenwelt und Mitwelt. Aus ihnen her wird der Mensch in dem offenbar, was er selbst ist, tut und leidet. »Wir benennen daher auch die Wesen nach ihren Gegenständen. Wer den Boden bebaut, ist ein Bauer, wer Fische fängt, ein Fischer, usw.« [II, S. 274]. Wer Schüler hat, ist selbst ein [7] Lehrer, wer andere zu Freunden hat, ist selbst deren Freund. »Das Wesen des Lebens ist die Lebens-Äußerung« [II, S. 363]. (Vgl. II, S. 365 f, die »Seele« des Menschen sei nichts anderes als das, woran sich einer ausgibt.)

Das Doppelprinzip der existenziellen Veräußerlichung ist somit bei Feuerbach ein methodisch zu verstehender »Sensualismus« (»Sinnfälligkeit« des Denkens) und »Altruismus« (Du-Bezogenheit des Denkers). Mit dieser im Prinzip der Veräußerlichung geeinten Doppelthese hat Feuerbach vorzeitig formuliert, was nach dem Zusammenbruch des deutschen Idealismus in seiner letzten Gestalt (Hegel) die philosophische Problematik unter den verschiedensten Titeln positiv erneuert hat. Entwickelt hat sich die Frage nach der natürlichen Verwurzelung des »Geistes« und des »Ich«, nach dem »sinnlich gegebenen Du« (Feuerbach) gegen den traditionellen Ausgang vom geistigen Ich der Philosophie des »Geistes« als einer Philosophie des »Ich«. Diese Frage beherrscht die faktische Problematik des menschlichen Lebens als eines Lebens in sinnlich-sittlichen Lebensverhältnissen. Dieses Thema zur Sprache zu bringen, kann kein Privileg von Romanen sein, wenn anders die Schöpfer der großen Literatur auf ihre Weise »Seher der Menschheit« (Dilthey)[6] waren.

Die kritische Explikation seines Doppelprinzips gewinnt Feuerbach in der Auseinandersetzung mit der idealistischen Philosophie, insbesondere Hegels. Deren Grundmangel sei, daß sie die Frage nach der Subjektivität oder Objektivität 1. von einem rein *theoretischen* Standpunkt aus stellt, »während doch die Welt ursprünglich [. . .] ein Objekt [. . .] des sein und haben wollens ist« und erst auf Grund dessen

---

6 »Unter Seher verstehe ich den Dichter, sofern er auf eine [. . .] nicht am Gängelband der Logik fortgehende Weise den Menschen, die Individuation, den Zusammenhang, den wir Leben nennen und der aus Umständen, Relationen der Menschen, individueller Tiefe, Schicksal gewebt ist, darstellt.« *Briefwechsel zwischen Wilhelm Dilthey und dem Grafen Paul Yorck v. Wartenburg 1877–1897.* Halle; Niemeyer, 1923, S. 183.

ein Gegenstand des Nachdenkens wird, und 2. den *andern Menschen*
als das wesentlichste Objekt übersieht (X, S. 189 und S. 180, Anm. 9).
Ihr traditioneller Ausgang ist das *Ich*. Und es kommt nun Feuerbach
darauf an zu zeigen, daß darin eine zweifache aber sinneinheitlich
motivierte Abstraktion vorliege: erstens ein Absehen von der *Sinnlichkeit* des denkenden Ich (vgl. IV, S. 188 ff. Feuerbachs Darstellung der
Philosophie des Cartesius), durch die [8] allein menschliches Denken
sinnvoll wird, und zweitens ein Absehen vom *Du*, an dem ich allererst
zu einem wirklichen »Ich« werde.

1. Das Prinzip des »Sensualismus«

Feuerbachs These ist: Ich denke nicht als Denker, sondern als denkender Mensch. Der »kategorische Imperativ« sei: »Wolle nicht Philosoph sein *im Unterschied vom Menschen*. Denke nicht *als Denker*, das
heißt in einer für sich isolierten Fakultät«. (Grs. 51; ferner II,
S. 371 ff.).

Hegels Identität von Denken und Sein drückt nur aus die Identität
des Denkens mit sich selbst. Das absolute Denken kommt nicht aus
sich heraus zum Sein, denn die Unmittelbarkeit des Seins bedeutet ihm
nur ein Nochnicht an Vermittelt-sein (nämlich durch Denken). »Das
Sein als Gegensatz des Denkens *im Denken*« ist aber selbst nur
Gedachtes, ausgedachtes Sein (Grs. 24). Wirklich denkend ist der
Mensch aber nicht bei sich, sondern außer sich. »Der Beweis, daß
Etwas *ist*, hat keinen anderen Sinn, als daß Etwas *nicht nur Gedachtes*
ist. Dieser Beweis kann aber *nicht aus dem Denken selbst* geschöpft
werden. Im Denken, da bin ich Richter und Partei zugleich, da ist kein
kritischer Unterschied zwischen dem Gegenstande [sc. wie er *an sich*
ist] und meinem Gedanken von ihm [sc. wie er *für mich* ist].« »Sein«
heißt aber gerade dies: an sich selbst etwas für sich sein, nicht bloßer
Gegenstand für mich zu sein. Und nur die sinnliche Anschauung
vergewissert mich, zugleich mit der Gewißheit eines Andern, der
Objektivität seines Fürsichseins. (Grs. 25)

Das *Sinnliche* ist aber »*nicht* das Unmittelbare im Sinn der spekulativen Philosophie, das auf platter Hand Liegende, Gedankenlose, das
sich von selbst Verstehende.« Die sinnlich objektive Anschauung ist
vielmehr später als die subjektive Vorstellung und Phantasie. Die
Vorstellung liegt dem ungebildeten, subjektiven Menschen *näher* als

die Anschauung; denn in der Anschauung wird er *aus sich heraus* gerissen, in der Vorstellung bleibt er *bei sich* (Grs. 43).

»Das vollkommenste Wissen ist das *allersinnlichste* Wissen, das Wissen der allergrößten Kleinigkeiten und unmerklichsten Einzelheiten, das Wissen, welches die Haare am Haupte des Menschen nicht in *einen* Schopf zusammenfaßt, sondern sie Haar für Haar kennt.« (Grs. 12; II, S. 282)

[9] »Nur das durch die sinnliche Anschauung sich *rektifizierende* Denken ist *reales, objektives* Denken.« »Für sich allein bringt es das Denken zu keinem *positiven Unterschied* von sich« und hat daher »kein anderes Kriterium der Wahrheit, als daß etwas nicht dem *Denken* widerspricht – also ein formales, subjektives Kriterium.« Die Regel ist die Sache des Denkens, die Ausnahme von der Regel die Sache der Anschauung. Das bloße Denken bewegt sich im Kreis geschlossener, bloßer Folgerichtigkeit (Konsequenz); rektifiziert, erweitert und aufgeschlossen wird es durch die das Denken unterbrechende sinnliche Anschauung, die es sachgemäß determiniert. (Grs. 48)

Feuerbach kennt drei Stufen der »Sinnlichkeit«: die theoretische *Anschauung*, die sinnliche *Empfindung* – deren ursprünglichste die Geschlechtsempfindung ist – und die sinnliche *Liebe*. Nicht dadurch unterscheide sich der Mensch vom Tier, daß er nicht durch Sinnlichkeit, sondern durch Denken bestimmt sei, sondern dadurch, daß auch seine Sinnlichkeit als eine menschliche bestimmt ist. Er ist sogar »das allersinnlichste und allerempfindlichste Wesen.« (II, S. 371)

Als Wesen der Sinnlichkeit gilt ihm gerade nicht deren sogenannte »Subjektivität«, sondern ihre Objektivität. Sofern z. B. eine Lichtempfindung bloß subjektiv ist, ist sie unwahr, denn sie gibt sich zunächst als Empfindung im Sinne der Objektivität des Empfundenen. Ihrem Wesen nach ist die Empfindung stets *außer sich*, objektssüchtig (X, S. 192 f). So ist z. B. der Sinn des Hungers der Genuß der Speise, aber nicht die Hungerempfindung als solche. Zwar empfindet man »Geschlechtsreize auch ohne das andere Geschlecht, aber gleichwohl beziehen doch all diese Reize auch ohne Anwesenheit und Berührung des anderen Geschlechts sich nur auf dasselbe. Keine Empfindung ist subjektiver als die geschlechtliche, und doch verkündet keine lebhafter und energischer das Dasein des ihr entsprechenden Gegenstandes, denn jeder einseitige geschlechtliche Reiz ist ja eigentlich nur ein das andere Geschlecht vertretender Reiz« (X, S. 198 f.). In der Liebe und in den alltäglichen Empfindungen liegt der wahre ontologische Beweis für die Realität dessen, was außer mir ist. Nur der außer sich seienden Leidenschaft erschließt sich das Geheimnis des »Seins«, weil es nur ihr darauf ankommt, daß etwas *ist* und nicht nicht ist. (Grs. 33)

2. Das Prinzip des »Altruismus«

[10] Die Erkenntnis der sinnlichen Grundlage des gegenständlichen oder objektiven Denkens führt Feuerbach auf die Sinnlichkeit des denkenden Ich, die ihrem eigensten Sinne nach wiederum nach außen, auf ein entsprechendes *Du* verweist. Damit stehen wir bei dem zweiten Grundsatz seines anthropologischen Prinzips, welches sich nun nicht mehr gegen die idealistische Abstraktion von den ihrer Natur nach »weltgeöffneten« *Sinnen* richtet, sondern gegen die Abstraktion des *Ich* vom *Du*.

Das *wirkliche* Ich ist »kein geschlechtsloses Das«, sondern »a priori« entweder weibliches oder männliches Dasein. Abstrahieren dürfte die Philosophie vom Geschlechtsunterschied des menschlichen Daseins nur, wofern er auf die Geschlechtsteile beschränkt wäre; er durchdringt aber den ganzen Menschen bis in sein spezifisch weibliches oder männliches Empfinden und seine Denkungsart (X, S. 188). Feuerbach stimmt zwar (X, S. 186) dem Idealismus darin bei, daß man vom Ich ausgehen müsse, denn man könne von der Welt nichts aussagen, abgesehen davon »wie sie für mich da ist, unbeschadet ihrer Selbständigkeit.« »Aber ich behaupte, daß das Ich, wovon der Idealist ausgeht, selbst keine Existenz hat. Das wirkliche Ich ist nur das Ich, dem ein Du gegenübersteht und das selbst einem anderen Ich gegenüber Du ist; aber für das idealistische Ich existiert, wie kein (sc. objektives) Objekt, so auch kein Du.« Jedes »ich denke« setzt aber schon ein Du, überhaupt ein Objekt voraus, – nämlich so, wie der Mann ein Weib voraussetzt – a priori synthetisch. Mich als Mann wissend, anerkenne ich schon die Existenz eines von mir unterschiedenen Wesens, eines Weibes, als eines zu mir gehörenden und mein eigenes Dasein bestimmenden Daseins. Zu fragen, wie einer zur Gewißheit des anderen Geschlechts komme, das sei die Frage der Blattlaus, wie sie zur Annahme eines außer ihr seienden Blattes komme [X, S. 192]. Das menschliche Dasein ist *wesentlich* an ihm selbst angewiesen auf »das Dasein einer Welt oder eines Du«[7] außer-

---

7 Vgl. u. §§1 (Ende) u. 11.

halb seiner selbst. Mit dem ersten Schrei, mit dem der Mensch sein Dasein verkündet, kündet er zugleich – wenn auch ihm selbst noch gar nicht bewußt – das Dasein einer von ihm unterschiedenen Welt an [ebd.]. Und mit der Äußerung seiner Empfindungen beweist er [11] schon das Außer-ihm. So bin ich auch schon, bevor ich mich selbst verstehe, von Natur aus, unbewußt, im Dasein anderer begründet. Und denkend mache ich mir nur bewußt, was ich schon bin: ein auf anderes Dasein gegründetes Wesen, aber kein grundloses Wesen. Nicht »Ich«, sondern *Ich und Du* ist das wahre Prinzip des Lebens und Denkens. (X, S. 198) Die Sprache ist die Vermittlung des Ich mit dem Du. Als das reellste Verhältnis von Ich und Du gilt Feuerbach die Liebe. »Die Liebe des Anderen sagt Dir, was Du bist.« »Aus dem andern, nicht aus unserm eigenen in sich befangenen Selbst spricht die Wahrheit zu uns« (II, S. 393).

Nur durch Mitteilung, nur durch Konversation des Menschen mit dem Menschen entspringen auch die Ideen. Zwei Menschen gehören zur Erzeugung des Menschen, des geistigen sowohl wie des physischen. Die Einheit des Menschen mit dem Menschen ist das erste und letzte Prinzip der Philosophie, der Wahrheit und Allgemeinheit (als einer wesentlichen Bestimmung der Wahrheit). Denn das Wesen des Menschen ist nur in der Einheit des Menschen mit dem Menschen enthalten, eine Einheit, die sich aber auf die Realität des Unterschieds von Ich und Du stützt. Auch im Denken und als Philosoph bin ich Mensch mit Menschen. Die wahre Dialektik ist kein Monolog des einsamen Denkers mit sich selbst, sie ist ein Dialog zwischen Ich und Du (Grs. 41, 59, 61, 62, 63).

c) Die erkenntnistheoretischen Konsequenzen dieses Prinzips

Feuerbach geht aber noch weiter. Er zieht aus dem Vorrang der Mitwelt vor der Umwelt ganz analoge Konsequenzen, wie sie uns später noch bei Diltheys Fragestellung[8] gegenüber der Realität der Außenwelt begegnen werden.

Sofern die *Wahrheit* der *Erkenntnis* darin besteht, daß sie ihren Gegenstand so erfaßt, wie er *an sich* ist, ergibt sich aus dem prinzipiellen Vorrang des mitweltlichen Verhältnisses zweierlei:

8 S. u. §7.

1. Nur Gegenstände von der Seinsart des Menschen gewähren eine solche wahrhaft »objektive« Erkenntnis, das heißt eine Erkenntnis, welche den Gegenstand in seinem »An-sich« erschließen kann – weil nur Menschen, aber nicht Sachen, sich selbst zu uns verhalten und spontan erschließen können.

2. Die »Wahrheit« des objektiven Erkennens bewährt sich in ihrer [12] »Allgemeinheit«, das heißt darin, daß sie nicht nur für mich, sondern auch für andere Wahrheit ist.

ad. 1. »Ein Objekt wird mir nur da [objektiv] gegeben, wo meine Selbsttätigkeit an der Tätigkeit eines anderen Wesens ihre *Grenze* – [ihren] Widerstand findet« (Grs. 32).

Als Gegenstand an sich selbst kann aber nur ein *ebenbürtiges* Wesen Gegenstand des Menschen werden. Es allein kann gegen meine »Vorstellung« von ihm Einspruch erheben, mir bezeugen oder bestreiten, daß es »an sich« so oder anders ist, wie es mir zu sein scheint (Grs. 7 und 25).

»Der Begriff des Objekts ist ursprünglich der Begriff eines *andern Ich*«, er ist »vermittelt durch den Begriff des Du« (Grs. 32). »Die Gewißheit von dem [objektiven] Dasein anderer Dinge außer mir ist für mich vermittelt durch die Gewißheit von dem Dasein eines andern Menschen außer mir« (Grs. 41).

ad. 2. Was ich allein sehe, daran zweifle ich; was auch der Andere sieht, das wird mir gewiß (Grs. 41).

»Deine Gedanken sind nur wahr, wenn sie die Probe der Objektivität bestehen, wenn sie der Andere *außer Dir* auch anerkennt« (Grs. 51).

Die Bewährung eines Gedankens durch die ihn verallgemeinernde Mitteilung an einen andern liegt auch bereits im ursprünglichen Sinn seiner expliziten »Demonstration«. In seiner Kritik der Hegelschen Philosophie (II, S. 196–203) führt Feuerbach den Gedanken aus, daß die Wahrheit der Dialektik im Dialogischen des Denkens liege. Zwar gelte: satis mihi pauci lectores, satis est unus, satis est nullus. Der Mensch könne sich also selbst genügen – aber doch nur, weil er sich schon mit sich selbst »wie mit einem anderen« besprechen kann und weiß, daß sein Gedanke wenigstens der Möglichkeit nach, sofern er wahr ist, auch der Gedanke eines andern sein könnte. Diese gegen andere gleichgültige Selbstgenügsamkeit ist aber nur eine partikuläre Erscheinung. Denn an sich ist der Trieb zur Mitteilung ein Urtrieb und der Trieb zur Wahrheit. Wir werden nur durch einen andern, wenn

auch nicht durch einen x-beliebigen, unserer eigenen Sache gewiß.
Was wahr ist, ist weder ausschließlich mein noch dein, sondern
allgemein. Der Gedanke, in dem sich Ich und Du vereinigen, ist ein
wahrer. Sofern ich mir selbst einen Gedanken klar mache, tue ich es in
der bewußten oder auch unbewußten Absicht: ihm die Form der
bloßen Meinheit zu nehmen, ihn allgemein und mitteilbar zu machen.
[13] Aber die ihn mitteilende Darstellung ist nur Mittel zum
Zweck, sie vermittelt ihn nicht materiell teilend oder übertragend, weil
sich der Gedanke, der Sinn eines Wortes überhaupt nicht wörtlich
oder buchstäblich fixieren läßt. Dies wollte aber Hegels wissenschaftlicher Kunstsinn erzwingen, indem er den Gedanken so sehr in das
Wort terminologisch zu komprimieren versuchte, daß er den Verstand
des Lesers antizipiert und kaptiviert [S. 201 f]. Hegel sah von der
Präexistenz sowohl seines eigenen Denkens – vor dem formulierenden
Schreiben – wie vom Denken des andern, für den er doch schrieb, ab.
Alles sollte in die Form der Darstellung ein- und aufgehen und sich auf
diese Weise gleichsam selbst mitteilen, demonstrieren und beweisen.
Wirkliches Beweisen, Demonstrieren und Widerlegen rechnet aber
seinem Sinne nach mit der selbständigen Denkungsart der andern, um
deretwillen etwas demonstriert wird. – In dieser Weise verfolgte
Feuerbach seinen »Grundsatz«, daß sich das »Ich« ursprünglich nicht
von einem »Objekt«, sondern von einem »Du« unterscheide, in den
Begriff der Wahrheit, Erkenntnis und Demonstration hinein.

Es kommt uns nun darauf an, Feuerbachs Grundsätze durch
phänomenologische Analyse von dem Satzmäßigen, das sie an sich
haben, zu befreien und sie durch eben jene »sinnliche Anschauung«,
auf die er sich beruft, zu rektifizieren und zu erweitern. Wir beschränken uns dabei auf seine These vom »Du« und fragen dreierlei:

I.   Wie begegnet einem ein »Du« unter den *andern?*
II.   Bist »Du« wirklich nur Du *eines Ich?*
III. Bin »Ich« wirklich nur Ich *eines Du?*

Gemäß diesen drei Fragen gliedert sich die Untersuchung folgendermaßen:

Kap. II (§§1–32; insbes. §§10–11): Strukturanalyse des *Miteinanderseins.*

Kap. III. (§§33–41): Der eine und der andere in ihrer *gegenseitigen
Selbständigkeit.*

Kap. IV. (§§ 42–45): »Ich selbst« in meiner *Einzigkeit.*

II. Kapitel
Strukturanalyse des Miteinanderseins

I. TEIL: DAS VERHÄLTNIS DER MITWELT ZU »WELT« UND
»UMWELT«

§ 1. *Die Mitmenschen begegnen einem zunächst in der Welt als
Mitwelt*

[14] Die Mitmenschen begegnen ursprünglich nicht als freischwe-
bende, personenhafte Objekte einer theoretischen Betrachtung, sondern im *Verhältnis* des Menschen zur *Welt* und insofern »innerweltlich«, als *Mitwelt*, in umweltlicher Orientierung. Ein jeder ist jederzeit
irgendwo, aber nicht weil es zum »Wesen« eines »Wahrnehmungsdin-
ges« gehört, »hic et nunc« zu sein, sondern weil menschliches Dasein
als »In-der-Welt-sein« nie nirgends, sondern stets irgendwo ist, räumlich existiert[1]. In dieser Räumlichkeit der menschlichen Existenz gründet die von W. v. Humboldt angezeigte sprachliche Verwandtschaft
der Personalpronomina und Ortsadverbien (ich – hier; du – dort).
Soweit mir die *Welt* zugänglich ist, aber auch *nur* soweit, können mir
darin auch *Menschen* begegnen. Aber diese Menschen begegnen nicht
als etwas, was »an sich« nicht zur Welt gehört (und nur zufällig darin
vorkommt), vielmehr gehören sie so sehr zur »Welt«, daß sie deren
Charakter wesentlich bestimmen.

Mit der Übersiedlung in eine andere »Stadt« oder ins »Ausland«
wird man in eine andere »Welt« im Sinne der *mitweltlich* artikulierten
Umwelt versetzt. Eine Stadt und ein Land sind wesentlich charakterisiert durch ihr Belebtsein, und das heißt nicht, durch ein Vorhandensein von Lebewesen in Stadt und Land, sondern »belebt« ist ein
Wohnhaus, eine Straße, eine Stadt und ein Land durch seine Inwohner, Ein-wohner und Be-wohner. Die Inwohner bestimmen den
Charakter eines Wohnhauses als eines Hauses, welches zum Wohnen
oder Hausen da ist. Wohnräume gibt es nur, sofern es wohnhafte

---

1 S. M. Heidegger, *Sein und Zeit*, S. 119 u. § 24.

Menschen gibt. Die Bewohner einer Stadt charakterisieren als Einwohner ihre »Stadt«, bestimmen das Stadtbild und Stadtleben.

[15] Nicht zufällig können daher mit Städte- und Ländernamen deren Bewohner bezeichnet werden und umgekehrt (die Deutschen und Deutschland; Berlin und die Berliner. Ferner die Benennung von Straßen nach den sie bewohnenden Menschen und deren Gewerbe, z. B. Schustergasse, Judengasse). Auch als un-bewohnte Wohnung, als un-belebte Stadt und als un-bewohntes Land ist die Umwelt mitweltlich charakterisiert im Sinne der Privation, die als solche aber nicht ausdrücklich zu sein braucht; so, wenn wir von einer »einsamen und stillen« Gegend sprechen und damit eine Gegend meinen, in der man »keinen Menschen trifft«. Entsprechend der Vermenschlichung der Natur, welche im Umgang mit ihr (Anbau, Kultivierung usw.) zur eigentlichen Um-welt wird, besagt die Natürlichkeit der Natur zugleich deren Unberührtheit durch menschlichen Umgang.

In dieser mehr oder minder menschlich bestimmten »Welt« begegnet man alltäglich ferner- und näher-Bekannten. Und der Ausgedehntheit menschlicher »Verbindungen« entspricht genau die Ausgedehntheit der jeweiligen Weltverbindungen. Diese mir zugängliche Welt ist aber nicht nur eine menschlich artikulierte Welt im Sinne der Mitmenschen, sondern sie ist zugleich bestimmt als *meine* Welt. Nur rücksichtlich meiner selbst hat die Mitwelt den spezifischen Charakter der *Mit*-welt. Die mitweltlich artikulierte Umwelt ist unausweichlich mehr oder minder an einem selbst orientiert, und sei es auch nur in dem Sinne, daß meine Mitmenschen »die andern« sind. Am ausdrücklichsten auf *meine* Welt bezogen ist die Mitwelt dann, wenn sie sich in *einem* bestimmten Andern, einem »Du« zusammenfaßt, ein Du die ganze Welt für mich in sich befaßt. Nur dann kann man mit Feuerbach sagen: »Die Welt *oder* Du«. »Du« repräsentierst mir dann nicht nur die ganze Mitwelt, sondern die ganze Welt. Die Mitwelt, bzw. die Welt in dieser konzentrierten Bedeutung des Du (eines Ich), muß aber zunächst verstanden werden aus der diffusen Bedeutung von Welt im Sinne der Mitwelt.

§ 2. Die humane Bedeutung von »Welt« und »Leben«

In der natürlichen Logik der Sprache kommt diese Bedeutung der Welt klar zum Ausdruck. Die faktische Bedeutung von »Welt« ist eine wesentlich humane oder anthropologische.

Ein Mann »von Welt« ist einer, der sich in der *Gesellschaft* zu benehmen weiß, »welt«-kundig, wer mit der Welt im Sinne der *Mitmenschen* vertraut ist, »welt«-fremd, wer damit unvertraut ist; [16] »welt«-flüchtig, wer die *Menschen* flieht; »weltlich« gesinnt, wer sein Leben im Miteinandersein genießt; ein »Welt«-verächter, wer die Wertschätzung seiner *Mitmenschen* verachtet; wer darauf hört, was die »Welt« dazu sagen wird, der hört auf die *Mitmenschen*. Alle Welt (= jedermann), Weltgeschichte, die Männerwelt, die Frauenwelt, die vornehme Welt, die Halbwelt – alle diese Ausdrücke, welche sich beliebig vermehren ließen – weisen sachgemäß darauf hin, daß die »Welt« weder ein dingfestes Objekt des Menschen, noch ein leeres und dem Menschen fremdartiges Worin seines Aufenthaltes ist, sondern die das Leben des Einzelnen bestimmende und ihm gleichartige und ebenbürtige Mitwelt.

Weil das menschliche Dasein durch sein »In-der-Welt-sein«, das In-der-Welt-sein aber durch »Mitsein« bestimmt ist, eigentliches Mitsein jedoch Mit-einander-sein bedeutet, das Miteinandersein aber gleichbedeutend ist mit »Zusammenleben«, ist von vornherein zu erwarten, daß ebenso wie die allgemeine »Welt« schon eo ipso *Mitwelt* anzeigt, so auch das allgemeine »Leben« schon eo ipso *Zusammen*-leben meint.

§ 3. Vier Grundbedeutungen von »Leben« und deren Zusammenhang

Wir fragen daher, welcher Begriff von »Leben« so etwas wie Mitwelt anzeigt und woran die sachliche Verweisung auf Mitwelt sprachlich ablesbar ist. Die Beantwortung dieser Frage erfordert eine vorläufige Auseinanderlegung der wichtigsten Bedeutungsrichtungen von »Leben«.

»Leben« artikuliert sich in vierfacher Richtung:
1. Leben bedeutet zunächst das Lebendige im Sinne des nur überhaupt Belebten, im Unterschied zum Unbelebten oder Toten. Wir fixieren diese Bedeutungsrichtung mit dem Terminus: *biologisches*

Leben. »Das« Leben in dieser Bedeutung ist ein neutrales im Sinne der persönlichen Unbestimmtheit bloßer Lebewesen.

2. Ein Titel wie: *Das Leben Schleiermachers* meint kein biologisch-neutrales Lebewesen, dem dann der Name »Schleiermacher« zufällt, sondern umgekehrt bestimmt der persönliche Eigenname den Sinn dieser Art von Leben. Weil sich ein solches Leben und nur ein solches biographisch und selbstbiographisch aussprechen kann, fixieren wir diese Bedeutung von Leben als *biographisches Leben*. Eigentlich biographisch ist das Leben in der ersten Person singularis, das je eigene Leben des Menschen.

[17] Zwar kommt *der Mensch* gleich wie ein Tier *als* unpersönlich namenloses *Lebewesen* zur Welt; aber die Art und Weise seines vitalen[2] Daseins ist doch von Anfang bis zu Ende anthropologisch vorbestimmt. Ihrer eigenen »Natur« nach sind die vitalen Grundlagen des menschlichen Lebens zwar unpersönlich und insofern biographisch nicht faßbar, aber als Grundlagen *menschlichen* Lebens denaturiert, nicht »rein« natürlich. Alle Äußerungen der Vitalität, deren stärkste die generelle geschlechtliche Bestimmtheit des menschlichen Lebens ist, haben eo ipso anthropologische Bedeutung[3]. In der Nachfolge Schopenhauers hat Nietzsche das vitale Triebleben im Menschen bis in seine »geistigen« und »moralischen« Verkleidungen hinein verfolgt; aber diese seine Untersuchungsrichtung ist nur die Kehrseite davon, daß das Geistige und Moralische (als spezifischer Ausdruck für Menschliches genommen) ebensosehr die natürliche Vitalität des Menschen bestimmen kann. Das prinzipiell Fragwürdige ist dabei nicht der ontische Vorrang des einen oder des anderen (Natur oder Geist), sondern ihre problematische Einheit im Menschen[4], wie sie bereits im Begriff des *menschlichen Lebens* [18] liegt. So bewies sich

2 Wir gebrauchen den Ausdruck »vital« im Unterschied zum Leben der natürlichen Lebewesen in der ausschließlichen Beziehung auf den *Menschen* als Lebewesen.
3 Indem sich einer in der »Entwicklungszeit« seiner *Geschlechtlichkeit* bewußt wird, wird er sich damit zugleich *seiner selbst* bewußt. Auf diese ebenso »natürliche« wie »existenzielle« Lebenszeit muß die Analyse des sog. »Selbstbewußtseins« – dessen Extrem die philosophische »Reflexion« ist – zurückgreifen, wenn sie wirklich »verstehen« und nicht nur »deuten« will.
4 Dilthey, welcher davon ausging, daß er *gegen* die Methode naturwissenschaftlichen Erklärens die für alle Geisteswissenschaften grundlegende Methode des Verstehens ausbildete, erkannte – nachdem er diese Arbeit hinter sich gebracht hatte – die Notwendigkeit, sein Prinzip zu erweitern; denn der

z. B. Nietzsche selbst zuerst die Stärke seines geistigen Willens zum Leben gegenüber der Schwäche seiner Vitalität, aber »das« Leben bewies ihm schließlich die Schwäche seines starken Geistes. An sich sind weder die natürlichen Grundlagen des menschlichen Lebens, noch seine »geistigen Grundlagen« in *eindeutig-fundierender* Weise »grundlegend« – aber für beide ist fundamental die ontologische Doppelnatur des Menschen als eines weder natürlichen noch geistigen, sondern *un-natürlichen* Wesens[5]. Die psychoanalytische Bezeichnung des natürlichen Trieblebens als eines *un*-bewußten Lebens ist daher methodisch positiver als der völlig unbestimmte Schichtenbegriff einer »Vitalität«, der eine regionale Eindeutigkeit des Vitalen vortäuscht, welche die Vitalität des Menschen nicht hat. Der Begriff des *Unbewußten* zeigt doch immerhin die konstitutionelle Zweideutigkeit des menschlichen Daseins an. Wäre das menschliche Leben von einheitlicher Seinsart, so wäre es überhaupt kein mögliches »Problem«, es wäre dann fraglos wie alles Eindeutige. Es wird sich uns späterhin bis zur Erörterung des praktischen Vernunftprinzips von Kant zeigen, wie sich diese ontologische Zweideutigkeit des menschlichen Lebens im Miteinandersein verschärft und darin das Problem einer »Moral«

menschliche Lebenszusammenhang sei schon »Natur« und »Geist« zugleich. Das Verhältnis von Naturwissenschaften und Geisteswissenschaften sei daher »weder ein Verhältnis von Realitäten noch ein solches von Methoden. Aus beiden zusammen entsteht die Frage der Philosophie, welches Lebensverhalten aus der so erfaßten Wahrheit sich ergibt, das realisierbar wäre. Die Antwort ist vom Zusammennehmen der Natur- und Geisteswissenschaften abhängig. Auf ein solches kann also mein Buch nicht verzichten, wenn es ein Resultat für die Gegenwart haben soll. Es fordert das aber eine prinzipielle Auseinandersetzung. Mit einem System hat das nichts zu tun«. (*Gesammelte Schriften*, VII, S. 276). »Diese Systeme nützen nichts. Was wir brauchen, ist die *innere* Beziehung *dieser beiden Welten in uns* zu erfassen. Wie *wir* wechselnde Ansichten der Welt durchlaufen, bald *als Natur* uns fühlen, dunkel, voll von Instinkten, erdmäßig gebunden usw.«, sc. bald als geistig klare, uns verständliche Menschen (VII, S. 277). (Die Sperrungen stammen vom Verf.) Vgl. Jaspers' Vorwort zur 2. Auflage von *Strindberg und van Gogh,* Berlin: Springer 1926, wo als philosophisches Grundproblem die Grenze bezeichnet wird, an welcher der Mensch zufolge physischer Prozesse *un*-verständlich wird.

5   S. des Verfassers Kritik und Besprechung von Ludwig Klages, *Die psychologischen Errungenschaften Nietzsches,* in: *Probleme der Weltanschauungslehre,* hrsg. v. Erich Rothacker. Darmstadt, Reichl, 1927 (= Reichls philosophischer Almanach, Bd. 4), S.285–348. – Vgl. neuerdings Max Scheler, *Die Sonderstellung des Menschen,* in: *Mensch und Erde.* Darmstadt: Reichl [= Der Leuchter 8 (1927)], S. 161–254 [Ges. Werke, IX, S.7–71].

entspringen läßt[6]. »Sinnlichkeit und Verstand«, »Neigung und Pflicht«, natürliche und christliche Interpretation der Liebe – das sind nur verschiedene Ausdrücke für die grundsätzliche Zwiespältigkeit der *menschlichen* »Natur«. Das Christentum hat nicht, wie Nietzsche sagt, diesen Zwiespalt in die Natur des Menschen hineingetragen, sondern ihn nur verschärft herausgestellt.

Daß dieses zweideutige Lebewesen »Mensch« schon bei seiner Geburt, also lange bevor es sich selbst zu eigen ist und seines eigenen Namens mächtig ist, einen solchen eigenen Eigennamen erhält, dieser Akt der Benennung ist zwar zunächst eine äußere Namengebung, der Idee nach aber doch wesentlich. Denn schon als ein noch völlig unselbständiges, seinen Eltern zugehöriges Lebewesen, ist ein Lebewesen dieser Art zum eigenen selbständigen Leben mit eigenem Namen vorbestimmt. Andererseits sind die quasi-persönlichen Eigennamen von Tieren nur der Widerschein dessen, daß diese Tiere als »Haustiere«[19] Tiere des Menschen sind und infolgedessen eine anthropomorphe, aber keine anthropologische Bedeutung gewinnen können. Dem Tier wird sein Eigenname vom Menschen zugesprochen, dem Menschen kommt er zu.

So sehr also *innerhalb* des menschlichen Lebens ein innerer Verständniszusammenhang besteht zwischen dem Biologischen bzw. Tierischen (1) und dem spezifisch Anthropologischen bzw. Biographischen (2) – weil sich das Biologische anthropologisch als Vitalität bestimmt – so wenig läßt sich doch ein genuines Verständnis des selbständigen Lebens der Tiere auf einem rein reduktiven Weg, vom Menschen her, gewinnen. Es ist nicht nur sinnwidrig, die Menschlichkeit des Menschen von seiner tierischen Deszendenz her verstehen zu wollen[7], sondern es wäre ebenso sinnwidrig, die Tierheit eines Tieres vom Menschen her verstehen zu wollen. Das Verständnis der Welt und des Daseins eines Tieres durch »private Reduktion«[8] von der Welt des menschlichen Daseins her – nach dem Hegelschen Grundsatz: »Die Wahrheit des Tieres ist der Mensch«[9] – kann vom Tier nicht mehr und nicht weniger verstehen als das Menschliche und Unmenschliche seines Daseins, aber nicht sein Dasein in seiner ihm

---

6   S. u. §§38–40.
7   S. Scheler, *Zur Idee des Menschen*, in: *Abhandlungen und Aufsätze*, Leipzig 1915, I, S. 317–367 [Ges. Werke, III, S.171–195].
8   S. Heidegger, *Sein und Zeit*, S. 49 f. und 57; §49.
9   S. Feuerbachs Kritik dieses Satzes in II, S. 186 ff.

eigentümlichen Eigenart. Weil das Tier in seiner Art zu sein von gänzlich anderer Art ist als der Mensch, kann dieser Sprung nur übersprungen werden. Ein genuines Verständnis eines Tieres in seiner Tierheit ist daher nur möglich, wenn es dem Menschen möglich ist, sich sprunghaft in ein solches andersartiges Dasein hineinzuversetzen. Daß es eine solche Transposition (und nicht nur Supposition) nicht bloß in andere Menschen, sondern auch in Tiere gibt, macht die mögliche Eindringlichkeit ihrer künstlerischen Erfassung zum mindesten wahrscheinlich.[10]

3. Die genauere Beachtung des biographischen Lebens in seiner äußeren Kennzeichnung durch den persönlichen Eigennamen führt zu der von uns gesuchten Bedeutung vom *Leben* als Zusammenleben oder *»Miteinandersein«*. Der biographisch relevante Eigenname ist nämlich nur scheinbar des Menschen *eigener* Name und dies sowohl in Hinsicht auf den Vornamen oder Rufnamen wie auf den Zunamen. Der sogenannte Zuname ist allgemeiner Familienname [20] und entstammt bei uns dem väterlichen Geschlecht, also einer bestimmten geschichtlichen Mitwelt. Der Name »Schleiermacher« ist nicht Friedrich Schleiermacher in seiner persönlichen Einzigartigkeit zu eigen[11] – und zwar abgesehen von der zumeist familiengeschichtlichen Herkunft auch dieses Namens. Gesetzt, Eltern wählten mit Absicht für ihr Kind einen geschichtlich völlig unbelasteten Rufnamen, der nur ihm und keinem anderen zukommt, so führt es fortan diesen Namen doch nie um seiner selbst willen, sondern um der anderen willen, als etwas, wobei man von anderen gerufen werden kann, wodurch man sich vor anderen legitimieren kann, womit man sich für andere unterzeichnen kann usw. Wer seinen Namen ablegt, den zwingt in unausdrücklicher Weise sein Dasein in der Mitwelt, aber nicht sein eigenes, sich einen

---

10 S. u. §32, 2. Hälfte, über das »unlogische« Einanderverstehen.
11 Dagegen beruht das Zueinanderpassen bzw. Nicht-passen von Namen und Namensträgern auf einer möglichen Bedeutungsverwandtschaft von Wortklang und Wortbedeutung. »Emma« paßt z. B. schlecht für eine hagere, bösartige, schwarze Person, weil »Emma« gleichsam selbst wie etwas Gutmütig-Rundliches klingt. S. W. v. Humboldt, *Ges. Schr.*, V, S. 429 ff.; vgl. Hermann Ammann, *Wortklang und Wortbedeutung in der neuhochdeutschen Schriftsprache*, in: Neue Jahrbücher für Wissenschaft und Jugendbildung 1 (1925), S. 221–235; vgl. auch die geistreichen Spekulationen über die unmittelbare Sachbedeutung von Wortklängen in Balzacs *Louis Lambert* und in Marcel Proust, *Auf der Suche nach der verlorenen Zeit*, I: In Swanns Welt, 3. Teil: »Ortsnamen – Namen überhaupt« (»Noms de pays: le nom«).

anderen Namen zuzulegen[12]. Der sogenannte Eigenname ist also in beiden Fällen ein Fremdname, ein zunächst von anderen gegebener und für andere bestimmter Name. Der wahre Eigenname einer Person ist ausschließlich das persönliche Fürwort der ersten Person: »Ich«. Nur dieses sogenannte Pro-nomen ist jedem je zu eigen. Das verallgemeinernde »Das Ich« oder »Der Ich« ist ebenso wie »Das Du« eine sinnwidrige Redeweise, denn »Ich« ist nur als »bin«, d. h. als je eigene erste Person. Der beste Beweis für die Uneigentlichkeit auch des Rufnamens für einen selbst ist die unwillkürliche Antwort mit »ich« (bin da) auf die Frage eines andern, wer da sei. Denn ursprünglich ist man nur anderen unter seinem eigenen Namen bekannt, sich selbst darunter aber fremd. Dem widerspricht nicht, sondern das beweist geradezu die bekannte Tatsache, daß Kinder zunächst von sich mit Namen sprechen. Denn dies ist ihnen gerade deshalb möglich und natürlich, weil sie für sich noch gar kein Ich sind und sich daher auch gar nicht selbst [21] entfremden müssen, um von sich namentlich, in der dritten Person, sprechen zu können. Dagegen bedeutet für den, der schon in der Weise des »Ich bin« ist, jede namentliche Selbstbezeichnung – wie sie z. B. beim Sichvorstellen in der Gesellschaft üblich ist – eine künstliche Selbstentfremdung; denn sich selbst namentlich vorzustellen, spricht man von sich wie von einem andern, obgleich man es doch selbst ist[13]. Aus diesem den Eigennamen eines Menschen bestimmenden Lebenszusammenhang mit Anderen ist auch der Sinn desjenigen »Lebens« zu entnehmen, welches das Thema einer Biographie ist. Das Leben Schleiermachers meint zwar zunächst Schleiermachers individuellen Lebenslauf als eine auf sich beruhende »Lebenseinheit«; dieses Leben wäre aber gar kein Leben und erst recht kein Gegenstand einer Biographie gewesen, wenn es nicht wesentlich mit anderen

---

12 Wie sich einer zufällige Umstände zunutze macht, um sich völlig aus seiner bisherigen Mitwelt herauszulösen, unter einem angenommenen neuen Namen weiter lebt und dann einfach dadurch, daß er in der Welt bleibt, gezwungen wird, der Mitwelt bis ins Einzelste seiner Lebensführung – schon allein durch Annahme eines neuen Namens! – Rechnung zu tragen, dies ist das geistvoll durchgeführte Motiv des philosophischen Romans von Pirandello: Il fu Mattia Pascal [dt. Übs. Die Wandlungen des Mattia Pascal. Berlin 1925, Frankfurt/M. 1955].
13 Vgl. Ferdinand Ebner, Das Wort und die geistigen Realitäten. Pneumatologische Fragmente. Innsbruck 1921, Fragment 14, sowie 3 u. 4 [auch in: Ebner, Schriften, München 1963, Bd. I].

gelebt, von anderen gelernt und auf andere gewirkt hätte. Wie die Biographie eine »literarische Form des Verstehens von fremdem Leben« ist (Dilthey, *Ges. Schriften*, VII, S. 247), so ist auch das biographisch dargestellte Leben selbst bis in das einzelste seiner Lebensäußerungen hinein bestimmt durch die vor allem zeitgenössischen Lebens-*verhältnisse* des Individuums. Die Frage, *wer* denn dieses Leben ist, welches »das Leben« Schleiermachers ausmacht, beantwortet sich aus dem Lebens-Verhältnis dieses einen zu anderen, ihrem Miteinander. Im Mit-einander-sein neutralisiert sich das Leben des *Individuums* zur unbestimmt-bestimmten Lebendigkeit des Lebens. *Wir* sind *das* Leben. Der Lebenszusammenhang des Individuums mit Anderen bildet eine eigene Art von Leben aus, und diese Neutralisierung des individuellen Daseins im Miteinandersein bekundet sich in nichts anderem als in dem sachlich neutralen Sinn des sprachlich neutralen Artikels: *das* Leben. Auf dieses ursprünglich neutralisierte Leben im Miteinandersein zielen alle Ausdrücke wie: Lebenserfahrung, Kenntnis des Lebens, den Anforderungen des Lebens genügen usw. Das Leben, von dem man im Sinne dieser Ausdrücke Erfahrung und Kenntnis hat und dem man genügen kann, ist nicht das je eigene, sondern das Leben in der Bedeutungsrichtung (3) des Miteinanderseins. Als einzelner kann einer von diesem Leben überhaupt keine Erfahrung und Kenntnis haben. So ist auch Goethes Tasso-Vers [II, 3]: »Nur das Leben lehret jedem, was er sei«, aus dem vorangehenden zu verstehen: »Der Mensch [22] erkennt sich nur im Menschen«. Die Frage, wer das Leben sei, welches jedem lehrt, was er sei, beantwortet sich also aus dem Zusammenleben der Menschen.

4. Es wurde früher gesagt, daß Schleiermachers menschliche Persönlichkeit dem Lebewesen Schleiermacher allererst Namen und »Sinn« gebe. Sinn besagte dabei aber nicht mehr als Eigenbedeutung. Auf Grund der bloßen Tatsache, daß ein Lebewesen ein Mensch ist, ist es zwar für sich wie für andere von Bedeutung, aber es hat darum noch nicht ohne weiteres »Sinn«. Menschliches Leben bestimmt sich also letztlich und existenziell zuerst in der Bedeutungsrichtung: sinnvoll – sinnlos. Daß der Mensch überhaupt nach dem Sinn seines Lebens als solchem *fragen* kann – und nur weil er dies kann, gibt es so etwas wie Sinn des Lebens – das besagt, daß es grundsätzlich problematisch ist. Fragwürdig ist das menschliche Leben aber deshalb von Grund aus, weil es ontologisch zweideutig und damit deutbar ist. Die Zweideutigkeit wurde im Vorangehenden aus seiner »un-natürlichen« Seinsver-

fassung abgeleitet, und der radikale Ausdruck seiner fragwürdig-
zweideutigen Unnatürlichkeit ist die dem Menschen spezifische Möglichkeit des Selbstmords, in dem die Frage nach dem Sinn zum
negativen Ausdruck kommt. Ein eindeutig natürliches Lebewesen
kann sein eigenes Leben nicht verneinen, weil ihm mit der Zwiespältigkeit seiner Seinsverfassung die Freiheit zu sich selbst und damit von
sich selbst fehlt. Indem es rein von Natur aus lebt, kann es auch nur
natürlich sterben. Indem es ist, hat es auch schon zu sein. Der Mensch
hat aber damit, daß er am Leben ist, noch nicht eo ipso zu sein. Und
weil sein natürliches Am-Leben-sein nicht schon ohne weiteres mit
seinem Sein-wollen zusammenfällt, er sein natürliches Dasein kraft
seiner geistigen Existenz verneinen kann, kann er in gesicherter Weise
auch nur *leben*, sofern er *sein* will. Ausdrücklich sein Leben sein
wollen, bedeutet: Gegebenes übernehmen. In dieser Verdoppelung
seines Daseins vermag sich der Mensch vor dessen ursprünglicher
Zwiespältigkeit zu sichern; er bejaht für sich, was an sich schon da ist.
Schopenhauers und *Nietzsches* Frage nach der Verneinung bzw. Beja-
hung des Lebens – wobei sich jeder der beiden faktisch umgekehrt zu
seiner Theorie verhielt – ist somit ein echtes Problem, welches aber aus
der gedoppelten Seinsart des Menschen grundsätzlich zu exponieren
ist. Nur weil ich schon lebe, kann ich mein Dasein sein wollen, aber
ich kann auch nur leben, sofern ich sein will.

[23] Im wirklichen Sterben lebt sich das menschliche Dasein auf
natürliche Weise, wenn auch unter Umständen durch eine unnatürliche Veranlassung, zu Ende. Im möglichen »Sein-zum-Ende«[14] vollzieht sich – mit einem Ausdruck Kierkegaards gesprochen – eine
unnatürliche »Existierkunst«. Aber der Gedanke an den Selbstmord
ist eine dem Menschen natürliche Unnatürlichkeit. Nur in ihm liegt
auch die *wirkliche* Möglichkeit zu einer wirklichen Entscheidung des
Menschen für oder gegen sein Leben. Eine positive Entscheidung kann
die Philosophie dafür nicht voraussetzen. Sie hat es auch nicht jederzeit getan. Der Selbstmord war von der Stoa an bis zu Hume, Kant,
Schopenhauer und Nietzsche ein legitimes Grundproblem der philosophischen Existenz. Und die jeweilige Stellung eines Philosophen zur
Frage des Selbstmords ist der sicherste Index für seine Auffassung vom
menschlichen Leben als solchem. Entschieden werden kann diese
Frage jeweils nur von einem »Ich selbst«. Entschieden wird dabei über

---

14 S. Heidegger, *Sein und Zeit*, S. 255 ff.

das menschliche »Leben«, und entscheiden kann ich selbst über mein eigenes Leben nur deshalb, weil ich damit, daß ich lebe, noch nicht eo ipso zu sein habe. Ob menschliches Leben dazu verpflichtet ist zu sein und warum – dies aufzuweisen hat in prinzipieller Weise Kant versucht. Er begründet die Sinnwidrigkeit des Selbstmords der Tendenz nach ontologisch aus dem Unterschied von Person-sein und Sachesein. Der Selbstmörder disponiere über sich wie über eine Sache und handle damit gegen den Sinn seines personhaften Daseins. Hume hat dagegen den Selbstmord als eine Tat der Freiheit zu rechtfertigen versucht.

§ 4. *Der Aufweis, daß »Welt« und »Leben« Mitwelt bedeuten, findet bei Dilthey eine Bewährung*

Dilthey[15] orientiert die Begriffe Welt und Leben sachgemäß an der Mitwelt. »Wir tragen keinen Sinn von der Welt in das Leben. Wir sind der Möglichkeit offen, daß Sinn und Bedeutung erst im Menschen und seiner Geschichte entstehen. Aber nicht im Einzelmenschen, sondern im geschichtlichen Menschen« (S. 291). In diesem Leitsatz finden sich zwei Unterscheidungen, die für Diltheys gesamte Arbeit eine prinzipielle Bedeutung haben: Welt und Leben; Einzelmensch und geschichtlicher Mensch.

[24] Die Unterscheidung des Lebens von der Welt bezieht sich in diesem Leitsatz auf die »äußere« Welt im Sinne der natürlichen Umwelt. Unsere eigentliche Welt sei aber die sinnvolle, verständliche »Menschenwelt«. »Leben« gebraucht Dilthey in den Geisteswissenschaften in der Einschränkung auf diese Menschenwelt (S. 228). »Denn diese unsere Welt ist die Gesellschaft, nicht aber die Natur. Die Natur ist uns stumm, und nur zuweilen fliegt ein Schimmer von Leben und Innerlichkeit über sie vermöge der Macht unserer Imagination. Darum hat auch die Natur für uns den Ausdruck erhabener Ruhe. Dagegen in dem Spiel der Wechselwirkungen der Gesellschaft sind alle unsere Affekte gegenwärtig« (V, S. 61)[16]. Unter dieser Menschenwelt versteht Dilthey die Welt, wie sie sich – »unter den Bedingungen der

15 Die Seitenzahlen der folgenden Zitate beziehen sich insgesamt auf *Ges. Schriften*, Bd. VII.
16 Vgl. dagegen Hölderlins Gedicht: »Da ich ein Knabe war...«

äußeren Welt« – ausbildet in »den Wechselwirkungen zwischen Personen«. Er definiert das Leben direkt als: »Wechselwirkung der Lebenseinheiten« [S. 228]. Er versteht also das menschliche Leben als einen
zweifachen *Lebens-Zusammenhang*. Leben bedeutet 1. den Lebenszusammenhang der individuellen Lebenseinheit als solcher, welcher
Lebenszusammenhang der ursprünglichste – »die Urzelle der
Geschichte« – sei (S. 246; vgl. 256, 258); aus ihm ergebe sich die
hermeneutische Bedeutung der Biographie und Selbstbiographie
(S. 199). Und 2. den Lebenszusammenhang des Individuums mit
anderen Lebenseinheiten, mit denen es in »Wechselwirkung« zusam-
menlebt. Der Lebenszusammenhang hat also eine singulare und plu-
rale Bedeutung, die sich aber nicht auf verschiedene Subjekte verteilen,
sondern »das« Leben eines jeden ausmachen. Wechselwirkung dürfe
dabei nicht naturwissenschaftlich verstanden werden; gemeint ist
damit ein verständliches »Lebensverhältnis zwischen Personen«.
Impuls und Widerstand, Wirken und Leiden, Gehemmt- und Geför-
dertwerden sind davon Ausdrücke. Auch wenn sich das Individuum
auf sich allein zurückzieht, entzieht es sich damit vorgängig maßgebenden Lebens-*verhältnissen* (S. 238/9). Alle Geisteswissenschaften
beziehen sich auf diese Verhältnisse der Menschen zueinander und
weiterhin zur äußeren Natur (S. 70). Das Leben ist »ein das menschliche Geschlecht umfassender Zusammenhang«. Diese »große Tatsache« – es ist keine andere als die ebenso selbstverständliche wie
philosophisch bislang unwirksam gebliebene Bestimmtheit des
Daseins als eines zeitgeschichtlichen Miteinanderseins – sei der Ausgangspunkt nicht nur der Geisteswissenschaften, [25] sondern auch
der Philosophie (S. 131). Aber es komme darauf an, hinter ihre
wissenschaftliche Bearbeitung zurückzugehen und sie in ihrer elementaren Struktur zu erfassen. So bestimme sich z. B. alltäglich die Befindlichkeit des Individuums aus seinen Verhältnissen zu anderen. Seine
Befindlichkeit wird ständig durch Andere bestimmt und gestimmt[17].

Auf dem Boden dieses so gesehenen Lebenszusammenhangs der
Lebenseinheiten entwickelt Dilthey seine Theorie von den Stufen des
Verstehens, sc. anderer (S. 205–224). Immer gelte der formale Grund-
satz: Verständnis meiner Selbst und Anderer stehen in *gegenseitiger*

---

17 »Die größte Ursache des Wohl- oder Übelbefindens liegt in dem Verhältnis
mit anderen Menschen,« *Eine Vorlesung Kants über Ethik*, hrsg. v. Paul
Menzer, Berlin 1924, S. 182.

Abhängigkeit. Ich verstehe Andere aus den Erlebnismöglichkeiten meiner Selbst (S. 259); »das Verstehen ist ein Wiederfinden des Ich im Du (S. 191) – aber ich entwickle zugleich meine eigenen Lebensmöglichkeiten und deren Verständnis im Verstehen anderer. Das eine wie das andere ist nur möglich auf Grund der Voraussetzung einer *Gemeinsamkeit* oder Zusammengehörigkeit, gemeinsamer Bildung, Sympathien, Pflichten usw. (S. 141). Schon die bloße Kenntnis der Bedeutung von Worten setzt solche Gemeinsamkeit, nämlich Sprachgemeinschaft, voraus (S. 209), und das Miteinandersein bildet andererseits Gemeinsamkeit aus. Dieses sich gegenseitig verstehende Zusammenleben mit anderen gibt der jeweils eigenen Lebenserfahrung allererst den Charakter einer wirklichen »Lebenserfahrung« (S. 132).

Die historische Objektivierung dessen, was den Individuen, in Wirklichkeit oder möglicherweise, *gemeinsam* ist, bezeichnet Dilthey als »objektiven Geist« (S. 208). Dessen Gebiet reiche von dem Stil des Lebens, den Formen des Verkehrs usw. bis zur Philosophie. Er bestimmt den Menschen von Kindheit an wesentlich. Er ist das Medium, in dem sich das Verständnis anderer Personen und ihrer Lebensäußerungen vollzieht. »Denn alles, worin sich der Geist objektiviert hat, enthält ein dem Ich und dem Du Gemeinsames in sich«. Jedes Gemach, in dem Sitze angeordnet sind, ist uns verständlich aus der Gemeinsamkeit einer menschlichen Lebensordnung. Nur so orientiert sich das Individuum in der Welt als einer gemeinsamen Welt (S. 208). Ich lerne aber nicht nur auf Grund des Miteinanderseins die Welt verstehen, sondern ich versichere mich auch meines selbsterworbenen Verständnisses von etwas durch die Art und Weise, [26] wie es andere verstehen. »In den Geisteswissenschaften ist alles durch das Verhältnis *gegenseitiger Abhängigkeit* bestimmt« (S. 143). Das eigene Leben und Erleben erweitert und berichtigt sich im Verständnis anderer Personen, wie andererseits die anderen Personen verstanden werden vermittels der eigenen Erlebnisse (S. 145). Die »Analysis des Lebens« hat daher zu ihrer Realität »die ganze Extension der gesellschaftlich-geschichtlichen Welt in der ganzen Intensität des anthropologischen Wissens« (S. 276).

Wenn Dilthey demnach seine Philosophie als »Philosophie der Selbstbesinnung« (S. 347) bezeichnet, so versteht er unter Selbstbesinnung kein Sich-selbst-offenbar-werden-wollen eines auf sich vereinzelten Daseins – sie selbst-süchtig vollzogen zu haben, darin sieht Dilthey den großen Irrtum Nietzsches (S. 250; vgl. S. 279 Bd. IV, S. 528 ff.) –

sondern *geschichtliche* Selbstbesinnung. Wenn Dilthey aber der Selbstbesinnung des geschichtlichen Menschen diejenige des »*Einzelmenschen*« gegenüberstellt, so geht daraus hervor, daß sein Begriff des
Geschichtlichseins in einem ursprünglichen Zusammenhang mit dem
des *Miteinanderseins* steht. Dilthey spricht terminologisch von der
»gesellschaftlich-geschichtlichen Wirklichkeit«. Daß der Mensch »bis
in nicht mehr erforschbare Tiefen seines Selbst« (S. 278) ein geschichtliches Wesen sei, das bedeutet ihm nicht, daß die endliche Existenz des
Einzelnen zeitlich, sondern daß jedes Individuum zeit-*genössisch*
bestimmt sei[18]. Sein Satz, Nietzsche habe in der Art seiner Selbstbesinnung verkannt, daß der Mensch ein geschichtliches Wesen sei, will
somit primär nichts anderes besagen als die in ihrer zweiten Hälfte
schon zitierten Tasso-Verse Goethes:

Inwendig lernt kein Mensch sein Innerstes
Erkennen; denn er mißt nach eignem Maß
Sich bald zu klein und leider oft zu groß.
Der Mensch erkennt sich nur im Menschen, nur
Das Leben lehret jedem, was er sei[19].

[27] »Das« Leben ist sonach für Dilthey wie für Goethe – ebenso wie
die »Welt« – eine humane Kategorie. Sie zeigt an die Lebensverhältnisse des Miteinanderseins, kraft derer sich die Selbstbesinnung
sowohl erweitert wie begrenzt.

18 Der Begriff der *Generation* (Bd. V, S. 36–40) ist daher Diltheys geschichtlicher Grundbegriff; er inbegreift in einheitlicher Weise die Zeitlichkeit des
Lebens und das Zusammenleben.
19 [2. Akt, 3. Auftritt] Vgl. Goethes Aufsatz *Bedeutende Fördernis durch ein
einziges geistreiches Wort*, in: Werke in sechs Bänden, hrsg. v. Erich Schmidt.
Leipzig: Insel, 1909, Bd. VI, S. 478–481 [in: Werke, II. Abt. Bd. 11, Weimar
1893, S. 58–64].
    Das »geistreiche Wort«, worauf Goethes Aufsatz Bezug nimmt, ist, daß
sein Denken »gegenständlich« sei. »Hiebei bekenn' ich, daß mir von jeher die
große und so bedeutend klingende Aufgabe: ›erkenne dich selbst‹ immer
verdächtig vorkam, als eine List geheim verbündeter Priester, die den Menschen durch unerreichbare Forderungen verwirren wollten. Der Mensch kennt
nur sich selbst, insofern er die Welt kennt, die er nur in sich und sich nur in ihr
gewahr wird. Jeder neue Gegenstand, wohl beschaut, schließt ein neues Organ
in uns auf. Am allerfördersamsten aber sind unsere Nebenmenschen, welche
den Vorteil haben, uns mit der Welt aus ihrem Standpunkt zu vergleichen und
daher nähere Kenntnis von uns zu erlangen, als wir selbst gewinnen mögen. Ich
habe daher in reiferen Jahren große Aufmerksamkeit gehegt, inwiefern andere

§ 5. Der Vorschein der Mitwelt in der Umwelt

a) als Werkwelt

Bezeichnen wir die Welt, die nicht eigentlich *mit* uns, sondern *um* uns lebt, zuhanden und vorhanden ist, als Umwelt im weitesten Sinn, so gliedert sich die Frage nach dem Zum-Vorschein-kommen der Mitwelt in der Umwelt zweifach: 1. Wie kommen menschliche Lebensverhältnisse in der natürlich belebten Umwelt zum Vorschein? Und 2. Wie kommen menschliche Lebensverhältnisse in der vom Menschen verfertigten Werkwelt zum Vorschein? So offensichtlich die konstitutive Bedeutung der Mitwelt für das faktische Sein und Verständnis der Werkwelt ist, so wenig offenbar ist sie für das Verständnis der natürlich belebten, selbständigen Umwelt.

Wir beginnen deshalb mit der zweiten Frage und referieren zunächst analytisch, was Dilthey dazu vorgebracht hat[20]: Das Verstehen anderer Menschen erwächst zuerst in den Interessen des praktischen Lebens. Hier sind die Menschen aufeinander angewiesen, sie müssen sich einander verständlich machen um dessentwillen, was sie gemeinsam treiben. Einfache Handlungen wie das Hantieren mit Werkzeug, z. B. das Sägen von Holz, werden verständlich, sofern ihr Zweck verstanden wird. Ein [28] Rückgang auf den ganzen Lebenszusammenhang, aus dem ein solcher Zweck entspringt, ist dabei nicht erforderlich (*Ges. Schriften*, VII, S. 207). Die Möbel eines Zimmers haben ihre Verständlichkeit aus ihrem mittelbaren Bezug zu einem menschlichen Leben, dem sie als Einrichtung zugehören. Sieht man von dieser sie zum Sein und Verständnis bringenden Zugehörigkeit ab, so könnten sie auch »kreuz und quer« stehen. An ihnen selbst haben Möbel keine bestimmte Anordnung. »Wie anders ist das im Verlauf

mich wohl erkennen möchten, damit ich in und an ihnen, wie an so viel Spiegeln, über mich selbst und über mein Inneres deutlicher werden könnte. Widersacher kommen nicht in Betracht, sie verwerfen die Zwecke, nach welchen mein Tun gerichtet ist, und die Mittel dazu achten sie für ebensoviel falsches Bestreben. Ich weise sie daher ab und ignoriere sie; denn sie können mich nicht fördern, und das ist's, worauf im Leben alles ankommt; von Freunden aber lass' ich mich ebenso gern bedingen als ins Unendliche hinweisen, stets merk' ich auf sie mit reinem Zutrauen zu wahrhafter Erbauung.«
20 In dieselbe Richtung führend, aber weit eindringlicher durchgeführt ist die grundsätzliche phänomenologische Analyse der »Werkwelt« in M. Heideggers *Sein und Zeit*, S. 66 ff.

der Geschichte [des menschlichen Lebens]«, wo nämlich alles innerlich, in unmittelbar verständlicher Weise aufeinander bezogen ist, wo
alles gemäß den verschiedenen Lebensinteressen der verschiedenen
Lebensverhältnisse zueinander gehört (ebd. S. 243).

Strukturell ist diesen Sätzen folgendes zu entnehmen:

1. Das *Miteinandersein* ist seinerseits zumeist *werkhaft* (sachlich)
vermittelt. Es ist zumeist kein unmittelbar »persönliches« Verhältnis
von Ich und Du, worin der Zweck des Zusammenseins in ihm selbst
liegt, worin Du selbst der Zweck meines Mit-dir-seins bist, nur
vermittelt durch Empfindung und Sprache.

2. In diesem werkhaft (sachlich) geeinten Zusammensein versteht
der eine den andern aus dem *Wozu* – dem sachlichen »Zweck« – ihres
Zusammenseins. Erst eine hierin auftretende Unverständlichkeit motiviert einen Rückgang in einen weiteren Lebenszusammenhang.
Zunächst ist man einander nicht mehr und nicht weniger bekannt und
zugänglich, als es der jeweilige Zweck, das Wozu eines Zusammenseins erfordert.

3. Ineins damit wird das »Mittel« zum Zweck der gemeinsamen
Verrichtung, dasjenige mittels dessen oder *womit* ein Werk verrichtet
wird, das Werkzeug, aus dem *Wozu* (es dem Menschen dient) verstanden. *Was* eine Säge oder ein Sessel sind, versteht sich aus dem *Wozu* –
sie da sind: zum Sägen, zum Sitzen. Wer nicht zu sitzen weiß, versteht
auch keinen Sitz. Das Wozu seines Daseins bestimmt ein dazu verfer-
tigtes Zeug als Fertiges bis ins einzelste seiner Anordnung, seiner
Gestalt, seines Materials, und sei es auch nur privativ im Sinne der
Unzweckmäßigkeit.

4. In dieser sachlich ausgeprägten Zweckmäßigkeit des fertigen
Zeugs kommt wiederum zum Vorschein die ursprüngliche Abzwek-
kung des Zeugs auf seine Erzeuger, die *Mitwelt*, für deren sachliche
Zwecke es da ist.

Weil sich aber der *menschliche* Zweck solchen Zeugs *sachlich
ausprägt*, ist z. B. ein Sessel schon *ohne* ausdrücklichen [29] Rekurs
auf die dazu gehörige Mitwelt als Sessel verständlich. Im Unterschied
zu einer bloß ad hoc verwendeten Kiste ist ein richtiger Sessel schon an
ihm selbst als (menschlicher) Sitz verständlich. »Äußerlich« ist einem
richtigen Sessel der Zweck, welchen der Mensch mit ihm verbindet,
also gerade nicht. Vielmehr ist einem zweckmäßig verfertigten und
gebrauchten Zeug der menschliche Zweck sachlich so sehr zu eigen,
daß der Mensch, als der eigentliche Zweck des ganzen Zeugs,

zunächst gerade nicht zum Vorschein kommt. Weil aber jedes ausgeprägt zweckmäßig Seiende durch und durch *zweck*-mäßig ist, ist es
auch ganz und gar an den zwecksetzenden Menschen verwiesen. Je
zweckmäßiger ein Zeug ist, desto mehr verrät es vom Menschen und
dessen Zwecken und umgekehrt; z. B. ist dem Wasser, obgleich es
auch zu einem bestimmten Zweck – zum Trinken – da sein kann,
dieser menschliche Zweck in der Tat »äußerlich«; das Trinken bestimmt das Trink-*wasser* nicht in seiner selbständigen Natur, wohl aber
ein Trink-*gefäß*. Das Wasser verrät daher auch nichts vom Menschen und seinen Zwecken. »Kreuz und quer« stehen können Möbel –
z. B. Tisch und Sessel – also nicht etwa deshalb, weil ihnen ihr Zweck
»äußerlich« wäre, sondern gerade deshalb, weil Tisch und Sessel an
ihnen selbst in bestimmter Weise zusammengehören, können sie auch
in unzusammengehörender Weise zueinander stehen. Ein Tisch, der
auf seiner Platte ruht, steht im Widersinn zu seinem ausgeprägten Tisch-sein, weshalb man mit Recht sagt, er *selbst* stehe verkehrt.

Äußerlich ist dem Zeug seine Zweckmäßigkeit aber prinzipiell
insofern, als die zwar *an ihm* selbst *ausgeprägte* Zweckmäßigkeit doch
nicht *aus ihm* selbst *entspringt*. Der ursprüngliche Zweck von Tisch
und Sessel, ihre Abzweckung, liegt in der zugehörigen Mitwelt, die
allein sich »zu Tische setzen« kann.

Dagegen entspringen die mehr oder minder ausgeprägten *menschlichen* Zusammengehörigkeiten von Menschen – z. B. von Mann und
Frau, Eltern und Kindern, Offizier und Unteroffizier, Arbeitgeber und
Arbeiter – aus diesen selbst. Sie sind daher eo ipso »ursprüngliche«,
das heißt aus sich selbst entspringende Zusammengehörigkeiten, ganz
abgesehen von der Verbindlichkeit und Eigentlichkeit solch ursprünglichen Zueinandergehörens.

5. Auf eine direktere, aber auch unverbindlichere Weise verweist
die Werkwelt auf die Mitwelt durch ihre Zugehörigkeit zu dieser in
[30] einem weiteren Sinn, nämlich durch eine solche, die nicht mehr
ihrer ausgeprägten Zweckmäßigkeit entspringt, sondern *dazu* kommt.
Während ein ausgeprägter Schreibtisch gerade zufolge der werkhaften
Verbindlichkeit des menschlichen Zwecks *nicht* unmittelbar auf einen
Schreibenden verweist, bezieht sich das Zeug unmittelbar auf eine
Mitwelt, wenn es unter Bestimmungen zur Hand kommt, die ihm an
sich äußerlich sind, wie z. B.: gekauft bei . . ., besorgt durch . . ., ererbt
von . . . So kann ein Tisch durch die Menschen, welche an ihm zusammen gesessen oder geschrieben haben, eine geschichtliche Bedeutung

gewinnen. Zunächst war so etwas wie Herders Schreibtisch ein bloßer Tisch zum Schreiben, er wurde aber geschichtlich bedeutsam, weil einer wie Herder an ihm geschrieben hat.

6. Die Mitwelt kommt aber noch in einer viel eindringlicheren Weise an der Umwelt und in ihr zum Vorschein – nämlich nicht nur *mit* dieser, sondern für sich *selbst* und *mit ihr* präsentiert sich dann »Umwelt« in der Bedeutung von menschlicher Umgebung. Und diese Begegnisweise – nicht der Mitwelt in und aus der Umwelt, sondern der Umwelt in und aus der Mitwelt – ist die ursprünglichste, weil der Mensch den Menschen primär überhaupt nicht in der Welt und aus ihr her, sondern die Welt »in den Menschen« und aus diesen her anspricht und begegnet.

Um dies deutlich zu machen, bedarf es nur einer sinngemäßen Erweiterung unseres obigen Beispiels: Möbel – Tisch und Sessel – begegnen zumeist nicht als an ihnen selbst beachtenswerte Gebrauchsgegenstände, im Lichte des Sachverständigen, sondern man gebraucht sie, und zwar in selbstverständlich-zweckmäßiger Weise, beachtet sie aber innerhalb des Ganzen einer häuslichen Einrichtung, als Einrichtungsgegenstände. a) Dem Möbel *als Werk* gehören eigentlich nur die es herstellenden Werkleute zu. Nur diese sind es, welche unmittelbar an der Art ihrer Arbeit als gute oder schlechte Arbeiter zum Vorschein kommen können. Aus dem Tisch erkennt man den Tischler und insoweit den Menschen. b) Zu den Möbeln als allgemeinen *Gebrauchs*-gegenständen gehört niemand Bestimmter, sondern der sie jeweils gebrauchen-Könnende. Im Gebrauch hört das Zeug aber auf, an ihm selbst beachtet zu sein, es sei denn mit Rücksicht auf seine Brauchbarkeit. Beim (guten) Sitzen verschwindet sozusagen der Sitz als solcher. Sofern aber der Mensch trotzdem an ihm selbst dabei zum Vorschein kommt, nämlich an der Art und Weise, wie er davon Gebrauch macht, also z. B. da-sitzt, ist es nicht eigentlich das Zeug, [31] der Sessel, der ihn zum Vorschein bringt (wie im Falle a). Am Sessel kommt nur die ihm ursprünglich zugehörige Mitwelt zum Vorschein, aber die Mitwelt selbst, welche nachträglich davon Gebrauch macht und für die er da ist, kommt ihrerseits zum Ausdruck an der Art und Weise, wie sie mit solchem Zeug umgeht. An der Art, wie einer einen Nagel einschlägt, an der Klingel zieht, seinen Hut aufsetzt, im Sessel dasitzt usw., zeigt sich schon, wie einer ist. Von dieser Art der Bekundung des Menschen am Zeug macht jede explizite Darstellung von Menschen einen ständigen und ausgiebigen

Gebrauch. c) Während aber diese Art, zum Vorschein zu kommen , nur beiläufig *am* Zeug zur Geltung kommt, ohne daß dieses selbst daran beteiligt ist, zeigt schon ein flüchtiger Blick auf das Insgesamt einer »Einrichtung« als solcher *in* ihr den Menschen an. Und genauer hingesehen, begegnet in der Einrichtung eines Zimmers nicht erst die Einrichtung und dann auch noch derjenige, welcher sich so und nicht anders eingerichtet hat, sondern – auch ohne vorherige Kenntnis des Betreffenden – präsentiert sich die Einrichtung von vornherein als eine menschliche Einrichtung, als eines bestimmten Menschen Umgebung. Eine Einrichtung bezeugt bereits rein als solche menschliches Dasein, und zwar von einer ganz bestimmten Tendenz, nämlich ein solches, dem es darum zu tun ist, *sich selbst*·»einzurichten« und sich so in Ordnung zu halten. In einer gut eingerichteten und geordneten »Wohnung« bekundet sich ein geordneter »Haushalt« und darin eine bestimmte menschliche »Haltung«. Ein ursprüngliches Ordnungsbedürfnis, der »ordentliche Mensch«, bekundet sich in seiner geordneten Umgebung. Wenn Strindberg in seinem Roman »Am offenen Meer«[21] schildert, wie Borg sein Zimmer wohnlich macht, indem er dem *Licht* im Zimmer durch Anbringen von Vorhängen einen »weicheren Ton« gibt, durch vorgestellte Möbel die »Leere« der *Wände* verdeckt, das »Störende« einer weißen *Tischfläche* durch eine Tischdecke beseitigt, die *Farben* der Einrichtungsgegenstände untereinander in »Harmonie« bringt, von welcher Harmonie gesagt wird, daß sie auf ihn »beruhigend« wirke, sich durch Einrichtung des *Schreibtischs* und der *Bücherregale* ein »Zentrum« schafft – so schildert er damit auf eine indirekte, aber deutliche Weise nicht so sehr Borgs *Zimmer* (dessen Licht, Wände, Tisch, Farben, Schreibtisch und Bücherregale), sondern den Zimmerherrn, Borg selbst, den *Menschen* – [32] nämlich als einen unruhigen, störbaren Menschen, dem es um Ordnung, Ruhe und Harmonie zu tun ist und der eine Angst vor der Leere hat und dessen persönliches Befinden von der geordneten Zugänglichkeit seiner Bücher und Instrumente abhängig ist, »diese Instrumente und Bücher, die in seinem Dasein festgewachsen waren, gleich neuen Sinnen, stärkeren und feineren als diejenigen, die ihm die Natur als Vätererbe gegeben hatte«. Und erst nach Vollendung der Einrichtung »von Schreibtisch und Bücherregal fühlte er sich wiederhergestellt«. Das besagt: der Mensch stellt *sich selbst* in der Herstellung einer solchen

---

21 Letzter Abschnitt des 3. Kapitels.

Ordnung her. Was die »Einrichtung« dem Blick des Menschen zu verstehen gibt, ist nichts anderes als der Mensch, und zwar nicht als etwas, was notwendigerweise mit dazu gehört, sondern als einer, zu dem eine solche Einrichtung gehört[22].

b) als Natur

Unsere erste Frage war aber, ob und wie die menschlichen Lebensverhältnisse in der *natürlich* belebten Umwelt mit zum Vorschein kommen. Soweit der Mensch natürliche Lebewesen, also z. B. Tiere in seinen Dienst stellt, beantwortet sich die Frage prinzipiell ebenso wie die zuerst besprochene zweite Frage nach dem Vorschein der Mitwelt in der Werkwelt. Der dressierte Hund spricht als dressierter von der Dressur des Menschen, nicht anders als das verarbeitete Holz als bearbeitetes von des Menschen Zwecken spricht. Aber bereits innerhalb des mit menschlicher Absicht Verfertigten erscheint wiederum die außermenschliche »Natur« des Werks. Ein Tisch läßt sich nicht aus allem und jedem herstellen, weil sich nicht alles und jedes *seiner* »Natur« nach dazu eignet. Der Zweck ist nie schlechthin »bestimmend«, sondern richtet sich in der Wahl des Materials nach *dessen* Zweckmäßigkeit. Die Bestimmung hat also ihre natürliche Grenze an der Natur dessen, *woraus* etwas verfertigt ist. Und die selbständige Natur dieses Woraus eines Verfertigten widersetzt sich nicht nur seiner Bearbeitung durch den Menschen, sondern es setzt sich auch im bereits Verfertigten wiederum durch. Der Tisch bekommt Sprünge, sein Holz selbst »arbeitet« – ganz »von selbst« wie alles Natürliche. Und wenn der Mensch sein Werk sich selbst [33] überläßt, so kehrt es ganz von selbst in den ursprünglichen Zustand seiner Natur zurück. Sein werkmäßiger Verfall bedeutet zugleich einen natürlichen Entstehungsprozeß. Diese ursprüngliche Selbständigkeit der Natur in ihrer Natürlichkeit erweist sich zunächst dem Menschen privativ als das nicht-weiter-Kultivierbare, nicht-weiter-Dressierbare, nicht-weiter-Züchtbare usw.

Unbeschadet dieser ihrer Selbständigkeit gegenüber dem Men-

---

22 In Kap. XVI [erstes Drittel] von *Schwarze Fahnen* deutet dies Strindberg selbst in folgenden Sätzen: »Wer eine Wohnung mietet und sie möblieren will, projiziert sein Inneres in Formen und Farben. Und wenn er fertig ist, kann er sehen, wie er inwendig aussieht, und auch andere mit offenen Augen können es sehen.«

schen zeigt sich bei näherer Betrachtung in der natürlich belebten Umwelt ein prinzipieller anthropologischer Vorschein. Seine ontologische Aufklärung würde eine Analyse der »Natur« des Menschen erfordern. Für unsere Zwecke genügt es, den anthropologischen Vorschein in der bedeutungsmäßigen Charakterisierung der Natur ein Stück weit aufzuklären.

§ 6. Der Grund der »Übertragbarkeit« von Charakteren der natürlichen Außenwelt auf die menschliche Innenwelt und umgekehrt

Der theoretisierten Überlegung gelten natürliche Außenwelt und menschliche Innenwelt als zwei verschiedene Welten, die sie charakterisierenden Bedeutungen als vorhandene Worte, und dieser Wortschatz scheint sich zunächst zu verteilen auf Worte für Inneres und Worte für Äußeres. Zugleich konnte es aber nicht ausbleiben, daß man sah, wie die Innenwelt faktisch durch Worte charakterisiert werden kann, die »an sich« »Äußeres« meinen, und die Außenwelt durch solche, die »an sich« »Inneres« meinen. Die bedeutungsmäßige Charakterisierung scheint dann infolgedessen beide Male eine uneigentliche, bloß »übertragene«, gleichnisweise façon de parler zu sein. »Streng genommen« werde dabei das eine Mal eine innere (»seelische« oder menschliche) Bedeutung nach Außen und das andere Mal eine äußere (naturhafte) Bedeutung nach Innen getragen. Eigentlich könne man aber von einem *Tier* nicht sagen, daß es »stolz«, von einer *Pflanze*, daß sie »bescheiden«, von einer *Gegend*, daß sie »melancholisch« sei – wie man andererseits auch eigentlich nicht sagen könne, daß ein *Mensch* »weichlich« oder »hartnäckig«, »hündisch« oder »aalglatt« sei oder in der »Blüte« seiner Jahre »dahinwelken« mußte, denn man charakterisiere damit die Natur anthropormorph und den Menschen naturalistisch. Dies sei aber nur der Gleichnisrede des unwissenschaftlichen Menschen und dem Dichter gestattet.

[34] So leicht man sich aber von dem Anthropomorphen der alltäglichen Naturbeschreibung und vom Naturalistischen der alltäglichen Menschencharakterisierung überzeugen kann, so schwer dürfte es sein, die Natur in ihrer Natürlichkeit aufzufassen und zu beschreiben mit sozusagen der Natur selbst entnommenen Ausdrücken – vorausgesetzt, daß man nicht der naiven Ansicht ist, daß die mit Absicht denaturierten Formeln der modernen und schon nicht mehr

modernen Naturwissenschaft *die* wahre Natur der Natur an ihr selbst
zur Sprache brächten.

Die bloße Tatsache, daß es überhaupt möglich und sogar unvermeidlich ist, *dieselben* Worte für so *verschiedenes* Sein zu verwenden,
also z. B. von der Vegetation der Pflanzen, aber auch vom Dahinvegetieren eines Menschen zu reden, ohne daß sich das Wort dem gleichsam widersetzt, hätte von vornherein auf die Vorfrage führen müssen,
ob denn Worte bloße Worte, die Dinge wirklich Dinge und die
Verwendung bestimmter Worte für bestimmte Dinge eine bloße Verwendung ist. Dann hätte sich nämlich gezeigt, daß und warum der
Sinn von Wortbedeutungen zumeist weder wörtlich noch dinglich
festgelegt ist und eine wirkliche »Übertragung« daher auch nur dann
vorliegt, soweit er dies ist.

Wie wenig die Worte regional für bestimmte Sachgebiete fixiert
sind, beweist nicht zuletzt die wissenschaftliche Rede der Philosophie.
Gemäß der Übertragungstheorie müßte auch ihre Redeweise als eine
äußerst dichterische Gleichnisrede bezeichnet werden, zumal sie ja
ihrer Absicht nach gerade nicht »dichten« will. Die Philosophie läßt
Begriffe »entspringen«. Bei Hegel »heben« sie sich sogar »auf«, vom
Verstehen wird gesagt, es habe verschiedene »Formen«, von einer
Begriffsbestimmung, daß sie »vor-läufig« sei, von den Problemen, daß
sie eine »Grundlage« haben müßten, man »stellt« sie »heraus« und
»führt« sie »zurück«, Sachen »verhalten sich« zueinander, Sätze
»widersprechen sich«, und so ins Endlose eines jeden Satzes auf jeder
Seite eines jeden philosophischen Werkes.

Diese Redeweisen sind aber keineswegs prinzipiell verschieden von
der vorwissenschaftlichen Gleichnisrede[23], z. B. von einem »kühlen«
[35] Temperament, einer »heißen« Begierde, einer »armen« Seele usw.
– Ist also alles Reden gleichnishaft? Vielleicht muß diese Frage bejaht
werden – nämlich, wenn zuvor verstanden ist, was dieses Sich-glei-
chen-können und Vergleichbarsein des Inneren und Äußeren bedeutet.

---

23 Analysiert man einen Satz wie: »Seid klug wie die Schlangen und sanft wie
die Tauben«, so zeigt sich zwar zunächst der Mensch von zwei Tieren her
charakterisiert; damit ihn diese aber charakterisieren können, müssen sie
bereits ihrerseits etwas charakteristisch-Menschliches haben, woraufhin sie mit
ihm verglichen werden können. Versucht man solche Charaktere *entweder*
tierisch *oder* menschlich festzulegen, so ergibt sich die Vexierfrage: Kann man
den Menschen z. B. als »fuchs-schlau« bezeichnen, weil schon Füchse schlau
wie Menschen sind, oder läßt sich der Fuchs als schlau charakterisieren, weil
schon der Mensch schlau wie ein Fuchs ist!

Pfänder beschreibt in seinen *Grundproblemen der Charakterologie*[24] die menschlichen Charaktere durchweg gleichnishaft, nämlich im Vergleich mit den anschaulichen Stoffcharakteren der Umwelt. Es gäbe Charaktere, die gleich wie Eichenholz seien, andere die wie Stahl, andere die wie ein Schwamm seien usw. Und seine Beschreibung vermag die menschlichen Charaktere damit tatsächlich anschaulich klar zu machen. Diese mögliche Art, Menschen zu charakterisieren, ist nicht als stilistische Eigentümlichkeit und auch nicht als Unzulänglichkeit in der begrifflichen Bestimmung von der Hand zu weisen, sondern in ihrer positiven Möglichkeit aufzuklären. Sie deutet hin auf das grundsätzliche Problem des Redens im Gleichnis als eines Vergleichens von verschiedenem Sein. Pfänder rechtfertigt seine Gleichnisrede, indem er sagt, sie sei unmißverständlich, wenn 1. das, *womit* der Charakter verglichen wird, anschaulich bekannt sei (also z. B. wirklicher Stahl), und wenn 2. das *tertium* comparationis, das Dritte zwischen den Vergleichsgliedern im Blick sei. Über dieses Dritte spricht sich Pfänder nicht weiter aus. In ihm liegt aber der Schlüssel für das Verständnis der angeblichen Übertragung zwischen den Zweien. Versucht man nämlich zwischen dem materiellen Sein z. B. wirklichen Stahls und dem seelischen Sein des (stählernen) Charakters dieses Dritte zu finden, so ist es nicht zu entdecken. Denn es ist ja nichts anderes als das bedeutsame Woraufhin (Anm. 8) das eine wie das andere Sein angesehen wird, also die bestimmte Vergleichshinsicht. Und beides ist miteinander vergleichbar hinsichtlich des – Stählernseins! Das Womit des Vergleichs ist zwar der stoffliche, »wirkliche« Stahl und das Woraufhin der Vergleichshinsicht das Stählernsein des Stahls. Aber was besagt Stahlsein *abgesehen* von Stählernsein? *Als* »Stahl« ist ein Stahl schon nicht mehr als bloße Stoffmaterie, sondern bereits als eine bestimmte »Stoffnatur«, als ein bestimmter »Stoffcharakter« angesehen. Und mit diesem ist [36] nichts anderes gemeint als der *allgemeine* »Charakter« des Stählernseins. Stählernsein ist gar kein dingliches Eigenschaftsprivileg eines Metalls, sondern eine vielfach mögliche Weise zu sein. Es kommt ebensowenig wie »Charakter«[25] »eigentlich« einem Metall und »uneigentlich« (gleichsam) einem Men-

24 In: Jahrbuch der Charakterologie, 1. Jg., Bd. 1, Berlin 1924, S. 289–355.

25 S. Rudolf Eucken, *Die Grundbegriffe der Gegenwart. Historisch und kritisch entwickelt.* 2. völlig umgearb. Aufl. Leipzig: Veit, 1893, S. 273–281. [6. umgearb. Aufl. u. d. T. *Geistige Strömungen der Gegenwart.* Berlin/Leipzig 1920, S. 363 ff.].

schen zu, sondern Stählernsein kann sowohl die charakteristische Seinsweise eines Metalls wie eines Menschen be-deuten. Rein für sich genommen ist Stählernsein und einen Charakter-haben ein regional indifferenter und an ihm selbst neutraler Begriff. Vom Willen eines Menschen aussagend, er sei »stählern«, vergleicht man in Wirklichkeit gar nicht *übertragend* die Weise, wie sich ein Metall verhält, mit der eines Menschen oder gar einen »Stoff« mit einer »Seele«, sondern Seiendes verschiedenster, wenn auch nicht aller Art kann unmittelbar in der an sich neutralen Bedeutungs-*richtung* des Stählernseins begegnen.

In der Erkenntnis der Unhaltbarkeit der Theorie von einer bloßen Übertragung hat sich L. Klages[26] eingehend bemüht, das darin mehr verdeckte als entdeckte Problem auf folgende Weise klarzulegen.

Durchmustert man, sagt Klages, die charakterologisch verwendeten Begriffe, so zeigt sich, daß es durchwegs Namen für sinnliche Anschaulichkeiten sind, Ausdrücke, die ihren Herkunftssinn in der anschaulichen Welt der gegenständlichen Wahrnehmung haben. Diese Namen bezeichnen also zunächst Charaktere der anschaulichen Außenwelt. Mit der direkten Innenwahrnehmung fehlen direkt nennende Innenbegriffe, sozusagen Begriffe von rein seelischem Bedeutungsgehalt. Gäbe es eine solche direkte Innensicht, so hätten wir auch entsprechend direkte Seelenbegriffe neben den äußeren Erscheinungsbegriffen. Da aber das Seelische in seiner äußeren Erscheinungsweise und nur darin zum Vorschein und zum Ausdruck kommt, bedarf es auch gar nicht dieser postulierten Bezeichnungen. »Weich« meint nach Klages zunächst eine äußere Dingeigenschaft, mit Hilfe von »weich« lasse sich aber auch eine innere seelische Eigenschaft bezeichnen. Denn wenn eine weiche Seele äußerlich in die Erscheinung tritt, so tut sie es im Erscheinungscharakter des anschaulichen Weich-seins, z. B. weicher Schriftzüge (s. *Ausdrucksbewegung und Gestaltungskraft*, S. 21). Oder Klages fragt: wie [37] kommt räumlich gemeintes Hochsein in die Möglichkeit, ein unräumliches Hochsein zu bezeichnen, und er gibt sich darauf die im Sinne seiner Fragestellung vorgezeichnete Antwort auf folgende Weise: räumliches Hochsein ist eine

---

26 *Ausdrucksbewegung und Gestaltungskraft. Grundlegung der Wissenschaft vom Ausdruck.* Leipzig: Barth, 2. wesentl. erw. Aufl. 1921 [= 3./4. Aufl. 1923], S. 18 ff. u. S. 196; *Vom Wesen des Bewußtseins.* Leipzig: Barth, 1921, S. 28 ff.; *Die psychologischen Errungenschaften Nietzsches.* Leipzig: Barth, 1926, S. 32 ff.

gegenständlich-anschauliche Welterscheinung; charakterliches Hochsein ist etwas gegenständlich-Unanschauliches. Beides wird trotzdem mit demselben Namen bezeichnet. Dies ist möglich und sinnvoll, weil in der außerweltlichen Gegenstandsnennung das Innere schon mit- und inbegriffen ist, bzw. weil umgekehrt ein »innerer« Charakterzug zum faßbaren Ausdruck kommt, sofern er sich in sinnlich-sichtbarer Weise veräußerlicht oder »erscheint« (z. B. graphisch). Was sich in dieser Weise nicht äußert, sei eben unsichtbar und unbegreiflich.

Wenn Klages also die äußerliche Übertragungstheorie ablehnt – als sei eine dingliche Weichheit *bloß* gleichnisweise auf eine seelische Weichheit sprachlich übertragen – so bedeutet seine Ablehnung in Wirklichkeit nur den Versuch ihrer Verinnerlichung. Nicht *bloß* gleichnishaft, sondern *prinzipiell* umwegig ist nach Klages die sprachliche Charakterisierung seelischer Charaktere. Bloß übertragen wird der Außenweltsbegriff deshalb nicht auf etwas Inneres, weil in dem Begriff von einer äußeren Erscheinungsweise das Innere, Seelische schon inbegriffen ist und das Seelische im Ausdruck äußerlich erscheint.

Der wirkliche Tatbestand ist aber folgender: »Hoch« als isolierter Ausdruck außerhalb des ihn bestimmenden Bedeutungszusammenhangs einer konkreten Seinsbesprechung genommen, ist weder auf Klang, noch auf Mut, noch auf Raum zugeschnitten, sondern bringt eine in ihrer Neutralität universale Bedeutungs*richtung* zur Anzeige, eine Bedeutungsrichtung, in deren Richtung sich klanglich-, muthaft- und räumlich-Seiendes bestimmen können. Das räumliche Hochsein ist weder »unvergleichlich verschieden« (dann wäre es gar nicht mehr davon zu unterscheiden) vom klanglichen Hochsein, noch enthält es bereits selbst etwas Seelisches, kraft dessen es dann rein Seelisches bezeichnen kann, sondern: unterschieden sind diese Weisen des Hochseins, sofern sich die unbestimmte Bedeutungsrichtung aus ihrem Sachzusammenhang konkret bestimmt und nicht verschieden, sofern sich der bestimmte Sinn eines Hochseins außerhalb seines sachbestimmten Bedeutungszusammenhangs verliert in die Unbestimmtheit der all-gemeinen Bedeutungsrichtung: »hoch«. Im konkreten Seinszusammenhang erfährt das »hoch« seine [38] es näher bestimmende Bedeutung z. B. vom Klang oder vom Mut. Aber als unbestimmt-allgemeine Bedeutung bestimmt es nur die allgemeine Richtung einer Ansprechbarkeit von Seiendem. Vielerlei Seiendes kann auf seine Weise hoch-sein. Es wäre unzutreffend zu sagen, der Hochmut drücke eine charakterologische Bestimmung in umweltlicher Orientierung aus, und auch nicht mitgemeint ist im inneren Hochmut ein äußeres Hochsein, obgleich es kein Zufall, sondern in der »Natur« des Menschen begründet ist, wenn sich der Hochmütige auch körperlich hochhält. Gemeint ist mit Hochmut eine Weise der Selbsthaltung, und zwar gegenüber anderen in der Bedeutungsrichtung des »hoch«.

Wir erhärten dies noch durch ein weiteres Beispiel: im Verhältnis zur Welt begegnet der Mensch Menschen, Gesetzgebungen, überhaupt menschlichen Einrichtungen, Zeichnungen, Gemälden, Klängen und Stoffen, und jedes dieser Seienden kann begegnen in der Bedeutsamkeit, z. B. des Hartseins. Man begegnet hartem Gestein, harten Knochen, Hartholz, beanstandet aber auch ein zu hartes Gesetz, findet einen Menschen hartherzig, spricht von einer harten Arbeit, bezeichnet eine Linienführung sowie eine Farbe, aber auch einen (musikalischen) Ton als hart und nimmt an all diesen Härten in entsprechend verschiedener Weise »Anstoß«. So sehr sich der bestimmte Sinn dieser verschiedenen Härten und die entsprechende Weise des Anstoßnehmens unterscheiden – eine Linie in anderer Weise hart ist als ein Stein – und so wenig sich andererseits »hart« als eine freischwebend eindeutige Bedeutungs-idee (Spezies) interpretieren läßt, ist doch zu sehen, daß diese universale Verwendbarkeit »derselben« Wortbedeutung zurückweist auf die einheitlich neutrale Bedeutung der unbestimmten Bedeutungs-Richtung: »Hartsein«. Zunächst ist damit eine Seinsweise allgemein angedeutet; diese Andeutung kann aber in dieser ihrer eigentümlichen Weite und Unbestimmtheit zur Bestimmtheit einer formalen Anzeige gebracht werden. Sie ist dann weder unbestimmt-allgemein noch inhaltlich-konkret festgelegt, sondern kraft ihrer Formalität auf ihre möglichen Konkretionen verweisend. Je nachdem nun ein Erfahrung und Anschauung gebendes *Grund*-verhältnis zur Welt in einer bestimmten Richtung betont ist, z. B. in der Richtung auf die natürliche Umwelt (Pfänder), vermag die faktisch *bevorzugte* Richtung der Umsicht alle übrigen Verhältnisse bedeutungsmäßig vorzugsweise zu begründen und zu bestimmen und so den Anschein eines [39] regional festgelegten, »richtigen« bzw. »eigentlich unrichtigen« Gebrauchs einer Wortbedeutung zu erwecken.

Einem solchen bevorzugten Anschauungsboden entspringt die spezifische Art einer Gleichnisrede als einer Bestimmung des einen aus seinem Vergleichbarsein mit dem vorzugsweise anschaulichen anderen. Die sich daraus motivierende Sonderung der Bedeutung nach

Maßgabe eines bevorzugten Grundverhältnisses zur Welt[27] hat ihrerseits zur Voraussetzung das allgemeine, ontologische Grundverhältnis des Menschen zur Welt überhaupt. In seinem Verhältnis zur Welt kommt aber in eins mit Umwelt und Mitwelt des Menschen eigenes Dasein mit zur Sprache. Diese universale Bestimmtheit alles »innerweltlich« Seienden – also auch der sogenannten Außenwelt – durch den in der Welt seienden Menschen geht jeder ontischen Differenzierung der Welt zu einer Innen- und Außenwelt, deren Verhältnis dann nur noch im kopulierenden »und« zum Ausdruck kommt, voraus.

Weil Innen- und Außenwelt ursprünglich überhaupt nicht innen und außen sind, sich vielmehr beide Welten aus dem einen einheitlichen Verhältnis des Menschen zur Welt differenzieren, kann über die Angemessenheit einer sprachlichen Charakterisierung der natürlichen und menschlichen Welt nichts anderes entscheiden als die Innerlichkeit oder Äußerlichkeit des *Verhältnisses* des Menschen zur einen und anderen sowie zur Sprache. Die Auswahl der Worte nach Maßgabe ihrer durchschnittlichen Gebräuchlichkeit für menschliches und natürliches Dasein verbürgt nicht die innere Angemessenheit einer Charakterisierung. Eine Landschaft läßt sich mit vorzüglich psychologischen Worten doch ganz äußerlich und Schicksale des Menschen lassen sich mit vorzüglich umweltlich gebrauchten Worten doch ganz innerlich deuten – so unmittelbar und eindringlich, wie es unter Umständen eine objektiv-direkte, gleichnislose Rede gar nicht vermöchte[28].

27 Viktor Hehns Analyse der Gleichnisse Goethes [*Gedanken über Goethe.* Berlin 1887 und spätere Auflagen, 6. Kap.] deckt nicht nur diese, sondern zugleich Goethes spezifische »Welt« auf, als die Welt, worin er vorzüglich lebte und woraus er daher auch seine Gleichnisse schöpfte.
28 Die Vexierfrage der Anm. 23 dieses Kapitels verwandelt sich somit in folgendes Problem: Wie ist es zu verstehen, daß gerade die *in*-direkte Charakterisierung u. U. zutreffender charakterisiert, als es eine direkt-gleichnislose Rede vermöchte? »Fuchs-schlau-sein« und »Dahinvegetieren«, das charakterisiert ja gerade den *Menschen*, aber nicht Tier und Pflanze – eine Pflanze »vegetiert« in diesem Sinne ebensowenig dahin, wie ein Fuchs fuchsschlau ist – obwohl der Vergleich doch aus letzteren geschöpft ist. Ist das Gleichnis aber wirklich daraus »geschöpft«? Oder ist es nicht vielmehr so, daß sich so etwas wie »Dahinvegetieren« zwar am Menschen zeigt, aber als etwas eigentlich *Un*-menschliches, welches *Un*-menschliche aber nur so zu *positiver* Deutlichkeit kommt, daß auf ein solches Sein hingedeutet wird, dem das Vegetieren positiv zukommt, während es bei einer direkt immanenten Charakterisierung – aus dem Menschen selbst – nur privativ – als etwas Un-menschliches – zum Ausdruck käme.

[40] Die ontische Vergleichbarkeit natürlichen und menschlichen Daseins gründet also in keinem »tertium« *zwischen* dem Innern des Menschen und dem Äußeren der Natur, sondern dieses Zwischenreich des gleichnishaften Vergleichens gründet ontisch in der »Natur« auch des Menschen und ontologisch in dem einen einheitlichen *Verhältnis* des Menschen zur Welt. Die Einheit dieses ontologischen Grundverhältnisses begründet die mögliche Universalität und Vergleichbarkeit der innerweltlichen Seinscharaktere. Die Einheitlichkeit, welche im Begriffe »Welt« liegt, besteht nicht als ontisches Umfaßtsein des kleinen Menschen von der großen Welt, sondern bedeutet ontisch die innere »Einheit des Lebens«[29] und formal ontologisch die Einheit, welche die Welt dadurch hat, daß sie die *eine* Welt des je einheitlichen Menschen ist. Dies allein ist der haltbare Sinn der Idee vom Menschen als einem »Mikrokosmos«[30]. Ein solcher ist der Mensch nicht, weil er die Welt im Großen im Kleinen ist, sondern weil, unbeschadet seiner Kleinheit, doch die ganze Welt, von der er sprechen kann, strukturell die seine ist. Und weil sie seine eine Welt ist, sind ihre Seinscharaktere der Möglichkeit nach universell vergleichbar. Die universale Ansprechbarkeit des Menschen durch seine Welt kommt notwendigerweise wieder zum Vorschein im Anthropomorphen ihrer Charakterisierungen. Deutlich wird die Bedeutsamkeit alles Seienden in den Bedeutungen der Sprache, worin sich der Mensch seine menschliche Welt deutet. Wir haben – mit einem Ausdruck Humboldts – die Welt »so, wie sie die Sprache uns zuführt«, in der »Weltansicht unserer Sprache«. Hat man diese Zusammenhänge von Welt, Mensch und Sprache[31] vor Augen, so ist es aber auch nicht mehr verwunderlich, sondern selbstverständlich, wenn auch schwer auseinander zu legen, warum auch die natürlich belebte Umwelt nicht charakterisiert werden kann, ohne daß [41] dabei der Mensch und *sein* »Charakter« zur Sprache kommt. An diese Wurzel des Problems der gleichnisweise vergleichenden Übertragung ist aber nicht heranzukommen, wenn

---

29 S. Max Scheler, *Wesen und Formen der Sympathie*. 2. Aufl. Bonn: Cohen, 1923, S. 16 u. 84 ff. [= Abschnitte A II 4 u. A IV 4; Ges. Werke, VII].

30 Nach der ontisch-metaphysischen Einheit des Menschen mit dem Kosmos zu fragen hätte nur Sinn, wenn des heutigen Menschen Lebensgefühl noch wirklich von »kosmischer« Befindlichkeit wäre; andern falls bedeutet die Neuauflage mythengeschichtlicher Werke nur eine interessante Ausdehnung des historischen Wissens.

31 S. Heidegger, *Sein und Zeit*, S. 160 ff.

man die Sprache als einen freischwebenden Wortschatz, die Welt als
eine Mannigfaltigkeit namenloser, innerer und äußerer Gegenstände
und den Menschen als deren unverbindlichen Namengeber auffaßt.

§ 7. Die rückwirkende Bedeutung der Mitwelt für die »Realität« der Umwelt

Außer den bisher explizierten Verflechtungen von Mitwelt und
Umwelt gilt es noch eine indirekte Bedeutung der Mitwelt für die
Umwelt ins Auge zu fassen.

Eine These Feuerbachs hieß: »Die Gewißheit von dem (sc. objektiven) Dasein anderer *Dinge* ist für mich *vermittelt* durch die Gewißheit
von dem Dasein eines *andern Menschen* außer mir« [Grs. 41 (Anm.
9)]. Und die Ursprünglichkeit der Objektivität der Mitwelt ihrerseits
ist nach Feuerbach dadurch gewährleistet, daß sich »ebenbürtiges«
Sein und nur solches, also Meinesgleichen oder Mitmenschen in
seinem »Ansich« offenbaren kann – sei es, indem es sich darin eröffnet
oder auch verschließt. Diese Möglichkeit, *sich selbst* (dem Menschen)
zu erschließen, fehlt den Dingen der Umwelt, deren Erschließung
daher stets *einseitig* bleibt.

Demselben Gedanken begegnen wir näher ausgeführt bei Dilthey.
In seiner sogenannten Realitätsabhandlung (Anm. 10) (*Ges. Schriften*
V, S. 90–138) fragt Dilthey nach der Genesis, dem »Ursprung» des
Realseins im Sinne einer spezifischen Realisierung oder *Ver*wirkli-
chung des von ihm dabei immer schon als wirklich-vorhanden-seiend
Vorausgesetzten. Er gebraucht den Ausdruck »real« im Sinne eines
konkreten Realitätscharakters, aber nicht in der Bedeutung eines
erkenntnistheoretisch leeren Ansich-seins. Aus »Impuls und Widerstand« will Dilthey nicht, wie ihm Rickert irrtümlich unterstellt, das
reale Vorhandensein einer Außenwelt herleiten, sondern zeigen, daß
und wie sich am Realen der spezifische Realitätscharakter ausbildet.
In den »Widerstandserfahrungen« der »Willensintentionen« oder
»Impulse« gewinne das Reale seine »volle« Realität, einen »höheren
Grad« von Realität. Das Reale »verdichte«, »verstärke«, »konsoli-
diere« sich darin zum eigentlichen Realen[32].

---

32 Vgl. Max Scheler, *Die Sonderstellung des Menschen*, a.a.O. (Anm. 5 dieses
Kap.), S. 208 f. [Ges. Werke, IX, S. 42–44].

[42] Für diese Ausbildung der Erfahrung vom Realsein im Sinne des Selbständigseins von etwas anderem ist die *Mitwelt* der ursprünglichste Boden. Diltheys Aufklärung der Realität der *Außenwelt* steht, wie die ganze Abhandlung, im Dienste einer Grundlegung der Geisteswissenschaften. Deren Thema ist die »*geistige Welt*« in der Bedeutung der »gesellschaftlich-geschichtlichen Wirklichkeit«, die »Menschenwelt« oder *Mitwelt*. Demgemäß ist für Dilthey das »Außen« der Außenwelt von Anfang an gleichbedeutend mit dem »Anderen« im Unterschied zu einem selbst. Weil sich ein Selbst aber am ursprünglichsten und eindringlichsten nicht vom andern überhaupt – der Welt –, sondern von den anderen, d. h. von der Mitwelt unterscheidet, »vollende« nicht nur die Unterscheidung meiner selbst von einem anderen die ausgängige Unterscheidung von Selbst und Außenwelt, sondern schon »zunächst« sei uns das Außen in einer *anderen Person* gegeben. Das nächstliegende Außer-uns sind die Nächsten im Sinne der Mitmenschen, aber nicht die Gegenstände der ferner liegenden Umwelt. Aus dieser Orientierung der Realitätsabhandlung wird somit verständlich, wieso Dilthey seine Analyse der Außenwelterfahrung als eine Vorarbeit zur Grundlegung der Geisteswissenschaften in Anspruch nehmen konnte.

Von hier aus geht Diltheys Gedanke nun wieder zurück zur Außenwelt. Denn nach dieser »primären« Widerstandserfahrung an anderen Personen (z. B. des Mannes mit seiner Frau, der Eltern mit ihren Kindern, der Lehrer mit ihren Schülern, der Arbeitgeber mit ihren Arbeitern und umgekehrt) »konzipieren wir in Analogie die Realität der Objekte« [vgl. V, S. 125]. Es ist daher kein sprunghafter, sondern ein in der Konsequenz seines Ansatzes begründeter Übergang, wenn Dilthey unmittelbar von der Widerstandserfahrung des Kindes an einer verschlossenen Tür auf »das ganze Leben« des Menschen, seine menschlichen Lebensverhältnisse exemplifiziert und auf die »Wände von Tatsächlichkeit« zu sprechen kommt, welche den Widerstand der Welt als Mitwelt meinen. Der »Druck der Außenwelt« kommt ursprünglich nicht von außen her, sondern entspringt meinen Verhältnissen zu anderen. Er ist primär ein »Druck des Lebens« (*Ges. Schriften* VII, S. 266), wobei »Leben« im früher entwickelten Sinne zu verstehen ist. (Vgl. zur Realitätsabhandlung auch Bd. VII, S. 61 ff., 244, 332.) Entsprechend dem existenziellen Vorrang der Mitwelt vor der Umwelt gilt Dilthey als der ursprüngliche Boden von »Impuls und Widerstand« nicht die natürliche Außenwelt, sondern die dem Men-

schen [43] natürliche Welt, die Mitwelt – das In-der-Welt-sein als
Miteinandersein, die »Verhältnisse zwischen Personen«. Nur darin
begegnet einem wirklicher Widerstand und Widerspruch, während
dagegen Sachen sich nicht selbst widersetzen, sondern mir nur widerstehen können. Weil der Mensch in dem, worauf es ihm vorzüglich
ankommt – sein menschliches Leben – nicht so sehr von der Umwelt
als von der Mitwelt abhängig ist, erfährt er auch vorzüglich an ihr und
von ihr aus die »Selbständigkeit«, das reale Ansichsein eines Seienden[33].

Diese Auseinandersetzung wäre aber mißverstanden, wollte man
sie so verstehen, als sei man des selbständigen Daseins, z. B. eines
Waldes, nur gewiß, sofern man sich zuvor schon der Mitwelt vergewissert habe, als bedürfe es eines ständigen und ausdrücklichen Rück-
gangs auf die Mitwelt und deren Selbständigkeit. Was Dilthey sinnvoller Weise allein sagen will, ist nicht mehr, aber auch nicht weniger, als
daß für die Ausbildung der allgemeinen Realitätserfahrung *überhaupt*
insbesondere und an *erster* Stelle die Mitwelt, aber nicht die Umwelt
wirksam ist, und zwar aus dem einfachen Grund, weil sich das
menschliche Leben primär in der Mitwelt abspielt, der Mensch seine
nachdrücklichsten Lebenserfahrungen nicht im einseitigen Verhalten
zur außermenschlichen Natur, sondern im wechselseitigen Verhältnis
zur Mitwelt macht, ihm dieses Verhältnis die gründlichsten und
grundlegenden Erfahrungen vermittelt.

Weil aber alle Erfahrungen des Menschen – ganz gleich, aus
welchen Verhältnissen sie entspringen – einen einheitlichen Erfah-
rungszusammenhang ausbilden, nivelliert sich die größere Ursprünglichkeit der einen vor der anderen in der Vereinheitlichung der Erfahrungen und ihrer Begriffe. Die ursprüngliche Vorzugsstellung der
anthropologischen Verhältnisse des Miteinanderseins für die Ausbildung des Erfahrungsbegriffs von »Selbständigkeit« äußert sich sprachlich darin, daß fast sämtliche Charakterisierungen natürlicher und
werkhafter Selbständigkeitsbekundungen anthropomorph sind;
zugleich aber bewirkt eine solche Vermenschlichung eine Vereinheitlichung der Erfahrungen von Selbständigkeiten zu einem allgemeinen
Begriff. Nur mittelbar (»analogisch«), aber nicht unmittelbar kann
z. B. außermenschliches Sein *sich zu mir* »verhalten«, [44] *mir von sich*

---

33 Inwiefern nach Dilthey die Erfahrung vom Widerstand des andern dessen
Selbständigkeit noch nicht zum *positiven* Ausdruck bringt, erörtern wir zu
Beginn des III. Kapitels, §37.

aus »begegnen«, *sich selbst* »erschließen«, »zeigen« und »zu erkennen geben«. Die von Feuerbach und Dilthey gebrauchte Rede von dem Vermitteltsein der außermenschlichen Realität durch menschliche Realität besagt also, daß der Erfahrungsbegriff von Selbständigkeit überhaupt – am ursprünglichsten und nachdrücklichsten – in den Verhältnissen des Menschen zum Menschen erwächst. Am ursprünglichsten deshalb, weil sich der Mensch als Mensch in der wesentlichen Abhängigkeit von Seinesgleichen befindet, und am nachdrücklichsten deshalb, weil sich nur andere Menschen den Bestrebungen des Menschen selbst widersetzen können. Im gespannten anthropologischen Lebensverhältnis sind die eigenen »Willensintentionen« und die »fremden Widerstände«, worin sich nach Dilthey zunächst die selbständige Realität eines anderen ausweist, einander ontologisch ebenbürtig. Das »Fremde« ist hierin von gleicher Art wie das »Eigene« und gerade deshalb um so realer befremdend.

§ 8. Die Selbständigkeit der Natur im Unterschied zu der des Menschen

Es gilt nun aber noch die darin implizierte *negative* Behauptung auszuweisen, daß die Selbständigkeit, welche das natürliche Geschehen gegenüber dem Menschen hat, nicht von größerer, sondern von geringerer Nachdrücklichkeit, weniger befremdend sei. Dem widerspricht zunächst scheinbar die »Tatsache«, daß die Natur über den Menschen eine größere Macht haben kann als die »Macht der menschlichen Verhältnisse«, und zwar sowohl die Natur in uns wie außer uns. Vergegenwärtigen wir uns an einem alltäglichen Fall die Art der Abhängigkeit des Menschen von der Natur und ihre darin zum Ausdruck kommende Selbständigkeit. Wie unterscheidet sich die Abhängigkeit des Menschen vom Wetter im Unterschied zu der von (»wetterwendischen«) Menschen? Der Unterschied scheint zunächst daran zu liegen, daß man Menschen prinzipiell »beeinflussen« kann, auf das Wetter aber gar keinen Einfluß hat; *ganz* »von selbst«, *völlig* »unabhängig« von meinen Intentionen oder Bestrebungen schlägt es um, und in diesem ganz »von selbst« der naturhaften Selbständigkeit scheint doch gerade ein Mehr, aber kein Weniger an Ursprünglichkeit und Nachdrücklichkeit zu liegen. Dagegen erweist sich die Selbständigkeit eines anderen Menschen zunächst gerade nicht ganz von alleine, sondern in einem konstitutiven Zusammenhang mit mir. Sofern sich nämlich die Selbständigkeit eines anderen zumeist [45] in seinem Widerstand erweist – und sei es auch nur in der Form, daß sich seine selbständige »Meinung« darin zeigt, daß er *anderer* Meinung ist, nämlich als ich – begegnet sie mir auf Grund und im Sinne meiner eigenen Intentionen – oder auch nur Meinungen – als *deren* Widerstand. Widerstand erfährt nur, wer Widerstand leistet. Wer meine Pläne mit Absicht oder auch nur launenhaft durchkreuzt, zeigt sich zwar darin in seiner eigenen Selbständigkeit, aber doch nur auf Grund dessen, daß *ich selbst* schon »andere« Pläne habe, das heißt solche, die durch Absicht und Laune eines anderen überhaupt durchkreuzbar sind.

Auch das Wetter kann zwar meine Pläne durchkreuzen, aber nicht in derselben Weise. Denn nicht das Wetter selbst kann meine Pläne »durch-kreuzen«, sondern meine Pläne werden durch es nur ge-kreuzt und eigentlich auch nicht *ge-kreuzt*, sondern nur gestört; denn so etwas wie Wetter kann selbst keine menschlichen und insofern gleichartigen Pläne haben, und auch seine »Launenhaftigkeit« ist schon anthropomorph gedeutet. Es veranlaßt mich nur zur eigenen Änderung meiner eigenen Pläne. Und weil das natürliche Wetter keinen anthropologischen Ursprung hat, läßt sich auch direkt dagegen nichts »wollen«. Was man dagegen unternehmen kann, beschränkt sich auf ein Ausweichen und auf Herstellung menschlichen Werks. Einen Witterungsumschlag kann man sinnvollerweise weder positiv noch negativ »intendieren«; gerade deshalb kann sich solches Geschehen aber auch gar nicht meinen Intentionen »widersetzen« und in dieser nachdrücklichen Art als etwas Selbständiges erweisen. Desgleichen sind die Erwartungen, welche der Mensch bezüglich des Wetters hegen kann, immer nur seine »bloßen« Erwartungen. Wenn ich dagegen auf eine Frage eine Antwort erwarte, so ist das keine »bloße« Erwartung, denn eine vom Menschen an den Menschen gerichtete Frage läßt ihrem Sinne nach eine Antwort erwarten, und dem entspricht, daß die Antwort nicht unabhängig von der Frage ausfällt, sondern von vornherein als deren Be-antwortung intendiert und zu erwarten ist. Weil Frage und Antwort derselben Seinsart, dem menschlichen Dasein entspringen, läßt sich auch diese von jener intendieren. Und weil sie sich intendieren läßt, kann sie auch in der spezifischen Realität einer selbständigen Gegentendenz, als eine Antwort »wider Erwarten« begegnen. Der Ausfall des Wetters ist dagegen völlig selbständig, ein unwiderruflicher, unwidersprechlicher Ausgang, und es fehlt solchem natürlichen Geschehen damit gerade [46] diejenige »Energie« der Selbständigkeit, welche Seiendes von meiner Art dadurch entwickeln kann, daß es sich intendieren läßt und mit Rücksicht darauf sich widersetzen kann.

So sehr sich aber das Wetter ganz von selbst verändert und mir in dieser Art von selbständiger Veränderung in einer entsprechend unverbindlichen Weise begegnet, so wenig könnte der Mensch doch vom Wetter »abhängig« sein, wenn er von *gänzlich* anderer Art wäre. Zwar kann einen das Wetter in seiner Natürlichkeit nicht in der Sprache des Menschen ansprechen, aber der Grund, weshalb es einen doch in seine Abhängigkeit bringen kann, liegt in der »Natur« – *des Menschen*. Wäre der Mensch nicht zugleich ein natürliches Lebewesen, so könnte ihn das Wetter überhaupt nicht angehen. Und nur, weil er selbst eine Natur hat, kann er das Natürliche in seiner Selbständigkeit erfahren und verstehen. Daß der Mensch in sich selbst eine zweifache Selbständigkeit vereinigt, die automatische des Natürlichen und die autonome des Persönlichen, ist der ontologische Grund dafür, daß die außermenschliche Natur über ihn eine Macht haben kann. Die Selbständigkeit der Natur im Verhältnis zum Menschen ist also weder von untermenschlicher noch übermenschlicher Art, (Anm. 11) sondern dadurch auf den Menschen bezüglich, daß auch er von Natur aus da ist und selber eine Natur hat, obschon eine menschliche.

II. TEIL: DIE IMMANENTEN STRUKTUREN DER MITWELT

I. Abschnitt. Das Miteinandersein als solches

§ 9. Die formale Grundstruktur, innerhalb derer die Mitwelt begegnet

Die voranstehenden Analysen von »Welt« und »Leben«, sowie von »Mitwelt« und »Umwelt« in ihren Verflechtungen sind nun zurückzunehmen in die artikulierte Einheit des Verhältnisses des Menschen zu seiner Welt. Mit dem Ausdruck »Verhältnis« ist bereits angedeutet, daß die Grundglieder dieses Strukturzusammenhangs eine einheitliche, innere Verbindung haben und nicht bloß äußerlich zusammenhängen. Der Mensch verhält sich wesenhaft in dreifacher Richtung: *zu anderen* oder zur Mitwelt, *zu etwas anderem* oder zur *außermenschli-*

chen Welt und *zu sich selbst.* [47] Aus dieser mit dem menschlichen Dasein gegebenen Gliederung gewann Kant seine Einteilung der Pflichten in solche gegen sich selbst, gegen andere und gegen natürliche Lebewesen und leblose Sachen, wobei er letztere als indirekte Pflichten des Menschen gegen sich selbst ansah.

Dazu *verhalten* kann sich immer nur der Mensch, und er kann sich zu nichts außer ihm verhalten, ohne damit zugleich immer *sich selbst* dazu zu verhalten, auch wenn er sich gar nicht ausdrücklich »zu sich selbst« verhält. Und er kann sich weder zu sich selbst, noch zu anderen, noch zu etwas anderem verhalten, ohne sich damit zugleich eo ipso zu dem jeweils andern, wozu er sich nicht ausdrücklich verhält, dennoch mit-zu-verhalten. Die Wozu des jeweiligen Verhaltens sind somit – als die Wozu eines einheitlichen Sich-verhaltens-zu . . . – an ihnen selbst weder koordiniert noch subordiniert, sondern insgesamt anthropologisch artikuliert.

Die konkrete Weise ihrer Artikulation bestimmt sich aus dem je faktischen Akzentuiertsein des einen Wozu vor dem andern. Wer sich in betonter Weise zu sich selbst verhält, darauf den Ton oder Akzent legt, für den artikulieren sich gemäß dem grundsätzlichen Strukturzusammenhang gleichwie von selbst die Mitwelt und Umwelt in *un*betonter Weise. Dieser unterschiedliche Akzent im nur formaliter identischen Strukturzusammenhang, das Bedeutungsgewicht des einen Moments, kraft dessen die anderen Momente des Zusammenhangs unwichtig werden, ist für die konkreten Lebensverhältnisse und deren Unterschiede der faktisch entscheidende, »springende« Punkt. Die Frage, worauf der *Akzent* liegt, mag um einer voraussetzungslosen »Wissenschaftlichkeit« willen noch so unausdrücklich bleiben, so hat sie doch schon jeweils ihre Antwort gefunden in der thematischen Wahl, Rangordnung und Durchführung einer Analyse.

Abgesehen von der je faktischen Akzentuierung des eigentlich »wichtigen« Moments ist der formale Struktur-*Zusammenhang* der Wozu eines jeden Lebensverhältnisses als solcher deskriptiv deutlich zu machen:

1. Sich zur *Mitwelt* verhaltend, tritt man damit schon ohne weiteres in umweltliche Verhältnisse; man besucht einen Bekannten und begibt sich – dazu – außer Haus, irgendwohin.

2. Sich zur *Umwelt* verhaltend, tritt man damit schon ohne weiteres in mitweltliche Beziehungen positiver oder privativer Art; man geht auf die Straße und trifft dort andere oder auch Niemanden,

[48] wodurch man erst recht positiv erfährt, daß auch noch andere –
in der Weise des Fehlens – da sind.

3. Sich zu *sich selbst* verhaltend, bezieht man sich – ausdrücklich
oder nicht – zugleich auf Mitwelt und Umwelt; sich freuend, freut
man sich, nämlich über etwas oder einen andern, die einem Anlaß zur
Freude gegeben haben; sich ärgernd, ärgert man sich – nämlich über
etwas oder einen andern, die einen geärgert haben.
Und in allen drei Richtungen des Verhaltens kommt man *selbst* mit
zum Vorschein. Im Besuch des Bekannten als dessen Bekannter; im
Ärger über andere oder etwas als einer, der »sich« darüber ärgern
kann; im Gang auf die Straße als einer, der dazu selber ausgeht.

»Mitwelt« begegnet also nie rein für sich, sondern stets innerhalb
eines Strukturzusammenhanges, dessen formale Gliederung das *Selbst
– mit Andern – In-der-Welt-sein* ist. »Selbst« meint aber in dieser
Strukturformel kein ausgesprochenes »Ich selbst«, sondern das unaus-
gesprochene Subjekt des Sich-verhaltens-zu... In dem, *wozu* und *zu
wem* ich mich verhalte, bin ich selbst existent. Dieses Bei-sich-sein
beim andern kann ebensosehr wie eine Bekümmerung um sich selbst –
und sei es auch »vor Gott« – eigentlich wie uneigentlich, echt und
unecht sein. Die Eigentlichkeit eines Verhaltens bestimmt sich nie aus
dem, *wozu* man sich verhält, sondern aus der Art und Weise, *wie* man
sich dazu verhält. Daß Ich mir in Wahrheit aber nicht von mir selbst
und auch nicht von der naturhaften Welt, sondern nur von »Dir« aus
zu eigen werden kann und »Du« meine ganze eigentliche Welt bist,
wozu ich existiere, war die leitende Idee der Grundsätze Feuerbachs.
Um die Tragweite dieser Idee zu erproben, bedarf es aber ihrer
kritischen Begründung aus einer weitergehenden Analyse der Mitwelt
als solcher.

§ 10. *Analyse der Mitwelt als der* »*Andern*«

Es wurde früher gezeigt, inwiefern die »Welt« als Mitwelt bestimmt
ist, und es kommt nun darauf an, die Mitwelt in ihren immanenten
Strukturen zu begreifen.
1. Die allgemeinste und ursprünglichste Bestimmung der Mitwelt
liegt im Begriff: »*die Andern*«. Indem mir die Mitwelt zunächst als die
Welt der »andern« begegnet, ist sie weder die Idee der »Menschheit«
in einer jeden »Person« (Kant), noch die [49] »Gesellschaft« (Dilthey)

und ebensowenig mein »Du« (Feuerbach) und noch weniger ein »Fremd-Ich« (Scheler), sondern die durch mich geeinte Welt der andern, nicht mehr und nicht weniger bestimmt als dadurch, daß sie *meine Mitwelt* ist. Im Unterschied zu Etwas[34] anderem sind die anderen dadurch ausgezeichnet, daß sie von derselben Seinsart, in derselben Weise da sind wie ich selbst. Unbeschadet dessen, daß sie andere sind, sind sie doch *Meinesgleichen*.

Wenn ich mich auf die Straße und damit unter Menschen begebe, begegnen mir die andern in selbstverständlicher Weise als eine Welt von Meinesgleichen und insofern gerade nicht als »andere«. Der zunächst liegende aber unausdrückliche Sinn des »Mit« in Mitwelt[35] ist also: Mitmensch in der Bedeutung von Meinesgleichen. Ausdrücklich wird das Anderssein der andern, sofern ich mir meiner selbst in einer Weise bewußt bin, daß damit alle andern (außer mir) zu *bloßen* Mit-menschen werden, oder wenn sie an ihnen selbst generell von anderer Art (Rasse, Kulturgemeinschaft usw.) sind.

2. Mich in meiner nächsten Mitwelt umsehend, *unterscheide ich diese andern* als Meinesgleichen zunächst nicht ausdrücklich von mir selbst, aber doch *untereinander*. Ihr Verschiedensein gilt ebenso wie ihr Meinesgleichensein als das Selbstverständliche. Diese selbstverständliche Voraussetzung, daß ein jeder anders ist als der andere, findet ihre Aufklärung im IV. Kap. bei der Analyse des »Einzigen« (Stirner). Innerhalb der allgemeinen Mitwelt äußert sich die Einzigkeit eines jeden insbesondere nivelliert als allgemeines Anderssein eines jeden als jeder andere. Befremdend ist unter anderen stets die Gleichheit, z. B. ihr Uniformiertsein oder das Zum-verwechseln-ähnlichsein von Zwillingen. Und das Befremdendste wäre die Begegnung mit einem andern, der einem andern oder einem selbst völlig gliche, ein Doppelgänger wäre. Das Unheimliche des Doppelgängers ist, daß er einem die Selbstverständlichkeit der eigenen Singularität oder Einzigkeit von einem andern her zum gegenständlich deutlichen Bewußtsein bringt, der »ersten Person« zeigt, daß sie noch einmal in zweiter Person da ist, und sie so ihrer einmaligen Einzigkeit beraubt.

So zeigen sich schon der bloßen Umsicht die andern ihrem Aussehen nach als allgemein und je für sich verschieden. Sie [50] begegnen z. B. als Männer, Frauen, Kinder, alte Leute, junge Leute, gut geklei-

---

34 S. u. §§13 ff.
35 S. u. §§13 c u. 27 über die Bestimmung des »Mit« aus dem »Einander«.

dete Leute, als auffallende Erscheinungen, als Kutscher, Polizisten, Offiziere usw. Dieses »Als«, in dem sie begegnen, besagt: sie begegnen alle in irgendeiner *Bedeutsamkeit*, als die und die – unbeschadet der ganz verschiedenen Bedeutungstiefe solcher Bedeutsamkeit. Und die »Männer« begegnen wiederum nicht als Männer überhaupt, sondern als »verschiedene Männer«, als je für sich voneinander unterschiedene Einzelne. Ein jeder der andern ist also *anders* als jeder andere.

3. Dieses ihr formales *Unterschiedensein* als der und der bedeutet aber zugleich einen *Zusammenhang*. Die andern begegnen nicht schlechthin als je andere, sondern ein jeder ist »anders *als* der andere«. Im »als« des »anders als« bekundet sich ein unterschiedlicher Zusammenhang Auch wenn einer *ganz* anders aussieht als *alle* andern, bestimmt er sich damit noch immer aus seinem Zusammenhang mit den andern. Jeder andere zeigt sich, indem er anders ist *als* andere, von vornherein als mehr oder minder verbindlich zu-andern-gehörig. Als »Mann« gehört einer offensichtlich schon eo ipso zu »Frauen«, als Vater zu Kindern, als Offizier zum Militär und als Militär (nicht) zum Bürgerstand, als alter Mann (nicht) zu den jungen Leuten. Indem einer als der und der begegnet, begegnet er immer schon in seiner möglichen Zugehörigkeit zu andern, und im Verhältnis zu diesen ist er *selbst* »anders als« (die andern). Die Frage ist also nicht, wie der Begriff des Etwas oder Einen zu Etwas (anderem) oder Einem (anderen) »übergeht« (Hegel), sondern wie sich die in unbestimmt-bestimmter Weise immer schon Zusammengehörigen voneinander unterscheiden und sondern. Weil menschliches »Dasein« immer schon »Mitsein« ist, bedeuten die »Als«, welche einen an ihm selbst charakterisieren, zugleich »Als« in Rücksicht auf andere – ein »anders-als«. Und indem sich ein jeder dieser anderen von bestimmten anderen, mit denen er in bestimmter Hinsicht zusammengehört, unterscheidet, ist er an ihm selbst ein unterschiedlich bestimmter anderer. Rein für sich selbst genommen, unterschiede sich keiner als der – und kein anderer.

Als solchermaßen Unterschiedene lassen sich die andern prinzipiell miteinander vergleichen. Eine ausdrücklich in Hinsicht auf Verschiedenheit vollzogene Weise des vergleichenden Unterscheidens ist die Kritik, welche sich ausspricht in der Form: »nicht so – sondern anders«. Die kritisch unterscheidende Vergleichung hebt den einen [51] ab vom andern in der Weise einer Absonderung. Sie hebt damit einen jeden als einen Besonderen heraus.

Dieses Unterschiedensein des einen vom andern aus ihren möglichen *Verhältnissen zueinander* bekundet sich in ihrer selbstverständlichen Verbindbarkeit durch die Konjunktion »und«. Daß sich etwas *und* anderes, der eine *und* der andere in so selbstverständlicher Weise formal kopulieren lassen, ist an und für sich nichts Selbstverständliches. Dieses »und« ist nur scheinbar bloß addierend. Der formal-konkrete Sinn seines Verbindens ist, daß es Ausdruck gibt einer immer schon bestehenden Verbundenheit des einen mit den anderen. Als der und der gehört einer schon zu dem und dem, auch wenn er sich faktisch gar nicht darum kümmert. Der und der ist einer zunächst im unausdrücklichen oder ausdrücklichen *Verhältnis* zu dem und dem.

In einer Aufzählung der Mitwelt wie: Alte und Junge, Männer und Frauen, Vorgesetzte und Untergebene usw. verbindet z. B. das »und« die unterschiedlich Bestimmten in der Weise eines Gegensatzes, d. h. aus ihrem gegensätzlichen Verhältnis. Und der allgemeine Gegensatz bestimmt sich darin näher nach Alters-, Geschlechts- und Berufs-Verhältnis. Diese ausdrücklich unterschiedene Art eines mitweltlichen Zusammenhangs hat aber zur Bedingung ihrer Möglichkeit denjenigen Zusammenhang und dasjenige Unterschiedensein, welches darin gründet, daß ein jeder dieser anderen 1. seinesgleichen und 2. zugleich je anders als jeder andere ist.

Der konkreten Umsicht zeigt sich diese im Mitsein des Daseins begründete Doppelheit seiner Als-Bestimmtheit – im Verhältnis zu andern und darin zugleich für sich selbst als der und der bestimmt zu sein – in unausdrücklicher und selbstverständlicher Weise. Als »Polizist« ist einer tätig, indem er andern, für die er »Polizist« ist, Auskunft gibt; als Bettler, indem er andere anbettelt; als Kutscher, indem er andere fährt; als Dozent, indem er andern doziert usw. Ein jeder der andern bestimmt sich zunächst also gerade darin *an ihm selbst*, daß er zu bestimmten *andern* ein Verhältnis haben kann. Die Mitmenschen begegnen nicht als eine Mannigfaltigkeit für sich seiender »*Individuen*«, sondern als »*personae*«, die eine »Rolle« haben, nämlich innerhalb und für ihre Mitwelt, aus der heraus sie sich dann selbst personhaft[36] bestimmen. Die volkstümliche [52] Bezeichnung einer Person, deren wesentliche Rolle darin besteht, zu einer andern ein geschlechtliches Verhältnis zu haben, als »Verhältnis« schlechthin,

---

36 Vgl. Rudolf Hirzel, *Die Person. Begriff und Name derselben im Altertum*, in: Sitzungsberichte der Kgl. Bayerischen Akademie der Wissenschaften. Philos.-philol. u. hist. Klasse, Jg. 1914, 10. Abhandlung.

zeigt nur besonders extrem die allgemeine Bestimmtheit des Menschen aus seinen verschiedenen Verhältnissen zu andern.

Mit dieser ihrer Bestimmtheit aus ihren Verhältnissen zu andern ist die Bedeutsamkeit eine im wörtlichen Sinne[37] »verhältnismäßige« Bedeutsamkeit, aber keine »absolute«, d. h. zusammenhanglose. Wollte man von dieser »Realität« als etwas Unwesentlichem absehen, und nach einer absoluten, singularen Bedeutung eines jeden je für sich suchen, so ergäbe sich zunächst wiederum kein pures Individuum in seiner unaussprechlichen Einzigkeit, sondern nur eine andere Art von verhältnismäßiger Bedeutsamkeit. So gründen z. B. die moralischen Qualitäten des Individuums auch nicht in ihm selbst als einem singularen Wesen, sondern darin, daß sich dieses singulare Wesen wesentlich zu andern verhält. »Egoistisch« oder »gütig« kann einer faktisch nur sein, weil mit ihm andere da sind, gegen die man egoistisch oder gütig sein kann. Der Egoismus ist so wenig wie die Güte eine für sich bestehende innere Eigenschaft einer individuellen Substanz, sondern ist, was er ist als eine menschliche »Lebens-äußerung«[38]. Diese Relativität auch des moralischen Seins auf andere relativiert nicht die Bedeutung des Moralischen, sondern gibt ihr allererst einen konkret-verbindlichen Sinn. Wollte man um der Absolutheit personaler Werte willen von dieser Verbindlichkeit absehen, so würde man damit nicht von einer bloß »sozialen Sphäre« des Individuums, sondern von der ganzen Konkretion seiner Lebensverhältnisse, in denen einer allein werden und zeigen kann, was er und wie er ist, abstrahieren.

4. Diese aus ihren Verhältnissen unterschiedlich bestimmten anderen sind aber nicht rein untereinander verschieden. Als Mit-mir-seiende sind die andern ursprünglich insgesamt von mir selbst, der ich allein kein »anderer« bin, als meine Mit-welt unterschieden. Die ursprüngliche Unterscheidungsquelle für die andern als andere bin also ich selbst. Nur im Unterschied zu mir sind die andern sowohl »andere« als auch Meines-gleichen. Die Analyse hat also die Mitwelt prinzipiell zurückzubeziehen auf den je einen, für den [53] die andern andere sind. In dieses ursprüngliche Verhältnis muß jetzt die begriffliche Bestimmung: »die Andern« zurückgenommen werden.

In Rücksicht auf einen selbst ergibt sich als nächste Bedeutung der

---

37 Wir gebrauchen diesen Ausdruck also nicht in der Bedeutung von »mehr oder minder«.
38 S. u. § 18.

»andern« ihr selbstverständlicher *Plural*. Im Plural sind die andern im Unterschied zu mir, dem je einen[39]. Zwar machen sie als die vielen andern eine ganze Mitwelt aus, aber eine einheitliche »Welt« sind die andern doch nur in Rücksicht auf mich, den einen, der diese ganze Welt von andern als »Welt« zusammenhält. *Hin*gesehen wird zwar zunächst nach Außen, auf die andern als solche, aber – wenn auch zumeist ganz unausdrücklich – in *Rück*sicht auf einen selbst. Die herrschende Idee einer objektiven Beurteilung anderer durch *Absehen* von sich selbst ist zufolge der grundsätzlichen Unterscheidung der andern von einem selbst eine prinzipiell illusionäre Fehltendenz. Auch die Verhältnisse der andern untereinander lassen sich nicht ohne Rücksicht auf das einheitliche Verhältnis meiner selbst zum einen wie zum andern beurteilen. Wäre die Beurteilung anderer wirklich und nicht nur der Theorie nach »selbstlos«, so könnte sie die andern weder für sich noch untereinander beurteilen. Die wirklich mögliche Objektivität in der Beurteilung anderer wird durch keine illusionäre Selbstlosigkeit, sondern durch das ausdrückliche Einbeziehen seiner selbst in die Beurteilung anderer gewährleistet. Nur auf Grund solch ausdrücklichen Sicheinbeziehens kann man dann ausdrücklich abziehen, was in der Beurteilung anderer – zumeist ganz unausdrücklich – an Selbstbeurteilung mit eingegangen ist.

Gesetzt, es beurteile einer zwei seiner Vorgesetzten mit dem Ergebnis, der eine sei strenger als der andere, so kommt er selbst in solcher Rede allerdings nicht zum selbständigen Ausdruck. Daß er es selber ist, der die andern beurteilt, scheint nicht der Rede wert, denn das besagt scheinbar nichts weiter, als daß zu einem Urteil über zwei andere als Dritter auch ein sie Beurteilender dazugehört. Dieser Dritte ist aber faktisch der Erste; denn er beurteilt, ob er es weiß und will oder nicht, die andern doch stets aus demjenigen Verhältnis heraus, in dem ihm die Verhältnisse der andern untereinander allererst zugänglich werden. Dieser selbstverständliche Maßstab – das eigene Verhältnis – geht auch dann nicht verloren, wenn einer andere [54] ausdrücklich nicht »nach sich«, sondern sich selbst nach andern beurteilt. Maßgebend ist stets das ganze ursprüngliche Verhältnis, aus dem heraus über andere geurteilt werden kann. In Rücksicht auf dieses einheitliche Verhältnis meiner selbst zu dem einen (anderen) und zu dem andern (anderen) ergibt sich z. B. als eigne Ansicht, daß der eine

39 S. u. IV. Kap.

strenger sei als der andere. Jede solche Beurteilung orientiert sich an diesem eigenen Verhältnis zum einen und zum andern. Das verschiedene Strengsein, welches sich dabei als Urteil ergibt, wird nicht als eine in verschiedenen Graden vorhandene Eigenschaft an zwei Individuen, genannt »Vorgesetzte«, vorgefunden, sondern als eine Art und Weise des Verhaltens, nämlich zweier Vorgesetzter zu einem selbst, nämlich als ihrem Untergebenen, im Verhältnis erfahren. Und nur aus diesem gegenseitigen Verhältnis läßt sich ihr Verhalten in seiner wahren, objektiven Bedeutung bestimmen. Demgemäß ist die Fraglichkeit der Objektivität des Urteils über den einen und den andern hinsichtlich ihrer Strenge durch keine künstliche Eindeutigkeit zu beseitigen, sondern in ihrer fraglichen Zweideutigkeit aufzusuchen und dadurch zu beantworten, daß sich der Beurteilende selbst fragt, ob nicht die Verschiedenheit des Verhaltens des einen und anderen in einer Verschiedenheit seines eigenen Verhältnisses zu ihnen mitbegründet ist.

5. Aus dieser prinzipiellen Rückbezogenheit der anderen und ihrer Verhältnisse untereinander auf einen selbst und sein eigenes Verhältnis zu ihnen ergibt sich die empirisch bekannte Grundunterscheidung der anderen in Näher- und Ferner-stehende, *Angehörige und Fremde*. Die Verhältnisse zu den anderen unterscheiden sich also primär in Hinsicht auf ihre Verbindlichkeit. Der »Bekannte«, der mir »unter anderen« auf der Straße begegnet, unterscheidet sich von allen andern als den Unbekannten. Innerhalb dieses »Kreises« – dessen unausdrücklicher Mittelpunkt man selber ist – von *Zugehörigen* unterscheiden sich wiederum die Meinigen als die *Angehörigen*. Und innerhalb der Angehörigen bist allererst »Du« im eigentlichen Sinn *der Meinige*. In der faktischen Ordnung der Verhältnisse bist »Du« aber nicht der Letzte, sondern der Erste. Und weil »Du« für mich der Nächste bist, sind alle andern – im Verhältnis zu Dir – Fernere, Anderweitige, Andere in der »dritten« Person.

Die Seinsweise der sogenannten zweiten Person, ihr »ist« in der Weise des »bist«, hat nicht zufällig mit der der ersten Person, die [55] in der Weise des »bin« ist, dieselbe sprachliche Wurzel. Und beide unterscheiden sich radikal von der dritten Person, die in der »unpersönlichen« Weise des »ist« ist. Entsprechend hat das »wir beide« eine grundsätzlich andere Bedeutung als das allgemeine »wir«, z. B. auch der wissenschaftlichen Anrede. Das Zu-zweit-sein bedeutet keine quantitative Verringerung des Zu-dritt-, viert- usw. -seins, sondern eine daraus nicht abzuleitende qualitative Steigerung des Miteinanderseins. Die »dritte« Person und d. h. zugleich jede weitere Person unterscheidet sich von der zweiten Person grundsätzlich deshalb, weil nur eine Person in zweiter Person sich mit der von allen anderen unterschiedenen ersten Person vereinigen kann. Indem »Ich« der eine bin und »Du« der andere bist, gehören wir beide unmittelbar »Einander«. Nur »Du« kannst der »Meine« sein, wie auch nur »Ich« der »Deine« sein kann. Das Verhältnis von Ich und Du ist ein einzigartiges – das besagt aber nicht, daß es für jedes Ich nur ein einziges Du gibt. Eigentlich mit-einander sind nicht »wir«, und noch weniger ist »man« miteinander, sondern ausschließlich »wir beide«, »Du und Ich«, können miteinander sein. Wie wenig sich das eigentliche Einandergehören etwa reaktiv aus dem öffentlichen Miteinandersein bestimmt, zeigt sich daran, daß der ihm eigentümliche »Ausschluß der Öffentlichkeit« nicht deren positive Kritik, sondern eine radikale Gleichgültigkeit gegen alles Öffentliche bedeutet. Ein anderer bist »Du« also nicht in der Bedeutung des lateinischen »alius«, sondern im Sinne des »alter« oder »secundus«, der mit mir als ein »alter ego« alternieren kann[40]. Du bist der andere meiner selbst. Mit Dir kann ich daher auch nie »allgemein« zusammensein, denn Du bestimmst mich stets als Ich. Eigentliche »Kommunikation«[41] gibt es nicht nur deshalb nur zu zweit oder »unter vier Augen«, weil darin ein jeder »als Einzelner« zu Wort kommt, sondern ebensosehr deshalb, weil der Einzelne nur als der Eine von Zweien, im Rede- und Antwortstehen, aber nicht vor sich selbst aus sich heraus kommt. In dieser Konzentration des einen und des andern in einem eigentlichen »Einander« modifiziert sich die diffuse Bedeutung des Mitseins zur restringierten Bedeutung eines solchen Mitseins, worin mit dem einen auch schon der andere ebenbürtig da ist, und aus einem solchen anthropologisch-*bestimmten* Mitsein [56] entspringt auch der *allgemeine* Sinn eines »ontologischen« Begriffs von Mitsein. Erst Du, aber nicht jeder andere, bist eigentlich »Meinesgleichen«. Am ursprünglichsten »mit« einem andern ist einer dort, wo das bloß Mithafte des einen für den andern in einem ebenbürtig-einheitlichen Einander als einem ausschließlichen Verhältnis von mir zu Dir, von »bin« und »bist«, verschwindet.

---

40 Vgl. hierzu Hermann Cohen, *Ethik des reinen Willens*. Berlin: Cassirer, 1904, 4. Kap.
41 S. Karl Jaspers, *Die Idee der Universität*. Berlin: Springer, 1923, S. 36 ff. und *Psychologie der Weltanschauungen*. 3. Aufl. Berlin: Springer, 1925, S. 125 f.

§ 11. *Kritischer Rückblick auf Feuerbachs These vom »Ich« und*
»Du«

Bevor wir in die formale Strukturanalyse dieses eigentlichen Miteinanderseins eintreten, sichern wir die Blickrichtung auf dieses Sein im Einander durch einen Rückblick auf Feuerbachs »Ich und Du«.

Auf Grund der voranstehenden Entwicklung des »Ich und Du« aus der Welt in der Bedeutung von Mitwelt ist an Feuerbachs These ein zweifacher Mangel ersichtlich:

1. Feuerbach setzt unvermittelt ein mit der Zuspitzung der Mitwelt auf das Du eines Ich; »Ich und Du« verbindet keine Welt.

2. Was sie verbindet, bleibt ein unbestimmtes »und«.

ad 1. Zunächst scheint es zwar ein prinzipieller Mangel zu sein, wenn Feuerbach von der Welt des »Selbst-mit-andern-in-der-Weltseins« abstrahiert, aber näher besehen entspringt dieses Versäumnis aus der Zuspitzung auf ein Miteinandersein von Ich und Du. Zwar haben auch »Ich« und »Du« im Verhältnis zueinander ein vorausgesetztes Verhältnis zur »Welt«, aber dieses bestimmt nicht den Sinn von jenem, sondern umgekehrt bestimmt sich ihnen ihre »Welt« ursprünglich aus ihrem Miteinandersein.

Daß weder ich selbst noch irgendein anderer unbesorgt um sein weltliches Dasein alltäglich existieren kann, das schließt nicht aus, daß Ich und Du *zusammen* – d. h. aber nicht addiert – unbekümmert um die ganze Welt sein können, und zwar gerade deshalb, weil die eigentliche »Welt« des Menschen schon eine Mitwelt ist. Die Welt begegnet dem Menschen zumeist und zunächst als die Welt einer Mitwelt, z. B. als die »Welt« der Familie, des Gutsherrn, des Aristokraten, des Bauern, des Kaufmanns, des Gelehrten usw. Ursprünglicher als das Sein bei der »Welt« ist das Miteinandersein, weil die Welt vor allem das Menschenleben ist, »welches jeden umgibt und sich als vorherrschende Quelle der Sorgen ausweist«[42].

[57] Anthropologisch ursprünglicher als jedes Besorgen von Zuhandenem ist das Sorgen für andere, denn jenes Besorgen entspringt der Sorge für sich selbst und andere. Ist aber schon alltäglich die »Welt«, in der man selbst mit andern ist, wesentlich in der *Mitwelt*

---

42 Jacob Burckhardt, *Griechische Kulturgeschichte*, hrsg. v. Jakob Oeri. 5. Aufl. Berlin/Stuttgart: Spemann, o.J., Bd. II, S. 399 [Gesamtausgabe, IX, S. 357].

des Daseins inbegriffen, so geht die Welt vollends im einen und andern auf, wenn beide einander ihre ganze Welt bedeuten und nicht nur »sozusagen«, sondern faktisch eine »Welt für sich« sind. Zwar sind auch »wir beide« in und bei der allgemeinen Welt des öffentlich miteinander Besorgbaren, aber die Welt, in der wir eigentlich existieren, ist ausschließlich »unsere« Welt. Die Bedeutung der Welt der anderen beschränkt sich darauf, daß sie sich zwischen »Ich und Du« störend eindrängen kann, und dem trägt jedes eigentliche Miteinandersein Rechnung, indem es diese Welt nach Möglichkeit ausschließt. Dieses Ausschließen konstituiert aber nicht die Exklusivität ihrer Welt für sich *positiv*, denn deren Exklusivität entspringt einem ursprünglichen Zusammenschluß, auf Grund dessen allererst die allgemeine Welt, als die Welt der anderen, ausgeschlossen wird. Privativ, von der Welt als Mitwelt her bestimmt, ist nur, wer »allein«[43] in der Welt ist, aber nicht, wer – sei es allein oder zu zweit – »für sich« sein kann. Indem »wir beide« also eine Welt für sich sind, fehlt uns weder die »Welt« noch die allgemeine Mitwelt. Das Fehlen der Welt, welche immer schon Mitwelt ist, bedeutet somit in Feuerbachs These keinen prinzipiellen Fehler seines Ansatzes, sondern einen positiven, wenn auch von ihm selbst nicht begründeten Charakter des exklusiven Miteinanderseins von »Ich und Du«.

Was Ich und Du verbindet und wozu sie beisammen sind, ist kein gemeinsames Besorgen, sondern das sind *sie selbst*. Wenn der eine dem andern seine ganze Welt bedeutet, kann nicht mehr sinnvoll gefragt werden, *was* sie – außer ihnen selbst – verbindet und *wozu* sie – außer ihnen selbst – beisammen sind. Ihr Miteinandersein ist – äußerlich betrachtet – »zweck-los«, weil es schon selbst Zweck, »Selbstzweck« ist.

Und so wenig solches Miteinandersein »alltäglich« ist, so wenig kann es auch aus der alltäglichen Weise des Bei-der-Welt-seins als – eigentlich und uneigentlich – »*besorgende* Fürsorge« interpretiert werden. Daß solches Miteinandersein nichts Alltägliches ist, besagt aber nicht, daß es nicht – vom entscheidenden Tag [58] der Begegnung ab – alle weiteren Tage des Daseins bestimmen könnte.

ad 2. Dagegen ist die Unbestimmtheit, in welcher Feuerbach den unmittelbaren Bezug von Ich und Du gelassen hat, der kritische Punkt seiner Grundsätze. Gerade dann, wenn Ich und Du sich selbst verbin-

43 S. Heidegger, *Sein und Zeit*, S. 120.

den und keiner anderweitigen Welt als Bindemittel bedürfen, kommt
alles darauf an, die *Art ihres Verbundenseins* formal zu klären. Der
Mangel dieser Klarstellung ist der Grund, weshalb Feuerbach trotz
aller Tendenz, die Fragestellung nach dem Subjekt und Objekt zu
verändern, doch nur an Stelle des Subjekts ein »Ich« und an Stelle des
Objekts ein »Du« einzusetzen vermochte. Wenn aber der Ansatz mit
»Ich und Du« nicht nur verbal, sondern sachlich etwas anderes sein
soll als eine personifizierte Subjekt-Objekt-Beziehung, so kann dies
nur auf Grund einer Explikation der eigenartigen Beziehungsweise
geschehen, welche zwischen »Personen« im Unterschied zu ihrem
Bezug auf »Sachen« stattfindet. Und wenn, wie Feuerbach behauptet,
die Beziehung zwischen Personen und das selbständige Sein der andern
Person wirklich den »ursprünglichen« Sinn von »Beziehung« und von
»Objekt«-sein darstellt, so müßte sich dies dadurch erweisen, daß der
Bezug zu Objekten und das Objektivsein der Objekte daraus als
abgeleitet verständlich werden.

Wir bezeichneten schon im bisherigen die »Beziehung« zwischen
dem einen und dem andern als ein »Verhältnis« des einen zum andern
und bestimmten daraus den formalkonkreten Sinn des die andern
untereinander verbindenden »und«. Die Struktur des »Verhältnisses«
ist nun genauer zu bestimmen in der Abgrenzung des Verhältnisses
vom Zusammenhang, von der Beziehung (Relation) und von der
Korrelation. Von hier aus ergeben sich dann vier wesentliche Bestimmungen des Verhältnisses.

1. Das »Verhältnis« bestimmt den einen wie den andern *im
gleichen Sinne, d. i.* »*verhältnis-mäßig*«. (§§ 17–18)

2. Zufolge dieser Verhältnismäßigkeit ist eines jeden Verhalten
prinzipiell *zweideutig*. (§ 19)

3. Das Verhältnis kann sich in seiner Verhältnismäßigkeit *verselbständigen*. (§ 22)

4. Die Auflösung des verabsolutierten Verhältnisses ist *das absolute Verhältnis* des einen zum andern. (III. Kapitel)

Der Herausstellung dieser vier Punkte, auf Grund einer vorherigen
Sicherung des Begriffs »Verhältnis«, dient alles weitere.

§ 12. *Der Begriff des »Verhältnisses« im Unterschied von*
»Zusammenhang«, »Beziehung« (Relation) und »Korrelation«

[59] Jedes Verhältnis ist ein Zusammenhang, aber nicht jeder Zusammenhang ist schon ein Verhältnis. Etwas kann mit Etwas in verschiedener Weise zusammenhängen. Die zwei Grundweisen des Zusammenhangs sind der sachhaltig begründete und der sachhaltig unbegründete, bloß zufällige Zusammenhang. Was bloß in zufälliger Weise zusammenhängt, hängt rein auf Grund des außersachlich gestifteten Zusammenhangs zusammen. Wenn ich eine Schnur sinnlos mit einem Holz zusammenbinde, so ist das ein solcher »bloßer« Zusammenhang ohne sachliche »Beziehung« des einen auf das andere; weder bezieht sich dabei die Schnur auf das Holz, noch das Holz auf die Schnur, noch beide aufeinander. Wenn aber die Schnur auf das Holz »gewikkelt« ist, so hängt sie mit ihm schon nicht mehr »bloß« zusammen. Als eine aufgewickelte Schnur ist sie auf das, worauf sie gewickelt ist – das Holz – *bezogen*. Ebenso hängen die Perlen einer Halsschnur nicht »bloß« zusammen, sondern sind in bestimmter Weise »aufgereiht« und so aufeinander bezogen. »Beziehung« ist also ein solcher Zusammenhang, worin das eine an ihm selbst auf das andere verweist. Sofern sich Etwas auf etwas Anderes bezieht, besteht zwischen ihnen eine Bezüglichkeit oder Relation. Ein Bilderrahmen ist – wie schon das Wort sagt – gleich allem Dazu-daseienden relativ auf ... oder bezogen auf ... (Bilder). Diese Relation besteht aber nur zwischen Bilderrahmen und Bild, aber nicht zwischen Bild und Rahmen. Das Bild erfordert seinem Bild-Sinne nach keinen Rahmen, es ist ja kein Rahmenbild, wohl aber erfordert ein Bilderrahmen ein Bild zum Umrahmen. Die Relation ist also eine *einseitige* Beziehung. Einseitig ist eine Relation in Beziehung auf die Möglichkeit einer zweiseitigen Relation, die *Korrelation*. Korrelativ aufeinander bezogen sind z. B. Schlüssel und Schlüsselloch. Ein jedes dieser beiden verweist seinem Sinne nach auf das andere; die Zweiseitigkeit der Korrelation bedeutet also eine *Gegenseitigkeit* der Relate. Das eine verweist auf das andere, keines hat Sinn ohne das andere, sie sind füreinander gemacht und passen zueinander. Und trotz ihres Füreinanderseins kann man nicht eigentlich sagen, sie stünden zueinander in einem *Verhältnis*. Ein Verhältnis ist weder ein bloßer Zusammenhang, noch eine bloße Relation, noch eine Korrelation, obgleich es alle drei in [60] gewisser Weise enthält. Was unterscheidet aber nun ein »Verhältnis« von einer bloßen Korre-

lation zweier Relate? Weshalb sprechen wir nicht von der Relation und Korrelation z. B. von Vater und Sohn, sondern von ihrem Verhältnis? Warum kann man den Sinn ihres Zueinander nicht als ein Korrelativsein interpretieren? Und weshalb kann man andererseits nicht sagen, daß etwas wie Schlüssel und Schlüsselloch zueinander in einem Verhältnis stehen? Ist doch beidemal das eine seinem Sinne nach auf das andere bezogen. *Verhalten* sich aber Schlüssel und Schlüsselloch überhaupt und verhalten sie sich somit *zueinander* und damit *sich* im Sinne des Einander?

Die Beantwortung dieser Frage erfordert die Stellung der Vorfrage: *Was* steht hier und dort zueinander in Beziehung? Die scheinbar unbestreitbare formalontologische Antwort darauf ist: beidemal *Etwas* zu *Etwas anderem.* Sind aber wirklich die einen »Etwas« auch nur formal von derselben Art wie die andern? Von welcher Art sind die Etwas, welche sich zueinander verhalten und somit in einem Verhältnis stehen können? Sind Vater und Sohn »Etwas« und »Etwas anderes«?

§ 13. *Irgend Etwas und irgend Einer*

Die natürliche Logik der Sprache philosophiert uns sachgemäß voraus und sagt dagegen: irgend *Einer* ist der Vater und irgend ein *Anderer* ist der Sohn. Ist aber *Einer* nicht doch zugleich auch *Etwas*? So eindeutig »Etwas« – eine Sache – nie »Einer« ist, so zweideutig ist doch der formalontologische Begriff der Person, denn es läßt sich nach ihr sowohl fragen, *wer* sie ist, wie auch *was* sie ist[44]; sie ist Einer und Etwas – Person und Sache – zugleich[45]. Dagegen ist die formal mögliche Unterordnung des irgend Etwas-seins und irgend Einer-seins unter die Kategorie des »etwas überhaupt« nichtssagend, denn *daß* sowohl Etwas wie Einer überhaupt etwas sind, sagt nichts darüber aus, was und wie sie sind. Das »etwas überhaupt« trifft gleichsam nur das »Et« des Et-was und eines analog zu bildenden Et-wer, aber nicht ihr »was« und »wer«. Die Kategorie »irgend Einer« untersteht also nicht der Kategorie »irgend Etwas«, sie ist ihr mindestens ebenbürtig,

44 Vgl. u. §45.
45 Vgl. u. §39 a.

wenn nicht übergeordnet, denn das Etwassein ist in einer noch aufzu-
klärenden Weise im Einersein inbegriffen.

[61] Wir sehen vorerst davon ab, daß und wie Einer auch Etwas
ist, und daraufhin, daß *irgendetwas* nicht dasselbe ist wie *irgendeiner*.
Aus dem formalontologischen Ausdruck für Personsein, dem Einersein, im Unterschied zum Etwassein, kann nun demonstriert werden,
inwiefern nur der Eine und der Andere, aber nicht Einer und Etwas
und noch weniger Etwas und Etwas »zueinander« in einem »Verhältnis« stehen können.

a) Das sog. Verhältnis von Einem zu Etwas

Der Unterschied wird deutlich, wenn wir uns zuerst vergegenwärtigen,
wie es ist, wen sich *Einer* gerade nicht zu einem andern, sondern *zu
Etwas* (anderem) verhält. Zwar ist beidemal das Wozu des Sich-
verhaltens formell »Anderes« als man selbst, aber ist es ein Zufall der
Sprache, daß man im ersten Fall den andern ausdrücklich als einen
»andern« bezeichnet, im zweiten Fall aber das bloße »etwas« genügt,
um es von dem einen zu unterscheiden und es »anderes« Etwas nur
mit Bezug auf Seinesgleichen, also auf Etwas ist? Es wäre denkbar, daß
sich darin die Einsicht ausprägt, daß »Etwas« schon allein dadurch,
daß es *Etwas* ist, eo ipso deutlich von Einem als etwas ganz anderem
unterschieden ist, während ein anderer (ebenso wie etwas) sich von
Seinesgleichen ausdrücklich als ein »anderer« (bzw. als etwas »anderes«) unterscheiden muß. Die Andersheit von etwas und etwas anderem ist von anderer Art als die von irgend einem und irgend einem
andern. Wir fixieren diese Differenz ihrer Andersheit vorläufig mit den
Termini: Eigenartigkeit und Individualität. Einer ist in *individueller*
Weise eigenartig anders als der andere, aber etwas ist *nur* in eigenarti-
ger Weise anders als etwas anderes.

Dieser Unterschied von Etwas und Einem äußert sich konkret im
Verhalten zum einen und andern. Etwas wie ein Schlüssel kann mir
verloren gehen und sich wieder finden. Daß *er* (selbst) mir verloren
geht und *sich* (selbst) wieder findet, ist aber nur eine aus dem
ursprünglichen Verhältnis des einen zu einem andern abgeleitete Redeweise, deren faktische Herrschaft ein Zeichen dafür ist, daß der
sogenannte *Sach*-verhalt ein aus dem anthropologischen Verhältnis
abgeleiteter Begriff ist. Etwas Zuhandenes kann weder es »selbst«
sein, noch »sich« (selbst) zu einem verhalten, noch sich selbst zu einem

»verhalten«. Verloren geht so etwas nur, sofern es einer verliert und finden läßt es sich nur, sofern es einer findet. [62] Was also vorliegt, ist ein prinzipiell *einseitiges* Verhältnis, und einseitige Verhältnisse liegen überall und nur dort vor, wo sich Einer nicht zu einem andern, sondern zu Etwas verhält. Weil sich aber Etwas auch gar nicht wie ein anderer selbst zu mir »verhalten« kann, liegt streng genommen auch gar kein einseitiges »*Verhältnis*«, sondern ein bloßes Sich-selbst-dazu-*verhalten* vor. Wirklich »einseitige« Verhältnisse gibt es nur innerhalb des als Verhältnis immer schon als *gegenseitig* beanspruchten Verhältnisses des einen zum andern. Das sich nicht zu mir Verhalten des Etwas bedeutet kein negatives Sich-verhalten – sich unauffindbar machen kann immer nur Einer – sondern die Abwesenheit jeglichen solchen Könnens.

b) Das sog. Verhältnis von Etwas zu Etwas

Weil Etwas aber überhaupt nicht sich selbst, wie ein anderer, zu mir verhalten kann, kann sich auch *Etwas zu Etwas* nicht nur nicht »verhalten«, sondern streng genommen auch gar nicht auf-*einander* »beziehen«. Der Schlüssel selbst bezieht sich so wenig auf das Schlüsselloch wie dieses auf jenen. Die Gegenseitigkeit der Korrelation von Etwas-Relaten, ihr Sich-aufeinander-beziehen ist ebenfalls eine anthropomorphe Redeweise und gründet ursprünglich in dem Einen, der sich zum einen (Etwas) wie zum andern (Etwas) verhalten kann. Ohne das Sich-dazu-verhalten-können von irgend Einem gäbe es auch gar keinen derartigen »Sachverhalt«. An ihnen selbst haben Sachen zueinander kein Verhältnis, sondern eine sachhaft ausgeprägte Beziehung, deren Ursprung die sachlichen Zwecke des Menschen sind.

c) Das eigentliche Verhältnis von Einem zu einem Andern

In einem Verhältnis *zu-ein-ander* kann nur einer zu einem andern stehen, denn nur einer und ein anderer verhalten *sich selbst* und daher *zueinander*. Ihre Gegenseitigkeit ist eine solche des Ein-ander. Und indem *der eine wie der andere sich selbst* zum andern verhalten kann, vollzieht sich ihr Verhältnis zueinander im *einheitlichen* »sich« des Einander. Die Einheitlichkeit dieses gemeinsamen »sich«, welches die Reflexivität eines jeden für sich korreflexiv gestaltet, bekundet sich sprachlich in der Vereinheitlichung des einen und andern in dem einen

»Einander« und dessen Derivaten: aufeinander, zueinander, miteinander usw. – Dagegen ist der Gebrauch des »einander« in Hinsicht auf die Beziehung von [63] Einem zu Etwas und von Etwas zu Etwas (anderem) ein Mißbrauch, weil deren Beziehung im Unterschied zum echten Verhältnis außer der Möglichkeit eines »sich« im Einander steht.

§ 14. Hegels Analyse des »Etwas« [46]

Daß sogar Hegels »logische« Aufarbeitung der ontologischen Grundbegriffe der »Endlichkeit« zwar das irgend-Etwas zum Ausgang nimmt, aber kein irgend-*Einer* kennt, ist der beste Beweis für die von Feuerbach bekämpfte Herrschaft der gegenständlichen Welt der Objekte über die Mitwelt der Personen. Diese selbstverständliche Orientierung am Etwas ist um so bedeutungsvoller, als Hegels Analyse des Etwas die für den Begriff der Wahrheit entscheidende Bestimmung des wahrhaften *Ansichseins* von Etwas zum Ziel hat. »Was das Ding-an-sich in Wahrheit ist, was wahrhaft an sich ist, davon ist die Logik die Darstellung«. Hegel wendet sich dabei gegen Kants Begriff vom Ding-an-sich. Was er hier wie überall zeigen will, ist, daß sich die Bestimmung vom Etwas in seinem Ansichsein nicht »unmittelbar«, sondern nur durch »Vermittlung«, durch ontologische Konstitution, ergibt.

Zunächst ist Etwas gerade nicht in seinem Ansich gegeben, sondern entbehrt der Eigenbedeutung des eigenen Seins. Etwas ist »zunächst« gerade in der Weise da, daß es zu etwas anderem in Beziehung steht, »Sein-für-Anderes« ist. Als wahrhaft an sich Seiendes bestimmt es sich erst, sofern es aus diesem seinem »Sein-für-Anderes« auf sich zurückgebracht oder re-flektiert ist. »Ansichsein« ist also eine vermittelte Seinsweise und besagt: dem unmittelbaren Sein-für-Anderes enthoben sein. Der Meinung nach »soll« zwar Etwas, Daseiendes einfach an sich da sein, in Wirklichkeit gewinnt es dieses eigene Sein aber erst auf Grund einer Rückbeziehung auf sich selbst, durch Rückkehr aus dem zunächst gegebenen Sein-für-Anderes. Kants Ding-an-sich drückt nur die Abstraktion von allem Sein-für-Anderes aus

46 *Wissenschaft der Logik* [1. Buch, 1. Abschn., 2. Kap., A, c. u. B, a]. Leipzig: Meiner, 1923, I, S. 101 ff.

und seine Bestimmung des Ansichseins bleibt daher völlig unbestimmt. Bestimmtes Ansichsein wird Etwas, Daseiendes nur durch »Negation der Negation«, d. h. durch ein Sich-zurück-gegebenwerden von Etwas aus seinem unmittelbaren Ausgegebensein an anderes. Etwas wird ansich-seiend, indem es sich auf sich zurückbezieht im Gegenzug zu etwas anderem, worauf es sich zunächst bezog. Das Etwas hat also zwei Momente, das Ansichsein und das Sein-für-Anderes. [64] Nur scheinbar fallen Etwas und Etwas (anderes) als zwei unmittelbar ansich-Seiende auseinander, ihre »Wahrheit« ist gerade ihre innere »Beziehung«.

Kant wird aber von Hegels Kritik so wenig getroffen, wie die Bestimmung von Einem (anderen) durch die von Etwas (anderem) getroffen werden kann, denn Kants Begriff vom Ansichsein ist ursprünglich nicht an der »Sache«, sondern an der »Person« und ihrer »Freiheit« orientiert (s. u. § 39 e). Die eigentliche Begegnung von Hegel mit Kant ist daher nicht hier zu suchen, sondern in der Auseinandersetzung von Hegels Begriff der »absoluten Sittlichkeit« mit Kants »praktischer Vernunft« zu finden[47].

In unserem Zusammenhang ist an Hegels Analyse des Etwas folgendes bedeutsam: Hegel *beginnt* die Analyse der Endlichkeit mit dem »Etwas«, *zielt damit aber ab* auf die Bestimmung des Ansichseins von *Einem*, denn der »Geist« hat zu seiner Existenzform das *Subjekt*sein. »Das Dasein ist Daseiendes, Etwas«. »Dasein, Leben, Denken usw. bestimmt sich wesentlich zum *Daseienden, Lebendigen, Denkenden (Ich)* usf. Diese Bestimmung ist von der höchsten Wichtigkeit, um nicht bei dem Dasein, Leben, Denken [. . .] als Allgemeinheit stehen zu bleiben.« »Das Etwas ist die *erste Negation der Negation,* als einfache, seiende Beziehung auf sich«. Es ist als so bestimmtes »der Anfang des Subjekts« und hat sich weiter zu bestimmen bis es »im Begriff die konkrete Intensität des Subjekts erhält«. »Schon in dem Einfachen des *Etwas,* dann *noch bestimmter im Fürsichsein, Subjekt* (vom Verf. gesperrt) usf. ist die Vermittlung seiner mit sich selbst vorhanden« [S. 102].

Diesen Werdeprozeß des Etwas zu sich selbst stellt dann Hegels Analyse des »Etwas und Anderes« [S. 104–110] heraus. Das besagt aber: Hegel will das »Subjekt« erreichen im Ausgang vom Etwas. Um aber doch die »phänomenologische« Entwicklung des Selbstbewußt-

---

47 S. u. §41.

seins[48] in der ihm eigentümlichen »Selbständigkeit« logisch zu erreichen, unterschiebt Hegel schon seiner Analyse des *Etwas* durchwegs
Kategorien, die einem Etwas überhaupt nicht zukommen können,
denn »Etwas« kann weder aus sich heraus noch in sich zurückgehen,
sich selbst weder auf anderes noch auf sich beziehen – denn »Etwas«
»lebt« und »denkt« überhaupt nicht wie ein Subjekt.

[65] Diesen unausdrücklichen Übergang vom Etwas und etwas
Anderem zu Einem und einem Anderen ermöglicht sich Hegel aber
durch die von ihm überbotene »natürliche Logik« der Sprache, welche
auch schon den Sachverhalt anthropomorph wie ein Verhältnis aus-
deutet, indem sie die »Beziehung« von etwas zu etwas anderem wie ein
Verhältnis von einem zu einem anderen behandelt.

§ 15. *»Begegnung« und »Entsprechung« in ihrer Bestimmung aus
dem Verhältnis*

Ineins mit dem Begriff des Sich-verhaltens-zu . . . haben dessen Modifikationen ihren Grund und Boden nicht in der Beziehung von Einem zu
Etwas, sondern in dem Verhältnis von Einem zu einem Andern. Wir
besprechen deren zwei, 1. das Begegnen und 2. das Entsprechen. Beide
sind konstitutiv für die Objektivität einer gegenständlichen Erfassung
und damit für deren »Wahrheit«.

1. So wenig wie Etwas sich zu mir verhalten kann, so wenig kann
es auch »begegnen«. Jeder unpersönliche Widerstand und weiterhin
jeder Gegen-stand widersteht und hält Stand, indem ihm einer von
sich aus begegnet. Ich selbst treffe auf einen gegenständlichen Widerstand, aber der Gegenstand selbst kann sich nur in *der* Weise widersetzen, daß er *mir* widersteht. Sein gegenständlicher Widerstand »begegnet« nicht eigentlich. Trifft man dagegen einen andern, so treffen sie
»sich« im Sinne des Einander, und dieses gegenseitige »sich« erfüllt
allererst den ursprünglichen Sinn einer »Begegnung« ineins mit ihrer
»Zufälligkeit«. Weil aber dieses gemeinsame Sich-begegnen-können
darin gründet, daß jeder der beiden sich selbst verhalten kann, kann
auch je einer der beiden die Begegnung im Ganzen verhindern. Etwas
wie ein Baum kann mir weder begegnen noch kann er verhindern, daß

48 S. *Phänomenologie des Geistes*, hrsg. v. G. Lasson. Leipzig: Meiner, 1921,
S. 123 [6. Aufl. 1952, S. 141; Anfang des Abschnitts IV A].

ich ihm begegne, wir können nicht »einander« begegnen. Die Begegnung ist also dadurch ausgezeichnet, daß sie als ein Verhältnis eo ipso *gegenseitige* Begegnung ist.

In dieser grundsätzlichen Gegenseitigkeit jedes Verhältnisses und seiner Bestimmungen gründet die spezifische Gegenständlichkeit oder Objektivität alles dessen, was im Verhältnis begegnen kann. Diese Objektivität fehlt notwendig jedem Verhalten, dessen Wozu kein Anderer, sondern Etwas ist. Im einseitigen Sichverhalten zu Etwas wird eine objektive Begegnung unmöglich. »Etwas« kann einen nur soweit angehen, als es »einen angeht«. Was in solcher quasi-Begegnung begegnet, bestimmt sich notwendig im Sinne des Zugangs, [66] antwortet – weil es nicht widersprechen kann – in der ihm vorgezeichneten Sprache und Richtung des fragenden Anspruchs. Dagegen kann sich ein anderer meinem Anspruch auf Erschließung sowohl erschließen wie verschließen. Wie sich Etwas »an sich« verhält, ist nur im Verhältnis zu einem andern erschließbar, denn nur ebenbürtiges Dasein hat die Möglichkeit, meinem Anspruch auf objektive Erschließung auch objektiv, an ihm selbst, zu entsprechen. Was einer für sich an Etwas erschließen kann, ist nicht mehr, aber auch nicht weniger als das Etwas in seiner konstitutiven Bedingtheit durch einen selbst, aber nicht in seiner unbedingten Selbständigkeit, die es als Etwas nicht selbst erweisen kann.

2. Sachgemäß erkannt ist etwas dann, wenn es *so* erkannt ist, *wie* es an ihm selbst ist, wenn die Erkenntnis der Sache *entspricht*. Nicht nur gleichsam, sondern in der Tat kann aber nur so etwas wie *einer* zur Sprache und damit zum Entsprechen gebracht werden. Nur Einer kann dem Anspruch eines andern, ihn selbst oder etwas (anderes) wahrhaft erkannt zu haben, wirklich entsprechen, sei es, indem er seiner Ansicht widerspricht oder auch zustimmt. Die Sache selbst kann ihren Begriff nicht aussprechen, sie bedarf dazu einer Fürsprache. Ob aber die Art und Weise, wie sie einer zur Sprache und zu Begriff bringt, wirklich sachentsprechend ist, das kann sich der eine nicht selbst beantworten, denn was er sich so beantwortet, ist ja nur immer seine eigene Frage. Um erfahren zu können, ob seine Antwort der Sache entspricht, bedarf der eine eines andern. Nur ein anderer hat die Möglichkeit ihm zu zeigen, was sachgemäß dagegen spricht. In der Auseinandersetzung des einen mit dem andern und nur darin kann die »Sache selbst« ihre sachentsprechende Auseinandersetzung erfahren. Die Sache kommt zu Wort, indem der eine darauf hört, was ein

anderer dazu zu sagen hat. Was der andere »dazu« zu sagen hat, *vermehrt* nicht nur den Gesichtspunkt des einen durch den eines andern und damit den Aspekt der Sache, sondern der eine *korrigiert* den andern; sie korrigieren einander und in dieser Korrektur wird das, wovon die Rede ist, die Sache selbst, richtiggestellt. Indem der eine die Hinsicht und Ansicht des andern in Frage und zur Rede stellt, sagt er also etwas »dazu« in der Weise des »dafür«- und »dagegen«-Sprechenden. Und es steigert sich damit die mögliche Richtigkeit und Gegenständlichkeit dessen, was darüber gesagt werden kann. Weil sich die Objektitivät einer Erkenntnis von Etwas nur dadurch erweisen kann, daß [67] die Erkenntnis des einen der eines andern in freier Begegnung »entspricht«, erfüllt sich ihr Anspruch auf Wahrsein, indem sich der eine dem andern in Hinsicht auf Etwas erschließt. Rein für sich kann sich einer wahrhaft objektiv weder vor etwas noch zu sich selbst bringen. Besprāche einer etwas, es rein für sich durchdenkend, so spräche er in Wirklichkeit nicht ungestört mit der Sache selbst, sondern nur mit sich selbst. Der hierin mögliche Einspruch ist kein wirklicher Widerspruch, sondern ein selbstdurchgemachter und vorhergesehener Einwand. Der Einwand, den sich einer selbst machen kann, stellt die Art und Weise, etwas zu besprechen, nicht nur nicht in Frage, sondern sichert die Fragestellung in ihrem eigenständigen Fortgang im vorhinein gegen den möglichen Einspruch eines andern. Die Art von Entsprechung, welche sich dabei ausbildet, ist das Gegenteil eines freien Sich-begegnen-lassens der Sache durch einen entsprechenden andern, nämlich eine bloße *Konsequenz* oder *Folge*-richtigkeit, aber nicht die produktive Inkonsequenz ihrer unvorhersehbaren Berichtigung durch einen andern. Die Konsequenz eines Denkens ist nur der Ausdruck für seine »in sich« geschlossene Einstimmigkeit; sie bekundet nur, daß einer seine Ansicht von der Sache folgerichtig zu Ende zu denken vermag, nämlich gerade deshalb, weil er sich dem möglichen Einspruch eines andern verschlossen hat. Ob sich diese Folgerichtigkeit vor sich selbst offen rechtfertigt und begründet – nämlich wiederum als »Konsequenz« dessen, was einer von Anfang an vor hat – oder aber in ein dialektisches Scheingespräch von Thesis und Antithesis kleidet, ist kein prinzipieller Unterschied. Das Resultat ist stets dasselbe, nämlich dies, daß die sachliche Entwicklung den »Begriff der Sache« in der Richtung konsequent zu Ende denkt, in welcher er von Anfang an feststand. Die Entwicklung wird zu einer bloßen Explikation und sie kann auch gar nichts anderes sein, solange sich nicht der konsequente Fortgang des einen den Widerspruch eines andern frei begegnen und sich so in seiner »langen Rede« unterbrechen läßt. *Sich selbst* kann die Konsequenz im Fortgang naturgemäß nicht unterbrechen wollen, denn das würde besagen, daß sich einer den andern durch eigene Inkonsequenz ersetzen wollte.

Ermöglicht wird aber diese jedes systematische Denken – also auch das hier vollzogene – kennzeichnende Konsequenz oder In-sich-Geschlossenheit des Denkens durch die Umbildung des dialogisch aufgeschlossenen *Sprechens* zum sich selbst genügen-könnenden [68] Monolog des *Schreibens*[49]. Im Darüber-schreiben, als Schriftsteller, ist der denkende Mensch dem Widerspruch enthoben, der ihm im Darüber-sprechen begegnen könnte. Der *schriftliche* Widerspruch begegnet dem Denker nicht mehr auf dem problematischen Weg der Ausbildung seiner Gedanken, sondern nur noch am Ende des Wegs, wenn die Methode ausgebildet ist. Einem schon zu Ende explizierten Gedanken kann nur mehr in der Weise entsprechend widersprochen werden, daß ihm ein ebenso ausgebildeter Gedanke fertig entgegentritt. Was der eine dem andern aber nach schriftlich vollendeter Entwicklung noch zu sagen hat, entwickelt nicht mehr in ursprünglicher Weise in gemeinsamer Besprechung die Sache, sondern stellt nur in entsprechender Konsequenz der einen Weise, etwas an-, durch- und zu Ende zu sprechen, eine andere entgegen.

Es wurde bisher der formale Unterschied expliziert, wie sich 1. Einer zu Etwas, 2. Etwas zu Etwas und 3. Einer zu einem Andern verhält, und ferner wurde aus der Struktur des Verhältnisses der Begriff von Begegnung und Entsprechung in seiner Bedeutung für den Begriff von einer gegenständlich-wahren Erkenntnis geklärt.

Der Unterschied, wie Etwas und wie Einer da ist, soll nun eine größere Deutlichkeit gewinnen, indem wir das Da-sein von Etwas und Einem (andern) in ein und derselben Daseinsweise untersuchen, nämlich in derjenigen, in welcher sowohl Etwas wie ein Anderer zumeist zur Geltung kommen.

Zumeist zeigt sich etwas in seinem »Zuhandensein« als etwas, das für einen zu etwas anderem da ist. Aber auch der eine ist für den andern, wenn schon nicht einfach »zuhanden«, so doch zu etwas – zu einem bestimmten Zweck – da. Die Frage ist aber: wie *unterscheiden*

49 S. u. §31.

sich Etwas und Einer in ihrem gebräuchlichen Dazudasein? Und wie ist Etwas für etwas Anderes da?

In Hegels Analyse des Etwas bekundet sich der »Zweck«, das Dazudasein, im Begriff des »Sein-für-Anderes«. Hegel geht davon aus, daß Etwas und Etwas (anderes) »zunächst« gegeneinander gleichgültig seien und entwickelt daraus, daß sie in Wahrheit aber identisch seien, denn die Wahrheit des Etwas sei seine »Beziehung« auf etwas Anderes. Der unvoreingenommenen phänomenologischen Betrachtung zeigt sich aber gerade schon *zunächst* die »Beziehung«. Auch abgesehen davon, für *wen* Etwas da ist, verweist das eine an ihm selbst auf anderes, und zwar sowohl in der Mitwelt wie in der [69] Umwelt. Der Grund, weshalb es so schwierig und scheinbar unmöglich ist zu bestimmen, inwiefern Etwas und Einer auch *an sich* selbst etwas sind, liegt ja gerade in der ursprünglichen Zugehörigkeit der Dinge der Umwelt untereinander, der Menschen unter sich und des Menschen mit seiner Welt.

§ 16. *Etwas und Einer in ihrem Dazudasein*

1. *Etwas in seinem Dazudasein für etwas Anderes.*
Es genügt ein Blick auf die nächste Umwelt, um zu sehen, daß alles durch Zusammengehörigkeit bestimmt ist. Zum Papier, worauf einer schreibt, gehört als Unterlage die Schreibplatte, zum Abtrocknen des Geschriebenen das Löschblatt, zum Schreiben Feder und Tinte, zur Tinte das Tintenfaß, zur Schreibfeder der Federhalter, zum Schreibzeug Bleistifte, Gummi usw. – Ein jedes solches Zeug kommt – sofern es brauchbar ist – an ihm selbst nicht mehr und nicht weniger zur Geltung, als es zu etwas anderem da ist, seiner ihm eigentümlichen »Bestimmung« zu . . . dient.
2. Diese zu etwas anderem daseienden Etwas sind für *Einen* da.
Alle diese zuhandenen Etwas gehören aber zu Einem, der sich ihrer sachgemäß bedienen kann. Ihr sachhaftes Zueinandergehören prägt sich zwar, wie wir früher gesehen haben, an ihnen selbst aus, entspringt aber nicht aus ihnen selbst, sondern der zugehörigen Mitwelt, für die ein Schreibzeug im Ganzen und Einzelnen »Schreibzeug« ist. Sachhafte Beziehungen hat das eine zum andern auf Grund des Sich-dazu-verhalten-könnens von irgend Einem.

3. Wie *ein Anderer* für einen *zu Etwas* da ist.
Eine Ware ist zum Verkauf da. Bei einem andern etwas einkaufend, verhält man sich zu dem *Verkäufer* im Sinne seiner *Ware*, als dem, wozu er für einen da ist. Indem einer dazu da ist, andern *etwas* zu verkaufen, bestimmt er sich *an ihm selbst* als *dessen* Verkäufer. Seine Ware charakterisiert ihn daher selbst, z. B. als einen billigen Kaufmann. Billig ist zwar das, *was* er verkauft – etwas – sofern *er* aber dazu da ist, so etwas zu verkaufen, mitbestimmt ihn selbst die Billigkeit seiner Ware. So sehr sich aber der Umgang eines Kunden mit seinem ihn bedienenden Lieferanten aus dem her bestimmt, wozu dieser da ist, also aus seiner Lieferung, ist dieser Umgang doch keine bloße Umgangsbeziehung, sondern ein mehr oder minder verbindliches Umgangs-*Verhältnis*, d. h. der Umgang bestimmt sich als Umgang mit einem andern – und nicht [70] mit Etwas – im Sinne des Sich-einander-dienlichseins. Etwas kann sich dem, wozu es dient, nicht selbst entziehen, so wenig wie es sich selbst dazu bestimmen kann, dazu da zu sein. Einer hat dagegen eine Bestimmung an ihm selbst zur freien Verfügung, er *ist* nicht einfach dazu bestimmt, sondern er *kann* sich zu solcher Bestimmung so oder so verhalten. Sein Dazudasein bestimmt ihn nur in der Weise einer freien Möglichkeit. Auch einer, der wie ein Diener für einen andern ausdrücklich zu etwas da ist, ist nicht einfach wie Etwas brauchbar oder unbrauchbar, sondern kann selbst in brauchbarer oder unbrauchbarer Weise einem andern dienen. Das mögliche Verhältnis zu einem andern in seinem Dazudasein ist daher prinzipiell verschieden von jedem einseitigen Sich-verhalten zu Etwas, das zu etwas da ist. Die Umgänglichkeit eines andern begrenzt sich an seiner ebenbürtigen Selbständigkeit. Zwar ist ein Lieferant als solcher wesentlich unselbständig, indem er doch nur »Kunden« liefern kann, wie andererseits der Kunde als solcher vom Lieferanten her bestimmt ist; aber keiner der beiden ist schlechthin durch das, wozu er für andere da ist, an ihm selbst bestimmt. Die gebräuchlichste Umgänglichkeit erstreckt sich nur so weit, als sich einer von einem andern zu etwas gebrauchen läßt – sei das Wozu von ungeistiger oder auch geistiger Art. Dieses alltägliche Umgangsverhältnis, worin die Menschen einander *zu Etwas* da sind, charakterisiert das öffentliche Miteinander als ein zweckdienliches Zusammenkommen und Auseinandergehen. Als sachhaft orientiertes Einander-gebrauchen ist dieser alltägliche Gebrauch von Personen ein Mißbrauch, sofern der Mensch – mit Kant gesprochen – nicht nur »Zweck«, sondern *»zugleich«* und

wesentlich »Selbstzweck« ist, um seiner selbst willen da ist, indem er »an sich« selbst sein kann, was er ist.

§ 17. Das zweckfreie Füreinandersein [50]

Unbekümmert um dieses gebräuchliche Miteinandersein, worin der eine für den andern nur soweit in Betracht kommt, als er zu etwas zu gebrauchen ist, existieren die Verhältnisse des eigentlichen Miteinanderseins, deren Wozu in ihnen selbst liegt. Die Frage ist nun, ob sich in diesem eigentlichen Miteinandersein der eine und der andere so zeigt, wie er an sich selbst ist.

Da sie einander nicht zu etwas gebrauchen, was außer ihnen selbst läge, liegt die Vermutung nahe, daß dieses Miteinandersein den einen [71] dem andern so zeigt, wie er unmittelbar an sich selbst ist. Dies ist aber zunächst so wenig der Fall, daß vielmehr gerade ein solches unmittelbares Verhältnis des einen zum andern einen jeden der beiden vom andern her und beide im Sinne ihres Verhältnisses bestimmt. Im Verhältnis von Vater und Sohn bestimmt der Vater den andern als »Sohn« und sich selbst als *dessen* »Vater«; er ist nicht selbst sein Vater, aber er selbst ist des Sohnes Vater. Ein jeder der beiden ist also »verhältnis-mäßig« bedeutsam. Das Eheverhältnis bestimmt einen jeden als Ehegatten, als Geschlechtsverhältnis den einen als den Mann – seiner Frau, und den andern als die Frau – ihres Mannes; im Beichtverhältnis bestimmt sich das Beichtkind in Rücksicht auf den Beichtvater und dieser in Hinsicht auf jenes. Schon im bloßen Bekanntschaftsverhältnis ist man mit-einander bekannt, d. h. ein jeder ist *des andern* Bekannter, keiner ist an ihm selbst sein eigener »Bekannter« usw.

In all diesen Verhältnissen des unmittelbaren Füreinanderseins ist also keiner der beiden als Selbsteigner, sondern als Zugehöriger bestimmt. Trotzdem entwickelt sich nur aus solchem Verhältnis und für es die wahre Selbständigkeit eines jeden an ihm selbst (»Ich selbst« und »Du selbst«) in der gegenseitigen Anerkennung ihres unverhältnismäßigen Daseins. Das Motiv zu dieser »Bewegung der Anerkennung« (Hegel) der unbedingten Selbständigkeit des einen und andern ist aber die Verabsolutierung der verhältnismäßigen Bedeutsamkeit eines jeden im Einander. Dieses Sein im Einander ist nun in seiner Zweideutigkeit und deren Verfall zu explizieren.

50 S. u. §§40 e u. 40 Einl.

§ 18. *Die Problematik des sogenannten Egoismus und Altruismus*

Im *gleichen Sinne* bestimmt das »Verhältnis« die zueinander im Verhältnis Stehenden, weil es den einen wie den andern im Sinne ihres einen, einheitlichen Verhältnisses bestimmt. Indem sich der eine und der andere z. B. im Sinne eines Schulverhältnisses bestimmen, ist der eine im gleichen Sinne »Lehrer«, wie der andere »Schüler« ist.

Indem aber ein jeder doch *er selbst* und nicht *der andere* ist, ist diese Gleichsinnigkeit der beiden für einen jeden von *verschiedener* Bedeutung. Im Verhältnis zu seinem Lehrer bestimmt sich der eine an ihm selbst als Schüler und im Verhältnis zu seinem Schüler der andere an ihm selbst als Lehrer. Und indem somit ein jeder *sich selbst* in Rücksicht auf einen *andern* bestimmt oder be-deutet, [72] ist eines jeden Sein und Verhalten prinzipiell *zweideutig*. Die Deutung seines Verhaltens muß daher ebensosehr ihn selbst wie den andern, zu dem er sich als der und der verhält, in Betracht ziehen, wenn sie den Anspruch soll machen können, wahrhaft »objektiv« und nicht willkürlich eindeutig zu interpretieren.

Die traditionelle Frage der Ethik nach dem Egoismus und Altruismus hat zu ihrem unausdrücklichen Grund und Boden die elementare Unterscheidung meiner *selbst* von einem *andern*. Angemessen danach gefragt werden kann aber nur, wenn zuvor klargestellt ist, daß Ich und der andere keine gegeneinander gleichgültigen Objekte mit immanenten − egoistischen oder altruistischen − Eigenschaften sind, sondern erste und zweite Person, deren Egoismus und Altruismus sich wesentlich in ihrem Verhältnis zueinander äußern.

Die von Simmel[51] gekennzeichnete »Leerheit des Egoismusbegriffs« beruht nicht darauf, daß es ihm an traditionellen »Inhalten« fehlte, sondern darauf, daß die verschiedensten empirischen Inhalte in einem methodisch ungeklärten Begriff von Egoismus und Altruismus hineingenommen wurden. Auch Simmel beschritt nicht den Weg der methodischen Klärung, obgleich er den springenden Punkt des Problems allgemein zum Ausdruck brachte.

Die Diskussion bestehender Theorien führte ihn zu der Einsicht, daß der sogenannte »Egoismus« den Bestand einer »Gesellschaft« voraussetze, daß das ganze ethische Problem auf dem Unterschied und

---

51 *Einleitung in die Moralwissenschaft. Eine Kritik der ethischen Grundbe-griffe*, 2. Kap., 1.–3. Aufl. 1892/1911, Bd. I, S. 85–212.

Zusammenhang von »Ich und Du« ruhe und der Begriff des Egoismus überhaupt nur Sinn habe »im Gegensatz zum Begriff des Altruismus«, daß so etwas wie Egoismus überhaupt keine »unmittelbare«, sondern eine »mittelbare«, das soll heißen: mittels anderer allererst sinnvoll werdende Bestimmung sei.

Ebenso betont Feuerbach[52], daß sein Prinzip weder Ego noch Alter ego, sondern »Ego *und* Alter ego« sei, daß die »Selbstliebe« gar nicht bestehen könne ohne die Liebe zu anderen, wie auch andererseits diese nicht abgesehen von jener Existenz habe. Die entscheidende Frage sei der Akzent, nämlich entweder auf dem alter *Ego* oder auf dem *Alter* ego.

Die Tragweite dieser allgemeinen These gilt es nun durch nähere Untersuchungen sicherzustellen. Geht man von der substantivierten Eigenschaft eines sogenannten Egoismus und Altruismus zurück auf [73] deren faktische Daseinsweise, so wird ersichtlich, daß *beide* ihrem Sinne nach verschiedene Verhaltungsweisen von einem *selbst* zu *anderen* meinen. Selbst-süchtig- wie selbstlos-sein ist eine Weise des *Zu-anderen*-seins. Der Egoismus braucht daher auch nicht einmal als ein ausgesprochen egoistisches Verhalten *gegen* andere zum Ausdruck zu kommen, er kann sich ebensosehr und erst recht in einer egoistischen Weise betonter Fürsorglichkeit behaupten und manifestieren. Nietzsches analytische Technik besteht zum nicht geringsten Teil in solcher Demaskierung scheinbar selbstloser Tugenden[53]. Und auch die »Liebe« zum andern verbürgt so wenig einen altruistischen Charakter, daß G. Meredith in seiner *Bibel des Egoismus*[54] gerade an ihr den »Karneval des Egoismus« mit der ganzen Kraft seiner meisterhaften Analyse darzustellen vermochte. Dagegen wäre gegen Hegels Begriff von einer »absoluten« Liebe, welchen den Gegensatz von Ich und Du in einer »vollkommenen Vereinigung« aufgehoben hat, zu fragen, ob er mehr als eine erdachte Synthese von Egoismus und Altruismus ist (s. u. § 41).

Allein vom einen oder andern aus diskutiert, ist die Struktur des Egoismus ebensowenig zu sehen, wie nach Aufhebung des verhältnismäßigen Unterschieds von Ego und Alter. Nicht minder verbaut wird aber die Frage, wenn man sich auf Grund der Einsicht in den Zusam-

---

52 S. Bd. II, S. 216 u. 413 [s.o. I. Kap., Anm. 1].
53 »Der eine geht zum ›Nächsten‹, weil er sich sucht, und der andre, weil er sich verlieren möchte.«
54 *Der Egoist*. München: List, 1926 [11. Kap., S. 161].

menhang des einen mit dem andern damit zufrieden gibt, daß eben in jedes eigene und weiterhin betonte egoistische Verhalten zu einem andern unvermeidbar auch der andere und insofern etwas mehr oder minder Altruistisches hereinspiele. Die Einsicht, daß es keinen fraglos »reinen« Egoismus und Altruismus gibt, ist ebenso unfruchtbar wie die pure Behauptung reiner Prinzipien. Gefördert werden kann die Frage nach dem Egoismus und Altruismus nur dadurch, daß die den Egoismus und Altruismus allererst fragwürdig gestaltende Zweideutigkeit des Verhältnisses von einem Ego zu einem Alter in ihrer Zweischneidigkeit eindeutig zur Sprache kommt.

Die erste Voraussetzung eines ausgesprochenen egoistischen und altruistischen Verhaltens ist das Bewußtsein von der eignen und fremden *Selbständigkeit.* Wer für sich selbst noch gar kein selbstbewußtes Ego ist, kann auch gegen einen andern gar nicht egoistisch sein. Und andererseits setzt ausdrücklicher Altruismus die [74] Anerkenntnis des andern als eines alter Ego voraus. Die Selbstverständlichkeit, mit der ein Kind gegen seine Mitwelt anspruchsvoll und rücksichtslos sein kann, dieser kindliche Egoismus hat im Unterschied zu dem des Erwachsenen, der für sich selbst ein Ich geworden ist, keine eigentliche egoistische Bedeutung. Weil für das Kind zugleich mit seiner eigenen Selbständigkeit auch die des andern noch gar nicht deutlich da ist, vermag es weder ausgesprochen egoistisch noch altruistisch zu sein. Sein Egoismus ist ebenso naiv wie die spontane Preisgabe seines Eigentums[55]. Erst »Ich selbst« kann egoistisch und altruistisch sein.

Egoistisch-sein kann Ich selbst aber nur im Verhältnis zu einem *Andern.* Der Selbst-süchtige sucht und findet sich nicht bei sich selbst, sondern beim andern. Die naheliegenste Äußerung der Selbstsucht ist das Sorgen für andere in unausdrücklicher Rücksicht auf sich selbst, um seiner selbst willen. Sich-selbst-behaupten und durchsetzen kann einer nur im Verhältnis zu andern, gegen die und in denen er sich durchsetzt und behauptet. *Die wesentliche Existenzform des Egoismus ist somit der Altruismus.* Der »amor sui« bedeutet kein narzistisches Verliebtsein in sich selbst, sondern eine solche Liebe zu andern,

---

55 Die »Naivität«, mit der ein *Erwachsener* egoistisch sein kann, ist keine wirkliche Naivität, aber nicht deshalb, weil er die Naivität einfach »verloren« hätte, sondern weil des Erwachsenen Naivität und deren Modi (Unmittelbarkeit, Unverantwortlichkeit usf.) nicht mehr die eindeutige Naivität des ungebrochenen kindlichen Daseins haben.

sches Verliebtsein in sich selbst, sondern eine solche Liebe zu andern, in der man sich selbst zur Geltung bringt. Seine Natürlichkeit beruht darauf, daß es für das im Miteinandersein existente Dasein näherliegend ist, sich selbst im andern, als unmittelbar in sich selbst zu lieben. »Du« bist zunächst gerade alles andere als ein christlich verstandener »Nächster«. »Du« bist zunächst derjenige, in dem *Ich* mich behaupten kann, obgleich »Du« *zugleich* auch der bist, der meinen Anspruch durch den seinen begrenzen kann. »Du« kannst für mich nie eine absolute »Autorität« sein, denn »Ich« ist dem »Du« ebenbürtig (vgl. u. § 36). Die herrschende Ausdrucksform des Ich(ego) im andern (alter) ist die Verichlichung des andern im Begriff des *Meinigen*. »Meine« Kinder, »mein« Mann, »meine« Frau, »mein« Freund, aber auch: »mein« Feind, usw. – in all diesen »Meinigen« bekundet einer das Seinige, seinen altruistischen Egoismus.

[75] Die oft verhandelte Frage, was dem Menschen natürlicher sei, der Egoismus oder der Altruismus, ist dahin zu beantworten, daß ihm weder dieser noch jener als eine eigenständige Eigenschaft natürlich ist, sondern das Sich-verhalten *zum andern*, aber *in Rücksicht auf sich selbst*. Weil es aber für das Dasein im Miteinander, zumal es a priori geschlechtlich unselbständig da ist, so natürlich ist, sich nicht bei sich selbst, sondern im andern zu suchen, ist andererseits die »Unnatürlichkeit« des Altruismus nicht darin zu sehen, daß es unnatürlich wäre, für andere zu sorgen, sondern darin, daß es wider den ursprünglichen Richtungssinn der eigenen Ansprüche an den andern geht, diesen andern von vornherein *an ihm selbst*, in *seiner* anspruchsvollen Selbständigkeit – ohne Rücksicht auf einen selbst und die eigenen Ansprüche an ihn – zu sehen. Die Selbstlosigkeit solchen Verhaltens bedeutet primär kein Absehen von sich selbst, sondern ein Hinsehen auf das Ego des andern , auf ihn selbst im Unterschied zu ihm als dem andern meiner selbst oder als »Meinigen«. Und erst diese reflektierte Hinsicht auf den andern motiviert eine ausdrückliche Rücksichtslosigkeit gegen sich selbst im Verhältnis zum andern. Weil die nächstliegende Bestimmung des andern eine hinsichtlich *seiner* rücksichtslose Rücksichtnahme auf einen *selbst* ist, ist der christliche Begriff des »Nächsten«[56] – im Gegensatz zum Du eines Ich – zunächst fernliegend.

---

56 S. Kierkegaards Interpretation der »Nächstenliebe« in *Leben und Walten der Liebe*. Jena: Diederichs, 1924, S. 48 ff. [Ges. Werke, 19. Abt., S. 51 ff.]; vgl. zum Begriff des Nächsten: Martin Rade, *Der Nächste*, in: Festgabe für Adolf Jülicher. Tübingen: Mohr, 1927, S. 70–79.

Ebensosehr wie sich aber der andere in Rücksicht auf einen selbst
bestimmt, ist einer selbst in Hinsicht auf den andern bestimmt. Schon
eine so generelle Charakterisierung eines Mannes wie die, er sei
»frauenhaft« oder »weiblich«, hat daher eine andere Bedeutung als
die, er sei »unmännlich«, denn die erste charakterisiert ihn positiv in
Hinsicht auf die Art, wie Frauen sind, die zweite charakterisiert seine
Frauenhaftigkeit negativ in Hinsicht auf die Art, wie (andere) Männer
sind. Die empirisch bekannte Tatsache, daß einer von einem *andern*
eine äußerst zutreffende Charakteristik gibt, ohne dabei zu merken,
wie er sich damit selbst trifft und mit-charakterisiert, beruht darauf,
daß ganz allgemein die Kenntnis anderer in unausdrücklicher Rücksicht auf einen selbst erworben wird. Gerade deshalb, weil man
zumeist nicht darum weiß, daß man sich selbst vom andern [76] her
und den andern von sich her kennt und beurteilt, spiegelt sich für
einen Dritten der Beurteilende selbst in seiner Beurteilung anderer.

§ 19. *Die prinzielle Zweideutigkeit eines jeden eigenen Verhaltens im*
Verhältnis zu einem andern

Diese Zweischneidigkeit der Beurteilung anderer ist aber nur ein
besonderer Fall der *grundsätzlichen Zweideutigkeit* eines jeden eigenen Verhaltens im Verhältnis zum andern. Sie beherrscht das Miteinandersein von den alltäglichsten und unverbindlichsten Verhältnissen
an bis in die mehr oder minder komischen Tragödien der sublimsten
Dialektik ausschließlicher Verhältnisse und steigert sich unversehens
bis zur unentwirrbaren Verwechslung und Vertauschung von Mein
und Dein. Der oft unternommene Versuch, den Egoismus in seiner
altruistischen Verkleidung zu entlarven, ist aber prinzipiell nicht aus-
sichtsreicher als der selten unternommene Versuch, die extremste
Selbstlosigkeit in schamhafter egoistischer Verkleidung zu entdecken.
    Einige Stichwörter mögen diese grundsätzliche Dialektik von Ich
und Du andeuten – den ausführlichen Text dazu geben einem jeden
seine alltäglichen Lebensverhältnisse.
    »Ich will *Dich* nun nicht mehr länger aufhalten«, d. h. u. U. zugleich
oder auch vorzüglich: *Ich* möchte mich nun nicht mehr länger von dir
aufhalten lassen. »*Ich* muß jetzt wieder an meine Arbeit gehen«, d. h.
u. U. zugleich oder auch vorzüglich: Ich sehe, *Du* willst jetzt allein
sein. »Was hast *Du* eigentlich für morgen vor?« d. h. u. U. zugleich

oder auch vorzüglich: Eigentlich hatte *Ich* vor . . ., und »*Ich* hatte eigentlich vor . . .« besagt u. U. weiterhin oder auch vorzüglich: Eigentlich wollte ich, daß *Du mit mir* . . . »Ich werde nächstens auf zwei Wochen zu X verreisen«, d. h. u. U. zugleich oder auch vorzüglich: *Du* kannst jetzt zwei Wochen für dich allein sein, und dies besagt u. U. weiterhin oder auch vorzüglich: »So kannst *Du* eine Zeitlang *mit* Y allein sein«, aber dies besagt u. U. weiterhin: »So brauche *ich* nicht *mit* Y zusammen sein«.

Man spricht sich selbst Mut zu, indem man einen andern aufmuntert; erteilt sich selbst eine Lektion, indem man einem andern einen Rat gibt; entschuldigt den andern, indem man sich selbst beschuldigt; gibt einem andern seine Freiheit, um selbst von ihm [77] frei zu werden; löst sich selbst von einem andern, um ihm seine Freiheit wiederzugeben; erklärt seiner Frau, man sei für sie nicht der rechte Mann, und erklärt ihr damit, daß sie für einen nicht die rechte Frau sei; rechtfertigt sich selbst in der Kritik anderer und kritisiert sich selbst in der Rechtfertigung anderer; greift einen andern an und verteidigt sich damit selbst; spricht gegen einen Dritten zur Verteidigung eines Zweiten und verteidigt diesen Zweiten in Rücksicht auf sich selbst usw.

Diese Zweideutigkeit betrifft auch die *verschiedenen Verhältnisse untereinander. Die Verhältnismäßigkeit der Verhältnisse* ist ein unausdrückliches Motiv in allen Darstellungen des menschlichen Lebens. Indem sich A und B vorübergehend voneinander entfernen, kommt wieder ein jeder der beiden Fernergerückten näher; ihre gemeinsame Antipathie gegen einen Dritten verstärkt ihre Sympathie zueinander; mit der Verschlechterung ihres Verhältnisses zu X bessert sich – nicht zufällig – ihr Verhältnis zu Y; »auf Kosten« von Dritten vollzieht sich zumeist seine Verständigung von Zweien, sie begegnen sich – nämlich »darin«; indem der eine von Zweien einen Dritten kennenlernt, verändert sich ein ursprüngliches Verhältnis zum Ersten; mit der Vorliebe für das eine Kind verringert sich die Liebe zu dem andern, und das Lob des einen bedeutet einen Tadel des andern. Und schon jedes bloße Dazukommen eines »Dritten« modifiziert bereits das Verhältnis des einen zum andern, usw.

Worauf jeweils der entscheidende *Akzent* liegt – auf einem selbst oder dem andern – das zeigt sich zumeist erst nachträglich, im Ausfall einer zuvor geltenden Verhältnisbestimmung. Indem ein Verhältnis eine Veränderung erfährt, wird das Verhalten des einen, gerade des-

halb, weil es schon immer verhältnis-mäßig auf den andern abgestimmt ist, unverhältnismäßig. Es verliert nun seinen ursprünglichen
Sinn und wird, indem es sich nach dem zu erwartenden Verhalten des
andern gerichtet hat, unrichtig und unstimmig. Diese für alle konkreten Verhältnisse entscheidende Akzentfrage läßt sich aber nicht mehr
formal verdeutlichen; sie bedarf einer exemplarischen Veranschauli-
chung:

A besorgt sich eine Karte zu einem Konzert, in welches B geht –
eigentlich, um nach dem Konzert B nach X zu begleiten. Vor dem
Konzert ergibt sich, daß die Begleitung hinfällig wird. Hierauf bleibt A
dem Konzert fern. Von B nach dem Motiv seines Fernbleibens befragt,
steht A in der Möglichkeit zu antworten: 1. Er wäre nur [78] gegangen, wenn B einer Begleitung bedurft hätte, oder 2. wenn *er* (A) hätte B
begleiten können. In dem Unterschied dieser Antworten kommt die
Fraglichkeit des Verhältnisses zweideutig zum Ausdruck, und zwar
dadurch, daß bei 1. der Akzent auf B liegt, bei 2. auf A. »Richtige«
Antworten sind beide. Sofern aber die zweite die im Sinne des rich-
tung-gebenden Akzents aufrichtige Antwort ist, kann von hier aus
gesehen werden, wie sich bei 1. der Begleiter (A) in seiner Begleitung
(von B) unausdrücklich läßt und sich ferner durch die Betonung des B
verdecken kann – obwohl bzw. gerade weil der eigentliche Akzent
nicht auf irgendeiner Begleitung von B, sondern auf der *seinen* liegt.
Verhältnis-mäßig fraglich ist: ob A vorzüglich daran gelegen war, daß
er B begleiten könne, oder daran, daß B eine Begleitung habe. Die
Antwort 1. ist nicht falsch, vielmehr wörtlich richtig, aber doch
unaufrichtig und in diesem Sinne unwahr. Denn A erweckt damit den
Anschein, als wäre er nur »um B.'s willen« ins Konzert gegangen und
dann fortgeblieben. Faktisch wäre er ja auch »um B.'s willen« gegangen und ist um B.'s willen fortgeblieben, aber verhältnis-mäßig (zwei-
deutig), d. h. zugleich *um seiner selbst willen*, als B.'s möglicher
Begleiter. Und diese Verhältnismäßigkeit ist akzentuiert, nicht in der
Sorge, daß B irgend eine oder seine Begleitung fehle, sondern in der
Sorge, daß *ihm* B zum Begleiten-können fehle.

Die prinzipielle Struktur der Verhältnisse besteht also immer
darin, daß das Sich-verhalten des *einen* mitbestimmt ist durch den
andern; es ist reflexiv in Korreflexivität. Abgesehen von seinem Verhältnis zum andern, ist, was einer tut und läßt, nicht verständlich,
denn er tut und läßt es ja nicht als abgeschlossenes *Individuum*,
sondern als *persona*, d. h. als einer, der eine »Rolle« hat, nämlich die,

welche ihm durch sein Verhältnis zum andern schon eo ipso erteilt ist, auch dann, wenn einer gar nicht ausdrücklich im Sinne des »wir« spricht und handelt.

Die Zweideutigkeit, welche sich daraus ergibt, daß sich das Verhalten des einen aus seinem Verhältnis zum andern als zum Zweiten mitbestimmt, modifiziert sich durch sich selbst weiter.

§ 20. Die Reflexion der Zweideutigkeit

Die Zweideutigkeit wird reflektiert, indem sich der, zu dem man sich verhält, wiederum seinerseits zu einem selbst verhält. Auf Grund des Verhaltens des einen kommt der andere auf ihn zurück. Dieses [79] Hin und Her, dieser *Wechsel* im Verhalten reduziert sich in seiner Bedeutung aber nicht darauf, daß sich das Verhalten der beiden *abwechselnd* vom einen auf den andern verlegt, sondern modifiziert von vornherein das Verhalten eines jeden an ihm selbst. Indem das Verhalten des einen das Verhalten des andern zur Absicht hat, verhält sich der eine zum andern von vornherein im Vorblick auf dessen möglichen Rückverhalt. Das Zurückkommen des andern auf einen selbst motiviert die Tendenz, seinem intendierten Zurückkommen von Anfang an zuvorzukommen. Das eigene Verhalten richtet sich also nicht nur *auf* den andern, sondern zugleich *nach* dem andern, es richtet sich selbst von vornherein nach dem andern ein. Die primäre Zweideutigkeit des eigenen Verhaltens zum andern ist also reflektiert, indem sich einer in seinem Verhalten (zum andern) *zum Verhältnis verhält*. Sich im Verhalten zum Verhältnis verhalten, das besagt: ich verhalte mich zu einem andern von vornherein im Hinblick auf sein mögliches Verhalten zu mir. So kunstvoll sich diese Struktur theoretisch ausnehmen mag, so alltäglich und selbstverständlich wird sie doch beherrscht und vollzogen – wenn auch die faktischen Verhältnisse dadurch nicht notwendig an Klarheit gewinnen. Überall dort, wo der eine den andern schon zu kennen glaubt, verhält er sich zu ihm unwillkürlich vorweg in Reflexion auf seine zu erwartende Reaktion.

In jeder Diskussion zwischen zwei »aufeinander Eingestellten« spricht der eine den andern von vornherein so an, daß er ihm bestimmte mögliche Antworten vorweg nimmt. Die Anrede erwidert bereits ihrerseits auf mögliche Erwiderungen des andern und je besser Diskutierende aufeinander eingestellt sind, desto rascher entwickelt

sich u. U. das eigentümliche Phänomen eines Frontwechsels der Argumente, welcher Wechsel ein Zeichen dafür ist, daß sich die Wechselseitigkeit der Diskussion bis zur Verwechslung und Vertauschung der
Position des einen und andern verstiegen hat. Am Ende der Diskussion
wird dann ein jeder gerade von den Argumenten getroffen, mit denen
er zuvor seinen Partner schlagen wollte.

§ 21. Die Zweideutigkeit einer »Freigabe« des andern

Die grundsätzliche Macht der reflektierten Zweideutigkeit über ein
jedes Verhalten im Verhältnis zu einem andern beweist sich am
deutlichsten darin, daß auch ein solches Verhalten an ihr Teil hat,
welches sich ausdrücklich dagegen wehrt, indem es sich die freie [80]
Selbständigkeit des einen und andern zum Ziel setzt. Diese Tendenz
leitet die Analytik des Daseins in Heideggers *Sein und Zeit* (s. S. 122
und 263/4). Schon der formal ontologische Ansatz: Dasein als In-der-
Welt-sein ist privativ vorbestimmt durch die existenzielle Unwesent-
lichkeit der Welt als *Mitwelt*. Existenziell bedeutungslos ist die Welt
des Miteinanderseins konsequenterweise für denjenigen Begriff von
Existenz, der von Anfang an das Ziel der Untersuchung ist. Sofern das
Dasein »eigentlich« als »je eigenes« existiert, dem es um sich selbst
geht, bestimmt sich ihm das Miteinandersein entsprechend privativ als
allgemeines, »öffentliches« Miteinandersein, wohinein sich der Einzelne verallgemeinern und von sich selbst entlasten kann. Im »Man«[57]
entlastet sich das Dasein als »manselbst« von sich als Selbst. Die
eigentlich *positive* Möglichkeit des Miteinanderseins, das Sein im
Einander von erster und zweiter Person, von Du und Ich wird somit
übergangen. Eigentlich ist damit auch die erste Person überhaupt nicht
mehr eine »persona« in der von uns gebrauchten Bedeutung, sondern
der schlechthin je »Einzige«[58]. Die erste Person holt sich aus der

57 Das Dasein in der Weise des »Man« ist seinerseits wiederum keine
ursprüngliche Weise der Verallgemeinerung des je eigenen Daseins. *Ursprünglich* verallgemeinert ist jedermann zunächst als Gattungs- oder Geschlechtswesen, also auf Grund seiner triebhaften *Natur*-geschichte und ferner zeitgeschichtlich durch seine zeugungsmäßig bedingte Zugehörigkeit zu einer
bestimmten »Generation«.
58 Wir bevorzugen diesen Ausdruck Stirners vor Kierkegaards »Einzelnem«,
weil sich dessen Sinn nur dadurch erfüllt, daß er nicht vor sich selbst, sondern
»vor Gott« steht. S. u. §45.

Verlorenheit in das »Man« nicht dadurch zurück, daß sie durch eine
ebenbürtige »zweite Person« (Du) sich als »erste Person« (Ich) bestimmen läßt, sondern entreißt sich selbst der allgemeinen Öffentlichkeit
durch radikale Vereinzelung auf sich selbst und stellt sich so als *Ich*
dem *Man* entgegen.

Diesem Verhalten *zu sich selbst* entspricht in verhältnis-mäßig
gleichsinniger Weise das Verhalten *zu einem einzelnen andern*. Auch
des andern eigentliche Möglichkeit soll sein: er *selbst* zu sein. Zufolge
der Übergehung des »Du« und »Du selbst« bestimmt sich der andere
ebenso wie ich selbst als anderes Selbst. Als anderes Selbst kann aber
ein anderer sinnvollerweise nur *freigegeben* werden. Die Tendenz der
Freigabe ist: den andern – wie sich selbst – zu sich selbst bringen. Die
»freigebende Fürsorge« springt nicht für ihn ein, sondern ihm darin
voraus. In dieser ein eigentliches [81] Sein im Einander verunmögli-
chenden Freigabe sichert sich das Dasein vor dem Verfall des Miteinanderseins in gegenseitige Verwechslung. Das besagt aber nicht, daß
die Freigabe nicht trotzdem von der Zweideutigkeit des Verhältnisses
betroffen würde.

Das Verhältnis zu einem andern im Sinne des »er selbst« wiederholt nur auf einer höheren Stufe die Begegnisstruktur im »man«. In
der Nivellierung des Miteinanderseins zum »man« ist der eine nie
eigentlich mit dem andern zusammen; einer gebraucht den andern im
Sinne des besorgenden Umgangs zu etwas, wobei in unausdrücklicher
Weise jedermann im übrigen seine *Selbständigkeit* gewahrt bleibt.
Diese Selbständigkeit eines andern, welche dem besorgenden Umgang
entgeht, weil sie für ihn gar nicht in Betracht kommt, kommt zwar
ausdrücklich in die Vorhabe im Umgang mit einem andern als einem
andern Selbst; aber auch in diesem Verhältnis zu dem andern läßt man
sich den andern nicht mehr in seiner ihm eigentümlichen Selbständigkeit begegnen. Indem der eine den andern von vornherein im Sinne der
eigenen Umgangstendenz auf Selbständigkeit frei-*gibt, läßt* er sich den
andern schon nicht mehr frei, von sich aus, in *seiner* Selbständigkeit
»begegnen«. Man schafft sich solchermaßen die Struktur seiner mitweltlichen Verhältnisse ausdrücklich im Sinne des eigenen Verhaltens.
Und weil man sich in solcher Weise seine Verhältnisse schafft, ist der
Art und Weise, wie einem in den so vorweg gesicherten Verhältnissen
noch andre begegnen können, mitweltlich zu entnehmen, wie man
selbst den andern begegnet. Sie begegnen einem nämlich genau so, wie
man es vorsah: gerade nicht »frei«, von sich aus, in *ihrer* Selbständig-

keit, sondern im Sinne der verhältnis-mäßig zweideutigen Freigabe. Zweideutig ist die Freigabe, indem sie den andern 1. im Sinne der *eigenen* Idee von Selbständigkeit freigibt und sich 2. gerade dadurch *von* den andern *freihält*. Die Freigabe nimmt sich selbst genau diejenige Freiheit, welche sie dem andern zu geben bereit ist. Sofern aber der freigebenden Fürsorge die Freiheitsidee des andern faktisch entgegenkommt, mithin ein selbständiges *Verhältnis* zustande kommt, setzt dies voraus, daß dem je eigenen »Sein-können« eines andern Sein-können von sich aus *entspricht*. »Gegeben« werden kann dem andern diese Freiheit überhaupt nur dadurch, daß er sie sich geben läßt und sie annimmt. Der sinnvolle Zweck der Freigabe kann sich nur erfüllen *auf Grund der Voraussetzung gleichgesinnten Daseins*, d. h. eines solchen Daseins, dem [82] es im gleichen Sinne wie einem selbst »um sich selbst« geht. Gemeinsamkeit ist also auch noch die Bedingung der Möglichkeit einer existenziell vereinzelten Weise zu sein.

Es fragt sich aber, ob die Idee der freien Selbständigkeit ihre Tragweite nicht schon allein dadurch verkennt, daß sie das je eigene existenzielle Sein-können in der Freigabe des andern auch für *andere* als gebbar in Anspruch nimmt. Indem sie ihrer Tendenz nach den andern von vornherein im Sinne ihrer eigenen Idee von freier Selbständigkeit freigibt, gibt sie dem andern eine Freiheit, ohne zuvor zu fragen, ob er nach einer *solchen* Freiheit verlangt. Die positive Rücksicht darauf ist aber das primäre Erfordernis eines wirklich freien und nicht nur frei-gebenden Miteinanderseins.

Die einen andern freigebende Freigabe setzt also nicht nur überhaupt Gemeinsamkeit von Ich und Du voraus, sondern vorbestimmt den andern als alter *Ego* rücksichtlich ihrer *selbst*. Die Freigabe beansprucht den andern extrem als den Ihrigen und *nimmt* ihm, indem sie ihm selbst die Freiheit *gibt*, gerade seine ursprüngliche Freiheit. Und indem sie ihm seine ihm eigentümliche Freiheit gebend nimmt, benimmt sie sich damit zugleich selbst die Möglichkeit eines freien Verhältnisses zum andern.

§ 22. *Die mögliche Verselbständigung des Verhältnisses*

Indem sich der eine nach dem andern richtet, gewinnt das Verhältnis den Charakter einer sich selbst genügenden Einrichtung. Die Bewegungsform dieser Selbstgenügsamkeit ist das Kreisen des Verhältnisses in sich selbst. Als »Zirkel« oder als »Kreis« bezeichnet man nicht zufällig die mehr oder minder *geschlossenen Welten* des Miteinanderseins. *Sich selbst* genügen die einem Kreise Angehörigen im Sinne des »sich« des *Einander* gerade deshalb, weil keiner sich selbst genügt. Als ausdrücklich in sich geschlossener selbstgenügsamer Kreis ist er seinem Sinne nach exklusiv gegen die andern, welche nicht zum Kreis gehören und sich selbst genügen. Als Angehöriger eines Kreises spricht und handelt ein jeder im Sinne des »Wir«, aber nicht »für seine Person« – und zwar deshalb, weil er als Einzelner ganz und gar »persona« ist. Die Rolle, welche er als persona spielt, ist ihm vorgezeichnet durch die Tendenz seines Kreises.

Sofern aber ein Kreis in einem bestimmten Individuum seinen ihn [83] ursprünglich begründenden Mittelpunkt hat, ist der Kreis von zugehörigen Personen kein *absolut* geschlossenes und in sich selbst begründetes Verhältnis von Personen; denn zufolge der Abhängigkeit von seinem ihn begründenden Mittelpunkt fehlt ihm die Ab-solutheit der reinen Kreisbewegung als solcher. Das »Wir« eines solchen Kreises ist kein reines Wir, sondern impliziert in mehr oder minder ausdrücklicher Weise den Bezug auf den einen, zu dem »Wir« gehören, indem wir auf ihn hören. Dieser eine ist nicht in derselben Weise von seinem Kreise abhängig wie der Kreis von ihm, denn er allein ist es ja, der den Personen des Kreises ihre unpersönlich-personhafte Rolle vorzeichnet. Zufolge dieser Verschiedenheit im Abhängigkeitsverhältnis des einen und der andern ist das Verhältnis als Ganzes entscheidbar und lösbar. Der Kreis kann seine Geschlossenheit verlieren und sich auflösen, denn er ist von Anfang an nicht absolut in sich selbst kreisend.

Absolut in sich selbst kreisend und solchermaßen verselbständigt ist ein Kreis von Personen nur dann, wenn er keinen besonderen Mittelpunkt hat, d. h. wenn das Zentrum der Bewegung des einen zum andern ihr gegenseitiges Verhältnis *als solches* ist.

Die Bedingung der Möglichkeit eines solchen völlig auf sich beruhenden, sozusagen freischwebenden Kreises von zwei oder auch mehr Personen ist die Reflexion der Zweideutigkeit im Verhältnis des einen zum andern. Während das Verhältnis zumeist nur insoweit reflektiert ist, als sich eines jeden Verhalten auf und nach dem andern richtet, ohne jedoch *primär* von ihm her bestimmt und nicht nur mit-bestimmt zu sein, verabsolutiert sich die Reflexion, wenn die Initiative des *eigenen* Verhaltens eines jeden der beiden ihren *Ursprung* im *andern* hat, der jeweils andere das »Prinzip« des eigenen Tun und Lassens ist.

Ein jeder der beiden ist dann nicht nur in *dem* Sinne »persona« und nicht Individuum, daß er sich selbst durch den, zu dem er sich verhält, korreflexiv mit-bestimmt, sondern ein jeder der beiden ist primär *als persona des andern* reflektiert bestimmt. In einem derartig verselbständigten Verhältnis ist nicht mehr alternativ entscheidbar, bei wem die Initiative liegt, denn indem sich der eine primär nach dem andern richtet, richtet sich ja auch schon der andere primär nach ihm.

Diese prinzipiell mögliche Verselbständigung des »Einander« beherrscht zwar die menschlichen Verhältnisse nicht durchgängig, zeigt sich in ihnen aber doch alltäglich in ihrer Möglichkeit als wirklich, [84] nämlich überall dort, wo sich das Verhalten des je einen primär am andern orientiert; an sich ist zwar der Wunsch des *einen* der Wunsch des andern, aber dessen Wunsch richtet sich seinerseits wiederum nach dem des andern. Indem sich ein *jeder* der beiden primär nach dem andern richtet, entspringt die Initiative ihres Tun und Lassens eigentlich weder beim einen noch beim andern, sondern aus ihrem *Verhältnis als solchem.* Faktisch wird aber die Initiative zu einem Verhalten doch von je einem, wenn auch »im Namen« des andern ergriffen.

§ 23. *Zusammenfassende Analyse der Darstellung eines verselbständigten Verhältnisses in Pirandellos* Cosi è (se vi pare)

Die Erkenntnis, daß der Mensch in seinen Lebensverhältnissen nicht als pures, nacktes *Individuum* »an sich«, sondern in der Form verhältnis-mäßiger Bedeutsamkeit – als *persona* – zur Geltung kommt, ist der monomanische Grundgedanke in der gesamten künstlerischen Produktion Pirandellos. Die gedankliche Energie, mit welcher er diese seine Grunderfahrung in immer neuen Variationen gestaltet hat, schwächt die künstlerische Evidenz seines Werkes zugunsten seiner philosophisch reflektierten Eindringlichkeit. Am schärfsten durchgeführt hat Pirandello die Frage nach dem »wahrhaft wirklichen« »Ansichsein« des Menschen im 11. Stück seiner Schauspiele. Mit der

---

59 Wir legen im folgenden den italienischen Text zugrunde und halten uns an die vorliegende deutsche Übersetzung nur soweit, als sie jenem gerecht wird. An den gedanklich entscheidenden Stellen ist sie meist ungenau und oft irreführend. (Anm. 12)

Analyse und Kritik dieser Darstellung eines extrem verselbständigten Verhältnisses von drei Personen veranschaulichen wir die zuletzt gewonnene Struktur des Miteinanderseins[59]. Pirandello leitet in seinen Werken eine ausdrückliche Tendenz. »Nun hat es mir niemals genügt, die Gestalt eines Mannes oder einer Frau, auch die seltsamste, nur um ihrer selbst willen darzustellen. Eine frohe oder traurige Begebenheit zu erzählen, nur aus Lust am Erzählen; eine Landschaft zu beschreiben, nur aus Lust am Beschreiben. Es gibt gar viele Dichter, die es so halten, und wenige, die etwas anderes suchen. Andere gibt es, die außer dieser Lust am Erzählen ein tieferes geistiges Bedürfnis fühlen, das ihnen vorschreibt, nur solche Gestalten, Begebenheiten oder Landschaften zu schildern, *die ein besonderer Sinn des Lebens erfüllt*; [85] dies sind die Dichter von mehr philosophischer Einstellung. Ich selbst bin zu den letzteren zu rechnen«[60]. Welches diese Tendenz in ihrem allgemeinsten Ausdruck ist, das zeigt der Obertitel seiner Theaterstücke an. Er lautet: *Maschere nude*, d. h. Masken in ihrer Nacktheit. Ausdrücklich spricht Pirandello darüber in der »Avvertenza« am Schlusse seines Romans *Il fu Mattia Pascal* (Firenze: Bemporad, 1921, S. IX) (Anm. 13). Den Vorwürfen seiner Kritiker entgegnend, spricht sich Pirandello hier über den Sinn der *maschere nude* aus: Wir selbst und die andern wissen zumeist nicht, wer wir eigentlich sind. Und wir *wissen* es deshalb nicht, weil wir faktisch zunächst weder für uns selbst noch für andere unverdeckt da *sind*. Schon im »wirklichen« Leben spielen wir eine »Rolle«, leben maskiert durch eine »Konstruktion«. Wir verbauen uns ständig, indem wir selbst und die andern, mit denen wir zusammen sind, etwas »aus uns machen«, was wir »an sich« gar nicht sind. Wir geben uns als die und die und werden von den andern als die und die genommen. Aus diesem Überbau entspringen reelle Unstimmigkeiten, »difetti reali«. Deshalb komme es für den, der das »wirkliche« Leben in seiner »Wahrheit« darstellen will, darauf an: die den Menschen in seinem eigentlichen Sein verdeckende »Maske« zu demaskieren – »finchè non si scopre nuda«, bis sich das maskierte Dasein in seiner Nacktheit zeigt.

Aus diesem Zusammenhang ist nun zu verstehen der Sinn des Untertitels des 11. Stücks seiner *maschere nude*: »Cosi è (se vi pare)«.

---

60 *Sechs Personen suchen einen Autor*, übertragen von Hans Feist. Berlin: A. Häger, 1925, S. 12 [*Sei personaggi in cerca d'autore*, prefazione, erstes Viertel].

Die deutsche Übersetzung: »So ist es – wie Sie meinen« ist unscharf. Zutreffend erweitert müßte sie lauten: »Sofern es euch so *erscheint – ist es so*«. Das heißt, zunächst *ist* einer so bestimmt, wie er einem (andern oder sich selbst) *erscheint*. Der Ton liegt nicht auf dem Erscheinen als einem »bloßen« Schein, sondern auf der Erscheinungsweise eines Seins. Und sofern es sich bei Pirandello um das Dasein von Menschen handelt, kommt es ihm darauf an zu zeigen, *daß* einer und *wie* einer einem andern, aber auch sich selbst, *als* einer erscheint; denn nur so kann der Anschein als maskierter Anschein und damit in der Nacktheit seines eigentlichen Seins gesehen werden. Nur so kommt überhaupt zur Frage, was einer an ihm selbst ist. Damit diese Frage einen konkreten Boden hat, muß einer [86] zunächst für einen andern schon irgendwie da sein, muß einem irgendwie »erscheinen«, was einer »ist«.

Pirandellos Sprachrohr ist in diesem Stück ein gewisser Laudisi. Was dieser über die drei Hauptpersonen des Stückes sagt, ist im Verhältnis zu den Aussagen des Publikums – innerhalb und außerhalb der Szene – stets negativ. Im Grunde ist er aber der einzig Wissende im Unterschied zu den andern, welche ein »positives« Wissen über die Lebensverhältnisse der drei Personen gewinnen wollen. Laudisis ganzes Bemühen ist, das Publikum von einer verständnislosen Wirklichkeitsnachfrage abzudrängen und ihm zu zeigen, daß die »Wirklichkeit« von *Personen*, die zueinander ein *Verhältnis* haben, nicht von derselben Art und Zugänglichkeit ist, wie die von gegeneinander gleichgültigen *Objekten*. Das wahrhaft wirkliche Ansichsein der drei Hauptpersonen wird vom Publikum schon allein dadurch verkannt, daß es die »Wahrheit« in der Weise zu ermitteln versucht, daß es die Drei – erst nacheinander und schließlich nebeneinander – als *Einzelne* zur Rede stellt. Nur Laudisi versteht von Anfang an, daß sie *wesentlich* zueinander gehören und abgesehen von ihrem zweideutig reflektierten Verhältnis das Verhalten des einen und andern gar nicht verstanden werden kann.

In der scharfen Herausstellung der reflektiert verhältnis-mäßigen Bedeutsamkeit des einen für den andern in ihrem Miteinander überschärft nun Pirandello dieses Miteinandersein der drei Hauptpersonen gegenüber dem Publikum oder, wie wir von nun ab sagen wollen: den »andern« bis zu einer auf sich selbst stehenden, »geschlossenen Welt«, die den andern unzugänglich und verschlossen bleibt.

Im folgenden wird der Gang der Handlung nur soweit referiert, als sich in ihm die Entwicklung des nun angezeigten Gedankengangs fortschreitend artikuliert.

Die drei Hauptpersonen: Herr Ponza, Frau Frola (seine Schwiegermutter), Frau Ponza bezeichnen wir mit P, F, X; Laudisi = L.

Ein Beamter P wird mit Frau X und Schwiegermutter F in eine neue Stadt und damit unter andere Menschen versetzt. Das Verhältnis dieser Drei untereinander fällt den andern (dem Publikum der Kleinstadt) in beunruhigender Weise auf. Man kennt sich mit diesen drei Fremdlingen noch nicht aus. Ihr ungewöhnliches Verhalten befremdet und erregt die Neugier der andern. Unter diesen andern befindet sich einer – L –, der auf seine Weise auffällt. Er ist zwar [87] mit den andern verwandt, nimmt aber doch eine besondere Stellung sowohl gegenüber den Seinen wie den drei Fremden ein. Er opponiert ständig gegen die Seinen, ohne jedoch zu den Drei zu gehören. Diese Opposition wird ihm als Stellungnahme für die drei Fremden ausgelegt. Er ist scheinbar ein unbeteiligter Betrachter. Indem er sich aber mit den Seinen nicht im Sinne ihrer Neugier bezüglich der Drei verbunden und von deren Absonderlichkeit befremdet fühlt, hat er in seinem abstandhaltenden Freisein von . . . die Freiheit zu einer die Verhältnisse übersehenden, näheren Erkenntnis des zunächst Fernliegenden.

Eine unter den andern gibt L den ersten Anlaß, seine grundsätzliche Ansicht im Widerspruch zu den andern gleichnisweise zu äußern. Eine der andern ist empört, weil P, welcher mit F zusammenwohnt, verhindert hat, daß sie bei ihrem Antrittsbesuch von F empfangen wurde. Durch diesen Besuch wollte sie den ersten Schritt unternehmen zur Erkundung der Verhältnisse der Drei. L bemerkt dazu: dieses ganze Unternehmen sei eine Anmaßung, und man habe doch das Recht, in seinem »eigenen Hause« Herr zu sein. Das Interesse für die Drei sei von einer unverantwortlichen, bloßen Neugierde. Die andern rechtfertigen ihre Neugierde mit der Befremdlichkeit dessen, wonach sie neugierig sind. Befremdlich sei, daß P zwar mit seiner Schwiegermutter F zusammen wohne, für seine Frau (X) aber in einem anderen Hause ein Zimmer gemietet habe und verhindere, daß F und X anders als vom Fenster aus sich sehen und sprechen können. L versucht zuerst, die Neugierde nach dem »wahren Grund« dieser Verhältnisse dadurch abzuschwächen, daß er verschiedene Möglichkeiten aufzeigt, aus denen sich solche Verhältnisse in verständlicher Weise ergeben könnten. Umsonst. Er findet diese Neugierde unerträglich, schon deshalb, weil sie *untauglich* sei (sc. um zu erfahren, wie es sich mit den

andern »wirklich« verhalte). Als einer der andern einwendet: Ja, man
möchte doch wissen, ob . . ., kündigt sich in L's Antwort deutlich das
Grundthema des ganzen Stückes an: »Was können wir wirklich
wissen über unsere Mitmenschen, wer sie sind, wie sie sind, was sie
treiben, weshalb sie es so treiben?« Ein anderer: »Warum denn nicht?,
indem man sich informiert und erkundigt.« L: »Wenn man *auf diesem
Wege* über Alles unterrichtet sein könnte, dann müßten Sie (S')
zusammen mit Ihrem Mann (S) es am besten sein.« Hierauf ein
Wechselgespräch von S' und S, welches L unterbricht.

[88] S': »Zwar behauptet mein Mann, alles zu wissen, ich bleibe
dabei aber doch ganz ununterrichtet.«

S: »Sie begnügt sich nie mit dem, wie ich's ihr erzähle.«

L: »Wie kannst du wollen, daß sich deine Frau mit den Dingen
begnügt, die *du* ihr erzählst, wenn *du* – wie es ja natürlich ist – sie ihr
so erzählst, wie sie für dich sind.«

S': »Und wie sie niemals sein können.«

L: »Ach nein, Sie haben Unrecht, denn für ihn sind die Dinge so,
wie er sie Ihnen erzählt.«

S: »Wie sie in Wirklichkeit sind, in Wirklichkeit.«

S': »Keineswegs, du täuschst dich ständig.«

S: »Du, nicht ich.«

L: »Nein, meine Herrschaften, keiner von euch beiden irrt sich.«
L will dies handgreiflich illustrieren. Er fordert jeden der beiden
auf, ihn nacheinander zu berühren und dabei anzusehen. Nachdem
beide dieses ihnen unverständliche Experiment gemacht haben, sagt
er: ein jeder von euch wird nun mit Recht sagen, daß er *mich* berührt
und gesehen hat, aber »sagen Sie es bitte ja nicht irgend einem andern,
wie Sie mich gesehen haben, denn alle werden sagen, daß Sie sich
täuschen – dabei täuschen Sie sich aber durchaus nicht; denn ich bin
wirklich so, wie Sie mich sehen. Das heißt aber nicht, daß ich nicht
auch wirklich so bin, wie mich ein anderer sieht. Und auch diese
andern täuschen sich durchaus nicht.« Hierauf einer der andern:
»Aber wie? Ändern Sie sich denn?« L: »Ja.« Einer der andern: »Ich
ändere mich nie.« L: »Auch ich nicht, *für mich*. Und ich behaupte, daß
Ihr Alle Euch täuscht, sofern Ihr mich nicht so seht, wie ich mich
selber sehe. Aber das schließt nicht aus, daß sowohl eure wie meine
eigne Ansicht (sc. von mir) ein Anschein ist.« Auf die Frage eines
andern, was das beweise, wieso das schlüssig sei, erwidert L: »Du
meinst, das brächte nichts beweiskräftig zum Abschluß? Ich sehe euch

aufgeregt auf der Suche nach einem Wissen, wer die andern sind und wie die Dinge liegen – als ob die andern und die Dinge *für sich selbst* (*›per se stessi‹*) – ›an sich‹ – so oder so wären.« Ein anderer: »Also kann man nach ihrer Meinung nie die Wahrheit erkennen, nie wissen, wie etwas wirklich in Wahrheit ist? Nicht einmal was man mit Händen greift und sieht, soll man glauben?« L: »Aber doch! Nur sollen Sie Respekt haben vor dem, was die andern sehen.«

Dieses negative Ergebnis des Gesprächs scheint nun durch neue [89] Tatsachen eine positive Wendung zu nehmen. Frau F wird vom Diener gemeldet. Es wird sich aber sehr bald zeigen, daß eine solche Tatsache wie das pure Erscheinen einer Person wiederum nur Bedeutung gewinnt durch das, was sie sagt und wie man das von ihr Gesagte selbst versteht, daß sie aus ihrem Ansichsein heraustritt und zu den andern in ein Verhältnis tritt. Beim Erscheinen von F große Aufregung – man wird nun »*die* Wahrheit« erfahren. Bei diesem Worte lacht L. Einer fragt: »Warum lacht er?« Ein anderer antwortet: »Er behauptet, daß es unmöglich ist, die Wahrheit zu erfahren.«

Frau F spricht von X als von ihrer mit P verheirateten Tochter; sie steht den Fragen der andern Rede und gibt mehr oder minder weitgehende Aufklärungen über die Motive ihres einsamen Lebens. Es ist für diese Szene charakteristisch, daß zwischen F und L ein stilles Einanderverstehen zum Ausdruck kommt. Entgegen den Verdächtigungen der andern hinsichtlich des sonderbaren Benehmens von P betont Frau F, daß sowohl P mit X, als sie mit beiden in einem durchaus einstimmigen Verhältnis leben, »*wir* sind alle mit dieser Lebensweise *einverstanden*, wir (meine Tochter und ich) entsagen freiwillig aus Rücksicht auf ihn.« Das Publikum überhört aber dies »wir« und will das Verhältnis aus dem Verhalten der Einzelpersonen erkunden. Weitere Versuche, in sie einzudringen, wehrt F verzweifelt ab: »Aber, ich bitte Sie, wir (sc. Drei) sind ja damit ein-verstanden.« Weder Eifersucht noch Grausamkeit sei das Motiv des sonderbaren Verhaltens von P, »eher eine Art von Krankheit, wenn Sie es so wollen – ein Übermaß von Liebe – etwas ›Geschlossenes‹ – das ist es, ja, etwas ›Ausschließliches‹ – worin X leben muß, ohne jemals heraus zu treten, und wo kein andrer eindringen soll.« Ein anderer: »Nicht einmal die Mutter?« Ein anderer: »Ein schöner Egoismus!«

F: »Aber ein Egoismus, der sich ganz hingibt, etwas wie eine (sc. einheitliche) Welt – Egoismus wäre es von mir, wenn ich in jene *geschlossene Welt* von Liebe eindringen wollte.« Auch sagt F, sie habe sich schon längst daran gewöhnt,»resigniert – wenn Sie es so wollen«, sie leide nicht mehr darunter.

Ein anderer:»Ja, wenn Sie alle damit zufrieden sind.«

F:»O ja, ich habe es Ihnen ja gesagt, ein jeder von uns hat seine eigentümlichen Schwächen, und wir müssen *miteinander* Mitleid haben.« Hierauf verläßt F die Szene.

[90] Das Publikum ist nun von diesen Erklärungen mehr verwirrt als aufgeklärt – da ergibt sich nochmals eine neue Aussicht, die Wahrheit»an sich« zu entdecken: Herr P wird nämlich vom Diener gemeldet. P vermutet mit Recht, daß seine Schwiegermutter vorher da war und dazu gebracht wurde, über ihn und seine Frau zu sprechen. Indem auf solche Weise erst F, dann P – jeder als einzelner – gegenüber den andern auftreten, kommt deren Verhältnis zu-einander vom Stand- und Gesichtspunkt eines jeden einzelnen zur Sprache. Diese Standpunkte widersprechen sich als isolierte, und zwar deshalb, weil die Drei zueinander in einem sie einheitlich bestimmenden Verhältnis stehen und jeder der Drei die Möglichkeit hat, von sich aus das ganze Verhältnis als *sein* Verhältnis zu den andern sich selbst und andern verständlich zu machen.

P gibt die verblüffende Erklärung ab, daß F wahnsinnig sei – sie glaube zwar, er verhindere ihr Zusammenkommen mit ihrer Tocher, X sei aber in Wirklichkeit gar nicht ihre Tochter, sondern seine *zweite* Frau, und mit Rücksicht auf F und X erhalte er diesen Wahn, und zwar gerade dadurch, daß er F und X nicht näher zusammenkommen lasse; in der Aufrechterhaltung dieses Wahnes unterstütze ihn in ihrem eigenen Interesse auch seine Frau – denn es wäre ja für sie unleidlich, als angebliche Tochter ständig mit F zusammenleben zu müssen. In Wirklichkeit sei seine erste Frau schon vor vier Jahren gestorben, und darüber sei F wahnsinnig geworden. Als er zwei Jahre darauf mit seiner zweiten Frau an dem Fenster des Zimmers, in welchem F bewacht wurde, vorübergegangen sei, weinte und lachte F vor Freude, ihre»*Tochter*« wiederzufinden, und wurde wieder fast normal.

Alle sind durch diese neuen Auskünfte verwirrt und fragen am Schlusse dieser Szene L, was er dazu sage.

L antwortet, er sage dazu nichts!

Kaum ist P fortgegangen, kommt F wieder zurück. Die andern, welche bei ihrem ersten Auftreten gegenüber Frau F doch so sicher waren, wissen nun nicht mehr, wie sie mit ihr reden sollen! Indem sie F nur für eine Wahnsinnige halten, verändert sich auch ihr wirkliches

Verhältnis zu F. Dies alles entgeht F selber nicht. Ihr eigenes Wiederkommen ist aus dem Wissen motiviert, daß vorher P da war und zum Sprechen gebracht wurde.

Wie sich schon das erste Auftreten von P aus dem von F motiviert, so nun das zweite Auftreten von F aus dem von P; es kommt in [91] dieser Weise nacheinander die sinnmäßige Gleichzeitigkeit ihres Miteinanders zum Ausdruck. Die ganze Entwicklung ist in ihrer spezifischen Konsequenz aus der Struktur des Miteinanderseins zu verstehen. Die Aufklärungen gehen ebenfalls zwangsläufig im Sinne einer folgerichtigen Entsprechung weiter. F sagt zu den andern, sie wisse wohl, daß P sie für wahnsinnig halte und zu sagen pflege, ihre Tochter sei schon seit vier Jahren tot und die eingesperrte Frau (welche sie als ihre Tochter nehme und die sich aus der Entfernung mündlich und brieflich auch als ihre Tochter ausgebe) sei in Wirklichkeit seine zweite Frau. F entschuldigt P: »Ich weiß auch, wie schwer es ihm fällt, in dieser Weise über mich zu sprechen, wenn er dazu gezwungen wird.« Dem allen liege ein Unglück zugrunde, das nur auf *die* Weise überwunden werden könne, daß sie zusammen so zurückgezogen leben. (Dies wird im Verlauf des Stückes sowohl von F wie von P wie von X einstimmig ausgesagt.)

F: »Können Sie denn wirklich glauben, daß ich verrückt bin, daß meine Tochter gestorben ist und die Frau X seine zweite Frau ist? Er braucht diesen Glauben und wird nur verstört, wenn er gezwungen wird, darüber zu reden.« Ein anderer: »Dann ist also *er* wahnsinnig?!«

F: »Nein, nein – auch er ist es nicht! – Lassen Sie mich alles erzählen. Als er heiratete, bemächtigte sich seiner ein richtiger Liebeswahn – eine wilde, tobende Liebe, die meine Tochter fast zugrunde richtete. Auf Rat der Ärzte und Verwandten mußte man ihm seine Frau gewissermaßen entführen und sie in einem Sanatorium unterbringen. Und nun geschah es, daß er, verwirrt durch seine überwältigende Liebe, als er sie nicht mehr zu Hause vorfand, in eine derartige Verzweiflung geriet, daß er glaubte, seine Frau sei gestorben. Er wollte nichts mehr hören, zog Trauerkleider an, und man konnte ihn in keiner Weise von dieser fixen Idee abbringen, die ihn so beherrschte, daß er, als nach Jahresfrist meine Tochter wieder gesund und aufgeblüht vor ihm stand, behauptete, sie sei nicht seine Frau. – Ach, es war furchtbar: er näherte sich ihr, schien sie zu erkennen, und dann wieder: ›Nein, nein.‹ Und damit er sie wieder zu sich nähme, mußten wir ihm mit Hilfe unserer Freunde eine zweite Ehe vorspiegeln [...].

Die Ärmste muß so tun, als ob sie nicht sie wäre, sondern eine andere... Und ich? – Nun, ich? – als ob ich wahnsinnig wäre.« [92]Am Schlusse dieses Auftritts geht L in die Mitte der Bühne und sagt:»Nun seht Ihr einander an. Was nun? Wo liegt die Wahrheit?« und bricht in schallendes Gelächter aus.

Die Aussicht auf eine endgültige, objektive Aufklärung sieht sich nun reduziert auf die Nachforschung nach Heirats*dokumenten*. Diese eventuellen Dokumente teilten aber das Schicksal der drei Personen. Archiv und Standesamt sind bei dem Erdbeben mit der ganzen Verwandtschaft der Drei zugrunde gegangen.

So bleibt nur noch die Aussicht, Überlebende ausfindig zu machen, welche über diese sonderbaren Familienverhältnisse das eine oder andere wissen.

L rät den andern:»Glaubt allen beiden.«

Die andern:»Wie denn? Wo doch beide entgegengesetzte Ansichten vertreten.«

L:»Dann glaubt eben keinem von beiden.«

In dieser für L prinzipiellen Umkehrbarkeit drückt sich negativ aus, daß es ihm positiv von vornherein auf die *beiden*, d. h. auf ihr *Verhältnis zueinander* ankommt. Einer der andern bekundet hierauf seine Wahrheitssuche als eine solche, die am isolierten Objekt orientiert ist, wenn er sagt:»Die Wahrheit muß doch auf *einer* Seite liegen –, es fehlen eben nur leider die Beweise.« Gegen diese objekthaft gerichteten Bemühungen richtet sich L im Verlauf des Stückes mit der charakteristischen Doppelwendung, daß *sowohl der eine wie der andere*, oder – was hinsichtlich der Verhältnismäßigkeit dasselbe besagt: *weder der eine, noch der andere* die Wahrheit sage.

L fragt die andern, was sie den»Dokumenten« denn entnehmen könnten? Ein anderer meint:»Wenn sich z. B. ein Dokument fände, welches den Tod der Tochter bestätigt, dann ist eben Frau F wahnsinnig, aber nicht P. Könntest du eine solche Tatsache leugnen?«

L:»Ich leugne ja gar nichts (sc. Tatsächliches) – ich werde mich schwer hüten –, *ihr* seid es ja, die ihr Dokumente, Beweise braucht, um etwas zu bejahen oder zu verneinen. Ich wüßte ja damit nichts anzufangen, weil sich für mich die Wirklichkeit nicht daraus zusammensetzt, sondern in der Seele der beiden liegt, in die ich mir nicht einbilden kann einzudringen, es sei denn daß sie mir etwas sagen.«

Ein anderer:»Sagen die beiden aber nicht , daß *einer* von ihnen [93] irrsinnig ist? Entweder *er* ist wahnsinnig, *oder sie* ist es – da gibt es keinen Ausweg.« L stellt dies richtig, indem er darauf aufmerksam macht, daß F ja gar nicht behaupte, daß P eigentlich irrsinnig sei. Ein anderer erwidert ihm:»Also glaubst du eher F?« Ein anderer:»Es ist ja wahr, daß man alles erklären kann, wenn man ihren Standpunkt einnimmt.« L:»Man kann sich jedoch auch alles erklären, wenn man den Standpunkt von P einnimmt.« Ein anderer:»Dann wäre also keiner von beiden wahnsinnig? Aber *einer* muß es doch sein, zum Teufel.« L:»Und welcher denn? Weder ihr noch irgend jemand wird es jemals sagen können! Und nicht deshalb, weil jene Beweise, die ihr so krampfhaft sucht, durch irgend einen Zufall vernichtet worden sind, sondern weil sie sie selbst vernichtet haben in ihrer Seele – versteht Ihr mich? Weil er ihr und sie ihm ein Wahngebilde aufgebaut hat, welches dieselbe Richtigkeit wie die Realität hat und in welchem sie gänzlich leben, und zwar in vollkommener Einstimmigkeit. Und diese ihre (sc. innere) Wirklichkeit kann man mit keinem Dokument zerstören. Die Dokumente können höchstens für euch von Nutzen sein, um eure törichte Neugierde zu befriedigen. Sie sind aber nicht vorhanden. Und so seid ihr zu der Qual verurteilt, die Wahrheit und das Wahngebilde (Sein und Schein) vor euch zu haben, ohne die beiden voneinander unterscheiden zu können.« Ein anderer:»Philosophie, mein Lieber, nichts als Philosophie. Wir werden sehen, ob es nicht möglich ist...« Ein anderer:»Wir haben die beiden nacheinander angehört. Meinst du, daß, wenn wir sie jetzt einfach einander gegenüberstellen, man das Wahngebilde von der Wahrheit nicht unterscheiden wird?« L:»Ich bitte euch um die Erlaubnis, zum Schlusse wieder lachen zu dürfen.« Die andern arrangieren nun bei sich ein Zusammentreffen von P und F ohne deren Vorherwissen. Am Beginn des dritten Auftritts ist L allein und betrachtet sich im Spiegel; er hält mit seinem Spiegelbild folgendes Zwiegespräch:»Da bist du ja, sag mal, wer von uns beiden ist nun verrückt? Ja, ich weiß wohl: Ich behaupte ›du‹, und du zeigst mit dem Finger auf mich. So, du-auf-du stehend kennen wir einander gründlich. Das Elend ist aber, daß dich die ›andern‹ nicht so sehen, wie ich dich sehe. Und was wird aus dir, [94] wie dich die andern sehen? Ein Wahngebilde, mein Lieber! Und doch, siehst du jene Narren? Ohne sich um das Wahngebilde zu kümmern, das sie mit sich selbst in

sich selbst herumtragen, rennen sie voller Neugierde dem Wahngebilde anderer Menschen nach und glauben, das verhielte sich hier
anders.«

Ein Diener meldet einen Besuch.

L zum Diener:» Wünscht er mit *mir* zu sprechen?«

D:» Ich sagte, daß Sie da sind.«

L:» Ich? Nein, im besten Falle derjenige, den die andern kennen.
Sag mal, mit wem sprichst du jetzt?«

D:» Wie, mit *wem* ich spreche? Mit *Ihnen*.«

L:» Bist du auch ganz sicher, daß ich (sc. für dich) derselbe bin,
den die andern zu sprechen wünschen?«

D:» Ich wüßte nicht – man fragte mich nach dem Bruder der Frau
Z.« (L ist tatsächlich der Bruder der Frau Z.)

L:» Gut, dann bin ichs, lasse sie eintreten.«

Der eintretenden Dame erzählt L, daß man auf die großartige Idee
gekommen sei, nun endlich die Wahrheit dadurch festzustellen, daß
man ihn (P) *hier* – und sie (F) *dort* hinstellen wird.

Die Dame:» Um festzustellen, was eigentlich . . .«

L:» . . . die Wahrheit ist.«

Hierauf macht L sie weiter neugierig, indem er so tut, als sei das
Aktenstück der zweiten Ehe gefunden worden, worauf die Dame sagt:
» . . . dann ist also F die Verrückte?«

L:» Nun ja, so würde es scheinen.«

Die andere:» Wie, Sie sagten doch, es wäre tatsächlich so!«

L:» Ja, aber das Aktenstück könnte doch gefälscht sein zur Unterstützung der fixen Idee; ebenso sind die Briefe, welche X mit F
wechselt, ›Dokumente‹, d. h. nichts, was an sich schon etwas bedeutet,
denn es hängt alles davon ab, welche Bedeutung man einem Dokument beimißt.«

Die andere:» Ja, aber dann wissen wir ja überhaupt nichts?«

L:» Das wäre übertrieben. – Wieviel Tage hat die Woche? –
sieben; und vieviel Monate das Jahr? – zwölf. *Das* ist doch ganz
sicher.«

(Im fünften Auftritt wird in einem kurzen Gespräch L's mit einem
der andern wiederum auf die Verhältnismäßigkeit der Bestimmungen
im Miteinandersein hingewiesen; eine andere:» ich sage es [95] nur
um des Vaters willen«; hierauf L:» und der Vater wird es nur
deinetwegen sagen.«).

Im siebenten Auftritt treffen nun F und P wider Willen im Hause

der andern zusammen. F spielt im Nebenzimmer Klavier und P tritt
währenddessen in das Empfangszimmer ein, hört eine ihm bekannte
Melodie und gerät in große Aufregung.

P: »Ich allein weiß, wie man mit ihr – (F) – umgehen muß, man
richtet sie mir zugrunde.«

Aus dem Nebenzimmer vernimmt man, wie F auf ein Kompliment
über ihr Spiel erwidert: »Würden Sie erst meine *Lina* (X) hören, wie
herrlich sie spielt.«

P verzweifelt zu sich selbst: »Ihre Lina – ihre Lina!«

Ein anderer zu P: »Sie spricht wohl von ihrer Tochter?«

P: »Ja, hören Sie denn nicht, wie sie sagt (sc. präsentisch) ›spielt‹.«

F wird von den andern in das Zimmer geführt, in dem P ist, und
erschrickt heftig über ihn und seine Aufregung. P erscheint ihr gegenüber rücksichtslos und wahnsinnig: »Was machen Sie denn hier?« P
sagt F ins Gesicht, wie sie denn von »Lina« sprechen könne, wo sie
doch wisse, daß Lina schon längst tot sei. F versucht, ohne darauf zu
antworten, ihn zu beruhigen – erfolglos.

P: »Sie wissen doch, daß meine zweite Frau gar nicht spielen kann
[. . .]; sie hieß Lina, Ihre Tochter, und jetzt bitte, wie heißt denn meine
zweite Frau? Sagen sie es allen, wie heißt sie denn?«

F: »Giulia – sie heißt (!) Giulia – ja, es ist wahr, sie heißt Giulia.«

P: »Blinzeln Sie nicht den andern zu, indem Sie ›Giulia‹ sagen.«

P bricht erschöpft zusammen, und F versucht, sehr besorgt, ihn zu
beruhigen.

F verläßt darauf das Haus. Kaum ist sie fort, erhebt sich P vom
Boden und ist allem Anschein nach wieder ganz normal und sagt zu
den andern tief ergriffen:

»Ich bitte um Entschuldigung wegen des traurigen Zwischenspiels,
das ich vor Ihnen aufführen mußte, um das Übel, das Sie – ohne es zu
wissen – durch Ihr Mitleid dieser Unglücklichen bereitet haben,
wieder gut zu machen.«

Ein anderer: »Ja . . ., haben Sie denn nur fingiert?«

P: »Ich war dazu gezwungen. Verstehen Sie nicht, daß es das
einzige Mittel ist, um sie in ihrer Wahnidee zu lassen, daß ich ihr die
[96] Wahrheit so ins Gesicht schreie, als ob sie meine Verrücktheit
wäre. Aber jetzt müssen Sie entschuldigen, ich muß ihr gleich nach-
gehen.«

L: »Und hier haben wir, meine Herrschaften, endlich die unverhüllte Wahrheit.«

Ein Beamter hat ein objektiv unzureichendes Dokument ausfindig gemacht. L mutet ihm zu, es zu zerreißen oder auf die Rückseite irgendeine bestimmte Nachricht zu schreiben, um so der Stadt ihre Ruhe wiederzugeben.

»Seien Sie doch ein Mensch, merken Sie denn nicht, diese Leute wollen eine ›Wahrheit‹ – ganz gleich welche – wenn es nur eine *Tatsachenwahrheit*, eine *kategorische*, ist.«

Zwischendurch bezeichnet L die ganze Geschichte als ein »Columbus-Ei«, d. h. also wohl im Sinne dieser Redewendung: als ein Problem, dessen Lösung ganz einfach ist, wenn man sie nur in der rechten Richtung suchen wollte.

Schließlich kommt man auf einen letzten Einfall, wie die Wahrheit an sich zu entdecken ist.

Die Frau X selbst, um deren Ansich-Bestimmung es sich ja handelt, muß zum Reden gebracht werden. Sie selbst muß es doch schließlich wissen, ob sie die Tochter von F – also »Lina« – oder nur die zweite Frau von P – also »Giulia« – ist. Und damit muß sich auch herausstellen, ob die Aussage von F *oder* die von P Wahrheit beanspruchen kann.

L bemerkt dazu von vornherein sehr skeptisch: »Seid ihr denn sicher, daß in diesem Haus da überhaupt eine *wirkliche* Frau lebt?«

Ein anderer: »Man weiß doch, daß sie mit F aus der Entfernung spricht.«

L: »Ja, ja (mit welcher nachlässigen Wendung L zum Ausdruck bringt, daß es auf *diese* ›Wirklichkeit‹ in Wahrheit gar nicht ankommt) – aber bedenkt doch, nach der Aussage von F lebt da oben das Phantom einer zweiten Frau (die in Wirklichkeit ihre Tochter sei), und nach der Aussage von P das Phantom einer verstorbenen Tochter (die in Wirklichkeit seine zweite Frau sei). Es erübrigt also zu sehen, ob das Phantom für den einen und für die andere in Wirklichkeit (sc. außerdem auch noch) eine Person *für sich* ist.«

Ein anderer: »Du willst uns nur verrückt machen.«

L: »Vielleicht wohnt aber wirklich in diesem Haus nichts als ein Phantom!«

[97] Ein anderer: »Aber wie, es ist doch eine wirkliche Frau aus Fleisch und Blut, die wir zum Sprechen bringen werden.«

(Worauf sich im Sinne L's entgegnen ließe: daß es nicht die Wirklichkeit »aus Fleisch und Blut« ist, welche *spricht*).

Ein anderer zu L: »Du hast doch selbst vorgeschlagen, mittels der

Autorität des Präfekten – des Vorgesetzten von P – X kommen zu lassen!«

L: »Ja, aber nur für den Fall, daß da oben wirklich eine Frau existiert – ich sage: irgend eine Frau; aber, beachtet wohl, meine Herrschaften, daß *irgend eine* Frau da oben nicht gut sein kann – die gibt es nicht; ich wenigstens zweifle jetzt daran.«

Nun kommt der Präfekt und bespricht sich u. a. auch mit L. Dieser rät ihm, sich immer daran zu halten, was Herr P sage. Es kommt L, wie sich gleich zeigen wird, aber nicht darauf an, etwa P's Aussagen für die zuverlässigeren auszugeben, sondern er will nur, daß man sich an *einen* hält, um nämlich der Sache ein Ende zu machen. Als der Präfekt seiner Antwort entnimmt, daß auch L den P und nicht F für glaubwürdiger halte, stellt sich heraus, daß L für sich der Meinung ist, daß man beiden (bzw. keinem der beiden!) glauben müsse.

P wird beordert und resigniert schließlich; er wird seine Frau selbst herbringen und während der Unterredung seine Schwiegermutter bewachen. Er ist entschlossen, dann um Versetzung einzukommen; er ist verzweifelt, sein mühsam aufrecht erhaltenes und wohltätiges Werk durch die »andern« zerstört zu sehen.

Während X von P geholt wird, kommt unversehens F herein; sie ahnt alles und fürchtet, daß ihr auf diese Weise auch noch der Verkehr auf Entfernung mit ihrer Tochter abgeschnitten würde. P kommt mit X an, ohne daß es den andern möglich wäre, vorher F beiseite zu schaffen.

F schreit vor Freude, umarmt X und ruft X *als Lina* an. Zur gleichen Zeit hört man von der anderen Seite wie P *dieselbe* Frau (X) als *Giulia* anruft. Die Situation wird nun allein von der Frau mit dem Doppelnamen beherrscht.

Sie sagt zu P: »Habe keine Angst, führe sie (F) hinweg.«

F eilt demütig und zuvorkommend zu P: » ... ja, ja, gehen wir, mein Lieber.«

P und F gehen dann miteinander ab. Die andern wenden sich betroffen wieder zu X:

[98] X: »Hier ist ein Unglück, wie Sie sehen, das verborgen werden muß; nur so kann das Heilmittel von Wirkung sein, das die Barmherzigkeit erfunden hat.«

Präfekt: » ... wir bitten Sie, nur zu sagen ...«

X: »Was soll ich sagen? Die Wahrheit? Die ist einzig und allein diese: daß *ich*, ja, *die Tochter der Frau F bin*.«

Alle andern befriedigt aufatmend:»Ah«!,
worauf X sofort weiterfährt:
»... und die *zweite Frau des Herrn P.*«
Darauf alle andern enttäuscht:»Oh, und wie denn, – wie denn
dies?«,
worauf X fortfährt:»Ja, und *für mich* bin ich *keine* – *keine.*«
Präfekt:»Aber, nein – für sich, Sie selbst, Sie werden doch die eine
oder die andere sein!«
X:»Nein, meine Herren, für mich bin ich diejenige, wofür man
mich nimmt.«
Diese letzte Aussage der Frau X gibt den entscheidenden Auf-
schluß. Sie ist nicht dahin zu betonen, daß X *selbst* 1.»Tochter« bzw.
erste Frau und 2. zugleich die»zweite Frau« von P sei, sondern dahin
zu verstehen, daß sie für sich selbst»niemand« sei, weil sich die
Bedeutung ihrer eigenen Existenz darin erschöpft, für Frau F als
»Tochter« und für Herrn P als»zweite Frau« da zu sein. Ein selbständiges Individuum ist sie nur körperlich, ihrer *existenziellen* Wirklichkeit nach existiert sie für zwei andere Personen. Außer diesem ihrem
»Sein-für-Andere« hat sie kein»Ansichsein«, ihr Ansichsein ist wirklich nur jene»bloße Abstraktion von allem Sein-für-Anderes«, mit
welcher Hegel Kants Begriff vom»Ding-an-sich« kennzeichnet.
(Anm. 14)
Daß der Dichter Frau X aber überhaupt»in persona« auftreten
läßt, ist eine Konzession an das verständnislose Publikum innerhalb
und außerhalb des Stückes. Es wird auf diese Weise die Ungangbarkeit
eines äußerlich objektiven Zugangs, auf dem Wege der»Tatsachen«-
erkundung, besiegelt. Die Aussage der Frau X bestätigt sowohl die
Interpretation, welche sie durch P, wie diejenige, welche sie durch F
erleidet. Sie rechtfertigt L's Bedenken: ob X – abgesehen von ihrer
zweifachen Phantom-»Rolle« – noch etwas für sich sei, d. h. bedeute.
Weil X aber in ihrer Leibhaftigkeit, als eine Person»aus Fleisch
[99] und Blut« innerhalb des Stückes überhaupt keine fragwürdige
Bedeutung hat, wäre es konsequenter gewesen, auf diese drastische
Bestätigung ihrer Unselbständigkeit *durch sich selbst* zu verzichten.
Ihr Auftreten ist absurd, weil sie nun doch als eine scheinbar selbständige Person (so wie sie nun für sich selbst auf die Bühne kommt) ihre
rein verhältnis-mäßige Existenz, ihr Bestimmtsein durch Angehörig-
keit ausspricht. Daraus motiviert sich in rechtmäßiger Weise ein
Widerspruch gegen Pirandellos Lösung. Während nämlich P und F

alles, was nur überhaupt von ihrem Verhältnis aus bezüglich der zwei andern zu sagen ist, aussprechen, *könnte* X »an sich« mehr sagen, als sie tatsächlich aussagt; sie selbst muß doch wissen, ob sie die »Tochter« von F oder »die zweite Frau« von P ist. Sie sagt darüber nichts aus, weil – ganz gleich, ob sie »in Wirklichkeit« dies oder jenes ist – ihre faktische Existenz in zwei gleich-bedeutsamen Beziehungen aufgeht. Indem sie für F »Lina« und für P »Giulia« ist und für sich selbst ohne namhafte Bedeutung und sich dementsprechend un-selbständig verhält, wird es sinnlos, von ihr eine an sich mögliche Aussage zu beanspruchen über einen Sachverhalt, der für ihr persönliches Verhalten ohne wirksame Bedeutung ist. Dagegen können P und F eine vollständige und je eindeutige Interpretation ihrer verschiedenen Beziehung zu den andern geben. Für X werden diese zwei eindeutigen Beziehungen notwendig zweideutig, sofern sie sich zu Dritten darüber äußern muß. Innerhalb ihrer eigenen Welt ist aber diese ihre zweifache Beziehung jeweils einfach, zumal X ja gar nicht gleichzeitig mit F und P zusammen ist. Das Publikum vermag aber zufolge seiner objekthaften Zugangsbemühung *in* diese Welt, *in* der die Drei zusammenleben, nicht einzudringen und sieht in ihrem Zusammenleben Probleme, welche für diese geschlossene Welt selbst in dieser Weise überhaupt nicht existieren.

In dem Doppelnamen der einen und selben Person X kommt also deren extrem verhältnis-mäßiges Dasein namentlich zum Ausdruck. Eine solche Mehrheit verhältnismäßiger Bedeutungen hat aber prinzipiell jedermann, sofern er nur überhaupt existiert. Sofern ich da bin, bin ich schon in vielfacher Weise als Angehöriger bestimmt, zunächst als Sohn meiner Eltern und damit zugleich als Enkel, Neffe, Bruder usw. – Ich *selbst*, dieser eine, stehe damit in der Möglichkeit, mich selbst in verschiedener Weise als der und der zu geben, z. B. als Sohn, Bruder, Mann, Vater usw. – nämlich gegenüber [100] meinen Eltern, meiner Schwester, meiner Frau, meinen Kindern usw. – Sofern diese verschiedenen Verhältnisse, in denen und für die ich selbst jeweils ein anderer bin und u. U. auch anders genannt werde oder heiße, von unterschiedlichem Bedeutungsgewicht sind und einen dementsprechend mehr oder minder beanspruchen, kollidieren diese Bestimmungen nicht miteinander. Diese Mehrheit von »Rollen« wird für mich selbst solange nicht problematisch, als ich ja nicht einfach in diesen Verhältnissen aufgehe, sondern mir *in* diesen meinen Angehörigkeiten meine Selbständigkeit wahren kann. Ich kann mich in diese

Verhältnisse mehr oder weniger »einlassen«. Auch als Angehöriger werde ich nicht schlechthin in Anspruch *genommen*, sondern *entspreche* diesen Ansprüchen in mehr oder minder weitgehender Weise. Problematisch wird diese Wechselseitigkeit erst dann, wenn sich der eine durch des andern Dasein in einem solchen Ausmaß bestimmen läßt, daß sein eigenes Dasein seine existenzielle Bedeutung *primär* aus dem Verhältnis zum andern empfängt und verliert. Die pure Tatsache aber, daß X doch auch noch, abgesehen davon, daß sie von F und P beansprucht wird, »etwas für sich« ist[61], bleibt existenziell bedeutungslos, sofern sich X nicht *in den andern* durchsetzt.

Das rechtmäßige Motiv zur Auflockerung einer derartig verselbständigten Welt des Miteinandersseins gibt die *Geschichte* ihrer Ausbildung. Verhältnisse entstehen überhaupt nur dadurch, daß sich zwei gegeneinander zunächst *selbständige* Individuen begegnen, und können sich auch nur dadurch auflösen, daß diese ursprüngliche Selbständigkeit des einen und andern als eine un-verhältnis-mäßige Bestimmung *im Verhältnis* zum Ausdruck kommt.

Die Geschichte eines jeden Verhältnisses artikuliert sich schematisch dreifach, nach Eintreten, Darinstehen und Heraustreten. Wechselseitig verfallen kann nur das schon *bestehende* Verhältnis, weil sich nur darin die ursprüngliche Initiative des einen und andern in das wechselseitige Verhältnis als solches verlegen kann. Die Initiative des Verhaltens, die in ein Verhältnis hinein und aus ihm herausführen kann, steht *als Initiative* bei jedem *als einzelnem*. Zwar entscheidet man sich auch für das Eintreten und Heraustreten u. U. ausdrücklich gemeinsam, aber *wofür* sich zwei [101] gemeinsam entscheiden, das macht nicht ihre Entscheidung *als solche* zu etwas Gemeinsamen. Eigentlich dafür *entscheiden* können sie sich nicht miteinander, sondern nur je für sich, wenn auch für dasselbe. Die Initiative zum *Heraustreten* aus einem bestehenden Verhältnis ist aber grundsätzlich schwerer zu ergreifen als die zum Eintritt in ein Verhältnis. Denn der Eintritt erfordert ein bloßes Mitgehen im Zuge der *Tendenz* zum Miteinandersein, während das Heraustreten aus schon bestehenden Verhältnissen die Kraft einer ausdrücklichen *Gegen*-tendenz – gegen die Tendenz des Bestehenden zum Bestand – erfordert. Man gerät in neue Verhältnisse nicht zufällig leichter »hinein« als aus bestehenden Verhältnissen wiederum »heraus«. Im *bestehenden* Verhältnis äußert

61 S. u. IV. Kapitel.

sich die ursprünglich entscheidende Initiative eines jeden darin, daß jeweils *einer* der beiden »tonangebend« ist für das Verhältnis beider. Nur in der Verabsolutierung des Verhältnisses als solchem wird das Verhältnis selbst führend und keiner der sich Verhaltenden entscheidend.

Pirandello bringt von vornherein ein bestehendes Verhältnis in seinem Bestand zur Darstellung, läßt aber seine Geschichte im Hintergrund. Sie kommt noch zum Vorschein, als F davon spricht, daß sie jetzt »nicht mehr« darunter leide, daß sich »jetzt« alle mit dieser Lebensweise abgefunden hätten. Das Verhältnis der drei Personen war also nicht schon immer eine geschlossene Welt, sondern hat sich, wie jedes ausdrückliche Sein im Einander, geschichtlich *ver*-selbständigt und damit von der weiteren Mitwelt *ab*-geschlossen. Hätte Pirandello die geschichtliche Herkunft dieses Verhältnisses aufgezeigt, so hätte er damit zugleich die Motive seiner möglichen Auflösung in die Hand gegeben. Vor die geschlossene Welt gestellt, zeigt sich als Motiv ihrer möglichen Auflösung nur die faktische Unstimmigkeit dieser geschlossenen Welt im Verhältnis zu der sie umgebenden *Mitwelt*. Die Kraft dieses Motivs wird aber von Pirandello wiederum dadurch abgeschwächt, daß sein Stück die herkünftige Ausbildung dieser geschlossenen Welt nur andeutet und auch die mögliche Umbildung des durch die andern dann doch gestörten Kreises nicht mehr zur Sprache bringt. Mit dem Fallen des Vorhangs wird der Eindruck erweckt, als hätte sich die geschlossene Welt der drei Zusammengehörigen als eine unantastbare »Welt für sich« durchgehalten. Faktisch würde es für diese drei Personen aber *nicht* möglich sein, ihre Geschlossenheit [102] noch in derselben Weise aufrecht zu erhalten, nachdem sie einmal von der Mitwelt in die Lage versetzt wurden, ihre Geschlossenheit gegen die andern und damit vor sich selbst wider Willen *als* eine »geschlossene« Welt zu behaupten. Sie müßten zum mindesten ihren von der Mitwelt gestörten Kreis wiederherstellen. Das Publikum der Szenen wird in ganz anderer Weise entdeckerisch, als es seine eigene Absicht ist; es macht kraft seines Eingriffs in die Welt der drei andern für diese selbst die Geschlossenheit ihrer Welt ausdrücklich und erschüttert damit deren geschichtliche Selbstverständlichkeit. Nur im Rückgang auf das Gewesene könnten weitere Möglichkeiten wiederum frei werden, und das Motiv zu einem solchen Rückgang in die Vergangenheit gibt die Aussichtslosigkeit der Gegenwart hinsichtlich ihrer nächsten Zukunft. Äußerlich kommt dies darin zum Ausdruck, daß Herr P zum Schluß den Antrag auf Versetzung stellt – ein Ausweg aus einer bereits aktuell gewordenen Problematik, die mit einem bloßen Wechsel des Schauplatzes aber keine Lösung finden könnte. Wenn es also dem Stücke – bei Voraussetzung eines zureichenden Verständnisses seiner Problemstellung – doch nicht gelingt, wirklich zu überzeugen, so liegt *ein* Grund dafür in dieser Ungeschichtlichkeit, im Absehen von der ursprünglichen Entstehungsgeschichte dieses mehrfachen Zirkels. Denn verständlich wird ein Miteinandersein anderer nicht dadurch, daß man es in der Tendenz verhältnismäßiger Entsprechung vorfindet, sondern dadurch, daß man die Motive (dieser Tendenz) gezeigt bekommt, aus denen sich drei Menschen in solcher Weise einheitlich aufeinander abgestimmt haben.

Der wesentliche Grund, weshalb Pirandellos Fragestellung unbefriedigt läßt, ist aber die Verabsolutierung der verhältnis-mäßigen Bedeutung der zueinander im Verhältnis stehenden Personen.

So sehr es in den voranstehenden Analysen darauf ankam, zuerst zu zeigen, daß und wie einer zunächst *an ihm selbst* durch *andere* bestimmt, aber kein für sich seiendes »Individuum« ist, muß die dabei vollzogene Überschärfung der Interpretation nunmehr zurückgenommen werden, und zwar so, daß die Selbständigkeit des einen für den andern *im Verhältnis selbst* als einem gerade nicht verabsolutierten, sondern *absoluten Verhältnis* von »*Ich selbst*« und »*Du selbst*« zum Ausdruck kommt. Bevor wir diese Frage in Angriff nehmen, sichern wir die bisher gewonnenen Strukturen des Miteinanderseins durch den Nachweis ihrer Wiederholung [103] in derjenigen Weise des Miteinanderseins, welche alle als der Modus seiner Ausdrücklichkeit durchherrscht: dem Miteinander-*Sprechen*.

2. Abschnitt. Miteinandersein als Miteinander-Sprechen

§ 24. *Sich selbst zum Ausdruck bringen und von selbst zum Ausdruck kommen*

Das eigentliche Gebiet des Verstehens, sagt Dilthey[62], sei nicht das unbeabsichtigte, unwillkürliche Zum-Ausdruck-*kommen* des Menschen, sondern derjenige Ausdruck, in dem sich einer selbst zum

---

62 *Ges. Schriften*, VII, S. 320–322.

Ausdruck *bringt.* Und der »umfassendste Ausdruck« sei die Sprache, in der der Mensch sein inneres Leben bedeutungsmäßig herausstellen kann. Nur im geschriebenen Wort könne sich das Innere des Menschen ganz manifestieren, wogegen ihn seine Handlungen nur in sehr bedingter Weise zum Ausdruck brächten.

Diese Beurteilung des mit Absicht gestalteten sprachlichen Ausdrucks als des Organons der Interpretation des menschlichen Lebens ist aber einerseits nur verständlich als das spezifische Vorurteil aller »Geistes«-wissenschaften, für welche die Literatur – im weitesten Sinne – maßgebend ist. Der Vorzug der Literatur: fixierte Mitteilung und mithin »feststellbar« zu sein, ist aber zugleich ihr wesentlicher Nachteil. Zum Ausdruck »bringen« kann sich der Mensch zwar vorzüglich darin, ob aber in dem, was er selbst von sich zum Ausdruck *bringt,* vorzüglich sein wahres Wesen zum Ausdruck *kommt* – das ist sehr fragwürdig. Was der literarisch fixierte Ausdruck vorzüglich zum Ausdruck bringt, ist nicht des Menschen unabsichtlich ausdrucksvolles Dasein, sondern seine bewußte Existenz, was er von sich weiß, will und kann. Aber dies hindert nicht, daß einer auch in dem, was er sprachlich bewußt zum Ausdruck bringt, doch ganz unbewußt und u. U. im Widerspruch zu seinem ausgesprochenen Wort automatisch zum Ausdruck kommt – schriftlich in den stilistischen Entgleisungen seiner »Natur« und mündlich in der verräterischen *Stimme*[63] seiner Rede. Beruht doch die ganze Möglichkeit und Fruchtbarkeit der psychoanalytischen und graphologischen Interpretation darauf, daß beide im Nicht-zu-ernst-nehmen [104] dessen, was einer bewußt aus sich gemacht, gestaltet und von sich verstanden hat, den unwillkürlich-unbewußten Ausdruck als den verborgenen Kern seiner Lebensäußerungen zu verstehen gelehrt haben.

Trotz dieser Fragwürdigkeit der sprachlichen Ausdrücklichkeit *als solcher*[64] kann aber nicht bestritten werden, daß man die »Welt« in der »Ansicht« (Humboldt) der Sprache hat und zumeist dadurch mit andern »zusammen« ist, daß man *miteinander* über etwas *spricht.*

Eigentlich »ansprechbar« bin ich nicht durch die außermenschliche Welt, sondern durch Meinesgleichen, die *Mit*-welt und deren Objektivierungen. Und sofern das Kind oder auch den kindlich geblie-

63 Vgl. Karl Vossler, *Geist und Kultur in der Sprache.* Heidelberg 1925, S 48.
64 »Sowie wir zu reden beginnen, läuft das schuldige Geschöpf um Deckung,« heißt es bei Meredith. – S. hierzu u. § 32.

benen Erwachsenen innerweltlich Seiendes »anspricht«, das *nicht* –
mittelbar oder unmittelbar – von der Seinsart des menschlichen
Daseins ist, verstehen sie dabei die Welt als eine wirklich *mit*-lebende,
mit-spielende, *zu*-hörende Umwelt. Für das Kind ist seine Puppe ein
ebenbürtiger Partner, *mit* dem es spricht, während für den Erwachsenen nur das Kind zur Puppe zu sprechen scheint. Und was bedeutet es,
daß die Natur des Menschen Geist überhaupt ansprechen kann,
obgleich sie doch weder seinesgleichen noch bloß »vorhanden« und
ebensowenig »zuhanden« ist? Daß sie uns innerlich »ansprechen«
kann, weist darauf zurück, daß der menschliche Geist natürliche
Grundlagen hat. Wäre das menschliche Dasein nicht selbst »natürlich«, so könnte es auch nicht die »Sprache der Natur« verstehen.

Zunächst ist aber die Sprache wesentlich Vermittlung von Mensch
zu Mensch, dasjenige, mittels dessen sich die Menschen untereinander
verständigen, verstehen und mißverstehen. Sie beherrscht das menschliche Dasein so sehr, daß einer, indem er sich vor andern in seinem Dasein verleugnen läßt, bekundet, daß er »nicht zu sprechen« ist. Und
andererseits bedeutet die erste Begegnung des einen mit einem andern
zumeist eo ipso ein erstes Gespräch und jedes Wieder-*sehen* ein
Wieder-miteinander-*sprechen*. Wenn aber der eine des andern Sprache
nicht beherrscht, dann kommen sie einander auch gar nicht nahe; als
Menschen von verschiedener Sprache können sie nicht wirklich *mit*-
einander, sondern nur beisammen sein. Und wenn einem das Wesen
eines andern, mit dem man spricht, im Grunde doch unverständlich
[105] bleibt, so bezeichnet man charakteristischerweise auch noch
diese Differenz im Wesen als eine Differenz der Sprache und sagt: sie
sprächen nicht »dieselbe Sprache«.

H. Ammann unterscheidet im 4. Kapitel seiner sprachphilosophischen Untersuchungen[65] das *Sprechen* vom *Reden*. »Das Kind *spricht*
schon mit 2 Jahren, aber es *redet* noch nicht.« »Sprechübungen sind
noch keine Redeübungen, wohl aber sind Redeübungen zugleich
Sprechübungen« [S. 38]. Ammann fixiert diesen Unterschied, indem
er als vorzügliche Bedeutung des Sprechens die (»seelische«) Äußerung
als solche, als vorzüglichen Sinn der Rede ihren (»rational«) verständlichen Gehalt versteht. Und im Übergang vom Sprechen zum eigentlichen Reden vollziehe sich der entscheidende Schritt in der Entwick-

---

65 Hermann Ammann, *Die menschliche Rede. Sprachphilosophische Untersuchungen*. I. Teil, Lahr im Schwarzwald 1925.

lung des Menschen und seiner Sprache. Weil aber das eigentliche
Reden in Ausdrücken doch zugleich eine sprachliche Äußerung ist,
können wir nun im folgenden, ohne mißverständlich zu sein, auch
dort vom »Sprechen« reden, wo eigentlich sprachlich geäußertes
Reden gemeint ist.

Wichtiger ist in unserm Zusammenhang die Klarstellung des Spre-
chens als eines Mit-ein-ander-sprechens. Wir referieren zunächst in
Hinsicht darauf die sprachphilosophischen Ergebnisse von W. v.
Humboldt[66] und Vossler[67].

§ 25. Der Sprechende ist kein »Individuum«, sondern eine »Person«

Daß das Gespräch des einen mit einem andern der ursprüngliche
Boden des Sprechens ist, dem widerspricht scheinbar die Tatsache,
daß – wie Vossler bemerkt – »höchst ursprüngliche Menschen, Kinder
und Betrunkene«, sehr oft mit sich selbst sprechen, »wobei man
freilich annehmen darf, daß sie glauben, ein anderer sei gegenwärtig
und rede mit ihnen«[S. 8]. Aber auch abgesehen von dieser interpreta-
tionsbedürftigen, wenn auch glaubwürdigen Annahme widerlegt das
kindliche Selbstgespräch sowenig wie die ganz anders geartete innere
Zwiesprache des Erwachsenen mit sich selbst die Interpretation des
Sprechens aus dem Gespräch. Denn entscheidend ist für die Auflösung
von Vosslers Frage: was ursprünglicher sei, der [106] Dialog oder der
Monolog, nicht die äußere »Personenzahl«, sondern, wie Vossler sagt,
die konstitutiven »Momente« im Sprechen [S. 8]. Und deren sind,
außer dem Gesprächsthema, zwei: ein verständnisvoll Sprechender
und ein verständnisvoll Hörender. Diese zwei »Rollen« – die des
Sprechers und des Hörers – kann und muß aber schon *eine* Person
haben, sofern sie mit sich selbst verständnisvoll spricht. »Wer spricht,
ist sein eigener Hörer, wer schreibt, sein eigener Leser« [S. 21]. Die
Person vereinigt dann in sich die Rolle oder »Person« des einen wie
des andern. Vossler vermeidet deshalb grundsätzlich den Begriff »Individuum« und gebraucht ausschließlich den der »persona« als eines
solchen In-dividuums, welches gerade dadurch ausgezeichnet ist, daß

---

66 *Ges. Schriften*, insbes. Bd. V, VI, VII. – Vgl. Heidegger, *Sein und Zeit*,
S. 166.
67 *Geist und Kultur in der Sprache*. Heidelberg 1925.

es sich *mit* andern und mit sich selbst *teilen* kann. »Man ist eine Person in dem Maße, wie man von der Rolle aus und durch Verwirklichung gerade dieser Rolle hindurch zu sich selbst kommt.« Nur als Person kann einer sowohl andern wie sich selbst Rede und Antwort stehen. »Wenn die Menschen nur Individuen und nicht zugleich Personen wären, so ließe sich nicht einsehen, wie sie zur Führung eines Gesprächs gelangen könnten.« *In* einem *jeden* der miteinander sprechenden Personen, aber nicht *zwischen* einzelnen Individuen vollziehe sich das ganze Gespräch[68]. Denn eigentlich gesprochen wird nur, wenn das Sprechen der einen Person von einer andern Person verständnisvoll gehört und in irgendeiner Weise beantwortet wird. Nur so wird einer seines eigenen Sprechens gewiß, nur so hat es Sinn. Sprechen, Gehörtwerden, Antwort bekommen und wieder Sprechen sind die wesentlichen Momente des kon-kreten Sprechens im Gespräch.

Die nach wie vor klassische Quelle dieser Einsicht ist W. v. Humboldt.

§ 26. *Sprechend ist einer, indem er einen andern auf*
Erwiederung[69] *hin anspricht*

Im ständigen Blick auf den Sinn der Rede und Redeteile »in ihrer lebendigen Verrichtung«, aber nicht als »daseinsloses Produkt« interpretiert Humboldt von der »inneren Sprachform« aus die »grammatische« und »logische« Sprachform. So führe ihn die [107] Untersuchung der grammatischen Form des Dualis (*Ges. Schriften*, VI/1, S. 4–30) darauf zurück, daß er einer verschiedenen Anschauung entspringen kann. Bestimmte Sprachen schöpfen ihn aus dem paarweise

---

68 [S. 8–13] Und die »Sprache« setze im Unterschied zum »Gespräch« erst recht eine dem Einzelnen immanente Gemeinsamkeit, Sprachgemeinschaft, voraus, weshalb es zwar sinnvoll sei, Göttern eine Göttersprache, aber sinnlos Gott – im Singular – eine eigene, nur ihm verständliche Gottsprache zuzuschreiben [vgl. S. 15].
69 Weil die Antwort den wesentlichen Doppelsinn hat, *wieder* auf die Anrede zurückzukommen und in dieser Wiederkehr als einer Rückkehr zugleich entgegnend *wider* sie zu sprechen, wird im folgenden »Erwiederung« je nach der vorwiegenden Sinnrichtung mit »ie« (so stets bei Humboldt) oder mit »i« geschrieben.

Seienden, vor allem der Zweigeschlechtlichkeit, in anderen aber erwächst er unmittelbar *dem Sprechen als solchem*, nämlich als einem Sprechen der einen Person mit einer zweiten, des *Ich* mit einem *Du*, und er bekundet sich dann grammatisch im Personalpronomen. Denn alles Sprechen beruhe auf der Wechselrede des einen mit einem andern. Auch mit sich selbst spreche einer wie mit einem andern, zweiten. Der Dualismus des Dualis ist also im Wesen des Sprechens: Anrede und Erwiederung zu sein, begründet [S. 24–27]. Dem Ich entspricht ein Du. Schon zum bloßen Denken, ganz abgesehen »von allen körperlichen und Empfindungsbeziehungen«, bedarf das Ich eines entsprechenden Du. »Der Begriff erreicht seine Bestimmtheit und Klarheit erst durch das Zurückstrahlen aus einer fremden Denkkraft.« [vgl. S. 26] Der Vermittler, und zwar der einzige, zwischen eigenem und fremdem Denken ist das auf Anrede und Erwiderung gestellte Sprechen. Diese Dualität bekundet ihre Ursprünglichkeit in dem prinzipiellen Unterschied der dritten von der zweiten Person. Nur formal ist das Du gleich wie ein *Er* ein *Nicht-Ich*. Während aber *Er* auf gegenständlicher »Wahrnehmung« beruht, bist *Du* durch die »Spontaneität der eigenen Wahl« mit mir verbunden. »Du« ist nicht in derselben Weise wie »Er« ein »Nicht-Ich«, »denn *Er* ist in der Sphäre aller Wesen«, aber *Du* bist in »der durch Einwirkung gemeinsamen Handelns«. *Er* ist ein *Nicht-Ich*, aber auch ein *Nicht-Du*. *Er* ist sowohl dem Ich wie dem Du entgegengesetzt. In dritter Person ist einer schon nicht mehr persönlich angesprochen (siehe insbesondere Bd. V, S. 380 f.). »Durch diese vermittels der Sprache bewirkte Verbindung eines andern mit mir entstehen und halten sich alle den ganzen Menschen angehenden, tieferen und edleren Gefühle, welche in Freundschaft und Liebe und jeder geistigen Gemeinschaft die Verbindung zur höchsten machen« [vgl. VI/1, S. 27]. Das Ich wird empfangen im Selbstgefühl, das Du in der eigenen Wahl, alles Er wird dagegen nur äußerlich wahrgenommen, gehört und empfunden. Der grammatischen Ansicht der Sprache ordnen sich Ich und Du wie zwei dritte Personen gleich. Und logisch zergliedert bedarf es überhaupt keiner zweiten Person, und dadurch stellt sich auch das Ich der ersten anders. In der ursprünglich sprachlichen Analyse geht aber das Pronomen nächst dem Verbum allem übrigen [108] voraus – in der logisch behandelten Grammatik ist es nur repräsentativ. Ursprünglich gesehen ist das Ich kein raumzeitliches Individuum, sondern der *sich* mit einem zweiten *Verbindende*. Ich und Du und Es (worüber wir sprechen)

bestimmen sich aus ihrem einheitlichen Verhältnis »gegenseitig durcheinander«.
»Auch die geistige Ausbildung in einsamster Abgeschlossenheit ist nur durch die Sprache möglich und diese verlangt an ein sie verstehendes Wesen gerichtet zu werden.« Auch sich selbst könne niemand verstehen, wenn er nicht die Verständlichkeit seines Denkens an andern erprobte. Ebenso habe die Verlautbarung zur Tendenz, »Anklang« zu erwecken, und dieses Bedürfnis verstärke sich in dem Maße, als sich einer ausdrücklich als »Individuum« wisse.

Die faktische »Geltung« der Bedeutung eines Ausdrucks sieht Humboldt daher genau durch dasjenige gewährleistet, wodurch sie sich für Husserl »okkasionell« zu schmälern scheint[70]. Das bloße, vom Einzelnen geborene und einen Gegenstand bezeichnende Wort ist ein Scheingebilde. »Wesenheit, Wirklichkeit, Bestimmtheit, Gewißheit und Geltung (!)« gewinnt es erst durch einen Hörenden und *Erwiedernden*. Erst in solcher Entäußerung gewinnt der eigene Gedanke

---

70 *Logische Untersuchungen*, II, 1 [2. umgearb. Aufl. Halle 1913 1. Untersuchung], §§ 7 u. 8. Für Husserl ist gemäß seiner Tendenz auf eine Begründung absolut wahrer Erkenntnis die Sprache von sekundärer Bedeutung. Man müsse mit ihr zwar die Aufklärung der Erkenntnis »beginnen«, aber nur deshalb, weil sich die logischen Urteile »zunächst« im »Gewande« sprachlicher Aussagen darbieten. In der Konsequenz dieses Ansatzes gilt dann für die Rede selbst ihre Mitteilungsfunktion wiederum als sekundär; sie ist als Mitteilung eine bloße »Übermittlung« der an sich selbständigen Bedeutung in Kundgabe und Kundnahme. Motiviert ist dieser Ansatz durch Husserls Orientierung am mathematischen Denken, seinen »Ausdrücken« und seiner »Wahrheit«. Der mathematische logos stellt faktisch die extreme Möglichkeit jenes »einsamen«, »monologischen« Denkens dar, von dem Hussel ausgeht. Um mathematisch evident denken und formulieren zu können, bedarf man keines andern, der einen seiner eigenen Einsicht vergewissert. Der Eigenständigkeit dieses Denken entspricht die Existenz des mathematischen Denkers (vgl. hierzu die aufschlußreiche Interpretation des »Mathematisierens« von Oskar Becker, *Mathematische Existenz*. (Anm. 15) Halle 1927). Im Vorblick auf den »an sich« identischen Bedeutungsgehalt eines Ausdrucks interpretiert Husserl dessen faktische »Erscheinungsweise« privativ als eine bloße Realisierung in faktischen Zusammenhängen. Der Bedeutungsgehalt einer Aussage sei im einsamen Denken und in der Wechselrede derselbe – denn Husserl vergleicht ihn von vornherein in Hinsicht auf das Gleichbleibende! Dieses Gleichbleibende verstärkt als das Identische ist das »Wahre«, weil ab-solut – d. h. losgelöst aus seinen faktischen Zusammenhängen – »Gültige«. Zufolge dieser Leitidee von einem ab-solut wahren Gedanken löst Husserl den logos der Bedeutung ab von seinen faktischen Daseinsbedingungen, aus denen ihn Humboldt interpretiert.

eine stichhaltige Objektivität, er »vollendet« sich erst durch [109] die Bewährung der hinausgesprochenen Rede durch einen sie Erwiedernden. Das eigene Verständnis kommt nur zur Wirklichkeit »durch immer neu gewagte Versuche, sich andern verständlich zu machen« und dann in der Antwort eine entsprechende Gewißheit zurück zu bekommen. Und weil das verständnisvolle Sprechen die Tendenz zum Verstandenwerden zum Motiv hat, redet man auch von vornherein in einer für den andern verständlichen Sprache. Die Sprache ist kein durch Wissenschaft gebildetes daseinsloses Gedankenwesen, sondern der individuelle Drang zur gegenseitigen Aussprache – auch dann noch, wenn sie wie im wissenschaftlichen Sprachgebrauch an Lebensbezügen verarmt (vgl. hierzu besonders Bd. VII, I, S. 200 ff.). Und nur wenn das Gefühl lebendig ist, daß sie kein bloßes »Austauschungsmittel« ist, sondern eine die Menschen verbindende Welt, sei der Mensch auf dem Wege, immer mehr in ihr zu finden und in sie zu legen.

§ 27. *Die Strukturmomente des Miteinandersprechens*

In der hiermit zureichend gesicherten Blickrichtung die formale Struktur des Sprechens als eines Miteinandersprechens schärfer zu fassen, ist der Zweck des folgenden. Was den Sprechenden mit dem Hörenden verbindet, ist zwar zumeist das *Thema*, worüber sie miteinander sprechen, aber nicht als thematisiertes, sonder als *Gesprächs*-thema. Als Gesprächsthema ist es eine *Mitteilung*. Ursprünglich da ist das Mitgeteilte nur im *Mitteilen*. In der etwas mitteilenden Mitteilung teilt der eine, indem er Etwas mitteilt, zugleich *sich selbst* einem *andern* mit. Der eigentliche Sinn des »mit« der Teilung liegt im Ein-ander. *Was* sie einander mitteilen, wird nur insofern »geteilt«, als es jeweils ganz *einem andern* mitgeteilt wird.

Sich im Sinne des Einander etwas mitteilend spricht der eine stets mit *einem* unter den andern. Vom anonymen »Gerede« ist daher das eigentliche Miteinandersprechen so verschieden, wie das unverantwortliche »man« vom verantwortlichen Verhältnis eines Du zu einem entsprechenden Ich.

Worüber immer und mit wem immer ich auch spreche, ich, dieser eine, spreche dabei stets mit *einem* unter den andern. Miteinander sprechen können immer nur »wir beide«. Spricht einer zu einer Versammlung von Vielen, so spricht er nicht eigentlich *mit*, [110] sondern nur *zu* ihnen; aber auch *zu* ihnen spricht er nicht als vielen, sondern als einer Einheit. Ganz unabhängig davon, ob diese andern *untereinander* zusammengehören, gehören sie als die angeredeten Hörer des einen doch einheitlich zusammen. Und andererseits kann der zu ihnen Redende ihre eigne Zusammengehörigkeit durchbrechen, sofern sich bestimmte Teile seiner Rede an einen unter den andern wenden. Sofern aber *mit* vielen – in einer Gesellschaft – gesprochen wird, verdeckt die Allgemeinheit des Gesprächsthemas, daß auch dann je einer mit je einem unter den andern spricht. Sofern der eine bald mit diesem und bald mit jenem spricht, sprechen sie zwar *alle* »miteinander«, faktisch spricht aber doch nur jeweils *einer* mit *einem* andern. Die schriftliche Anrede eines unbestimmten Lesepublikums im Namen des »Einzelnen« (Kierkegaard) ist somit nur die ausdrücklich ergriffene Möglichkeit dieser primären Struktur des Sprechens zu andern als eines Ansprechens von einem unter den andern.

Im Ansprechen eines andern liegt bereits der Anspruch auf *Entsprechung*. Das Zu-ihm-sprechen erfährt seinen konkreten Mitcharakter nicht schon dadurch, daß *ich* mit einem andern sprechen kann, sondern *mit* ihm kann ich nur dadurch sprechen, daß auch *er mit mir* spricht. Und mit mir spricht der andere nicht rein von sich aus, sondern so, daß er auf meine Rede hörend, sie entsprechend erwiedert. Und weil der Ansprechende den Zuhörenden um der Erwiederung willen anspricht, spricht er auch schon von vornherein in der Sprache des andern. Das heißt zunächst: in der uns gemeinsam verständlichen Sprache, aber weiterhin, wenn auch zumeist nicht ausdrücklich: im Vorblick auf die spezifischen Verständnismöglichkeiten des andern hinsichtlich dessen, worüber gesprochen wird. Innerhalb dieser engeren und weiteren »Entsprechung« verständigen sich die miteinander Sprechenden über etwas. Diese dem Sprechen immanente Verständigungstendenz bedeutet zwar nicht notwendig ein Suchen von Einverständnis, beherrscht aber den Anspruch auf Erwiederung doch so sehr, daß schon die verständnisvolle Erwiederung *als solche* den Anschein eines Einverständnisses und das Ausbleiben einer Erwiederung den Anschein des Nichtverstandenwordenseins erweckt. Aus der Tendenz des Sprechens zur Verständigung des einen mit dem andern motiviert sich auch die ausdrückliche Auseinandersetzung. Etwas auseinandersetzend setzt sich der eine mit dem andern um der Verständigung [111] willen auseinander. Je nach der Vertrautheit mit den gegenseitigen Verständnismöglichkeiten ist das Sprechen des einen und andern mehr oder minder verhältnis-mäßig aufeinander abgestimmt. Dieser Tendenz des Sprechens auf Entsprechung des andern kann das Sprechen seinerseits schon *vor-entsprechen*. Aus der Tendenz der Rede zur Erwiederung motiviert sich die Tendenz: dem Zurückkommen des andern schon in der eignen Rede zuvorkommen. Das eigne Sprechen nimmt dem Erwiedernden bestimmte Möglichkeiten der Entgegnung vorweg, begegnet von vornherein seinem möglichen Einspruch und Widerspruch. In dieser reflektierten Zweideutigkeit verfängt sich das Gespräch ebenso wie das Miteinandersein in sich selbst.

Daß man aber überhaupt ein-ander und mithin auf Erwiederung hin und darin mehr oder minder vor-entsprechend anspricht, zeigt sich deutlich dann, wenn sich der andere, mit dem ich spreche, dem Gespräch entzieht und sei es nur in der Weise, daß er auf etwas antwortet, wonach er nicht gefragt wurde, oder so antwortet, daß er den Sinn der Frage negiert. Versagt im Gespräch einer der miteinander Sprechenden, so lastet dessen Schweigen – dieses scheinbare Nichts – auf der Rede des andern, nämlich deshalb, weil nun dessen Rede als Anrede ihren Anspruch auf Erwiederung nicht erfüllen und sich solchermaßen nicht entlasten kann. Denn die ursprüngliche Tendenz des Gesprächs ist die zu seinem wechselseitigen Fortgang. Der durch stimmliche Senkung charakterisierte Abschluß des Sprechens ist *im* Gespräch immer nur gerade soweit abschließend, als damit in selbstverständlicher Weise der Angeredete im Sinne der Antwort zur Wechselrede gestellt wird. Aber in Gang und zu Ende gebracht werden kann das Gespräch – wie jedes Verhältnis (s. o. S. 116 ff.) – nur durch je einen. Findet *keiner* der beiden das erste oder letzte Wort, so kommt das Gespräch weder zustande noch zu Ende[71]. Das »letzte Wort« will man primär nicht für sich [112] selber, sondern deshalb haben, weil mit

---

[71] Im ersten Anspruch und letzten Ausspruch zeitigt sich die Möglichkeit des Miteinandersprechens. Der Entschluß, diese Möglichkeit positiv oder negativ zu ergreifen, unterscheidet sich prinzipiell von der Situation des Gesprächs, zu dessen wechselseitigem Fortgang es keiner ausdrücklichen Initiative bedarf. Das Gesprächsverhältnis hält sich als solches »von selbst« im Gang, aber in Gang und zu Ende kommt es nur durch die Initiative des einen oder andern. Und die Leichtigkeit oder Schwerfälligkeit, mit der sich einer zum Eintritt in . . . und Austritt aus . . . dem Gespräch entschließt, charakterisiert sein Verhältnis zum Sprechen. In der Art und Weise, wie einer über diese Möglichkeit verfügt, schwer oder leicht zum Sprechen zu bringen ist und sich vom Gespräch mitnehmen läßt oder es jederzeit in seiner Abbruchsmöglichkeit in der Hand behält, darin bekundet sich sein Verhältnis zum Sprechen als solchem.

dem letzten Wort des einen zugleich die Rede des andern und so das Gespräch im ganzen beschlossen werden soll. In der *Wechselseitigkeit* des Miteinandersprechens zeitigt sich die Möglichkeit einer spezifischen *Selbstgenügsamkeit* des Gesprächs. In der Erwartungstendenz auf Erwiederung ansprechend und in der Tendenz auf Erwiederung zuhörend, hält sich das gesprächsmäßige Miteinandersprechen von selbst in Gang, es zeitigt selbst einen eigenen, wechselseitigen Fortgang[72]. In der ebenbürtigen Verhältnismäßigkeit des Miteinandersprechens erwächst die Möglichkeit des entscheidungslosen Wortwechsels. Entscheidungslos kann der Wortwechsel deshalb werden, weil das Gespräch als solches für jeden der beiden sein motivierendes »Prinzip« schon immer im andern hat. Das Gespräch wird also primär nicht dadurch entscheidungslos, daß sich ein thematisches Dafür und Dagegen aufhebt, sondern durch die Vorherrschaft der Verhältnismäßigkeit des einen und andern im Gespräch. In ihr hat jede Aussage ihren Sinn nur hinsichtlich des andern und dessen Aussage wiederum nur in Rücksicht auf den, der bereits hinsichtlich seiner gesprochen hat. Das Gespräch verfängt sich in sich selbst, weil es sich in der Wechselseitigkeit seiner Bestimmtheit im Einander nicht rücksichtslos als eigenständiger Ausdruck der eigenen Meinung ausbilden kann. Der Wortwechsel führt dann bis zur Verwechslung der aufeinander abgestimmten Reden, und im Austausch der Gedanken vertauschen sich die Gedanken des einen und andern. Sofern aber das Gespräch zumeist nicht in sich selbst begründet ist, sondern den Sprechenden zu etwas (anderem) dient, verhindert das Wozu des Miteinanderseins und -sprechens dessen Verselbständigung im Einander. Wozu man miteinander spricht, das trennt und verbindet zugleich die miteinander Sprechenden.

---

72 Die Voraussetzung dafür ist eine gewisse Gleichgestelltheit der miteinander Sprechenden. Gleichgestellt nicht nur im Sinne der gesprächsmäßigen Zugehörigkeit, sondern bezügl. der Berechtigung zu fragen und zu antworten. Als Vorgesetzter z. B. läßt sich einer mit einem andern nicht eigentlich in ein »Gespräch« ein.

§ 28. *Der formale Sinn der* »*Verantwortlichkeit*«

Der mögliche Verfall des Gesprächs in verselbständigte Wechselseitigkeit hindert aber nicht, daß doch nur mit-*einander*-sprechen *verantwortliches* Sprechen ist. Als »Individuum« ist einer so [113] wenig verantwortlich wie ansprechbar. Verantworten kann der eine sein Sprechen nur dadurch, daß er die Antwort des andern auf seine Anrede zurückkommen läßt.

Einen andern im wörtlichen Sinn »zur Rede stellend«, stellt man sich selbst dem Angeredeten zur Rede, und man bekundet damit bereits seine Verantwortlichkeit, nämlich für das, was man zum andern gesagt hat. Ansprechend überantwortet der Sprechende nicht einfach seine Worte einem andern zur selbständigen Aneignung, sondern spricht sie in *der* Weise aus, daß sie auf ihn zurückkommen können. Entzöge sich ein Sprechender dieser möglichen Rücksprache, so könnte man seine Rede als Anrede überhaupt nicht ernst nehmen, und man entzöge sich seiner verantwortungslosen Ansprache. Seine Rede verantworten, bedeutet also formal nichts anderes als: über etwas zu einem andern so reden, daß man der Antwort des andern wiederum Rede steht und damit seine eigene Rede vor ihm verantwortet. Dieses auf sich Zurückkommenlassen des Gesagten hat zur Bedingung, daß das Ausgesprochene vom Sprechenden selbst, und zwar als etwas zu einem *andern* Gesagtes, bei sich behalten wird – aber nicht im Sinne einer gedächtnismäßigen Aufbewahrung der ausgesprochenen Sätze, sondern im Sinne des Einstehens für das Gesagte. Es bleibt nicht im Sinne wörtlichen Beharrens bei dem Gesagten, aber der Sprechende bleibt dabei, sofern er es einem andern nicht bloß überantwortet, sondern vor ihm verantwortet. Und dieses Einstehen-können hat seinerseits zur Bedingung, daß sich der Sprechende für das, was er sagt, ursprünglich eingesetzt hat, seine Worte – bevor er sprach – schweigend bei sich überlegt hat. Der Verschwiegene bekundet nur ein Wissen um die Verantwortlichkeit des Sprechens *als solchen*. Er stellt sich aber außerhalb der positiven Verantwortlichkeit des *Sprechens*. Der verantwortlich Schweigende und Sprechende behält nicht, wie der Verschwiegene, seine Gedanken *für sich*. Eigentlich kann nur der zu *andern Sprechende* als verantwortlich bestimmt werden. Vor sich selbst kann man nur quasi-verantwortlich sein, denn die Verantwortung beruht wie das Reden gerade darauf, daß man sich *selbst* einem *andern* zur Rede stellt. Eine »Kraft der Verschwiegenheit« und vor sich selbst verantwortlich ist das Verschwiegensein nur dann, wenn das, worüber in der Weise des Verschweigens geschwiegen wird, etwas ist, worüber sich nicht sinnvoll miteinander reden läßt, worüber der eine dem andern nichts zu sagen hat.

[114] Ebensowenig wie einer »mit« den andern *allgemein* sprechen kann – sondern nur mit *einem* unter den andern – spricht man eigentlich *mit* einem andern, wenn man ihn nicht als zweite Person, sondern als ihn selbst, als ein selbständiges Individuum anredet. Einen andern als *anderes Ich* ansprechend, beansprucht man vom andern den Verzicht auf gesprächsmäßige Erwiederung. Wer einen andern als anderes Ich anspricht, erwartet, daß sich der andere das Gesagte[73] *für sich* überlegt und aneignet. Diese Erwartung bedeutet rücksichtlich der Verbindlichkeit des Miteinanderseins im Gespräch eine spezifische Erwartungslosigkeit. Der einen andern in solcher Weise Ansprechende erwartet nicht nur nicht durch den Angesprochenen selbst wiederum zur Rede gestellt und beansprucht zu werden, sondern verhindert in unausdrücklicher Weise eine entsprechende Rücksprache.

Während in der unberechenbaren Wendung, die Gesagtes im Gespräch nehmen kann, eine positive Unsicherheit in der Richtung seines Fortgangs liegt, sichert sich die Anrede des andern als eines andern *Ich* die Möglichkeit der eigenständig folgerichtigen, bloß konsequenten Rede. In dieser Unterbindung des wechselseitigen Gesprächs unterbindet der Sprechende zugleich mit dem wechselseitigen Verfall die freie Begegnismöglichkeit des Angeredeten. Positiv ist diese Unsicherheit des Fortgangs im Gespräch deshalb, weil nur in der freien Entsprechung des Gesprächs die Möglichkeit besteht, daß das, wovon die Rede ist, ins Freie kommt. Nur im Gespräch begegnet der gesicherten Konsequenz der eignen Rede eines andern Rede in ungesichert freier Entsprechung, und diese Entsprechung ist durch keine Art von Selbstbefragung und Selbstkritik ersetzbar.

---

73 »Gesagtes« ist diese Rede in dem bestimmten Sinn, in welchem Vossler (a.a.O. [s.o. Anm. 63] S. 20) das »Sagen« vom »Reden« unterscheidet: Sagen als das einer Antwort unbedürftige, ungesellige Sprechen. So sei das Wort Gottes »Es werde Licht« nicht eigentlich gesprochen, sondern gesagt; wenn es aber Luther doch mit »Gott sprach« übersetzt, so meine er damit in ausdrücklicher Weise, daß das Wort Gottes vom Chaos gehört, verstanden und beantwortet wurde.

§ 29. *Miteinandersprechen und Aufeinanderhören*

Daß das eo ipso »laute« Sprechen im *Miteinandersein* des einen und andern gründet, und zwar so, daß dieses, indem es das Sprechen eines jeden provoziert, zugleich durch jenes vermittelt und realisiert wird, zeigt sich nicht zuletzt darin, daß sein Gegensatz, das Still-*schweigen*, ein spezifischer Modus des Für-sich-allein-seins ist.

[115] Wenn alle Menschen plötzlich taubstumm würden, also weder sprechen noch hören könnten, dann wäre ein jeder in einem bloß fiktiven Miteinandersein neben den andern für sich allein. Statt dessen belebt die menschliche Rede mit der Dichtigkeit einer ununterbrochenen Verlautbarung die Welt der menschlichen Verhältnisse – eine Verlautbarung, von deren Getöse jeder einen Eindruck bekommt, der aus einer stillen einsamen Wohnung plötzlich in ein belebtes Lokal tritt oder auch nur beobachtet, wie die Gespräche einer Gesellschaft plötzlich verstummen, wenn gemeinsames Essen einem jeden die Rede untersagt. Die durchschnittliche Wachheit des redenden Menschen, dieser »sommeil de l'attention« (Gratry (Anm. 16)) beherrscht die Auffassung des Menschen vom Menschen in so selbstverständlicher Weise, daß man das Schweigsamsein zunächst nur privativ, als Gesprächspause, Ungeselligkeit, Unmitteilsamkeit, Verschlossenheit, Ausdruckslosigkeit oder Schläfrigkeit verständlich findet. Diesem privativen Verständnis des Schweigens entspricht der privative Charakter des Alleinseins, worin es gründet. Wie das Alleinsein, so ist auch das Schweigen ein »defizienter Modus« des Miteinanderseins und -sprechens; ebensosehr, wie man sinnvoll nur zu zweit sprechen kann, kann man auch nur auf sich zurückgezogen schweigen. Wenn zwei zusammen nach einer Aussprache, die ihre Einstimmigkeit oder Unstimmigkeit erwiesen hat, »beredt« schweigen, so schweigen sie nicht »miteinander«, sondern mit dem einen schweigt auch der andere.

»Verantwortlich« schweigend ist aber kein für sich vor andern *Verschwiegener*, sondern der einem andern *Zuhörende*. Hörend schweigt schon ein jeder im Gespräch, solange der andere spricht. Zuhörend ist aber einer im Gespräch zumeist nur in der Tendenz auf *Erwiderung*. In der Wechselseitigkeit des Zueinandersprechens und Aufeinanderhörens vernimmt der eine den andern im Sinne ihres Gesprächs, und das besagt: ein jeder hört zu, um zu erwidern, und hört in der ihm zu Gehör kommenden Erwiderung des andern den

Anklang seiner eigenen Rede wieder; ein jeder bekommt sich selbst wieder zurück in der Erwiderung des andern, die er wiederum in der Tendenz auf Erwiderung anhört. Das Gehörte bestimmt sich also zumeist und zunächst im Charakter einer bloßen Resonanz, denn der Rückstoß, den die eigne Anrede im Hören der Erwiderung des andern erfährt, bestimmt sich vorweg im Sinne des wechselseitigen Fortgangs des Gesprächs. Und indem [116] ein Wort das andere gibt, kommt eigentlich keiner an ihm selbst zu Wort und zu Gehör. Die Tendenz zur Erwiderung auf das Gehörte unterbindet die freie Begegnismöglichkeit des andern, denn das Zuhören kommt schon seinerseits dem im Gespräch Begegnenden zuvor. Eigentlich vernommen wird eines andern Rede in ihrer unverhältnismäßigen Bedeutung daher zumeist erst nachträglich, wenn wieder ein jeder für sich allein ist. Die Auswirkung des Gesprächs ist eine zeitliche Nachwirkung der Rede des einen auf den andern.

Um im Gespräch eigentlich hören zu können – und nur der mit einem *andern Sprechende* kann eigentlich »hören« und verantwortlich »schweigen« –, bedarf es somit einer ausdrücklichen Gegentendenz zu der Tendenz: dem andern um der Erwiderung willen zuzuhören. Eigentlich hörend ist nur der *erwiderungsfrei* Zuhörende. Dieser ist weder verschwiegen, noch hört er bloß zu, um entgegnen zu können, sondern er ist ein solcher Hörer, der *sich vom andern etwas sagen läßt*. Um sich von einem andern etwas sagen lassen zu können, muß man sich selbst die Gegenrede untersagen können. Indem sich einer selbst die dem Gespräch immanente Tendenz zur Gegenrede untersagt, ermöglicht er sich die freie Begegnung des andern in dem, was dieser, als ein anderer, einem selbst zu sagen hat. Das eigentlich hörende Schweigen ist also eine ausgezeichnete Weise, dem andern zu *entsprechen*. Es entspricht dem andern widerspruchsfrei. In diesem Sichentsprechend-machen erschließt sich der Zuhörende des andern Rede, indem er sich ihr erschließt. Objektiv zugänglich wird die Rede des einen dem Hören des andern, indem sich dieser selbst dem andern »hörig« macht bzw. indem sich der andere »Gehör verschafft«.

Zwar muß einer, um eines andern Rede verstehen zu können, *selbst* verstehen können, was der andere sagt; um aber die Rede des *andern an ihr selbst*, so wie sie der andere verstanden und gemeint hat, zu verstehen, bedarf es primär einer Gegentendenz zu ihrer Aneignung in der Weise eines nur sich selbst verstehenden Wider-spruchs. Denn sonst würde der eine von der Rede des andern nicht mehr und nicht weniger verstehen, als er auch selbst hätte sagen können, aber nicht, was nur ein anderer einem sagen kann. Und sogar das, was sich einer schon selber gesagt und von sich verstanden hat, ist zumeist solange unwirksam, bis es ihm eines Tages auch von einem *andern* nicht nur »bestätigt«, sondern ursprünglich neu gesagt wird. An ihr selbst, in ihrer selbständigen Bedeutung, verstanden [117] werden kann eines andern Rede aber nie unmittelbar, sondern nur innerhalb und aus ihrem Verhältnis zum andern, der sie verstehen soll, weil nur in diesem Verhältnis des einen zum andern das »Du selbst« in seiner unverhältnismäßigen Selbständigkeit zu Worte kommen kann.

§ 30. Die »Bestimmtheit« der ursprünglichen Rede konstituiert sich in freier »Entsprechung«

Die Rede formt sich als solche in einem ausdrücklich formulierten Bedeutungszusammenhang. Die Frage nach der *Bestimmtheit* der Rede ist aber nur zu beantworten in Rücksicht auf das Begründetsein der *Rede* im *Reden* als einem *Miteinander-Reden*.

Die sprachlichen Formulierungen der wissenschaftlichen Philosophie teilen mit den magischen Formeln der Primitiven die elementare Tendenz: dem Wort eine sachliche Eigenbedeutung zu geben, den Begriff mit der Sache auf sich selbst zu stellen. Beinahe alle Philosophen, und zwar gerade die begrifflich strengsten, haben ihre Zauberformeln, mit denen sie in einer geradezu rituellen Wiederholung die Welt besprechen und deren Zauber sie am Ende selber unterliegen. Der Begriff der Sache »will so lange hin und her und durch und durch gesprochen werden, bis er in derjenigen Form sich ausruht, die keiner Übersetzung mehr bedarf. Dann erst ist seine Dialektik vollendet, sein Wanderleben von Übersetzung zu Übersetzung abgelaufen und der schmale Sarg einer Formel umschließt den Ruhelosen, dem alle Sprachen der Erde zu eng erschienen«[74]. Nun ist aber schon jedes Anhören und Verstehen der Rede eines andern, als der eines *andern* notwendig ein »Übersetzen« in die *eigene* Sprache. »Man übersetzt immer und überall, wo man die Rede eines anderen oder die eigene von ehedem in sich aufnimmt.« Dieses zumeist ganz unausdrückliche Übersetzen ist

---

74 Vossler, a.a.O., S. 182, vgl. S. 231 u. 237 ff.; vgl. zum Folgenden: F. Schlegel, *Philosophische Vorlesungen, insbesondere über Philosophie der Sprache und des Wortes*, 7. Vorlesung. (Anm. 17)

»der defensive Moment unseres Sprechens« (S. 201 f.). In diesem ursprünglichen Übersetzen gründet die Möglichkeit, sowohl den Sinn der Rede eines andern zu verstehen wie mißzuverstehen. Sofern aber das philosophische Verständnis die Tendenz zur terminologischen Ausgestaltung der begrifflichen Bestimmungen hat, verfällt es mehr oder minder dem widersinnigen Versuch, den Begriff so bestimmt [118] zu gestalten, daß er – in dem, was er bezeichnet – gleichsam für sich selbst spricht. Der Begriff soll eine solche Bestimmtheit bekommen, daß ihm jede weitere Übersetzung nur abträglich wäre. Widersinnig ist diese Tendenz deshalb, weil die begriffliche Bestimmung die Freiheit, neuerdings »übersetzt« zu werden, nur dann verwehren könnte, wenn sie darauf verzichten könnte, von einem *andern* verstanden zu werden. Dieser Widerspruch, dem Begriff eine eigenständige Ausprägung zu geben und ihn doch noch für andere zum eigenen Nachdenken mitzuteilen, kennzeichnet Hegels Begrifflichkeit in ihrem Anspruch, die Sache selbst in selbständigen Begriffen einzubegreifen. Dieser Widersinn gründet letztlich in der möglichen Verselbständigung der *Rede* in der *Schrift*. Im mündlichen Gedankenaustausch bestimmt sich die Bedeutung einer Rede unmittelbar im Verstandenwerden durch den andern. Der eigene Gedanke entwickelt sich in und durch die Gegenrede des andern, und die vorläufig jeweils noch unbestimmte Bedeutung der Rede des einen und andern ermöglicht gerade ihr kon-kretes Bestimmtwerden im Miteinandersprechen. Keiner überantwortet dem andern zum bloßen Nach-denken einen schon bestimmt formulierten Gedanken, sondern dieser gewinnt allererst in gemeinsamer Wechselrede seine bestimmte Formulierung. In diesem aus sich Herausgehen und auf sich Zurückkommenlassen der Rede des einen auf die des andern erwächst eine spezifisch »objektive« Bestimmtheit des gemeinsam Besprochenen. Das Verständnis ist kein »Zusammentreffen der Vorstellungsweisen in einem unteilbaren Punkt«[75], sondern ein solches von aufeinanderwirkenden »Gedankensphären«. Der gedankliche Ausdruck »*bestimmt*« sich in »*Freiheit*«, und dieser Ausbildungsweise seiner Bestimmtheit entspricht die natürliche »Weite« des ursprünglich gesprochenen Ausdrucks und seiner Bedeutung. Im Gespräch verbietet sich ganz von selbst die Idee, einem andern eine Wortbedeutung in terminologischer Abgeschlossenheit zu übermitteln. Der anspruchsvolle Sinn des Wortes ist: dem daraufhin

75 Die folgenden Zitate stammen aus Humboldt, *Ges. Schriften*, V.

Angesprochenen einen »Anstoß«, eine »Anregung« zu geben, damit er selbst daran mitbilde. Das zuhörende Verstehen ist ebenso wie das Ansprechen eine gegenseitige Anregung der zum Hören und Sprechen bereitliegenden »Sprachkraft«. »Die Menschen verstehen einander nicht dadurch, daß sie *denselben* Begriff denken, sondern [119] dadurch, daß in jedem *entsprechende* Begriffe, aber nicht dieselben, hervorgehen.« Nur mit dieser freien »Divergenz« komme der eine und andere auf »dasselbe« hinaus und bestimme sich der Begriff konkret.

Die begriffliche *Darstellung* als solche kann somit ihren Zweck nur erfüllen, wenn sie sich selbst als *Mittel* zum Zweck versteht – der Endzweck ist àber die Einsicht des andern, dem man die eigene demonstriert. Sofern sich das Mittel der Rede in seiner Ausbildung zum Zweck verselbständigt, verkehrt sich sein ursprünglicher Sinn: einen andern mittels der eigenen Formulierung auf die in ihr nie einzubegreifende Sache hinzuweisen. Auch jede philosophische Formulierung, die mehr als einen möglichst bestimmten *Hinweis* geben will, wird leichtfertig, indem sie sich zu ernst nimmt, und erreicht statt einer Erkenntnis des geistigen Lebens ein Bekanntwerden mit Worten. Sich selbst versteht die begriffliche Bestimmung, zumal von so etwas wie »menschlichem Leben«, nur dann, wenn sie sich als eine »Formulierung« versteht, d. h. als eine solche Bestimmung, welche dem andern die Freiheit gibt, an ihrer weiteren Besprechung mitzusprechen und sich im Hinblick auf »entsprechendes« Verständnis eine Eigenbedeutung versagt. Weil der gedankliche Ausdruck im Sprechen als einem Miteinandersprechen gründet, kann auch das, mittels dessen der eine zum andern spricht, in angemessener Weise also nur dadurch deutlichbestimmt sein, daß es sich in der Freiheit der es ausdeutenden Entsprechung eines Hörenden und Sprechenden hält.

§ 31. Die Verabsolutierung des Besprochenen in der schriftlichen Rede

Die mögliche Verabsolutierung der begrifflichen Bestimmung von etwas gründet in der Auflösung der ursprünglichen Wechselrede zum Schreiben des einen und Lesen des andern. Die Verselbständigung zeigt sich schon dann, wenn ein ursprünglich gesprochener Dialog schriftlich fixiert wird. Die ursprüngliche Wechselseitigkeit der Reden kommt schriftlich zum Ausdruck als ein abwechselndes *nach*-einander

Reden des einen und andern. Daß aber der eine je *nach* dem andern redet, dies kommt im aktuellen Gespräch phänomenal gar nicht zur Geltung. Als einander ablösende Reden läßt sich ein Gespräch nur von einem Dritten, der selber nicht mitspricht, übersehen. Dieser Dritte, für den das Gespräch von Zweien fixiert [120] wird, ist der Leser. In der gesprächsmäßigen Ablösung der ersten und zweiten Person lösen sich ihre Reden für sie selbst nicht voneinander ab, sie sprechen für sich selbst nicht einer *nach* dem andern, sondern *mit*-einander und insofern gleichzeitig[76].

Im Gespräch spricht der eine unmittelbar mit dem andern, sie sprechen mit-einander. Dieser unmittelbare Anspruch der Rede des einen auf Erwiderung des andern zeigt sich auch noch in der schriftlichen *Korrespondenz* des Briefwechsels. Die zwei Briefreihen einer Korrespondenz des einen mit einem andern sind je für sich nie voll verständlich, und dem trägt jede einseitige Herausgabe eines Briefwechsels des *einen* Rechnung, indem sie das »Persönliche« des Inhalts nach Möglichkeit tilgt bzw. in Anmerkungen erläutert. Das Bestimmtsein der Briefe des einen durch die je dazwischenliegenden Briefe des andern betrifft nicht nur die ausdrücklich persönliche Anrede – zu Beginn und am Ende des Briefes –, sondern durchdringt in mehr oder minder ausgesprochener Weise den ganzen Brief als ein solches Schreiben einer ersten Person, welches für eine zweite Person, aber nicht für anderweitige, bestimmt ist.

Schriftlich können »Ich« und »Du« aber nicht mehr *mit*-einander reden, sondern nur noch *an*-einander schreiben. Das *An*-einen-andern-schreiben bestimmt sich aber doch noch ebenso wie das Mit-einander-sprechen im Sinne einer formal zu verstehenden *Kor-respondenz*. Die briefliche Anschrift beansprucht ihrem Sinn nach ebenso wie das

---

76 Gleichzeitig ist das Miteinandersprechen nicht nur zufolge der gleichzeitigen Anwesenheit des einen und andern, sondern es ist als je aktuelles Gespräch grundsätzlich *unhistorisch*, im Unterschied zum Schreiben für künftige Leser und Lesen des ehemals Geschriebenen. Während daran geschrieben wird, ist die schriftliche Rede gerade nicht für einen andern lesbar. Das Geschriebene kann wesentlich bewahren und überliefern und verlangt keine unmittelbare Beantwortung wie das gesprochene Wort, dessen Zeit die pure Präsenz ist. Im Gespräch hat man auch keine Zeit zur eigenständigen Ausbildung der Rede, und was einmal gesagt ist, läßt sich nicht ausstreichen; das einmal ausgesprochene Wort ist, nach einem russischen Sprichwort »wie ein Spatz: läßt du ihn aus der Hand, so fängst du ihn nie mehr ein«. Das geschriebene Wort läßt sich wesentlich »wiederholen«.

mündliche Ansprechen die Mithaftigkeit des andern in der Weise seines Auf-mich-zurück-kommens, sie erfordert eine Rückantwort, kraft welcher der Brief eines jeden der beiden allererst zur »Korrespondenz« wird. Im Unterschied zum Wortwechsel ist aber der Briefwechsel des einen und andern bereits ein relativ verselbständigter Ausdruck. Zwar ist der Brief noch nicht wie das literarische Werk ein mit Absicht auf sich selbst gestellter Ausdruck, [121] aber doch schon relativ selbständig gegenüber dem Korrespondenten, an den er sich richtet, und gegenüber dem Briefschreiber, der sich darin herausstellt. *Relativ* selbständig ist der Brief, sofern der Brief des einen den eines andern beantwortet und wiederum dessen Rückantwort zur Absicht hat, und relativ *selbständig*, indem er sich als *schriftlicher* Ausdruck – in und zufolge der Abwesenheit des andern – unabhängig vom andern – allein durch den Briefschreiber selbst für sich gestaltet.

Diese relative Selbständigkeit der brieflichen Rede Korrespondierender verselbständigt sich weiterhin im Verhältnis der Schrift eines Autors zu einer Lektüre durch den Leser. *Autor und Leser* sprechen weder miteinander, noch schreiben sie aneinander, sondern der eine schreibt für sich, und der andere liest für sich, und durch die Selbständigkeit der Schrift ist der eine vom andern unabhängig. Das für andere Geschriebene wird weder miteinander geschrieben noch miteinander gelesen, sondern der Leser begegnet dem Autor zunächst nur in dem, *was* dieser geschrieben hat. Ihre Gegenseitigkeit reduziert sich auf die allgemeine Zugehörigkeit von Schriftsteller und Leser. Zufolge dieser gelockerten Verbindlichkeit der Personen hat eine jede je für sich die spezifische Möglichkeit, im *Mitgeteilten als solchem* aufzugehen und daran sich zu verlieren – der Autor an das, was er schreibt, und der Leser an das, was er liest. Im Inhalt der *gesprochenen* Mitteilung kann keiner der einander Entsprechenden aufgehen, vielmehr geht das, *wovon* die Rede ist, seinerseits im *Gespräch* auf; verselbständigen kann sich im Miteinander-über-etwas-sprechen und auch noch im Einander-schreiben wesentlich das Gespräch bzw. die Korrespondenz als solche, aber nicht das darin Besprochene. Demgemäß »verantwortet« sich der Autor vor seinem Leser nicht unmittelbar persönlich, sondern nur denjenigen Anspruch, der in dem beschlossen ist, *was* er geschrieben hat.

Aber auch in diesem persönlich gelockerten Verhältnis von Autor und Leser setzt sich die ein jedes Verhältnis als solches konstituierende Wechselseitigkeit und deren möglicher Verfall durch. Eine klassische

Auseinanderlegung und Kritik hat dieses Verhältnis von wissenschaftlichem Schriftsteller und Leser in der 6. und 7. Vorlesung von Fichtes *Grundzügen des gegenwärtigen Zeitalters* gefunden. Fichtes Gedankengang ist mit Rücksicht auf unser Thema kurz folgender: Die Rede der Antike war vorzüglich das gesprochene [122] und gehörte Wort, aber nicht das geschriebene und gelesene. Demgemäß verselbständigte sich in der Antike die Rede gesprächsmäßig, als Sophistik. Ursprünglich hat auch die schriftliche Fixierung den Zweck, *Gesprochenes* Abwesenden zugänglich zu machen. Diesen Zweck verlor das Geschriebene auf geschichtlichem Wege. Mit der Erfindung des Buchdrucks wurde das Wort allgemein, vorzüglich und unmittelbar als ein für den Druck geschriebenes Wort zugänglich. Das Wort gewann als Gedrucktes eine selbständige Bedeutung; ein jeder, der lesen kann, vermag es sich selbständig anzueignen, unabhängig von dem, der es geschrieben hat. Schreiben- und Lesen-können bestimmte den Begriff der »Bildung«. Diese selbständige Bedeutung des Geschriebenen entwickelte sich geschichtlich durch die Tendenz der Reformation: die »Schrift«, d. h. die Bibel, einem jeden je für sich zugänglich zu machen. Indem ihm ein geschriebenes Buch als der Weg zur Wahrheit galt, hat der Protestantismus dem Buchstaben den hohen und allgemeinen Wert verliehen, den er seitdem behalten hat. Ein jeder sollte nun selbst die Bibel lesen können, um ein freier, selbständiger Christ zu werden.

Mit der allgemeinen Zugänglichkeit der gedruckten Rede verkehrte sich aber ihr ursprünglicher Sinn, dem Leser eine selbständige Aneignung zu ermöglichen. Die unbeschränkte Möglichkeit zu drukken und zu lesen, bewirkt, daß keiner mehr Zeit hat, die Masse des täglich Gedruckten zu lesen. Man bekommt die Literatur schließlich nur noch auf dem Wege der Bücherbesprechung in seine Gewalt, und die Bücher scheinen nur noch für den Bestand von Rezensionen nötig zu sein. Am Ende weiß außer dem Verfasser und dem Setzer niemand mehr von dem allgemein zugänglichen Buch, und soweit man etwas davon weiß, verläßt man sich auf die Rezensionen. Das Buch wird dem »öffentlichen Gedächtnis« der Bibliotheken überantwortet. Und wie der eine Stand des »stehenden Lagers formaler Wissenschaft« – die Schriftsteller – ohne Unterlaß weiter schreiben und drucken lassen, so liest das genau entsprechende andere Lager, der Leser, ohne Unterlaß weiter. Das Zeitalter kann nicht mehr lesen und darum ist auch alles Schreiben vergeblich. Man liest und schreibt nur noch um des Lesens und Schreibens willen und stellt so in seiner Person den »reinen

Leser« bzw. den reinen Schriftsteller dar. An diesem Punkt hat die Schriftstellerei und Leserei ihr Ende erreicht, durch ihren Effekt vernichtet. Am Schlusse entwirft dann Fichte noch ein Programm, wie der [123] wissenschaftliche Unterricht neu gestaltet werden könne – nicht zuletzt durch eine Reduktion des Lesens und Schreibens zugunsten des Sprechens und Hörens.

§ 32. Die Problematik der Ausdrücklichkeit als solcher

Sich miteinander durch Sprechen und Schreiben verständigen ist eine spezifisch *ausdrückliche* Art und Weise des Miteinanderseins als eines Einanderverstehens. Es wurde aber bereits zu Beginn der Analyse des Miteinanderseins als eines Miteinandersprechens (S. 103 ff.) darauf hingewiesen, daß es etwas anderes ist, ob sich einer mit Absicht *selbst* zum Ausdruck *bringt*, oder dabei ganz unwillkürlich – *von selbst* – zum Ausdruck *kommt*.

In der wortlosen Sprache einer »sprechenden« Gebärde, eines »vielsagenden« Blicks, einer unwillkürlich »ausdrucksvoll« bewegten Stimme usw. kommt der sprechende Mensch zumeist viel eindeutiger zum Ausdruck als in dem, was er – indem er spricht – zum Ausdruck bringt. Sofern aber die philosophische Besinnung, indem sie doch ausdrücklich verstehen will, zumeist schon ein spezifisch ausdrücklich-verständliches Sein zum Ausgang nimmt, erfährt jene Art von Ausdrücklichkeit zunächst eine private Deutung von dieser her und gilt als eine relativ *un*-ausdrückliche bzw. »noch nicht« zum eigentlichen Ausdruck gekommene Offenbarung des Menschen. Dem widerspricht aber der faktische Sinn der privativen Bezeichnungen für solches Sein. Das namenlos-, unsagbar-, unaussprechlich-, unbegreiflich-, unerhört-, unbeschreiblich-Seiende meint gerade solches Sein, welches so ausdrucksvoll ist, daß es sich gar nicht mehr in angemessener Rede ausdrücken läßt. Wessen Angst namenlos oder wer vor Freude sprachlos ist – dessen Befindlichkeit geht über alle Begriffe und wird nur dann begriffen, wenn man verstanden hat, daß sie eigentlich unbegreiflich, aber doch vollkommen deutlich ist. Was in dieser Weise faktisch äußerst positiv zum deutlichen Ausdruck kommt, obgleich es sprachlich nur privativ zu Begriff gebracht werden kann, ist vorzugsweise der Ausdruck menschlichen Befindens[77], der Stimmungen,

77 S. Heidegger, *Sein und Zeit*, S. 134 ff.

Affekte, Gefühle und Empfindungen. Diese vital bedingte Befindlichkeit ist nicht nur eine mit dem »Verstehen« *gleich* ursprüngliche, sondern die ursprünglichste Weise zu sein, und sie unterbaut auch alle spezifisch verständlichen Ausdruckszusammenhänge [124] des menschlichen Lebens. Daß sie sich sprachlich als eine unausdrückliche Daseinsweise ausspricht, ist nur die Konsequenz ihrer Bestimmung von der Ausdrücklichkeit der *Sprache* her. In deren Lichte gesehen muß die Logik des Befindens notwendig als eine dunkle und unlogische erscheinen. Ihre Erfassung gerät daher stets in Gefahr, sie gerade dadurch zu *unter*-deuten, daß sie die Bedeutung solchen Daseins – indem sie ihre eigene Art von Deutlichkeit beansprucht – *über*-deutet; der logos verhebt sich an solchem Sein, weil es für ihn zu leicht ist, und es erscheint ihm dunkel, indem er es überlichtet. So ist Hegels Philosophie des Geistes, wie jede Philosophie auf dem Standpunkt der Philosophie, blind für die genuine Deutlichkeit der Welt der vitalen Stimmungen (»Gefühle«) und versucht dieselben von vornherein als »noch nicht« vollendete Entwicklungsstufen des Selbst-*bewußtseins* zu begreifen.

Eine Stimmung ist aber keine »noch nicht« zum Selbstbewußtsein gekommene Seinsverfassung des Menschen, sondern hat ihre ganz bestimmte eigenartige Deutlichkeit, und der eine »versteht« die Stimmung des andern unmittelbar, auf dem gleichsam unterirdischen Wege eines unverständlichen, aber doch deutlich fühlbaren »Beeinflußtwerdens«. Die genuine Interpretation dieser unlogischen Grundlage des Daseins kann daher nicht denselben Weg beschreiten wie die des »geistigen« Lebens[78].

Nichts spricht deutlicher im Verhältnis des einen zum andern als Antipathie und Sympathie. *Sym*-pathie und *Anti*-pathie hat der *eine* für bzw. gegen einen *andern*, d. h. sie bestimmen sich als Weisen des Mit- bzw. Zueinanderseins; so erschließt sich auch das »Leid« des einen dem andern allererst durch Mit-leid, mag auch der eine und der andere ein und dieselbe Person sein und demgemäß mit sich selbst gleichwie mit einem andern Mitleid haben. Sympathie und Antipathie

78 S. Freud hat in der Erkenntnis der Eigenart des »Unbewußten« eine sachgemäße Methode seines Verständnisses ausgebildet, nämlich eine solche, welche sich von den zunächst unverständlichen, unwillkürlichen »Assoziationen«, die sich »von selbst« ergeben, leiten läßt. – Vgl. Schelers *Wesen und Formen der Sympathie*, 2. Aufl. 1923, S. 16 ff. [Abschn. A II 4] über »Einfühlung« und [Abschn. B VI 5] »zu Freuds Ontogenie«.

bestimmen also das *Verhältnis* der Menschen, und zwar in grundlegender Weise, indem sie es von vornherein und ständig auf einen bestimmten »Ton« stimmen. Und je nachdem, wie man aufeinander »gestimmt« ist, ist man aufeinander »zu sprechen«. Dieses antipathische oder sympathische Gestimmtsein bewirkt die Einstimmigkeit oder Unstimmigkeit der menschlichen Verhältnisse, [125] macht, daß sie »stimmen« oder nicht stimmen. Ein Freundschaftsverhältnis ist letztlich nicht dadurch als solches bestimmt, daß sich der eine ausdrücklich als der Freund des andern erweist, sondern als Freundschaft bestimmt sich ihr Verhältnis primär schon dadurch, daß es in unausdrücklicher, aber deutlicher Weise »freundlich« gestimmt ist. Das Dasein oder Fehlen solcher Freundlichkeit begründet das Verhältnis zu unterst, und diese Art des Gestimmtseins ist in jedem Augenblick so deutlich fühlbar, wie etwas nur überhaupt vollkommen deutlich sein kann – unbeschadet der Unausgesprochenheit solchen Gestimmtseins. Es mag einer noch so sehr Freundlichkeit zum Ausdruck bringen, was er dabei zum Ausdruck bringt, ist nicht an sich selbst überzeugend, wenn darin nicht zugleich zum Ausdruck kommt, daß er es wirklich ist; ob er es aber »wirklich ist« und nicht nur sein will, dies äußert sich primär nicht in dem, wie einer zu einem andern ist, sofern er so zu sein *bestrebt* ist, sondern gerade in dem, wie einer seiner Natur nach ist und sein *muß* – ob er will oder nicht. Und weil die Stimmungen ihrer Natur nach nicht durch das bestimmt werden, wie einer mit Willen sein kann, sondern unwillkürlich sein muß, kann man sie willkürlich auch nicht hervorbringen, sondern nur unterdrücken.

Im *Sprechen* kommt die Stimmung in der natürlichen Sprech-Stimme zum unwillkürlichen Ausdruck. Ein jeder hat seine je eigenartige Sprechstimme, an der man ihn erkennt, auch wenn man ihn gar nicht sieht und versteht, *was* er spricht. Diese seine Stimme wechselt mit dem Wechsel der Stimmungen und ist in ihrer Bedeutung so unmißverständlich wie die Sprache alles dessen, was »von selbst« und ohne Worte spricht. Von diesem unausgesprochenen, aber durchaus deutlichen Ausdruck der menschlichen Rede macht jedes persönliche Verständnis einen ständigen Gebrauch, indem man darauf hört, *wie* einer spricht, noch bevor man darauf eingeht, *was* einer sagt. Was für und gegen die Wahrheit einer Rede spricht und zeigt, ob sie aus echter und »tiefer« Überzeugung kam oder nur »oberflächlich« nachgeredet war, ist nicht das, was sie der Tendenz nach besagen will, sondern – und u. U. gegen ihre ausdrückliche Tendenz – »von selbst« »verrät«.

Und die alltägliche Umgangsrede hat bereits ihrerseits zur unausdrücklichen Absicht, den Angeredeten nicht so sehr durch verständige
Worte zu überzeugen als vielmehr stimmungsmäßig zu überreden und
zu beeinflussen. »Eigentlich« verstehen sich die miteinander über
etwas Sprechenden zumeist [126] nicht auf Grund des Ausgesprochenen, sondern über den ausdrücklichen Redesinn hinweg und durch ihn
hindurch. Was ihre absichtlichen Worte nur zögernd sagen oder
verbergen, entdeckt sich ihnen im unwillkürlichen Ausdruck von
Miene und Stimme. Ohne die Grundlage solch wortlosen Sichverstehens würden sich die Menschen auch nicht in ihren Worten verstehen,
denn die sympathetische Kommunikation ist ursprünglicher als jedes
Füreinandersorgen und Miteinandersprechen. Während die einen
trotz der gegenteiligen Absicht ständig aneinander vorbeireden, verstehen sich andere »ohne weiteres«, aber nicht deshalb, weil sie sich
deutlicher zum Ausdruck brächten als jene, sondern deshalb, weil die
Methode ihrer Verständigung der unterirdische Weg ihrer sympatheti-
schen Verbindung ist. Und diese Quelle ihres gegenseitigen Verständnisses ermöglicht ihnen eine Redeweise, welche für sie selbst ebenso
klar und deutlich, wie sie einem Dritten sprunghaft und aller Logik
bar erscheinen muß[79].

---

79 Ein Musterbeispiel solchen »unlogischen« Sichverstehens im Gespräch gibt
Tolstoi im XVI. Kap. des Epilogs von *Krieg und Frieden*. – Vgl. Jaspers'
Psychologie der Weltanschauungen a.a.O. [s.o. §10, Anm. 41], S. 124, Abs.
»d«.

III. Kapitel
Der eine und der andere in ihrer
gegenseitigen Selbständigkeit

I. TEIL: KRITISCHE DARLEGUNG GEGENWÄRTIGER
FRAGESTELLUNGEN

§ 33. *»Du selbst« im Unterschied zum »Du« (eines Ich) und zum
»andern Ich«*

[127] Die voranstehenden Analysen beantworten die Frage, wie einem
jenes »Du«, von welchem Feuerbachs Grundsätze ausgehen, als einer
unter den andern, wenn auch als ein besonderer anderer (alter)
strukturell begegnet. Auf der Basis dieser Explikationen ist nun zu
fragen, ob »Du« wirklich nichts weiter bist als ein »Du« »der eigenen
Wahl« (Humboldt), der meinige oder mit Feuerbach gesagt: Du *eines
Ich*.

Daß der andere auch etwas für sich selbst ist, zeigte sich schon bei
der Analyse des Einander-zu-etwas-gebrauchens (s. o. § 16) in der
prinzipiellen Begrenzung des gebräuchlichen Umgangs an der Selbstständigkeit dessen, mit dem man umgeht. Und zuletzt wurde in der
Analyse der verabsolutierten Verhältnismäßigkeit darauf hingewiesen,
daß ein Rückgang in die Entstehungsgeschichte der solchermaßen
verselbständigten Verhältnisse die Selbständigkeit eines jeden wieder
zum Vorschein bringen könnte, denn der Ursprung der Verhältnisse ist
das Sich-begegnen zweier, gegeneinander zunächst noch selbständiger
»Individuen« (s. o. S. 116). Zugleich wurde aber beide Male vorweg
angezeigt (§ 17 u. S. 118), daß diese ursprüngliche Selbständigkeit nur
innerhalb eines persönlichen *Verhältnisses* faktisch zugänglich wird.
Und demgemäß wurde sie im Unterschied zu der zunächst verhältnis-
mäßigen Bedeutsamkeit des einen für den andern als etwas *Un-
verhältnismäßiges* gekennzeichnet. Denn, wie gesagt wurde: »So sehr
es in den voranstehenden Analysen darauf ankam zu zeigen, daß und
wie einer zunächst *an ihm selbst* durch *andere* bestimmt, aber kein für
sich seiendes [128] ‹Individuum› ist, muß die dabei vollzogene Überschärfung der Interpretation nunmehr zurückgenommen werden, und

zwar so, daß die Selbständigkeit des einen für den andern *im Verhält-nis selbst* als einem gerade nicht verabsolutierten, sondern absoluten Verhältnis von ‹*Ich*› *selbst* und ‹*Du*› *selbst* zum Ausdruck kommt«. Die fragliche »Selbständigkeit« des einen und andern ist also im folgenden nicht als eine schlechthinnige Selbständigkeit a) des einen und b) des andern zu verstehen, sondern als *gegenseitige* Selbständig-keit, d. h. aus der Möglichkeit eines absoluten *Verhältnisses* zu inter-pretieren.

Als »Du« bist du mir gegenüber nicht dadurch selbständig, daß du dich auf dich selbst zurückziehen und dich so für dich selbst als (anderes) *Ich* bestimmen kannst, sondern deine Selbständigkeit kannst du *mir* positiv nur dadurch erweisen, daß du *als zweite Person* dich *zugleich* in *erster Person* zur Geltung bringst, wie auch andererseits Ich – die erste Person – *zugleich* als der Deine – in zweiter Person – bestimmt bin[1]. Zumeist bist du für mich zwar »zweite Person« – Du eines Ich –, aber indem wir zueinander im Verhältnis stehen, entdeckt sich *in* dieser zweiten Person eine selbständige »erste Person«, zeigst du dich mir als »Du selbst«. Dagegen bleiben wir uns als je für sich selbständiges Ich, das nur in der Weise des singularen »bin« sein kann, unzugängliche, unmitteilbare Individuen.

Die fruchtbare Schwierigkeit, welche darin liegt, daß Du selbst eine erste Person, aber in zweiter Person bist, umgeht sowohl die Du-Theorie von M. Scheler[2] wie die von F. Ebner[3] und F. Gogarten[4]. Zwar beachten sie alle drei in unausdrücklicher Weise die Selbständig-keit des andern, sie begreifen sie aber nicht in ihrer personenhaften Problematik, sondern setzen sie unmittelbar fest als individuenhaftes Ansichsein des andern. Zum begrifflichen Ausdruck kommt die Selb-ständigkeit der anderen Person bei Scheler dadurch, daß er sie von vornherein als ein fremdes *Ich* in Ansatz bringt, und bei Ebner und Gogarten, indem sie das als Verhältnis problematische [129] Verhält-nis von Ich und Du vereinfachen, indem sie dem Du – auf dem Umweg

1 S. Feuerbachs Grundsatz 32: »Ich bin Ich – für mich – und zugleich Du – für Anderes«. [s. o. I. Kap., Anm. 1].
2 *Wesen und Formen der Sympathie* [s.o. § 6, Anm. 29] insbes. Abs. C, »Vom fremden Ich«, S. 244 ff. [Ges. Werke, VII]. Vgl. Heidegger, *Sein und Zeit*, S. 47.
3 *Das Wort und die geistigen Realitäten* [s.o. § 3, Anm. 13].
4 *Ich glaube an den dreieinigen Gott. Eine Untersuchung über Glauben und Geschichte.* Jena: Diederichs, 1926.

über »Gott« – eine für das Ich primäre und autoritative Bedeutung zusprechen, wodurch das Verhältnis eindeutig werden soll.

§ 34. Schelers Begriff vom Andern als einem »fremden Ich«[5]

»Daß das Problem ‹vom fremden Ich› [= Teil C des Buches] das Grundproblem jeder Erkenntnistheorie der Geisteswissenschaften bildet, ist nunmehr durch eine große Anzahl von Forschern anerkannt. Treffend drückt diese Tatsache neuerdings E. Troeltsch in folgendem Satz aus: ‹Im Mittelpunkt steht die Frage nach der Erkenntnis des Fremdseelischen, die die eigentliche Erkenntnistheorie der Geschichte ist, übrigens überhaupt ein Zentralpunkt aller Philosophie‹ « (a.a.O., S. XIII [GW VII, S. 13 f.]).

»Eine ganz selbständige Bedeutung aber hat unser Problem für den Menschen als Menschen. Denn was überhaupt der Mensch dem Mensch zu sein vermag und was nicht, was er noch zu ‹verstehen› vermag und wie er es vermag, das alles hängt doch davon ab, welche Art letzter Seinsverkettungen zwischen Mensch und Mensch bestehen können. Die Metaphysik des Wissens des Menschen vom Menschen, des möglichen ‹Habens› des Menschen, das entscheidet allein im letzten Grunde, was der Mensch für den Menschen ist und bedeutet« (a.a.O., S. 246 ff. [GW VII, S. 210 f.].

Wir sehen ab von der Reichhaltigkeit der inhaltlichen Gesichtspunkte, unter denen Scheler diese Frage erörtert, und beschränken uns im folgenden auf die kritische Herausstellung seiner Fragestellung als solcher, denn deren Angemessenheit ist um so entscheidender, als sie nach Schelers eigenen Worten ein »Grundproblem« des menschlichen Daseins in Angriff nehmen soll.

Scheler versetzt sich im Ausgang und Fortgang seiner Betrachtung nicht in die ursprüngliche Struktur der menschlichen Lebensverhältnisse. Er bestimmt die Mitwelt als eine vorhandene Vielheit »daseiender Soseinseinheiten« vom Wesen des menschlichen »Geistes«. Als Problem ergibt sich ihm infolgedessen: wie diese isolierten Individuen miteinander »verkettet« sein und aneinander »teilhaben« [130] kön-

---

5 In derselben Weise faßt Ludwig Klages, Die psychologischen Errungenschaften Nietzsches, Leipzig 1926, 2. Kap., die eigene und andere Person als »Eigenich« und »Fremdich« auf.

nen. Die »Wesens-, Daseins- und Erkenntnisgründe der *Verknüpfung* von Menschen*ichen*« ist das Thema seiner Untersuchung. Die Mitmenschen sind also vorweg bestimmt als nebeneinander vorhandene Iche, welcher Plural sowohl sprachlich wie sachlich ein Widersinn ist. Daß deren Sein weiterhin als «*Akt*-substanz« und somit als »nichtobjizierbares« Sein bezeichnet wird, betrifft eine Bestimmung innerhalb dieser objekthaften Vorbestimmung. Die Frage nach den Seinsverkettungen und Seinsteilnahmen zwischen den einzelnen Menschen stellt Scheler also innerhalb der Vorbestimmung eines jeden andern als eines andern *Ich*, welches rücksichtlich des eigenen Ich ein Fremdich ist; das je eigene Ich wird aber ebenfalls unter die anderen Ichobjekte sachhaft eingeordnet, aber nicht mehr als der personenhafte Ursprung der Verhältnisse zu andern Personen verstanden. Die Frage nach der Zugänglichkeit des Mitmenschen ist demgemäß für Scheler kein prinzipiell ontologisches Problem, sondern eine Frage der »Erkenntnistheorie des Fremdverstehens«. Die andern kommen zufolge dieses Ansatzes nicht einmal in der nivellierten Ursprünglichkeit »meiner« Nebenmenschen in Betracht, sondern gelten als nebeneinander vorhandene Individuen, die »an sich« sind, was sie sind und außerdem noch aneinander teilhaben können – ausgenommen ihre »Leibzustände« (Organempfindungen und sinnliche Gefühle) und die Sphäre der »Intimität«. Das ursprüngliche Verhältnis, *in* dem sich der eine durch den andern bestimmt, ist übergangen; die Individuen können zwar mehr oder minder ineinander eingreifen, bestimmen sich dadurch aber nicht *wesentlich* an ihnen selbst. Der traditionelle Ausgang vom »ich bin« wird somit von Scheler nicht, wie von Feuerbach, einer grundsätzlichen Kritik unterzogen, sondern nur objekthaft ergänzt durch die Anerkennung anderer Iche, die einem aber als solche notwendig »fremd« bleiben müssen und deren mögliche Verkettungen nachträglich aufgezeigt werden. Erst auf Grund dieser vorgängigen Versachlichung der persönlichen Verhältnisse zu objektiven Beziehungen von Individuen ergeben sich für Scheler bestimmte Einschränkungen bezüglich der ursprünglichen Gegebenheit und Unterschiedenheit der eigenen und fremden Person[6].

[131] Weil Scheler die Selbständigkeit der Person als eines Ich-

---

6 Vor allem, daß mit dem Ich und seinen triebhaften Intentionen das Du schon *vor*gegeben ist, daß einer zunächst nicht bei sich selbst, sondern beim andern ist und sich so selbst zunächst gerade der Fernste ist; daß einem von

Individuums wie etwas Selbstverständliches voraussetzt, bleibt völlig unbestimmt, worin sie besteht und wie sie sich äußert und ausweist. Positiv expliziert wird dagegen von Scheler nicht zufällig gerade dasjenige menschliche Sein und Zusammensein, welches spezifisch frei ist von dem Anspruch auf ichliche Selbständigkeit, nämlich der Mensch in seinen triebhaften vitalen Lebensverhältnissen, welche sich durch »Einsfühlung« konstituieren (s. a.a.O., insbesondere S. 16 ff. und S. 87 ff. [Abschn. A II 4 u. A IV 5]).

§ 35 F. Ebners Begriff von der »Realität« des geistigen Lebens als einer Ich-Du-Beziehung

Ebner kommt der Frage nach der Selbständigkeit der Person insofern näher, als er sie von vornherein aus dem existenziellen *Verhältnis* vom Ich und Du zu interpretieren versucht. So wenig sich seine »pneumatologischen Fragmente« im einzelnen als stichhaltig erweisen[7], sind sie doch ein beachtenswerter Fortschritt auf dem Wege zu einer konkreten Fragestellung nach der »Realität« der persönlichen Existenz. »Pneumatologisch« nennt Ebner seine Fragmente in Abgrenzung gegen jegliche objektivierende Interpretation der menschlichen Existenz, sei es durch eine physische, psychologische, psychoanalytische oder auch metaphysische Betrachtungsweise.

Ebners Grundgedanke ist, daß das geistige Leben nur als verantwortliche Ich-Du-Beziehung wahrhaft real sei, wogegen jede idealistische Interpretation des menschlichen Daseins die unausdrückliche Voraussetzung mache, daß der Mensch ein auf sich selbst gestelltes und sich selbst begreifen könnendes »Ich« sei. Daß diese Denkungsart des Idealismus eine auf halbem Weg stehengebliebene und ihrem geistesgeschichtlichen Ursprung nach christliche Wendung des Menschen zu sich selbst sei, versucht Ebner vorzüglich an dem Menschen

---

einem selbst zuerst nur das zum ausdrücklichen Bewußtsein kommt, was von der Mitwelt beachtet wird und daß sich erst auf Grund einer ursprünglichen *Indifferenz* eigenes und fremdes Sein, Selbstempfundenes und Anempfundenes, Selbstgedachtes und Angelesenes deutlich voneinander unterscheiden. Vgl. *Die Idole der Selbsterkenntnis*, in: Scheler, *Abhandlungen und Aufsätze*. Leipzig 1915, Bd. II, insbes. S. 32 [2. Aufl. 1919: Vom Umsturz der Werte, II, S. 28 f.; GW III, S. 227].

7 Vossler, a.a.O. [s.o. § 24, Anm. 67], S. 119, Anm. 1.

als einem *sprechenden* Wesen – in Anschluß an Humboldt und Hamann – zu demonstrieren. Wirklich eines andern unbedürftig sei nur das mathematische Denken[8]. Der mathematischen [132] Formel sei der sprachliche Ausdruck unwesentlich, wenngleich sich auch die mathematische Formel sprachlich einkleiden müsse, um mitteilbar zu sein. Konkret wird der denkende Mensch nur, indem er sich und sein Denken einem anderen *mitteilt*. Der eigentliche Sinn der Mitteilung ist das Heraustreten-können aus seiner »Icheinsamkeit«. Der sich Mitteilende erschließt sich einem Du, indem er sich dem andern zur Rede und dadurch in Frage stellt. Der sich Mitteilende tritt aus seiner Verschlossenheit vor dem Du heraus und läßt sich durch ein Du allererst konkret als »Ich« bestimmen. Nur als die zweite Person eines andern kann sich einer selbst in erster Person erschließen, aber keiner kann sich und den andern eigenmächtig erschließen. Der Versuch, dies zu tun, führt den Menschen notwendig auf sich selbst zurück, in die eigene Verschlossenheit. In dieser Möglichkeit, sich einem andern zu erschließen, sieht Ebner die wahre Realität der offenbar gewordenen Existenz. Wo die Aussprache den Angesprochenen verfehlt, wird sie sinnlos und fällt auf einen selbst zurück. Dies zeigt sich in all denjenigen Weisen zu sprechen, welche diesen Anspruchcharakter nicht erfüllen, sei es, weil der Sprechende noch nicht oder auch nicht mehr »persönlich« existiert. Wer wesentlich nur mit sich selbst spricht[9], nähert sich bereits dem Irrsinn. Dem Irrsinn liegt immer eine Kommunikationslosigkeit zugrunde, eine Befangenheit des Menschen in sich selbst. Und sofern der Mensch ein Geschlechtswesen ist, deutet er zumeist ein gescheitertes Geschlechtsverhältnis an. Nur den Worten nach spricht der Irrsinnige *mit* dem andern, in Wirklichkeit redet er an ihm unverbindlich vorbei in seine eigene, unmitteilbare Welt zurück, und seine Rede ist daher dem andern auch gar nicht unmittelbar verständlich, sondern nur in Rückbezug auf ihn selbst erklärlich. Aber auch schon dann, wenn sich einer bloß um des Sichaussprechens willen ausspricht, verstößt er gegen den Sinn des menschlichen Daseins und seiner Rede, mißbraucht er den Zuhörer, indem er ja gar keine Erwiederung erwartet, sondern für sich spricht, sich aber nicht dem andern als dessen zweite Person zur Rede stellt. Wirkliches »Ich«

---

8 Fragment 12 [s.o. § 3, Anm. 13].
9 Maxim Gorki, *Menschen mit sich allein*, in: *Erlebnisse und Begegnungen*. Ges. Werke in Einzelausgaben, Bd. IX, Berlin 1926, S. 267-273.

bin ich nur als mögliches Du eines andern; in der reinen Beziehung auf mich selbst bin ich ein Pascalsches »moi«. Dieses in sich selbst vor andern verschlossene Ich ist aber keine ursprüngliche Möglichkeit, sondern das Resultat einer Abschließung vor dem andern [133] und seinem Anspruch – ein Rück-zug des Menschen auf sich selbst, dessen ursprünglicher Zug zum andern, aus sich heraus geht. In der Realität dieser ursprünglichen Relation bin ich, was ich bin – sowohl, wenn ich sie positiv aufnehme, wie wenn ich sie negativ abwehre oder verfehle. Gerade in solchem Aus-sich-heraus-gehen und Sich-selbst-freigeben-können offenbart sich dem Menschen seine eigene Selbstständigkeit wahrhaft persönlich, während sie in der individuellen Abgeschlossenheit nur negativ als Abwehr zum unhaltbaren Ausdruck kommt.

Das »Du« hat somit in Ebners Auffassung einen unausdrücklichen Vorrang vor dem »Ich«, und zwar *für* das Ich; denn es ermöglicht dem Ich allererst, in Wahrheit zu sich selbst zu kommen. Nur der von einem Du Angesprochene kann eigentlich »ich« sagen, indem er diesen Anspruch verantwortet. Dieser konstitutive Vorrang des Du vor dem und für das Ich wird aber von Ebner nicht anthropologisch begründet, sondern theoretisch abgeleitet. Das Verhältnis des Menschen zu Gott garantiert ihm gleichsam die Absolutheit der menschlichen Existenzverhältnisse.

§ 36. Gogartens Begriff vom »Du« als dem eigentlichen »Subjekt« der Ich-Du-Beziehung

Unter Aufnahme der Gedankengänge Ebners hat neuerdings Gogarten den Begriff vom »Du« ausdrücklich theologisch bestimmt. Gogarten verstärkt den Primat des Du im Hinblick auf den christlich verstandenen »Nächsten« als einer Schöpfung Gottes. Das eigentliche »Subjekt« der Ich-Du-Beziehung sei nicht »Ich«, sondern »Du«, weil erst Du mich als Ich »setzen« und in Anspruch nehmen kannst; das Ich ist dagegen das von einem Du beanspruchte und gesetzte »Objekt« der Beziehung. Gogarten verkehrt also die zunächst natürliche Anspruchsrichtung – des Ich an den Andern – in eine Du-mich-Beziehung. Er interpretiert die Existenzverhältnisse des Ich aus dessen Verantwortung vor *Gott*, sofern einen dieser im *Nächsten* beansprucht. Gott spreche zum Menschen nur durch die konkreten Mitmenschen und insofern sei die konkrete Begegnung mit einem Du der wesentliche

Inhalt des Glaubens (s. a.a.O., S. 60). Von Feuerbachs bewußt blasphemischem Satz: »Die Einheit von Ich und Du – ist Gott« unterscheidet sich Gogartens These, daß der Glaube an Gott der Glaube an die Welt und die Menschen sei, nur insofern als Gogarten die Welt und den Menschen a priori als Schöpfung Gottes [134] verstanden wissen will. Sie unterscheidet sich aber prinzipiell methodisch von Feuerbachs Grundsätzen durch den Versuch, die Problematik der als Verhältnisse eo ipso zweideutigen, weil wechselseitigen Verhältnisse aufzuheben. Gogarten beseitigt die faktische Zweideutigkeit und die darin beschlossene Umkehrbarkeit der Beziehung von Ich und Du mit einem nur »theologisch« begründbaren Gewaltstreich. »Ich« habe als Christ dem Anspruch eines jeden »Du« schlechtweg, »deutungslos« Folge zu leisten und jegliche »verstehende« Deutung des andern auszuschalten. Denn jedes deutende Verstehen verstehe ja den andern notwendigerweise aus den eigenen, anspruchsvollen Verständnistendenzen und -möglichkeiten und den darin beschlossenen Sympathien und Antipathien heraus und bringe darin seinen »amor sui« mehr oder minder zur Geltung. Die christliche Entscheidung sei aber die Alternative: sich entweder für sich selbst oder für den andern zu entscheiden. Dieses Entweder-Oder Gogartens ist aber nur auf seinem theologischen Boden kein problematisches Sowohl-als-Auch. Anthropologisch ist dagegen nicht einzusehen, wieso irgendeine Bestimmung des Menschen, also z. B. sein »Geschöpf«-sein, aber in einem vortheologischen Sinne, nicht mit dem Anspruch des einen auch den des andern begründen sollte. Die anthropologische Ebenbürtigkeit von Ich und Du, kraft derer sie »du auf du« stehen können, wird durch die theologische Begründung zwar der Tendenz nach aufgehoben, aber dies ist nur dadurch möglich, daß von den anthropologischen Voraussetzungen des Glaubens und der durch ihn geforderten Daseinsauslegung abstrahiert wird. Es ist aber zumal seit Nietzsche auch keine christliche Nächstenliebe, kein »Altruismus« auszudenken, der nicht im Verhältnis zum andern zugleich den »Egoismus« (amor sui) mit zum Ausdruck brächte, wenn nämlich faktisch geliebt und nicht nur aus der Idee über selbstlose Nächstenliebe gesprochen wird. Daß die »qualifizierte Begegnung« des einen mit dem andern »im Namen Gottes«geschieht, kann nicht verhindern, daß sich Gottes Anspruch im Menschen nur menschlich – aber nicht göttlich – zu Gehör bringen kann. Die Alternative: nicht »mein«, sondern »Dein« Wille geschehe, und: nicht auf mich, sondern auf Dich kommt es an, bedeutet faktisch keine mögliche Eindeutigkeit dessen, was wirklich geschieht, sondern deutet nur darauf hin, daß es dem eigenen Willen nach nicht auf den eigenen Willen ankommen soll. Die Nichtumkehrbarkeit der Beziehung durch die Autorität des Anspruchs eines [135] Du – welche Autorität sich in den biblischen Gleichnissen darin bekundet, daß Ich eben *kein* ebenbürtiges »Ich«, sondern »Knecht« und »Kind« des »Herrn« und »Vaters« ist – sichert Gogarten durch die christliche Begründung dieser Autorität. Anthropologisch überlegen ist aber der Anspruch des Du dem Anspruch des Ich nur soweit, als Ich von mir aus meinem Anspruch um des andern willen *entsagen* kann; an sich sind wir einander ebenbürtig, weil wir beide als Menschen und auch als Geschöpfe Unseresgleichen sind. Daß aber der *Akzent* – auf *dir* oder *mir* – faktisch entscheidend ist, dies schließt nicht aus, sondern ein, daß er als ein bloßer, wenn auch entscheidender Akzent von Grund auf problematisch ist. Er hebt die Zweideutigkeit der menschlichen Verhältnisse so wenig auf, daß er sie vielmehr ausdrücklich zur Geltung bringt; denn es wäre sinnlos, den einen *vor* dem andern zu *betonen*, wenn nicht mit dem Anspruch des einen auch schon der des andern gesetzt wäre.

Daß aber überhaupt die Bibel, als Wort Gottes, als eine unbedingte Autorität für die Interpretation der menschlichen Lebensverhältnisse in Anspruch genommen wird, über diesen voraussetzungsvollsten aller menschlichen »Ansprüche« ist mit einem Bibelgläubigen naturgemäß nicht sinnvoll zu reden, denn der Zirkel seiner Glaubensbegründung steht und fällt damit, daß er daran glaubt und von der anthropologischen Motivationsgeschichte seines Glaubens an eine Autorität abstrahiert; indem einer von der Geschichte des eigenen anspruchsvollen Verlangens nach einer unbedingt glaubwürdigen Autorität absieht, behält er nunmehr allein den Anspruch dessen, worauf sein eigner Anspruch ausging, als das einzig Maßgebende im Blick[10].

10 Vgl. hierzu Karl Barth, *Ludwig Feuerbach*, in: *Zwischen den Zeiten* 5 (1927), insbes. S. 32 u. 37 ff.

§ 37. Diltheys[11] zweifacher Erfahrungsbegriff von der »Selbständigkeit« der andern Person

a) als »fremder« Widerstand wider den eigenen Willen

Die Selbständigkeit des Mitmenschen weder als etwas Selbstverständliches vorausgesetzt noch dogmatisch gesichert, sondern anthropologisch begründet zu haben, ist ein wesentliches Verdienst der Realitätsabhandlung Diltheys. Dilthey wendet sich gegen Fichte und Riehl, sofern beide für die »Autonomie« des Menschen einen »selbständigen«, [136] d. h. einen auf sich selbst gestellten Beweis zu führen versuchen, die Autonomie als Bestimmung des Menschen a priori voraussetzen, aber nicht in ihrer wirklichen Möglichkeit empirisch verständlich machen. Dilthey selbst will zeigen, daß die Anerkennung der Selbständigkeit eines andern keine unmittelbar gegebene, sondern eine durch *Widerstände* »vermittelte«, durch Lebenserfahrung begründete ist. Zunächst sei uns ein anderer Mensch nur in der Erfahrung des Widerstands als ein eigenmächtig in sich begründetes Wesen gegeben, und diese Erfahrung sei die Voraussetzung für jede weitere Möglichkeit, seine Selbständigkeit zu erkennen. Nicht unabhängig von, sondern »mitten in« der Erfahrung vom Gehemmt-, aber auch Gefördert-werden durch andere, fremde Menschen erwachse das Bewußtsein von ihrer ebenbürtigen Selbständigkeit[12]. Zunächst kommt des andern Selbständigkeit nur »wider-willig«, d. h. als fremder Eigenwille wider den eigenen Willen zum Ausdruck. Als Kind beansprucht einer, will einer etwas von seinen Eltern, als Untergebener von seinem Vorgesetzten, als Mann von seiner Frau und umgekehrt. Ausdrücklich bewußt wird in diesen primären Willensverhältnissen die Selbständigkeit des einen und andern erst dann, wenn dem eigenen Anspruch nur *un*-vollkommen entsprochen oder ausdrücklich *wider*-sprochen wird. Die darin erfahrbare Selbständigkeit ist somit privativ, in Rücksicht auf den eigenen unerfüllten Anspruch bestimmt. Sie zeigt sich nicht so sehr als eine ursprünglich freie Selbständigkeit des andern denn als unfreiwillige Abhängigkeit meiner selbst vom andern. Im alltäglichen Sich-zu-etwas-gebrauchen ist der eine gegenüber dem andern nur insofern »selbständig«, als beide – soweit sie einander nicht

---

11 S. *Ges. Schriften*, V, S. 110–114.
12 Das Folgende referiert Dilthey in einer über ihn hinaus, aber doch ganz in seiner Richtung fortgehenden Interpretation.

brauchen – voneinander unabhängig sind. Weder hier noch dort wird die Selbständigkeit des andern *positiv* erfahren. Auf solche uneigentliche Weise wird zunächst ein jeder dadurch »*selbständig*«, daß er von seinen Eltern »*unabhängig*« wird. Als Kind ist man von ihnen abhängig, und zugleich sind es die Eltern als solche von ihrem Kind als einem unselbständigen Kind. Die Selbständigkeit erweist sich also zumeist in der gegenseitigen Abhängigkeit oder Unabhängigkeit, bedeutet darin aber noch keine frei verbindliche und primäre Anerkenntnis der beiderseitigen ursprünglichen Selbständigkeit.

b) als »ebenbürtiger« Selbstzweck, anerkannt in der freiwilligen Achtung

[137] Die freie Anerkennung der ursprünglichen Selbständigkeit des einen durch den andern bedeutet aber mehr als eine bloße Erfahrung der Beschränkung des eigenen selbständigen Willens durch den des andern oder gegenseitige Unabhängigkeit. In seiner ihm selbst entspringenden, ursprünglichen Selbständigkeit erfährt der eine den andern nur dann, wenn der zunächst erfahrene fremde Widerstand und die sich darin ausbildende Erfahrung von »fremder« Selbständigkeit weiterhin dazu führt, daß der eine des andern Selbständigkeit nun willig und somit ohne Befremden anerkennt. Diese freiwillige »Achtung« des andern als eines ebenbürtigen »Selbstzwecks« ist aber nicht a priori als Pflicht gegeben, sondern das »sittliche« Resultat der »natürlichen« Lebenserfahrung. Durch den Widerstand des andern gegen mich auf mich selbst zurückgebracht[13], kann ich dazu gebracht werden, auf die darin zum Ausdruck gekommene Selbständigkeit des andern nun freiwillig Rück-sicht zu nehmen und damit zugleich selbst eine freie Selbständigkeit zu gewinnen; denn solange ich mich seiner Selbständigkeit widersetze und sie mir nicht frei begegnen lasse, bin ich selbst, wider Willen, aber eigentlich gerade zufolge meines anspruchsvollen Gegenwillens, von ihm abhängig. Dieses zunächst unnatürliche freiwillige Zurücksehen auf den andern und seine Selbständigkeit konstituiert den rücksichtsvollen Respekt der Anerken-

---

13 »Wir erwachen durch *Reflexion*, d. h. durch abgenötigte Rückkehr zu uns selbst. Aber ohne Widerstand ist keine Rückkehr, ohne *Objekt* keine Reflexion denkbar.« Des Menschen »Tätigkeit geht notwendig auf Objekte, aber sie geht ebenso notwendig in sich selbst zurück. Durch *jenes* unterscheidet er sich vom leblosen, durch *dieses* vom bloß lebendigen (tierischen) Wesen«. Schelling, a.a.O. [s.o. Einl., Anm. 1], S. 325.

nung. Ich respektiere ihn nun in *Rück-sicht*, nicht auf mich selbst, sondern *auf ihn selbst*. Erst so erfüllt die formale Bestimmung des andern als »Meinesgleichen« ihren eigentlichen Sinn. In der Anerkennung seiner ihm ursprünglichen Selbständigkeit ist ein jeder, der meinesgleichen ist, ein *Ebenbürtiger*. In dieser Erfahrung gründet nach Dilthey die »energischste Verdichtung der Realität« einer andern Person, denn nur so zeigt sich, daß sie »gewiß und wahrhaftig« ein »für sich« bestehendes Wesen »meinesgleichen« ist. Und diese Anerkennung des andern als eines Selbstzwecks ermöglicht auch allererst echte »Solidarität«. Die in der [138] respektvollen Anerkennung und Achtung des andern als eines »Selbstzwecks« beschlossene Bewegtheit des Abstandnehmens und Abstandhaltens – welches Abstandnehmen ein solches von einer vorgängigen Annäherungstendenz ist – hebt die ursprüngliche Verbindlichkeit des gegenseitigen Verhältnisses nicht nur nicht auf, sondern ermöglicht dem Verhältnis allererst eine echte Verbindlichkeit oder Solidarität. Die freiwillige Anerkennung der Selbständigkeit des andern führt also nicht zu der grundsätzlich widersinnigen Interpretation des andern als eines andern »Ich«, »Fremdich« oder auch »Selbst«, sondern zur Erkenntnis des andern als eines selbständigen »Du«. Nur als »Du selbst« bist du mir wahrhaft ebenbürtig. Du (alter) unterscheidest dich im Verhältnis zu mir von den andern (alius) eigentlich erst dadurch, daß »Du«, im Unterschied zu den anderweitigen »Er« in dritter Person, ein solcher anderer bist, der in seiner ihm eigentümlichen Selbständigkeit ursprünglich anerkannt ist. Zunächst bist »Du« zwar gerade nicht selbständig, sondern extrem der Meinige, aber die Unmöglichkeit, dich schlechthin als den Meinigen zu bestimmen, zeigt mir dich in deiner Selbständigkeit als dich selbst. Als »Du« bist du zunächst nicht du *selbst*, aber als »Du selbst« bist du auch kein *anderes Ich*. Wäre aber der andere nicht schon zuvor der »Meine« gewesen, so könnte sich mir seine Selbständigkeit auch nicht konkret erweisen. Denn die unverbindliche Selbständigkeit eines Dritten kann meine eigene – in erster Person – nicht – wie die der zweiten Person – berühren.

In der Radikalisierung, aber nicht in der Aufhebung der natürlichen Relativität des Seins im Einander entstehen unbedingt verbindliche, absolute Verhältnisse. Absolut ist das selbständige Verhältnis zweier Personen nicht deshalb, weil jeder losgelöst vom andern seine Selbständigkeit *für sich selbst* bewahrte und somit diesseits eines wirklichen »Verhältnisses« und seiner Widerstände stünde, sondern weil es sich jenseits der selbstbezüglichen Widerstandserfahrung befindet, aber im Durchgang durch sie die zunächst gegebne Widerstandserfahrung radikalisiert hat zur freiwilligen Anerkennung der Ebenbürtigkeit des andern. Frei von der Tendenz, sich der Selbständigkeit des andern in der Durchsetzung der eigenen zu widersetzen, setzt sich die Selbständigkeit des einen und andern im absoluten Verhältnis von selbst, willig, aber nicht wider-willig, durch.

II. TEIL: KANTS [14] BEGRÜNDUNG DER »AUTONOMIE« DES MENSCHEN

§ 38. *Die Begründung erfolgt allgemein aus der Verfassung des Menschen an ihm selbst und zugleich aus seinem Verhältnis zum Andern*

[139] Diltheys Frage nach der Selbständigkeit der anderen Person geht im ganzen und insbesondere in der Aufnahme der Bestimmung des Menschen als eines zu »achtenden« »Selbstzwecks« auf Kant zurück. Und abgesehen von dem Versuch, die sittlich geforderte Autonomie genetisch aus natürlicher Erfahrung zu begründen, bleiben Diltheys Ausführungen an systematischer Strenge der Begründung hinter Kant zurück. Wir beschließen deshalb die aus dem II. Kapitel resultierende Frage nach der Selbständigkeit der andern Person, indem wir mit Rücksicht auf die voranstehenden Analysen auseinandersetzen, inwiefern Kants Prinzip der praktischen Vernunft eben jenes »Verhältnis« begründen soll, welches wir in Anbetracht seiner möglichen Verabsolutierung ein absolutes Verhältnis nannten[15].

Der Grund und Boden für Kants Frage nach dem, wie der Mensch ist und sein soll, ist erstens die ontologische *Zweideutigkeit* der

---

14 Wir zitieren: *Kritik der praktischen Vernunft* nach der 1. Aufl., Riga 1788, mit *pr. V.; Grundlegung zur Metaphysik der Sitten* nach der 1. u. 2. Aufl., Riga 1785 und 1786, mit *Grlg.; Die Metaphysik der Sitten* nach der jeweils 1. Aufl. der beiden getrennt paginierten Teile *Metaphysische Anfangsgründe der Rechtslehre* und *Metaphysische Anfangsgründe der Tugendlehre*, Königsberg 1797, mit *RL* und *TL; Eine Vorlesung Kants über Ethik*, hrsg. v. Paul Menzer, Berlin: Pan, 1924, mit *Ethik; Anthropologie in pragmatischer Hinsicht* nach der 1. u. 2. Aufl., Königsberg 1800, mit *Anthr.;* soweit bei diesem Werk die Seitenzahlen der beiden Auflagen differieren, werden sie, durch Schrägstrich getrennt, beide angegeben. (Anm. 18)
15 Die folgenden Auseinanderlegungen geben weder eine vollständige noch

menschlichen Seinsverfassung und zweitens die Bestimmung des von allen andern unterschiedenen je *eigenen Daseins* durch seine Einheit[16] *mit andern*.

Die Herausstellung dieser zweifachen Voraussetzung eines möglichen Sein-Sollens, d. i. überhaupt der »Moral«, gibt uns zugleich die nachträgliche Begründung von Feuerbachs zweifachem Prinzip, erstens der »Sinnlichkeit« und zweitens des »Du« – des »sinnlich gegebenen Du«; denn wie die Sinnlichkeit ihre letzte Grundlage in der »Natur« des Menschen hat, so das Du im »Mitsein« des Daseins.

I. Abschnitt. Der Mensch ist selbständig als »Person«, sofern er unabhängig ist von seiner eigenen »Natur«.

§ 39. *Die doppeldeutige Seinsverfassung des Menschen im allgemeinen*

[140] Daß der Mensch außer dem, daß er schon von Natur aus, in natürlicher Weise so ist, wie er ist, auch noch in un-natürlicher – »sittlicher« – Weise sein soll, das hat zur Bedingung seiner Möglichkeit die zweideutige Seinsverfassung des Menschen als eines un-natürlichen Lebewesens. Wäre der Mensch nicht von Grund aus zwiespältig, so gäbe es überhaupt kein prinzipielles Problem einer menschlichen und weiterhin einer spezifisch menschlichen, d. i. moralischen Existenz. Das Tier kann weder moralisch noch unmoralisch sein, denn es ist, was es ist, *rein* von Natur aus, in eindeutiger und somit fragloser Weise. Daß der Mensch (moralisch) sein »soll«, besagt, daß er zunächst nicht so ist, wie er sein soll, aber doch seiner Natur nach schon »ist«.

Der Ausdruck des Sollens ist bei Kant das *Pflicht*bewußtsein, der des zunächst natürlichen Seins die *Neigung* als dem Index für das natürliche Triebleben des Menschen. Das Sollen setzt das natürliche Sein »materiell« voraus, aber dieses Sein soll sich allererst »formal« durch die dem Menschen eigentümliche Möglichkeit: zu wollen und

eine aufs Letzte gehende »Interpretation«, sondern *verdeutlichen* nur Kants Lehre und auch dies nur mit Rücksicht auf unser Thema.
16 S. Feuerbachs Grunds. 59 [s. o. I. Kap., Anm. 1]: »Das Wesen des Menschen ist nur in der *Einheit des Menschen mit dem Menschen* enthalten – eine Einheit, die sich aber auf die *Realität des Unterschieds* von Ich und Du stützt.«

zu können, was er soll, moralisch begründen. Dieser gegenseitige Zusammenhang bekundet sich in der zwiespältigen Definition der *Pflicht* als eines *Selbstzwangs*. Bezwungen werden soll als etwas Fremdes (Heteronomes) das natürlich-sinnliche Geneigtsein, und bezwingen soll sich der Mensch darin mit seiner ihm eigenen (autonomen) praktischen Vernunft, die ihm vorstellig macht, was er soll. Ein entscheidendes Problem wird daher die Frage, wie die Einsicht in ein Sollen, das *Bewußtsein* von einer Verpflichtung zum *Antrieb* werden kann, wie das sittliche Bewußtsein die Natur des Menschen, gegen deren Natur, bestimmen kann. Die Anwort darauf findet Kant in demjenigen Gefühl, welches im Unterschied zu allen andern ein moralisches ist: in der Achtung. Dieses Gefühl sei das einzige, dessen a priorische Notwendigkeit sich einsehen lasse, denn es ist ein durch einen »intellektuellen Grund« gewirktes (*pr. V.*, S. 130).

Dieser Unterschied des menschlichen Daseins an ihm selbst: von [141] Natur aus und doch nicht rein natürlich, sondern zum Menschsein und somit un-natürlich bestimmt zu sein, ist die von Kant gesehene und durchgehends beachtete Wurzel aller wesentlichen Differenzen des Menschen mit sich selbst und mit andern. Wir stellen die wichtigsten diesbezüglichen Bestimmungen in Kants praktischer Philosophie der chronologischen Folge nach interpretierend heraus, um auf diese Weise den einheitlich festgehaltenen Grundgedanken in seiner fortschreitend schärferen Bestimmtheit deutlich zu machen. Zu bemerken ist im voraus, daß die Grundbegriffe: »Person« und »Sache«, sowie deren zugehörige Bestimmungen als ontologische und entsprechend formale Begriffe, als »Persönlichkeit« und »Sachlichkeit« zu verstehen sind.

a) Der Mensch ist als Person (Selbstzweck) und zugleich als Sache (Mittel zum Zweck) bestimmt.

Kants Bestimmung des Menschen als einer »Person« im *Gegensatz* zur sog. »Sache« – wir beziehen uns zunächst auf die Ethik-Vorlesung – ist nur scheinbar eine Gegenüberstellung zweier je eindeutiger Begriffe von Sein. In Wirklichkeit ist der Begriff vom *Menschen* in sich selbst zweideutig bestimmt, indem der Mensch *zugleich* »Person« und »Sache« (res corporalis, *RL*, S. 23), Einer und Etwas, individuell und eigenartig (s.o. § 13) ist. Diese urprüngliche Zweideutigkeit verdeckt sich zunächst durch den Akzent auf der den Menschen als Menschen *auszeichnenden* Möglichkeit: als Person zu sein, kommt aber durchwegs darin zum Ausdruck, daß der Mensch von Kant stets so bestimmt wird, daß er *nicht bloß* »Mittel« (zum Zweck), d. i. Sache, sondern *zugleich* und vorzüglich »Selbstzweck«, d. i. Person sei. Die Möglichkeit, sich selbst und andere wie eine »Sache« zu gebrauchen, gründet aber letztlich darin, daß auch der Mensch als »Naturwesen« eine »res corporalis« ist.

Kant fragt (*Ethik*, S. 52 u. 154), worin die Moralität bzw. Unmoralität liege, wenn einer seinen Körper mit Absicht schädige, indem er z. B. einen Zahn, eine solche res corporalis als Mittel zum Zweck, z. B. des Gelderwerbs, als eine bloße res gebrauche. Kant beantwortet diese Frage damit, daß sich der Mensch auf solche Weise zu einer (preiswerten) Sache, d. h. zu einem bloßen Mittel mache – als Mensch aber keine bloße Sache – Mittel zum Zweck –, sondern eine (an sich wertvolle) Person – ein Selbstzweck – sei. Dasselbe liege vor, wenn einer den andern als Mittel zum Zweck sexuellen Genusses [142] gebrauche, ihn zum bloßen Objekt des Genusses mache (*Ethik*, S. 204 ff.). Und extrem, wenn sich einer selbst entleibe[17], weil er dann über sich im ganzen wie über eine verfügbare Sache (Mittel zum Zweck) disponiere[18]. Denn der Körper des Menschen ist eben keine bloße Sache, sondern des Menschen persönlicher Körper, weshalb die teilweise

17 Dagegen war der Tod für Kant kein wirkliches Problem des Lebens. Kants philosophischer Lebensgrundsatz war das stoische »sustine et abstine«, wozu aber das »jederzeit fröhliche Herz in der Idee des tugendhaften (!) Epikur« kommen müsse (*Ethik*, S. 217 u. *TL*, S. 177).
18 Siehe *Ethik*, S. 185 ff.; *Grlg.*, *S. 53 f. u. 67; TL*, § 6. Die Anstrengung, welche Kant macht, um den Selbstmord als eine prinzipiell unmoralische, d. h. wider den Sinn menschlichen Seins gehende Handlung darzulegen, steht und fällt aber mit dem philosophisch unbegründbaren Glauben, daß das Leben ein uns von Gott anvertrautes Gut sei, in welchem Falle es eine Usurpation wäre, seinem von Gott gewollten Ende vorzugreifen (vgl. Simmel, *Einleitung in die Moralwissenschaft* [s.o. § 18, Anm. 51], I, S. 189). Nur auf dem Boden solchen Glaubens kann Kant das Unmenschliche des Selbstmords scheinbar immanent ontologisch begründen. In der Ethik-Vorlesung spricht sich diese religiöse Voraussetzung der moralischen Begründung noch deutlich aus (S. 189 u. 193). Ohne den dort ausgesprochenen Glauben, daß das Dasein ein uns von »Gott« »anvertrautes« ist, ist gegen den Selbstmord nicht nur keine Instanz vorzubringen, sondern ist er der Idee nach der äußerste Grad moralischer Freiheit von und zu sich selbst. Indem sich der Selbstmörder gerade nicht bloß körperlich zu einem bestimmten Zweck preisgibt, sondern totaliter vernichtet, gebraucht er sich auch gar nicht mehr als bloßes »Mittel« zu einem Zweck. So, wie der

oder gänzliche Vernichtung des *Körpers* eine teilweise oder gänzliche *Selbst*vernichtung ist (*Ethik*, S. 185). Auch dann, wenn einer nur einen Zahn als Mittel zum Zweck gebraucht, versachlicht er *sich* damit *selbst*, denn der Zahn ist als Teil »seines« Körpers ein Teil seiner selbst.

Der Mensch kann und soll zwar über seinen »Zustand« disponieren, aber nicht über seine Person, denn er ist selbst ein Zweck und kein bloßes Mittel; alles in der Welt, das nicht von der Seinsart des Menschen ist, hat dagegen *nur* den Wert des Mittels (*Ethik*, S. 150)[19].

[143] Sich als »Sache« nehmen, ist also für Kant gleichbedeutend mit: sich als *bloßes* »Mittel« zum Zweck nehmen. Zwar sei der Mensch durch seine Arbeitsleistung ein den andern Menschen dienendes »Mittel«, aber er höre damit nicht auf, zugleich Person, d. h. sich selbst sein möglicher Zweck oder »Selbstzweck« zu sein. Eigentlich »disponieren« kann man nur über Seiendes von der Seinsart der Sache, weil diese dadurch bestimmt ist, daß sie keine Freiheit hat, *sich selbst* ihren Zweck zu setzen; aber nicht sinnvoll disponieren läßt sich über Seiendes von der Seinsart des Menschen, der sich auch dann, wenn er andern als Mittel zum Zweck dient, seine Zwecke selbst setzen kann[20]. Daher rechnet Kant in seiner *Anthropologie* (§ 1, S. 3) auch die Tiere ohne weiteres zu den Sachen, denn auch sie haben kein selbstbewußtes Ich, auf Grund dessen sich ein Lebewesen seine Zwecke allererst selbst setzen kann, auch sie sind keine Person, »d. i.

Mensch im Selbstmord über sich disponieren kann, läßt sich über eine Sache gerade nicht disponieren; vielmehr ist der Selbstmord eine ausgezeichnete Möglichkeit des seiner selbst bewußt gewordenen *Menschen* als eines solchen Lebewesens, welches, indem es ist, noch nicht – wie die natürlichen Lebewesen – eo ipso zu sein hat (vgl. o. S. 38 f.).

19 ». . . der Mensch kann von keinem Menschen (weder von anderen noch sogar von sich selbst) bloß als Mittel, sondern muß jederzeit zugleich als Zweck gebraucht werden, und darin besteht eben seine Würde (die Persönlichkeit), dadurch er sich über alle anderen Weltwesen, die nicht Menschen sind und doch gebraucht werden können, mithin über alle Sachen erhebt« (*TL*, S. 140).

Kant verwendet also den Begriff »Zweck«, wenn er ihn dem *Mittel* (zu einem Zweck) entgegensetzt, im Sinne von »Selbstzweck«, der aber den *bloßen* Gebrauch gerade ausschließt.

20 In der *RL*, S. 22 f., definiert Kant die Sache im Unterschied zur Person als ein »jedes Objekt der freien Willkür (sc. des Menschen), welches selbst der Freiheit ermangelt«, während die Person ein »Subjekt« ist, welches aus freier Willkür handeln kann und dessen Handlungen daher einer »Zurechnung« fähig sind.

ein von *Sachen*, dergleichen die vernunftlosen Tiere sind, mit denen man nach Belieben schalten und walten kann, durch Rang und Würde ganz unterschiedenes Wesen«. Im Verhältnis zu leblosen Sachen und (?) Tieren – sozusagen lebendigen Sachen[21] – sei es sinnvoll zu fragen, wozu (»warum«) sie da sind, denn indem ihnen die Möglichkeit fehlt, sich selbst die Zwecke ihres Daseins zu setzen, sind sie *nur* »Mittel«; beim Menschen ist diese Frage, objektiv gestellt, sinnlos, denn wozu er da ist, dazu kann er sich selbst bestimmen; er kann sich seine Zwecke selbst setzen (*Ethik*, S. 302 ff.). Und weil Tiere und leblose Sachen ihrer Seinsart nach nur Mittel, aber nicht zugleich auch Selbstzwecke sein können, können sie auch den Menschen nicht auf Grund ihres eigenen Seins verpflichten. Der Mensch hat ihnen gegenüber keine »unmittelbaren«, d. h. unmittelbar aus ihnen selbst motivierte, sondern nur »indirekte«, d. h. auf dem Umweg über den Menschen begründbare Pflichten. Die Behandlung eines Haustieres, also einer Sachheit, kann sich nicht direkt aus dessen Dasein bestimmen, sondern das Dasein des Menschen, die Menschlichkeit, erfordert eine – »menschen«-würdige Behandlung [144] auch der Tiere und leblosen Sachen. Der Mensch selbst vergibt sich etwas, wenn er ein Tier – unmenschlich behandelt[22]. Im Verhältnis des Menschen zum Menschen – also auch zu sich selbst – ist aber der Mittel-zum-Zweck-Gebrauch ohne Rücksicht darauf, daß der Mensch sich seine Zwecke selbst setzen kann und somit ein Selbstzweck ist, sachlich unangemessen, inhuman, ein Mißbrauch.

Weil der Mensch seinem Sein nach ein Selbstzweck ist, – diese »Würde« hat –, bin ich verbunden, einen *jeden* Menschen, also auch mich selbst, jederzeit als Selbstzweck zu achten und nicht nur als Mittel zu einem Zweck zu gebrauchen (vgl. *TL*, § 38). Diese Pflicht: in jeder Person – universaliter – die Persönlichkeit, d. h. ihr Selbstzwecksein zu achten, *restringiert* also unsere Freiheit in Ansehung unserer selbst (*Ethik*, S. 155). Diese Freiheit, welche darin liegt, daß sich der Mensch als Intelligenz seine Zwecke setzen kann, ist nach Kant »der höchste Grad des Lebens«, unser »eigentliches Selbst« (*Grlg.*, S. 123),

21 Vgl. Albert Schweitzers Kritik der Kantischen Moral und über die Beziehungen von »Mensch und Kreatur« in: *Kultur und Ethik* [Kulturphilosophie, II]. München: Beck, 1923, S. 245 u. 249 ff.
22 Vgl. *TL*, § 17: »In Ansehung der Tiere« ist die Verpflichtung eine *indirekte*, »direkt aber betrachtet, ist sie immer nur Pflicht des Menschen gegen sich selbst«.

unsere »bessere Person« (*Grlg.*, S. 113). Demgemäß seien die eigentlichen »Übel« nicht die, welche in der (sc. unwillkürlichen) *Natur* des
Menschen stecken, sondern diejenigen Übel, welche »Laster« sind,
weil sie der Freiheit persönlicher Willkür entspringen (*Ethik, S.* 154). –
Wir fassen zusammen, was sich daraus an Bestimmungen der Selbständigkeit des Menschen, für sein »Ansichsein« ergibt: 1. Person ist
der Mensch, sofern und soweit er sich selbst Zwecke setzen kann.
2. Selbst ein Zweck ist er, sofern er kein bloßes Mittel zu einem
Zweck, sondern ein Selbstzweck ist. 3. Faktisch ist er aber zugleich
als Mittel (Sache) und als Selbstzweck (Person) bestimmt, wenngleich
er seiner eigentlichen Bestimmung nach letzteres ist. 4. Mittel zum
Zweck oder Sache ist er, soweit er von andern oder auch von sich
selbst als einer genommen wird, worüber sich wie über »Etwas«
disponieren läßt. Selbstzweck oder Person ist er, sofern er über alles,
was Mittel ist, frei disponieren kann. 5. Dieses sein spezifisches
Können muß sich aber in Ansehung der Person restringieren, wenn es
nicht wider den Sinn persönlichen Seins verstoßen soll. Moralisch und
unmoralisch, d. h. eigentlich menschlich oder persönlich existieren
kann der Mensch also gerade deshalb, weil er *zugleich* Person und
Sache (res corporalis) ist. Er ist ein Doppelwesen, ein vernünftiges
[145] Geschöpf oder Naturwesen, aber weder rein von Natur aus – von
selbst oder eo ipso – noch rein durch seine Person – sich selbst oder per
se ipsum – bestimmt.

In der *Grundlegung zur Metaphysik der Sitten* differenziert Kant
den Unterschied des Menschen an ihm selbst: zugleich Person und
Sache, Selbstzweck (Zweck) und Mittel zum Zweck zu sein in folgenden Bestimmungen der Moralität:

Die Möglichkeit des kategorischen Imperativs gründet ausschließlich darin, daß der Mensch »*nicht bloß als Mittel* zum beliebigen
Gebrauche für diesen oder jenen (sc. zwecksetzenden) Willen«, sondern *zugleich als Zweck* an sich selbst existiert, wobei Kant hier
(S. 64 f.) wie stets das »nicht bloß« und »zugleich« durch Sperrdruck
hervorhebt. Rein sachhaft, als bloßes Mittel sind für den Menschen
solche Lebewesen da, deren Dasein nur von Natur aus, vernunftlos,
bestimmt ist; dagegen existiert der Mensch als eine »vernünftige
Natur« (S. 69) zugleich als Mittel (Sache) und als Selbstzweck (Person). Das Personsein *schränkt* somit die Willkür des sachhaften
Gebrauchs, den ein Mensch von andern und von sich selbst machen
kann, *ein. Nur* die vernünftige Natur, aber weder rein natürliches

noch rein vernünftiges Dasein »existiert als Zweck an sich selbst«. Der Mensch ist also prinzipiell aus der Dialektik zweier Standpunkte zu betrachten, erstens, sofern er zur Sinnenwelt gehört, d. h. »unter den unteren Kräften und Gesetzen« seiner eigenen Natur steht, und zweitens, sofern er zur intelligibelen Welt gehört und unter dem Gesetz der Freiheit steht (S. 108 f.).

b) Die Freiheit als »Unabhängigkeit« von der (natürlichen) Geneigtheit in der Freiheit zu sich als (moralischer) Persönlichkeit

Die moralische Freiheit bedeutet somit Un-abhängigkeit von der eigenen sinnlichen Natur. »Freiheit, d. i. *Unabhängigkeit* von *bestimmenden* (sc. und nicht nur affizierenden) Ursachen der Sinnenwelt« (*Grlg.*, S. 113). Daß der Mensch ein autonomer Selbstzweck ist, besagt, daß er prinzipiell die Möglichkeit hat, sich selbst – vernünftig – zu bestimmen, nämlich rücksichtlich dessen, was er schon vernunftloser Weise, eo ipso, von Natur aus ist, was ihm schon von Natur gegeben ist (S. 4) und wozu er schon von Natur aus [146] geneigt ist. Nur deshalb, weil er ein Bürger zweier Welten, von gedoppelter Seinsart ist, gibt es »Autonomie samt ihrer Folge, der Moralität« (S. 110). Die *Freiheit* bietet somit ebenfalls eine doppelte Ansicht, eine positive und eine negative. Denn autonom oder frei handeln bedeutet in Rücksicht auf die menschliche Natur: unabhängig von ihr handeln; als solche Unabhängigkeit von der natürlichen Geneigtheit ist sie eine negative Freiheit *von* sich selbst, aber in Hinsicht auf sich selbst, als Selbstgesetzgebung verstanden, ist sie eine positive Freiheit *zu* sich selbst (*pr. V.*, S. 58 f.). Diese auf heteronome Abhängigkeit von der natürlichen Geneigtheit angewiesene Autonomie ist weiterhin der Grund der *Würde* der menschlichen Natur (*Grlg.*, S. 79). Nur weil der Mensch eine vernunftlose Natur hat, ist das Sollen ein »Sollen«, rein von der Vernünftigkeit seiner Natur her betrachtet, wäre es ein notwendiges Wollen; da der Mensch aber beides zugleich ist, ist das, was an sich ein Wollen wäre, faktisch ein Sollen (S. 113). Der konkrete Ausdruck der Freiheit des Menschen als eines Selbstzwecks ist somit der *Selbstzwang*, das sich (nämlich in seinen »Naturneigungen«) Bezwingenkönnen, und dieser Selbstzwang ist zugleich die Definition der Pflicht. Frei ist der Mensch, indem er unabhängig sein kann von seiner Natur, und unabhängig von seiner Natur kann er nur sein, indem er sie in seine Abhängigkeit bringt[23]. Desgleichen besteht der »gute Wille«

darin, daß einer von seinen »Naturgaben« einen guten Gebrauch macht, und die »ethische Gymnastik besteht nur (!) in der Bekämpfung der Naturtriebe« (*TL*, § 53, S. 177). Und im selben Sinn bestimmt Kant den Begriff des »Charakters« (*Anthr.*, S. 267), nämlich nicht aus dem, was einer von *Natur* aus für einen sog. Charakter hat, sondern umgekehrt, aber doch als das, was einer aus seiner Natur – kraft seines sittlichen Charakters – gemacht hat. Dieser Zwiespalt der menschlichen Natur bestimmt zugleich mit dem inneren Wert des Menschen, als eines sich selbst bezwingen könnenden Selbstzwecks, auch das dem Selbstzwecksein entsprechende Verhalten, die *Achtung*. In ihrer Bestimmung kommt wiederum die unnatürliche Natur des Menschen zum Ausdruck.

c) Die Achtung als eine »einschränkende« Bestimmung der natürlichen Neigung

[147] Der zusammenfassende Ausdruck für die »Natur« des Menschen ist die natürliche *Neigung*; in Rücksicht auf die Geneigtheit der Neigung: den Mitmenschen als bloßes Mittel (zum Zweck) für die *eigenen* Zwecke zu gebrauchen, faßt Kant die Neigungen zusammen im Begriff der *Selbstsucht* (*pr. V.*, S. 129). Und sofern nun die Achtung den Menschen gerade nicht gemäß der selbstsüchtigen Neigung als Mittel, sondern in Ansehung seiner Person als Selbstzweck erschließt und die Person ihrerseits dadurch charakterisiert ist, daß sie sich selbst ihrer eigenen Persönlichkeit unterwerfen kann (*pr. V.*, S. 155), kommt Kant dazu zu sagen, daß die Achtung »eigentlich« die Vorstellung von einem Werte sei, »der meiner Selbstliebe Abbruch tut« (*Grlg.*, S. 16 Anm.), sei es, daß ich nun andere oder auch mich selbst als Selbstzweck achten soll. »Restringierend« oder einschränkend ist also sowohl der Begriff der Pflicht, wie der Freiheit (Autonomie), wie der Achtung, denn alle moralischen Begriffe sind – als solche – Begriffe, welche die *Natur* des Menschen als eine unmoralische Grundlage voraussetzen, indem sie dieselbe durch Einschränkung ihrer natürlichen Geneigtheit moralisch bestimmen.

Was sich »zuerst« und am ursprünglichsten aufdrängt, ist unser

---

23 Aus der Pflicht als Selbstzwang demonstriert Kant in der *TL*, S. 39 f. den Widersinn: (pathologische) »Liebe« und nicht nur Wohlwollen als Pflicht zu gebieten.

pathologisches, sinnliches Selbst, unsere »Natur« – »als ob es unser
ganzes Selbst ausmachte«. Den Hang, sich durch seine sinnliche Natur
bestimmen zu lassen, könne man die Selbstliebe nennen, der die
Achtung des Menschen als eines freien Selbstzwecks Abbruch tut. Also
»demütigt das moralische Gesetz unvermeidlich jeden Menschen,
indem dieser mit demselben den sinnlichen Hang seiner Natur vergleicht« (pr. V., S. 132). Moralisch ist die Achtung, indem sie die
sinnlichen Naturneigungen restringiert; diese Negation ist aber gerade
deshalb an ihr selbst positiv. Was sie als ein Modus des Selbstzwangs
an natürlichen Widerständen hinwegräumt, ist zugleich eine positive
Beförderung der Kausalität der Freiheit; indem sie den Anspruch der
Neigungen abschlägt, verschafft sie der vernünftigen Natur des Menschen Ansehen. Sie kann sich deshalb auch nur auf endliche Wesen
beziehen, d. h. auf solche, deren Natur einer Einschränkung [148]
bedürftig und fähig sind. Wäre die menschliche Natur schon eo ipso
dazu geneigt, den Menschen als Selbstzweck anzusehen, so bedürfte es
keiner ausdrücklichen Achtung; diese kann dem Menschen höchstens
zur sog. zweiten Natur werden. Aus Achtung handeln ist also dasselbe, wie aus Pflicht handeln (pr. V., S. 144), denn beide bestimmen
sich als Einschränkungen der natürlichen Geneigtheit in Rücksicht auf
den Menschen als Selbstzweck. Die Achtung vermittelt ihrem Sinne
nach die Natur des Menschen mit seiner praktischen Vernunft, das
Sein mit dem Sollen; denn obgleich sie nicht pathologisch, sondern
praktisch gewirkt ist, ist sie doch eine Triebfeder der praktischen
Vernunft (S. 126 ff.). Einem göttlichen Willen kann man als einem rein
vernünftigen Willen keine Triebfeder beilegen und einer rein natürlichen Geneigtheit keine moralischen Triebfedern. Die Triebfeder eines
moralischen Wollens muß also der Moralität entspringen und zugleich
die Natur des Menschen ansprechen. Deshalb komme es darauf an zu
zeigen, auf welche Weise das moralische Gesetz, dessen Inhalt darin
besteht, daß man jeden Menschen, also auch sich selbst als Selbstzweck anzusehen habe, Triebfeder werde. Die a priori einsichtige
negative Wirkung der Pflicht als eines Selbstzwangs ist die durch den
Zwang bewirkte natürliche Unlust, denn der Selbstzwang tut unserer
natürlichen Geneigtheit Abbruch; die ebenfalls a priori einsichtige
positive Gefühlswirkung dieser den Menschen demütigenden Einschränkung seiner Neigungen, welche zusammen die Selbstsucht ausmachen, ist das moralische Gefühl der Achtung (S. 130), welche die
einzige moralische Triebfeder ist.

d) Der Mensch als »vernünftiges Geschöpf«

Ihre schärfste Formulierung fand die Begründung der spezifisch menschlichen oder moralischen Problematik als solcher aus der Unnatur des Menschen in der *Metaphysik der Sitten*. Moral ist »Kultur«, nämlich der »Natur« (*TL*, S. 15), ein Sich-emporarbeiten aus der »Tierheit« zur »Menschheit«, was aber nur möglich ist, weil die »Natur« des Menschen a priori eine menschliche ist; die »Tugend« ein Sich-bezwingen-können, nämlich in seinen Naturneigungen (*TL*, S. 51); die »Freiheit« eine die natürlichen Neigungen »einschränkende« Freiheit. (Anm. 19)

[149]»Der *Pflichtbegriff* ist an sich schon der Begriff von einer *Nötigung* (Zwang) der freien Willkür durchs Gesetz; dieser Zwang mag nun ein *äußerer* oder ein *Selbstzwang* sein. Der moralische *Imperativ* verkündigt durch seinen kategorischen Ausspruch (das unbedingte Sollen) diesen Zwang, der also nicht auf vernünftige Wesen überhaupt (deren es etwa auch *heilige* geben könnte), sondern auf *Menschen* als vernünftige *Naturwesen* geht« (*TL*, S. 2).

»Da aber der Mensch doch ein *freies* (moralisches) Wesen ist, so kann der Pflichtbegriff keinen andern als den *Selbstzwang* enthalten«[24]. »Die Antriebe der Natur enthalten also (sc. konstitutive) *Hindernisse* der Pflichtvollziehung« (*TL*, S. 3 f.). Als natürliches Lebewesen folge der Mensch seiner moralischen Einsicht ungern; gegen den – natürlichen – Widerstand seiner Neigungen. Aber als moralisch Wesen fühlt er doch andererseits bei Unterlassung des moralisch Gebotenen einen – moralischen – Widerstand gleichsam aus der entgegengesetzten Richtung, einsehend, daß er, wenn er der natürlichen Neigung folgte, unmoralisch handeln würde. »Dieser wechselseitig entgegengesetzte Selbstzwang gibt die unbegreifliche Eigenschaft

---

24 S. 65 löst Kant mit dieser gedoppelten Bestimmung des menschlichen Daseins: von Natur aus und durch sein eigenes Sein-können bestimmt zu sein, die scheinbare Antinomie einer »Pflicht gegen sich selbst« auf, indem er zeigt, wie das Selbst, welches sich nötigen kann und welches sich nötigen läßt, nicht von derselben Seinsart ist, der Mensch »in zweierlei Bedeutung«: 1. nach seiner Tierheit oder als vernünftiges *Naturwesen* und 2. nach seiner Menschheit oder als *Vernunftwesen* betrachtet werden muß. Etwas wollen und -können, »aus sich selbst etwas machen« und »sich selbst einen Wert geben«, d. i. moralisch-sein, kann der Mensch nur deshalb, weil er sich schon in einer Weise *vor*-gegeben ist, die dem menschlichen Wollen und Können zu Wollendes und zu Könnendes aufgibt.

der *Freiheit* selbst (d. h. als solcher) zu erkennen« (*TL,* S. 3, Anm.). Als moralisches Wesen (homo noumenon) kann sich der Mensch auch als physisches Wesen (homo phaenomenon) nicht als *bloßes* Mittel gebrauchen (*TL,* S. 85). Dementsprechend teilt Kant (S. 67 ff.) die Pflichten des Menschen gegen sich selbst in solche ein, die den Menschen als animalisches (physisches) und *zugleich* moralisches Wesen betrachten und in solche, die ihn *bloß* als moralisches Wesen betrachten – während eine rein physische Betrachtung den Menschen nicht mehr als Menschen in Betracht zöge.

Wir fassen zusammen: Kants fundamentale Bestimmung des Menschen liegt in dem zweideutigen Begriff vom Menschen als [150] einem *vernünftigen* Geschöpf oder *Naturwesen.* Nicht zufällig stößt sich schon Hegels früheste Kritik der Kantischen Moral (s. im folg. § 41) an dieser »sonderbaren Zusammenstellung«. Ein Anstoß und sonderbar ist sie aber nur, sofern das Vorurteil leitend ist, daß sich der Mensch monistisch müsse verstehen lassen. Kant läßt weder des Menschen geistige »Existenz« in der natürlichen »Substanz«, in dem, wie einer schon von Natur aus, ohne sein Zutun eo ipso ist, noch diese in jener aufgehen. Und er ist sich des Problematischen dieser Doppelung wohl bewußt. Es sei aber einzusehen, daß es unmöglich ist, »sich von der *Erzeugung* eines mit *Freiheit* begabten Wesens durch eine physische Operation einen Begriff zu machen«, d. h. das Kausalverhältnis des Intelligiblen zum Sensiblen *theoretisch* zu begreifen (*RL,* S. 112 [Hervorhebungen v. Vf.]; vgl. S. 112, Anm. u. *TL* S. 101, Anm.; *Grlg.,* S. 127 f.; *Kritik der reinen Vernunft,* 2. Aufl. 1787, S. 560–569). Und er leitet aus dieser Bestimmung des natürlich Erzeugten zur persönlichen Freiheit die Pflicht der Eltern ab: für die erzeugten Lebewesen von vornherein wie für Personen zu sorgen. »So ist es eine in *praktischer Hinsicht* ganz richtige Idee, den Akt der Zeugung als einen solchen anzusehen, wodurch wir eine Person ohne ihre Einwilligung auf die Welt gesetzt und eigenmächtig in sie herübergebracht haben; für welche Tat auf den Eltern nun auch eine Verbindlichkeit haftet. Sie können ihr Kind nicht gleichsam als (sc. natürliches) *Gemächsel* zerstören oder es auch nur dem Zufall überlassen, weil sie an ihm nicht bloß ein Weltwesen, sondern auch einen Weltbürger herüber gezogen« (*RL,* S. 112 f.).

e) Das »Ding-an-sich« als »homo noumenon« des »homo phaenomenon«

Weil die *Sittlichkeit* letztlich auf die Idee der *Freiheit* zurückführt (*Grlg.*, S. 101), diese aber der *Selbständigkeit* des Menschen Ausdruck gibt und selbständig einer in dem ist, wie er *an sich selbst*, als freier Selbstzweck *sein kann*, ist der Begriff des »Ding-an-sich« ursprünglich der praktische Vernunftbegriff einer *freien Selbsttätigkeit*. Der ursprüngliche Gegenbegriff zum Ding-an-sich als dem Ausdruck für Freiseinkönnen ist daher nicht die Erscheinung der *außermenschlichen* Natur, sondern der »*homo* phaenomenon«, d. i. der Mensch, sofern er als Naturwesen in der Abhängigkeit seiner Naturneigungen ist. Zur *bloßen* [151] Erscheinung wird die Natur erst als bloßes »Weltwesen«, weil Seiendes von der Art der Welt im Unterschied zum Menschen, der zugleich »Weltwesen« und »Weltbürger« ist, *nur* seiner Erscheinung nach erkannt werden kann, nämlich deshalb, weil solches Sein auch nur als Mittel, nur mittelbar, aber nicht zugleich unmittelbar als sein eigener Zweck da ist – obgleich auch dieses unpersönliche, vernunftlose Sein, indem es uns von sich aus affiziert, durchblicken lasse, daß auch ihm etwas »für sich Tätiges«, eine der Person analoge »Sache an sich selbst«, also so etwas wie ein Selbstzweck zugrunde liege. Weil diese freie Selbsttätigkeit den ursprünglichen Sinn des Ansichseins erfüllt, kann auch der Mensch sich nur insofern in seinem Ansichsein, d. h. wie er unmittelbar für sich selbst sein kann, erkennen, als er sich in dieser seiner Freiheit des Könnens und in nichts anderem erkennt, aber nicht, soweit er sich gegenständlich vermittelt anschaut. Nur soweit er sich als ein sich selbst bestimmen-könnendes Wesen gleichsam »schafft«, erkennt er sich in seinem Ansichsein, denn dieses ist nichts anderes als seine freie Schaffenskraft. Sucht man dagegen diesen spezifisch menschlichen Ursprung menschlichen Daseins in der Ebene seiner mittelbaren Erscheinung auf, so »versinnlicht« man dieses unmittelbare ursprüngliche Freiseinkönnen zu einer gegenständlich sinnfälligen »Erscheinung« und verkennt damit die Seinsart des Ansichseins, betrachtet den Menschen, auch noch als Ding-an-sich, gleich wie eine mittelbare Erscheinung (*Grlg.*, S. 106 ff. u. 121).

Die formale Abstraktheit, welche Hegel Kants Begriff vom Ding-an-sich vorwirft[25], kommt nicht daher, daß Kant das Ansichsein durch

---

25 Hegels Vorwurf, daß Kant nicht sage, was der »Inhalt« des Sittengesetzes sei, »was denn Recht und Pflicht sei«, verkennt, daß der ursprüngliche »Inhalt«

bloßes Absehen von allem Sein-für-Anderes unvermittelt bestimmte, sondern daher, daß es wider den Seinssinn des unmittelbaren Freisein- könnens als einer »Idee« geht, das, wozu sich einer jeweils nur selbst – unter der Idee der Freiheit – bestimmen kann, [152] gegenständlich vorweg bestimmen zu wollen, wo es doch gerade in der Freiheit des Menschen steht, das Wozu, den mittelbaren bestimmten Zweck, in Freiheit selbst zu bezwecken, welcher bestimmte Zweck-*Inhalt* daher notwendig unbestimmt, offen oder frei bleiben muß. Weil das Ansichsein nichts Gegenständliches ist, läßt es sich auch nicht in der Art und Weise einer gegenständlichen Auskenntnis erkennen, sondern nur als das, was es ist, ein freies Können, an-erkennen. Wie die Achtung den Menschen nicht weniger, sondern mehr, weil ursprüngli- cher – als einen urprünglichen Selbstzweck – erschließt als die scheinbar aufschlußreichere »Zuneigung«, so erkennt auch die bloße Anerken- nung des Menschen als eines an sich selbst seienden Zwecks mehr und nicht weniger als die reichhaltigste Auskenntnis des Menschen nach seiner mittelbaren Erscheinung. Die Anerkennung des Menschen als eines freien Selbstzwecks ist die Voraussetzung für die Wahrheit jeder weiteren Bestimmung dessen, was einer ist, denn nur diese formale Anerkenntnis seiner Freiheit erkennt den Menschen so, wie er »an sich selbst«, d. i. seiner eigenen Möglichkeit nach bestimmt ist. Dieses freie Können, durch welches er als Person bestimmt ist, wird gerade dadurch positiv erkannt, daß die Bestimmungen der Moralität, der »Sittlichkeit der Sitte« (Nietzsche) *formal* sind, den bestimmten Inhalt, zu dem sich einer in Freiheit bestimmen kann, freilassen. Der primäre Sinn der Anerkennung und Achtung ist aber nicht: den in seiner Selbständigkeit Anerkannten nun auf *sich selbst* zu stellen, sondern ihm eine freie Begegnung zu ermöglichen, ein *Verhältnis* von freier Verbindlichkeit zu begründen.

des Sittengesetzes die Freiheit (nämlich gegen seine Natur zu handeln) ist, diese Freiheit aber nicht als gegenständlicher Inhalt, sondern als ein Seinkönnen und nur als solches Können *ist*. Hegel will aber die Sittlichkeit wie etwas Anwesen- des anschauen. Denn für ihn liegt nur »in dieser Kraft der *Anschauung* und *Gegenwart*« (Hervorhebung v. Vf.) »die Kraft der Sittlichkeit überhaupt« (s. *Über die wissenschaftlichen Behandlungsarten des Naturrechts . . .*, in: *Hegels Schriften zur Politik und Rechtsphilosophie*. Leipzig: Meiner, 1913, S. 353 u. 359 (Anm. 20)). Vgl. *Der Geist des Christentums und sein Schicksal*, in: *Theologische Jugendschriften. S. 285*, die formale Bestimmung der Sittlichkeit als »*Schönheit* der Seele« aus der Aufhebung des endlichen Gegensatzes von Sein und Sollen.

2. Abschnitt. Das autonome Verhältnis eines jeden zu sich selbst, als Selbstzweck, beweist sich im autonomen Verhältnis des einen zum andern.

§ 40. *Die Autonomie eines jeden erfüllt ihren eigentlichen Sinn allererst im Verhältnis des Miteinanderseins*

Alle diese aufeinander bezogenen Bestimmungen der Selbständigkeit des Menschen, nämlich durch: »Person-«, »Selbstzweck-«, »frei-«, »achtbar-« und »Ansich-«Sein betreffen aber ein solches persönliches Dasein, welches, indem es ist, schon immer zugleich *mit andern* ist und sein soll. Nur dadurch ist das Dasein des [153] Menschen ein spezifisch menschliches Dasein. »Menschlichkeit ist das Teilnehmen an dem Schicksal anderer Menschen. Die Unmenschlichkeit ist, wenn man keinen Anteil an dem Schicksal anderer nimmt. Warum heißen einige Wissenschaften humaniora? Weil sie den Menschen verfeinern. Es bleibt daher bei jedem Studierenden, wenn er auch sonst nicht viel Gelehrsamkeit erworben hat, dennoch solche Verfeinerung und Gelindigkeit. Denn die Wissenschaften, indem sie das Gemüt okkupieren, geben ihm solche Gelindigkeit« (*Ethik*, S. *250* f.). Diese Grundstimmung Kants ist stets im Blick zu behalten – nicht deshalb, weil es wichtig wäre zu wissen, daß Kant *außerhalb* seiner Philosophie ein hervorragend humaner Mensch gewesen ist, sondern weil sie seine praktische Philosophie im ganzen und einzelnen von Grund auf bestimmt. Daß der Mensch ein »Selbstzweck« ist, das bedeutet für Kant keineswegs, daß es dem menschlichen Dasein als einem je eigenen – eigentlich oder uneigentlich – um sich selbst gehe; denn die »Welt«, in welche Kant den Menschen gesetzt sieht, ist keine Welt, in die er zu seinem Befremden geworfen ist, sondern eine Welt von *seinesgleichen*, d. h. eine ebenbürtige Mitwelt, durch die auch allererst ein jeder zum Dasein und weiterhin zu verantwortlicher Existenz kommt. Der primäre Sinn der Bestimmung des Menschen als eines zu achtenden Selbstzwecks ist nicht die Begründung des Menschen als eines auf sich gestellten In-dividuums, sondern die Begründung *selbständiger Verhältnisse aneinander teilnehmender Personen*. Die wechselseitige Anerkennung des einen, nämlich durch *den andern*, als eines zu achtenden *Selbstzwecks* »restringiert« ihrem Sinne nach die natürliche Geneigtheit zur *Selbstsucht* und den in ihr begründeten Verfall der menschlichen Verhältnisse in gegenseitige Abhängigkeit in selbstsüchtiger Zu- und Abneigung. Die Achtung des Menschen als eines Selbst-

zwecks hat den Sinn, diesen Verfall in pathologische Unfreiheit aufzu-
halten und zu einer freien – »praktischen« – Verbindlichkeit des einen
mit dem andern zu modifizieren. Die moralische Bedeutung der
Erkenntnis des Menschen als eines Selbstzwecks liegt also darin, daß –
indem ein jeder den andern wie sich selbst als eine Person anerkennt,
welche die Freiheit hat, sich selbst ihre Zwecke zu setzen – keiner mit
dem andern zum Zweck des eigenen Gebrauchs umgeht. Indem ein
jeder von derselben Seinsart und -würde wie ich selbst ein Wesen
meinesgleichen ist, bin ich selbst seinesgleichen, sind wir zu gegenseitiger Achtung verbunden. [154] Als Mann und Frau, Arbeiter und
Mitarbeiter, Arzt und Patient, Dozent und Hörer usw. – ist zwar der
eine dem andern Mittel zum Zweck, aber keiner hört damit auf, *in*
diesen Verhältnissen zugleich sein eigener Zweck zu sein. Und als
solcher kommt einer nicht so sehr ausdrücklich für sich selbst als
vielmehr gerade für den andern in Betracht, weil sich die Selbstsucht
wesentlich »altruistisch«, im andern, durchsetzt.

a) Der Grundsatz der reinen praktischen Vernunft als Prinzip der möglichen
Verallgemeinerung des einen mit dem andern

Der Grundsatz der reinen praktischen Vernunft: so zu handeln, daß
die Maxime des *eigenen* Willens zugleich als Prinzip einer *allgemeinen*
Gesetzgebung gelten könne, dieses Erproben der Sittlichkeit der
Maxime an ihrer Fähigkeit zur Verallgemeinerung begründet sich
nicht aus einer freischwebenden allgemeinen Vernunft der Menschheit, sondern geht darauf zurück, daß *in*, und zwar in *jedem* Menschen
als solchem – universaliter – als »guter Kern« als »eigentliches Selbst«
der zu achtende Selbstzweck, diese Idee vom menschlichen Sein liegt.
Indem der Mensch wesentlich mit andern da ist und ein jeder dieser
andern seinesgleichen ist, stellt das moralische Prinzip notwendigerweise einen universellen Anspruch. Hegels Kritik[26] der diesbezüglichen Beispiele Kants[27] – insbesondere desjenigen vom »Depositum« –
ist daher keineswegs stichhaltig. Hegels Kritik gipfelt darin, daß er
sagt: »Daß es aber gar kein Depositum gäbe, welcher Widerspruch
läge darin?« Kant hätte a priori deduzieren müssen, daß Eigentum sein
müsse, statt den tautologischen Satz zu entwickeln, daß Eigentum

26 Hegels *Schriften zur Politik und Rechtsphilosophie* (s.o. Anm. 25),
S. 354 ff. (in: Werke (1832), I, S. 352 ff.).
27 *Kritik der praktischen Vernunft*, S. 49–51 (= Anm. zu § 4)

Eigentum sei und nichts anderes. Die Aufnahme einer solchen inhaltlichen Bestimmtheit in die absolute Form der Sittlichkeit sei geradezu das »Prinzip der Unsittlichkeit«.

Unzutreffend ist Hegels Kritik deshalb, weil das »*Vertrauen*«, worin das Deponieren eines Depositums gründet und worauf Hegel selbst (a.a.O., S. 359 f. [bzw. 358 f.]) als auf die entscheidende »lebendige Beziehung« hinweist, das *Miteinandersein* voraussetzt und *dieses* allerdings »sein muß«, sofern der *eine*, welcher vertraut, indem er [155] ist und vertraut, auch schon *einen andern*, mit dem er ist und dem er vertraut, voraussetzt. Das Vertrauen ist ein Vertrauens-*verhältnis*, und als *Vertrauens*-verhältnis ist es zwar nicht deshalb gefordert, weil es sonst kein Depositum geben kann, aber deshalb, weil ohne Vertrauen überhaupt kein wahrhaft persönliches Verhältnis bestehen kann. Indem der eine dem andern ein Depositum anvertraut, vertraut er *sich selbst* einem andern an. Und ein solches Verhalten würde gegen seine eigene Voraussetzung: das mögliche Vertrauens-*verhältnis* verstoßen, wenn es sich nicht aus der Gemeinsamkeit des Verhältnisses begründen könnte. Diese vorausgesetzte Gemeinsamkeit ausdrücklich zu machen, ist der Sinn der als möglich geforderten Verallgemeinerung der eigenen Maxime. Weil das Vertrauen seinem eigenen Sinne nach schon ein gemeinsames Verhältnis voraussetzt, muß sich der Anspruch der einen Person mit dem Anspruch der andern verallgemeinern, muß der eine dem andern entsprechend-sein können. Die von Hegel beanstandete Tautologie kehrt zwar in unserer Erläuterung insofern wieder, als sie auch nichts anderes besagt, als daß Vertrauen Vertrauen ist; aber diese Selbstverständlichkeit ist nur dann nichtssagend, wenn zuvor explizit verstanden ist, was sie implizite besagt, nämlich dies, daß konkretes Vertrauen *an*vertraut, nämlich einem andern, welcher andere mit dem eigenen Dasein und dessen Verhalten schon vorausgesetzt ist, woraus sich ergibt, daß die Maxime des eigenen Verhaltens ihren Sinn nur erfüllen kann, wenn sie nicht gegen ihre eigene Voraussetzung, die Gemeinsamkeit der Lebensverhältnisse, verstößt – weshalb Kants Prinzip gar nicht abstrakt, sondern äußerst konkret und doch ein Prinzip a priori ist.

Zwar betont Kant die Pflicht »gegen sich selbst« *vor* der Pflicht gegen *andere*, aber als die »Bedingung, unter der die Pflicht gegen andere« beobachtet werden könne[28]. Und andererseits gilt: »Ich kann

---

28 »Wer die Pflicht gegen sich selbst übertrifft, wirft die Menschheit (sc. in seiner Person) weg und dann ist er nicht mehr im Stande, Pflichten gegen

mich gegen andere nicht für verbunden erkennen, als nur, sofern ich zugleich mich selbst verbinde« (*TL*, S. 64). Das primär Verbindliche ist zwar die Pflichtidee als solche, aber diese Idee existiert nicht in einem intelligiblen Himmel, sondern wie die »Menschheit«, welche verpflichtet, »*in uns*« selbst und besagt nichts anderes, [156] als daß der Mensch einen jeden andern wie sich selbst als das achten soll, was er der Idee nach eigentlich ist, nämlich ein Selbstzweck. Indem ich auch in mir nicht meine seiende Person, sondern die Persönlichkeit zu achten habe, welche Persönlichkeit das Sein einer jeden Person bestimmt, sind mit den Pflichten gegen sich selbst zugleich die Pflichten gegen die andern mitgesetzt und umgekehrt.« Ein jeder Mensch hat Anspruch auf Achtung und *wechselseitig* ist er dazu auch gegen jeden anderen verbunden« (*TL*, § 38, S. 139; vgl. *Ethik*, S. 235). Anthropologisch bekundet sich dieser unmittelbare Zusammenhang des einen mit dem andern in Kants Bestimmung des »Charakters«. »Wahrhaftigkeit im Inneren des Geständnisses vor sich selbst und *zugleich* im Betragen gegen jeden *anderen*[29] sich zur obersten Maxime gemacht [zu haben], ist der einzige Beweis des Bewußtseins eines Menschen, daß er einen Charakter hat«. (*Anthr.*, S. 272/270). Der Gegenstand der praktischen Philosophie sind überhaupt ausschließlich »die moralischen Verhältnisse des *Menschen* gegen den *Menschen*«, die wechselseitigen Menschenpflichten gegen sich selbst und andere (*TL*, S. 188).

b) Die Achtung des andern als eines Selbstzwecks vollzieht sich durch Einschränkung der eigenen Selbstsucht

Daß der Mensch »das *Ich* hat« (*Anthr.*, S. 3) erhebt ihn zwar unendlich über alle Lebewesen, die kein selbstbewußter Selbstzweck sind, aber keineswegs über seine Mitmenschen, die ihm gerade darin ebenbürtig sind. Von dem Tage an, da sich der Mensch seines Ich bewußt ist,« bringt er sein geliebtes Selbst zum Vorschein, und der Egoism schreitet unaufhaltsam fort«, wenn auch gegen denjenigen der andern und unter dem Anschein der Selbstverleugnung (S. 5). Diesem »Egoism« könne nur durch »Pluralism« begegnet werden, d. i. »die Denkungsart: sich nicht als die ganze Welt in seinem Selbst befassend, sondern als einen bloßen Weltbürger zu betrachten und zu verhalten«,

andere auszuüben« (*Ethik*, S. 147). Vgl. *Ethik*, S. 245: »Die höchste unter allen diesen Pflichten ist die Hochachtung für das Recht anderer Menschen.«
29 Von *uns* hervorgehoben.

anzuerkennen, daß mit dem eigenen Dasein das Dasein »eines Ganzen anderer, mit mir in Gemeinschaft stehender Wesen (Welt genannt)« da ist (S. 8). Dem natürlichen Egoismus setzt sich also zweierlei entgegen: erstens die Pflicht als Selbstzwang, welche den Egoismus der selbstsüchtigen *Neigung* einschränkt, und [157] zweitens die Achtung eines jeden andern als Selbstzweck, welche den Egoismus als *selbstsüchtige* Neigung einschränkt. Die Verbindlichkeit des moralischen Gesetzes schränkt also zweifach ein: 1. das natürliche Geneigtsein des Ich, sich seinen eigenen Naturneigungen zu überlassen, und 2. das natürliche Geneigtsein des Ich, die andern als Mittel für sich selbst zu gebrauchen. Die *logische* Anmaßung des Egoism (*Anthr.*, S. 6) sei aber dies, daß es der denkende Mensch für unnötig hält, »sein Urteil auch am Verstande anderer zu prüfen; gleich als ob er dieses Probiersteins gar nicht bedürfe«. »Man sage ja nicht, daß wenigstens die *Mathematik* privilegiert sei, aus eigener Machtvollkommenheit abzusprechen«, denn auch sie könne ihre Einsichten nur durch geschichtliche Zusammenarbeit sicherstellen[30].

c) Das zwiefache Tugendprinzip der eigenen »Vollkommenheit«, aber fremden »Glückseligkeit«

Unbeschadet dieser, die Menschen im Leben und nicht erst angesichts des Todes gleichstellenden Seinsart und -würde: zu achtender Selbstzweck zu sein, ist doch ein jeder andere, der meinesgleichen ist, prinzipiell ein *anderer* als ich selbst, der ich einzig und allein kein »anderer« bin. Und aus dieser »Realität des Unterschieds« in der »Einheit« von Ich und Du (Feuerbach) begründet sich eine prinzipielle *Verschiedenheit* des Verhaltens zu sich selbst und zu andern. Sie bekundet sich in Kants zweifachem Tugendprinzip. »Die Zwecke, die zugleich Pflichten sind«, sind nach Kant 1. *eigene* »Vollkommenheit«, und 2. *fremde* »Glückseligkeit«. »Man kann diese nicht gegeneinander umtauschen und eigene Glückseligkeit einerseits mit fremder

30 Vgl. *TL*, § 39, Anm., S. 141 f., über die Achtung des andern Verstandes; *Ethik*, S. 261 u. 307. »So haben die Menschen nötig, sich zu eröffnen, denn dadurch können sie nur ihre Urteile rektifizieren.« Die praktische Achtung für das Recht anderer Menschen befördere sehr die Verstandeserkenntnisse, und die wahre Sprache der Vernunft sei demütig, d. h. sie achte die Meinung der andern, sei aber weder »alltägig« noch »paradox« wie der »logische Eigensinn«, welcher sich der allgemeinen Meinung entgegensetzt und so oft nur »den Seltsamen« macht.

Vollkommenheit andererseits zu Zwecken machen, die an sich selbst Pflichten derselben Person wären. Denn eigene Glückseligkeit ist ein Zweck, den zwar alle Menschen (vermöge des Antriebes ihrer Natur) haben, nie aber kann dieser Zweck als Pflicht angesehen werden, ohne sich selbst zu widersprechen« (TL, S. 13). Denn glückselig sein will jeder schon von selbst, dazu braucht man sich [158] nicht, wie es im Begriff der Pflicht liegt, gegen seine Natur zu zwingen, und umgekehrt kann man sich nicht des andern Vollkommenheit zum Zweck setzen, denn die Vollkommenheit des Menschen als einer Person besteht eben darin, daß man *sich selbst* vervollkommnen soll, aber es kann sich kein anderer vornehmen, etwas für den andern zu tun, was jeder nur selbst tun kann (TL, S. 13 f.).

d) Die Interpretation des Geschlechtsverhältnisses

Ihre beste Bewährung findet aber die aus der Idee des Menschen als eines zu achtenden Selbstzwecks begründete Unsachlichkeit[31] der menschlich geforderten Verhältnisse in Kants Erörterung des Geschlechtsverhältnisses und der Freundschaft (s. zum folgenden: *Ethik*, S. 204 ff. und TL, § 7, S. 75 ff.).

Als *Geschlechtswesen* hat der Mensch eine *unmittelbare* Neigung zum andern – Geschlecht, als Objekt seines Genusses. Als »Neigung« verfällt die Geschlechtsneigung der Gefahr, den andern Menschen unpersönlich zu gebrauchen. Sofern die Liebe in der Geschlechtsneigung begründet ist, liebt einer den andern nicht als Selbstzweck, sondern als Mittel zum Zweck, nämlich der Befriedigung seines Geschlechtstriebs. Diesem »Appetit« ist im Unterschied zur wahrhaft menschlichen Liebe das Glück der andern Person gleichgültig; als Gegenstand des Appetits ist der andere eine »Sache«, ohne Rücksicht darauf, daß der Mensch zugleich Selbstzweck ist. »Weil die Geschlechtsneigung keine Neigung ist, die ein Mensch gegen den andern *als Mensch* hat, sondern eine

---

31 Im Sinne des Sprachgebrauchs muß andererseits gesagt werden, daß diejenige Humanität, welche Kant begründet, eine eminent »sachliche« ist, aber nicht deshalb, weil er das gemeinsame Besorgen einer Sache als das eigentlich Verbindende gelten ließe, sondern weil er die unmittelbar persönlichen Verhältnisse aus der Natur des Menschen als einer Person begründet. Gemeinsames sachliches Verbundensein begründet noch keine Sachlichkeit in den persönlichen Verhältnissen, sondern verhindert zunächst nur, daß der eine mit dem andern über das sachlich Erforderliche hinaus überhaupt in verbindlicher Weise zusammenkommt.

Neigung gegen das *Geschlecht*, so ist diese Neigung ein Prinzipium der Erniedrigung der Menschheit, ein Quell, ein Geschlecht dem andern vorzuziehen«; als einem »Mann« ist einem das Weib als Mensch gleichgültig und nur das weibliche Geschlecht am Weibe von Bedeutung. Die Menschheit wird hierbei hintangesetzt. Die beiderseitige Geschlechtsneigung geht nicht auf die *Menschlichkeit*, sondern auf die *Geschlechtlichkeit* [159] und insofern auf die Tierheit, auf den Menschen als »animalisches Wesen«. Da nun aber der Mensch diese Neigung von Natur aus hat, so ist die moralische Frage bezüglich des Geschlechtsverhältnisses die nach der Möglichkeit der Vereinbarung von Naturneigung und sittlichem Grundsatz. Die Bedingung, unter der der Gebrauch der facultatum sexualium mit der Moralität übereinstimmt, ist nach Kant ausschließlich die (monogamische) Ehe, weil diese die natürliche Neigung restringiert im Sinne des Kongruierens mit der Moralität. Indem die Ehe einen jeden der Ehegatten als ganzen Menschen, mithin auch als Person und nicht nur das Geschlechtswesen beansprucht, verhindert sie, daß der eine über den andern als Mittel zum Zweck (des geschlechtlichen Genusses) disponieren kann, während umgekehrt das Konkubinat den ganzen Menschen zur Sache macht. Das Recht über die ganze Person, also auch über ihr Geschlecht, erwirbt einer aber nur dort, wo er sich seinerseits in ganzer Person dem andern hingibt, welches der moralische Sinn der Ehe ist, worin sich der eine reokkupiert, indem er sich dem andern hingibt. Die erste und zweite Person sind in ihr »unitarisch« (*Anthr.*, S. 9) verbunden, sie machen eine Willenseinheit aus.

Wie die Geschlechtsliebe so nimmt jede sinnliche *Liebe* an dieser Problematik der Versachlichung der Person teil; sofern der Geliebte nicht so sehr um seiner selbst willen als um des Liebenkönnens willen – selbstsüchtig – geliebt wird, wird das Verhältnis der Zuneigung achtungslos, pathologisch statt praktisch gewirkt (*Grlg.*, S. 13).

Die aus der ontologischen Doppelung des Menschen geforderte Übereinstimmung von Zuneigung (Liebe) und Achtung sieht Kant vorzüglich im Verhältnis der *Freundschaft* gewährleistet.

e) Das Ideal der Freundschaft als der Vereinigung von »Liebe« und »Achtung«

Was Kant über die Freundschaft zu sagen weiß, steht in nichts zurück hinter der klassischen Analyse antiker Freundschaft bei Aristoteles. Denn die Freundschaft war für Kants ebenso strenge wie humane

Philosopie, und zwar bis in seine Auffassung vom »Denken« als einer
sich gegenseitig berichtigenden Mitteilung hinein, nicht minder grundlegend, als sie im Ursprung der abendländischen Philosophie dem
Urbild aller sokratischen Denkungsart gewesen ist[32].

[160] »Das Maximum der Wechselliebe ist die Freundschaft und
diese ist eine Idee, denn es dient zum Maß, die Wechselliebe zu
bestimmen.« Der eine reokkupiert sich im andern; indem sich der eine
dem andern hingibt, hat er sich nicht weggegeben, sondern nur »in
andern Händen«, aus denen er sich erst eigentlich in seine eigene Hand
bekommen kann. Man könne nicht zuerst aus Selbstliebe sein eigenes
Wohl besorgen und hernach, wenn es besorgt ist, auch noch das Wohl
der andern zu besorgen suchen, denn auf diese Weise komme man mit
der Besorgung seiner selbst überhaupt an kein Ende und das Besorgen
des fremden Wohls unterbleibt. Um das Glück der Menschheit besorgen zu können, muß der eine *des andern* Glück besorgen. Dies sei die
Idee der wahren Freundschaft, »wo die Selbstliebe verschlungen ist in
der Idee der großmütigen Wechselliebe«. In der Freundschaft sorgt ein
jeder gerade dadurch für sich, daß er bemüht ist, das Wohl des andern
zu besorgen. Im Vertrauen auf die freiwillige Bereitschaft des einen ist
aber der andere selbst so freimütig, eine solche nicht zu fordern (*Ethik*,
S. 259; vgl. *TL*, § 46, S. 151 ff.). Zufolge dieser gleichgestellten Wechselseitigkeit sei es aber sehr »delikat«, dem andern mit eigenem
Schaden zu helfen, denn man kann dies dem *andern* eigentlich nicht
anmuten, daß dieser nun aus dem Schaden seines Freundes Nutzen
ziehe. Kant unterscheidet drei Arten des Befreundetseins: Freundschaft des Bedürfnisses, des Geschmacks und der Gesinnung. Das
»süßeste und delikateste der Freundschaft« (*Ethik*, S. 259) ist die
Gesinnung gegenseitigen Wohlwollens. Diese Freundschaft der Gesinnung oder des Sentiments könne aber im Deutschen schlecht ausgedrückt werden. Sie ist primär in keiner Zusammenarbeit und Dienst-
leistung begründet, sondern in grundsätzlichen »Gesinnungen der

---

32 Auch noch die einsame Gedankenarbeit eines Dilthey ist getragen von
seiner Freundschaft mit Yorck v. Wartenburg. Wie dieser, unbeschadet seiner
Tendenz auf »Einzelgewissen« bekennt, daß sich auch der wissenschaftliche
Weg besser zu Zweien gehe und manches Wort nur durch Antwort werde, so
bekennt jener, unbeschadet seiner gleichsinnigen Tendenz auf »Selbstbesin-
nung«, daß »die Freundschaft im Sinne der Alten außer der Philosophie das
Höchste in diesem problematischen Leben« sei (*Briefwechsel* [s.o. I. Kap.,
Anm. 6], S. 216).

Empfindungen«. Im Zusammensein mit irgendeinem andern (alius), in Gesellschaft, gibt sich keiner ganz frei, so wie er ist; vor einem alius hält sich ein jeder zurück, keiner vertraut sich dem andern ganz an, aber mit dem alter ego des Freundes kann einer »völlig kommunizieren«; nur in der Freundschaft kann man *ganz* in Gesellschaft sein, während einer im allgemeinen gesellschaftlichen Umgang »noch [161] nicht gänzlich in der Gesellschaft steht«. Solches völlige Kommunizierenkönnen und sich darin rektifizieren sei der »ganze Zweck des Menschen, was ihn seines Daseins genießen läßt« (*Ethik*, S. 261). »Ohne Freund ist der Mensch ganz isoliert« (S. 265). Die Zurückhaltung[33], welche auch noch die Freundschaft erfordert, ist keine solche um seiner selbst willen, sondern um des andern willen[34]. Der primäre Zweck der Freundschaft sei gerade dies: sich von der gebräuchlichen Zurückhaltung im Verkehr mit Fernerstehenden entlasten zu können und sich wenigstens dem einen unter den andern rückhaltlos eröffnen zu können (vgl. *TL*, § 47, S. 156). Daraus motiviere sich auch die spezifische Gefahr dieser »besonderen Vereinigung«: nun gegen alle andern, mit denen man nicht befreundet ist, um so verschlossener zu sein, einen ausschließlichen Zusammenschluß zu bilden.

»Jeder suche, daß er würdig sei, ein Freund zu sein«, durch Offenherzigkeit und Freimütigkeit; diese machen uns der Freundschaft würdig, und habe man sich ihrer würdig gemacht, so werde sich schon eines Tages einer finden, der uns zum Freunde will (*Ethik*, S. 254 ff. [bes. S. 263]).

Ihre schärfere Ausprägung gewann die prinzipielle Bedeutung der

---

33 Als ein äußerst charakteristisches Gegenstück zu Kants *humaner* Freundschaftsidee vgl. etwa Luthers Brief an Christoph Scheurl (Dr. Martin Luthers *Briefwechsel*, hrsg. v. E. L. Enders. Bd. I, Frankfurt/M. 1884, S. 82 f.; (Anm. 21)) Luther setzt sein Vertrauen grundsätzlich überhaupt nicht auf den Menschen, sondern als Christ allein auf Christus, als den einzig wahren Freund der Menschen.

34 »Die Zurückhaltung besteht darin, daß man seine Gesinnungen nicht äußert. Dieses kann man erstlich dadurch tun, daß man ganz schweigt. Das ist ein kurzes Mittel zurückhaltend zu sein, es ist aber ein Mangel eines ges-elligen Umganges und solche stillen Menschen sind nicht allein in der Gesellschaft überflüssig, sondern sie machen sich auch verdächtig und jeder glaubt, er passe auf. Denn wenn er gefragt wird, was er von dem urteilt, und er sagt: »Ich schweige«, so ist das soviel, als daß er das nachteilige Urteil bejaht, denn, würde er gut urteilen, so könnte er Ja sagen. Da das Schweigen immer verrät, so ist es nicht einmal der Klugheit gemäß, zurückhaltend zu sein.« (*Ethik*, S. 284 ff.).

Idee der Freundschaft in der *Metaphysik der Sitten* (S. 329 ff.): »Alle moralischen Verhältnisse vernünftiger Wesen, welche ein Prinzip der Übereinstimmung des Willens des einen mit dem des andern enthalten, lassen sich auf *Liebe* und *Achtung* zurückführen« (*TL*, S. 183). Und »wenn von Pflichtgesetzen (nicht von Naturgesetzen) die Rede ist, und zwar im äußersten Verhältnis der Menschen gegen einander, so betrachten wir uns in einer moralischen Welt, in welcher, nach der Analogie[35] mit der physischen, die Verbindung [162] vernünftiger Wesen (auf Erden) durch *Anziehung* und *Abstoßung* bewirkt wird. Vermöge des Prinzips der *Wechselliebe* sind sie angewiesen, sich einander beständig zu *nähern*; durch das der *Achtung*, die sie einander schuldig sind, sich im *Abstande* voneinander zu erhalten« (*TL*, § 24, S. 119). Die »Achtung« begründet also jene freiwillige Anerkennung der ebenbürtigen Selbständigkeit des andern, welche nach Dilthey in dem zunächst widerwillig erfahrenen Widerstand des andern ihren ersten empirischen Ausdruck findet. In der abstandhaltenden Anerkennung nehme ich Rücksicht auf des andern Selbständigkeit, womit ich zugleich die eigene reokkupiere. In der abstandtilgenden Neigung hänge ich vom andern ab, weil die Neigung selbst ein Hang ist, und mache zugleich den andern von mir abhängig. Die Achtung ermöglicht also der Zuneigung eine unabhängige Begegnung des andern an ihm selbst. Sie ist in bezug auf die Tendenz der Neigung als einem »Prinzip der ersten Annäherung« und Selbstsucht eine Maxime der Einschränkung, sie untersagt den unmittelbaren Gebrauch des andern, zu dem vor allem die Geschlechtsneigung tendiert.

»Die innigste Vereinigung der *Liebe* mit der *Achtung*« (*TL*, § 46, S. 152) ist aber die *Freundschaft.* Sie ist ein Ideal der Teilnehmung und Mitteilung zum Wohl des andern und somit selbst eine Pflicht. In ihr vereinige sich das Prinzip der Annäherung mit dem des Abstandhaltens. Sie ist keine auf wechselseitige Vorteile abgezweckte Verbindung, sondern rein moralisch, d. h. unmittelbar in der Gesinnung als solcher gegründet – ein zweckfreies Füreinanderdasein, in dem keiner zu etwas anderem, sondern beide unmittelbar füreinander da sind. Gerade deshalb aber, weil sie nichts verbindet, was sie äußerlich zusammenhielte, bedarf solche Freundschaft des inneren Haltes, den ihr die gegenseitige Achtung gibt, welche die Wechselliebe der Freundschaft

---

35 Diese Analogie ist aber mehr als eine bloße Analogie, denn sie gründet ihrerseits in der physischen Natur auch des Menschen.

einschränkt und ein Sich-gemein-machen verhindert. Diese rein moralische Freundschaft der Gesinnung sei kein *bloßes* Ideal, sondern dieser »schwarze Schwan« existiere wirklich hin und wieder in Vollkommenheit (S. 157).

§ 41. Die ursprünglichen Grundzüge von Hegels Kritik der Kantischen Moral

Diese Moralphilosophie Kants hat in Hegel einen erbitterten Gegner gefunden. Am frühesten und auch am offensten äußert sie sich in [163] der Jugendschrift[36] über den *Geist des Christentums und sein Schicksal* und späterhin in der Abhandlung über das Naturrecht (a.a.O. [§ 39 e, Anm. 25], 351 ff.). Hegels eigenstes Interesse geht nicht auf eine Bestimmung der primären Verhältnisse von Mensch zu Mensch, sondern auf die Rechtsphilosophie. Denn als den eigentlichen Ort der Sittlichkeit sieht er von vornherein das staatliche Gemeinschaftsleben an. Am durchsichtigsten ist seine früheste Kritik an Kant, und zwar gerade deshalb, weil sich diese noch nicht auf der technischen Höhe einer durch Formalisierung allseitig gesicherten Begrifflichkeit bewegt.

Hegel erarbeitet sich seinen Begriff von »absoluter Sittlichkeit« aus der Interpretation der christlichen Moral, insbesondere der Bergpredigt und des Johannisevangeliums. Es kommt ihm darauf an zu zeigen, daß der wesentliche Fortschritt auf dem Wege zur »Wahrheit« darin liege, daß Jesus das »Gesetz« durch die »Liebe« überwunden habe. Ineins damit greift er die Gesetzesmoral Kants an, indem er sie methodisch der »positiven«, d. h. der äußerlich gesetzten Religion gleichstellt. Wie später im *Naturrecht* will Hegel bereits hier demonstrieren, daß und warum Kants Prinzip der Sittlichkeit ein »Prinzip der Unsittlichkeit« sei, daß, nämlich vom Standpunkt »absoluter« Sittlichkeit herab gesehen, Kants Begriff von »Moralität« auch noch eine bloße »Legalität« bedeute. Denn Kants Prinzip vermöge nicht das Sollen im Sein aufzuheben. Er bleibe auf dem Standpunkt des empirischen Bewußtseins stehen. Das Wesen der absoluten Sittlichkeit sei

---

36 In: *Hegels theologische Jugendschriften,* [S. 241–342; s. vor allem:] S. 265 ff. – Diese Fragmente sind wie alle »entstehungsgeschichtlichen« Dokumente, in denen sich die Weltanschauung eines Denkers noch ausbildet, für das Verständnis aller weiteren Schriften Hegels grundlegend, zumal mit Overbeck (Anm. 22) zu fragen ist, ob nicht alle weitere »Entwicklung« des Geistes eine »Verfallsgeschichte« ist.

aber, daß sie sich »ganz erfüllt«, »absolut« im Sinne von absolut-
erfüllbarer Sittlichkeit, schrankenlose, uneingeschränkte Sittlichkeit
sei. Zwar begründe Kant das moralisch Gebotene autonom, aber die
Positivität, d. i. die äußere Gesetztheit des Gebotenen sei damit doch
nur unvollkommen beseitigt. Der Unterschied sei nur der, daß der
»Knecht« den »Herrn« nun nicht mehr außer sich, sondern in sich
habe. Indem sich die praktische Vernunft der pathologischen Liebe
entgegensetze, bleibe ein unzerstörbarer Rest an (positiver) Gesetztheit, eine objektive Voraussetzung übrig, »die vollends dadurch empö-
rend wird, daß der Inhalt, den das allgemeine Pflichtgebot erhält, eine
bestimmte Pflicht, den Widerspruch: eingeschränkt [164] und allgemein zugleich zu sein, enthält und um der Form der Allgemeinheit
willen für ihre Einseitigkeit die härtesten Prätensionen macht«
(S. 266). Für Jesus aber habe: im Geiste der Gesetze handeln, nicht –
wie Kant interpretiert – bedeutet: aus Achtung für die Pflicht im
Widerspruch zu seinen Neigungen handeln, sondern er wollte den
»Menschen in seiner Ganzheit« wieder herstellen – mit welcher »Ganzheit« sich Hegel freilich nur selbst interpretiert. Die Bergpredigt, an
der er sich orientiert, sei über diese ganze Welt von Moralität erhaben;
sie predige keine Achtung vor dem Gesetz, sondern zeige des Gesetzes
Erfüllung durch die Liebe, welche das Gesetz entbehrlich mache.
Kants Pflichtgebot setze dagegen eine *Trennung* des Menschen in sich
selbst voraus, ein (natürliches) Sein im Gegensatz zu einem (moralischen) Sollen. Dagegen postuliert Hegel eine absolut-seiende Sittlichkeit, als eine solche »Modifikation des Lebens«, die den Gegensatz
absolut aufhebt, indem sie sich ganz erfüllt. Kants Feststellung, daß
Liebe (der Empfindung) nicht geboten werden könne [*Grlg.*, S. 13] ist
für Hegels Kritik kein Hindernis, denn in der wahren Liebe fehle »aller
Gedanke an Pflicht«, d. h. sie stehe jenseits der Alternative von
»pathologisch« und »praktisch«. Sein oder Wirklichkeit habe die
Sittlichkeit nur, wenn die Objektivität der allgemeinen Form und die
Subjektivität des besonderen Inhalts alle Entgegensetzung aufgehoben
habe, wenn das Gesetz mit der Geneigtheit völlig eins sei, sich ganz
»ausfülle«, erfülle und somit aufhebe. Kants Moral bringe es aber nur
zu einer relativen Übereinstimmung (Identität), aber nicht zur absoluten »Indifferenz«.

    Die wahre Übereinstimmung sei keine Übereinstimmung von *Ver-
schiedenen*, sondern *Leben*, weil Leben von Leben nicht verschieden
sei (S. 280), und als »lebendige Beziehung«: *Liebe*. Als Modifikatio-

nen der Liebe interpretiert Hegel die verschiedenen Grundbegriffe der sog. christlichen Gebote. Die Liebe sei das einzige Prinzip wahrer Tugend; ohne sie wäre jede Tugend zugleich eine Untugend. Tugenden »ohne Herrschaft und Unterwerfung« (S. 293) sind Modifikationen des Lebens (der Liebe), »lebendige Beziehung Lebendiger.« Das Leben oder die Liebe interpretiert Hegel als eine »Empfindung des Ganzen«, welche Empfindung des Ganzen die absolute *Aufhebung* der *Gegensätze* in einer lebendigen Beziehung darstellt. Die »Wahrheit«, welche Hegel schon hier im Auge hat, ist für ihn vorbestimmt als eine absolute Synthese der zunächst bestehenden Gegensätze und insofern als »Negation der Negation«. [165] »*Vereinigung und Sein sind gleichbedeutend*« (*Theol. Jugendschriften*, S. 383). Die copula drückt diese seiende Vereinigung aus, und die Arten von Sein unterscheiden sich als verschiedene Arten mehr oder minder vollkommener Vereinigung. Absolut wahres Sein ist somit: absolut identisches Sein. Kants Begriff von Liebe vereinigt aber die einander Liebenden nur unvollkommen; eine Liebe, welcher noch ein Gebot gegenübersteht, erfüllt nicht den Sinn ihrer Tendenz, nämlich zur absolut erfüllten Vereinigung, von welchem Telos Hegel in der Bestimmung der »absoluten« Sittlichkeit ausgeht. Woraus also Hegel späterhin, in der Abhandlung über das Naturrecht, die Absolutheit der Sittlichkeit formal bestimmt, nämlich aus der »Indifferenz« der zunächst bestehenden Bestimmtheiten, und was formal-logisch weiterhin in der Idee eines »absoluten Unterschieds« (= Identität) zum Ausdruck kommt, das ist hier in die Bestimmung der Liebe als einer alle Unterschiede aufhebenden absoluten Vereinigung des einen und anderen gefaßt. Die Entgegensetzung der Pflicht und Neigung habe in den Modifikationen der Liebe ihre Vereinigung gefunden. In der Liebe vereinigt sich das mit sich selbst entzweite Leben; sie allein breche »die Macht des Objektiven«, die »Immoralität« des »positiven« Menschen (S. 276), der »gegebene Verhältnisse« anerkennt. Nur in der endlichen, unwahren Liebe sei der eine des andern Bedingung und keiner unbedingt; der eine ist für den andern und also auch für sich nur durch eine fremde Macht. Dagegen: wahre Vereinigung (= wahres Sein), eigentliche Liebe, schließe jede Entgegensetzung aus; sie sei ein Gefühl, in dem nicht mehr Fühlendes und Gefühltes unterschieden werden können, sondern als Lebendige sind die Liebenden eins, und ihre Liebe ist ein Gefühl dieser Einheit des Lebendigen. Indem das (!) Eine das (!) Liebende und das Andere das Geliebte ist, sind beide Organe der einen Liebe. In ihr findet sich das Leben selbst als eine Verdoppelung seiner selbst in Einigkeit. In ihr ist das Getrennte als Einiges, und das Lebendige fühlt das Lebendige. Alle »Aufgaben« sind in ihr gelöst. Das Eigenste vereinigt sich in der Berührung, in der Befühlung bis zur Bewußtlosigkeit, der Aufhebung aller Unterscheidung. Die Geister (!) werden ausgewechselt. Unterscheiden können sich die Liebenden nur, sofern sie die Möglichkeit der Trennung denken. Wenn sich aber auch die Vereinigten wiederum trennen, so ist ihre Vereinigung doch ungetrennt geworden, nämlich im Kind. Das Kind *ist* die Eltern selbst.

Diese Gedanken des jungen Hegel, welche eine auffallende Ähnlichkeit [166] mit denen der späteren Junghegelianer haben, treffen wir in einem gleichsam erwachsenen Zustand in Hegels *Logik* an. Und hätte der »Geist« des Begreifens nicht schon dem jungen Hegel die Feder geführt, wo er über das »Leben« und die »Liebe« philosophiert, so müßte man seine »Logik« als eine bloß *ver*-geistigte und allseitig ausgedachte »Metaphysik der Geschlechtsliebe« auffassen. Diese Genesis ist aber so wenig klar und eindeutig wie die Geschichte des menschlichen »Geistes« überhaupt. Wir begnügen uns daher mit dem Hinweis darauf, in welchen logischen »Gedanken« die Vereinigung von Liebenden wieder zu erkennen ist.

Das formale Grundprinzip der Logik ist die Entwicklung des wahren *Seins* auf den verschiedenen Stufen der *Einheit* zweier zunächst entgegengesetzter Bestimmungen. Alle Begriffe sind ja nach Hegel Beispiele solcher Synthesen. Vor der ersten, rein logischen Vereinigung (von Sein und Nichts) steht aber in Hegels menschlich-allzumenschlicher Entwicklung seines Denkens der Gedanke an die Vereinigung von Ich und Du. Deren *Liebe* gilt als *absolute* Vereinigung, und absolute *Vereinigung* als absolutes *Sein*. Dieses absolute Sein wird in der Logik definiert als ein »dumpfes, leeres Bewußtsein, welches aber *als Bewußtsein aufgefaßt* ist.« In der Jugendschrift ist es eine »bis zur Bewußtlosigkeit, der Aufhebung aller Unterscheidung« gehende Vereinigung im *Gefühl* des Lebens, welches Lebensgefühl als »*aufgefaßtes Leben*« das wahre Sein ist. Was also hier noch ein absolutes *Gefühl* auffaßt, vereinigt und aufhebt, das faßt auf, vereinigt und hebt dort das absolute *Denken* auf. Dem Lebensgefühl entsprechen später die verschiedenen Stufen des Selbstbewußtseins. Und der späterhin leitende Begriff des »Geistes« ersetzt bereits hier so und sooft das »Leben«, welches seinerseits durch »Liebe« und »Gefühl« vertreten wird.

Die erste endliche Synthese von »Etwas und Anderes«[37] ist ohne weiteres wiederzuerkennen in dem »Einen und Andern«, die sich vereinigen. Die eine und andere Person, die sich in Liebe absolut vereinigen, werden bereits hier geschlechtslos formalisiert zu »*das Eine*« und »*das* Andere«, deren wahres Sein in ihrer »lebendigen Beziehung« liegt, welche »Beziehung« in der zweiten Synthese der Logik – aber jetzt ohne das Prädikat »lebendig« – die Wahrheit des Etwas und Anderes ausmacht, indem sie deren Unterschied aufhebt. [167] Mit diesen Abstraktionen von den Prädikaten persönlichen Lebens kommt aber der urprüngliche Sachverhalt nicht deutlicher, sondern nur unpersönlicher zum Ausdruck.

Und den »Reichtum des Lebens«, den der junge Hegel noch als den Erwerb der »Liebe« darstellt, – nämlich »in der Auswechslung aller Gedanken der Seele«, welche »unendliche Unterschiede sucht und unendliche Vereinigungen sich ausfindet« – diesen Reichtum an Unterscheidungen zwecks Vereinigungen sucht und findet der ältere Hegel zwar nicht mehr in den Gedanken der Liebe, aber in den Gedanken des »Geistes«, der nun an Stelle der Liebe die »Macht des Objektiven« brechen soll.

Der formale Ausdruck des radikalen Unterschieds von Hegels Metaphysik der Liebe und Kants Moral der Achtung ist also, daß Hegel die »Realität des Unterschieds« von Ich und Du, des Einen und Andern, im wahren Sein der Liebe als einer völligen Vereinigung oder *Einheit* für aufgehoben erklärt, während Kant die Wahrheit der menschlichen Verhältnisse gerade dadurch gesichert sieht, daß die gegenseitige Achtung als ein Prinzip der *Unterscheidung* die Vereinigungstendenz der Wechselliebe positiv einschränkt. Die Absolutheit der Sittlichkeit im Geiste Hegels bedeutet eine absolute Aufhebung der Selbständigkeit des einen und andern in ihrer »relativen Identität« – die Unbedingtheit der Moralität in Kants Verstande die Ermöglichung unbedingt selbständiger, absoluter Verhältnisse; Hegel verabsolutiert im Verhältnis die Einheit, Kant befreit diese dem Verhältnis immanente Tendenz zur Vereinheitlichung, indem er die Selbständigkeit der sich zueinander Verhaltenden zwar aus der »Liebe«, aber gegen deren natürliche Geneigtheit begründet.

Wie für Hegel Kants Standpunkt ein »endlicher« (empirischer) ist, so ist von Kant aus gesehen Hegels absoluter Standpunkt der unendli-

---

37 S. o. § 14.

che Standpunkt der »Heiligkeit«, als einer vollkommenen Übereinstimmung von natürlichem Sein und moralischem Sollen. Dieser
unendliche Standpunkt ist aber nach Kant *unserem* Standpunkt als
Menschen unangemessen (s. *pr. V.*, S. 146 ff.). Denn »Pflicht und
Schuldigkeit« sind die primären Benennungen, die wir unserm Verhältnis zu den andern geben müssen, und die Verkennung dieser
niederen Stufe, als »vernünftiger Geschöpfe« – welche Zusammenstellung Hegel »sonderbar« fand – d. h. als solcher Wesen, die sich nicht
schlechthin selber schaffen, sondern »ihren Begriff« »*empirisch*«
bekommen (*Grlg.*, S. 106), ist schon eine Abtrünnigkeit (*pr. V.*,
S. 147). [168] Als Naturwesen kann der Mensch nie rein persönlich,
d. i. moralisch handeln. Mit der Einstimmigkeit in den Grundlagen
seines Seins fehlt ihm auch die Möglichkeit einer völligen Übereinstimmung von Sein und Sollen. Um der Moralität der natürlichen Liebes-
neigung willen bedarf es daher des moralischen Gefühls der Achtung
(in der Liebe), welche verhindert, daß eine »windige, überfliegende,
phantastische Denkungsart« hervorgeht (*pr. V.*, S. 151 f.).

Der radikale Unterschied von Kants und Hegels Interpretation des
Menschen und seiner Liebe zum Menschen äußert sich historisch in
dem Unterschied ihrer Interpretation der christlichen Nächstenliebe,
auf welche geschichtliche Basis sowohl Kant wie Hegel als Vorbild
zurückgreifen. Kant, indem er das *Gebot* der Nächstenliebe als Vorbild »heiliger Moral«[38] ansieht, Hegel, indem er das Wesen des
Christentums in die Überwindung des Gesetzes durch die *Liebe* setzt
und daran seinen Begriff von absoluter Sittlichkeit gegen Kant und
dessen Interpretation des christlichen Gebotes als eines »Gebotes«
entwickelt. Die Aufgabe, welche sich daraus ergibt, deren Exposition
aber außerhalb unseres Themas liegt, wäre somit die von *Nietzsche*
durchdachte Frage nach der anthropologischen Bedeutung der christlichen Interpretation der menschlichen Lebensverhältnisse[39].

38 Siehe hierzu: *Ethik*, S. 13, 159(?) u. 248; *pr. V.* S. 58 u. 145 ff.; *TL*, § 28,
S. 121 f.
39 Vorausgesetzt, daß Kierkegaard etwas vom Geist des Christentums verstanden hat – was nicht ausschließen würde, daß seine paradoxe Anstrengung,
ein Christ zu werden, weder ihm selbst noch andern zu einem christlichen
Leben verholfen hat – so bewiese seine Interpretation der »Nächstenliebe« als
eines *Gebotes* (a.a.O. [s.o. § 18, Anm. 56] 19 ff.), daß sie Kant, aber nicht
Hegel christlich verstanden hat, wenn er sie ausdrücklich als etwas Gebietbares
erklärt. Kierkegaard verschärft das »Du *sollst*« noch weiterhin, indem er die
christliche Nächstenliebe nicht nur, wie Kant, aus der natürlichen Neigung (zur

IV. Kapitel
»Ich selbst« in meiner »Einzigkeit«

§ 42. *Die verantwortlichen Verhältnisse offenbaren einen nur »ver-*
hältnismäßig«, verdecken aber, wie einer »an sich« ist

[169] Als dritte und letzte Frage ergab sich uns aus Feuerbachs
Grundsätzen: ob »Ich« wirklich nur Ich eines Du, eine von der zweiten
Person her »reokkupierte« erste *Person*, eine durch den andern (secun-
dus) zu sich selbst gekommene Person, ein Mitmensch ist.

Diejenige »Selbständigkeit«, deren Klärung das III. Kap. versuchte, betraf die im Wortverstande »con-crete« Selbständigkeit des
einen und andern in ihrem Miteinander. Es zeigte sich, daß der eine
dem andern nie als ein anderes, selbständiges *Ich*, d. i. als ein unteilba-
res »Individuum«, sondern als eine mitteilbare erste »Person« in
zweiter Person, als ein »Du selbst« zugänglich wird. Und im Verhältnis zu dieser zweiten Person bestimmt sich allererst das Ich konkret als
eine erste Person, aber nicht als absolutes oder losgelöstes Individuum.
Die »Achtung« begründet als eine restringierende Bestimmung die
Selbständigkeit eines jeden, aber *im* Verhältnis und *für* das Verhältnis.

Trotzdem respektiert aber die Achtung in der persona des andern
doch seine »Individualität«, wenn auch in zweiter »Person«. Einem
andern mit-teilen kann sich ein In-dividuum zwar nur *in* (der Rolle

»Vorzugsliebe«) als etwas zunächst *Un*-natürliches entwickelt, sondern die
christlichen Existenzverhältnisse ausdrücklich als *wider*-natürliche paradox
interpretiert. Daher tritt auch bei Kierkegaard mit besonderer Deutlichkeit die
theologische Provenienz der den ganzen deutschen Idealismus kennzeichnenden Herabsetzung der »Natur« – innerhalb und außerhalb des Menschen – als
des bloß Natürlichen (Kreatürlichen) heraus. Nur der »Geist« sei es, der
lebendig mache, nur die »Existenz« gebe dem natürlichen Dasein des Menschen einen menschlichen Sinn (s. *Angriff auf die Christenheit*, Bd. I: Agitatori-
sche Schriften und Aufsätze 1851–1853. Stuttgart: Frommann, 1896, S. 75 ff.;
Anm. 23). Bei Kant zeigt sich der Primat der unnatürlichen Existenz darin, daß
ihm als der »höchste« Grad des Lebens, als das »eigentliche« Selbst nicht die
unschaffbare Vollkommenheit der menschlichen physis im weitesten, also
durchaus nicht nur leiblichen Sinn gilt, sondern das, was der Mensch mit
»Wille und Intelligenz«, d. i. Freiheit aus sich selbst machen kann und was ihm
daher als einer moralischen Person zugerechnet werden muß (s. *TL*, § 14,
S. 104).

der) *persona*, aber in dieser Rolle äußert sich doch als Kern zugleich ein einzigartiges Individuum, etwas schlechthin Individuelles in erster, bzw. für den andern in zweiter Person. Die im früher erörterten grundsätzlichen Sinn »verantwortlichen« Lebens*verhältnisse*, welche das Individuum als eine persona verhältnismäßig bestimmen und aus sich heraustreten lassen, bringen es doch *nur* verhältnismäßig, aber nicht unverantwortlich zum Vorschein. Dadurch machen sie nicht nur *offenbar*, wie einer ist, sondern zugleich *verdecken* sie auch – und zwar gerade als »verantwortliche« Verhältnisse – wie einer *an sich selber*, abgesehen von jeder Verantwortung vor andern ist; sie zeigen nur, wie einer im [170] verantwortlichen Verhältnis zu andern, aber nicht wie er *an und für sich*, »an sich« ist.

Jedes Zusammensein des einen mit einem andern ver-ändert schon den einen und andern[1], macht einen selbst »zu einem andern«, als man es rein für sich, für seine Person, wäre. Indem z. B. die erforderliche Antwort auf eine gestellte Frage doch schon die Frage eines *andern* beantwortet und sich um dessentwillen mehr oder minder in einen – »an sich« – fremden Gedankengang »einläßt«, offenbart sie die eigene Ansicht von vornherein nur noch verhältnismäßig. Als Beantwortung der Frage eines andern verdeckt die eigene Antwort u. U. die eigenste Ansicht, nämlich schon dadurch, daß die Antwort, als solche, durch die Frage des andern, als solche, überhaupt *provoziert* oder hervorgerufen wurde, der andere von einem eine Antwort auf etwas verlangt, was für einen selbst vielleicht überhaupt nicht fraglich ist und worauf man nun doch, im Sinne der gestellten Frage, anwortet. Und die Antwort fällt gegenüber einem Dritten unwillkürlich wiederum anders aus, als sie gegenüber einem Zweiten ausfallen würde. In jedem Falle provoziert aber allererst des andern Frage den eigenen, antwortenden Gedanken und nicht nur dessen Verlautbarung im Ausdruck. Und der andere provoziert u. U. bei einem selbst Gedanken, an die man – »an sich« – rein für seine Person, gar nie gedacht hätte – genau so, wie jedes Verhalten des andern das entsprechende eigene verhältnismäßig ver-

---

1 In diesem formalen Sinn ist in Hegels Analyse des »Etwas« das »Werden« als »Ver-änderung« = »Anderswerden«, d. i. das Übergehen des Etwas zum *andern* Etwas aufzufassen. Wirklich ver-ändern tut sich aber nicht *Etwas* durch seine Beziehung zu etwas Anderem, sondern nur *Einer* in seinem Verhältnis zu einem Andern (vgl. S. 63 ff. u. 166). Und die ursprünglichste »Veränderung« des einen durch seine Beziehung zum andern betrifft die Befindlichkeit der *Stimmung*.

ändert; rein für sich verhielte man sich zumeist anders, wie man auch rein für sich anders denkt, als es im Verhältnis zum andern »herauskommt« – nämlich deshalb, weil der eigene Gedanke nun aus sich heraustritt und nicht mehr ein freies, unverantwortliches Denken »rein für seine Person« sein kann. Im Verhältnis zu einem Geschäftsmann ist und spricht man unwillkürlich mehr oder minder geschäftsmännisch, im Verhältnis zu einer Frau mehr oder minder männlich, im Verhältnis zu seinem Sohn mehr oder minder väterlich und im Verhältnis zu einem mißtrauischen Kritiker mehr oder minder vorsichtig und zurückhaltend usw. Was dabei von einem selbst jeweils »herauskommt«, das betrifft keine bloße Variation des Sich-einstellens-auf ... [171] und Abfärbens-von ... und auch keine verschiedenen »Seiten« eines mit sich selbst identischen Individuums, sondern bedeutet die prinzipiell personhafte Bestimmtheit des Individuums, welche überall wirksam ist, wo das Dasein wirklich und wesentlich ein mit andern kommunizierendes Dasein im Mit-sein und kein bloßes Nebeneinandersein ist. Andererseits zeigt sich aber in den engeren persönlichen Verhältnissen eine offensichtliche *individuelle* Zusammengehörigkeit des einen und andern. Zu eigentlich persönlichen Verhältnissen kommt es zumeist überhaupt nur auf Grund einer vorausgesetzten Gemeinsamkeit *im Individuellen* – sei es, daß der eine dem andern aus Ähnlichkeit oder auch aus Verschiedenheit zuneigt. Ebenso also, wie das *Verhältnis* als solches Gemeinsamkeit konstituiert, indem es den einen und andern im Sinne ihres Verhältnisses gleichsinnig-zweideutig bestimmt, bestimmt sich auch umgekehrt das gemeinsame Verhältnis beiderseits aus individueller Gemeinsamkeit. Rein für sich genommen vermag kein Verhältnis als solches zu bewirken, daß der eine und der andere zueinander stimmen, mag das Verhältnis als solches den einen und andern noch so sehr wechselseitig *ein*-stimmen und aufeinander abstimmen.

§ 43. *Die Möglichkeit eines einzigartigen Verhältnisses zu sich selbst konstituiert »Individualität«*

Daß aber keiner dem *andern* als individuelles Ich, so wie er ungeteilt nur für sich selbst sein kann, zugänglich wird, das besagt nicht, daß Ich *für mich selbst* nur das Ich eines Du, individuelle persona und nichts für mich selbst, kein absolutes Individuum wäre. »Ich«, der ich einzig und allein kein anderer bin, werde mich also dadurch zeigen, daß ich *zu mir selber* ein »Verhältnis« haben kann, und zwar ein solches, das ausschließlich mich selbst und keinen andern betrifft, ein schlechthin unvergleichliches, einzigartiges Verhältnis.

Im Verhältnis zum andern ist sich der eine als Angehöriger eines andern zu eigen, gründe nun diese Angehörigkeit in der Geschlechtlichkeit oder in anderen Bestimmungen des Daseins. Die Alsbestimmtheit ist darin eine doppelte; sie betrifft einen zwar selbst, z. B. »als« Mann, aber im immanenten Verhältnis zu einer möglichen Frau, d. h. als einen solchen, der »*anders* als« der zugehörige andere ist. Es fragt sich also, wodurch sich einer rein an ihm selbst überhaupt noch »bestimmen« kann, wenn ihn nichts anderes als sein eigenes Verhältnis zu sich selbst bestimmen soll, worin noch seine [172] Bedeutung liegen kann, sofern doch seine Existenzverhältnisse zu andern dafür bedeutungslos sind. Diese Bedeutung, die einer rein für sich selbst hat, muß eine unvergleichlich-einzigartige sein, die einzig und allein ihm selbst gehört, die er mit keinem andern »teilen« kann.

Das Ungewöhnliche solcher einzigartigen Bedeutung äußert sich formal darin, daß sie zunächst nur privativ zum Ausdruck kommt, in der privativen Bedeutung des Begriffs von einer *un*-vergleichlichen Individualität, aber auch in dem scheinbar positiven Begriff des »einzig und allein«-Seins. Diese Ausdrücke deuten die Selbständigkeit defizient aus dem ursprünglichen Zusammenhang des einen mit andern aus. »Allein« steht, wer *keine* Angehörigen hat, wer *ohne* Zusammenhang mit andern ist und sich somit selbst als Unzugehöriger bestimmt. Wer für sich allein ist, der hat sich zwar nicht positiv »in den Händen des andern« (Kant), aber sofern er sich wesentlich dadurch bestimmt, daß er *keinen* andern hat, in dessen Händen er sich haben und mit dem er kommunizieren könnte, so hat er sich auch nicht eigentlich *selbst* »in der Hand« und zu sich selbst ein ursprüngliches Verhältnis. Wirklich in seiner eigenen Hand hat sich einer nur dann, wenn er von sich aus alle andern von der Hand weisen und sich ganz auf sich selbst stellen kann – aber auch *diese* Möglichkeit, als Einzelner zu sein, geht zurück auf eine, wenn auch selbstgewählte *Ver*-einzelung, welche Vereinzelung als solche die ursprüngliche Vorherrschaft der *Gemeinsamkeit* bekundet[2]. Im Willen zur Vereinzelung auf sich selbst bekun-

---

2   Innerhalb der Gemeinsamkeit ist wiederum die Tendenz zum positiven *Für*-einandersein ursprünglicher als die zur Gleichgültigkeit und Gegnerschaft, weshalb mit Recht gesagt ist, daß »gegen mich« ist, wer *nicht* »für mich« ist.

det sich also zugleich der Unwille zur Gemeinsamkeit mit andern. Weil
das Dasein ursprünglich Mitsein ist, bedeutet die *Position* des Einzelnen, der so ist, wie einer einzig und allein nur selbst sein kann, somit
eo ipso eine *Opposition* gegen alle andern, welche »andern« sich
ihrerseits – vom Standpunkt des sie ausschließenden *Ichs* aus gesehen –
als öffentliche *Allgemeinheit* bestimmen. Nietzsches *Also sprach Zarathustra*, »ein Buch für Alle und – Keinen«, Kierkegaards Angriff auf
das allgemeine Christentum der Christenheit – im Namen des »Einzelnen«, Stirners Apotheose des »Einzigen«, als eines solchen, dem alles
andere und alle anderen »sein Eigentum« sind, diese drei großen
Sophisten des schreibenden 19. Jahrhunderts verdanken ihr Pathos
der Individualität ebenso sehr der Allgemeinheit, [173] gegen die sie
opponieren, wie der Individualität, aus der und für die sie dagegen
opponieren. Und die Frage nach der Ursprünglichkeit einer solchen
auf sich gestellten Position ist die zweischneidige Frage, welche Nietzsche an sich selbst gestellt hat, wenn er die Positionen danach unterscheidet, ob sie vorzüglich »Aktionen« oder »Reaktionen« sind –
»vorzüglich«, denn faktisch sind sie beides zugleich, und zwar letztlich
deshalb, weil das menschliche Dasein immer schon Mitsein ist und
sich kein Individuum *für sich* setzen könnte, wenn es sich nicht *andern*
entgegensetzte.

   Die traditionelle Bestimmung des »individuum« als eines »ineffa-
bile« besagt ursprünglich verstanden keine bloß *sprachliche* Unsag-
barkeit des individuell Gemeinten und auch keine bloße Unmöglichkeit, das Individuelle mitzuteilen, sondern bringt in dieser privativen
Bestimmung des Aussprechbarseins, als einer Möglichkeit, sich andern
mitzuteilen, die *Seinsweise* dessen, der sich nicht mitteilen kann, *selbst*
zum Ausdruck. Als individuelle Existenz ist einer ungeteilt ganz er
selbst, kann sich einer nicht personhaft teilen und folglich auch nicht
in diesem seinem unteilbaren Sein mitteilen. Weil einer als Individuum
ein je *Einziger* ist, kann sich einer als solcher, wenn er sich selbst
versteht, auch gar nicht mitteilen wollen. Denn was sich einem andern
mitteilen läßt, ist das *Gemein-Verständliche*; gemeinverständlich ist
das Mitteilbare aber nicht deshalb, weil alle Aussagen als solche von
allgemeiner Wortbedeutung wären, sondern weil der Mensch, sofern
er sich mitteilen kann, kein Individuum, sondern eine in erste und
zweite Person teilbare und so durch Gemeinsamkeit bestimmte »Person« ist. Wesentlich unteilbar und unmitteilbar ist, was einer einzig
und allein mit sich selbst ausmachen und besprechen kann, wozu einer

nicht nur keines andern bedarf, sondern woran ihn die Teilnahme und Mitwisserschaft eines andern nur hindern könnte. Die extremste Möglichkeit einer solchen schlechthin einzigartigen Selbstverständigung des Menschen mit sich selbst ist der *Selbstmord*[3]. In ihm stellt sich der Mensch völlig auf sich selbst und nimmt sich einer wirklich selbst in die Hand, ohne Rücksicht auf irgendwelche andern, die er von der Hand weist. In seinem Ursprung und nicht bloß »Anlaß« ist aber [174] auch der Entschluß zum Selbstmord zumeist kein Ausdruck überlegener Souveränität über das eigene Leben, sondern die Folge mißlungener *Verhältnisse* des eigenen Lebens zu andern und der Selbstmörder somit ein *ver*-einzeltes Individuum, aber kein ursprünglich auf sich gestellter Einzelner. Die Befindlichkeit, welche – wenn sie anhält – zum Selbstmord führt, ist die *Verzweiflung* und aus der Verzweiflung als der »Krankheit zum Tode« hat Kierkegaard konsequenterweise seinen Begriff vom »Einzelnen« als eines Vereinzelten gewonnen und entwickelt.

§ 44. *Kierkegaards Begriff vom »Einzelnen«*[4]

Kierkegaards leidenschaftlichste und eigentlichste Idee war der »Einzelne«. Aber es war, mit G. Brandes gesprochen[5], »eine seltsame Blindheit, eine Krankheit, fast eine Geistesverwirrung von ihm, zu glauben, daß jenes Amerika der großen Selbständigkeit das alte Wunderland der Tradition sei«, »daß er hartnäckig fortfuhr, dasselbe Indien zu nennen«, und glaubte, »daß der Einzelne identisch mit dem Christen« sei.

Orientiert ist Kierkegaards Begriff vom Einzelnen zunächst an der

---

3   Die Tatsache, daß Liebende »miteinander« in den Tod gehen können, widerspricht dem nicht, denn der innere »Sinn« dieser »Tatsache« ist nicht der »Selbstmord« von zwei vereinsamten »Individuen«, sondern das Teilen gemeinsamen Schicksals, weshalb sich hier auch der eine durch *den andern* töten lassen kann.
4   Die wichtigsten diesbezüglichen Stellen finden sich in *Angriff auf die Christenheit* (s. o. § 41, Anm. 39), S. 455 ff. (Anm. 24); *Die Reinheit des Herzens. Eine Beichtrede.* München: Kaiser, 1924, S. 145 ff. (Anm. 25); *Die Krankheit zum Tode.* Jena: Diederichs, 1911 [Ges. Werke, VIII, 1. Aufl.], S. 10, 26, 43 ff. u. 76 (Anm. 26).
5   Georg Brandes, *Sören Kierkegaard. Ein literarisches Charakterbild.* Leipzig: J. A. Barth, 1879, S. 97 u. 95.

»Menge« und gegen die Menge. Die Menge versteht er dabei als das, womit sich der Einzelne vermengt, wohinein er sich verallgemeinern kann⁶. In Menge und als Menge sind die Einzelnen die Unwahrheit, denn die anonyme Menge ist ohne Verantwortung oder schwächt diese doch für den Einzelnen ab. Wahr, d. h. »offenbar«, kann einer nur als Einzelner, aber nicht verhältnismäßig werden, »denn in dem ‹Verhältnis› sind ja doch die ‹andern› mit dabei«. »Das Bewußtsein, ein Einzelner zu sein, ist das Grundbewußtsein des Menschen.« Indem aber doch ein *jeder* als Einzelner sein kann, bedeutet der Einzelne zugleich das wahrhaft *allgemein Menschliche*, das, was ein jeder sein kann. Dieses allgemein Menschliche unterscheidet Kierkegaard von der »Differenz« der Menschen durch besondere Eigenart, also gegen das, was einem vorzugsweise, z. B. an Talent und Begabung, überhaupt von Natur aus zukommen kann. »Ein [175] einzelner Mensch kraft seiner Differenz sein wollen ist Weichlichkeit; aber ein einzelner existierender Mensch in demselben Sinn sein zu wollen, wie es jeder andere sein kann: ist der ethische Sieg über das Leben und über alles Blendwerk.« »Dieser Doppelgedanke ist gerade die Idee des ‹Einzelnen› « [E 469/109]. Kierkegaard wendet sich daher in seinen Schriften an einen jeden, aber als Einzelnen, und deshalb in indirekter Mitteilung⁷. Unter dem Einzelnen versteht Kierkegaard aber nicht eine Möglichkeit des Menschen aus sich selbst, als »menschliches Selbst«,

6 Die ursprünglichste Verallgemeinerung des Menschen sieht Kierkegaard in der »Generation«, die er aber nicht ausdrücklich in die Geschlechtlichkeit zurückverfolgt, obgleich sie als »Sinnlichkeit« seine Analyse der Angst mitbestimmt.
7 Die Indirektheit der Mitteilung motiviert sich 1. aus dem Paradox dessen, *was* mitgeteilt werden soll: Christus (s. *Einübung im Christentum*. Jena: Diederichs, 1912 [= Ges. Werke, IX], S. 111 f. [Ges. Werke, 26. Abt., 1951, S. 118 ff.]) und 2. aus der paradoxen Bestimmung dessen, *dem* solches mitgeteilt werden soll, nämlich einem andern, aber als »Selbst«, weil der Mensch nur als solches vor Gott stehen kann. Das Indirekte der Mitteilung motiviert sich also in beiderlei Hinsicht aus einer Negation der unmittelbar-natürlichen Verhältnisse. Das Unnatürliche an Christus, zu dem einen die Mitteilung in ein Verhältnis bringen soll, ist, daß er als Mensch Gott ist, »Gottmensch«, d. i. eine »negierte Unmittelbarkeit« oder ein »Zeichen« ist; das Unnatürliche am »Einzelnen«, der dazu ein Verhältnis gewinnen soll, ist, daß einer als einzelnes Selbst nicht mehr, wie ein Du, unmittelbar auf Erwiderung hin ansprechbar ist, sondern nur indirekt in Reflexion auf ihn selbst, gegen sein Zurückkommenkönnen auf den, der ihn ja nicht um seinetwillen, sondern um Christi willen und auf diesen hin anspricht.

sondern eine Möglichkeit des Menschen als »theologisches Selbst«, dessen Maßstab *Gott* ist [K 76/77 f.]. Gott ist die »Zwischenbestimmung« des Einzelnen, und ein Einzelner werden heißt: »vor Gott stehen« [G 146/134 f.], und »sich von Gott helfen lassen«. Alle Begriffe, welche einen als Einzelnen bestimmen (»Selbst«, »Selbstbewußtsein«, »sich im Verhältnis zu sich selbst verhalten«, »Geist«-sein [K 26/25 u. 10/8]), sind somit theologische, auf Gott bezogene Begriffe und stellen nur so eine mögliche Position des Menschen als eines Einzelnen dar. »Entscheidend« ist die Bestimmung des Menschen als »Geist« nur deshalb für Kierkegaard, weil der Geist als *christlich* verstandene Kategorie eine »entscheidende« Bestimmung ist. Geistig als Einzelner existieren wollen bedeutet ihm somit »Gewissen haben und haben wollen«, [G 151–153/139–141] nämlich vor Gott, denn vor sich selbst kann der Mensch nicht offenbar und verantwortlich werden.

»Lebst du nun so, daß du deiner als Einzelner bewußt bist, daß du dir in jedem Verhältnis, in dem du dich nach außen verhältst, bewußt bist, daß du dich gleichzeitig zu dir selbst als Einzelner verhältst; daß du selbst in den Verhältnissen, die wir die innerlichsten nennen, dich erinnerst, daß du ein noch innerlicheres Verhältnis hast, das, in dem du dich als Einzelner zu dir selbst vor Gott verhältst?« [G 147 f./136]. Denn es ist vor Gott nicht die Frage, ob einen ein [176] anderer verführte – darüber werde Gott mit *ihm* reden – sondern, man werde lediglich als Einzelner gefragt werden, ob man sich selbst verführen ließ. Rein menschlich macht die »vielfach zusammengesetzte« »Verwicklung der Wechselwirkung« [G 150/138] der Verhältnisse die Scheidung der Schuld schwierig; im Verhältnis kann sich ein jeder mit dem andern entschuldigen und von sich wie von einem Dritten sprechen. Aber vor Gott gibt es keinen »gemeinsamen Schiffbruch«, denn er fragt jeden als Einzelnen, und vor ihm ist jeder »ohne Vergleich« schuldig, ein unvergleichlicher Einzelner. Dieses Verhältnis eines jeden zu Gott begründe auch allererst Eintracht zwischen den Menschen; rein menschlich ist dagegen jeder Zusammenhalt zugleich Zwietracht. Das Zentrale ist daher in allen Verhältnissen das Verhältnis zu sich selbst, als Einzelnem, vor Gott. Dieses Grundbewußtsein sei der schmale Weg zur Wahrheit des Lebens. Die konkrete Ursprungssituation, durch welche sich einer aber faktisch zum Einzelnen *vereinzelt* oder individuiert, ist die Verzweiflung, welche eine Krankheit zum Tode ist. »Jede menschliche Existenz, die sich nicht vor Gott persönlich als Geist weiß, sondern dunkel in etwas Universellem aufgeht und ihr Selbst als ein unerklärliches Etwas nimmt« [K 43/43], jede solche Existenz ist – nach Kierkegaard – Verzweiflung. Daher komme es, daß der Mensch in der Antike so leichtsinnig über den Selbstmord geurteilt habe[8], ja ihn anpries, während es doch die entschiedenste Sünde gegen Gott sei, so aus dem Dasein auszubrechen [K 44/44]. Dem Heiden fehlte mit der geistigen (= christlichen) Bestimmung des »Selbst« zugleich auch die des Selbstmords als einer Sünde wider Gott, der allererst den Menschen als ein Selbst setzen und offenbar machen kann. Die wahre Vorstellung vom Selbstmord ist, daß er Verzweiflung ist, und das Bewußtsein, verzweifelt zu sein, ist identisch mit dem Bewußtsein, ein einzelnes Selbst zu sein.

Die Heilung von dieser Krankheit des Menschen an sich selbst als einem in Gedanken an den Selbstmord verzweifelten Selbst ist der Glaube an Gott; in ihm wählt sich der Mensch als Selbst, indem er sich auf die Macht gründet, durch die er als Selbst gesetzt ist. Der Gegenbegriff zum Glauben ist also die Sünde: daß man entweder vor Gott verzweifelt nicht man selbst sein will, oder daß man vor Gott verzweifelt man selbst sein will. Als Durchgang zum Glauben an [177] Gott macht die Verzweiflung den Menschen sich selbst, nämlich vor Gott, offenbar. Im Glauben an Gott reokkupiert der Mensch den in der Verzweiflung verloren gegangenen Glauben an sich selbst.

Kierkegaards Grundthese, daß der Mensch vor Gott »offenbar« werden müsse, entspricht, daß er von Kindheit an verschlossen und undurchsichtig war, unfähig zur Freundschaft wie zur Ehe, überhaupt zu jeglicher Gemeinsamkeit im Vertrauen. »So rettete er sich selbst mit seinem ganz rätselhaften und undurchsichtigen Wesen aus dem ersten Stadium hinüber in das dritte« (Brandes, a.a.O., S. 166)[9]. Philosophisch bedeutsam ist an Kierkegaards Analyse des einzelnen Selbst nicht der Glaubensweg, den er im Banne familiengeschichtlicher und weiterhin geistesgeschichtlicher Tradition zur »Heilung« von der »Krankheit zum Tode« eingeschlagen hat, sondern die Klarheit, mit welcher er *die Verzweiflung*, im Gedanken an den Selbstmord, *als die*

8   S. Jacob Burckhardt, *Griechische Kulturgeschichte*, hrsg. v. Jakob Oeri. 5. Aufl. Bd. II, Berlin/Stuttgart: Spemann, o. J., S. 421–437 [Gesamtausgabe, IX, S. 378–392].
9   Brandes' »Charakterbild« Kierkegaards ist u. E. der bisher einzige, klarblickende Versuch, die theologische »maschera« Kierkegaards anthropologisch »nuda« zu sehen.

Grundsituation radikaler Vereinzelung oder Individuation erkannt hat. Für die menschliche Philosophie, welche unter der Idee der Freiheit steht, enthält die theologische Interpretation der Verzweiflung und des darin zum Ausdruck kommenden »Einzelnen« die Aufgabe: die existenziell-theologische Voraussetzung anthropologisch aufzuklären, eine Aufgabe, zu der seit Feuerbach vor allem Nietzsche vorgearbeitet hat[10].

§ 45. *Stirners Begriff vom »Einzigen«*

Gleichzeitig mit Kierkegaard hat Stirner in seinem Werk *Der Einzige und sein Eigentum* [Leipzig 1845] den Einzigen zur Grundlage seiner nihilistischen Philosophie gemacht. Selbst bei Kierkegaard, der das einzelne Selbst als ein solches Verhältnis bestimmt, in welchem sich der Mensch wesentlich *zu sich selbst* verhält, zeigte sich, daß die vorgängigen Verhältnisse zu *andern* für das Verhältnis zu sich selbst, wenn auch nur privativ, mitbestimmend sind. Weil sich der [178] Mensch schon in jedem alltäglichen Verhalten zu andern »gleichzeitig« in unausdrücklicher Weise zu sich selbst mitverhält, kann dieses Verhältnis zu sich selbst ausdrücklich betont und zum »Grundbewußtsein« erhoben werden. Aber auch in der eigentlich theologischen Bestimmung des Selbst zeigte sich in »Gott« als der »Zwischenbestimmung« des Einzelnen die wesenhafte Angewiesenheit der Position des Einzelnen auf eine – formal zu verstehende – Opposition zu einem andern Wesen, welches den Einzelnen allererst *als* Einzelnen setzen kann.

Ausdrücklich durch *Opposition* bestimmt Stirner die *Position* des »Einzigen« bereits im Titel seines Werkes, indem er dem Einzigen dadurch einen konkreten Inhalt gibt, daß er ihm *alles andere* zum »Eigentum« gibt.

10 In Hinsicht auf Kierkegaards existenzielle Interpretation der natürlichen Grundlagen des menschlichen Lebens ergibt sich die Aufgabe: mit dem Freimut der Skepsis nachzusehen, welches die natürlichen Grundlagen seiner eigenen widernatürlichen Existenz gewesen sind. Zu finden sein werden diese Wurzeln seiner theologischen Problemstellung dort, wo die wirklichen Probleme des Lebens entspringen, nämlich in derjenigen »Geschichte«, die aller »Geistes«-geschichte vorhergeht: in der Biographie der persönlichen Existenzverhältnisse, für welche Kierkegaards Tagebücher ein noch unerschlossenes Material bieten.

Abgesehen davon, daß dem Einzigen alles andere, was nicht er selbst ist, zu eigen werden kann, ist der Einzige nach Stirners eigenen Worten eine absolute – *Phrase*. Dies erkannt zu haben, ist Stirners eigenstes und wesentlichstes Verdienst.

Die Kritik seines Werkes durch Feuerbach, Szeliga und Hess[11] gab Stirner Anlaß klarzustellen, was denn der Einzige eigentlich sei, wenn man nämlich einen Menschen wirklich in seiner Einzigkeit und nicht in seiner Vergleichbarkeit bestimmen will. Was Stirner dabei herausstellt, ist der formale und radikale Begriff der Ichlichkeit oder des Egoismus. Stirner zielt darauf ab zu zeigen, daß alle Prädikate vom Menschen wie: ein Lebewesen, ein Mensch, ein Deutscher, ein denkender Mensch, aber auch »Feuerbach« zu sein, erst dadurch Realität haben, daß sie Prädikate eines je Einzigen sind. »Feuerbach« sei z. B. kein »Mensch« und auch kein »Feuerbach« – ein Feuerbach, das waren auch sein Vater und sein Bruder – sondern ein *Einziger, unvergleichlicher* Mensch, der »platterdings« nichts als Feuerbachisches tue, ein absoluter »Egoist«. Was er (Stirner) sage, wenn er vom Einzigen spreche, sei zwar ein Wort, was er damit aber meine, das sei kein Wort; was er sage, sei nicht das Gemeinte, und was er meine, sei unsagbar. Man schmeichle sich immer, daß man vom »wirklichen, individuellen Menschen« rede, wenn man vom Menschen spricht. Das sei aber nur möglich, solange man von *diesem* Menschen *allgemein* spricht. Denn der »Mensch« erschöpft nicht *Dich*. Zwar hast Du als Mensch Anteil am allgemein Menschlichen, [179] aber doch einzig und allein als der, der *Du* bist. Sein, Mensch-sein, allgemeines Ich sein, denkender Mensch sein usw., das alles sagt nicht aus, *wer* einer ist, sondern nur *was* ein jeder ist, aber nicht den »jeder« je für sich, als der, der er an sich selbst ist. Sein, Denken, Ich sind *unbestimmte* Begriffe, welche durch weitere Begriffsentwicklung bestimmter werden können. Der »Einzige« aber ist ein grundsätzlich *bestimmungsloser* Begriff, der durch andere Begriffe niemals bestimmter – gehaltvoller – werden kann, sondern nur unbestimmter. Die Entwicklung des Einzigen als eines Einzigen ist deine und meine Selbstentwicklung, eine ganz einzige Entwicklung, da deine Entwicklung durchaus nicht die

11 Max Stirner, *Kleinere Schriften und seine Entgegnungen auf die Kritik seines Werkes: »Der Einzige und sein Eigentum«. Aus den Jahren 1842–1848.* 2. durchges. u. sehr verm. Aufl., hrsg. v. J. H. Mackay, Treptow bei Berlin: Zack, 1914, S. 343–396.

meine ist. Durch das Wort »Einziger« soll und kann also nicht gesagt werden, *was* einer ist, sondern *wer* einer ist, wie man ja auch durch den Taufnamen nicht sagen will, *was* einer ist. In dieser seiner notwendigen Nacktheit und Kahlheit macht der Begriff des Einzigen den eitlen Prunk seiner Gegner offenbar; er zeigt, daß die größte Phrase diejenige ist, die das inhaltsvollste Wort zu sein scheint. Der Einzige ist dagegen die aufrichtige, offenbare Phrase und damit der Schlußstein unserer Phrasenwelt, dieser Welt, in der »am Anfang« das »Wort« war. Der Einzige ist eine Aussage, die mit aller Offenheit einräumt, daß sie – nichts aussagt. Der »Mensch«, der »Geist«, das »wahre Individuum«, die »Persönlichkeit« usw. sind Aussagen oder Prädikate, welche von einer Fülle des Inhalts strotzen, Phrasen mit höchstem Gedankenreichtum. Der Einzige ist gegenüber jenen heiligen Phrasen die leere, anspruchslose und ganz gemeine Phrase. So etwas ahnten die Rezensenten am Einzigen, aber sie meinten, er mache wiederum darauf Anspruch, eine heilige, erhabene Phrase zu sein und bestritten ihm diesen Anspruch. Der Einzige ist aber einer, der nicht zum zweiten Male da sein kann, folglich auch nicht in Worten *ausgedrückt* werden kann; denn könnte er wirklich und ganz ausgedrückt werden, so wäre er damit, zum zweiten Male, im *Ausdruck* da. Weil er aber unsagbar ist, darum ist er, diese vollständige Phrase zugleich – *keine* Phrase. Solange *Etwas* von Dir ausgesagt wird, wirst du nur als dieser Etwas (Mensch, Geist, Christ usw.) anerkannt, aber nicht als der, der du einzig und allein du selbst bist. Das Urteil: »du bist einzig« besagt daher nur: »du bist du«; jedes weitere Prädikat würde schon nicht mehr das Subjekt in seiner Subjektivität ausdrükken. Du unaussprechlich Einziger bist der *Wer*, der *Der* der Phrase, und erst, wenn nichts mehr von Dir ausgesagt wird, was Du [180] bist und Du nur genannt bist, wirst Du als einzigartiges Wesen anerkannt.

Als Einziger lebt ein jeder in der Welt als *seiner* einzigartigen Welt, Feuerbach in der seinen und Stirner in der seinen ; denn man lebt nicht nur mitten in der Welt, sondern ist selbst die Mitte seiner Welt. Welt ist, was einer nicht selber ist, was aber zu ihm gehört, für ihn so ist, wie es ist. Du Einziger bist somit »Einziger« nur zusammen mit »*Deinem Eigentum*«, und kraft dieses Eigentums hat der Einzige als dessen Eigner einen faktischen und aussagbaren Inhalt.

Und daß Stirner über den »Einzigen«, der doch eine »absolute Phrase« ist, ein ganzes Buch schreiben konnte, beruht auch nur darauf, daß er ihn in seinem Verhältnis zur Welt, und das heißt vor allem zur *Mitwelt*, als Individualität einer Personalität, als ein Individuum in der Rolle des Mitmenschen bestimmt hat. (Anm. 27)

Als Individuum ein Mitmensch sein und diese Rolle haben und spielen macht den Ernst und den Reiz des menschlichen Lebens aus, dessen Wohl- und Übelbefinden, dessen Glück und Unglück vorwiegend durch das Verhältnis des einen zum andern bestimmt ist. Es genügt, daß überhaupt ein anderer da ist, der einen achtet und anerkennt, um sich selber achten zu können und sich selber kenntlich zu werden; es genügt aber auch, daß man, mit Kant gesagt, überhaupt unter andern lebt, »um sich einander böse zu machen.« Das Verhältnis zu Seinesgleichen ermöglicht sowohl die Selbstunterscheidung wie den Vergleich mit andern, innerhalb derer sich alles menschliche Leben als ein Zusammenleben in Auseinandersetzung bewegt.

Drei Rezensionen

Besprechung des Buches *Rasse und Seele* von Ludwig Ferdinand Clauss

1926

Der Verfasser nimmt sein Buch im Vorwort mit Recht als ein pädagogisches in Anspruch. Dies ist es nicht nur, weil es alltägliche Anschauungen ohne abstrakte, methodologische Erörterungen, aber doch unter methodischer Führung zum deutlichen Bewußtsein bringt, sondern vor allem deshalb, weil es zu etwas anlernt – nämlich zum differenzierten Sehen bestimmter Ausdruckserscheinungen des menschlichen Lebens. Der Autor versteht es, seine Beobachtungen in leicht faßlicher Weise zu formulieren, ohne die Flüssigkeit der Darstellung durch Oberflächlichkeit zu erkaufen. Mit eigenen Augen Gesehenes kommt temperamentvoll und plastisch zur Sprache und wird unter klaren Gesichtspunkten an Hand eines aufschlußreichen Materials von Abbildungen entwickelt.

Sofern der Leser aber an das Buch den Anspruch stellt, nicht nur unterhalten und zum Sehenlernen angeregt, sondern *im Verständnis des Menschen wahrhaft gefördert zu werden,* und sich eine Besprechung über die inhaltliche Anzeige hinaus ihrerseits im Sinne einer solchen Forderung zu bewegen hat, kommt es darauf an, die Art und Weise der zugrunde liegenden *Betrachtungsweise* des Menschen herauszustellen, um so ihre mögliche Anspruchsweite festzustellen. Es fragt sich also: Welcher Art ist dieses »Sehen«, zu dem das Buch den Leser zweifellos anlernt? Daß überhaupt eine ganz spezifische Betrachtungsweise vorliegt, verdeckt sich dem heutigen Leser dadurch, daß sie die allgemein üblich gewordene ist. Man ist in selbstverständlicher Weise darauf vorbereitet, durch Autoren wie: Spengler, Frobenius,

Keyserling; Gundolf, Worringer, Scheffler; Kretschmer und nicht zuletzt durch Klages, von dessen bewußt methodischen Arbeiten der Verfasser nicht unberührt sein dürfte. Auf so verschiedene Gebiete sich das thematische Interesse aller dieser Forscher verteilt, so einheitlich ist im Grunde ihre Weise, die menschlichen Ausdruckserscheinungen anzusehen. Sie ist im wesentlichen zu bestimmen als eine jeweils abgewandelte *ästhetische* Betrachtungsweise, welche im engeren oder weiteren Sinn »Bilder« des Lebens entwirft und diese Lebensbilder auf ihren anschaulichen Stil hin vergleicht; mag dabei der »Stil« Kulturerscheinungen überhaupt, Kunstwerke insbesondere, vorbildliche »Gestalten«, den »Körperbau«, »Schriftbilder« als Grundlage für »Charakterbilder« oder – wie bei Clauss – das Aussehen der Menschen in Hinsicht auf Rassigkeit betreffen. Nicht zufällig lassen sich daher die so gewonnenen Anschauungen wiederum durch Illustrationen veranschaulichen. Und der Kunsthistoriker vollzieht nur am ausgeprägtesten diesen anschaulichen Ausweis seiner anschaulich gewonnenen Einsichten.

Damit taucht aber bereits – gerade im Hinblick auf das Interesse an Rasseneigentümlichkeit – die Frage auf: ob es überhaupt eine spezifisch »nordische« Möglichkeit ist, den Menschen vorzüglich vom »eidos«, vom Aussehen her im Ansehen kennenzulernen, d. h. in einer Verhaltensweise, die als theoretische oder schauende gerade nicht nach ihrem Gegenstand – »ausgreift«, sondern wesentlich im Abstand der Sichtweite verweilt! Wie immer es aber um die rassenmäßige Bedeutung der theoretischen Verhaltensweisen stehen mag, so beweist doch die Tatsache des vorliegenden Buches, daß es allem Anschein nach innerhalb der Möglichkeiten des nordischen und nicht nur des spezifisch schaulustigen mittelländischen Menschen liegt, die »unendliche Aufgabe« einer Menschenkenntnis in abschließender Betrachtung – denn abschließend ist jede »Betrachtung« – in Angriff zu nehmen, die menschliche Welt als einen großen »Schauplatz« anzusehen. Abschließend und insofern fertig ist die Betrachtungsweise von Clauss ausdrücklich dadurch, daß sie sich als freie Intuition reiner Wesensgestalten auffaßt. Unwandelbar gegebene seelisch-leibliche Grundgestalten werden, der Absicht nach, in »ideierender Abstraktion« (Husserl) oder, charakteristischer gesagt, in »stilisierender« Heraushebung vor Augen geführt. Zu Unrecht wird, in der Einleitung, W. v. Humboldt der Vorwurf gemacht, er habe diese wesenhaften Unterschiede der Menschen – hinsichtlich ihres sprachlichen Ausdrucks – nivelliert durch

Normierung an der humanitären Idee einer puren Sprache des Menschengeschlechts überhaupt und sei auf diese Weise aus einem »freien Denker« zu einem »Menschheitspfaffen« geworden. Abgesehen von dieser zum wenigsten geschmacklosen Charakterisierung, der andere zur Seite stehen[1], ist dagegen zu bemerken, daß es der europäischen Sachlichkeit Humboldts nicht entgangen ist, daß nur hinsichtlich des *grammatischen* Sprachbaus, aber nicht der lebendigen Sprache von Vollkommenheits*graden* die Rede sein könne. Andererseits erweist sich der »zweite Protestantismus« – wie Clauss die nordische Protestbewegung gegen internationale Nivellierung der Menschenrassen auf den Menschen zu bezeichnen nicht ansteht – durchaus nicht als so undogmatisch und duldsam, wie er sich dem Anschein nach gibt. Denn undogmatisch ist eine Bewegung nicht dadurch, daß sie an Stelle eines »katholisch«-allgemeinen ein rassenmäßig-individuelles Dogma proklamiert, sondern dadurch, daß sie gegen jedes Dogma kritisch ist und skeptisch macht.

Faktisch lockert sich des Verfassers Dogmatik dank der Weite seiner konkreten Verständnismöglichkeiten oder – wie er sie selbst versteht – der Fähigkeit, als echter Schauspieler sich selbst in verschiedenen Rollen zu spielen und sich so in die Ausdrucksgebärden anderer Rassen einzuleben (vgl. die vorzüglich interpretierten Beobachtungen nordischer und mittelländischer Verhaltungsweisen). Grundsätzlich

---

1 Derartige Charakterisierungen drücken das Niveau des Buches durchweg, besonders aber in seinem schwächsten Abschnitt, dem über »Nordische Glaubensgestaltung«. Die Kritik des üblichen Religionsunterrichtes wäre überzeugender, wenn der Verfasser im Religiösen über eine andere Kategorie als die der »Begabung«, »die man hat oder nicht hat«, verfügte und – protestantischer als Luther – nicht weiß, was er mit den Büchern des Alten Testaments anfangen soll, und der wahrhaft naiven Meinung ist, daß Christus »unter nordischen Männern« nicht verraten und um keinen Preis aus Furcht verleugnet worden wäre. Es sei »nicht auszudenken, welcher Schwung des Schauens und Glaubens durch den Norden hätte brausen müssen, wäre Gottes Sohn dort eingezogen in solcher Fahrt«! Eine so schwungvolle Schau ist allerdings nicht auszudenken, es sei denn auf dem Weg einer »Stilisierung« eines wohl oder übel gegebenen fremdrassigen »Glaubensinhaltes«, zu dem Clauss eine neue Form hinzudichtet. Der dialektische Kompromiß im Begriff des Menschen als eines »Gottesfreiherrn«, aber »gleichsam im Knechtsgewand«, nämlich aus Noblesse, weil ein Gottesfreiherr »seinen Glanz nach innen trägt« (!), ersetzt nicht »tote Geschichte« durch lebendige »Dichtung«. Der einzig echte und höchst persönliche Versuch, Christus und Herakles ineinander zu dichten, wurde – aber ohne Rassenbesorgnis – von Hölderlin unternommen.

verbleibt aber seine Betrachtungsweise im Dogmatischen schon allein
kraft des dogmatischen Charakters jeder – naiven oder gelehrten –
»Wesensschau« und entsprechenden Evidenzgewinnung. Als intuitive
Wesenserfassung richtet sie sich, in berechtigter Reaktion gegen
naturalistische Summierung von Merkmalen, Eigenschaften oder phy-
siognomischen Einzelheiten, zwar auf ein verständliches Ganzes (das
»Stilgesetz«) bzw. auf den Wesen*zusammenhang* der Ausdruckserscheinungen, fixiert aber in der unkritischen Normierung an mathematischen Wesenszusammenhängen und -einsichten dieses Ganze als
ein fertiges Sinngebilde, und der Mensch erfährt die groteske Bestimmung: ein »seelisches Stilgebilde« zu sein! In ausdrücklicher Übertragung von der Geometrie her werden Wesenszusammenhänge postuliert in bezug auf Wirklichkeiten (menschliche Seele und Leib), wobei
vergessen wird, daß diese methodische Möglichkeit der reinen Erkenntnis reiner Gestalten bei »wirklichen« Dreiecken nur deshalb
besteht, weil für Dreiecke die Frage nach ihrer außermathematischen
»Wirklichkeit« hinfällig wird. Gemäß der supponierten »Wesenserfassung« unterbleibt eine *Analyse* der fraglichen Grundbegriffe, wobei
sich zeigen würde, daß sich das, seiner Idee nach, unanalysierbare
»Wesen« in den analysierbaren Begriff der *typischen Allgemeinheit*,
der »Naturformen des Menschenlebens« (V. Hehns Goethe)
(Anm. 28) auflöst. Ansätze zu einer Analyse der Typenbegriffe machten vor allem M. Weber und Dilthey, wozu der Briefwechsel: Dilthey-
Yorck v. W. S. 193 verglichen sei. (Anm. 29) Was faktisch für
Angehörige bestimmter Rassen zumeist *typisch* ist, wird übersteigert
zum freischwebenden Vorhandensein reiner Wesensgestalten. Und mit
der *Eigenständigkeit* dieser seelisch-leiblichen Wesensgestalten bleibt
deren *Zusammenhang* mit dem faktischen Menschen in einem metaphysischen Dunkel. Wie immer, so scheitert auch hier die platonische
Idee am Problem der »methexis«, d. h. der Teilhaber- oder besser
Inwohnerschaft des Idealen im Realen.

Wichtiger ist in unserem Zusammenhang, daß von vornherein die
verschiedenen *Grundweisen*, in denen Menschen *sich und die Welt
erleben* und ausdrücken, *ästhetisch*, im Sinne der Kunstwissenschaft,
als verschiedene Erlebnis-*Stile* ausgedeutet werden. Nur das Sachfeld
der Rassenforschung sei ein eigentümliches, ihre Methode diejenige
der kunstgeschichtlichen Stilanalyse. Das besagt aber: Die Methode,
d. h. die Erfassungsweise des Gegenstands, wird nicht ursprünglich aus
der spezifischen Bedeutsamkeit dessen, was sie erfassen soll – des

Menschen – geschöpft, sondern der Mensch bedeutet einer solchen Rassenforschung nichts anderes als ein mehr oder minder stilreines lebendiges Kunstwerk, und die Bemühung dieser Forschung geht auf nicht mehr und nicht weniger, als den Menschen dahin zu bringen, daß er – im Wortsinne verstanden – kunstgerecht wird[2]. Entsprechend widerstandslos vollzieht sich der Übergang von der Betrachtung verschiedener Weisen, z. B. des Hochseins gleichhoher *Kunstbauten* (Pyramide und gotisches Münster) zum Wuchs rassenverschiedener *Leibgestalten* und weiterhin zu typischen *Erlebnisweisen* als Lebensstilen. Auch die »Innenansicht« verbleibt im Okularen. Die grundverschiedenen Weisen – z. B. des Sitzens, Gehens, Redens, Lachens, Liebens usw. – werden von vornherein, *auf gleichem Niveau*, als verschiedene »Stile« angesprochen – zwar nicht als Stile von gemalten Bildern, aber doch als Lebensstile stilisierter Lebensbilder, deren »Schauplatz« entsprechend stilisierte Leibgestalten sind, die ihrerseits dem seelischen Lebensstil einer Rasse mehr oder minder gemäß sind. Und die Eigentlichkeit eines solchen Stiles wird in seiner «*Reinheit*» gesehen, welche Reinheit – wiederum typisch-ästhetisch! – als »*Einheit der Formensprache*« im Sinne einer vollkommenen *Einstimmigkeit* der seelischen Ausdruckszüge unter sich und mit ihren leiblichen Ausdrucksbahnen bestimmt wird. Reinheit besagt nichts anderes als Einheit, und eine »rein-geartete Seele« ist nichts anderes als eine »eingeartete Seele«, und der angemessene Ausdruck eines einheitlichen Lebensstiles ist eine reine leibliche Gestalt. Wider Willen bewegt sich der Verfasser mit dieser Leitidee einer vollendeten Einstimmigkeit von Leib und Seele (der Seele mit sich selbst, mit ihrem Leib und zu ihrer Umwelt) innerhalb des *klassischen* Ideals, und das besagt für unsere Zeit: in romantisch-klassizistischen Ideen. Es ist aber höchst fraglich, ob das faktisch leitende Postulat einer sog. Verleiblichung der Seele gerade für die nordische Seele mehr bedeuten kann als ein Ideal,

2 Daß es noch andere Möglichkeiten der Einteilung des Menschen gibt – wenn überhaupt eingeteilt werden soll – als eine objektiv-stilistische, zeigen die »drei Stadien« Kierkegaards, der von einem außerästhetischen Gesichtspunkt her drei sinngenetische Stufen (ästhetische, ethische, religiöse) von Erlebnisweisen seiner selbst und der Welt herausstellt. Vielleicht könnte zwar die Rassenforschung zeigen, daß alle drei Stufen, so wie sie Kierkegaard interpretiert, spezifisch »nordische« Züge aufweisen. Es fragt sich aber, was eine solche Einebnung existenzieller Unterschiede in einen allgemeinen, einheitlichen Rassenstil bzw. ihre Verteilung auf verschiedene Rassenstile noch besagen kann für ein Verständnis des Menschen, wie er faktisch lebt und lebt.

welches aus dem konstitutiven Mangel an faktischer Einstimmigkeit geboren ist und damit ebenso problematisch bleibt wie die auf Seite 37 zur Sprache kommende rastlose Bewegung des nordischen Menschen nach der Gegenwartsnähe des Südens. Nur für den Südländer dürfte die von Clauss allgemein beanspruchte Charakterisierung des Leibes als eines »Schau-platzes« der Seele sinnvoll sein; denn nur er trägt faktisch das, was ihn im Innern bewegt, zumeist in der Gebärdensprache seines ganzen Körpers sichtbar »zur Schau«, während der Nordländer nicht nur faktisch bis auf sein Gesicht verhüllt ist und auch dieses im allgemeinen nur ohne und wider seinen Willen seine inneren Bewegungen offensichtlich macht. Wie dem nordischen Menschen wenig an einer auf den Leib zugeschnittenen Kleidung liegt, so kommt es ihm auch gar nicht wesentlich darauf an, einen stilreinen Leib zu haben, was schon daraus ersichtlich wird, wie gering bei uns, trotz aller Propaganda, die prozentuale Beteiligung an »Körperkultur« usw. – ist. Die relative Gelassenheit, mit der dieses Mißverhältnis geistiger und körperlicher Ausbildung vom heutigen Nordländer ertragen wird, kann mit dem dogmatischen Hinweis auf die »orientalische« Herkunft des Gegensatzes von »Fleisch und Geist« nicht wegerklärt werden. Und so bleibt der in Analogie zu Dreiecks-Sätzen postulierte Wesenszusammenhang von Erlebnisstil und Leibgestalt wesentlich irreal – wenn auch nicht immer in so krasser Weise wie etwa für Luther –, der, in Unstimmigkeit mit seinem Leib, diesen als einen »alten Madensack« bezeichnete. Die Tatsache aber, daß einer sowohl mit sich selbst wie mit seinem Leib und mit seiner Umwelt in Unstimmigkeit leben kann, beweist nicht mehr und nicht weniger, als daß der Mensch sich prinzipiell jenseits der natürlichen Eindeutigkeit des organischen Lebens befindet und für ihn gerade deshalb die in sich geschlossene Einstimmigkeit natürlicher Geschöpfe in kunstvollen Werken zum bewußten, aber faktisch unnachahmlichen Vorbild wird. Konsequent wird von der vorbildlichen Einheit des Stiles aus dem nur scheinbar voraussetzungslosen Ausgang von einem rassenmäßigen Durchschnittstypus mit methodischer Überlegenheit ein formalisierter Begriff vom »Adeligen« als der höchsten Möglichkeit artlicher Reinheit entgegengehalten. Denn nur von dieser extremen, deutlichsten und daher deutbarsten Möglichkeit aus können sinnvollerweise mehr oder minder un-reine Rassenstile unterschieden werden. Den »Lebensstil einer Rasse« suchen, bedeutet daher so viel wie »das Gesetz ihres Adels« als ihre höchste Möglichkeit in den Blick bringen.

Innerhalb dieser grundsätzlich fixierenden Einebnung der Bedeutsamkeit menschlicher Lebenserscheinungen auf schicksalhaftes Gegebensein stilreiner bzw. -unreiner Rasse erschließt der Verfasser unter verständnisvoller Beschränkung auf die in ihren Ausdrucksweisen wirklich »verstehbaren« Rassen[3] wesentliche Differenzen im Verhältnis des Menschen zu seiner Welt.

Nordland und Südland werden als »seelenkundliche« Begriffe verstanden – als die Landschaften des nördlichen und mittelländischen Meeres, wie es von denen erlebt wird, welche diese Meere befahren und deren angrenzende Länder bewohnen. Denn »Welt« ist keine x-beliebige Oberfläche, sondern dasjenige, worin bestimmte Menschen zu Hause sind, wozu sie sich verhalten, was sie in bestimmter Weise anspricht, ihnen etwas zu sagen hat, kurz: etwas *bedeutet*. Als für bestimmte Menschen in bestimmter Weise bedeutsame »Landschaft« besagt dieser Begriff daher so viel wie »seelische Umwelt«, d. h. etwas seelisch Verständliches bzw. Unverständliches, Vertrautes oder Unvertrautes, Fremdes. Und nur weil »Nord und Süd« phänomenal keine absoluten, z. B. geographischen Bestimmungen ausdrücken, lassen sich sinnvollerweise Menschen durch ihre Länder und Länder durch ihre Inwohner auch sprachlich bezeichnen oder bedeuten. Daher zeigen sich bereits in der Charakterisierung der nördlichen und südlichen *Landschaft* im wesentlichen alle Grundbegriffe, welche dem Verfasser weiterhin zur Charakterisierung der nordischen und mittelländischen *Seele* dienen.

Einheitlich und methodisch schärfer als üblich wird hier der Sinn all jener Aussagen zusammengefaßt, mit denen Deutsche von jeher den Grundcharakter des Nordens im Unterschied zu demjenigen des Südens gedeutet haben: Endlosigkeit, Schrankenlosigkeit, Maßlosigkeit der *Bewegung* im Unterschied zu begrenzten, maßvollen *Ruhe;* ständig unbefriedigtes *Undsoweiter* gegenüber stets erfülltem *Verwei-*

---

3 Die Bemerkungen zur »orientalischen Seele« übergehen wir, weil sie dem Verfasser noch unbewährt erscheinen. Aber auch das Wenige, was er zur Begründung z. B. der spezifischen Zudringlichkeit dieser Rasse sagt, stützt sich z. T. auf sehr dürftige Argumente. Zugegeben, daß die Psychoanalyse nicht zufällig jüdischer Provenienz ist, so spricht – ganz abgesehen davon, daß etwa die Graphologie, wie jede rücksichtslos zugreifende Analyse, nicht minder zudringlich sein kann, ohne doch deswegen jüdischer Herkunft zu sein – die angeführte Reaktion der »nordischen« Dame auf die Psychoanalyse nicht für ihre nordische oder sonst eine »Rasse«, sondern für ihr menschlich-allzumenschliches Empfinden! –

len im Augenblick; *Sorge* um eine *ferne Zukunft* im Unterschied zum *Genuß* der *nächsten Gegenwart*. Diese Unterschiede bekommen dann gleichsam eine perspektivische Struktur in der Analyse der *Verhaltungsweisen* des nordischen und mittelländischen Menschen zu seiner Mitwelt und Umwelt. Der nordische Grundstil ist ein »Stil des Abstands«; die Welt wird als ein »ob-jectum« im Abstand erfahren und bedeutet kraft dieses Abstands ein Feld menschlichen »Ausgriffs und Zugriffs«. Und sogar das bloße Schauen kann sich im Sinne des ruhelosen »immer weiter« vollziehen. Der »Abstand als Feld des Ausgriffs«, ist der prägnante Titel dieses Abschnittes. Für den Südländer bedeutet der Abstand ein »Feld des Spieles« sozusagen einen Spielraum. Die Haltung der *ostischen* Rasse, die als eine wesentlich »gestörte Gestalt« nicht auf derselben Linie der Fragestellung liegt, wird durch die Tendenz auf völlige »Tilgung des Abstands« charakterisiert. Aus den Grundweisen des Erlebens im Abstand wird dann der jeweilige Sinn ganz bestimmter Verhaltungsweisen gedeutet. Vor allem die sog. »Sachlichkeit« im Benehmen des Nordländers, seine sog. Objektivität, Leidenschaftslosigkeit, Anstand (als Einhalten des Abstands), der Sinn seines Redens und Schweigens, seiner Gebärdenarmut, seiner Tracht, seiner Geselligkeit und Einsamkeit und die dementsprechenden typischen Abfallsmöglichkeiten.

In dieser – mit oder ohne Bewußtsein – an Nietzsche geschulten Fähigkeit zu psychologischer Differenzierung der eigentlichen Bedeutung scheinbar identischer Verhaltungen, aus ihrem verschiedenen Motivationssinn, liegt das Hauptverdienst dieser deskriptiven Analysen – aber nicht in der dogmatischen Verteilung dieser Differenzen auf rassenmäßig verallgemeinerte Unterschiede[4]. Faktisch erwächst vielmehr auch das Verständnis von sog. Rasseneigenarten keiner freischwebenden Intuition, sondern der vorurteilslosen Interpretation der Erfahrungen, die einer mit seinen Nächsten, in unterscheidender Ver-

4 So wird z. B. die »Bucht« (Wik) verstanden nicht etwa als stabiler Wohnsitz, sondern als Schlupfwinkel und Ausfahrtsstelle der Wikinger, die eigentlich zu Hause (chez soi) gerade auf dem offenen Meere waren. Oder das »Sparen« bedeutet »auf nordisch« Vermehrung der Einkünfte, »auf ostisch« Verringerung der Ausgaben. Oder der genannte Preis einer Ware bedeutet auf nordisch: fester Preis, auf mittelländisch aber: erster Vorschlag für weitere Verhandlungen. Die Geselligkeit bedeutet dem Südländer etwas anderes als dem Nordländer, weil beide in verschiedener Weise »für sich« sein können. Die Höflichkeit im Umgang ist im Süden nicht im nordischen Sinne ernst zu nehmen, gerade deswegen aber auch nicht un-ernst.

gleichung mit sich selbst, macht – vor jeder Rücksicht auf Rassenzugehörigkeit. Nicht etwa deshalb, weil vorweg die Bedeutung des Wohnens in einer »Bucht« (Wik) oder des »Sparens« von Geld »auf nordisch« oder »auf ostisch« hin angesehen und seinem Sinne nach platonisch erschaut würde, versteht man den jeweiligen Sinn eines Wohnens oder Sparens des einen oder anderen, sondern weil der Mensch – soweit er überhaupt noch in seinen Verhaltungsweisen verständlich ist – aus den variablen Motiven und Tendenzen seiner Verhaltungsweisen verstanden wird, läßt sich nachträglich eine zunächst so erworbene Menschenkenntnis weiterhin rassenmäßig verallgemeinern und im Sinne einer *spezifischen Möglichkeit* an zugehörige Rassen fixieren. »Junggesellen«, denen ihr Heim bloßer Schlupfwinkel und Ausfahrtsstelle ist oder bedeutet, gab es jederzeit und gibt es überall und nicht etwa deshalb, weil sie verstreute Nachkommen von echten »Wikingern« sind. *Menschliche Verhaltungsweisen verteilen sich nicht auf platonische Rasseideen, sondern Angehörige bestimmter Rassen haben, als solche, zu bestimmten Verhaltungsweisen spezifische Möglichkeiten.* Und gerade wer seinen heimatlichen Horizont im Ausland erweitert hat, erfährt zunächst als das Auffallendste, wieviel durchgreifender heute der soziale Unterschied ist als der allgemeine rassenmäßige Hintergrund. Der *faktisch wirksame* »Lebensstil«, d. h. die *Lebensweise* etwa eines italienischen Gelehrten unterscheidet sich sehr wenig von derjenigen irgendeines anderen europäischen Gelehrten, und die möglichen Verhaltungsweisen einer italienischen Vermieterin werden sich nicht wesentlich unterscheiden von denjenigen einer deutschen. Was alles nicht hindert, daß »auf dem Grund ihrer Seele« zwar nicht so sehr »die« Italiener und »die« Deutschen – qua Rassen –, sehr wohl aber dieser bestimmte und jener bestimme Mensch substantiell verschieden sind und sich daher »im Grunde« nicht verstehen können. Dieses »im Grunde« hat aber für die menschliche Existenz in Rücksicht auf ihre seelisch-leibliche Verfassung nicht die Bedeutung einer gleichsam blinden, rassenmäßigen Bodenständigkeit. Als *Mensch* ist der Mensch nicht *zoologisch* mehr oder minder reinrassig, sondern von Grund aus eine mehr oder minder mit sich einige, ins Reine kommende und um »Reinheit« bemühte Existenz und erst weiterhin mehr oder minder rein-rassig. Die *Angehörigkeit* zu einer Rasse ist nicht das *faktische Fundament* der alltäglich wirksamen Lebensweise des Menschen, sondern ein wirksamer Moment in ihr. Denn die – landschaftliche, seelische und leibliche –

Bodenständigkeit des Menschen, insbesondere des heutigen, ist nicht –
wie Clauss mit Spengler voraussetzt – von gleicher Art wie diejenige
von natürlichen Geschöpfen der Natur – was zumal seit Nietzsches
Analyse des europäischen Bodens, die überzeugender ist als seine
Ideen zur Rassenverbesserung, klar geworden sein könnte. Denn
darüber darf die idealisierende Konstruktion von allgemeinen Erle-
bensstilen nicht hinwegtäuschen: daß die Möglichkeit der schauspiele-
rischen Einfühlung mehr besagt, als sie zu sagen scheint, nämlich dies:
daß man im Umkreis derjenigen Möglichkeiten versteht, die man
selbst – in einer nicht absehbaren Weise – *hat*. Und weil der Mensch
seinem Wesen nach keine *gestalthafte Substanz oder gar ein »Stilgebilde«* ist, sondern substantiell begrenzte *Möglichkeiten hat*, welche
»das« Leben einem jeden offenbart, aber nicht im Sinne jener Möglichkeiten, die man einmal für immer *mitbekommen* und vielleicht
ausdrücklich ergriffen hat, ist es überhaupt sinnvoll und aufschlußreich, Möglichkeiten – z. B. des »Genusses« der »Gegenwart«, im
Unterschied zur gewohnten »Sorge« um die »Zukunft« – an andersar-
tig lebenden Mitmenschen aufgezeigt zu bekommen – aber nicht
zwecks theoretischer Konstatierung ihres Anders-seins und Verstei-
fung auf ein eigenes So-und-nicht-anders-sein, sondern behufs einer
Erweiterung der eigenen faktischen Lebensmöglichkeiten, für deren
Bindung und Verengung das »unwandelbare« So-und-nicht-anders-
sein – das »Stilgesetz« – schon immer von selbst sorgt. Und es ändert
wenig, ob man sich in Unveränderliches fatalistisch ergibt oder – wie
Clauss fordert – ausdrücklich Ja! dazu sagt, wenn sich dieses Ja-sagen
nicht selbst, in eins mit dem, wozu da eigentlich Ja gesagt wird, in
seiner existenziellen Bedeutung versteht. Ein solches existenzielles
Aufsichnehmen dessen, was einer mit der Geburt ein für allemal
mitbekommen hat, vollzieht sich ursprünglich diesseits der Reflexion
auf das objektivierte Phänomen der Rasse und bleibt sich auch selbst
nicht unverständlich. Als ein schlechthin gegebenes Faktum bleibt das
rassenmäßige Geschick dagegen, wie jedes bloße Faktum, notwendig
etwas Unverständliches. Und sofern es als ein Unverständliches verstanden wird, geschieht dies gerade dadurch, daß die *Rasse* nicht als
eine eigenständige Wesensgestalt, sondern *als Schranke* des Willens
zum Anders- und Nicht-so-sein, als Grenze der eigenen Möglichkeiten, erfahren wird. Eine thematische Bekümmerung um das eigene
rassenmäßige Geschick ist, wie jede Bemühung um etwas, das sich
prinzipiell nur *von selbst* macht, notwendig ohne Verständnis für die

möglichen *Aufgaben* des Menschen, ganz abgesehen davon, daß die stilisierende Erschauung *reiner* Rass*eideen* das Problem einer *faktischen* Rassen*vermischung*, das seinerseits wiederum die Sorge um Rassen*reinheit* motiviert, allererst als ein »Problem« *erzeugt*. Es könnte dem vorliegenden Buch kein komischeres Schicksal – so, wie es eben Bücher haben können – widerfahren, als wenn es bei seinem Leser die Besorgnis um Rassenreinheit bewirkte. Wollte sich einer nun etwa »auf nordisch« oder sonstwie im Sinne seiner Rasse faktisch stilisieren, so wäre er wie jener Mensch, von dem Goethe berichtet, daß er ein Wort »auf geographisch« wissen wollte – weil er nämlich gar nicht wußte, was »geographisch« eigentlich besagen soll.

Besprechung des Buches
Wilhelm v. Humboldt und der Staat
von Siegfried A. Kaehler

1928

Der geschichtliche Abstand der Gegenwart von der Zeit, aus deren Voraussetzungen R. Haym das Leben und Schaffen Humboldts glänzend und gründlich, aber doch wie aus einer großzügig vereinfachender Fernsicht charakterisierte, (Anm. 30) findet in Kaehlers eindringlich nachforschender und künstlerisch darstellender Biographie einen starken und überzeugenden Ausdruck. So wenig wie Hayms »Lebensbild« *den* »wahren« Humboldt abphotographiert, sondern sein Portrait aus einer generationsmäßig und individuell bedingten, geschichtlichen Perspektive gezeichnet hat, ebensowenig ist Kaehlers Analyse und Darstellung durch den Nachweis der »Einseitigkeit« zu widerlegen, denn auch Kaehler gibt keinen unbedingten, imaginären Humboldt, der niemandem und keiner Zeit etwas zu sagen hätte, sondern er entdeckt uns dasjenige Gesicht von Humboldts vielen Gesichtern, welches unserer Zeit zugekehrt ist und sie am verbindlichsten und verständlichsten anspricht. Kaehler berichtigt damit zugleich die Vorurteile der Geschichtsschreibung einer vergangenen Zeit produktiv und läßt uns insofern allerdings einen »wirklicheren« und »wahreren« Humboldt sehen als jene vergangene Zeit, deren Zeit und Wahrheit für uns vorbei ist. Denn die Quellen des geschichtlichen Lebens sind als geschichtlich-lebendige unerschöpflich, »so daß jeder die tausend-

mal ausgebeuteten Bücher wieder lesen muß, weil sie jedem Leser und
jedem Jahrhundert ein besonderes Antlitz weisen und auch jeder
Altersstufe des Einzelnen« (Burckhardt [Anm. 31]).

Erblickt, ausgewählt, betont, eingeschätzt und beurteilt wird die
Geschichte – es sei im Großen und Ganzen oder auch diejenige eines
bestimmten Menschen – faktisch in erster Linie nach Maßgabe des
»Wichtigen« und »Unwichtigen«. Was aber z. B. an der Geschichte
eines bestimmten Menschen für wichtig und unwichtig gilt, das motiviert sich letztlich aus dem, woran der Beurteilende überhaupt
»glaubt« und woran er – im Gegensatz zu anderen, bzw. früheren
Beurteilern – nicht bzw. nicht mehr glaubt. Woran Kaehler als Grundlage des geschichtlichen Lebens der Menschen offenbar glaubt, und
zwar im unwillkürlichen Einverständnis mit uns und unserer Zeit, was
also seine Darstellung als glaubwürdiges Fundament des Verstehens
unterbaut und trägt, das ist der sog. »wirkliche« Humboldt [S. 444],
d. h. der Mensch in der spezifisch fragwürdigen und verständlichen
Menschlichkeit seiner schicksalhaften Zufallsgeschichte, sein »zufälliges Dasein« in seiner menschlichen Vollständigkeit, »die Begebenheit . . . in ihrer menschlichen Faßlichkeit« (Ranke), das, was an der
Geschichte »den Menschen interessieren kann« (Burckhardt) oder,
womit Burckhardt seine Geschichtsbetrachtung am Leitfaden des
»duldenden und strebenden Menschen« charakterisiert: das »Pathologische« der Menschengeschichte. (Anm. 32) Und diese Geschichtsauffassung ist nicht ohne Pathos. So bedeutet es also mehr als den Einfluß
einer Zeitströmung, wenn Kaehler das Verständnis von Humboldts
Leben an entscheidenden Stellen auf psychoanalytische und durchwegs auf anthropologisch-psychologische und folglich überhaupt auf
biographische Grundlagen stellt und sich von dorther seine Idee von
»Geistes«-Geschichte vorgeben läßt, indem er Humboldts konsequenter »Umwandlung eines gegebenen Triebes in den Zustand der ‹Idee› «
[S. 27] nachgeht.

Wenn es wahr ist und diese Wahrheit an der Zeit ist, daß das
geschichtlich wirksame Tun und Lassen bedeutender wie unbedeuten-
der Menschen verwurzelt ist in der Entwicklungsgeschichte ihres
individuellen Charakters, wie er sich im Zusammenleben mit Angehörigen und Fremden ausprägt, und die gründlichste – antreibende wie
hemmende – Grundlage des sog. »Charakters« eine mehr oder minder
unbewußte und undurchsichtige *Trieb*-Geschichte ist, dann ist dieser
»moderne« Humboldt Kaehlers nicht nur radikaler, sondern auch

menschlich wahrer gesehen als der bislang bekannte »klassische« Humboldt, der nicht mehr und nicht weniger glaubwürdig ist als die Ursprünglichkeit der Lebens-»Gestaltung« am Leitfaden einer »Idee«. Und weil es Kaehler auf diesen menschlich-verständlichen Humboldt ankommt, rechtfertigt sich auch das Gewicht, welches er den unmittelbaren Dokumenten des individuellen Lebenszusammenhanges beimißt, welcher mit Diltheys Worten »die Urzelle der Geschichte« (Anm. 33) ist und jeder Ideen- und Geistesgeschichte vorausgeht. Diese einmalige Geschichte der persönlichen Existenzverhältnisse dokumentiert sich bei Humboldt vor allem in seinen Tagebüchern und in zahllosen, zum großen Teil noch unveröffentlichten und bislang noch ungenutzt gewesenen Briefen, welche das ursprüngliche und hauptsächliche Material sind, aus welchen Kaehler seine äußerst reichhaltige und aufschlußreiche Darstellung aufbaut – bei aller kritischen Vorsicht gegenüber der »Wahrheit« von Selbstzeugnissen. Im Spiegel der Briefe, zumal eines so ausgesprochenen Briefschreibers wie Humboldt, werde »die feine Linie aufgefangen, auf welcher der Mensch und das Ereignis sich begegnen«. Kaehler bringt also zur Geltung, was Dilthey methodisch begründet hat: die hermeneutische Bedeutung der Biographie und Selbstbiographie für das Verständnis des menschlichen Lebens. Trotzdem unterscheidet sich Kaehlers Humboldt-Biographie wesentlich etwa von Diltheys *Leben Schleiermachers* durch den geringen Raum, den bei ihm die *»gesellschaftlich«*-geschichtliche Wirklichkeit, der *»historisch«*-psychologische Gesichtspunkt einnimmt – obgleich doch der Titel seines Werkes Humboldt gerade in seiner Beziehung zum »Staat« ankündigt. Für Dilthey ist das wirkliche Subjekt der biographischen Geschichtsschreibung nicht der »Einzelmensch«, sondern der »geschichtliche« Mensch, und das besagt bei Dilthey so viel wie: das Individuum im Verhältnis zu seiner zeitgenössischen Mitwelt, innerhalb derer es sich entwickelt und auf die es zurückwirkt, und »die ganze Extension der gesellschaftlich-geschichtlichen Welt in der ganzen Intensität des anthropologischen Wissens« ist Diltheys allgemeines Ideal. In der Verwirklichung dieses Ideals hat es Dilthey zwar nicht an historischer Ausführlichkeit, wohl aber an psychologischer Eindringlichkeit und – was davon schwer zu trennen ist – auch an Zudringlichkeit fehlen lassen, während dagegen Kaehler auch noch seine Frage nach *Humboldts Beziehung zum Staat* eindeutig von Humboldts Individualität aus stellt und psychologisch beantwortet, indem er sie »als ein Problem der persönlichen Entwick-

lung Humboldts« darstellt. Das zweite Buch von Kaehlers Werk
(»Politik als Beruf«) wird in der Tendenz des ersten Buches (»Die
Problematik des Menschen und des Lebens«) behandelt, und dieser
Teil hat daher, als Ausgang und Grundlage des Verständnisweges,
über jenen – zwar nicht dem Inhalt aber dem Gehalt nach – das
Übergewicht. Dementsprechend überwiegt auch innerhalb des Ganzen
die Darstellung von Humboldts geistiger »Persönlichkeit« die seines
politischen »Werkes«, obgleich das Interesse an diesem der faktische
Ausgangspunkt von Kaehlers Arbeit war. Und eine noch weniger
selbständige Bedeutung als der »Staat« bzw. Humboldt als Staatsmann, hat derjenige gesellschaftlich-geschichtliche Lebenszusammenhang, welchen der Untertitel (»Ein Beitrag zur Geschichte deutscher
Lebensgestaltung um 1800«) anzeigt. Die Realität wird von Kaehler
auf diejenigen Menschen reduziert und konzentriert, welche Humboldts Mitwelt existenziell bedeutsam repräsentieren, vor allem auf
seinen ganz anders gearteten, naivtätigen und heiteren Bruder Alexander, seine Gattin Karoline und seinen politischen Antipoden Hardenberg, sowie auf die »Erlebniswelt« des jungen Humboldt.

Die Problematik des Menschen Humboldt steht im Vordergrund
des Interesses. Zwar entwickelt sie Kaehler biographisch aus der
Struktur von Humboldts individueller Veranlagung, und er deckt sie
auf in Humboldts persönlichsten Lebensverhältnissen, aber leitend ist
dabei doch die Frage, wie sich diese höchst-persönliche Problematik
gerade auch in seinem Verhältnis zum Staat erweist und ihn zur
politischen Erfolglosigkeit verurteilt. Das Problem, welches Humboldt
sich selbst und andern (deren beigebrachte Äußerungen über Humboldt oft noch aufschlußreicher sind als Humboldts Selbstzeugnisse)
war, wird [S. 16] am Leitfaden einer Tagebuchnotiz Humboldts in
dem »ersten determinierenden Motiv« aufgesucht, »welches alle anderen Kräfte modifiziert und das man kennen und verstehen muß, um
einen Charakter zu analysieren«. Denn »die persönlichsten Seiten, mit
denen der Mensch unmittelbar auf den Menschen wirkt, im täglichen
Dasein, verlöschen im Leben, die Geschichte deutet sie kaum an, sie
sind aber doch die Angeln der Weltbegebenheiten, da sie von
Geschlecht zu Geschlecht das Innerste der Menschen anregen und
bilden« (Humboldt an Karoline v. Wolzogen) [S. 16]. Kaehler will
zeigen, wie die Struktur von Humboldts Erotik, »als der nächsten und
engsten Beziehung«, welche Humboldt mit einem Menschen verbunden hat, auch für die Art und Weise seiner anderweitigen Beziehungen

zur Wirklichkeit in einem wörtlichen Sinne vorbildlich war.»Denn, wie er hier war und verfuhr, das wird maßgebend sein für sein Verhalten zu jeder Wirklichkeit im gesellschaftlichen Bereich«. Die Analyse der Erotik in Humboldts Leben hat somit in Kaehlers Darstellung eine grundsätzliche Bedeutung. Von hier aus versteht Kaehler den tiefen und weittragenden, existenziellen Sinn seiner »Metaphysik des Genusses« [S. 63 u. ö.], seiner »passiven Energie des Genießens«, auch noch des Leidvollen und Schmerzlichen, wobei sich der Genießende selbst genießt und genügt, ohne sich je an anderes Dasein eigentlich zu verlieren oder gar zu opfern. Ein »ästhetisch-erotischer Idealismus« [S. 66] ließ Humboldt sich selbst bewahren und behaupten und das Leben als »Selbstzweck« genießen, jenseits von »Schuld« und »Reue« [S. 49 f.]. Der praktische und theoretische »Idealismus« wird von Kaehler auf diese Weise weitgehend interpretiert, nämlich als Ausdruck der Selbstgenügsamkeit, und es wird damit zugleich ersichtlich, was ein durch reflektierende Betrachtung objektivierendes, »interpretierendes« Dasein existenziell bedeutet und aus welchen Nöten bestimmte Tugenden – notdürftige Tugenden! – entspringen. »Er geht daran und es gelingt ihm, aus der Schwäche ein Prinzip und aus seinen Grenzen ein System . . . zu machen. Und es geschieht mit Kühnheit. Des Mangels an Fülle und Kraft sich bewußt, schafft er sich eine Form, um des Lebens Herr zu werden. Indem er diese Form als Ideal aufstellt und in die Wirklichkeit umzusetzen beginnt, kommt nun in der Tat das, was an Kraft in ihm ist, zum Ausdruck und zur Geltung . . . Aber nur soweit reicht seine Kraft; über die Selbstbehauptung hinaus vermag sie nichts zu leisten. Denn es liegt nichts Spendendes in ihm; er erübrigt nichts, was er abgeben könnte: ›denn zu eigennützig wurde der Stoff des Lebens von ihm verbraucht und genossen‹.« »Auch als Genießer ist Humboldt nicht ein Verschwender geworden, sondern Sammler geblieben.« Er hat es verstanden, »diesem Trieb auf den letzten Höhen des Geistes und in den letzten Tiefen der Sinnlichkeit genugzutun« [S. 27]. Was ihm so an »Stoff« zuströmt, »das eignet er sich zu, indem es im Tiegel seiner ungeheuren Verstandeskraft [. . .] umgeschmolzen wird zu jener Masse empfundener Reflexion und reflektierender Empfindung, welche mit dem bleichen Glanz des Silbers die geheimen Kammern seines Innern ausfüllen. Er formt es zu jenem gehüteten Schatz, dessen erkältender Hauch schließlich auch den Freund in Humboldts ›Zauberwesen‹ einen gespensterartigen Menschen sehen ließ« [S. 33].

Mit dem Scharfblick des Psychologen stellt Kaehler den inneren
Zusammenhang der disparaten Charakterzüge Humboldts heraus,
und es fällt nicht nur ein neues Licht auf Humboldt als Gatten, Bruder
und Staatsmann, sondern auch auf seine Arbeitsweise, seine Reiselust,
seine Fähigkeit, aus der »Erinnerung« zu leben, auf seine Unentschlos-
senheit, wo es augenblicklich zu handeln galt, auf seine Unfähigkeit,
sich unmittelbar zu objektivieren – die Kehrseite seiner Fähigkeit, alles
in seine Einsamkeit zu verwandeln. Aber dieses im Genuß freie und
beruhigte Leben war Humboldt doch nicht genügend. Die Beobach-
tung der Weimarer Freunde hatte ihn überzeugt, daß sich »der
Mensch an ein bestimmtes Objekt müsse verlieren können« [S. 28]. Im
bloßen Leben sei zwar der Standpunkt des reinen Denkens und
Empfindens der höhere. Wer jedoch auf ihm verharre, werde immer
jener andern bedürfen und durch sich selbst das wenig weiterbringen,
was ihm selber doch über alles geht. Und so entwickelt Kaehler im
zweiten Teil Humboldts eigentümliche Problematik an seinem Verhältnis zur Objektivität des staatsmännischen Handelns. Der »Staat«,
d. i. in Kaehlers Darstellung eigentlich ein gegenständlicher Index für
das, was er überhaupt unter »Wirklichkeit« versteht. Und er versteht
darunter alles, was einer nicht selber ist, was möglicher Gegenstand
einer unbedingten Hingabe ist und den Menschen als einen solchen
beansprucht, der sich handelnd ausgibt, ohne Reserve und Sicherung.
Jedoch wird Kaehlers eigene Auffassung vom »Staat« bzw. vom
geschichtlich »handelnden« Menschen der »Wirklichkeit« – im Gegensatz zu dem »durch Selbstgenügsamkeit unabhängigen« Individuum –
nirgends so klar, wie es nötig wäre, um die daran orientierte Kritik an
Humboldts Lebensauffassung positiv begründen zu können und über-
prüfbar zu machen. Nur an einer Stelle (S. 139) wird deutlich, daß
Kaehler Humboldts Staatsbegriff von einer Basis aus in Frage stellt,
welche sich zwar kaum decken, aber doch stark berühren dürfte mit
der Hegelschen Geschichtsauffassung, wobei freilich, ihm wie Hegel
gegenüber, gefragt werden müßte, ob denn die schicksalhafte »Wirklichkeit« des »Staates« so ohne weiteres gleichgesetzt werden kann mit
derjenigen des »Lebens«, denn diese Wirklichkeit ist für jeden Menschen »Schicksal«, jene aber nur für die Wenigen, welche wirklich
Beruf zur Politik haben, die »geborenen« Menschen der Öffentlichkeit
und der »Tat«. Überzeugend wird Kaehlers Kritik von Humboldts
Staats- bzw. Wirklichkeitsbegriff dort, wo er auch dieses Problem ins
Psychologische verlegt und Humboldts Unwillen zum politischen Han-

deln folgendermaßen mit dessen eigenen Worten erklärt: »Im Handeln soll der Mensch, solange er lebt, nichts Geborgenes und Gesichertes haben, soll nie sagen können: das bin ich.« Aber Humboldt wollte sich auch noch als Handelnder der Situation zuvor logisch vergewissern, er konnte sich nach Kaehler nie dazu verstehen, »den nur geahnten Gewalten im Werden der Wirklichkeit die Hand zu reichen«. Als Ideologe besaß er eine systematische »Methode« des Handelns, und diese gründete er auf eine Analyse seiner selbst [S. 300]. Es fehlte ihm »jeder Ansatz zu einer Selbstkontrolle an der Wirklichkeit, zu einer Prüfung an dem von ihm so mißachteten Erfolg seines Handelns«. Diese Kontrolle zu bewirken sei die Aufgabe, welche die Selbstbeobachtung Humboldts der Nachwelt überlassen habe. »Es wird dabei zu zeigen sein, wieviel Selbsttäuschung auch vor dem geschärften Blick in das Bewußtsein des Menschen sich einzuschleichen vermag« [S. 301]. Und am deutlichsten kommt Kaehlers kritische Ansicht dort zu Wort, wo er [S. 302] sagt: »An die Tat und in ihr an das Schicksal sich hinzugeben, das verweigert der innerste Instinkt des Individualisten, welcher doch immer mit einem Auge nach der Sphäre des für sich geretteten und in sich befriedigten Eigenlebens hinüberschielt. Auch hier gelangt Humboldt über die *Erkenntnis* des *Notwendigen* nicht hinaus, weil er sich der Sache des Staates ... doch nicht völlig hingeben kann und will. Dem *freien* Opfer versagt er sich, und darum gilt auch von dieser halben Schicksalsbereitschaft das alte Wort: ‹fata nolentem trahunt›, wie es immer von ihm gegolten hat in entscheidender Stunde.« Aus dieser moralischen Unfähigkeit zum »Opfer« leitet Kaehler letztlich Humboldts politische und allgemein menschliche Fragwürdigkeit ab. – Der biographisch konkrete Exponent für Humboldts politische Ohnmacht ist in Kaehlers Darstellung sein Mißverhältnis zu Hardenberg. Mit aller Schärfe und Feinheit analysiert Kaehler das merkwürdig werbende Verhalten Humboldts zu Hardenberg. Eine scheinbar so geringfügige Tatsache, wie die, daß den etwa 150 Briefen Humboldts nur ca. 20 Antworten Hardenbergs korrespondieren, wird psychologisch nachgerechnet und erhellt, psychologisch interpretiert, die treibenden Hintergründe dieser wie anderer »Geschichte« [S. 281 f.].

Vielleicht wird Kaehlers »Humboldt« dem einen oder anderen als ein bedenklich »moderner« und »problematischer«, als ein zu sehr vergegenwärtigter Mensch erscheinen, aber solcher Skepsis wäre entgegenzuhalten, daß es von jeher die Kräfte, aber auch Schwächen, der eigenen Gegenwart gewesen sind, aus denen·vergangenes Menschenleben sowohl verstanden wie mißverstanden wurde. Und andererseits wäre Kaehlers biographisch-psychologische Methode gewiß nicht so aufschlußreich geworden, wenn ihr nicht der Gegenstand sachlich entsprochen hätte. Denn Humboldts politisches »Werk« war geschichtlich unwirksam, »seine Persönlichkeit aber mit ihrer Problematik stellt Fragen und redet eine Sprache, welche auch ohne die Vermittlung des gescheiterten ›Werkes‹ uns heute an sich vernehmlich sind«.

Und wenn das bedeutende Gesicht, welches uns hier von Humboldt im Bilde und Worte gezeigt wird, eher interessant und abstoßend als schön und anziehend ist, so bedenke man, was Tolstoi als alter und vielerfahrener Mann über die Wahrheit der Biographie gesagt hat: »Als ich mich ernstlicher in die Geschehnisse meines Lebens hineindachte, erkannte ich, daß eine derartige Biographie, wenn auch nicht direkt unwahr, so doch unwahr durch falsche Beleuchtung sei, unwahr durch Hervorheben des Guten und Verschweigen oder Verstecken alles Schlechten. Als ich jedoch versuchte, die ganze reine Wahrheit zu schreiben, ohne irgend etwas Schlechtes zu verbergen, erschrak ich vor dem Eindruck, den eine solche Biographie erwecken müßte. Eine solche, völlig wahrheitsgetreue Lebensbeschreibung möchte ich schreiben. Ich glaube, daß eine derartige Selbstbiographie bei aller Unvollkommenheit für die Menschen nützlicher sein wird als all das künstlerische Geschwätz, das die zwölf Bände meiner Werke füllt.«

Die dazu erforderliche »Sachlichkeit« *im Anthropologischen* ist es, welche Kaehlers Humboldt-Biographie vor allem auszeichnet und sie auch philosophisch bedeutsam macht. Zwar sagt sie uns nichts über Humboldt als Philosophen und Sprachphilosophen, aber sie gibt auf dem Wege über die Analyse seiner Persönlichkeit wesentliche Aufschlüsse über die »Genealogie der Moral« desjenigen Daseins, welches vorzüglich nicht in der Aktion, sondern in der reaktiven Reflexion, in der nur reagierenden »Interpretation« des Lebens, – »in Ideen« lebt [S. 16 u. ö.] oder wie Humboldt in dem von Kaehler als Motto vorausgesetzten Bruchstück einer Selbstbiographie sagt: weder zu großen Taten noch zu wichtigen Werken bestimmt ist, sondern das Leben aufnimmt, beobachtet, beurteilt und »behandelt«, ohne je eigentlich zu handeln.

Besprechung des Buches
Das Problem der Individualität
von Johannes Volkelt

1930

Volkelt versucht die philosophische Bestimmung dessen, was die
»Individualität«, vorzüglich des Menschen, ausmacht, dadurch zu
gewinnen, daß er in einem vorbereitenden, ersten Teil seines Buches
den in der Selbstbesinnung unmittelbar erfahrbaren, phänomenalen
Tatbestand der Individualität, die »*Phänomenologie* der Individualität« entwickelt, um dann in dem zweiten und für Volkelt selbst
gewichtigeren Teil darauf eine »*Metaphysik* der Individualität« zu
bauen. Diese mehr oder minder theistische Metaphysik bewegt sich in
der Tat »weit abseits von allem was gegenwärtig in der deutschen
Philosophie herrschend ist« (Vorwort) – aber nicht nur etwa deshalb,
weil eine solche Metaphysik momentan außer Mode ist, sondern
deshalb, weil sich eine den »Glauben« mit dem »Wissen« versöhnende
Philosophie faktisch überlebt hat, so sehr, daß auch eine philosophische *Kritik* des Christentums und seines Glaubens, wie sie noch von
Feuerbach bis zu Nietzsche geübt wurde, kein wesentliches Anliegen
kritischer Philosophie mehr ist. Die Methode von Volkelts metaphysi-
schem Überbau ist die Quasimethode eines Ahnens, Vermutens, Anneh-
mens, Für-möglich-Haltens (Volkelt spricht von mehr oder minder
»empfehlenswerten Möglichkeiten« [S. 195]) und Erschließens – auf
der Grundlage von »intuitiven« Gewißheiten des »Erlebens« [S. 72].
Die Methode dieser Metaphysik ist somit spezifisch unphänomenolo-
gisch, weil phänomenal nichts ausweisend, trotz des Ausgangs von
einer quasi-phänomenologischen Beschreibung und Zergliederung des
unmittelbar Sichtbaren und Erfahrbaren an Erscheinungsweisen der
Individualität. Der »Übertritt ins Metaphysische« der Individualität
ergibt sich für Volkelt durch das »Unbefriedigende an dem empirischen Ich« [S. 56 f.]. Da aber das »dem empirischen Ich zu unterbau-
ende Etwas, das in seine zusammenhanglosen Vorgänge Zusammenhang bringen soll, weder im Gehirn [materialistisch] noch auch in dem
Urwesen [spiritualistisch] bestehen kann, so bleibt nur übrig, daß das
empirische Ich ein überempirisches unbewußtes Ich zur Grundlage hat
und durch die Verknüpfung mit diesem zu einem zusammenhängen-
den Ganzen wird « [S. 58 f.]. Als über-»*empirisches*« Ich also ist das

Ich ein »metaphysisches« Ich. Dieser Überschritt zu einer unbewußten metaphysischen »Innerlichkeit« der »Seele« ist phänomenal angezeigt durch die »bestimmenden Grundrichtungen« im menschlichen Leben, wie sie sich in Temperament, Gemüt, Gewohnheit, Gesinnung und Charakter äußern [S. 64]. Was sich in solchen Phänomenen anzeigt, gilt Volkelt als »ein erschlossener, überempirischer, unbewußter Unterbau«, durch den sich die innere »Geschlossenheit« und »Ganzheit« des Ich herstellt und seine »Einzigkeit, Einmaligkeit und Unwiederholbarkeit« metaphysisch ergänzt [S. 68]. Dieser für mich unbewußte Unterbau meines bewußten Ich sei aber an sich selbst ebenfalls ein auf seine eigene Art bewußter! Erschlossen wird dieses metaphysische Ich und seine Bestimmungen (Freiheit und Irrationalität) in einer Art intuitiver *Glaubens*gewißheit. Als eine letzte solche Gewißheit »an der äußersten Grenze des Erkennens, wo Denknotwendigkeit und Gefühlsbedürfnis dunkel ineinander spielen« [S. 186], sieht Volkelt die Unsterblichkeit des individuellen Menschen an – wobei es freilich fraglich bleibt, ob es philosophisch überhaupt erforderlich ist, »gewissen intuitiven Forderungen« auf diese Weise eine »stärkere Kraft des Überzeugens« zu geben [S. 195].

Greifbarer als diese sog. metaphysischen Erwägungen ist Volkelts »Phänomenologie des Ich«, wenngleich die von ihm aufgezeigten Phänomene der Individualität nur im Sinne einer vormetaphysischen »Empirie« gesehen sind. Und weil Volkelt unter »Phänomenologie« nichts weiter versteht als die zergliedernde Beschreibung von sog. empirischen Vorgegebenheiten – also keineswegs »Phänomenologie« im Sinne Husserls, Heideggers oder gar Hegels – deshalb erscheint ihm auch die phänomenologische Betrachtung als »verhältnismäßig einfach« und die Metaphysik im Vergleich dazu überaus schwierig, während es dem eigentlich *philosophischen* Phänomenologen aus der Schule Husserls und Heideggers gerade umgekehrt erscheinen wird, nämlich so, daß es überaus leicht ist, metaphysisch zu konstruieren, wie es andererseits schwierig ist, die Phänomene von Grund aus, d. h. fundamental-ontologisch, aber doch rein phänomenologisch klarzulegen – eine Aufgabe, die sich jeder vorzeitige Übertritt ins Gebiet metaphysischer Spekulation allzu leicht vorstellt und daher überspringt. Entsprechend dem, daß »metaphysisch« bei Volkelt so viel besagt wie »über-empirisch«, bedeutet ihm phänomenologisch nur so viel wie empirisch, und der empirische Aspekt, welchen Volkelt vom Ich hat, ist identisch mit der traditionellen Ansicht der *positivistischen*

Philosophie, wonach das empirisch erfahrbare Ich nichts anderes sein
soll als ein »kaleidoskopisches Bewußtsein« vom Ich, etwas, was in
sich keinen einheitlichen Bestand und keinen sinnvollen Strukturzusammenhang hat, sondern »zerflattert« [S. 74] und grundlos ist, ein
Aggregat von »zusammenhanglosen Vorgängen« [S. 58] – eine Ansicht
vom empirischen Ich, welche aber schon durch Diltheys Abhandlungen gänzlich überholt ist. Trotz dieser positivistischen und metaphysisch nur überbauten Gesamtauffassung vom Ich gelingt es Volkelt
aber doch, in jenem ersten Teil einige wesentliche, traditionelle
Grundbestimmungen der »Individualität« wie: Einzelheit, Einzigkeit,
Einmaligkeit und Unwiederholbarkeit ein Stück weit näher zu klären
und das Ich als ein Phänomen zu zeigen, welches zugleich das sich
selbst »Allernächste« und »Allerfernste«, das Vertrauteste und
zugleich Fremdeste ist, ebenso »punktuell« wie »universell«. Frucht-
barer als das von Volkelt über das principium individuationis Gesagte
dürfte seine Unterscheidung verschiedener Sphären dessen sein, was
dem Ich *an-* und *zugehört*, ohne doch es selbst zu sein, also die
Herausstellung der problematischen *Reichweite* und *Spürweite* des
Ich. Auch eine Bemerkung wie die, daß z. B. die Stimmung des
Behagens selbstgenügsamer ist als die der Hoffnung [S. 46], wäre wohl
wert, einer gründlichen Analyse unterzogen zu werden, um daran die
verschiedenen »transzendierenden Tendenzen« des Ich über sich selbst
hinaus konkret aufzuzeigen. Wie sich Volkelt aber im ganzen von der
Individualität der menschlichen Existenz allzu rasch hinüberbegibt zu
dem »überindividuellen« Seinsbereich wirklich vorhandener und nicht
nur geltender »Selbstwerte« (des Heiligen, Guten, Wahren und Schönen) und ihrer Begründung in einem »Urgeist« [S. 111], so verläßt
seine empiristische Metaphysik auch allzu schnell die zeitliche Endlichkeit der individuellen Existenz; denn die Zeit sei die Sphäre der
Haltlosigkeit, d. i. ein »Mißwert«, und »in der Zeit existieren« heiße
so viel wie: »durch lauter Haltlosigkeiten hindurchgehen« [S. 196 f.].
Es fragt sich nur, ob nicht gerade auch der Rückhalt an einem
*über*zeitlichen Reich theistischer Metaphysik eine zeitgeschichtlich
bedingte, philosophische Haltlosigkeit ist.

Max Scheler und das Problem einer philosophischen Anthropologie

1935

M. Scheler ist 1874 geboren und 1928 gestorben. Er war das Kind einer jüdischen Mutter und eines protestantischen Vaters, trat aber schon in seiner Jugend zum Katholizismus über. Als Schüler R. Euckens promovierte er 1899 mit einer Arbeit über die »Beziehungen zwischen den logischen und ethischen Prinzipien«; (Anm. 34) 1902 habilitierte er sich in Jena mit einer Schrift über »Die transzendentale und die psychologische Methode«; (Anm. 35) 1907 ging er als Privatdozent nach München, wo er sich im Kreise der dortigen Phänomenologen in die Arbeitsweise von E. Husserl einlebte. Während des Krieges wurde er durch seine aktuellen Schriften rasch berühmt, 1917/ 18 vom Auswärtigen Amt mit einer Mission in Genf und im Haag betraut[1]; 1919 als o. Prof. der Philosophie und Soziologie nach Köln berufen und kurz vor seinem Tode noch nach Frankfurt a. M. Doch ist sein reichbewegtes Leben voller Unrast, Verwicklungen und Wandlungen nur nebenbei eine »akademische Laufbahn« gewesen und in der Hauptsache das ständige Unterwegssein und Beeindrucktsein eines allseitig empfänglichen und wieder anregenden, ebenso sinnlichen wie geistigen Menschen, der in all seinen fragwürdigen Experimenten neue Möglichkeiten des Lebens erprobte, ohne jemals zur Ruhe und Klar-

---

1 Aus dieser Zeit stammt eine Charakteristik von Schelers Person durch Hugo Ball (Emmy Ball-Hennings, *Hugo Ball, sein Leben in Briefen und Gedichten*. Berlin: S. Fischer, 1930, S. 74 f. [Anm. 36], die vielleicht mehr als jede andere in die Problematik von Schelers Existenz hineinleuchtet, wobei freilich nicht zu vergessen ist, daß Hugo Ball selber ein Geistesverwandter von Scheler war.

heit zu kommen. Eine unheimliche Mittelpunktslosigkeit seiner vielfach gemischten, raffinierten, aber auch naiven Natur verband ihn mit
den Nöten seiner zerrütteten Zeit, die er durch Rückgriffe bis auf
Augustin und durch Vorgriffe über Nietzsche hinaus in sich selbst zu
überwinden bestrebt war. Seine beste wissenschaftliche und publizisti-
sche Produktion entstand charakteristischerweise in den Jahren kurz
vor dem Krieg, während des Krieges und unmittelbar danach, d. h. in
einer Zeit des »Umsturzes der Werte«, in der allen Denkenden offenbar wurde, daß der moderne europäische Mensch seit dem Ausgang
des Mittelalters zunehmends etwas geworden ist, »was nicht aus und
ein weiß« (Nietzsche). Dementsprechend bilden auch Schelers Schriften kein in einem Prinzip festgelegtes und allseitig entfaltbares
System[2], sondern einen losen Zusammenhang von bruchstückhaften
Entwürfen und mehr oder minder durchgeführten, aber stets von
Anschauung erfüllten Analysen, die nur eine gemeinsame Ausrichtung
auf die Grundfrage zusammenhält: was ist überhaupt der Mensch im
Ganzen der Welt? Doch wird seine philosophische Grundorientierung
oft undeutlich unter der Fülle von willkürlich aufgegriffenen und nur
flüchtig verarbeiteten Materialien aus den jeweils neuesten Forschungen der positiven Wissenschaften (Biologie, Psychologie, Psychopa-
thologie und Soziologie). Dieser Materialfülle entsprechen dann leer-
laufende methodologische Erörterungen. Schelers eigentümliche
geistige Kraft beruhte nicht auf der hartnäckigen Durchführung *eines*
wesentlichen Gedankens, sondern auf der Weite seiner reichbegabten
Person. Seine philosophische Stärke bestand im unentwegten Dazuler-
nen, Umlernen und auch wieder Verwerfenkönnen, im beständigen
Mitgehen mit der veränderten Situation und im Versuchen von provisorischen Lösungen, die deshalb nur immer vorläufige waren, weil er
die Problematik des modernen Daseins in seiner ganzen heillosen Tiefe
erfaßt und erfahren hat. Man hat Scheler, besonders seit seinem Bruch
mit der katholischen Kirche, sowohl von katholischer wie von protestantischer Seite (Przywara, D. v. Hildebrand, Th. Haecker, E. Tro-

---

2 Kraenzlins [s. u. S. 478: Schriften über Scheler] Bemühungen, aus Schelers
Schriften eine einheitlich durchgehaltene Systematik herauszuheben [z. B.
S. 71], behält zwar als Monographie ihren Wert, vermag aber infolge der
Festlegung auf Schelers Wertphilosophie den eigentümlichen Impuls seiner
metaphysischen Anthropologie nicht deutlich zu machen. Eine Kritik von
Schelers Wertphilosophie müßte gerade seinen geschichtslosen Wert- und
Wesensbegriff in Frage stellen.

eltsch)[3] vorgeworfen, daß er sich proteusartig gewandelt und jeweils angepaßt habe, und den »echten« Scheler in diesen oder in jenen Schriften festzulegen versucht. Das Echte an Schelers Person und Werk ist aber gerade seine unbodenständige Aufgeschlossenheit für das Problematische im modernen Dasein als solches und seine Einsicht in die grundsätzliche »Pervertiertheit« unserer ganzen neuzeitlichen Menschenwelt, zu deren Wiederherstellung er wieder nach »ewigen« und »natürlichen« Ordnungen des Lebens suchte. Bei diesem Versuch hat er bald hier und bald dort Anleihen gemacht und Rückhalt zu finden vermeint, ohne sich doch irgendeiner Partei zu verschreiben. Und seine Bedeutung besteht nicht zuletzt darin, daß er vielen etwas gab, womit er sich selbst nicht zufrieden geben konnte, und – für andere – ein Wegweiser war.

Was Schelers Denken auch noch in seinen abseitigsten Schriften bewegte, war die Erkenntnis des Menschen in seinem Verhältnis zu sich selbst, zu Gott und zur Welt. Dieser Tendenz auf eine *philosophische Anthropologie* gliedern sich nicht nur seine religionsphilosophischen, sondern auch seine soziologischen Arbeiten ein, innerhalb derer ihm die gesellschaftlichen Voraussetzungen der verschiedenen »Formen des Wissens« und das Verhältnis von »Erkenntnis und Arbeit« von besonderer Bedeutung waren. In einem seiner letzten Vorträge hat Scheler das ihn von Anfang an leitende Problem folgendermaßen eingeführt: »Wir sind in der Geschichte das erste Zeitalter, in dem sich der Mensch völlig und restlos ‹problematisch› geworden ist; in dem er *nicht* mehr weiß, was er ist; zugleich aber auch *weiß, daß* er es nicht weiß. Und nur indem man einmal mit allen Traditionen über diese Frage völlig tabula rasa zu machen gewillt ist und in äußerster methoodischer Entfremdung und Verwunderung auf das Mensch genannte Wesen blicken lernt, wird man wieder zu haltbaren Einsichten gelangen können.« *(Mensch und Geschichte,* S. 8 f. [GW 9, S. 120]. Zum Zwecke dieser philosophischen Entfremdung wollte er eine Geschichte der Auffassungen des Menschen von sich selber geben, »eine Geschichte der idealtypischen Grundarten, in denen er sich selbst dachte, schaute, fühlte und die in die Ordnung des Seins hineingestellt ansah«.

---

3 Siehe dazu H. Eklund [s. u. S. 478: Schriften über Scheler], der aber die innere Verwandtschaft von Schelers phänomenologischen und katholisierenden Tendenzen verkennt und seine ausgesprochen antiprotestantische Gesinnung viel zu sehr in den Hintergrund treten läßt. Schelers Ablehnung des Thomismus bedeutet nicht, daß er den Augustinismus in Luthers Sinne gesehen hätte.

Die Art und Weise, wie Scheler die ihn leitende Frage nach der
metaphysischen Stellung des Menschen im Ganzen des Seins wissenschaftlich in Angriff nahm, beschränkt sich zunächst auf die phänomenologische Grundlegung einer personalen *Ethik*. Dieser Aufbau einer
personalen und inhaltsvollen Wertethik geschieht in der Auseinandersetzung mit der formalen Imperativ-Ethik von Kant und im Hinblick
auf eine objektive und »natürliche« »Rangordnung der Werte«[4]. Das
geschichtliche Vorbild dafür ist ihm Pascals Idee einer logique oder
raison du coeur, d. h. er versucht in dem scheinbar ganz irrationalen
Bereich des Empfindens und Fühlens, der Verwerfung und Billigung,
des Vorziehens und Nachsetzens, der Zuneigung und Abneigung, des
Hasses und der Liebe emotionale Wesensstrukturen aufzuzeigen und
festzustellen, die nicht minder bestimmt sind wie die Wesensgesetze
des Logos. Ein weiteres Ergebnis dieser vielfach verzweigten und in
ihrer Art unübertroffenen, obschon fragmentarischen Analysen ist die
in sich geschlossene Abhandlung über *Wesen und Formen der Sympathie*, die im Anhang das Problem der Beziehung von Mensch zu
Mensch, von »Ich und Du« entwickelt[5]. Eine erst neuerdings aus dem
Nachlaß herausgegebene Abhandlung über *Scham und Schamgefühl*
(Anm. 37) ergänzt diese beiden grundlegenden Arbeiten in hervorragender Weise. Sie ist das Reifste und Beste, was Schelers Erfahrung
und Scharfsinn auf dem ihm eigentümlichen Gebiet des emotionalen
Lebens an wissenschaftlicher Klarlegung geleistet hat. Was überhaupt
Scham ist, wird in seiner prinzipiellen Bedeutung für das ganze Wesen
des Menschen und in alle Einzelheiten hinein deutlich gemacht. Weder
ein Tier noch ein Gott kann sich vor sich und andern schämen, wohl
aber der Mensch, weil er als geistige Person zugleich von Natur aus
lebt.

»Etwas wie eine Unausgeglichenheit und eine *Disharmonie* des
Menschen zwischen dem Sinn und dem Anspruch seiner geistigen
Person und seiner leiblichen Bedürftigkeit gehört zur Grundbedin-

4   Schelers Auseinandersetzung mit Nietzsche beschränkt sich auf eine Rechtfertigung der christlichen Werte und ist in *Vom Umsturz der Werte* enthalten
(»Zur Rehabilitierung der Tugend« und: »Das Ressentiment im Aufbau der
Moralen«) [GW III].
5   Vgl. dazu vom Verfasser: *Das Individuum in der Rolle des Mitmenschen*,
Tübingen: Mohr, 1928 und K. Jaspers, *Philosophie*, Bd. II, Berlin: Springer,
1932, das Kapitel über Kommunikation [S. 50–117].

gung des Ursprungs dieses Gefühls. Nur weil zum Wesen des Menschen ein Leib gehört, kann er in die Lage kommen, sich schämen zu *müssen*; und nur weil er sein geistiges Personsein als wesensunabhängig von einem solchen ‹Leibe› erlebt . . ., ist es möglich, daß er in die Lage kommt, sich schämen zu *können*. – Darum berühren sich in der Scham auf merkwürdige und dunkle Weise ‹Geist› und ‹Fleisch›, Ewigkeit und Zeitlichkeit, Wesen und Existenz« (*Nachlaß* I, S. 57 [GW X, S. 69]).

Auf dem Boden dieser grundsätzlichen Überlegung, welche das dualistische Prinzip von Schelers Anthropologie (»Geist« und »Drang«) betrifft, werden sodann die verschiedenen Arten der Scham analysiert: die Leibesscham, die seelische Scham und die Geschlechtsscham. Deutlich gemacht werden auch die inneren Beziehungen, welche die Scham zu folgenden Phänomenen hat: Ekel, Stolz, Demut, Reue, Ehrgefühl, Ehrgeiz, Eitelkeit, Angst, Furcht, Schüchternheit, Ehrfurcht, Zynismus, Prüderie, Liebe, Haß, Eros und Sexualität. Die Geschlechtsmoral erweist sich zuletzt als die Grundlage aller Moral überhaupt, sofern sie nämlich schon selbst bestimmt und geleitet ist von der zum Menschenwesen gehörigen Scham, die nicht nur dieses und jenes am Menschen betrifft, sondern das Menschsein als solches und im Ganzen und vor sich selbst. Ebenbürtig zur Seite steht dieser Analyse diejenige von *Reue und Wiedergeburt*. (Anm. 38) Das Interesse an diesem Phänomen steht bei Scheler im Zusammenhang mit seiner allgemeinen Idee einer möglichen Wiedergeburt, nicht nur des religiösen Lebens, sondern der ganzen zerrütteten europäischen Welt. Eine Reihe von Abhandlungen, betitelt *Vom Ewigen im Menschen*, fassen diese Versuche zu einer Neuorientierung zusammen. Vorangestellt ist die Abhandlung über die Reue, weil »es unter den sittlich-religiösen Akten keinen gibt, der diesem Zeitalter so angemessen und für es so fruchtbar sein dürfte als der Akt der Reue. Sie allein verheißt mögliche Wiedergeburt«[S. 2; GW V, S. 8]. Der Gesamttitel aber sollte andeuten, »daß der Verfasser aufrichtig bemüht ist, seinen geistigen Blick zu erheben über die Stürme und Gischte dieser Zeit – in eine reinere Atmosphäre, und ihn zu richten auf das im Menschen, wodurch er Mensch ist, das heißt, wodurch er am Ewigen teil hat. Die Gnade, staunend und beglückt im Ewigen zu ruhen und das sonstige Leben nur aufzufassen als einen verwickelten Pfad zu diesem hohen Ziele, wird nur Wenigen zuteil. Der Verfasser will sich hier begnügen mit dem Minderen, zu zeigen, wie aus den Quellen des Geistes im Menschen, in denen Göttliches und Nurmenschliches zusammenströmt, der Forderung der Stunde zu genügen sei, so daß eine ›vita nuova‹ denen wieder möglich werde, die am tiefsten an dieser Zeit gelitten und gekrankt haben. Das ist als *Frage* das geistige Band, das die hier veröffentlichten Abhandlungen zusammenschließt« [S. 1 f.; GW V, S. 7]. Dadurch unterscheidet sich Schelers metaphysische Anthropologie von Heideggers endlicher Metaphysik der Endlichkeit[6], deren Ethos nicht mehr die philosophia im ursprünglichen Sinn dieses Wortes ist, sondern »wissende Entschlossenheit« und eine vom »Sein-*Können*« getragene Wahl und Entscheidung. Für diese auf pure Entschlossenheit gestellte Philosophie der Existenz gilt aber dasselbe, was Scheler mit Bezug auf den *vor*existentiellen Positivismus und seine angriffsbereite »Weltfeindschaft« (Anm. 39) gesagt hat: »Kein Menschenwesen, man verlasse sich auf dies stahlharte Gesetz des Lebens, *kann* mitregieren, mitordnen, mitverantwortlich und vernünftig lenken, das gleichzeitig glaubt, es sitze das blinde Atom oder eine blinde Energie im Mittelpunkt und im Grunde der Dinge. Das ist eine geistige Wesensunmöglichkeit. So etwas *kann* immer nur die Denkweise von unten her sein . . ., ein Weltbild, mit dem man wohl unverantwortliche, uferlose Kritik üben, mit dem man aber *nicht* lenken oder mitlenken *kann*« (S. 269 [GW V, S. 442]). Entscheidend wird dann aber die Frage, ob das antike und christliche Weltbild, die beide noch eine Ordnung im ganzen des Seienden kannten, überhaupt noch eine geistige Lebensmacht sind. Davon handeln die während des Krieges gehaltenen Vorträge *Die christliche Liebesidee und die gegenwärtige Welt* und *Vom kulturellen Wiederaufbau Europas*. (Anm. 40) Versteht man das Geschehen des letzten Krieges als »Symbol eines eigentümlich moralischen Gesamtstatus der heutigen europäischen Menschheit« [GW V, S. 126], so ist die Frage nicht zu umgehen, ob denn das Christentum und sein oberstes Gebot überhaupt noch lebendig ist, oder ob die christliche Bildung des Abendlandes ihren Verfall nur so überdauert wie eine Abendröte den Untergang der Sonne.

»Wie Musiker, deren Kapellmeister plötzlich nicht mehr dirigiert, noch eine Zeitlang weiterspielen, so schienen die europäi-

---

6 Heidegger, *Kant und das Problem der Metaphysik*, 1929, IV. Abschnitt. Dieses Buch ist Scheler gewidmet.

schen Nationen noch eine gewisse Symphonie zu bilden. Aber die
endgültige Verwirrung mußte eintreten. In dem, was die großen
Denker der Aufklärung, ein Voltaire, ein Kant, ein Wolff z. B.
die autonome ›Vernunft‹ nannten, leuchtete noch das ewige Licht in
gewissen Funken, und es leuchtete auch da noch christlich, wo es
die Menschen längst nicht mehr Wort haben wollten. Die zuneh-
mend einseitig realistische und historische Bildung des 19. Jahrhunderts hat auch diese Lichtspuren allmählich beseitigt. Sie hat in
streng konsequentem Fortgang jene Einheit der vernünftigen Menschennatur als Idee mehr und mehr aufgelöst, in welche das
Zeitalter der Aufklärung alle Begriffe eingesenkt hatte. Immer
dünner und dünner, immer abstrakter und formaler wurde schließlich all dasjenige, was noch als gemeinsame Norm für den Menschen als Menschen gelten sollte. Schließlich wurde es für die
Menge unsichtbar und ungreifbar. Was blieb übrig? Die Idee
kämpfender Gruppen, die ihren Interessen oder ihren Menschenin-
stinkten folgen, seien es Rassen, Nationen, Staaten, Klassen usw. –
ein Bild wogenden Streits jeder Art, in dem nur noch Eines
entscheidet: der brutale Erfolg. Auch alles was Idee, Norm, sei es
der Moral, sei es des Rechts, heißen kann – was einst die menschlichen Beziehungen regieren sollte – ist nur mehr Waffe im Knechts-
dienste dieser Interessen und Instinkte, – ist Epiphänomen, ist
Maske, hinter denen sich die Gruppenegoismen pharisäisch verbergen . . . Die Gedankenwelten von Darwin und Marx haben diesem
inneren Zustande Europas den deutlichsten und wahrhaftigsten
Ausdruck gegeben« (*Vom Ewigen im Menschen*, S. 147–149 [GW
V, S. 370 f.])[7].

7 Vgl. dazu Th. Haecker, *Was ist der Mensch?* Leipzig: Hegner, 1933,
S. 21 ff., 113 ff., 127 ff. Die methodische Klarheit, mit der Haecker in dieser
geistvollen Schrift die Frage nach dem Sein des Menschen stellt, verdankt er
dem christlichen Katholizismus, der auch seine Kritik an Scheler bestimmt.
Haecker geht zur Klärung seiner Frage: »Was ist der Mensch?« von der
Einsicht aus, daß die Philosophen dieser Zeit überhaupt nicht mehr an die
Einheit des Menschseins glauben, daß sie gar nicht mehr wissen wollen, was
der Mensch und die Menschheit ist, weil sie auch nicht mehr glauben wollen,
daß der Mensch nach wie vor des einen Gottes Ebenbild ist [S. 20]. Der
extreme Nationalismus, der heute die ganze Welt bestimmt, kennt nur noch
verschiedene Völker und Rassen; *der* Mensch gilt gemeinhin, und sogar
Theologen [S. 115], nur noch als ein abstrakter Begriff und nicht mehr als eine
göttliche Idee, die eine gewaltige Realität ist [S. 21]. Man flieht von den allein
für sich existierenden Individuen zu den allein für sich existierenden Rassen,

Das Christentum und sein Ethos ist nicht mehr die faktisch führende europäische Geistesmacht. Wenn es jedoch als eine solche bewahrt und erneuert werden soll, so ist nach den Gründen dieses Bankrotts zu fragen. Scheler zählt deren folgende auf:

» 1. Der das christliche Liebesgebot entsetzende Humanitarismus. 2. Der einseitige Individualismus oder Sozialismus in ihrem gemeinsamen Gegensatz zum christlichen Gedanken moralischer Solidarität selbständiger Personen. 3. Der unbegrenzte Macht- und Herrschaftswille des den Feudalismus zertrümmernden ‹absoluten› und ‹souveränen› Staates. 4. Der moderne politische Nationalismus und der ihn begleitende ausschließliche kulturelle Nationalismus. 5. Die Verdrängung aller solidarischen Lebensgemeinschaften und Standesgliederungen durch bloße Gesellschaften. 6. Die Verdrängung des christlichen Wirtschaftsethos solidarischer organisierter Bedarfsdeckung aller wirtschaftenden Gruppensubjekte im Rahmen höchster Grundsätze christlicher Lebenslehre durch das bürgerlich-kapitalistische Wirtschaftsethos einer durch nichts begrenzten Produktion und eines ebenso unbegrenzten Gelderwerbs – sei es des Individuums, eines Staates oder eines Imperiums. 7. Die Verdrängung der Ideen und Maßstäbe christli-

wenn nicht gar Massen, und vom Geiste zum Blute und vom Wissen zum Tun. An Stelle des christlichen Denkens tritt die contradictio in adiecto einer »artgebundenen« Philosophie oder gar Theologie [S. 22–25; 114]. Diese radikale Auflösung jedes einheitlichen Begriffs vom Menschen charakterisiert die moderne Fragestellung nach ihm. Fern von aller sokratischen Ironie und Gewißheit wird in völliger Desorientiertheit nach dem Wesen des Menschen gefragt, ohne darauf eine Antwort zu bekommen, weil es prinzipiell unmöglich ist, diese Frage von einer Ebene aus zu beantworten, die unterhalb des Befragten liegt. Von unten her hat auch auch Scheler die Antwort zu geben versucht [S. 117 f., vgl. 130]. »Scheler und die Zahlreichen, die ihm nachfolgen, haben recht, daß die Menschen en masse noch niemals sich selber so problematisch waren, wie heute, aber sie vergessen den Grund dafür anzugeben, oder sie kennen ihn nicht. Es ist aber kein anderer als der, daß der Mensch sich selber als der letzte und einzige Garant jenes Lebens übriggeblieben ist, das allein sein Ziel ist, um dessen willen allein er da ist: des geistigen Lebens, des lebendigen Geistes. Und zu diesem letzten Garanten hat er selber kein rechtes Vertrauen, er ahnt den Bankerott und seine völlige, schließliche Zahlungsunfähigkeit« [S. 124]. Was Schelers letzter These vom »werdenden Gott« und von der »Vergeistigung der Drangsale« [GW IX, S. 55] zugrunde liegt, ist »eine alte, urdeutsche Häresie« und ein »frommer« Nihilismus, der sich von der Illusion des Schöpfertums nährt [S. 129].

cher Kulturgemeinschaft, denen gemäß sich Kunst, Philosophie, Wissenschaft dem Baugefüge der Kirche einzugliedern haben durch die sog. autonome Kulturidee. Gegeneinanderarbeiten und Übertreffenwollen der Generationsfolgen und Nationen wird nun ihr Triebrad an Stelle einträchtiger Kooperation an *einem* Baue. Hinsichtlich der Generationsfolgen ist die Konsequenz dieser Kulturidee eine Gruppe von Erscheinungen, die bald mehr Relativismus, Historismus, Skeptizismus zu nennen sind. Hinsichtlich der Nationen führt sie zu steigender Entfremdung der nationalen Kulturen und zu zunehmender Auflösung der geistigen Einheit Europas« (*Vom Ewigen im Menschen*, S. 136–138 [GW V, S. 364]).

Diese Frage nach der geistigen Gemeinschaft, welche auch Schelers soziologische Arbeiten motiviert, verbindet sein Denken mit dem der katholischen Kirche und entfernt ihn vom Protestantismus, dessen abstrakte Innerlichkeit die soziale Welt und die Natur entwertet habe (K. Barth wird einmal als der »größte Barbar unserer Zeit« bezeichnet). Das Prinzip der Solidarität steht in gleicher Weise dem modernen, profanen und religiösen Individualismus entgegen, wie dem aus ihm hervorgegangenen – internationalen oder auch nationalen – Gesellschafts- und Staatsuniversalismus (Marx und Hegel) [S. 159 f.; GW V, S. 377]. Echte Individualität oder besser Personalität gibt es nur in einer religiös begründeten Gemeinschaft, innerhalb dieser ist aber der sog. Individualismus die »magna charta Europas gegenüber Asien und schon gegenüber Rußland« [S. 169; GW V, S. 382]. »Wie absurd also wäre es, bei uns selbst das zu verleugnen, worum wir doch gerade gen Osten kämpfen, den Wert der individuellen Seele!« [S. 171; GW V, S. 384]. Sowohl der Staat des Gesellschaftsvertrags wie der antiliberale, totale Staat machen aus der Gemeinschaft der Menschen einen Götzen. Aber nun ist das Kapital, von dem Europa zweitausend Jahre geistig gelebt hat, aufgebraucht und heilen kann nur noch ein »Zurück« zur christlichen Gemeinschaftsidee der katholischen Kirche [S. 172; GW V, S. 384].

»Es war nicht nur eine Reihe von Irrtümern, die uns das Maß der Europa zusammenhaltenden Einheitskräfte (Kommunikationstechnik, Arbeiterinternationale, internationales Finanzkapital, internationale Wissenschaft, Kunst, europäisches Gewissen, Solidarität der weißen Rasse, internationales Privat- und Völkerrecht) so ungeheuer überschätzen ließen: es war die grundverkehrte *Denkmethode und Fühlgewohnheit* zu meinen, es könne die unbedingt nötige Einheit des moralischen Weltbaues durch irdische Kräfte ‹von unten› her *dauernd* getragen werden, als bedürfte die Einheit dieses Baues nicht dauernd und wesentlich, nicht nur zu ihrem Fortschritt, sondern nicht minder zu ihrem Fort*bestand* an erster Stelle mächtiger religiöser, geistiger und moralischer Zentralkräfte von ‹oben› her, Kräfte, die allein bestehen in Offenbarung, Gnade, Erleuchtung der Vernunft und der Herzen, und in einer diesen unsichtbaren Kräften entsprechenden sichtbaren Organisation [...], die ihrerseits erst auch jene unteren gemeinschaftsbildenden Mächte zu der ihnen möglichen Wirksamkeit gelangen läßt« (S. 183 f. [GW V, S. 391]).

Die Voraussetzung für eine solche Orientierung am Vorbild der christlichen Hierarchie ist aber die Erneuerung des religiösen Verhältnisses von Nachfolge und personhaftem Vorbild. Davon handelt eine besondere Abhandlung über *Vorbilder und Führer* im ersten Band des Nachlasses [GW X][8].

»Daß das Problem der *Führerschaft und Gefolgschaft* einem Volke, das durch Krieg und Revolution seiner bisherigen geschichtlichen Führerschaften auf allen Lebensgebieten zum Teil beraubt ist, auf der Seele brennen muß, das ist selbstverständlich. Und es war in allen wichtigen Epochen so, wo wir die Erscheinung eines mehr oder minder plötzlichen Wechsels der Führerschichten bemerken. Darum ringt heute jede Art von Gruppe, sei sie Partei, Klasse, Berufsgruppe, Gewerkschaft, Schule jeder Art, Jugendbewegung, auch die religiösen und kirchlichen Gruppen, so hart mit dem Führerproblem. Es ist eine beispiellose Sehnsucht nach Führerschaft allüberall lebendig. Auch in diesem Zuge gemahnt unser Zeitalter an das hellenistische der untergehenden Antike« (*Schriften aus dem Nachlaß*, I, S. 151 [GW X, S. 257]).

Führer-sein ist aber nicht nur vom Lehrer-sein unterschieden, sondern vor allem auch vom Vorbild-sein.

---

8 Das Manuskript, welches der Veröffentlichung zugrunde liegt, stammt aus den Jahren 1911–21.

»Während es heute eine gewaltige Literatur über das Führerproblem gibt, ist noch von ganz wenigen die Bedeutung, die
Bildungsart, die Wirksamkeit, die seelengestaltende Kraft der Vorbilder ermessen. Vollzieht sich doch die Führerwirksamkeit auf
dem breiten sichtbaren Boden der Öffentlichkeit, auf dem tumul-
tuösen Markt der sog. Geschichte, die Vorbildwirksamkeit dagegen dunkel, geheimnisvoll. Das Vorbild liegt, bewegt und verändert sich in der Tiefe der Seele jedes Menschen und jeder Men-
schengruppe. Es ist schwer zu fassen und zu greifen« (S. 153 [GW
X, S. 258 f.]).

Der Wirksamkeit eines Führers entspricht eine Gefolgschaft, der des
Vorbildes ein Sich-danach-bilden und Sich-in-es-hineinbilden. Ein
Führer von andern muß sich als solchen *wissen* und *wollen*, ein
Vorbild kann man nicht sein-wollen, sondern nur sein, und man ist es
am ehesten dann, wenn der, welcher es ist, von dem, für den er es ist,
weder etwas weiß noch etwas will.

»Ein Mensch kann mir zum Vorbild werden, der vor beliebig
langer Zeit gelebt hat: Cäsar, Sokrates, Christus, (‹Imitatio Christi›), Buddha. Der Führer, der mich führt, muß *hier* und gegenwärtig sein. Vorbild kann mir ferner werden nicht nur ein wirklicher
historischer Mensch oder der lebendige Mythos dieses Menschen,
sondern nicht minder die Gestalt eines Dichters. Führer müssen
reale Menschen sein. Vorbildlich oder gegenbildlich sind für alle
Völker und Gruppen an erster Stelle überhaupt nicht Menschen,
sondern ihre Götter und Dämonen. Führer sind im höchsten Falle
Menschen, die von diesen Göttern und Dämonen irgendwie
bestimmt, bewegt, begnadet, erleuchtet, verführt erscheinen. Vorbilder werden ferner die schwebenden Gestalten jener Völker-
träume, die wir Mythen und Sagen nennen. Vorbildlich nennt die
Sprache auch apersonale Gegenstände, Werke, Staaten usw.
Kunststile bilden sich, indem bestimmte Werke, etwa eine
bestimmte Malweise, für andre Maler Vorbilder werden. Der
französische Absolutismus wurde Vorbild für das jung aufstre-
bende Preußen, das römische Staatsrecht für das Kirchenrecht. Der
‹Gentleman› wurde Vorbild für einen großen Teil der Welt«
(S. 154 [GW X, S. 259 f.]).

Ein Führer kann ferner »ein Heiland sein, er kann ein gewissenloser Demagoge sein. Der Führer kann Führer im positiv-wertigen Sinn sein oder ein Ver-führer, er kann Führer eines Tugendbundes oder einer Räuberbande sein, sofern er nur führen will und irgendeine Gefolgschaft hat, ist er im soziologischen Sinn eben ‹Führer›« [S. 156; GW X, S. 261].

Dagegen ist das Vorbild seinem eigensten Sinne nach stets positiv-werthaltig, und nur ein positives Wertverhalten verbindet den Menschen mit seinem Vorbild; denn auch wenn es objektiv schlecht ist, so ist es dies doch nie der Intention nach. Eine solche vorbildliche Bedeutung für die Nachfolge hatten im christlichen Mittelalter vorzüglich die *Heiligen* (S. 170 ff. [GW X, S. 274 ff.]) und in der Antike Weise und Staatsmänner. Die großen vorbildlichen Nachfolger Christi: Benedikt, Franziskus, Domenikus, Ignazius, aber auch Luther und Calvin prägten ganzen Generationen die maßgebende Existenzform auf. So verschiedenartig aber Führer und Vorbild sind, stehen sie doch in einem bestimmten Verhältnis zueinander:

»Führer *können* auch Vorbilder sein, besonders religiöse, aber auch politische. Aber sie brauchen es nicht und sind es nur im Falle der charismatisch-affektiven Bindung; in allen andern Fällen sind sie es nicht. Will man aber ein allgemeines Verhältnis zwischen Führern und Vorbildern bestimmen, so ist gar kein Zweifel: es sind die wirksamen *Vorbilder*, die auch für *Führerauslese*, Führerwahl und vor allem für die Qualitäten der Führerschaften selber bestimmend oder doch wesentlich mitbestimmend sind. Das ist so gewiß wie der Satz, daß unsere *Willensakte* bestimmt werden durch unsere *Wertungs*weisen, in letzter Linie durch das, was wir lieben und hassen, durch die Struktur unseres Wertvorziehens und -nachsetzens – und nicht umgekehrt. Darum ist die Lehre von den Vorbildern viel fundamentaler als die heute einseitig bevorzugte Führerfrage. Welchen Göttern wir dienen, indem wir sie heimlich oder bewußt unser *Vorbild* werden lassen – das entscheidet auch, welche *Führer* wir wählen« (S. 158 [GW X, S. 263]).

Dem Vorbild entspricht ein Gegenbild, das ist die sehr häufige Form, in der sich Menschen entfalten, indem sie durch den primären Haß sich gegen Personbilder entwickeln, die nach ihrer Stellung zu ihnen eigentlich ihre Vorbilder sein sollten, z. B. das Kind gegen den Vater. Die alltägliche Form des Vorbildes und Gegenbildes ist das gute und schlechte Beispiel, das einem ein anderer in den verschiedenen Umkreisen des menschlichen Zusammenlebens geben kann. Diese unersetzbare Wirksamkeit des Vorbildes ist sowohl im agonalen Wettstreit der Antike wie in der christlichen Nachfolge des Mittelalters zur Geltung gekommen. Dagegen sah Scheler im Protestantismus, der weder an vorbildliche Heilige glaubt noch an eine leibhaftige und institutionell gestaltbare Nachfolge, eine Macht, die wesentlich zur Dekomposition des christlichen Abendlandes beitrug und an der Entstehung der bürgerlich-kapitalistischen Welt einen hervorragenden Anteil hat (Max Weber). Verderblich schien ihm auch die Geschichtskonstruktion, welche den Gang der deutschen Geschichte von Luther über Potsdam zu Kant und Bismarck verlaufen läßt. Und als *Ursachen des Deutschenhasses* charakterisierte er die abwechselnde Haltung von Protest und maßloser Hingabe, ferner die Verlegung der verantwortlichen Existenz in die bloße Innerlichkeit des protestantischen Gewissens, das infolgedessen alles, was äußerlich geschieht, als bloß äußerlich zu entschuldigen weiß, und schließlich die preußische Mentalität, welche für ganz Deutschland entscheidend geworden sei und für die ihm Kants protestantischer Rigorismus ein abschreckendes Beispiel, aber kein Vorbild war.

Das sind im groben Umriß die Gedanken, welche auch Schelers Ausführungen zum *kulturellen Wiederaufbau Europas* zugrunde liegen. Doch gehen diese insofern über die Hervorhebung der christlichen Grundlagen der europäischen Gesittung hinaus, als sie neben der Antike, die ihm ein »Leuchtturm im Rücken« ist, nun auch die asiatische Welt positiv einbeziehen [*Vom Ewigen im Menschen*, S. 246; GW V, S. 429].

»Die gemeinsame Aufgabe des europäischen Kulturaufbaus verlangt in der besonderen Weltsituation, in der wir uns befinden, noch ein anderes gemeinsames Ziel, dem unsere neuen Erkenntnisse entgegenkommen: ich meine eine gewisse Umkehr unseres gesamten europäischen Bildungswesens von der vorzüglichen Richtung, die es bisher hatte, der *ostwestlichen* zur *westöstlichen*. Darauf drängt m. E. alles hin. Es bedarf überhaupt das hyperaktivistische, hyperbetriebsame Europa einer gewissen Liegekur in dem Ewigkeitssinn, in der Ruhe und Würde des asiatischen Geistes. Hat dazu Asien seit dem japanisch-russischen Krieg mit Sicherheit aufgehört, nur passives Objekt zu sein, kapitalistischer Ausbeutung

einerseits, christlicher, aber zu oft nur Handelspionierschaft trei-
bender Missionen andererseits – regt es überall nun *aktiv* seine
Flügel und wischt sich den Schlaf von Jahrhunderten aus den
Augen, wie wir es überall sehen, im asiatischen Rußland, Japan,
China, Indien, in der mohammedanischen Welt – so hat Europa
doppelten Grund zu einer *neuen Auseinandersetzung* all seines
Kultur- und Bildungsbesitzes mit Asien und dem Osten überhaupt.
Der Weltkrieg führt im Kleinen wie im Großen zu neuen Ausgleichen der allzu großen Kulturniveaudifferenzen – und dies vor allem
qualitativ. Darum müssen wir auch die Antike der Jugend von
vornherein mit ihren asiatischen Wurzeln darbieten und die historischen Quellpunkte innerhalb der späteren Geschichte antiker
Bildungswerte, wo sich Morgenländisches und Abendländisches
vermischte, wie im Hellenismus, in Alexandria usw., um dann in
die getrennten Arme der abendländischen und morgenländischen
Geschichte scharf auseinanderzugehen, weit stärker erleuchten als
bisher« (S. 246–248 [GW V, S. 429 f.]).

Dieser Ausgleich der Kulturen, Nationen, Rassen und Geschlechter ist
das besondere Thema einer letzten Abhandlung (in: *Philosophische
Weltanschauung*). (Anm. 41) Wenn irgendwo, dann hat sich aber
Schelers Tendenz und Erwartung gerade hier als irrig erwiesen. Was
Scheler noch 1927 positiv als eine Tendenz auf »Ausgleich« verstand,
hat kurz danach Carl Schmitt, der zunächst selber ein Nachfahre
Schelers war, als bloße »Neutralisierung« gekennzeichnet und ihr eine
totale, politische Unterscheidung und Entscheidung entgegengestellt[9].
    Mit dem Problem einer »religiösen Erneuerung« befaßt sich dann
ausdrücklich der zweite Band der Schrift *Vom Ewigen im Menschen*
(Anm. 42), worin Scheler mit den Mitteln der Phänomenologie und auf
Grund von vermeintlichen »Wesenserfahrungen« den Versuch unter-
nimmt, die Religion philosophisch zu begründen. Diese Untersuchungen waren von ihm als ein erstes Fundament für ein System der
»natürlichen Theologie« geplant, im Gegensatz zum aristotelischen
Thomismus und in der Wiederaufnahme des platonischen Augustinismus. In seinen letzten Schriften hat er jedoch diesen Versuch wieder
fallen gelassen und seine Fortführung denen überlassen, die nicht

---

9 *Der Begriff des Politischen. Mit einer Rede über das Zeitalter der Neutrali-
sierungen und Entpolitisierungen.* Berlin: Duncker & Humblot, 1932.

zuletzt durch ihn zum Katholizismus bekehrt worden sind, während er sich selbst immer mehr von ihm entfernte und den Überschritt vom Theismus zum Panentheismus vollzog. Unchristlich ist auch schon das letzte Resultat seiner Abhandlung über *Tod und Fortleben*[10], (Anm. 43) die mit einer Wiedergabe von Goethes Bemerkungen zur Frage der Unsterblichkeit schließt.

Scheler geht zunächst davon aus, daß, ebenso wie die kirchliche Schulwissenschaft des Mittelalters religiöse Voraussetzungen hatte in einer Weltanschauung, aus der sich ein bestimmtes Verhältnis zum Tode ergab, auch die moderne Wissenschaft, über ihre Feststellung von sog. Tatsachen hinaus, religiöse Hintergründe hat, obschon negativer Art. Infolgedessen ist die moderne, »aufgeklärte« Ansicht vom Tode, so »natürlich« sie *uns* zu sein scheint, doch keineswegs selbstverständlich, sondern eine ganz bestimmte und geschichtlich bedingte Weise, dem Tod zu begegnen und ihm dabei aus dem Wege zu gehen. Die moderne Wissensweise ist durch ihre Herkunft von den exakten Naturwissenschaften von wesentlich naturalistischer Art, das heißt sie kann auch im Tode des Menschen nur ein naturhaftes Faktum sehen, welches besagt, daß es mit dem organischen Leben vorbei ist. Das tatsächliche Absterben des Glaubens an die Unsterblichkeit spricht aber weder für noch gegen die Wahrheit und Evidenz des religiösen Glaubens an sie, weil ein solcher Glaube überhaupt weder bewiesen noch widerlegt werden kann, sondern seine mögliche Ausweisbarkeit in ursprünglichen Lebenserfahrungen vor aller Wissenschaft hat und nicht in den »Tatsachen«. Die bloße Tatsache des Todes läßt noch immer sehr verschiedene metaphysische Ausdeutungen zu. So bestand z. B. die gewaltige Neuerung Buddhas »darin, daß er die damals unerhörte Behauptung wagte, es *gebe* einen Tod, d. h. es gebe ein Ende, wenigstens ein schließliches Aufhören dieses ruhelosen Wanderns der Seelen« [*Nachl.*,I, S. 6; GW X, S. 13 f.]. So war es nicht die Unsterblichkeit, sondern der Tod, der im Verlaufe der indischen Geschichte steigend zur Entdeckung und zur Anschauung kam. Die Beweislast war hier die umgekehrte wie in Europa. Dem »selbstverständlichen« Fortleben und Wandern gegenüber war es das Todessehnen, der Wunsch nach einem Ende, der sich in den Ideen Buddhas vom Nirvana Bahn brach. Sucht man also die letzten Gründe für das Sinken

---

10 Das Manuskript, welches der Veröffentlichung zugrunde liegt, stammt in der Hauptsache aus dem Jahre 1913/14.

des Glaubens an die Unsterblichkeit innerhalb der westeuropäischen Kultur, so muß man den Blick von den bloßen Symptomen abwenden und hin auf die prinzipielle Art und Weise, wie gerade der moderne Mensch sein Leben und seinen Tod sich selbst zur Anschauung und zur Erfahrung bringt.

»Da ergibt sich nun der auf den ersten Blick merkwürdige Tatbestand, daß es an erster Stelle gar nicht das besondere neue Verhältnis des Menschen zur Frage, ob er nach dem Tode fortexistieren werde [...] ist, was für jenes Sinken des Glaubens an das Fortleben bestimmend ist, sondern vielmehr *das Verhältnis des modernen Menschen zum Tode selbst.* Der moderne Mensch glaubt in dem Maße und so weit nicht mehr an ein Fortleben und an eine Überwindung des Todes im Fortleben, als er seinen Tod nicht mehr anschaulich vor sich sieht – als er nicht mehr ‹angesichts des Todes lebt›; oder schärfer gesagt, als er die fortwährend in unserm Bewußtsein gegenwärtige *intuitive Tatsache*, daß uns der Tod gewiß ist, durch seine Lebensweise und Beschäftigungsart aus der klaren Zone seines Bewußtseins *zurückdrängt*, bis nur ein bloßes *urteils*mäßiges Wissen, er werde sterben, zurückbleibt. Wo aber der Tod selbst in dieser unmittelbaren Form nicht gegeben ist, wo sein Herankommen nur als ein dann und wann auftauchendes urteilsmäßiges Wissen gegeben ist, da muß auch die Idee einer Überwindung des Todes im Fortleben verblassen. – Der Typus moderner Mensch hält vom Fortleben vor allem darum nicht viel, da er den Kern und das Wesen des Todes im Grunde leugnet« (*Nachl.,* I, S. 8 [GW X. S. 15]).

Dieses »Wesen« des Todes entwickelt Scheler in der Abgrenzung von seiner positivistischen Annullierung und im Zusammenhang mit dem Phänomen des *Alterns.* Jedermann erfährt in jedem Stadium seines Lebens eine Verlagerung im Verhältnis der Lebenszeiten. Je mehr die unmittelbare »Vorwirksamkeit« der noch zu erwartenden Zukunft abnimmt, desto mehr wächst umgekehrt der nachwirksame Gehalt des schon gelebten Lebens an und desto mehr verengt und konzentriert sich der Spielraum der jeweiligen Möglichkeiten des Lebens. Wir leben in der Richtung auf eine stetige *Aufzehrung* des noch künftig erlebbaren Lebens, durch die Nachwirksamkeit des schon gelebten. Daraus ergibt sich eine unmittelbare Todesgewißheit. »Die Richtung ist also

Wachstum des Umfanges des Vergangenseins auf Kosten des Umfangs von Zukünftigsein und ein steigendes Differenzbewußtsein dieser beiden Umfänge zugunsten des Vergangenseinsumfangs. In dieser Wesensstruktur jedes erfahrenen Lebensmoments ist es nun das Richtungserlebnis dieses Wechsels, das auch *Erlebnis der Todesrichtung* genannt werden kann« (S. 14 [GW X, S. 20]). Dieses sich im Laufe des Lebens verschiebende Differenzbewußtsein ist mehr oder minder ausdrücklich in jedem Augenblick da, wenngleich das natürliche Altern nicht gebunden ist an das zahlenmäßige Jahre-alt-sein.

»Wie jede Art eine sehr verschiedene natürliche Altersgrenze hat, die durchaus nicht mit dem bloßen Durchschnitt des Lebensalters zusammenfällt, so hat auch jedes Individuum eine ihm zukommende Grenze und damit seinen *natürlichen Tod*. Wie es alte Eintagsfliegen gibt und junge Elefanten, die ganz verschiedene Dauern der objektiven Zeit durchleben, sieben Stunden bis zu hundert Jahren, so gibt es kleine Differenzen auch zwischen den Individuen einer Art, z. B. des Menschen. Das macht es auch begreiflich, daß wir sinnvoll von jemand sagen können: er ist weit jünger, als es seinem Alter (gemeint ist das künstliche Alter) zukommt, oder: er ist für seine Jahre schon sehr stark gealtert. Denken wir uns nun einen Menschen, der keinerlei Wissen von seinem Geburtstag hätte und der Zahl der Jahre seines bisherigen Lebens. Nehmen wir in einem Gedankenexperiment an, er sähe nicht, daß sich äußere Zeichen seines Alterns einstellten; ja, denken wir, er sei gegen alle Organempfindungen anästhetisch, also auch gegen Komplexe wie die Empfindung der Ermüdung; er sei nie krank gewesen. Ich frage, hätte dieser Mensch dann keinerlei Bewußtsein von seinem Alter? Ich antworte: Ja! Er besäße, obzwar keinerlei Maß mehr für sein Alter, doch ein Bewußtsein von ihm; er besäße es *im Gefühl von seinem Leben* und dessen Wucht, ein Gefühl, das keineswegs mit seinen wechselnden Organempfindungen zusammenfällt, verbunden einerseits mit der erlebten Todesrichtung und andererseits dem Sphärenverhältnis, das jeweilig zwischen seiner unmittelbaren Erinnerungs- und Erwartungssphäre besteht. Und dieses so erlebte natürliche Alter, *sein* Alter – das allein ist die letzte intuitive Grundlage für den Begriff des Alters überhaupt« (S. 15 f. [GW X, S. 21 f.]).

Im Lebensgefühl als solchem ist also schon eingeschlossen ein Vorgefühl des Todes, das zum Wesen der Lebenserfahrung gehört. »Nehmen wir in der Form eines Gedankenexperiments die intuitive Todesgewißheit aus einer beliebigen Phase unseres Lebens heraus, so ergäbe
sich sofort eine Haltung gegenüber aller Zukunft, die mit unserer
wirklichen keinerlei Ähnlichkeit mehr hat. Wir würden dann unser
eigenes Leben vor uns sehen wie einen immer weiter und weiter
gehenden, seiner Natur nach ungeschlossenen Prozeß; und jedes unserer empirischen Erlebnisse würde mit diesem Perspektivenmangel
unserer Erwartungssphäre *anders* aussehen und jedes Verhalten unse-
rerseits wäre in diesem Falle ein anderes, als es tatsächlich ist« [S.1 6 f.;
GW X, S. 22]. Wir rennen an den Tod nicht wie an eine Wand im
Dunklen zufällig irgendeinmal an [S. 17 bzw. 23], sondern er ist eine
stets anwesende natürliche Gewißheit, die nur der »metaphysische
Leichtsinn« [S. 23 bzw. 28] verdeckt, welchen das tägliche Ernstneh-
men des Lebens erfordert. Das Sterben des eigenen Todes ist noch
selber ein Akt des Lebens [S. 19 bzw. 24], weil dieses in jedem
Augenblick eine zeitliche Totalität ist und der Mensch beständig in
Erinnerung des Gewesenen und in Erwartung des Künftigen lebt.

Diese intuitive Todesgewißheit, wie sie Schelers Analyse wieder-
herstellt, wurde im Laufe der Geschichte des modernen Menschen
immer mehr verdunkelt und verdrängt, vor allem durch das fort-
schrittliche Ethos der weltangreifenden *Arbeit.* Die Welt wurde damit
selbst zu einem ungewissen Gegenstand der *Angst* und dem Menschen
entfremdet. Diese Angst muß sich der Welt durch beständige Berechnung und Bearbeitung versichern. Sie gebiert »die Rechenhaftigkeit
der Lebensführung und ist das emotionale Apriori des stolzen ‹cogito
ergo sum›« [S. 24 bzw. 29].

»Das muthafte Leben wird zu einer Eigenschaft der Abenteurer
– einst der Grundzug der Herrschenden. Die Welt ist für den Typus
und sein Lebensgefühl nicht mehr die ‹Heimat›, sondern sie wird
ein Gegenstand des Angriffs der Arbeit, nicht geliebt und kontem-
pliert, sondern das, was zu berechnen ist. Diese neuen, triebhaft
gewordenen Impulse des grenzenlosen Erwerbens und Arbeitens
sind es vor allem, die eine *neue innere Gesamtstellung zum Tode*
begründen. Und hieraus erst als eine beiläufige Folge auch die Idee,
die sich die Wissenschaft dieses Typus vom Tode macht. Dieser
neue Menschentyp fürchtet nicht mehr den Tod, wie der antike

Mensch, sondern so, wie sein grenzenloser Arbeits- und Erwerbs-
trieb ihn hinausdrängt über alle Kontemplation und Genuß Gottes
und der Welt, so narkotisiert er ihn auch gegen den Todesgedan-
ken in einer ganz besonderen Weise. Der Sturz in den Strudel der
Geschäfte um der Geschäftigkeit selbst willen, das ist die neue
fragwürdige Medizin, die dem modernen Menschentypus die klare
und leuchtende Idee des Todes verdrängt und die Illusion eines
endlosen Fortganges des Lebens zur unmittelbaren Grundhaltung
seiner Existenz werden läßt« (S. 25 [GW X, S. 29 f.]).

Damit rückt der Tod an den Rand des sich abarbeitenden Lebens, und
wird zur sinnlosen Grenze des eigenen Sein-Könnens.

»So sehr der moderne Mensch – rechnet mit dem Tode und sich
tausendfach gegen ihn ‹versichert›, so ist der Tod doch nicht
eigentlich *anschaulich* für ihn da. Er lebt nicht ‹angesichts› des
Todes. Selbst gefürchtet ist der Tod nicht mehr: denn seine Idee ist
weggefürchtet, ist von derselben Lebensangst verscheucht, welche
zur Rechenhaftigkeit der Lebensführung führte. Der Tod ist dem
neuen Typus weder der fackelsenkende Jüngling, noch Parze, noch
Gerippe. Er allein fand kein Symbol für ihn: denn er ist für das
Erleben nicht da« (S. 25 f. [GW X, S. 30]).

Der Tod überkommt einen nur noch wie ein katastrophaler Einbruch,
es wird nicht mehr ehrlich und bewußt gestorben. Jeder stirbt nur
noch für das Bewußtsein des Andern und in seinem eigenen auch nur
einmal, als ein anderer, für die Andern.

»So, wie man eine nachgezeichnete Figur mit bunter Seide
bestickt, so baute der ältere Typus seine einzelnen Lebensinhalte,
seine Handlungen und Werke hinein in die ihm stets vorschwe-
bende Struktur der *Totalität* seines Lebens. Er lebte – angesichts des
Todes. Der Tod, das war für sein Leben eine formende, eine
richtende Gewalt; etwas was dem Leben Gliederung und Aufbau
gab. Aber dieser neue Typ lebt ‹hinein in den Tag›, bis merkwürdigerweise plötzlich kein neuer Tag mehr da ist. Er ‹rechnet› mit dem
Tode wie mit Feuers- und Wassersgefahr, als ginge es ihn so wenig
an wie Feuer und Wasser; d. h. er rechnet mehr und mehr nur mit
seinem Kapitalwert und -unwert« (S. 27 [GW X, S. 31]).

Daß der Tod als solcher gewiß ist, ist aber auch die erste Bedingung eines möglichen Glaubens an ein *Fortleben nach dem Tode*. Denn ein Glaube an das Fortleben ist erst möglich angesichts der Unentrinnbarkeit des Todes und auf Grund einer geistigen Versöhnung mit ihm, welche den Illusionismus des modernen Menschen gegen den Tod aufzuheben vermag. In welchen »geistigen Erfahrungen« kommt aber ein Fortleben zur anschaulichen Gegebenheit [S. 33 bzw. 36], wenn schon nicht durch rationale Beweise und arationale Glaubensgewißheit? Der Mensch könnte als irdisches Lebewesen im Tode zum Leichnam werden und dennoch als geistige Person seinen Tod überleben, wenn überhaupt die geistige Person im Menschen in jedem Akte ihres Tuns und Lassens wesenhaft unabhängig wäre vom Dasein des organischen Lebens. Diese Möglichkeit sucht Scheler im Hinblick auf den *transzendierenden* Charakter aller personhaften Akte zu erweisen. Schon in jedem Verstehen von Worten und Ausdruckserscheinungen transzendiert der Mensch alltäglich das bloß empirisch Wahrnehmbare an Worten und Dingen, versteht er, was greifbar nicht da ist, nämlich einen *geistigen Sinn*. Der Mensch kann gleichzeitig physische Schmerzen haben und dennoch seelisch lebensfroh sein und umgekehrt sinnlich genießen und dabei als geistige Person verzweifelt sein, weil er überhaupt über sein leibliches Leben »hinausschwingt« [S. 43 bzw. 45], in eine Sphäre des Sinnes, die sich nicht reduzieren läßt auf das, woran dieser jeweils erscheint[11]. Doch schließt dieses Transzendieren, wie es in jedem lebendigen Fühlen, Wahrnehmen und Wollen, Erinnern und Erwarten gegenwärtig ist, noch keine Gewißheit einer persönlichen Fortdauer *nach* dem Tode ein. Wohl aber ergibt sich daraus die sinnvolle Frage:

» Was gehört zum Wesen der Person, wenn im *Sterbensakt* der Leib aufhört zu sein, zur Person als der selbst noch aktuellen, konkreten Einheit aller Akte? Ich antworte: es gehört dann zum Wesen der Person genau das Nämliche, was zu ihrem Wesen gehörte, als der Mensch lebte – nichts Neues also – daß so, wie sich während des Lebens ihre Akte ‹hinausschwangen› über die Leibzustände, sich nun sie selbst auch hinausschwinge über ihres Leibes Zerfall. Und nur dieses Fort- und *Hinausschwingen*, dieser dynamische Aktus, der zu ihrem *Wesen* gehört, er allein wird und muß

11 Vgl. dazu die Ausführungen in der Abhandlung *Zur Idee des Menschen* in: Vom Umsturz der Werte [GW III].

im Sterben das volle Erleben und Sein der Person sein. Das heißt nicht, sie *habe* dann nur die *Intention* oder gar die Erwartung eines Fortlebens. Das wäre eine Plattitüde; und viele Menschen – alle, die an ein Fortleben nicht glauben – haben diese Erwartung durchaus nicht. Es heißt, die Person *erlebe* sich hier *selbst* noch fortlebend. Oder einfacher, sie erlebe für ihr *Sein*, was sie während des Lebens bereits evident für ihre Akte und deren Gehalt erlebte: *Unabhängigkeit ihres Seins vom Leibe*. Wer hier sagt: ja, aber nur in ihrer ‹Intention›, der vergißt, daß Intention und Akt in concreto das *Wesen* der Person ist – daß sie kein Ding, keine Substanz ist, die eine Intention ‹hätte› oder ‹ausübte›« (S. 45 [GW X, S. 46 f.]).

In dieser unmittelbaren Erfahrung des »Überschusses« aller geistigen Akte der Person über die Leibeinheit liegt das »intuitive Wesensdatum« [S. 46 bzw. 47], das die Idee des Fortlebens in allen ihren Gestaltungen erfüllt, wenn und soweit der Tod selbst gegeben ist. Das Sinken des Glaubens an dieses Mehr-Seinkönnen als man im irdischen Leben gewesen ist, bedeutet demnach ein Sinken der lebendigen Macht des geistigen Seins der Person.

Erst 1927, kurz vor seinem Tode, hat Scheler wenigstens noch im Umriß die Grundzüge dessen entwickelt, was er als *philosophische Anthropologie* geplant hatte, und wozu bereits seine Ethik eine Vorarbeit war. Der Versuch, zu bestimmen, was der Mensch und seine Sonderstellung im Kosmos ist, geht zurück auf einen früheren Aufsatz *Zur Idee des Menschen* (1915), worin aber das transzendierende Sein des Menschen noch von einem christlich verstandenen Gott her bestimmt wird. Der wahrhaft »natürliche« Mensch sei nur der, welcher als Gottes Ebenbild alle natürlichen Unterschiede im Menschsein religiös überwindet. »Erst in der Rückschau vom ‹Gottmenschen› und ‹Übermenschen›, ein Wort, das schon Luther prägte, wird das, was so etwas werden *kann*, zum Menschen. Nicht also die Idee ‹Person› auf Gott angewandt ist ein Anthropomorphismus! Gott – das ist vielmehr die einzige *vollkommene* und *pure* Person! Und das ist nur eine unvollkommene, eine gleichnisweise ‹Person›, was unter Menschen so heißen darf« und was selbst Mensch in einem nicht naturalistischen Sinn sich nennen darf [*Vom Umsturz der Werte*, S. 303; GW III, S. 190]. Diesen *einheitlichen* Begriff vom Menschen, wonach er einfach ein »*Mensch*« ist, weil er sich von dem *einen* christlichen Gott her bestimmt, mußte Scheler zugleich mit der theologischen Fundierung wieder notwendig preisgeben. Die Art und Weise, wie er zuletzt den Menschen und auch den Weltgrund bestimmt, ist ausgesprochen *dualistisch*, wenngleich in anderer Weise als bei Klages, für den der Geist überhaupt nicht zum Wesen der Welt gehört. Scheler unterscheidet das Sein des Menschen nach *Geist* und vitalem Trieb bzw. *Drang*. Der Geist sei nur leitend und lenkend, aber von Hause aus ohnmächtig gegenüber dem alle Wirksamkeit für sich habenden Drang. »Menschengeist und Menschenwollen kann nie mehr bedeuten als *Leitung* und *Lenkung*. Und das bedeutet immer nur, daß der Geist als solcher den Triebmächten Ideen *vor*hält und das Wollen den Triebimpulsen, die schon vorhanden sein müssen, solche Vorstellungen zuwendet oder entzieht, die die Verwirklichung dieser Ideen konkretisieren können« [*Die Sonderstellung des Menschen*, S. 223 f.; GW IX, S. 54]. Dasselbe gilt auch vom Weltengrund als dem »höchsten Sein«.

»Auch das Sein, das nur ‹durch sich selbst› ist und von dem alles andere abhängt, kann, sofern ihm das Attribut des *Geistes* zugesprochen wird, *als* geistiges Sein keinerlei *ursprüngliche* Macht oder Kraft besitzen. Es ist vielmehr jenes andere, zweite Attribut, die ‹*natura naturans*› im höchsten Sein, der allmächtige, mit unendlichen Bildern geladene *Drang*, der die *Wirklichkeit* und das durch Wesensgesetze und Ideen niemals eindeutig bestimmte *zufällige* Sosein dieser *Wirklichkeit* zu verantworten hat. Nennen wir das geistige Attribut im obersten Grunde alles endlichen Seins ‹*deitas*›, so kommt dem, was wir den Geist und die Gott-*heit* in diesem Grunde nennen, keinerlei schöpferische Macht zu. Der Gedanke einer ‹Weltschöpfung aus nichts› zerfällt vor dieser Folgerung. Wenn in dem Sein ‹durch sich selbst› diese *Urspannung* von Geist und Drang gelegen ist, dann muß das Verhältnis dieses Seins zur Welt ein anderes sein. Wir drücken dies Verhältnis aus, wenn wir sagen: Der Grund der Dinge mußte, wenn er seine deitas, die in ihr angelegte Ideen- und Wertfülle, *verwirklichen* wollte, den weltschaffenden Drang *enthemmen*, um im zeithaften Ablauf des Weltprozesses *sich selbst* zu verwirklichen – er mußte den Weltprozeß sozusagen *in Kauf nehmen*, um in und durch diesen Prozeß sein eigenes *Wesen* zu verwirklichen. Und nur in dem Maße wird das ‹Sein durch sich› zu einem Sein, das würdig wäre, göttliches *Dasein* zu heißen, als es *im Drange der Weltgeschichte im* Menschen und *durch* den Menschen die ewige deitas verwirklicht. Und nur im selben Maße kann dieser an sich zeitlose, aber sich für endliches Erleben zeithaft *darstellende* Prozeß seinem Ziele, der Selbstverwirklichung der Gottheit, näher rücken, als auch die Welt selbst (Anm. 44) der vollkommene *Leib* des ewigen Geistes und Dranges geworden sein wird. Erst in der *Bewegung* dieses gewaltigen Wettersturmes, der die ‹Welt› *ist*, kann eine Angleichung der Ordnung der Seinsformen und der Werte an die *tatsächlich* wirksamen Mächte und umgekehrt dieser an jene erfolgen. Ja, im Verlauf dieser Entwicklung kann eine allmähliche *Umkehrung des ursprünglichen Verhältnisses* eintreten, nach welchem die höheren Seinsformen die schwächeren, die niedrigeren aber die stärkeren sind. Anders ausgedrückt: die gegenseitige *Durchdringung* des ursprünglich *ohnmächtigen Geistes* und des ursprünglich *dämonischen*, d. h. gegenüber allen geistigen Ideen und Werten *blinden* Dranges durch die *werdende* Ideierung und *Vergeistigung der Drangsale*, die hinter den Bildern der Dinge stehen, und die gleichzeitige *Ermächtigung*, d. h. *Verlebendigung* des Geistes ist das Ziel und Ende alles endlichen Seins und Geschehens, das der Theismus fälschlicherweise an seinen *Ausgangspunkt* stellt« (S. 225 f. [GW IX, S. 55 f.]).

Das Grundverhältnis des Menschen zum Weltgrund liegt also darin, daß sich dieser letzte Seinsgrund im Menschen selbst erfaßt und verwirklicht und zwar im *selben* Akt, in dem der Mensch sich in ihm begründet schaut. Der Mensch ist dann der Ort dieser Gottwerdung, weil Menschwerdung und Gottwerdung von vornherein aufeinander angewiesen sind.

Wo steht aber der Mensch in der Welt, wenn er sich weder außerhalb ihrer befindet noch in ihr beschlossen ist, sondern sich selbst und die Welt bis zur Idee eines *absoluten Seins* transzendiert? Auf Grund der strukturellen Zusammengehörigkeit von Selbst-, Welt- und Gottesbewußtsein kann es dem Menschen nicht verborgen bleiben, daß es im Grunde ein purer Zufall ist, *daß überhaupt etwas ist*. Der zu sich selbst gekommene Mensch kann nicht mehr meinen, er sei ein bloßer Teil einer selbstverständlich vorhandenen Welt, sondern er entdeckt als ein alles Seiende transzendierendes Wesen in allem, was ist, das reine *Sein* und damit auch die Möglichkeit des absoluten *Nichts*. Darum kann er allein fragen: warum ist überhaupt eine Welt, und warum bin überhaupt ich?

»Der Mensch *muß* den eigenartigen *Zufall*, die Kontingenz der Tatsache, daß ‹überhaupt Welt ist und nicht vielmehr *nicht* ist›, und daß ‹er selbst ist und nicht vielmehr *nicht* ist›, mit *anschaulicher* Notwendigkeit in demselben Augenblicke *entdecken*, wo er sich überhaupt der ‹Welt› und seiner selbst bewußt geworden ist. Daher ist es ein vollständiger Irrtum, das ‹Ich bin› (wie Descartes) oder das ‹Die Welt ist› (wie Thomas von Aquin) dem allgemeinen Satz ‹Es gibt absolutes Sein› vorhergehen zu lassen und diese Sphäre des Absoluten allererst durch *Schluß*folgerung aus jenen ersteren Seinsarten erreichen zu wollen« (S. 248 [GW IX, S. 68]).

Daß aber faktisch *nicht* nichts ist, erregt immer neu das philosophische Staunen, welches auch in Schelers geistiger Person bis zum Tode lebendig war und ihn dazu trieb, einen Standort zu suchen, auf dem man sich mit philosophischer Freiheit bewegen kann.

»Nach dieser Entdeckung der *Weltkontingenz* und des seltsamen *Zufalls* seines nun welt*exzentrisch* gewordenen Seinskernes aber war dem Menschen noch ein *doppeltes* Verhalten möglich. Er konnte sich einmal darüber *verwundern* und seinen erkennenden *Geist* in Bewegung setzen, das Absolute zu erfassen und sich in es einzugliedern – das ist der *Ursprung der Metaphysik* jeder Art. Der Mensch konnte aber auch aus dem unbezwinglichen *Drang* nach Bergung, nicht nur seines Einzel-Seins, sondern zuvörderst seiner ganzen Gruppe, diese Seinssphäre mit beliebigen Gestalten bevölkern, um sich in deren *Macht* durch Kult und Ritus *hineinzubergen*, um etwas von *Schutz und Hilfe* ‹hinter sich› zu bekommen, da er im Grundakt seiner Naturentfremdung und dem gleichzeitigen Werden seines *Selbst*seins ja ins pure *Nichts* zu fallen schien. Die Überwindung dieses Nihilismus in der Form solcher Bergungen, Stützungen ist das, was wir ‹*Religion*› nennen« (S. 249 f. [GW IX, S. 69]).

Damit schließt sich der Umkreis von Schelers unermüdlichen Untersuchungen auf dem Gebiete der Religion und der Philosophie.

Die Einheit und die Verschiedenheit der Menschen

1938

I. Der Mensch als natürliche Gattung und als geschichtliche Idee

Die Frage nach der Einheit und Verschiedenheit der Menschen ist nicht identisch mit der nach der Gleichheit und Ungleichheit. Einheit und Verschiedenheit umfassen, als die weiteren Begriffe, auch die der Gleichheit und Ungleichheit. Gleichheit und Ungleichheit beziehen sich immer schon auf bestimmte, voneinander verschiedene Menschen; die Einheit der Menschen oder die »Menschheit« bezieht sich auf das unbestimmte Insgesamt aller Menschen, der verschiedenen und der gleichen. Verschiedene Menschen können einander in vieler Hinsicht – z. B. in politischer, sozialer, wirtschaftlicher usw. – gleichen, ohne dadurch schon eine Einheit zu bilden; bilden sie aber eine Einheit, so sind sie mit Rücksicht auf diese auch gleich gestellt. Umgekehrt können die Menschen aber auch in vieler Hinsicht ungleich sein – von ungleicher politischer Berechtigung, von ungleichem sozialen Rang, von ungleichen wirtschaftlichen Lebensbedingungen – und dennoch eine, z. B. völkische oder religiöse Einheit bilden. Ja, man könnte die Menschen überhaupt nicht im Hinblick auf ihre Verschiedenheit unterscheiden und vergleichen, wenn nicht inmitten aller Verschiedenheit und Gleichartigkeit etwas bestünde, was ein und dasselbe bleibt, nämlich der Mensch *als Mensch*, das Menschsein als solches und somit als Einheit. Diesen einheitlichen Begriff vom Menschen als solchen setzt jede Philosophie und philosophische Anthropologie voraus, sofern sie überhaupt nur vom Menschen spricht. Sie macht Aussagen über das allgemeine Wesen der Menschen, sie will etwas über das Allgemein-Menschliche sagen, aber nicht nur über diesen und jenen, über einzelne Individuen, Typen, Klassen, Rassen, Völker, Nationen. Eine philosophische Besinnung mag noch so sehr durch die eigene Individualität, die eigene Nation und Kultur bedingt sein, sofern sie sich auf das Wesen des Menschen bezieht, bewegt sie sich schon im Anspruch auf eine Allgemeinheit, unter Abstraktion von den konkreten und je verschiedenen Einzelheiten. Die Frage ist aber: Worin besteht dieses Abstrakt-Allgemeine des Menschen oder der Menschheit?

Daß »wir alle« Menschen sind und als solche Glieder der Menschheit, scheint zunächst eine einfache und einleuchtende Wahrheit zu sein, die schon *von Natur aus* bezeugt ist. Denn nur ein Mensch erzeugt auch wiederum einen Menschen, aber weder ein Tier noch einen Gott. Aus dieser natürlichen Tatsache des sich auf der Erde fortzeugenden Menschengeschlechts ergibt sich von Natur aus ein ganz einheitlicher Gattungsbegriff vom Menschen, von dem Geschlecht des Menschen. Die Menschen mögen noch so verschieden sein – an Farbe, Gestalt, Sitten und Denkweise – es kann kein Zweifel darüber bestehen, daß sie weder tierische noch göttliche, sondern menschliche Wesen sind. Auch der »tierisch« verrohte oder bloß »vegetierende« Mensch ist immer nur eine Möglichkeit des Menschen. Kein Tier kann vertieren, keine Pflanze kann vegetieren.

Die Frage ist aber: Genügt es schon, kein untermenschliches Tier und kein übermenschlicher Gott zu sein, um positiv so etwas wie ein »Mensch« zu sein? Ist die natürliche Einheit der Gattung Mensch, im Unterschied etwa zur Gattung »Hund«, schon eine hinreichende und nicht nur notwendige Bedingung für die Einheit der Menschen, der Menschheit und der ihr eigentümlichen *Menschlichkeit*? Offenbar nicht, denn wie könnten wir sonst unterscheiden zwischen verschiedenen Weisen des Menschseins? Der Mensch als solcher kann unter und über dem Maße des Menschen sein, er kann auch »unmenschlich« sein. Ein Hund kann gar nicht anders als hündisch sein, weil er als ein natürliches Lebewesen rein von Natur aus bestimmt ist und darüber hinaus nichts sein kann. Im Unterschied zu allen bloß natürlichen Lebewesen kann der Mensch über alle Natur hinaus mehr oder minder ein »Mensch« sein. Er kann ein Schuft, er kann auch ein Heiliger sein, er kann human und inhuman sein. Die Frage ist darum: Woran bemißt sich das Menschsein, wenn der Mensch so vielerlei sein kann, was er

nicht schon dadurch ist, daß er von Natur aus, als natürliches Lebewesen, ein Exemplar seiner sich immer gleich bleibenden Gattung ist? Die
Menschheit und ihre Menschlichkeit scheinen somit überhaupt kein
fragloses, natürliches Merkmal, sondern eine fragwürdige Bestimmung zu sein, eine zur *Geschichte* der Menschheit gehörige *Idee*, aber
keine *natur*geschichtliche *Tatsache*. Das was den Menschen geschichtlich zum Menschen macht, überschreitet das Faktum, daß immer nur
ein Mensch einen Menschen macht. Und dieses menschengeschichtliche Phänomen, welches die fragliche Einheit der Menschlichkeit ausmacht, bezeichnen wir in Europa mit einem Wort lateinischen
Ursprungs, mit »Humanität« (umanità , humanité , humanity). Die
Tautologie, welche darin liegt, daß wir den Begriff des Menschen mit
ihm selber bestimmen, indem wir das Wesen des »homo« als »Humanität« bezeichnen, findet ihre Rechtfertigung darin, daß der Mensch,
dessen Wesen wir damit bestimmen, und die Menschlichkeit, mit der
wir ihn näher bestimmen, nicht dieselbe Bedeutung haben. Wenn
Herder sagt, der Mensch sei zur Humanität bestimmt und habe in ihr
sein Wesen und seine Einheit, so meint die Humanität eine menschengeschichtliche Kategorie, jedoch bezogen auf ihn als natürliches Lebewesen.

Die geschichtliche Welt aber, in der sich die Ansicht bilden konnte,
daß jeder Mensch, der ein menschliches Antlitz hat, schon als solcher
die »Würde« und die »Bestimmung« Mensch-zu-sein hat, diese
geschichtliche Welt ist ursprünglich nicht die jetzt verebbende Welt
der humanitären Humanität, sondern die Welt des Christentums, in
welcher der Mensch seine Bestimmung durch den Gottmenschen
Christus hat. Das Bild, welches den homo unserer europäischen Welt
überhaupt erst zum Menschen macht, ist ursprünglich bedingt durch
die Vorstellung, die sich der Jude oder der Christ von sich selbst als
einem Ebenbild Gottes macht. Der scheinbar universale Satz, daß »wir
alle« Menschen sind, begrenzt sich also auf die Idee von der Menschheit, welche das Christentum im Verein mit der Stoa hervorgebracht
hat. Die systematische Frage nach der Einheit der verschiedenen
Menschen scheint daher nur historisch beantwortet werden zu können, weil der Zusammenhang der Menschen im Ganzen der »Menschheit« selbst ein geschichtlich bedingter ist. Dieser christliche Ursprung
der Menschheitsidee zeigt sich deutlich in der klassischen deutschen
Philosophie und Literatur, von Kant bis Hegel und von Lessing bis
Goethe. Und umgekehrt beweist Nietzsches Kritik des Christentums

und der Humanität erst recht deren inneren Zusammenhang. Seine Kritik an der modernen Humanität ist zugleich eine solche am Christentum, weil dieses jene ermöglicht hat.

II. Die Vollendung der christlichen Humanität bei Goethe und Hegel

Von beiden wird das Christentum humanisiert. Von Hegel, indem er den christlichen Glauben mit der Vernunft versöhnt und das christliche Dogma zu einer philosophisch begriffenen Existenz erhebt; von Goethe, indem er das christliche Kreuz in dem Gedicht *Die Geheimnisse* symbolisch mit Rosen umwindet und es in dieser Milderung zum Zeichen der reinen Humanität erhebt [V, 69 ff., 280 in: Werke Bd. 16, S. 173 f., 181]. Im *Wilhelm Meister (Wanderjahre* II, 1 [Werke Bd. 24, S. 240–245]) unterscheidet er drei Arten von Religion durch drei Arten von Ehrfurcht, die geeint sind in der Ehrfurcht vor sich selbst. In diese ist die dreieinige Ehrfurcht vor dem, was über uns, was unter uns und was unsresgleichen ist, »aufgehoben«. Hegelisch ist auch der Gedanke, daß in dieser höchsten Ehrfurcht vor sich selbst der Mensch seine eigene Ehre behält, indem er sie gibt, so daß er in dieser höchsten Religion ein mit sich selber einiges Wesen ist. Die christliche Religion wird in diesem Zusammenhang als »ein Letztes« bezeichnet, wozu die Menschheit gelangen konnte und mußte. Hinter sie könne die Menschheit nicht mehr zurück, und man dürfe sagen, »daß die christliche Religion, da sie einmal erschienen ist, nicht wieder verschwinden kann, da sie sich einmal göttlich verkörpert hat, nicht wieder aufgelöst werden mag«. – Wie sehr die symbolische Gestalt des »Humanus« und die Überlegungen im *Wilhelm Meister* Goethes eigentliche Ansicht bekunden, geht daraus hervor, daß er noch im höchsten Alter und in einem seiner offenherzigsten Gespräche [IV, S. 410] als Sinn und Bedeutung seiner Schriften und seines Lebens den »Triumph des Rein-Menschlichen« bezeichnet. Daraus entspringt auch Goethes merkwürdig freie und zugleich lässige Stellung zum Christentum. Seine christliche Humanität hat jedoch im 19. Jahrhundert keine ebenbürtige Nachfolge gefunden; sie ist nur, verblaßt und verflacht, zu einem Gemeinplatz der Gebildeten geworden, welche meinten, sich auf Goethe berufen zu können, weil sie mittelmäßige Christen waren.

Hegel bezeichnet das allgemeine Wesen des Menschen zwar nicht mehr als »Humanität«[1], sondern als »Geist«, zu dessen Bestimmung die Freiheit gehört. Sein Begriff vom Geist und von der Freiheit ist aber ebenfalls christlich bestimmt. Der absolute Geist ist das wahre Wesen des Menschen, das was einen jeden zum Menschen macht und also die substantielle Einheit der Menschheit und ihre Menschlichkeit ausmacht. Diese geistige Bestimmung hat nach Hegels historischer Einsicht erst das Christentum möglich gemacht [*Enc.* § 377, Zus.] (Anm. 45). Als spezifisch christlichen Ursprungs interpretiert Hegel auch den universalen Charakter der Bestimmung des Menschen durch Geist. Weil nämlich Christus als Gottes Sohn dem Menschengeschlecht überhaupt angehört, und »keinem besonderen Stamm«, weil er ein Gott der Menschen im allgemeinen, aber kein jüdischer Nationalgott ist, gibt es seitdem auch den allgemeinen und wahren, den geistigen Begriff vom Menschen[2].

1 Hegels Kritik an der Humanität richtet sich gegen ihren bloß »empirischen« Charakter und ihre »gehaltlose« Idealität. Siehe dazu *Glauben und Wissen*, W. 1, (1845), S. 15, 31, 43, 75.
2 Gegen Hegels Auffassung der jüdischen Religion als einer wesentlich nationalen und noch nicht universalen hat schon K. Rosenkranz Einspruch erhoben, dessen »Hauptkontroverse« mit Hegels Philosophie der Geschichte sich um die weltgeschichtliche Stellung des Judentums dreht. Die Juden, sagt Rosenkranz, sind das schlechthin welthistorische Volk Gottes, »welches zwischen den Nationalstaaten des Orients und des klassischen Altertums und zwischen dem Humanitätsstaat der germanisch-christlichen Welt die Mitte ausmacht«. Und weil der weltgeschichtliche Maßstab für die Bedeutung der Völker in dem Verhältnis liege, in welchem der Begriff der Menschheit bei ihnen zur Realität gelangt, so stünden von hier aus gesehen die Juden »höher als alle Völker des Orients nicht nur, sondern auch als die Griechen, Römer und Germanen«. Als die »absolute Mitte der Geschichte« sind sie aber auch das Volk der absoluten Entzweiung zwischen Natur und Geist, Nationalität und Humanität, lokaler Isolierung und kosmopolitischer Ausbreitung. Sie sind der Widerspruch, »sich selbst noch mit ihrer Nationalität gegen die Idee der Menschheit negativ zu verhalten. Sie machen das Postulat einer allgemeinen Theokratie, der sich alle Völker durch ihre Vermittlung unterwerfen sollen, aber sie verurteilen und töten den Juden, der mit Bewußtsein ausspricht, daß der wahre Gott nicht bloß ein Nationalgott sein könne, sondern der Gott aller Menschen sein müsse, welchem Volke sie auch immer entstammem möchten«. Karl Rosenkranz, *Hegel als deutscher Nationalphilosoph.* Leipzig 1870, S. 169 f. und ders., *Neue Studien.* Bd. I: Studien zur Culturgeschichte. Leipzig 1875, S. XIV, vgl. S. 404 ff.

»Die sonst so hoch gebildeten Griechen haben weder Gott in seiner wahren Allgemeinheit gewußt, noch auch den Menschen; die Götter der Griechen waren nur die besonderen Mächte des Geistes und der allgemeine Gott, der Gott der Nationen, war für die Athener noch der verborgene Gott. So bestand denn auch für die Griechen zwischen ihnen selbst und den Barbaren eine absolute Kluft, und der Mensch als solcher war noch nicht anerkannt in seinem unendlichen Werte und seiner unendlichen Berechtigung; nur für den Christen gilt der Mensch als solcher, in seiner Unendlichkeit und Allgemeinheit« [Enc. § 163, Zus. 1, vgl. § 482].

Hegels Begriff von der Menschheit als einer Einheit und von der Menschlichkeit als einer Allgemeinheit steht – und fällt also mit der Wahrheit des Christentums. Weil aber für Hegel das Christentum nicht eine Religion unter andern war, sondern die wahre und absolute Religion, welche alle andern vollendet und aufhebt, führte die Beziehung der Idee der Menschheit auf das geschichtliche Christentum bei ihm zu keiner historischen Relativierung, sondern im Gegenteil zu einer geschichtlichen Verabsolutierung. Als aber nach Hegels Tod von seiner Philosophie des geschichtlichen Geistes das metaphysische Fundament verfiel und nur das historische Bewußtsein blieb, verlor sich zugleich mit dem Glauben an die Absolutheit des Christentums allmählich auch der mit ihm verbundene Glaube an die universelle Humanität. Weil beide miteinander stehen und fallen, mußte die Humanität hinfällig werden, als die Philosophie des 19. Jahrhunderts das Christentum einer radikalen Kritik und schließlich der Negation unterzog. Diese philosophische Religionskritik (von D. F. Strauß, Feuerbach, B. Bauer, Marx, Stirner, Kierkegaard) vollzog sich zunächst in einer Weise, daß man das Christentum durch bloße Humanität ersetzen wollte, und endete damit, daß man auch der Humanität den Boden entzog[3]. Auf diese Weise wurde Hegels Vollendung zum Ende der Idee der christlichen Humanität. Stirner negiert die ganze Idee der Menschheit ineins mit dem Christentum, weil er

---

3 Vgl. dazu vom Verfasser: *Die philosophische Kritik der christlichen Religion im 19. Jahrhundert*, in: Theologische Rundschau, N. F. 5 (1933), S. 131–172, 201–226 [wird in Bd. III der *Sämtlichen Schriften* erscheinen]; *Zur Problematik der Humanität in der Philosophie nach Hegel*, in: *Reine und angewandte Soziologie*. Eine Festgabe für Ferdinand Tönnies, Leipzig 1936, S. 50–74 [= frühere Fassung des Abschnitts II, IV des Buches *Von Hegel zu Nietzsche*, 1941, 7. Aufl. 1978].

erkennt, daß die humanitären Ideale des 19. Jahrhunderts nur säkularisierte Formen des Glaubens an das christliche Gottmenschentum sind. Sein »Ich«, das er dem »Menschen« entgegensetzt, ist das nichtige Ende der christlichen Humanität. Kierkegaard verneint die ganze bestehende Christenheit, weil er erkennt, daß dieses allzu menschlich gewordene Christentum das Gegenteil von einer wirklichen Nachfolge Christi ist. Und Nietzsche destruiert nicht nur die ganze christliche Moral und Humanität, sondern auch den christlichen Gottesbegriff (Gott als »Geist« und als Schöpfer des Seins aus dem Nichts), im Namen des heidnischen Gottes Dionysos, der ewigen Wiederkunft des Gleichen und des Übermenschen, womit er die christlich bedingte Idee von der einen Menschheit von Grund aus negiert. Der innere Zusammenhang von Christentum und Humanität spricht sich im Zarathustra darin aus, daß der Übermensch, diese »Überwindung des Menschen«, auftritt, als »Gott tot« ist. Der ganze Inbegriff überlieferter christlicher Humanität (Glück, Vernunft, Tugend, Gerechtigkeit, Mitleiden) ist nicht mehr verbindlich für Nietzsches Versuch einer Neubestimmung des Menschen.

III. Die Negation der allgemeinen »Menschheit« bei Scheler, Heidegger und C. Schmitt

Die ungeheure Wirkung, welche Nietzsche in Deutschland hat, beruht vor allem auf seiner radikalen Kritik des christlich bedingten Ideals der Humanität und damit überhaupt der Einheit und Gleichheit der Menschen. Die Idee der Menschheit ist so sehr in Mißkredit gekommen – sowohl in der Philosophie wie in der Politik-, daß man heute kaum noch jemanden findet, der sie entschieden vertritt, was freilich noch nicht beweist, daß sie sinnlos ist. Drei Beispiele mögen dies veranschaulichen: Schelers negativer Begriff von der »Menschheit«, Heideggers positiver Begriff vom »je eigenen Dasein« und C. Schmitts Begriff von der »politischen Existenz«.

Scheler[4] hat *vor* dem Krieg einen Versuch gemacht, Nietzsche zu

4 *Zur Idee des Menschen*, in: Abhandlungen und Aufsätze, Bd. I, Leipzig 1915; spätere Auflagen u. d. T.: Vom Umsturz der Werte [GW III].

widerlegen[5] und die Idee vom Menschen und von der einen Menschheit christlich zu begründen. Denn der Mensch sei als ein seine bloße Natur transzendierendes Lebewesen überhaupt nicht von seinem »terminus a quo«, sondern nur von seinem »terminus ad quem« her bestimmbar, nicht von seinem Woher, sondern nur von seinem Wohin her. Das Ziel des Transzendierens ist aber für den Menschen als Person die vollkommene Person Gottes. Nur von ihm her kommt auch dem Menschen als solchem eine mögliche Einheit seiner Idee zu. Dagegen ist er als natürliches Lebewesen nach Rasse, Nation und Charakter so verschieden, daß eine bloß naturalistische oder humane Begründung der Einheit der Menschen unmöglich ist. Ohne den Bezug auf den einen christlichen Gott ist auch die Idee von der einen Menschheit eine Illusion. Es gibt also überhaupt keinen homo naturalis und keine von Natur aus vorhandene Einheit der Menschen, denn als bloßes Naturwesen ist und bleibt auch der Mensch ein Wirbeltier unter andern, nicht im Wesen, sondern nur graduell von den Tieren unterschieden. Die wirkliche Einheit des Menschen beruht, analog der politischen Einheit einer Nation, auf keiner naturgegebenen Gleichheit der einzelnen Mitglieder, sondern auf der Herrschaft *einer* überragenden Person, welche die vorhandenen Verschiedenheiten vereinigt. So eint der Glaube an den christlichen Gott die allerverschiedensten Menschen zu der einen christlichen Menschheit.

Letzten Endes bleibt aber der terminus ad quem bei Scheler unbestimmt und zweideutig. Er sagt am Schluß: »Die Leidenschaft über sich hinaus – heiße das Ziel ‹Übermensch› oder ‹Gott› – das ist seine einzige wahre ‹Menschlichkeit‹« [GW III, S. 195]. So endet Schelers Versuch einer Bestimmung des Menschen in der unentschiedenen Schwebe zwischen einer christlichen und antichristlichen, durch Nietzsche bezeichneten Möglichkeit.

Während des Krieges hat Scheler in einer Abhandlung über *Die geistige Einheit Europas und ihre politische Forderung*[6] diesen christlich bedingten Begriff von der Menschheit preisgegeben. Was ihm

---

5   *Das Ressentiment im Aufbau der Moralen*, bes. IV: Ressentiment und moderne Menschenliebe, a.a.O. (Anm. 4).

6   In: Max Scheler, *Der Genius des Krieges und der deutsche Krieg*, Leipzig 1915, S. 251 ff. *Nach* dem Kriege neigte Scheler katholisch-universalen Tendenzen zu, von denen er sich später jedoch wieder abwandte. Vgl. dazu vom Verfasser: *Max Scheler und das Problem einer philosophischen Anthropologie*, in: Theologische Rundschau, N. F. 7 (1935), S. 349–372 [in diesem Band S. 219–242].

unter dem Eindruck des Krieges von der Idee einer allgemeinen
Menschheit übrigblieb, ist allein die Einheit der europäischen Kulturgemeinschaft, notabene mit Ausschluß von England. Auch die überna-
tionalen, kosmopolitischen Ideen hätten sich sowohl im römischen
Imperium wie im Mittelalter und in der Gelehrtenrepublik des 18. Jh.
faktisch immer nur auf den konkreten europäischen Umkreis bezogen,
aber keine abstrakte Universalität gehabt. Dasselbe gelte auch noch
für die Philosophie und Literatur von Kant bis Hegel und von Lessing
bis Goethe. Aber auch die Internationalität des modernen Weltver-
kehrs mit seiner erdumspannenden Wirtschaft, Technik und Naturwissenschaft habe die außereuropäischen Erdteile nur scheinbar euro-
päisiert. In Wirklichkeit habe gerade auch die universale Verbreitung
der technischen Zivilisation die unübersteigbaren Grenzen deutlich
gemacht zwischen den verschiedenen Menschenrassen, Geistesarten
und Kulturen. Als ein Beispiel führt Scheler Japan an, um zu beweisen,
daß es trotz äußerer Technisierung und Kapitalisierung in allen
wesentlichen Dingen von europäischer Lebens- und Geistesart grund-
verschieden geblieben sei: in der Grundeinstellung zur Welt überhaupt, zu Leben und Tod, zur Familie und Frau, zum Staat, zur
Religion und zur Kunst. Für die besten Kenner von Japan hält er
deshalb diejenigen, welche behaupten, daß der Europäer den Kern der
japanischen Seele »niemals« verstehen werde – was dann natürlich
auch umgekehrt gilt! Schelers Schlußfolgerung ist, daß die Entgegensetzung des Nationalen und allgemein Menschlichen nicht zutreffend
sei, denn es gebe eben gar keine wirklich universelle Humanität,
sondern nur bestimmte Kulturkreise mit spezifisch verschiedenen
Strukturen des Fühlens und Wertens, des Weltanschauens und der
Weltgestaltung. Ja, man müsse annehmen, daß schon in den prähisto-
rischen Zeiten der Menschwerdung von vornherein verschiedene
Menschenrassen bestanden haben[7]. Auch was wir als »Vernunft« und
»Wissenschaft« kennen, sei kein allgemein menschlicher Tatbestand,
sondern beschränkt auf den europäischen Menschentypus, der mit
ihnen die Welt beherrschen will. Dagegen besitze der orientalische
Mensch völlig andersartige Anschauungs- und Denkformen und Wer-

---

7 Vgl. dagegen Kants Aufsatz über *Die Bestimmung des Begriffs einer
Menschenrasse* [1785], wo aus der Unausbleiblichkeit der »Anartung« bei
gemischter Zeugung auf die ursprüngliche *Einheit* der verschiedenen Menschenrassen geschlossen wird [in: Kants gesammelte Schriften. Hrsg. v. der Kgl.
Preußischen Akademie der Wissenschaften, Bd. VIII, 1912, S. 89–106].

tungsweisen. An die Stelle einer Scheinliebe zur »Menschheit« setzt Scheler den »europäischen Patriotismus« in der Hoffnung, daß Europa sich nach dem Krieg vereinheitlichen und regenerieren werde. Eine letzte Folgerung aus dieser Preisgabe der menschlichen Einheitsidee und der daraus folgenden historischen Relativierung hat O. Spengler gezogen, indem er die verschiedenen Kulturen als nebeneinander aufwachsende und vergehende Gebilde betrachtete, die nichts miteinander zu tun haben. Mit dieser Fixierung auf die Verschiedenheit als solche und ihre Diskontinuität ist der äußerste Gegensatz zu Hegels universaler Geschichtsphilosophie erreicht, deren kontinuierliches Fortschrittsschema die Einheit des Geistes und damit der Menschheit voraussetzt. Schelers Gedanke stellt einen Rückschlag gegen die ungeschichtlichen Allgemeinheiten der Humanitätsepoche dar. Den nächsten Schritt hat Heidegger getan. Sein Grundbegriff vom je eigenen Dasein ist bereits ein Umschlag von der allgemeinen Menschheitsidee in ihr Gegenteil.

Der Ausgangspunkt von Heideggers Existenzialontologie war zunächst auch noch das durch Dilthey geschärfte historische Bewußtsein und damit das Bewußtsein von der Verschiedenheit der möglichen Stellungnahmen und Anschauungsweisen der Menschen. Die Konsequenz davon ist bei ihm aber nicht mehr die historische Relativität, sondern im Gegenteil: die Verabsolutierung der je eigenen geschichtlichen Existenz und – in historischer Rücksicht – die Verabsolutierung des »Ursprungs« der europäischen Philosophie bei den Griechen. Heidegger macht mit gewollter Entschiedenheit das »jemeinige« oder je eigene Dasein zum Anfangs- und Endpunkt, zum Ursprung und zur Grenze der ganz allgemeinen Lehre vom Sein [*Sein und Zeit*, § 7]. Er tut das in der Überzeugung, daß gerade der allgemeinste Begriff vom Sein nur erreichbar ist durch die äußerste Vereinzelung auf sich selbst. Es ist deshalb bei ihm weder von der einen und allgemeinen Menschheit die Rede oder von einer allgemeinen Vernunft und einem allgemeinen Geist, noch von historisch verschiedenen Weisen des Menschseins, sondern nur noch vom Dasein (im Menschen), zu dessen Wesen es gehört, daß es ein je eigenes und darum auch eigentliches sein kann. Zu dieser Eigenheit muß sich der Mensch entschließen und die oberste Instanz für diesen Entschluß ist das Verhältnis zum bevorstehenden Tod als dem Ende der je eigenen, endlichen Existenz. Nur so existiert der Mensch »geschichtlich«, wenn er sich – vor dem Nichts – auf sein eigenes Sein versteht. Diesen radikalen Daseinsbegriff gewinnt Heidegger durch die Reduktion des Seins, das ich selber bin, auf das bloße und nackte *Daß*-sein oder die »Faktizität« [§ 9]. Sein Woher und Wohin – sein terminus a quo und ad quem – ist ihm verhüllt, aber gerade weil der Mensch nicht weiß, woher er kommt und wohin er geht, ist ihm das existenzielle factum brutum, sein pures Daß-er-da-ist und »Zu-sein-hat« unverhüllt. Warum er jedoch zu sein hat, diese Frage kann von Heideggers Standpunkt aus nicht beantwortet werden, besteht doch der Radikalismus seiner Analyse des Daseins gerade darin, daß er es auf die bloße Faktizität reduziert und fixiert. Zugleich erklärt sich daraus auch, warum er nicht mehr vom Menschen und vom menschlichen Dasein spricht, sondern vom neutralen Dasein »im« Menschen (*Kant und das Problem der Metaphysik*, § 37 ff. [vor allem § 41]). Und in der Tat ist dieses je eigene Dasein nicht mehr etwas, was den Menschen zum Menschen macht, sondern etwas, was ihn dehumanisiert und von seiner Menschlichkeit frei macht. *Was* der Mensch, die Menschheit und die Menschlichkeit ist, das verliert jedes Interesse, wenn von vornherein feststeht, daß jeder Mensch letzten Endes nichts anderes und besseres tun kann, als sich zu sich selbst zu entschließen und sich selbst zu behaupten. Diese im Prinzip auf das je eigene Dasein bezogene Philosophie kann aber auch die Struktur eines *gemeinsamen* Daseins bestimmen. Den Übergang zu dieser Anwendung der Kategorien des Daseins auf ein Gebiet der Gemeinsamkeit hat Heidegger selbst in seiner ebenso politischen wie philosophischen Rektoratsrede vollzogen. Ihr charakteristischer Titel ist: *Die Selbstbehauptung der deutschen Universität*. Auch hier ist der Gedanke durchaus bestimmt vom Selbstsein und zwar als eines spezifisch deutschen. Die »*Selbst*verwaltung« des deutschen Volks und der deutschen Universität setzt voraus: »*Selbst*besinnung« (im Gegensatz zu einem »allgemein« historischen Wissen), »Sich*selber*-Wollen« und »Sich*selber*-Behaupten«. Diese Fixierung auf das je eigene Dasein der Universität richtet sich polemisch gegen alle »internationalen Organisationen«. Auch der »Geist« sei keine allgemeine Weltvernunft, sondern eine »wissende Entschlossenheit« zum Wesen des Seins, dessen Ursprung ich selbst bin. Und wiederum dieselbe Selbstbehauptung der Eigenheit und eine entsprechende Verneinung der Allgemeinheit zeigt Heideggers Vortrag über Hölderlin. (Anm. 46) Das allgemeine Wesen der Dichtung lasse sich nicht durch Vergleich von diesen und jenen Dichtungsarten in einem allgemeinen Begriff zusammenfassen, der dann für alle in gleicher Weise gilt, sondern nur an Hölderlins

Dichtung, die einzig und allein das dichterische Wesen verwirkliche, indem Hölderlin das Wesen der Dichtung »eigens« dichte und dadurch in die »Entscheidung« stelle. Die Frage, ob etwa Goethe nicht eigentlicher das Wesen der deutschen Dichtung zur Darstellung bringt, wird von Heidegger kurzweg abgeschnitten; denn es kommt ihm ja nicht darauf an, Verschiedenes zu vergleichen und sich mit andern zu verständigen, sondern auf die Selbstbehauptung eines je eigenen (deutschen) Seins, welches so ist, daß es sich jetzt eigentlicher in Hölderlin als in Goethe begreift. Andererseits hatte schon Goethe selber in Hölderlin mit sicherem Instinkt eine Gefahr für die von ihm gefügte geistige Welt erkannt und ihn entschieden abgelehnt[8].

Wie wenig sich Heideggers Position mit der ihr zugehörigen Negation auf seine Philosophie beschränkt, wie sehr sie ein allgemeines Zeichen für eine veränderte Zeit ist, das beweisen die ihr genau entsprechenden »Selbstbehauptungen« in der gleichzeitigen politischen Wissenschaft von C. Schmitt[9].

Der philosophischen Entschiedenheit von Heidegger entspricht bei Schmitt ein politischer Dezisionismus, dem »Ganz-sein-Können« des je eigenen Daseins die »Totalität« des je eigenen Daseins, die »eigene Art« des politischen Seins, der Selbstbehauptung des je eigenen Daseins diejenige der politischen Existenz und der »Freiheit zum Tode« das »Opfer des Lebens« im politischen Ernstfall des Krieges. Was im Horizont des je eigenen Daseins bei Heidegger als Freiheit zum Tode erscheint, eben das kann im politischen Horizont eines um seine Existenz kämpfenden Volkes als Opfer des Lebens erscheinen. Das Prinzip ist in beiden Fällen dasselbe: die Faktizität eines je eigenen Seins. Auch Schmitt reduziert die möglichen Inhalte, das Was des Staatswesens ausdrücklich auf die pure »Existenz« der politischen Einheit als solcher, also darauf, daß überhaupt ein solcher status existiert, welcher fähig ist, über das Sein und Nichtsein des Staates zu entscheiden. Auch ihm geht es nicht um die »essentia«, sondern nur noch um die »existentia« als politisches Daß-sein. Der Polemik gegen die abstrakten Allgemeinbegriffe der Philosophie entspricht hier eine ebensolche gegen die abstrakten Allgemeinbegriffe in der Staats- und Rechtswissenschaft. Von diesem Standpunkt aus verliert die »Mensch-

8 Siehe dazu Rudolf Fahrner, *Hölderlins Begegnung mit Schiller und Goethe*. Marburg 1925.
9 Carl Schmitt, *Der Begriff des Politischen*. Hamburg 1933, insbes. S. 36 ff. [2. Ausgabe 1932, S. 42 ff.; Nachdruck 1963, S. 54 ff.].

heit« jedes Interesse, denn es entspricht ihr überhaupt kein existenzpolitischer status; sie kann weder Feinde noch Freunde haben, denn sie hat überhaupt keine entschiedene Existenz. Weil man aber auch im Namen der Humanität politische und wirtschaftliche Interessen vertreten und sogar Krieg führen kann, sagt Schmitt: »Wer Menschheit sagt, will betrügen.« (Anm. 47)

Die Frage nach der Einheit der Menschen scheint somit negativ beantwortet zu sein, zunächst durch den Hinweis auf das Faktum einer unausgleichbaren *Verschiedenheit* (Scheler) und schließlich durch die Selbstbehauptung der *Eigenheit* des je eigenen, individuellen oder auch nationalen Daseins (Heidegger und Schmitt). »Die Philosophen dieser Zeit verzweifeln an der Einheit des Menschen«, bemerkt mit Recht ein abseits stehender Philosoph[10]. Der geschichtliche Grund dafür ist aber der Verfall des Glaubens an das christliche Fundament der europäischen Humanität. Und dennoch ist die Frage nach der Einheit so wenig zum Verstummen zu bringen wie die Tatsache, daß wir Menschen sind. Wollte man nämlich wirklich Ernst machen mit der Negation der Idee der Menschheit, dann müßte man konsequenterweise leugnen, daß man überhaupt noch als »Mensch« existiert. Anstelle der Menschen gäbe es dann nur je Eigene: Deutsche und Franzosen, Japaner und Chinesen usw. Aber auch »als Deutscher« kommt man nicht schlechthin zur Welt, sondern als dieser und jener, z. B. als Bayer oder als Preuße, als Herr Meier oder Herr Müller. Die letzte Konsequenz wäre, daß auch Anfang und Ende des menschlichen Daseins, Geburt und Tod, sich radikal unterscheiden, je nachdem ein Deutscher oder ein Franzose, ein Chinese oder ein Japaner geboren wird und stirbt. Zwischen ihnen allen gäbe es nur noch *eine* Art von Verbundenheit ohne Verbindlichkeit, nämlich die im factum brutum des nackten, je eigenen Seins. Die »Menschheit« scheint dann nur noch eine formale und abstrakte Verallgemeinerung von je konkreten, nationalen und individuellen Existenzen zu sein, das farblose Insgesamt der verschiedenen Individuen und Nationen unter Abzug ihrer Verschiedenheiten.

Woran man noch allgemein glaubt, das ist in der Tat nicht mehr *der* Mensch und *die* Menschheit, sondern das sind die offensichtlichen Unterschiede und Grenzen zwischen den Menschen, neben denen die Gleichheit, auf dem Grunde des Menschseins, praktisch mehr oder

10 Theodor Haecker, *Was ist der Mensch?*, Leipzig: Hegner, 1933, S. 20.

minder gleichgültig wird. Wo bleibt dann aber der Mensch »als solcher«, der inmitten aller Verschiedenheit der einzelnen Völker und Menschen doch immer einer und derselbe bleibt, wenn die Verschiedenheit nur noch durch die Uniformität der technischen Zivilisation überbrückt wird?

IV. Der Ersatz der allgemeinen Menschheit bei Scheler, Heidegger und Schmitt

Der Entwertung des Begriffs der menschlichen Einheit widerspricht nicht nur das Christentum, sondern auch das natürliche Empfinden der Menschen. Denn kein Mensch kann sinnvoller Weise bestreiten, daß er als Mensch in jedem andern seinesgleichen erkennt, und zwar inmitten aller Verschiedenheiten. Dieses natürliche Empfinden ist unabhängig von der substanzlos gewordenen Idee einer humanitären Menschheit, wenngleich es nicht ohne geschichtliche Voraussetzungen ist, weil es der Zeit und mancher Erfahrung bedarf, um zu erkennen, daß auch der »Andere« und »Fremde« ein Mensch ist. Wie wenig die Kritik an der Idee der Menschheit ausreicht, um das in ihr enthaltene Problem der Einheit zum Verschwinden zu bringen, zeigt sich auch dort, wo diese Idee verneint wird: bei Scheler, Heidegger, Schmitt.

Scheler hat in einem seiner letzten Vorträge *(Der Mensch im Weltalter des Ausgleichs* (Anm. 48) die These aufgestellt, daß sich der Mensch zum ersten Male in seiner Geschichte einem universellen Ausgleich nähere. Sein Ausgang ist die Erfahrung des Weltkrieges, aber mit einem umgekehrten Ergebnis als zuvor. Er spricht auf einmal wieder von der »Menschheit«, die in diesem Krieg ihr erstes Gesamterlebnis gehabt habe, welches nun – in angeblich »unentrinnbarer Weise« – zu einem Ausgleich aller Gegensätze führen müsse; denn das sei die Tendenz des mit dem Kriege beginnenden Weltalters [S. 58/ 152]. Ausgleich bedeutet dabei kein Gleichwerden durch Beseitigung aller Unterschiede, sondern die Herstellung von Synthesen. Ausgleichen werden sich (nach Schelers Annahme) sowohl die psychischen Verschiedenheiten der Menschen, die verschiedenen Rassen und Nationalitäten, die verschiedenen sozialen Klassen, die Kultur- und Naturvölker, ferner Geist und Leben, Männlichkeit und Weiblichkeit,

auch die Bildungsideen und die Ideen vom Menschen. Ausgleichen
sollen sich auch Europa und Asien[11], westliches und östliches Ethos,
sowie westliches und östliches Christentum und innerhalb des ersteren
Katholizismus und Protestantismus, – kurz alles und jedes! [S. 57 ff./
151 ff.] Das ideelle Resultat wäre ein »Allmensch«, d. h. ein
Menschentypus, der alle Wesensmöglichkeiten des Menschen verwirklicht. Sowohl die »Über-« wie die »Untermenschen« sollen im
Allmenschen zu – »Menschen« werden. Am Ende von Schelers
Behauptung unübersteigbarer Verschiedenheit steht also die »eine
[ausgeglichene] Menschheit« [S. 60/153] und eine »kosmopolitische
Weltphilosophie«! [S. 68/160] Sucht man nach einer konkreten Vorstellung für diese Idee von Scheler, so müßte man etwa an den
weltreisenden Tagesphilosophen Graf Keyserling denken. Wie immer
man diese sonderbare Erfindung von Scheler beurteilen mag, so zeigt
sich aber doch eins: daß auch er nicht umhin konnte, die christlich
bedingte Idee von der einen Menschheit und vom Gottmenschen
durch einen Ausgleich aller Verschiedenheiten im Allmenschen zu
ersetzen.

Ebenso kann auch Heidegger nicht umhin, in absoluter Allgemeinheit vom Dasein schlechthin zu sprechen, obwohl er es als je eigenes
bestimmt. Seine Philosophie will ja keine Autobiographie sein, sondern eine Frage, die schon Plato gestellt hat, durch die ganze
Geschichte des Geistes verfolgen und sie für die Gegenwart so beantworten, daß jeder, der seinen Darlegungen zu folgen vermag, einsehen
soll: so ist »das« Dasein und nicht anders! Die Bestimmung des
Daseins durch Jemeinigkeit verlöre, ebenso wie die Berufung auf den
je eigenen Tod, jeden philosophischen Sinn, wenn sie nicht den
Anspruch erheben würde, jegliches mögliche Dasein als solches zu
betreffen, wenn sie nicht einen höchst allgemeinen Anspruch machte,
ebenso allgemein wie der Anspruch der Humanitätsphilosophie an die
Menschheit.

Desgleichen will C. Schmitt nicht nur die politische Situation des
deutschen Staates der letzten Jahrzehnte beschreiben, sondern einen
allgemeinen Begriff von »dem« Politischen als solchem aufstellen, der
sich auf jegliche politische Existenz bezieht und der nicht weniger
allgemein ist als die von ihm bekämpften Allgemeinbegriffe. Der

---

11 Vgl. Scheler, *Schriften zur Soziologie und Weltanschauungslehre*, Bd. I,
Leipzig 1923, S. 5, 41 ff. (Anm. 49).

Unterschied liegt nur darin, daß sich die neuen Allgemeinheiten von Heidegger und Schmitt nicht mehr auf einen an ihm selbst *allgemeinen Inhalt* beziehen, sondern auf die *formale* Allgemeinheit von je verschiedenen *Eigenheiten*. Jedes Dasein soll angesichts des Todes sich selbst und jedes staatliche Dasein soll angesichts des Krieges die eigene Art des Seins bezeugen. Das Problem, welches bleibt, ist also immer die Einheit, der einheitliche Begriff vom Menschen, aber niemals die offenkundige Tatsache der menschlichen Verschiedenheit. Ein wirkliches, uns angehendes Problem ist aber die Idee der Einheit doch nur deshalb, weil diese fragliche Einheit nicht *über* den Köpfen der Menschen in einem Reich der Idee schwebt, sondern weil, wenn eine Einheit besteht, sie nur Bestand haben kann *inmitten* der allerverschiedensten Menschen. Nur so ergibt sich eine philosophische und zugleich menschliche Perspektive, anstelle der allzu nahen Froschperspektive und der allzu fernen Vogelperspektive, in denen man nur die formale Eigenheit oder die leere Allgemeinheit erblickt, aber nicht *diesen bestimmten* und zugleich *allgemeinen* Menschen. Die Einheit der Menschen besteht weder in dünnen Menschheitsbanden noch in dicken Blutsbanden, sie besteht überhaupt nicht abgesondert für sich, sondern *in* den verschiedenen Menschen – als Menschen.

Natur und Humanität des Menschen

1957

I

Das Wissen um die Natur des Menschen hat sich in unserer Zeit in das Verstehen seiner geschichtlichen Existenz verlegt. Die Überzeugung von einer immer gleichen Natur des Menschen gilt dem modernen, historisch-gebildeten und geschichtlichen Denken als ein unzeitgemäßer Rückfall in einen längst überwundenen Naturalismus. Schon Dilthey hat in der Konsequenz seines prinzipiell historischen Denkens gesagt, daß der »Typus Mensch« im Prozeß der Geschichte »zerschmelze« und daß es überhaupt mit der Metaphysik der Substanzen vorbei sei. Heidegger ist noch einen Schritt weiter gegangen. Er hat den Historismus Diltheys radikalisiert und dadurch scheinbar standfest gemacht. Geschichte ist für ihn nicht mehr die ausgebreitete Mannigfaltigkeit wechselnder Lebensweisen und Weltanschauungen, sondern im Wesen des menschlichen Daseins als einer zeitlichen Existenz verankert. In den Schriften nach *Sein und Zeit* geht Heidegger auch darüber hinaus, indem er den letzten Grund der Geschichtlichkeit des Daseins in das Sein selbst verlegt. Das Sein ist ein Seinsgeschehen und seine Wahrheit ein Wahrheitsgeschehen, das sich von Zeit zu Zeit schicksalhaft wandelt.

Man könne, hieß es in *Sein und Zeit*, gar nicht fragen, *was* der Mensch sei, als habe er einen unwandelbaren Bestand an natürlichen Eigenschaften, der sich in allem geschichtlichen Wandel gleichbleibt. Man müsse vielmehr fragen, *wer* er und *wie* er sei, denn der Mensch sei nicht »vorhanden« wie ein Stein oder »zuhanden« wie ein Zeug und auch nicht lebend wie ein Lebewesen. Man müsse den Menschen existenzial-ontologisch verstehen, d. h. als ein Seiendes, das sich in erster Person, als ein je eigenes Dasein, eigentlich oder uneigentlich, zu seinem Sein verhält und damit zugleich und vor allem zum Sein überhaupt, das nichts Seiendes ist, sondern »das transcendens schlechthin« [S. 38]. Das Wesen des Menschen ist keine allgemeine *essentia* einer einzelnen *existentia*, sondern ein verbal zu verstehendes An- und Abwesen, nämlich des Seins, im seienden Da-sein des Menschen. Der Mensch ist eine ins eigene Da geworfene Existenz, weil es ein ihn werfendes und ereignendes Sein gibt, das sich, gebend, im Dasein des Menschen eröffnet und lichtet. Wer nach dem Mensch-sein fragt, müsse deshalb vor allem nach dem Sein selber fragen und dessen Bezug zum Menschenwesen bedenken. Das Wesen des Menschen ist eine ekstatische, seinsgeschichtliche Ek-sistenz, kein Bestand, sondern ein Herausstand oder, wie es 1933 hieß, ein prometheischer »Aufstand« gegen das Seiende als solches und im ganzen.

Der existenzial-ontologischen Idee vom Menschen entsprechend, ist Heideggers *Brief über den Humanismus* kein Herderscher Brief zu ihrer »Beförderung«, sondern bezweckt ihre Absetzung. Die Humanität ist nichts Ursprüngliches, sondern das späte Ergebnis eines geschichtlichen Wandels, eine spätantike, römische Auslegung, die in der Renaissance neu belebt wurde. Der moderne Mensch, d. h. der Mensch seit der Renaissance, ist aber »fertig zum Begrabenwerden«, wurde in *Sein und Zeit* (Anm. 50) beifällig aus Yorck von Wartenburgs Briefen an Dilthey zitiert. Der Versuch, dem verbrauchten Wort »Humanismus« seinen Sinn wiederzugeben, heißt es zwanzig Jahre später, sei unnötig, denn jeder Humanismus sei durch eine Metaphysik bedingt, die von Platon bis zu Nietzsche vergessen habe, was das Sein ist. Der Mensch ist nicht human, sondern ein notwendig gewalttätiges Dasein im Verhältnis zur Übermacht des Seins, das ihn überwältigt[1]. Das, worauf sich die traditionelle Idee vom Menschen festgelegt hat, ist nur das »bisherige« Wesen des Menschen, welches seit Aristoteles durch Animalität und Rationalität bestimmt wird. Alle Bestimmungen des Menschen als eines *zoon logon echon* verfehlen aber das Wesen des Menschen, weil sie es bloß über-tierisch und damit unterbestimmen. Es wäre deshalb ein vergebliches Unterfangen, das seinsgeschichtliche Ereignis, welches der Mensch ist, durch eine Beschreibung seiner angeblich immer gleichen Natur und im Blick auf die bisherige Humanität kennzeichnen zu wollen. Der Mensch kann weder mit Rücksicht auf das Tier noch im Hinblick auf Gott, durch Bezug auf ein niedrigeres und höheres Seiendes, bestimmt werden,

---

1 Heidegger, *Einführung in die Metaphysik*, 1953, S. 114 ff.

sondern nur aus der Frage nach dem Sein selbst. – Bloß an einer merkwürdigen Stelle der Schrift über den Humanismus[2] geht Heidegger auf die traditionelle Bestimmung des Menschen als eines Zwischenwesens zwischen Tier und Gott positiv ein: »Vermutlich ist für uns von allem Seienden, das ist, das Lebe-Wesen am schwersten zu denken, weil es uns einerseits in gewisser Weise am nächsten verwandt und andererseits doch zugleich durch einen Abgrund von unserem eksistenten Wesen geschieden ist. Dagegen möchte es scheinen, als sei das Wesen des Göttlichen uns näher als das Befremdende der Lebe-Wesen, näher nämlich in einer Wesensferne, die als Ferne unserem eksistenten Wesen gleichwohl vertrauter ist als die kaum auszudenkende, abgründige leibliche Verwandtschaft mit dem Tier.« Diese Sätze erinnern an die theologische Bestimmung des Menschen aus seinem Verhältnis zu Gott, ein Verhältnis, das aber bei Heidegger eine offene Frage bleibt, über die seine Rede vom »Göttlichen« weder positiv noch negativ etwas aussagen will[3]. Wohl aber haben Heideggers ältere Zeitgenossen Th. Haecker und der frühe M. Scheler vom Gottesverhältnis des Menschen einen entschiedenen Gebrauch gemacht, um die Menschlichkeit jenseits seiner Natur und Humanität zu bestimmen.

Zu Schelers lebenslanger Bemühung um eine philosophische Anthropologie hat Heidegger keine ausdrückliche Stellung genommen, es sei denn, man würde das Scheler gewidmete Buch über Kant als eine indirekte Kritik der philosophischen Anthropologie verstehen. Auf Haecker gemünzt ist die Bemerkung in der *Einführung in die Metaphysik* (S. 109), es gebe zwar Bücher, die buchstäblich fragen, »Was ist der Mensch?«, aber nur auf dem Buchdeckel, denn man frage nicht, wenn man die Antwort aus der biblischen Offenbarung voraussetze. Vielmehr mache man damit alles Fragen unmöglich. In einem denken aber Heidegger, Haecker und Scheler doch gleichsinnig: sie halten sich nicht an die Natur und Humanität des Menschen, sondern an Gott, beziehungsweise das Sein, die beide das Menschsein bestimmen sollen und übertreffen.

Haecker[4] bekämpft, auf Grund seines christlichen Glaubens, nicht

---

2 1949, S. 15 [in: Wegmarken, 1967, S. 157].
3 Löwith, *Heidegger: Denker in dürftiger Zeit*, 1953, S. 92 ff. [2. Aufl. 1960, S. 89 ff.].
4 *Was ist der Mensch?*, 1933, S. 146 und S. 151 f.

weniger entschieden als Heidegger auf Grund seiner Frage nach dem Sein, die Reduktion des Menschen auf ein vernünftiges Lebewesen. Denn dieses *animal rationale* sei nicht der Mensch, und die Zeit gehe heute erbarmungslos über diesen Humanismus hinweg, der ein paar Jahrhunderte in Europa geherrscht und die Abgründe des Seins verdeckt habe. Der Mensch könne nicht »von unten«, vom natürlichen Leben her, verstanden werden, sondern nur »von oben« her, von der Offenbarung Gottes in einem Gottmenschen. Alles andere führe zu einem substanzlosen Idealismus. Am Anfang und Ende der Frage nach dem Wesen des Menschen stehe das übernatürliche und übermenschliche Faktum der Offenbarung Gottes in Christus, und vor der anthropologischen Frage stehe darum die theologische Frage nach Gott, dessen Ebenbild der Mensch sei.

Weniger dogmatisch, aber nicht minder theistisch, ist die Antwort des frühen Scheler auf die Frage *Zur Idee des Menschen*[5]. Auch er bekämpft die Ansicht vom Menschen als eines *animal rationale*, als eines werkzeugschaffenden Verstandestieres. Es gebe überhaupt keine wissenschaftlich erweisbare Entwicklung des Tieres zum Menschen; denn als Lebewesen bleibe der Mensch für immer ein Wirbeltier, und ein Humanismus, der den Menschen aus der vergleichenden Unterscheidung vom Tier versteht, sei eine »metaphysische Philistrosität«. Als Lebewesen ist der Mensch ein »krankes« Tier, ein »faux pas« der Natur, eine »Sackgasse« des organischen Lebens, aber kein höchstes Entwicklungsprodukt der Tierreihe. Sein wahres, personales Menschenwesen bestehe darin, daß er »transzendiere« und eine Gestalt der Transzendenz selbst sei, d. h. ein Wesen, das wesentlich Gott suche. Der Mensch, sagt Scheler im Anklang an Nietzsche, sei ein »Übergang« und eine »Brücke«, »heiße das Ziel Übermensch oder [sic!] Gott«. Nicht Gott ist eine anthropomorphe Erfindung, sondern der Mensch ist theomorph. Der Wesensunterschied von Mensch und Tier bestehe daher nicht in einer biologischen Differenz, sondern darin, daß sich der Mensch auf Gott hin überschreite. Auf die naheliegende Frage, ob denn ein Mensch, der Gott nicht sucht, kein Mensch sei, antwortet Scheler ohne Bedenken, daß der Unterschied zwischen solchen, die Gott suchen, und solchen, die ihn nicht suchen, unendlich größer sei als der zwischen Mensch und Tier. Auch wenn der Mensch

---

5 *Abhandlungen und Aufsätze*, I. Bd., 1915, S. 354 ff., S. 363 ff. [Spätere Auflagen u. d. T.: *Vom Umsturz der Werte,*; GW III, S. 189 f. und 194 f.].

die Gestalt eines Affen oder eines Vogels hätte, wäre er doch ein
Mensch, sofern er zu Gott transzendierte. Zwischen einem im christlichen Sinn wiedergeborenen Menschen und einem aufrecht gehenden
Verstandestier bestehe ein unüberbrückbarer Wesensunterschied; zwischen Tier und *homo faber* nur ein Gradunterschied. Der Mensch
werde erst Mensch durch seinen religiösen Bezug. Einen *homo naturalis* gibt es nicht.

Heidegger, Haecker und Scheler sind sich darin einig, daß der
Mensch nicht aus seinem fragwürdigen Zusammenhang mit den ihm
nächstverwandten Lebewesen bestimmt werden könne, weil er im
Unterschied zu allen Naturwesen »transzendiere«: zum Sein, zu Gott,
zu Gott »oder« dem Übermenschen. Die Frage ist, ob diese übernatürliche Rettung des Menschen seiner Natur gerecht wird. Was in
Haeckers theologischer, in Schelers theologisierender und in Heideggers ontologischer Perspektive als eine Unterbestimmung des Menschen erscheint, ist unter dem Gesichtspunkt der Natur des Menschen
christlicher Platonismus. Die Konsequenz ist in allen Fällen dieselbe:
daß der Bezug auf etwas Meta-physisches und Überseiendes, auf Gott,
beziehungsweise das Sein, für die Bestimmung des Menschen wesentlicher wird als die Erkenntnis dessen, was er als ein von Natur aus
gebürtiger Mensch im Vergleich und im Unterschied zu dem von
Natur aus gebürtigen Tier ist. Anstatt zu fragen, wie sich der Mensch
von dem ihm nächstverwandten Lebewesen, beziehungsweise überhaupt von der Natur unterscheidet, wird von Haecker und Scheler
behauptet, daß sich das Menschsein nur durch sein Gottesverhältnis
entscheide, so daß der entscheidende Unterschied überhaupt nicht
zwischen Mensch und Tier fällt, sondern zwischen den Menschen
selber läge, nämlich darin, ob sie Gott suchen und anerkennen oder
nicht suchen und leugnen. Desgleichen liegt es in der Konsequenz von
Heideggers ontologischer These, nach der sich das Menschsein nur
durch sein Seinsverhältnis bestimmt, daß der entscheidende Unterschied darin läge, ob man das Sein vergißt oder an es denkt. Und
sofern sich die Seinsvergessenheit geschichtlich bestimmt, ist der kritische Unterschied ein solcher zwischen dem »bisherigen« und dem
»künftigen« Wesen des Menschen. Der Versuch, den Menschen aus
seiner allgemeinen und immer gleichen Natur zu bestimmen, ist – aus
jener metaphysischen Perspektive beurteilt – eine naturalistische Bana-
lität.

Aber: woher weiß man denn, ob und wie Gott und das Sein, durch die sich das Menschenwesen ursprünglich bestimmen soll, überhaupt sind? Daß der Mensch und die Welt sind, sehen und wissen wir; ob beide dem Schöpferwillen eines unsichtbaren Gottes entspringen, läßt sich nicht einsehen; man muß es glauben[6]. Das Sein, von welchem Heidegger spricht, ist zwar auch kein sichtbares oder wißbares Phänomen, aber ebensowenig soll es eine Sache des Glaubens sein. Wie wird es dann zugänglich? Etwa durch reines Denken und Andenken? Oder weiß man von ihm, weil es von ihm eine besondere »ontologische Erfahrung«[7] gibt, die sich ausdenken läßt? Aber in welchem Sinn kann es vom Sein, das nichts Seiendes ist, und auch nicht die Seiendheit alles Seienden, so etwas wie Erfahrung geben, da doch das Sein das *transcendens* schlechthin ist und wie das Nichts, das sich auch nur am Entgleiten alles Seienden zeigt, alle Erfahrung von Seiendem überschreitet? Ist das vielberufene Sein ein bloßer Grenzbegriff transzendentalphilosophischer Reflexion und nichts an ihm selbst? Offenbar nicht; denn wie könnte ihm dann ein geschichtliches An- und Abwesen, ein Sichoffenbaren und Verbergen, Macht und Übermacht, sogar Huld und Grimm zugesprochen werden? Wie immer es sich mit diesem durchkreuzten oder auch nicht durchkreuzten Sein oder Seyn verhalten mag, so läßt sich andererseits doch nicht bestreiten, daß es von der *Natur* alles Seienden, also auch des Menschen, eine Erfahrung gibt, die sich phänomenologisch ausweisen läßt. Wenn die Welt als das Ganze des Seienden nicht die Schöpfung eines außer- und überweltlichen Gottes ist, dann ist alles, was überhaupt ist, von Natur aus da, und diese Natur erscheint in allem, was ist, inbegriffen dem Phänomen, das wir Mensch nennen. Dieses Lebewesen »Mensch« hat jedoch seiner Natur nach die Möglichkeit, das Faktum seiner Erzeugung so prinzipiell zu überschreiten, daß es das ihm von Natur aus gegebene Leben sich selbst nehmen kann. Daß die Natur mit dem Hervorgang des Menschen ein Lebewesen ins Dasein brachte, das sich aus aller Natur heraussetzen und sich ihr gegenüber- und entgegenstellen kann, ist freilich so rätselhaft wie das theologische Paradox, daß

---

6 Löwith, *Wissen, Glaube und Skepsis*, 1953 [S. 69; das Buch wird in Bd. III dieser Ausgabe erscheinen].

7 Eugen Fink, *Zum Problem der ontologischen Erfahrung*, in: Actas del primer Congreso nacional de filosofía. Publ. al cuidado de Luis Juan Guerrero. Mendoza, Argentina, 1949, Bd. II, S. 733–741 [wiederabgedruckt in: E. Fink, *Nähe und Distanz. Phänomenologische Vorträge und Aufsätze*. Freiburg/München: Alber, 1976, S. 127–138].

Gott sich gegenüber ein Geschöpf schaffen konnte, welches die Freiheit hat, sich seinem Schöpfer entgegenzustellen und sich von ihm
abzuwenden. Daß jedoch ein nichtseiendes »Sein« das Dasein des
Menschen »ereignet« hat und unser allzumenschliches Dasein zu
seiner Eröffnung »braucht«[8], ist weder ein glaubhaftes Paradox noch
ein wißbares Rätsel, sondern eine bloße »Vermutung«, die um so
fragwürdiger ist, als sie alles trägt, was über das Sein des Daseins
gesagt wird.

Die klassische Philosophie, von den Vorsokratikern bis zu Lukrez,
dachte die Welt und den Menschen nicht im zeitlichen Horizont der
Geschichte und ihrer zufälligen Geschicke, sondern im ewigen
Umkreis der Physis, die so ist, wie sie ist, und nicht anders sein kann.
Parmenides hat als erster die Frage nach der *physis* als Frage nach dem
Sein gestellt, während der ursprünglichen Erfahrung nach das Sein im
Worte *physis* nur mitspricht. Im Lehrgedicht des Lukrez, worin die
vorsokratische Philosophie noch einmal lebendig wird, ist die alles
hervorbringende *physis genesis* die *natura genetrix* und als solche
voluptas und *Venus*. Sie beherrscht den Umlauf der Sterne und das
Leben der Erde wie auch den Umtrieb der Menschen. Und noch in
Dantes Weltgedicht wird das Weltall, mitsamt dem Menschen, von
der Kraft der Liebe bewegt, die nun aber christlich getauft und keine
natürliche Bewegungskraft ist. *De natura rerum* handelt natürlicherweise auch vom Menschengeschlecht und vom Menschengeschick,
von der Entstehung der Sprache und der fortschreitenden Kultivierung
der Erde. Lukrez schließt mit einer Schilderung äußerster menschlicher
Not, in der die meisten zugrunde gehen und die sich nicht wenden
läßt. Von einem epochalen historischen Bewußtsein und einer Frage
nach dem Sinn der Geschichte ist darin keine Rede. Die Geschichte der
Kultur und Barbarei, des Aufgangs und Niedergangs von politischen
Reichen, wird von den klassischen Historikern innerhalb des sie
umfassenden Wirkens der *physis* und im Hinblick auf die menschliche
Natur gesehen und ist selbst ein natürliches Geschehen, ein sich
beständig wiederholendes Entstehen und Vergehen. Und weil es nicht
nur eine griechische Ansicht unter andern, sondern eine wahre Einsicht der Griechen ist, daß die Natur alles lebendige Sein aus sich
hervor- und aufgehen und wieder zurück- und vergehen läßt, sprechen

---

8 *Einführung in die Metaphysik*, S. 124 und 156; *Was ist Metaphysik?* 5.
Aufl. 1949, S. 13 [in: Wegmarken, 1967, S. 201 f.].

wir im folgenden von der »Natur« des Menschen und nicht vom »Wesen« des Mensch-seins, obwohl sich beide Begriffe, in bezug auf die Natur oder das Wesen *von etwas*, im philosophischen Sprachgebrauch meistens vermischen. Die Natur *als solche* läßt sich durch kein »Wesen« ersetzen.

Indem wir das sogenannte Wesen des Menschen als seine Natur bezeichnen, setzen wir voraus, daß diese Natur im 20. Jahrhundert oder im kommenden »Atomzeitalter« keine wesentlich andere sein kann als im 5. Jahrhundert vor Christus oder im alten Ägypten. Wenn es eine dem Menschen eigentümliche Natur überhaupt gibt, dann kann sie in vergangenen Zeiten nicht wesentlich anders gewesen sein, als sie heute ist und auch künftig sein wird. Die historischen Abwandlungen der vielfachen Interpretationen des Menschseins, wie sie Groethuysens philosophische Anthropologie (Anm. 51) zur Darstellung bringt, beweisen nicht, daß sich die menschliche Natur je wesentlich geändert hätte; sie verweisen nur auf einen Wandel im Selbstverständnis des Menschen. So wenig wie es eine moderne Natur gibt, wohl aber eine moderne Naturwissenschaft, so wenig gibt es eine moderne Menschennatur und insofern einen »modernen Menschen«, wohl aber zeitgemäße und antiquierte Anthropologien. Die moderne Hellsichtigkeit für die Verschiedenheit der geschichtlichen Existenz- und Denkweisen hat zur Kehrseite die Blindheit für die immer gleichen Grundzüge des gemeinhin und ewig Menschlichen. Die Frage aber, welches menschliche Selbstverständnis das wahre und richtige, d. h. der Natur des Menschen entsprechende ist, läßt sich nicht durch historische Reflexion beantworten. Das historische Bewußtsein kann darüber von sich aus keine sachliche Entscheidung treffen, weil uns die Geschichte überhaupt nie lehren kann, was wahr und was falsch ist.

Um aber von der Natur des Menschen sprechen zu können, muß man zum mindesten eine Ahnung von der Natur überhaupt und als solcher haben. So wenig das »Da-sein« des Menschen ohne Bezug auf das »Sein« selbst bestimmt werden kann, auch wenn dieses höchst unbestimmt bleibt, so wenig kann die Natur des Menschen ohne eine Anschauung von der Natur überhaupt und als solcher umrissen werden. Und sofern der Mensch kein extramundanes Geschöpf und Ebenbild Gottes ist, bedarf die philosophische Anthropologie der Kosmologie zu ihrer Begründung. Wir sind weit davon entfernt, die Frage nach der *natura naturans* und der *natura rerum*, diese erste und letzte Frage jeder natürlich denkenden Philosophie, beantworten zu können. Wir können dazu auch nicht die Begriffe der modernen Physik übernehmen, zumal diese selber behauptet, daß sie gar nicht den Anspruch erhebe, der Natur selbst zu begegnen[9]. Wir müssen uns vorerst damit begnügen, einige Züge des anschaulichen Phänomens zu Gesicht zu bringen, das wir seit altersher »Natur« und »natürlich« nennen.

Wenn es richtig ist, daß es keine moderne Natur, sondern nur eine moderne und folglich veraltende Naturwissenschaft gibt, so ist zu vermuten, daß auch die wahrhaft angemessenen und also natürlichen Aussagen über die Natur älter sein werden als die mathematische Physik der Neuzeit und daß sie in alter und neuer Zeit mit ein und derselben Natur übereinstimmen.

In Homers *Odyssee*[10] zeigt der wissende Gott Hermes dem Odysseus die *physis* eines Heilkrauts, d. h. hier seine eigenartige Beschaffenheit – seine Wurzel ist schwarz und seine Blüte milchweiß –, also die Art seines offensichtlichen Seins. Physis ist der Inbegriff eines Seienden als eines *So*-seienden. Diesem physischen *So-und-nicht-anders-sein* eignet *Beständigkeit*. Was seiner Natur nach so ist, wie es ist, ist *immer* so, wie es ist, und kann darum jederzeit an seinen Kennzeichen auch wiedererkannt werden. Dieses beständige Sosein hat den Charakter der *genesis*, der Gewachsenheit, wie sie in der Wortwurzel *phy* angedeutet ist, analog der Herkunft des lateinischen *natura* von *nascor*. Auch der Mensch ist, sofern er eine Natur hat, ein Menschengewächs, das durch Werden ins Sein kommt und wird, was es ist. Geburt, überhaupt Hervorgang ans Licht, gehört zum Wesen der physis, und zwar als Hervorgang auf etwas hin, auf ein *telos*. Alles Physische bewegt sich von seiner Geburt an »von selbst« auf seine naturgemäße Voll-endung hin. Die Natur ist in ihrem Hervorgang und Rückgang durch sich selbst und aus sich selbst bewegt. Als ein solchermaßen *selbständiges* Sein hat die Natur das Prinzip ihrer lebendigen Bewegung in sich selbst. All diese Bestimmungen der Natur oder *physis* sind von Aristoteles, in der Unterscheidung von dem, was durch Kunst oder *techne* hergestellt ist, zum Begriff gebracht worden.

Die letzte große philosophische Aussage über die Natur findet sich bei Nietzsche, im letzten Aphorismus des *Willens zur Macht*,

---

9 W. Heisenberg, *Das Naturbild der heutigen Physik*, 1955.
10 Siehe zum Begriff der physis K. Kerényi, *Die Göttin Natur*, in: Eranos-Jahrbuch 14/1946: *Geist und Natur* (1947), vor allem S. 49 ff.

(Anm. 52) wo er beschreibt, was ihm die »Welt«[11] ist: ein unerschaffenes, absolut selbständiges Spiel von ewig in sich selber flutenden Kräften, ohne Anfang und Ende, ein immergleicher Wandel des sich selber Hervorbringens und in sich selber Zurückgehens, ohne Ziel, »wenn nicht im Glück des Kreisens ein Ziel liegt«, ohne Willen, wenn nicht ein in sich selber zurücklaufender Kreis sich selber will, eine ursprüngliche Selbsterhaltung und Selbstbewährung des lebendigen Seins. Wenn man von dem romantisch-dionysischen Pathos dieser Kennzeichnung des physischen Kosmos absieht, so deckt sie sich weitgehend mit dem Fragment über »Die Natur«, das Goethe zugeschrieben wurde, aber auf Georg Christoph Tobler zurückgeht, für den seinerseits ein orphischer Hymnus, vermutlich aus dem 3. Jahrhundert v. Chr., vorbildlich war. (Anm. 53) Das Fragment beginnt mit dem Satz: »Gedacht hat sie und sinnt beständig, aber nicht als ein Mensch, sondern als Natur. Sie hat sich einen eigenen, allumfassenden Sinn vorbehalten, den ihr niemand abmerken kann.« Sie ist das Offenbarste und zugleich Verborgenste, eine immer bewegte Allbewegerin, und der Mensch bewegt sich, willig oder widerstrebend, in ihrem Kreislauf des Entstehens und Vergehens mit. Die Natur ist in Toblers Paraphrase des orphischen Hymnus eine Allesbeherrscherin, die Erste von allem, ewig jung und uralt, die selbergeborene ewige Urkraft im Umlauf der Sterne, Leben und Nahrung erteilend, leibverflechtend, alles vermischend, mächtig donnernd, geräuschlos wandelnd, allbezwingend, ewiges Leben, höchste Weisheit. Sie ist nicht die vergängliche Schöpfung eines außerweltlichen Gottes, sie ist auch nicht das »Anderssein der Idee« (Hegel) oder die »erste« Natur, die noch nicht zur Freiheit im Wesen Gottes erlöst ist (Schelling); sie ist noch weniger ein bloßer »Grenzfall« des uns innerweltlich Begegnenden (Heidegger); sie ist ebensowenig die Natur der modernen Naturwissenschaft, im Unterschied und im Gegensatz zum Geist der historischen Geisteswissenschaften. Sie ist ewiges Leben und höchste Weisheit, d. h. der alles durchherrschende *Logos* der alles umfassenden *Physis*.

Die einleuchtende Wahrheit dieser Kennzeichnungen der Natur in

11 Faktisch beschreibt Nietzsche unter dem Titel »Welt« die *Natur* alles Seienden. Der beständige Übergang von »Welt« in »Natur« und von dieser in jene kommt aus einer noch ungeschriebenen Geschichte, die von der griechischen Kosmologie und Physik bis zu Kant und Schelling reicht und die hier nicht erörtert werden kann.

ihrer Natürlichkeit läßt sich nicht dadurch historisch relativieren, daß man meint, »wir« lebten »heute« nicht mehr in einem geistvollen physischen Kosmos, weil sich die Physik von der Biologie und beide vom Geist getrennt haben und weil es der physikalische und historische Relativismus erschweren, die Welt noch als einen wohlgeordneten Kosmos zu sehen. Die Art und Weise, wie der Mensch zu verschiedenen Zeiten seiner Geschichte die Naturwelt und sich selber versteht und mißversteht, kann sich hinsichtlich ihrer Wahrheit und Falschheit aber auch nur an dem bemessen, was Welt und Mensch selber sind. Der Mensch ist nicht ein Mensch »der Renaissance« oder »des Atomzeitalters«, und die Welt ist nicht die Welt »des kopernikanischen Zeitalters« oder irgendeines künftigen. Die Welt der Natur ist immer sie selbst. Auch die eigentümliche »Sonderstellung« des Menschen im physischen Kosmos kann nur aus dem Verhältnis zu diesem bestimmt werden, weil der Mensch überhaupt nur dadurch zur Welt kommt, daß ihn die Natur hervorgebracht hat und er selbst von der Welt ist. Nur innerhalb dieser Zugehörigkeit zur Naturwelt kann sich der Mensch auch aussondern zu dem absonderlichen Lebewesen, als das wir ihn kennen. Und wenn die Besonderheit des Menschen darin liegt, daß er kein einfaches Wesen ist, sondern ein Weltphänomen und *zugleich* ein existierendes »In-der-Welt-sein«, dann kann diese Besonderheit und die in ihr beschlossene Problematik nicht dadurch beseitigt werden, daß man gegen den »Dualismus« und für eine bruchlose Einheit ist, sei es im Sinne des »Existierens« oder des physischen »Lebens«. Die traditionelle Bestimmung des Menschen als eines *animal rationale* hat, im Unterschied zur klassischen Atomistik und zur modernen geschichtlichen Individuation, den Vorzug, daß sie die Problematik des Zusammenhangs von Natur und Humanität nicht verdeckt, sondern den einheitlichen Zwiespalt in der Natur des Menschen in gewissen Grenzen zur Sprache bringt.

II

>»Die Ameise kennt die Formel ihres
Ameisenhaufens, die Biene die Formel ihres Bienenstockes – sie kennen
sie zwar nicht auf Menschenart, sondern auf ihre eigene Art, aber mehr
brauchen sie nicht. Nur der Mensch
kennt seine Formel nicht.«
Dostojewski

Daß wir überhaupt Menschen sind, scheint zunächst eine ebenso
einfache wie triviale Wahrheit zu sein, die von Natur aus bezeugt ist.
Nur ein Mensch erzeugt auch wiederum einen Menschen. Aus dieser
natürlichen Tatsache des sich auf der Erde fortzeugenden Menschengeschlechts ergibt sich ein einheitlicher Gattungsbegriff vom Menschen, von dem Geschlecht des Menschen. Als ein Erzeugnis der
Zeugung ist der Mensch bis in das Innerste seiner Menschlichkeit
geschlechtlich bestimmt, männlich und weiblich, wobei es charakteristisch ist, daß in vielen Sprachen menschlich soviel wie männlich
bedeutet. Die Menschen mögen jedoch noch so verschieden sein: an
Geschlecht und Rasse, Gestalt und Farbe, Sitten und Denkweisen, es
kann kein Zweifel darüber bestehen, daß wir weder Tiere noch Götter
sind. Auch der bestialisch vertierte oder bloß dahinvegetierende
Mensch ist immer nur eine Möglichkeit des Menschen. Genügt es aber
schon, kein untermenschliches Tier und kein übermenschlicher Gott
zu sein, um positiv so etwas wie ein Mensch zu sein? Ist die natürliche
Einheit der Gattung »Mensch«, im Unterschied etwa zur Gattung
»Hund«, schon eine hinreichende und nicht nur notwendige Bedingung für die Bestimmung des Menschseins? Offenbar nicht, denn wie
könnten wir sonst innerhalb ein und derselben Gattung zwischen
solchen, die menschlich sind, und anderen, die es nicht sind, unterscheiden, wobei die Unmenschlichkeit wesentlich mit zu den Möglichkeiten des Menschen gehört. Der Mensch kann mehr oder weniger
sein, was er ist. Er muß es sogar, denn eben dies gehört zur Natur des
Menschen, daß er seine und alle Naturgegebenheit überschreitet. Er
kann ein Unmensch oder ein Heiliger sein, er kann sogar beides in
einer Person sein. Tiere und Pflanzen können degenerieren, d. h.
entarten, der Mensch scheint schon als solcher aus der Art geschlagen
zu sein. Woran bemißt sich dann aber das Menschsein, wenn er so
vielerlei sein kann, was er nicht schon dadurch ist, daß er, von Natur
aus, als ein natürlich gezeugtes Lebewesen, ein Exemplar einer sich
immer gleichbleibenden Gattung ist? Die Menschlichkeit des Men-

schen scheint keine natürliche Bestimmtheit zu sein, sondern seine
»Bestimmung«, deren Herkunft, Tragweite und Ausdeutung ihm nicht
von Natur aus gegeben, sondern Aufgabe und Problem ist. Das, was
den Menschen zum Menschen macht, überschreitet das ebenso banale
wie erstaunliche Faktum, daß immer nur ein Mensch einen Menschen
macht.

Tiere und Pflanzen scheinen ganz und gar zu sein, was sie sind, sie
haben keine Sorge um ihr »Ganzseinkönnen«. Sie haben von Natur
aus die Formel ihres Lebens, nur der Mensch hat sie nicht. Er sucht sie,
versucht es mit ihr, er experimentiert; er ist, mit Nietzsche gesagt, ein
»unfestgestelltes Tier«, das über sich selbst hinaus will und hinter sich
selbst zurückbleibt, ein »Mangelwesen«, wenn man sein Wesen vom
Tier oder auch von Gott her bestimmt. In diesem Mangel an tierischer
Selbstgenügsamkeit und göttlicher Vollkommenheit liegt das Positive
des Menschseins. Kristalle schießen von selbst nach natürlichen
Regeln zusammen; Pflanzensamen verwurzeln sich im Dunkel der
Erde und wachsen empor zum Sonnenlicht; Würmer kriechen, Rehe
laufen, Fische schwimmen, Vögel fliegen. Sie alle haben ihr festbe-
grenztes natürliches Wesen und eine ihm gemäße Verhaltensweise[12].
Der Mensch lebt als Lebewesen zwar auch nach natürlichen Regeln.
Er kann nicht anders leben und atmen, sich ernähren und fortzeugen,
als er es von Natur aus muß. Aber zugleich existiert er in einer Weise,
die weitgehend unfestgelegt und offen für unabgeschlossene Möglichkeiten ist. Die Nähe des Menschen zum tierischen Lebewesen, ineins
mit seiner Entferntheit von ihm, macht den Menschen schon biologisch zu einem Rätsel, das sich nicht einfach, nach der einen Seite des
allgemeinen Lebens oder nach der anderen Seite der je eigenen Existenz, simplifizieren und auflösen läßt. Er ist ein Naturwesen und
zugleich zur Humanität bestimmt. Wie verhält sich aber diese zu
jenem? Ist die Humanität bloß eine spätantike Auslegung und nur
bezeichnend für den »bisherigen« Menschen, oder muß sie, um für
den Menschen als solchen verbindlich zu sein, zu seiner Natur
gehören? Aber wie könnte sie zu ihr gehören, wenn diese Natur des
Menschen nicht schon immer und von vornherein eine menschliche
wäre?

Wir bezeichnen in Europa diese Bestimmung des Menschen seit
langem mit einem Wort lateinischer Herkunft, mit *humanitas*

---

12 Haecker, a.a.O. [s. o. Anm. 4], S. 153 ff.

(umanità, humanité, humanidad, humanity)[13]. Die scheinbare Tautologie, welche darin liegt, daß wir das Wesen des *homo* »*humanitas*«
nennen, ist nur dadurch sinnvoll, daß der Mensch, dessen Wesen
bestimmt werden soll, und die Menschlichkeit, die ihn näher bestimmen soll, nicht dieselbe Bedeutung haben. Wenn Herder sagt, der
Mensch sei *zur* Humanität bestimmt, so meint die Humanität eine
menschengeschichtliche Aufgabe, jedoch bezogen auf den Menschen
als natürliches Lebewesen. Die Humanität ist die »Kunst unseres
Geschlechts«, etwas, wozu sich das Naturwesen Mensch heraufbilden
muß, um nicht zur Brutalität herabzusinken. Die Humanität, wie sie
Herder versteht, beruht auf einer kunstvollen Kultivierung des Menschengeschlechts, aber ihre Grundlage ist und bleibt die Naturbeschaf-
fenheit des Menschen, die ihrerseits in einer sie umfassenden Naturge-
schichte gründet. Kopernikus und Newton, Kant und Buffon, Linné
und Swammerdam bezeichnen in Herders *Ideen zur Philosophie der
Geschichte der Menschheit* den Weg zur Humanität, weil diese Naturforscher mit der Natur auch den Weg zum Menschen entdeckten. Was
Herder zeigen will, ist die Einheit des gesamten Naturgeschehens, von
der Organisation der Materie bis zur Humanität des Menschen. Das
Tierreich ist eine unerläßliche »Vorübung« zum Menschen, dessen
Humanität als die Folge seines aufrechten Ganges zur Ausbildung
kommt. Der Schwerpunkt von Herders Humanitätsidee liegt aber
doch auf dem »unermeßlichen Vorzug« des Menschen, welcher sich in
der Fähigkeit zur Sprache und Schrift, zu vernünftiger Gesittung und
Religion bekundet.

Abgesehen von diesem naturphilosophischen Hintergrund hat
Herders Idee von der Humanität, wie schon das Wort *humanitas*
anzeigt, ihre Herkunft in der römischen Spätantike. Die wichtigste
literarische Quelle sind dafür Ciceros Schriften. Der Humanismus des
15. Jahrhunderts hat diese antike Überlieferung wieder aufgenommen
und in zahlreichen Traktaten *Über die Würde des Menschen* neu
belebt. *Humanitas* ist sinnverwandt mit *urbanitas* und umfaßt im
römischen Sprachgebrauch all jene Vorzüge des Menschen, die heute
noch den englischen Begriff des *gentleman* auszeichnen. Der Mensch

---

13 Zum Folgenden siehe Friedrich Klingner, *Humanität und humanitas* (in:
Beiträge zur geistigen Überlieferung. Godesberg: Küpper/Bondi, 1947,
S. 1–52), dessen Ergebnisse hier dankbar verwendet werden. Siehe auch Hans
Reiner, *Humanitas. Grundlagen und Gestalten der Humanitätsidee in der
Antike*, in: Die Sammlung 4 (1949), 684 ff., 734 ff.; 5 (1950), 92 ff., 208 ff.

ist nur menschlich, wenn er »gentle« ist, d. h. nicht grob und gewalttätig, sondern gesittet und maßhaltend, sich von seinen unmittelbaren Antrieben zurückhaltend. Der *gentleman* ist großmütig und freimütig und zugleich reserviert. Humanitas ist *mansuetudo* und *suavitas*. Der humane Mensch ist im engeren und weiteren Sinn »gebildet«, er ist nicht unwissend und unkultiviert. Der durchgebildete Mensch ist nicht roh und starrköpfig, schwerfällig und unduldsam, sondern leichtbeweglich, anmutig, höflich. Zugleich ist er seiner selbst so sicher, daß er gegen Andersartige und Andersdenkende gelassen sein kann. Er versteht sich auf die Kunst des Lebens. Sein Gegensatz ist der Barbar, der plump und stumpf, gewaltsam und brutal und darum eigentlich gar kein Mensch ist.

Diese Idee vom Menschen als einem *gentleman* ist historisch keineswegs auf die römische Spätantike beschränkt. (Anm. 54) Sie findet sich ebenso bei Aristoteles und Konfuzius, im chinesischen Begriff des *Chün-Tzu* und im griechischen des *megalopsyches*. Sie hat sich im mittelalterlichen Ideal der Ritterlichkeit und im gentiluomo der Renaissance auch innerhalb des Christentums durchgesetzt. Bei Montaigne und Pascal wird die Würde und Größe des Menschen mit seinem christlich verstandenen Elend, die »grandeur et misère« in der »condition humaine« zusammengedacht. Innerhalb des deutschen Humanismus hat Herder in seinen *Briefen zur Beförderung der Humanität* den spätantiken Gehalt neu zu beleben versucht. Die *humanitas* wird bei ihm beinahe zur *divinitas* des Menschen.

Seit Herder hat niemand mehr »Briefe zur Beförderung der Humanität« verfaßt. Fragt man sich, weshalb sich die Idee der Humanität, trotz Lessing, Herder und Goethe, nicht lebendig erhalten hat, so liegt es nahe zu meinen, daß sie der allgemein um sich greifenden Vermassung, Vergröberung und Vergemeinerung aller menschlichen Beziehungen zum Opfer fiel. Sie könnte aber auch an sich selbst zugrunde gegangen sein, an einer inneren Schwäche, die gerade in ihrer scheinbaren Stärke liegt, nämlich an ihrem fragwürdigen Anspruch auf Eigenständigkeit. Der Verfall der Humanität könnte daher kommen, daß der Mensch versucht hat, das Maß seiner Menschlichkeit aus sich selbst zu entnehmen, wobei er sich von allem entfernt und entblößt hat, was ihn noch tragen und begründen könnte. Dann würde die Hinfälligkeit der Humanität darauf beruhen, daß der Mensch seinen Bestand verliert, wenn er versucht, sich ganz auf sich selbst zu stellen. In der Tat setzt ja Herders Idee von der Humanität voraus, daß der

Mensch sein Maß nicht von etwas anderem und Höherem empfängt, sondern es aus sich selber entnimmt. In der griechischen Philosophie bedeutet ein Mensch sein soviel wie ein Sterblicher sein, nämlich im Unterschied zu den unsterblichen Göttern. »Gott«, heißt es bei Plato, »ist uns doch wohl das Maß aller Dinge, weit mehr als etwa, wie man sagt, so irgendein Mensch.« In der christlichen Theologie ist der Mensch überhaupt nur Mensch, sofern er ein Geschöpf und Ebenbild Gottes ist. Er ist Mensch, weil er Christ ist, d. h. weil und sofern sich das Mensch-sein nicht an der eigenen Humanität, sondern an Christus als dem Gottmenschen bemißt. Eine letzte Ausprägung der platonisch-christlichen Bestimmung des Menschen vom Göttlichen her ist Hegels Begriff vom Menschen als »Geist«. Nur er ist in Hegels Philosophie des absoluten Geistes das Wesentliche und Göttliche im Menschen, wogegen die bloße Vorstellung »Mensch« von Hegel in den Bereich der ökonomischen Bedürfnisse des bürgerlichen Menschen verwiesen wird. Erst im 19. Jahrhundert emanzipierte sich die philosophische Anthropologie von einer sie umfassenden und begründenden Kosmologie und Theologie, um schließlich alle bisherigen Ideen vom Menschen, ineins mit der Idee von Gott, verenden zu lassen im »einzigen Ich« der nackten Selbstbehauptung von Stirner, der die Welt als eine je eigene zu seinem verbrauchbaren Eigentum hat[14].

Es wäre zu kurz gegriffen, wenn man für diesen Schwund und Verlust der Humanität – des Wortes und der Sache – nur die jüngste Phase des europäischen Nihilismus verantwortlich machen wollte. Schon Goethe, der neben Herder wie kein anderer aus dem Glauben an das »Rein-menschliche« lebte, hatte ein deutliches Vorgefühl dieses Verlustes, wenn er bemerkt: »Schon seit einem Jahrhundert wirken Humaniora nicht mehr auf das Gemüt dessen, der sie treibt, und es ist ein rechtes Glück, daß die Natur dazwischen getreten ist und uns von ihrer Seite den Weg zur Humanität geöffnet hat«[15]. Goethe hat seine ungewöhnliche Humanität nicht dem Studium der Geschichte verdankt, sondern seiner lebenslangen Bemühung um ein wahres Naturverständnis. Im Umgang mit Pflanzen und Knochen, mit Steinen und Farben erzog er sich zu jener Geduld und Aufmerksamkeit, die nicht

---

14 Siehe dazu Löwith, *Von Hegel zu Nietzsche*, [2. Aufl. 1950 bis 7. Aufl. 1978] S. 330 ff.
15 Goethe, *Gespräche*, hrsg. v. F. W. v. Biedermann. 2. Aufl. 1909–1911, Bd. II, S. 6 [Gespräch mit Riemer, 25. Nov. 1808].

konstruiert und unerweisbare Wesensbehauptungen macht, sondern
die Phänomene sich selbst offenbaren läßt und zu Worte bringt. Es
war keine bloße Flucht aus dem politischen Geschehen der Zeit,
sondern in Goethes positiver Natur begründet, wenn er sich während
der Französischen Revolution mit der Metamorphose der Pflanzen, in
der Campagne in Frankreich mit den Phänomenen der Farbe und
während der Julirevolution mit der Morphologie beschäftigte. In der
Natur erkannte er ein Gesetz der Veränderung, wie es im Fortgang der
Geschichte nicht aufweisbar ist, und die »Urphänomene« schienen
ihm darum vorzüglich in der Natur erkennbar. »Ohne meine Bemühungen in den Naturwissenschaften hätte ich die Menschen nie kennengelernt, wie sie sind. In allen anderen Dingen kann man dem reinen
Anschauen und Denken . . . nicht so nachkommen, es ist alles mehr
oder weniger biegsam und schwankend und läßt alles mehr oder
weniger mit sich handeln; aber die Natur versteht gar keinen Spaß, sie
ist immer wahr, immer ernst, immer strenge, sie hat immer recht, und
die Fehler und Irrtümer sind immer des Menschen. Den Unzulänglichen verschmäht sie, und nur dem Zulänglichen, Wahren und Reinen
ergibt sie sich und offenbart ihm ihre Geheimnisse«[16]. Was Goethes
humanes Gesamtwerk zur Sprache bringt, sind »Naturformen des
Menschenlebens« (V. Hehn). (Anm. 55) Er wehrte sich mit aller Kraft
gegen die hereinbrechende »Literatur der Verzweiflung«, deren satani-
sches Geschäft es sei, das Häßliche, Abscheuliche, Grausame und
Nichtswürdige ins Unmögliche zu überbieten, weil jetzt – und dieses
»jetzt« begann um 1830 – alles »ultra« sei und »transzendiere«[17]. Der
Umschlag der Idee der Humanität in das Zerrbild des Widermenschli-
chen verweist auf die Notwendigkeit einer Neuorientierung des Menschen. Aber woran soll man ihn orientieren, wenn nicht an etwas
Bleibendem: an der immer gleichen Natur auch des Menschen, die so
alt ist wie der Mensch selber. Indem wir versuchen, die Humanität aus
der Natur des Menschen zu begründen und nicht aus einer wandelba-
ren Idee oder einem Ideal, wird es freilich nicht ausbleiben können,
daß auch für uns die sogenannte Natur des Menschen nicht mehr so
fraglos ist wie noch vor hundertsechzig Jahren für Herder.
    Wer über die Natur des Menschen im Blick auf seine Menschlich-

16 a.a.O., Bd. IV, S. 69 [Gespräch mit Eckermann, 13. Febr. 1829].
17 Brief an Zelter, 6. Juni 1825 (?); Weimarer Ausgabe, IV. Abt., Bd. 39,
S. 215 f.

keit nachdenkt, kann heute nicht umhin, sich zunächst an Nietzsche
zu orientieren, weil er der Erste und Einzige ist, der die überlieferte
Idee vom Menschen, seine »Humanität« bis an die äußerste Grenze in
Frage stellte, ohne sie preiszugeben.

Nietzsche denkt den Menschen stets im Blick auf das Tier, aber
nicht, weil er die Frage nach dem Menschen zoologisch einschränken
wollte, sondern weil er sie in den weiten Zusammenhang mit der sie
umfassenden Frage nach dem Verhältnis des »Bruchstücks« Mensch
zum Ganzen des Seienden, d. h. zum Sein der physischen Welt, zurück-
stellte. Dem Menschen am nächsten ist aber die Naturwelt im Tierreich. Nietzsches vielfache Benennungen des Menschen als eines eigenartigen Tieres verweisen nicht auf die traditionelle Abgrenzung des
Menschen vom Tier als eines animal »rationale«, sondern auf den
einen »Gesamtcharakter des Lebens«. Der Mensch ist ein »interessan-
teres« Tier als alle anderen Tiere zusammen; er ist »gefährdeter« und
»gefährlicher«, ein »mutiges« und »grausames«, aber auch ein an sich
selber »leidendes« und »mißratenes« Tier; ein »domesziertes«, aber
auch ein »Raubtier«; ein »lachendes« und ein »weinendes«; ein
»Untier« und »Übertier«. Er ist im ganzen gesehen ein »unfestgestelltes« Tier. Dieser dem Tier abgründig verwandte Mensch war einstmals festgestellt gewesen, nämlich durch den Glauben an eine oberste
göttliche Autorität, welche ihm sagte, was er ist, und ihm befahl, was
er sein soll. Mit dem Wegfall dieser Autorität, welche bisher die
Menschennatur überhöht und bestimmt hat, verliert der Mensch seine
feste Stellung zwischen Gott und Tier. Er befindet sich nun, auf seinen
eigenen Willen gestellt, vor der Möglichkeit eines Aufstiegs zum
Übermenschen oder eines Herabsinkens zum Herdentiermenschen.
Die allgemein zur Herrschaft gekommene Tendenz der gegenwärtigen
Menschheit ist die zur gleichmachenden Feststellung. Das Feststellen
geschieht als ein Gleichstellen. Unter der Herrschaft der »Gattungs-
Zweckmäßigkeit« ist das Ziel, »den Menschen ebenso gleichmäßig
und fest zu machen, wie es schon in Betreff der meisten Tiergattungen
geschehen ist«. Dem entgegen will Nietzsche-Zarathustra eine »Überwindung« des Menschen, der einstmals in einem hohen und
anspruchsvollen Sinne festgestellt war und nun in einem durchschnittlichen Sinne festgemacht wird. Das Sinnbild für diesen Weg zur
Selbstüberwindung ist Zarathustras Über- und Hinübergang über die
»Brücke« Mensch. Daß der Mensch das noch nicht festgestellte Tier
ist, bedeutet also nicht, daß ihn Nietzsche durch ein »Vorstellen« in

der Gestalt des Zarathustra allererst feststellen will[18], sondern daß er
dem sich verfestigenden Menschentypus den experimentierenden Willen zur Überwindung entgegenhält, für den nur eines feststeht, nämlich dies, daß der Gott losgewordene und damit auf sich selbst gestellte
Mensch sich selber befehlen können muß, um fähig zu sein, die
Herrschaft über die Erde anzutreten. Er muß sich selber sagen können,
ob er überhaupt und wie er künftig noch sein will. Es gehört zur
eigentümlichen Größe und Gefahr des rätselhaften und widerspruchs-
vollen Tieres »Mensch«, daß er mehr will und wagt als irgendein Tier
und darum unsicherer und unfestgestellter ist als alle übrigen Tiere
zusammen.

Zwei kurze Aphorismen können Nietzsches Grundkonzeption
vom Menschen und seiner Menschlichkeit verdeutlichen. In *Menschliches, Allzumenschliches* (2. Bd., 2. Abt., § 304) heißt es unter der
Überschrift »Mensch!«: »Was ist die Eitelkeit des eitelsten Menschen
gegen die Eitelkeit, welche der Bescheidenste besitzt, in Hinsicht
darauf, daß er sich in der Natur und Welt als ›Mensch‹ fühlt!« Der
zweite Aphorismus steht in der *Morgenröte* (§333) und lautet unter
der Überschrift »Menschlichkeit«: »Ein Tier, welches reden konnte,
sagte: ›Menschlichkeit ist ein Vorurteil, an dem wenigstens wir Tiere
nicht leiden‹.« Nun reden aber Tiere nicht wie die Menschen, und
insofern ist die Menschlichkeit in der Tat ein Vorurteil, vor aller
Animalität, die dennoch zum Menschen gehört, sofern er überhaupt
lebt und von Natur aus da ist.

Nietzsche hat, schon lange bevor er im Zarathustra den »letzten
Menschen« beschrieb, der ein Herdenmensch ist und ein erbärmliches
Behagen will, den zunehmenden Verfall des Menschseins bedacht und
versucht, ihm eine neue Idee vom Menschen entgegenzustellen. Seit
einem Jahrhundert, heißt es in der dritten *Unzeitgemäßen Betrachtung*
von 1874, sind wir auf fundamentale Erschütterungen vorbereitet.
»Man sieht mit banger Erwartung wie in den Braukessel einer Hexen-
küche: es kann jeden Augenblick zucken und blitzen« und »explodie-
ren«. Wir leben in einer Periode des »atomistischen Chaos«. Die
heutigen Menschen denken deshalb ausschließlich an sich selbst, sie
bauen und pflanzen nur für den nächsten Tag, denn das Glück muß
zwischen heute und morgen erjagt werden, wenn es unsicher ist, ob

---

18 Heidegger, *Was heißt Denken?*, 1954, S. 24 ff. und S. 66; *Vorträge und
Aufsätze*, 1954, S. 106.

übermorgen überhaupt noch Jagdzeit ist. »Es ist kein Zweifel, daß beim Herannahen solcher Perioden das Menschliche fast noch mehr in Gefahr ist als während des Einsturzes und des chaotischen Wirbels selbst und daß die angstvolle Erwartung und die gierige Ausbeutung der Minute alle Feigheiten und selbstsüchtigen Triebe der Seele hervorlockt: während die wirkliche Not die Menschen zu bessern und zu erwärmen pflegt. Wer wird nun, bei solchen Gefahren unserer Periode, der *Menschlichkeit* seine Wächter- und Ritterdienste widmen? Wer wird das *Bild des Menschen* aufrichten, während alle nur die hündische Angst in sich fühlen und dergestalt von jenem Bilde abgefallen sind, hinab ins Tierische oder gar in das Starr-Mechanische?« [W., I, S. 422–424].

Ein Ausbruch des Tierischen im Menschen, will der letzte Satz besagen, ist immer noch besser als eine Erstarrung in der Technisierung, weil im Tierischen eine ursprüngliche Natur und eine vitale Kraft zum Vorschein kommen. In einer frühen Schrift über Homer hat Nietzsche dieses Thema nach seiner positiven Seite hin ausgeführt. Er zeigt darin das Leidenschaftliche, Wilde, Grausame und Gewalttätige der Griechen Homers, deren vielgerühmte Humanität so gar nicht zu unserer modernen Vorstellung paßt. »Wenn man von *Humanität* redet, so liegt die Vorstellung zugrunde, es möge das sein, was den Menschen von der Natur *abscheidet* und auszeichnet. Aber eine solche Abscheidung gibt es in Wirklichkeit nicht: die ›natürlichen‹ Eigenschaften und die eigentlich ›menschlich‹ genannten sind untrennbar verwachsen. Der Mensch, in seinen höchsten und edelsten Kräften, ist ganz Natur und trägt ihren unheimlichen Doppelcharakter an sich. Seine furchtbaren und als unmenschlich geltenden Befähigungen sind vielleicht sogar der fruchtbare Boden, aus dem allein alle Humanität in Regungen, Taten und Werken, hervorwachsen kann«[19]. In dieser Würdigung des frühen griechischen Menschentums kündigt sich an, was Nietzsche fünfzehn Jahre später über unsere eigene Humanität gedacht hat: daß sie nicht mehr als eine vordergründige Humanisierung ist, hinter der ganz andere und mächtigere Grundtriebe liegen. Nietzsche notierte sich einmal Folgendes: »Ich glaube, daß alles, was wir in Europa heute als die Werte aller jener verehrten Dinge, welche ›Humanität‹, ›Menschlichkeit‹, ›Mitgefühl‹, ›Mitleid‹ heißen, zu vereh-

---

19 Werke (Großoktavausgabe), IX, S. 273 [Homers Wettkampf (Anfang)]; vgl. Schelling, *Die Weltalter*. Leipzig: Reclam, 1913, S. 222 [= Sämtliche Werke, 1. Abt., Bd. 8, Stuttgart/Augsburg: Cotta, 1861, S. 342].

ren gewohnt sind, zwar als Milderung gewisser gefährlicher und
mächtiger Grundtriebe einen Vordergrunds-Wert haben mag, aber auf
die Länge hin trotzdem nichts anderes ist als die Verkleinerung des
ganzen Typus ›Menschen‹ – seine *Vermittelmäßigung*«[20] – nämlich in
der Richtung auf ein festgestelltes Herdentier. Diese Zitate mögen
genügen, um zu zeigen, mit welcher Bestimmtheit und Schärfe Nietzsche die Hinfälligkeit der modernen Humanität erkannt und darum
versucht hat, die wirkliche Humanität des Menschen wieder aus seiner
Natur zu begründen, wobei er, aus zeitgeschichtlichen Gründen, auf
die Formel vom »Willen zur Macht« verfiel.

III

Das durch Nietzsche erneut bedachte Verhältnis von Mensch und Tier
wird in der neueren Biologie[21] in bedeutender Weise wissenschaftlich
erforscht. Hinsichtlich seiner philosophischen Tragweite ist es jedoch
seit Plessner, *Die Stufen des Organischen und der Mensch* (1928), und
Gehlen, *Der Mensch, seine Natur und seine Stellung in der Welt*
(1940), nicht mehr erörtert worden und scheinbar belanglos geworden. Die Ansätze zu einer philosophischen Anthropologie wurden
durch Heideggers ontologische Analytik des Daseins überholt. Unter
dem Eindruck des Diktums, daß sich das existierende Dasein vorzüglich vom bloßen Vorhandensein und Zuhandensein unterscheide und
daß die Seinsweise des Lebens nur privativ, vom existierenden Dasein
her, zugänglich sei, entstand der Anschein, als seien beim Menschen
Geburt, Leben und Tod reduzierbar auf »Geworfenheit«, »Existieren«
und »Sein-zum-Ende«. Desgleichen wurde die Welt zu einem »Existenzial«, einem Strukturmoment des je eigenen Daseins, das zwar
»inmitten« des Ganzen des Seienden ist, aber nicht, weil es sich von
Natur aus in einer physischen Welt vorfindet, sondern weil dieses
Inmittensein für das Dasein eine existenziell gestimmte Befindlichkeit
ist[22]. Die lebendige Welt, die Nietzsche mit großen Opfern wieder

20 Werke (Großoktavausgabe), XIV, S. 66.
21 Siehe vor allem Adolf Portmann, *Biologische Fragmente zu einer Lehre
vom Menschen*, 2. Aufl. 1952; *Biologie und Geist*, Zürich: Rhein, 1956.
22 *Sein und Zeit*, §10 ff. und §29; *Vom Wesen des Grundes*, 1929, S. 12,
25 ff., 33 f. [4. Aufl. 1955, S. 20, 36 ff., 45 f., in: Wegmarken, 1967, S. 35,
51 ff., 61 f.].

entdeckte und um derentwillen Zarathustra eine dreifache Verwandlung vollbringt, sie ist, ineins mit dem leibhaftigen Menschen, im Existenzialismus wieder verlorengegangen. Der eigentlich existierende Mensch will sich nicht von der Welt her verstehen. Die Welt wird infolgedessen zum »Umwillen« eines je eigenen In-der-Welt-seins, in dessen struktureller Einheit sowohl der Unterschied wie der Zusammenhang von Welt und Mensch verschwindet. Daß der Mensch, umwillen seiner selbst und seines In-der-Welt-seins, das natürliche Faktum des Daseins und dessen Ende »wählen« und »übernehmen« kann, besagt aber nicht, daß er nicht, vor allem möglichen Wollen, Wählen und Übernehmen, von Natur aus gezeugt und geboren wird und als ein leibliches Lebewesen auch notwendig sterben muß, ganz unabhängig von dem, was er sein kann und wie er sich in der Welt befindet. Das leib- und geschlechtlose »Dasein im Menschen« kann nichts Ursprüngliches sein, wenn es erst in der Grenzsituation der Angst vor dem In-der-Welt-sein aus einer »Verwandlung« des konkreten Menschen in ein pures Da-sein hervorgeht[23]. – Die folgenden Überlegungen beanspruchen nicht, die Aufgabe, die sich Plessner vor dreißig Jahren gestellt hatte, weiterzuführen und neu in Angriff zu nehmen. Sie wollen nur die Frage nach der Humanität des Menschen in die nach seiner Natur zurückstellen und auf diese Weise die menschliche Natur vom außermenschlichen Leben des Tieres abheben und abgrenzen.

Tiere, und noch entschiedener Pflanzen, gehören allem Anschein nach mit zur natürlichen Welt, als wären sie ihr fraglos zugehörig. Man kann sich zwar eine Erde vorstellen, ehe es Pflanzen, Tiere und Menschen gab, aber man kann sich keine irdischen Lebewesen ohne Sonne und Luft, Wasser und Erde denken. Man kann sich aber andererseits keinen Menschen vorstellen, welcher dieser physischen Welt, zu der er gehört, *fraglos* angehört. Der Mensch befragt die Welt und wird sich damit selber fraglich. Obgleich der Mensch die ganze Welt und sich selbst in Frage stellen kann, ist und bleibt er doch von Natur aus ein Geschöpf dieser fraglos gegebenen, natürlichen Welt. Er ist ein verschwindender Organismus im Ganzen des Universums und

23 *Was ist Metaphysik?* 5. Aufl. 1949, S. 30 [in: Wegmarken, 1967, S. 10], vgl. dazu vom Verf.: *Phänomenologische Ontologie und protestantische Theologie*, in: Zeitschrift für Theologie und Kirche, N. F. 11 (1930), S. 378 ff. (Anm. 56), wo zum ersten Mal der Versuch gemacht wurde, die Abtrennung der »Existenz« vom »Leben« in Frage zu stellen.

zugleich ein Organ, für welches es Welt gibt. Er *ist* eine Natur, aber er *hat* sie als Mensch, und *seine Natur ist darum von Anfang an menschlich*.

Der Mensch wird auf natürliche Weise gezeugt und geboren (auch wenn er mit allen Mitteln der medizinischen Technik in einer Klinik zur Welt kommt); er muß auf natürliche Weise sterben (auch wenn er sich selbst das Leben nimmt); es treibt ihn auf natürliche Weise zum andern Geschlecht (auch wenn er die Zeugung künstlich verhindern kann) oder zu einem andern desselben Geschlechts; er ißt und verdaut, er atmet und schläft – ein Drittel seines Lebens verschläft er –, er wacht und er denkt, denn auch das geschieht von Natur aus. Zugleich sind aber Zeugung, Geburt und Tod – diese allernatürlichsten Phänomene auch des menschlichen Lebens – für den Menschen der bloßen Natur in gewissen Grenzen entzogen und in besonderer Weise vermenschlicht. Es gibt keine noch so primitiven Völker, die mit diesen natürlichen Phänomenen nicht einen Kult verbänden und also Hochzeit, Geburt und Tod nicht kultivieren würden. Denkend und handelnd ist der Mensch auf die natürliche Welt bezogen und sich ihr entziehend, weil sein denkendes Handeln alles von Natur aus Gegebene überschreitet, sogar in der Art und Weise, wie er seine elementarsten Lebensbedürfnisse befriedigt.

Er muß sich täglich wie ein Tier ernähren, um am Leben zu bleiben, aber er frißt nicht unmittelbar Pflanzen und Tiere, sondern er ißt zubereitete Nahrung mit selbstverfertigten Werkzeugen. Die Befriedigung des Hungers ist beim Menschen vermittelt durch Akte des vorstellenden Denkens, wodurch ihm die Nahrung zum Gegenstand wird. Er kann zwischen die natürliche Begierde und deren Befriedigung seinen vorstellenden Willen einschalten und ausschalten; er kann die Befriedigung hintanhalten bis zum freiwilligen Hungertod, er kann sie auch künstlich anreizen bis zur Übersättigung. Er kann das Essen zu einem kunstvollen Zeremoniell machen, so daß die Nahrungsaufnahme zum Unwichtigsten und die Befriedigung zu einer solchen der Kunst des Essens und Trinkens wird. Der Mensch muß, um menschlich leben zu können, die Natur durch Arbeit, d. h. durch destruktive Aneignung kultivieren und somit denaturieren. Er ist nur Mensch, indem er in irgendeinem Ausmaß kultivierend und kultiviert ist – so natürlich ist ihm das Künstliche. Die *techne* wird ihm zu einer »zweiten Natur«. Und wenn der Mensch in einer Notlage auf das kunstlose Verschlingen unzubereiteter Nahrung angewiesen ist, so fühlt er, daß er sich nicht mehr menschlich, sondern beinahe tierisch benimmt. Desgleichen ist der Akt der Begattung beim Menschen kein tierisches Zusammenkommen und Auseinandergehen. Schopenhauer mag noch so recht haben, wenn er in seiner *Metaphysik der Geschlechtsliebe* (Anm. 57) ausführt, wie in allen menschlichen Liebesgeschichten die Natur ihre natürlichen Zwecke verfolgt und die Individuen überlistet; es bleibt doch nicht minder wahr, daß schon jede Liebkosung den Beischlaf, unabhängig von periodischen Brunstzeiten, menschlich durchdringt. Der menschliche Geschlechtstrieb ist schon biologisch, durch die Ausbreitung der sinnlichen Empfindung über die ganze Oberfläche eines nackten Körpers, in seiner Begierde und Empfänglichkeit von der tierischen Kopulation unterschieden und nicht auf die vorübergehende Vereinigung der Geschlechtsorgane beschränkt. Die menschliche Sinnlichkeit ist voller Sinn. Es gibt daher keine sexuellen Perversionen, die dem Menschen nicht natürlich sein könnten, so wie es andererseits auch keine noch so sublimen Formen der Erotik gibt, die von der Tatsache der Geschlechtlichkeit unabhängig wären. Alle naturalistischen Sublimierungstheorien scheitern an der spezifisch menschlichen Sinnlichkeit, ebenso wie umgekehrt alle übersinnliche Überschwenglichkeit an der natürlichen Geschlechtlichkeit ihre Grenze findet.

Die Natur des Menschen scheint durch und durch menschlich zu sein und, gemessen an der *natura naturans*, denaturiert. Man braucht sich nur auszudenken, wie es wäre, wenn ein Tier sich menschlich verhalten könnte, um die Kluft in der Verwandtschaft des Menschen mit dem Tier zu erkennen. Kein Tier arbeitet, um die Natur zu kultivieren; kein Tier erhebt sich mit künstlichen Flügeln über die Erde; kein Tier beschaut den Himmel und die Erde und sich selbst im Spiegel, um zu erkennen, was diese sichtbare Welt und es selbst in ihr ist. Welches Tier könnte nach der Natur des Tierseins fragen und zu diesem Zweck sein Gehirn untersuchen oder über das Sein des Tierseins spekulieren? Welches Tier könnte den Menschen als Haustier züchten und ihn z. B. als Zugtier benützen? Es bedürfte, um sich das vorzustellen, der Einbildungskraft eines J. Swift, also eines Menschen, der das Menschliche kunstvoll ins Tierische übersetzt, um in solcher Übersetzung das Original um so deutlicher zum Vorschein zu bringen. Wie läßt sich dann aber überhaupt noch von einer Natur des Menschen reden? Sollte man nicht besser jeden Vergleich mit dem Tiere fahren lassen und, statt von der Natur, neutral vom »Wesen« des Menschen sprechen, welches »west« und alle Natur hinter sich läßt? Die Natur wäre aber keine Natur, wenn sie sich hintergehen ließe, und kein vernünftiger Mensch kann bestreiten, daß er als ein Lebe-wesen zur Welt kommt, das sich von Natur aus bewegt, nach Nahrung verlangt, heranwächst, altert, erkrankt und schließlich stirbt.

Auch Tiere erkranken und sterben, aber anders als der Mensch, der sich Krankheit und Sterben in gewissen, von der Natur gesetzten Grenzen, anzueignen vermag und vermenschlichen kann. Tuberkulose z. B. ist eine Infektionskrankheit, die naturgemäß in einer bestimmten Weise im Sinne des Krankheitserregers verläuft, aber das schließt nicht aus, daß ein Mensch daran erkranken kann, weil er eine verwickelte menschliche Situation nicht anders lösen kann, als daß er in eine Krankheit flieht, zum Zweck des »Krankheitsgewinns«. Desgleichen passieren Unfälle sowohl Menschen wie Tieren, aber wie viele Unfälle sind nicht beim Menschen unbewußterweise herbeigeführt? Der Unfall wird dann aus einem Zufall zur Absicht und die Krankheit aus einem natürlichen Prozeß zu einem menschlichen Problem. Alles, was rein von Natur aus ist, scheint für sich selbst kein Problem zu sein, sondern eine Antwort vor allen Fragen oder, richtiger gesagt: weder Antwort noch Frage, sondern einfachhin Phänomen. Mit dem Menschen kommt ein Riß in die Natur, etwas Fragwürdiges und Zweideutiges, Unzulängliches und Nichtiges, die »negative Kraft des Geistes« (Hegel), eine »Sorge« um sein eigenes Ganzseinkönnen (Heidegger), ein »Loch« im Ganzen des Ansichseienden (Sartre). Der Mensch ist krank an seinem eigenen Menschsein. Die menschliche Welt ist, nach Seneca, ein großes Krankenhaus mit einigen wenigen weisen Ärzten, die Philosophen sind. Wie die ersten griechischen Philosophen »Physiker« waren, so sind die letzten oft Ärzte gewesen.

Der Widerspruch in der Natur des Menschen, der darin besteht, daß das Krankhafte ihm ebenso natürlich ist wie das Kunstvolle oder Technische, wurde von der christlichen Anthropologie, vor allem von Augustin und Pascal, radikalisiert und ein grundsätzliches Motiv für die Deutung der Situation des Menschen. Die Krankheit des Menschen an seinem eigenen Menschsein wird als Sünde interpretiert, und die Heilung der Sünde kann nicht durch eine vernünftige Krankheitseinsicht und einen natürlichen Gesundungswillen erfolgen. Sie bedarf zu ihrer Heilung einer radikalen Umkehr und eines übermenschlichen Heilands, der den Menschen von der Sünde erlöst. Das Heilmittel ist dann nicht mehr die philosophische Einsicht, sondern der christliche Glaube. Für Augustin und Pascal ist die menschliche Natur nichts von Natur aus Bestehendes und Verständliches, sondern eine nur theologisch begreifbare Schöpfung, deren Korrumption aus der Erbsünde entspringt und nur auf übernatürliche Weise wiederhergestellt werden kann. Die natürliche Geburt bedarf einer Korrektur durch eine den Menschen regenerierende Wiedergeburt. Ein letzter Abglanz dieser christlichen Idee ist die Bemerkung von Kant, der Mensch sei aus zu krummem Holze gemacht, als daß je etwas Gerades aus ihm gezimmert werden könnte. Solche christlichen Glaubenseinsichten können wesentliche Hinweise geben auf die Problematik der menschlichen Natur, sie sind aber als Folgerungen des Glaubens dem philosophischen und wissenschaftlichen Denken nicht zugänglich. Wir begnügen uns deshalb mit der geringen Feststellung, daß der Mensch eine Natur hat, auf Grund deren er nicht umhin kann, nach der Natur aller Dinge zu *fragen* und sich und die Welt als ein »Problem«, d. h. als etwas Vorgelegtes, zu erfahren und zu durchdenken.

Im selben Augenblick, in dem der Mensch als Mensch zu sich kommt, ist eine Frage in die Welt gekommen[24]. Fragen ist eine ausgezeichnete Weise des Sprechens. In der Schöpfungsgeschichte spricht Gott zuerst ein schöpferisches Befehlswort, aber im Verhältnis zum Menschen stellt er zuerst eine Frage – »Wo bist du?« –, und Adams erstes Wort ist somit eine Antwort auf eine Anfrage. Im Verhältnis von Mensch zu Mensch geht ebenfalls die Frage der Antwort voraus, und alle Fragen suchen nach einer entsprechenden Antwort. Schon sehr früh springt aus dem Leben eines jeden Kindes die erste Frage hervor, um immer neue hervorzubringen. Ob der erwachsene Mensch in den Verrichtungen und Nöten des alltäglichen Lebens um Rat und Auskunft fragt oder, über alles Zweckdienliche hinaus, nach nutzloser und unvernutzbarer Einsicht verlangt, ob er sich den nächsten oder den letzten Fragen zuwendet, er tut nur, was er seiner Natur nach nicht unterlassen kann. Alles Denken und Sprechen bewegt sich zwischen Frage und Antwort. Auch ein fragender Blick oder eine beredte Geste sind nur scheinbar sprachlos, in Wirklichkeit vertreten sie Wort und Rede. Auch jede im Satz fixierte und isolierte Aussage ist Antwort auf eine mitvernommene, wenn auch unausge-

---

24 Siehe zum Folgenden: Erwin Straus, *Der Mensch als ein fragendes Wesen*, in: Jahrbuch für Psychologie und Psychotherapie 1 (1952/53), S. 139–153.

sprochene Frage, und wenn die Frage, auf die eine Aussage Antwort gibt, nicht mehr verstanden wird, dann bleibt auch die Aussage unverständlich[25]. Der Mensch ist ein Sprecher, weil er ein Frager ist. Das Tier kann nicht reden, weil es nicht fragen kann. Dieses Fragenkönnen, welches das anwortende Ja- und Neinsagen hervorruft, ist so fundamental für unsere mitweltliche Existenz, daß es auch schon die Antwort auf die Frage nach der Natur des Menschen in gewisser Weise vorwegnimmt. Was für eine Verfassung des Menschen ist in diesem Fragenkönnen beschlossen?

Nach etwas fragen und es damit in Frage stellen, kann nur, wer *über Gegebenes hinaus* fragt. Wer etwas fraglos hinnimmt, kann es nicht suchend und untersuchend in Frage stellen. In Frage stellen läßt sich nur das, wovon man *Abstand* genommen hat. Wer aber fähig ist, von aller Naturgegebenheit, auch seiner eigenen, Abstand zu nehmen, *ist* nicht eindeutig eine Natur, sondern *hat* sie auf eine mehrdeutige Weise – in den von Natur aus gesetzten Grenzen. Abstand nehmen besagt, daß man die fraglose Vorgegebenheit seiner selbst und der Welt preisgegeben hat, indem man sich von der Welt und sich selbst *entfernt* hat. Ohne eine solche entfernende Abstandnahme gibt es keine Welteröffnung. Jede menschliche Handlung setzt als ein Verhalten zu ... eine Entfernung von ... voraus. Dies unterscheidet auch tierische Kundgabe von menschlicher Mitteilung. Tiere wie Menschen können einen Schmerz unmittelbar wortlos äußern, aber nur der Mensch kann auch sagen, was er leidet, und damit von sich und seinem Schmerz Abstand nehmen. In dieser alles menschliche Verhalten kennzeichnenden Abständigkeit liegt die Möglichkeit der *Vergegenständlichung* dessen, wozu man sich verhält. Wer sich aber der Welt und sich selbst kraft eines solchen entfernenden Abstandnehmens vergegenständlichend gegenüberstellt, der hat sich damit der Welt und sich selbst *entfremdet*. Als ein Fremdling kann und muß sich der Mensch in die Welt wie in etwas Anderes und Fremdes einhausen, um im Anderssein bei sich selbst sein zu können. Aus dem Abstand der Entfremdung kann der Mensch allem, was ist, *näher* kommen und sich das scheinbar schon Vertraute als ein Befremdliches *aneignen*. Wäre der Mensch unfähig, sich von der ihn durchdringenden Natur und umfangenden Welt bis zu ihrer Befremdlichkeit zu entfernen, wäre er

25 Siehe dazu Robin George Collingwood, *Denken*, 1955, 5. Kap., S. 30 ff. [englisch: *An Autobiography*, Oxford U. Pr., 1939, S. 29 ff.].

pflanzenhaft mit der Erde zusammengewachsen und bodenständig oder tierisch einer spezifischen Umwelt verhaftet, so könnte er sich weder zu sich und zur Welt verhalten, noch sich und die Welt nach dem, was sie sind, befragen. Die Möglichkeit der Entfremdung vom Nächstgewohnten, vom Hergebrachten und Selbstverständlichen, gehört zur Natur des alles in Frage stellenden Menschen. Das Allbekannte kommt damit allererst zur Erkenntnis. Tiere kennen ihre Umwelt auf ihre Weise vermutlich sehr viel besser und genauer als wir, aber sie erkennen sie nicht, weil sie weder sich selbst noch ihre Umwelt abständig wie etwas Fremdes in Frage stellen und besprechen können.

Der Mensch hat nicht nur durch die Sprache zur Welt, sondern auch zur Sprache selbst ein abständiges Verhältnis; er *hat* sie, aber *ist* sie nicht einfachhin. Er kann sich, von etwas sprechend, zu seiner eigenen Rede wie zu etwas anderem verhalten und sich in diesem abständigen Verhalten zu ihr von ihr entfernen und zurückhalten und sich mit der ihm eigentümlichen Sprache selbst unterhalten. Er kann mit ihr spielen und dieses Spiel ernst nehmen, so daß sich Tiefsinn und Unsinn der Worte verwirren. Aber auch jede Kritik der Sprache, wie sie von Platon bis Leibniz und der modernen Logistik in Angriff genommen wurde, kann sich nur innerhalb der Sprache bewegen. Philosophie und Sophistik gehören auf dem gemeinsamen Grunde der Sprache zusammen; eben deshalb müssen sie auch immer wieder unterschieden werden. In dieser nie zu beendenden Unterscheidung von Philosophie und Sophistik besteht seit Platon die Selbstkritik der Philosophie, ohne welche sie eine Wortkunst wäre. Der Mensch kann in der sprachlichen Mitteilung aber nicht nur die besprochene Sache, sondern auch seine eigenen Gedanken verbergen wie offenbaren. Er kann vorsätzlich lügen oder zweideutig und ironisch reden; er kann sich eine konventionelle Umgangssprache zurechtlegen oder eine sakrale Geheimsprache ausdenken. Und er kann überhaupt nur reden, weil er auch schweigen und etwas verschweigen kann.

Wenn der Mensch stirbt, hört er auf zu sprechen und damit mit anderen zu sein. Indem er nicht mehr mit anderen sprechen kann, kann er auch nicht mehr für sich allein schweigen. Was uns an einem Toten am stärksten beeindruckt, ist, daß er nicht mehr reden *und* schweigen kann, sondern für immer verstummt ist. Tiere sind schon zu Lebzeiten stumm, weil sie weder reden noch schweigen können, und ihre Stummheit ist um so auffälliger, wenn sie sich tierisch äußern können. Ein Mensch, welcher schweigt, verstummt nicht eigentlich, und ein Mensch, der nur reden und nicht auch schweigen könnte, wäre nicht bloß hintergrundlos, sondern überhaupt kein Mensch. Schon jedes Miteinandersein und Miteinandersprechen erfordert vom einen und anderen ein zuhörendes Schweigen in der Absicht auf Redestehen. Das Wort der menschlichen Rede ist stets auf dem Sprung, aber es entspringt einem Entschluß zum Reden, durch den sich der Mensch selber aufschließt, um die Welt der stummen Dinge zur Sprache zu bringen. Zuletzt endet aber doch alle menschliche Rede im Schweigen. Im Anblick vollkommener Schönheit und in der Erschütterung durch das Schreckliche versagt die Rede. Vollendete östliche Weisheit endet in einem nur noch zeigenden, aber nichts mehr sagenden Schweigen. Und nicht zuletzt schweigt der Mensch angesichts der ungeheuren und nur für ihn, als redendes Wesen, »beredten« Stummheit der Natur. Im Ganzen des von Natur aus bestehenden Universums ist alle menschliche Rede und Beredsamkeit und alles Gerede nur eine Unterbrechung der lautlosen Stimme jenes ganz anderen Schweigens, das die Natur durchstimmt. »Silence is the general consecration of the universe. It is at once the most harmless and the most awful thing in all nature« (H. Melville). (Anm. 58) Der Mensch kann und muß auch über das Schweigen und die Stummheit reden, um die ihm von Natur aus gegebene Sprache zu begreifen.

Der Vorrang der vernünftigen Rede für die Bestimmung des Menschen ist griechischer Herkunft. Die Griechen lebten in hervorragender Weise in der Mitteilung , weil sie in der gemeinsamen Welt der öffentlichen *polis* lebten, deren Angelegenheiten einen jeden angingen. Die aristotelische Bestimmung des Menschen als eines *zoon logon echon* steht in einer »Politik« und wird ergänzt durch die Bestimmung des Menschen als eines *zoon politikon*. Die andere, nicht minder wesentliche Möglichkeit des Schweigens hat das frühe asketische Christentum entwickelt, weil es begriff, daß alle mitweltlich beredte Rede für das Verhältnis des Menschen zu sich selbst und zu Gott eine Versuchung ist. Die menschliche Rede und die Kunst der Rhetorik entspricht der geselligen Gemeinschaft des öffentlichen Lebens, das Schweigen dem Rückzug aus dem öffentlich gemeinsamen Leben der Welt in die einsame Besinnung auf sich selbst. Es ist natürlich, im Zusammensein mit anderen zu reden und für sich allein zu schweigen, und unnatürlich, in Gesellschaft zu schweigen und andererseits allein mit sich selber zu reden. Gewiß kann man auch gemeinsam schweigen und zu sich selber reden, aber der natürlichen Norm nach verteilt sich das Reden auf den Menschen als Mitmenschen und das Schweigen auf das Alleinsein. In allen christlichen und buddhistischen Klosterregeln ist die Zucht des Schweigens eine der wichtigsten geistlichen Disziplinen. Schweigen ist nach der Regel des heiligen Benedikt selbst dem erbaulichen Gebrauch der Rede vorzuziehen. In der Pastoralregel Gregors des Großen wird der Redelustige auf die Gefahr eitlen und überflüssigen Geredes aufmerksam gemacht und der mit Absicht Verschwiegene auf die umgekehrte Gefahr einer sich klug bewahrenden, hochmütigen Überlegenheit. Man müsse lernen, zur rechten Zeit zu reden und zu schweigen. Man solle seinen Mund nicht mit dem Festungswall des Schweigens umgeben, wohl aber mit einer Türe versehen, die geöffnet und geschlossen werden kann. Denn beide, Leben und Tod, sind in der Macht der Rede. Ebenso heißt es bei Thomas von Kempen, niemand könne in der rechten Weise reden, der nicht auch schweigen kann, und dem entspricht der andere Satz, daß niemand auf die rechte Weise mit anderen zusammen sein könne, der sich nicht auch auf sich allein zurückziehen kann. Wir bilden uns zwar ein, uns durch Mitteilung zu bereichern und durch Aussprache zu erleichtern, aber das meiste, was wir sagen, ist nichtssagend und verhindert die Sammlung in uns selbst.

Schweigen ist mehr und anderes als eine Unterbrechung der Rede und eine vorübergehende Stille im lauten Lärm des geselligen Gesprächs. Denn nur wer schweigen kann, kann auch hören, und das Hörenkönnen beschränkt sich nicht auf das Zuhören innerhalb der Rede in der Absicht auf Erwiderung, sondern was der von Natur aus zur Sprache begabte Mensch letzten Endes hören kann, ist die Stimme des Schweigens selbst, welches alle Natur durchstimmt. Es ist jenes Schweigen, das in der Schöpfungsgeschichte als Gottes Geist über den Wassern schwebt.

Ein solches Schweigen genügt sich selbst, nicht aber dem Menschen, der als ein sprechendes Lebewesen fragen kann. Wer suchend nach etwas fragt, um eine Antwort zu finden, läßt sich nicht an dem genügen, was ihm schon fraglos gegeben ist. Jedes Infragestellen läßt, als ein Hinausfragen über alles im voraus Gegebene, ein ursprüngliches *Ungenügen* des Menschen an sich und der Welt erkennen; es gehört so wesentlich zur Natur des Menschen, daß seine Menschlichkeit mangelhaft wäre, wenn sie sich selbst genügen würde. Was immer das welthafte Leben dem Menschen an Erfüllungen bietet, ist nur in seltenen Augenblicken genug, um dieses ursprüngliche Ungenügen auszufüllen. Kraft dieses in der Natur des Menschen wurzelnden Ungenügens vermag der Mensch sein Leben sowohl zu beenden wie zu vollenden. Ein völlig selbstgenügsames Wesen, es sei ein Tier oder ein Gott, kann sich weder vernichten noch vollenden. Die Freiheit zum Tode ist eine spezifisch menschliche Möglichkeit, welche ein äußerstes Maß an Abstandnahme, Vergegenständlichung und Entfremdung voraussetzt. Ein Tier kann sich so wenig selber töten, wie es sich selbst ins Leben gebracht hat; es kann nur von Natur aus verenden. Der Mensch hat sich zwar auch nicht selber zur Welt und ins Dasein gebracht, aber er kann von Natur aus den Akt der Selbstvernichtung vollziehen, weil er überhaupt von allem, was ist, Abstand und Abschied nehmen kann. Wie wenig freilich auch diese äußerste und scheinbar freieste Tat der vereinzelten menschlichen Existenz von den allgemein gegebenen, natürlichen, mitweltlichen und umweltlichen Lebensbedingungen frei ist, zeigt die Statistik des Selbstmords. Auch er untersteht bestimmten Regeln, die nicht in der Macht des Einzelnen sind, weil auch der frei gewählte Entschluß den Menschen niemals zu einer *causa sui* macht. Die Freiheit zum Tode kann sich aber auch positiv äußern, im Opfer des Lebens, und es ist wohl kein Zufall, daß das frei vollbrachte Opfer des eigenen Lebens für andere zu allen Zeiten als eine höchste Bezeugung der Humanität verehrt wird. Daß die Aufopferung für andere und die Selbstvernichtung keine massenhaften Erscheinungen, sondern relativ seltene Ausnahmen sind, besagt nicht, daß sie nicht dennoch zu den eingeborenen Möglichkeiten der menschlichen Natur gehören und diese in ausgezeichneter Weise kennzeichnen.

In diesen beiden äußersten und menschlichsten Möglichkeiten zeigt sich die Problematik der Humanität wie in nichts anderem. Der Möglichkeit der Selbstvernichtung entspricht die Möglichkeit der Selbstvollendung. Die eine ist nicht unabhängig von der anderen, vielmehr bezeugt der Verzicht auf das Leben das Unvermögen, es auf andere Weise zu erfüllen und zu vollenden. Der endliche Mensch verlangt von Natur aus nach einer Vollendung, mag man diese als ein »Ganzsein« und »Heilsein« bezeichnen oder – in Übereinstimmung mit der klassischen und christlichen Anthropologie – mit dem gehaltvolleren Wort Glück benennen. Der Mensch will nicht nur leben, sondern glücklich leben, und wenn ihm dies mißlingt, will er anders oder gar nicht leben. Philosophen und Christen stimmen nach Augustins Einsicht darin überein, daß das menschliche Dasein eine *appetitio beatae vitae* ist. Was die Menschen unterscheidet, ist nicht das fragende Suchen und Verlangen nach diesem Endziel, sondern nur die verschiedene Ansicht von dem, *was* glücklich macht: die *voluptas corporis*, der *virtus animi* oder das *donum dei*. Wenn etwas geglückt ist, dann ist es ganz, was es sein kann. Glück ist Vollkommenheit, und Weisheit das Wissen von ihr. Auch Nietzsche hat trotz seiner radikalen Kritik am Verlangen nach Glück nichts anderes gesucht als einen Zustand vollkommener Seligkeit, eine »Seligkeit wider Willen«. Der fragende Mensch weiß sich von einer Unruhe des Suchens bewegt, die von sich aus zum Zustand der Ruhe strebt, zum Frieden der Befriedigung seines allzumenschlichen Seins. Das Tier fängt mit der Befriedigung seiner einfachen und natürlichen Bedürfnisse immer wieder von vorne an, und es befriedigt sie jeweils auf immer gleiche Weise. Der Mensch mag seine natürlichen Bedürfnisse noch so sehr befriedigen, er bleibt unersättlich und unbefriedet, weil die Art und Weise und die Vielfalt seiner Bedürftigkeit und die ihr gemäße Art der Befriedigung alles ihm von Natur aus Gegebene und Versagte überschreitet: in Erwartung und Hoffnung, in Erinnerung und Reue, in Verzicht und rastloser Tätigkeit.

Ein geglückter oder vollendeter Mensch, wie ihn Aristoteles in der Gestalt des »Großmütigen« und Nietzsche im Bilde des »Wohlgeratenen« beschreibt, ist darum das Allerseltenste und doch die natürliche Norm alles menschlichen Strebens. Der endliche Mensch will auch das Ende seines Lebens menschlich vollbringen können. Die letzte Bewährung eines geglückten Lebens ist das rechte Altwerden und Sterbenkönnen.

Der Mensch hat zu allem, was ist, ein aussprechbares Verhältnis. Das besagt, daß er sich abständig verhalten und in solcher Zuwendung zurückhalten kann, nicht zuletzt von seiner Fähigkeit zur Rede. Kein Tier kann sich vermutlich des Antriebs zur Verlautbarung und Mitteilung enthalten. Es kann sich weder selbst eröffnen noch verschließen wie der redende und schweigende Mensch, der durch die Sprache mit der Welt zusammen- und auseinandergesetzt ist. Dieser dem Menschen eigentümliche und durch die Sprache nicht weniger als durch die Sinne eröffnete Weltbezug läßt sich in dem *einen* Faktum zusammenfassen, von dem wir ausgingen: daß der Mensch so ist, daß er es nicht unterlassen kann, alles, was ist, in Frage zu stellen. Indem er dies tut, ist er ein *transzendierendes* »Wesen der Ferne« (Heidegger). (Anm. 59)

Fraglich ist nicht, ob der Mensch alles ihm von Natur aus

Gegebene überschreitet, denn das tut er schon immer, indem er darüber hinaus fragt, wohl aber, *woraufhin* er sich übersteigt. Gewöhnlich nimmt man an, er transzendiere im Sinne einer religiösen oder philosophischen Transzendenz, deren Unterschied sich im heutigen Sprachgebrauch infolge eines vagen Bedürfnisses nach etwas Rettendem auf Kosten des Glaubens wie des Wissens verwischt hat. Alle Religionen bezeugen in der Tat, daß der Mensch transzendiert: zu ungeheuerlichen Ritualen, welche die Mächte der Natur beschwören; zu einem alles erhellenden und umfassenden Nichts buddhistischer Meditation; zu einem überweltlichen Schöpfergott oder auch zu den farblosen Transzendenzen philosophischer Spekulation. Man könnte sich damit begnügen festzustellen, daß sich der Mensch nach allen möglichen Richtungen überschreitet, und das Woraufhin des Transzendierens nicht weiter in Frage stellen. Wenn man jedoch davon ausgeht, daß der Mensch keine leiblose Seele und kein naturloser Geist und kein bloß existierendes Dasein ist, sondern eine menschliche Natur − mit all ihren Paradoxien und Zweideutigkeiten −, so müßte auch sein Transzendieren ein natürliches sein, um seiner Natur zu entsprechen. Daß der Mensch die Natur in sich und um sich befragend überschreitet, besagt ja noch nicht, daß er sie zu einer Transzendenz überschreiten müßte, um menschlich leben zu können. Das Überschreiten, welches den Menschen und seine Sprache vom Tier unterscheidet, könnte sich noch immer im unüberschreitbaren Umkreis der Natur vollziehen, ohne Ausgriff nach einen Jenseits des von Natur aus Seienden, so daß der Terminus *a quo* und *ad quem* des menschlichen Überschreitens ein und derselbe, die Natur selbst wäre.

Die »Offenständigkeit« menschlichen Weltverhaltens ist, was sie ist , relativ zu der relativen Geschlossenheit tierischer Umweltverhaftung; aber nichts enthebt uns der philosophischen Skepsis, daß auch unsere Welt eben die unsere ist, auch wenn wir sie noch so sehr durch Teleskope und Mikroskope erweitern. Aber die Welt selbst ist niemals die »unsere« oder das Insgesamt menschlicher Perspektiven für sie. Wir können sie uns zwar aneignen wie jedes Lebewesen, das seine Umgebung wahrnimmt, sie auffaßt und sich zu ihr verhält; sie selbst wird aber nie unser Eigentum, sondern wir selbst gehören zu ihr, und zwar gerade auch dann, wenn wir sie aneignend überschreiten und sie, umwillen unserer selbst, in unseren Dienst stellen. Was den Menschen gegenüber dem Tier auszeichnet, ist nicht, daß er seine Umwelt unbedingt zur »Welt« transzendiert, sondern daß er von Natur aus fähig ist, die Natur zu befragen und sich eine Vorstellung vom Universum zu bilden, wobei er um die Bedingtheit nicht nur der tierischen Umwelten, sondern auch seiner eigenen Welt wissen kann, ein Wissen, das jedoch einschließt, daß die Welt selbst nicht durch das, was sie selber an Lebewesen und deren Perspektiven hervorbringt, bedingt sein kann. Als das Ganze des Seienden überschreitet die Welt ihrerseits alles tierische und menschliche Transzendieren. Die Tiere wissen nicht, wie bedingt ihre Welt durch sie ist; sie haben darum auch keine Idee von ihr selbst, im Unterschied zu dem, wie sie für ein bestimmtes Weltwesen ist[26].

Montaigne, der wie kein anderer Philosoph der beginnenden Neuzeit beständig das große Thema der menschlichen Natur umkreiste und nicht müde wurde, die prinzipielle Ähnlichkeit der Kunst des Menschengeschlechts mit der Naturvernunft der Tiere darzustellen, weil er sich überzeugt hatte, daß Mensch und Tier ihr gemeinsames Maß an der *einen* Natur aller Dinge haben, zitiert am Ende seiner zweideutigen *Apologie des Raimond Sebonde* (Anm. 60) aus Seneca den Satz:»O quam contempta res est homo nisi supra humana surrexerit.« Ähnlich heißt es bei Pascal, der Mensch sei ein Wesen, das sich unendlich überschreite. Überschreitet er sich aber wirklich unendlich? Wie wenig Senecas Satz von Montaigne im Blick auf die christliche Transzendenz gedeutet wird, läßt sich aus seiner Feststellung entnehmen, daß der christliche Glaube nicht in der Natur des Menschen liege, sondern ihm übernatürlich geschenkt werden müsse. Er erläutert Senecas Satz folgendermaßen:»Hier steckt sowohl ein sinnreicher Spruch (bon mot) als ein nützlicher Wunsch, aber ebensosehr eine Absurdität. Denn eine Spanne größer machen, als die Hand spannen kann, das ist unmöglich und monströs. Ebenso ist es, wenn der Mensch sich über sich selbst und über seine Menschlichkeit hinausstellen möchte, denn er kann nicht anders sehen, als mit seinen eigenen Augen, nicht anders greifen als mit seinen eigenen Händen. Er wird sich erheben, wenn ihm Gott dazu außerordentliche Kräfte verleiht, wenn er seine eigenen Kräfte verleugnet und sich bloß den himmlischen zum Heben und Tragen übergibt. Nur von unserem christlichen Glauben und nicht von der stoischen Tugend kann der Mensch diese göttliche und wundertätige Metamorphose erwarten.«

26 Siehe dazu Löwith, *Nietzsches Philosophie der ewigen Wiederkehr des Gleichen*, 1956, S. 102–104.

Daß der abschließende Hinweis auf die Möglichkeit einer wunderbaren Verwandlung des natürlichen Menschenwesens aus dem christlichen Glauben von Montaigne vorbehaltlich gemeint ist, dürfte schon daraus hervorgehen, daß seine Ausführungen den Satz eines stoischen Philosophen erläutern, dessen Tugend er nicht in Zweifel zog. Das tat erst Pascal. Wir können also interpretieren: Senecas Spruch ist »sinnreich« und zugleich »absurd«, das erstere, wenn man ihn als einen frommen Wunsch versteht, das letztere, wenn man die menschliche Natur solchem Wunsch gemäß auslegen wollte, als könne der Mensch seine Natur von sich aus zu einer übernatürlichen Transzendenz überschreiten. Diese Auslegung bestätigt sich aus Seneca. Der zitierte Spruch steht nicht, wie der moderne Leser erwarten möchte, etwa in Senecas moralischen Schriften über den Menschen, sondern in einer Naturphilosophie, in der Vorrede zu den *Quaestiones Naturales*, die von Himmel und Erde, Blitzen, Meteoren und dergleichen handeln. Das, was »über« den menschlichen Dingen ist, zu denen sich der Mensch erheben soll, um wahrhaft Mensch zu sein, ist also keine überweltliche Transzendenz, sondern der natürliche Himmel. Denn daß man als Weiser ein wenig gesünder ist als die meisten anderen Kranken im Hospital der Menschheit, sei kein Anlaß, hochmütig zu sein. Die philosophische Tugend, die wir begehren, sagt Seneca, ist zwar glänzend, aber nicht, weil sie genügt, dem Schlechten zu entgehen, sondern weil sie die Seele lockert und zur Erkenntnis der Dinge des Himmels bereitet und sie so würdig macht, an dem Göttlichen, nämlich der kosmischen Naturvernunft, teilzunehmen.

Das naturgemäße Transzendieren wäre dann dasselbe wie die Fähigkeit des Menschen, sich von der Befangenheit im bloß Menschlichen zu befreien, um das Ganze des physischen Kosmos zu bewundern und zu erkunden. Seneca fügt sich damit der griechischen Philosophie ein, die mit Anaxagoras gesagt hat, der Mensch sei dazu geboren, die Sonne, den Mond und die Sterne zu beschauen und zu erforschen. Die *Quaestiones Naturales*, zu denen auch die Frage nach der Natur des Menschen gehört, sind im zweifachen Sinn natürliche Fragen: sie betreffen die Natur aller Dinge, und sie sind eben deshalb auch die naturgemäßen oder natürlichen Fragen.

Aber: wer fragt heute, nachdem seit hundertfünfzig Jahren alles »ultra« ist und »transzendiert« und immer mehr ultra wird, noch auf natürliche Weise nach den natürlichen Dingen? Und was sind die »natürlichen« Dinge? Das Wort »natürlich« klingt falsch, weil es verflacht ist und den Beiklang des Gleichmäßigen und Harmlosen, des Friedlichen und nicht Übertriebenen hat. Die Natur ist aber nicht nur natürlich, wenn sie wachsen und gedeihen läßt, sondern ebensosehr, wenn sie zerstört, die Erde erbeben, das Meer tosen und Vulkane ausbrechen läßt. Desgleichen gehören die heftigsten Leidenschaften des Menschen nicht minder zu seiner Natur wie die regelmäßige Atmung, der Schlaf und das stille Wachstum. Aber wie sollte man noch in irgendeinem Sinne natürlich fragen können, wenn es dem heutigen Zeitbewußtsein als ausgemacht gilt, daß eine philosophische Besinnung nur wahr sei, wenn sie den Geist ihrer Zeit und die geschichtliche Situation oder den weltgeschichtlichen »Augenblick« offenbart und nicht das, was jederzeit wahr ist?

Der natürlich denkende Mensch beginnt mit der Verwunderung, daß die Dinge so sind, wie sie sind. Sich darüber wundern können, besagt, daß sie uns befremdlich und befragbar geworden sind. Wenn aber der fragende Mensch die ihm Antwort gebende Einsicht gewonnen hat, dann würde er sich nunmehr wundern, wenn sich die Dinge anders verhielten und anders wären, als sie von Natur aus schon sind. Diese aristotelische Einsicht in das, was ist – nicht jetzt und nicht künftig, sondern immer – ist nicht geschichtlich auf die griechische Philosophie beschränkt; sie findet sich auch im Osten. Ehe wir wissend geworden sind, sagt ein bekannter buddhistischer Zenspruch, scheinen die Berge und Flüsse einfach Berge und Flüsse zu sein und nichts weiter. Wenn wir einen gewissen Grad der Einsicht gewonnen haben, hören sie auf, nichts weiter als Berge und Flüsse zu sein. Sie werden vielerlei in vielerlei Hinsicht. Wenn wir aber zur vollständigen Einsicht gelangt sind, wird der Berg wieder einfach zum Berg und der Fluß wieder einfach zum Fluß. In dieser schließlichen Anerkennung des So-und-nicht-anders-seins zeigt sich die Welt und der Mensch ursprünglich und endgültig[27].

---

27 Siehe dazu vom Verfasser: *Unzulängliche Bemerkungen zum Unterschied von Orient und Okzident*, in: Die Gegenwart der Griechen im neueren Denken. Festschrift für Hans-Georg Gadamer. Tübingen: Mohr, 1960 [auch in: K. Löwith, *Vorträge und Abhandlungen. Zur Kritik der christlichen Überlieferung*. Stuttgart: Kohlhammer, 1966].

Welt und Menschenwelt

1960

Wir existieren und denken heute alle im Horizont der Geschichte und ihrer Geschicke, wir leben aber nicht mehr im Umkreis der natürlichen Welt. Wir wissen ferner um vielerlei geschichtliche Welten, während unsere eigene, alteuropäische zerfällt. Es fehlt uns die *eine* Welt, die älter und bleibender ist als der Mensch. Diese vor- und übermenschliche Welt des Himmels und der Erde, die ganz und gar auf sich selber steht und sich selbst erhält, übertrifft unendlich die Welt, die mit dem Menschen steht und fällt. Welt und Menschenwelt sind nicht einander gleichgestellt. Die physische Welt läßt sich ohne eine ihr wesentliche Beziehung zum Dasein von Menschen denken, aber kein Mensch ist denkbar ohne Welt. Wir kommen zur Welt und wir scheiden aus ihr; sie gehört nicht uns, sondern wir gehören zu ihr. Diese Welt ist nicht nur eine kosmologische »Idee« (Kant) oder ein bloßer »Total-Horizont« (Husserl) oder ein Welt-»Entwurf« (Heidegger), sondern sie selbst, absolut selbständig: *id quod substat.* Entwerfen lassen sich nur verschiedene Weltbilder, aber nicht die Welt selbst. Auch ein vom Menschen entworfener Erdsatellit kann nur um die Erde kreisen, sofern und solang er den Gesetzen der physischen Welt folgt. Kosmologie ist ursprünglich keine anthropologische Ansicht der Welt, sondern der physische Kosmos hat selbst einen Logos, und alle Weltauslegung orientiert sich, von Heraklit bis zu Nietzsche, naturgemäß am Anblick der Welt selbst.

Aber: was ist die »Welt«, wenn sie nicht schon die Summe aller bekannten und unbekannten Dinge ist? An jeglichem Ding erscheint zwar so etwas wie Welt, und wer ein einziges vollkommen aussprechen könnte, würde damit zugleich die ganze Welt zur Sprache bringen, aber diese läßt sich nicht reduzieren auf alle in ihr vorhandenen Dinge. Sterne und Sandkörner, hundertjährige Bäume und Eintagsfliegen, sie alle gehören in gleicher Weise zur Welt, aber sie selbst scheint kein Gegenstand wie jeder andere zu sein; sie umfaßt alles, ohne selber faßbar zu sein. Sie ist das Allergrößte und Allerreichste und zugleich so leer wie ein Rahmen ohne Bild.

I

Eine erste und auch letzte formale Bestimmung der Welt ist, daß sie *das Eine und Ganze alles von Natur aus Seienden ist*. Das Eine ist sie nicht in einem numerischen Sinn, denn sie ist nicht eine unter mehreren andern, sondern das eine Ganze der einen Welt. Der Sinn ihrer Einheit bestimmt sich aus dem der Ganzheit, die alle nur mögliche Mannigfaltigkeit einschließt, so daß die Welt das *All-Eine* ist und eins in einem einzigartigen Sinn. Was bindet aber alles Seiende zur einzigartigen Einheit des Universums oder zum Weltall zusammen? Der Zusammenhang, der alles Einzelne und Verschiedene einheitlich als ein Ganzes zusammenhält, kann nur eine *Ordnung* sein, in der jegliches einem anderen zugeordnet ist. Erde, irdische Atmosphäre und kosmische Strahlung sind nicht bloß äußere Lebens-Bedingungen, weil sie bestimmte lebensnotwendige Stoffe und Energien enthalten, von denen chemische Reize ausgehen, auf die der Organismus reagiert, sondern die irdischen Lebewesen bilden zusammen mit der belebten Erde eine übergeordnete Lebenseinheit, die sich als ein System der gegenseitigen Zuordnung artikuliert[1]. Und da alles irdische Leben vom Rhythmus der Jahreszeiten abhängt und also nicht nur tellurisch, sondern auch kosmisch bestimmt ist, lassen sich z. B. bei der Untersuchung der verschiedenen Tiefenschichten des Planktonschlammes auf dem Grund eines Binnensees kosmische Zyklen nachweisen, die den elfjährigen Sonnenfleckenperioden entsprechen. Der Mensch mag noch so sehr aus der Natur herausstehen, ek-sistieren, transzendieren und reflektieren, er ist von dieser Zugehörigkeit und Zuordnung zum Ganzen der Naturwelt nicht ausgenommen, auch wenn er unmittelbar nichts davon weiß. Die Zuordnung z. B. unserer körperlichen Bewegung und Orientierung zum Schwerefeld der Erde, vermittels eines

1 Siehe dazu August Thienemann, *Leben und Umwelt. Vom Gesamthaushalt der Natur*, Hamburg: Rowohlt (rde), 1956 [1. Aufl. 1941].

bestimmten Organs im inneren Ohr, vollzieht sich so unbewußt wie die Orientierung der Zugvögel nach dem wechselnden Stand der Sonne. In dieser das Viele zur Einheit eines Ganzen zusammenstimmenden Ordnung ist weiterhin impliziert, daß diese Ordnung nicht einmal so und ein andermal anders ist. Sie muß, um eine Ordnung zu sein, immer so sein, wie sie ist. Was aber immer so ist, wie es ist, und nicht anders sein kann, nennt man notwendig. Wäre die Welt keine verläßliche Welt-Ordnung im Ganzen ihrer Bewegung, so wäre sie keine Welt. Und vorausgesetzt, daß ihre Bereiche mehr oder minder vollkommen sind, dann würde ihre Ordnung und Zuordnung zugleich eine Rangordnung sein und die Frage ließe sich nicht umgehen: welchen Rang nimmt der Mensch im Ganzen des Seienden ein? Ist er als ein Ebenbild Gottes das Ziel der gesamten Schöpfung oder eine »Krankheit der Erde« oder ein unwahrscheinlicher Zufall oder ein einzigartiges Da-sein, in dem sich das Sein alles Seienden lichtet? Oder ist und bleibt er ein Rätsel, weil er weder bruchlos in der Welt aufgeht noch einem überweltlichen Ursprung entspringt?

Daß die Welt als das Eine und Ganze alles von Natur aus Seienden eine Welt-Ordnung und als ein wohlgeordnetes Ganzes vortrefflich und schön ist, diese Bestimmungen kennzeichnen das griechische Wort für Welt: sie ist ein *Kosmos*. Ein Chaos ist keine Welt. Auch die *Weltgeschichte* läßt sich nur dann als eine »Welt« ansprechen und wissenschaftlich-philosophisch erforschen, wenn sie in ihrem Gang und Fortgang einer bestimmten Regel und Ordnung folgt. Als eine solche ordnende Regel der Geschichte galt von Augustin bis zu Hegel der kontinuierliche Fortschritt zu einem Ziel, worin sich der Anfang ihrer Bewegung am Ende erfüllt. Wer könnte aber noch mit Hegel, Dilthey und Croce an die Geschichte als die »letzte Religion« der Gebildeten[2] glauben, nachdem das Rückgrat dieses Glaubens, der Fortschrittsglaube, in seiner ursprünglich überweltlichen und dann verweltlichten Form zerbrochen ist? Wer könnte noch mit Hegel daran festhalten, daß die »Weltgeschichte« das »Weltgericht« ist, indem sie in ihrem Fortgang das Richtige und Gerechte notwendig zum Austrag bringt? Wie konnte es überhaupt dazu kommen, daß die Welt in Welt-Geschichte aufging, so daß nun der geschichtliche Welt-

2   So in Croces Vortrag von 1930 *Antistoricismo* [in: La Critica 28 (1930), S. 401–409, und in: Benedetto Croce, Ultimi saggi, 2 a ed. riv. (= Saggi filosofici, VII), Bari: Laterza, 1948, S. 246–258], übersetzt von Karl Vossler: *Antihistorismus*. München/Berlin 1931.

begriff auch den natürlichen mitbestimmt und übertönt? Um diese Verkehrung als eine solche kenntlich zu machen, bedarf es einer kurzen Vergegenwärtigung eines natürlichen Weltbegriffs. Und da uns dieser so gründlich abhanden kam, daß selbst die moderne Physik darauf verzichtet, die Natur in ihrer Natürlichkeit zu erkennen[3], muß man sich an einem früheren Anblick orientieren, für den die Welt ein physischer Kosmos war – was sie möglicherweise immer noch ist. Es gibt zwar eine moderne Naturwissenschaft und Weltkonstruktion, die eben darum auch notwendig wieder veralten müssen, aber es gibt keine moderne Natur und keine moderne Naturwelt, und fragwürdig ist nicht die historische Aufeinanderfolge der verschiedenen Weltauslegungen, sondern welche von ihnen der Wahrheit der Welt am nächsten kommt.

Als Ausgangspunkt – nicht mehr und nicht weniger – für einen natürlichen Weltbegriff kann uns unter den zahlreichen griechischen Abhandlungen *Über die Welt* eine pseudoaristotelische Schrift dieses Titels dienen[4]. Sie ist Alexander dem Großen gewidmet, dessen Erzieher und Lehrer Aristoteles war. Diese Widmung wird sinnreicher Weise damit begründet, daß es der Größe eines Herrschers wohl anstehe, an der Erforschung des Größten teilzunehmen. Das Größte, der Kosmos, verlangt zu seinem Verständnis die große Gesinnung eines groß gearteten Menschen. Und in der Tat: was sollte es Größeres geben können als das Ganze der Welt? Man könnte sie formal so definieren wie Anselm Gott definierte: als dasjenige, über das hinaus Größeres nicht gedacht werden kann. Die Widmung der Schrift an Alexander den Großen ist darum höchst natürlich. Sie widerspricht aber der modernen Denkweise. Denn ihr würde es sehr viel mehr entsprechen, einem weltgeschichtlichen Herrscher eine Schrift über Weltgeschichte zu widmen, so wie Bossuet seine Vorträge über Universalgeschichte dem Thronfolger Frankreichs gewidmet hat. Hegel hat in Napoleon den »Weltgeist« der Weltgeschichte auf einem Pferde durch die Straßen von Jena reiten sehen; es ist nicht denkbar, daß Aristoteles in Alexander den Logos des Kosmos erblickt haben könnte.

Die Schrift über die Welt beginnt: »Schon oft schien mir die

3 Siehe Werner Heisenberg, *Das Naturbild der heutigen Physik*. Hamburg: Rowohlt (rde 8), 1955.
4 Text und Übersetzung von Paul Gohlke, 1949 [in der Reihe: Aristoteles, *Die Lehrschriften* (Bd. 4,4). Paderborn: Schöningh].

Philosophie eine überirdische Beschäftigung zu sein, besonders dann, wenn sie sich zum Anblick des Weltganzen und der darin verborgenen Wahrheit erhebt. Die Erkenntnis dieses Größten und Höchsten kommt der Philosophie am meisten zu, weil es ihr verwandt ist« [391 a 1 ff.]. Als das umfassendste und höchste Wissen vom Ganzen des Seienden geht die Philosophie über die Erde und alles Irdische und die nächste Umwelt und Mitwelt des Menschen hinaus, indem sie ihren Blick auf die bestirnte Himmelswelt richtet, die im räumlichen Sinn wie dem Range nach das Größte und Höchste ist und als solches das große, natürliche Thema der Philosophie, deren Aufgabe es ist, die verborgene Wahrheit dieser offensichtlichen Welt zu erforschen. Die Schrift fährt fort:»Weil es aber nicht möglich ist, körperlich in den himmlischen Raum vorzustoßen, die Erde zu verlassen und jenen heiligen Bezirk unmittelbar anzuschauen, so hat der menschliche Geist auf den Flügeln der Liebe zum höchsten Wissen die Reise gewagt, und, was räumlich die allergrößte Entfernung hat, im Geiste nahegebracht« [391 a 8 ff.]. Wer dagegen nur von *einem* Ort oder *einem* großen Fluß zu berichten weiß, der ist kurzsichtig und bedauernswert, denn er verschließt sich dem Anblick des Kosmos, der das weitaus Erstaunlichste ist. Von ihm handelt dann im einzelnen, im Hinblick auf seine Physis und Bewegung, der weitere Inhalt der Schrift: von dem Stoff und der Bewegung der Himmelskörper, von der Erde, vom Meer und den Winden, von Feuer und Erdbeben, vom Pflanzen- und Tierleben. »Welt« meint in dieser Schrift sowohl Himmelswelt (*ouranos*) wie Welt (*kosmos*). Beide Begriffe[5] gehen oft unmerklich ineinander über, doch bedeutet *ouranos* vorzüglich das Umfassende der äußersten Himmelssphäre und *kosmos* das in sich Gegliederte und Geordnete des Umfaßten. Der Logos des vom Himmel umfaßten Kosmos besteht in der verborgenen Waltung und Verwaltung des Weltalls als einer Weltordnung. Die Welt ist ein *systema* oder Gefüge. Dieses ist jedoch keine einfache Harmonie, sondern eine Zusammenfügung des Widerstrebenden: des Schweren und Leichten, des Kalten und Warmen, des Trockenen und Feuchten. Die Schrift erläutert dieses Gefüge des Ungefügten durch einen Vergleich des Kosmos mit der Polis: so wie in einer wohlgeordneten Polis die wirksame Einheit der ganzen Verfassung Menschen von ungleicher Art zusammenhält: Junge und Alte,

---

5 Siehe zum Folgenden die dankenswerte Monographie von Walther Kranz, *Kosmos*, = Archiv für Begriffsgeschichte II, 1 und 2 (1955 und 1957).

Männer und Weiber, Arme und Reiche, Schwache und Starke, Mißratene und Wohlgeratene, so ist auch die kosmische Ordnung ein Zusammenklang des Auseinanderstrebenden. Aber, heißt es am Schluß zur Abschwächung dieses Vergleichs von kosmischer und politischer Ordnung: »welcher Bereich könnte es gleichtun der Ordnung der Himmelswelt« [397 a 5], den geregelten Bahnen des Sternenheers und der Sonne, durch die der Wechsel von Tag und Nacht, von Sommer und Winter, die Fluten des Meeres und alles irdische Wachstum und Vergehen bestehen? Diese vorzüglich am Himmel ersichtliche Ordnung, kraft derer die Welt ein Kosmos ist, bezeichnet die Schrift auch als *ananke* und *moira*, als unabwendbares Schicksal, das jedem das Seine zuteilt. Die *ananke* oder das Verhängnis[6] bewirkt, daß alles so ist, wie es ist: was jetzt ist, schon war und noch sein wird. Und die Philosophie hat es, von Aristoteles bis zu Hegel, mit gar nichts anderem zu tun als dem, was immer und notwendig ist, aber nicht mit dem, was einmal so und ein andermal anders ist, weil es nur zufällig zufällt, ohne die Natur oder das bleibende Wesen der Dinge und deren regelmäßige Veränderung zu bestimmen.

Diese kosmische Welt gilt dem modernen, historisch-gebildeten Bewußtsein als eine geschichtliche Ansicht der Griechen, die darum für uns nicht verbindlich sein könne. Trotzdem unterscheiden auch wir alltäglich, vor und nach aller Wissenschaft, Himmel und Erde, Geordnetes und Ungeordnetes, Notwendiges und Zufälliges und verlassen uns auf die regelmäßige Bewegung der Himmelskörper und auf die natürliche Ordnung in allem irdischen Entstehen und Vergehen. Auch der moderne Naturwissenschaftler kann nicht umhin, mit einer, wenn auch noch so beweglichen Ordnung zu rechnen, wenn er nach Regeln und Gesetzen forscht. Die Berechnung beruht ja nicht auf der Willkür eines rechnenden Verstandes, sondern auf der Geordnetheit und darum Berechenbarkeit der Dinge. In einem regellosen Chaos ließe sich nichts erforschen. Ob diese naturgegebene Ordnung teleologisch oder mechanisch oder dynamisch ausgelegt und auf Grund der gesteigerten Genauigkeit der Messungen in statistischen Gesetzen erfaßt wird, berührt sie nicht prinzipiell. Und wenn die Entdeckungen der neuzeitlichen Physik und Astronomie es nicht mehr gestatten, die

6 Das Wort »Verhängnis« in der positiven Bedeutung einer unverbrüchlichen Ordnung verstanden, wie es noch Leibniz in seinem Aufsatz *Von dem Verhängnisse* gebraucht. Deutsche Schriften, hrsg. v. G. E. Guhrauer, Berlin 1840, Bd. II, S. 48–55.

Veränderlichkeit auf die sublunare Welt einzuschränken, so bedeutet das zwar eine fundamentale Berichtigung in bezug auf unser Weltwissen, aber dieses wissenschaftliche Wissen berührt nicht unsere unmittelbare Wahrnehmung und unser tägliches Weltverhältnis, das sich nach wie vor an den Unterschied von Himmel und Erde und an die unverbrüchliche Ordnung ihrer Bewegungen hält. Auf der Erde irdisch leben heißt schon immer und für immer: den Himmel und die Sonne sehen und damit Welt. Erst mit dem letzten Lebenshauch gibt der Mensch den Unterschied zur Erde auf.

Eine solche Ordnung fehlt nun aber allem Anschein nach der geschichtlichen Menschenwelt, deren Bewegung und Veränderung sich so wenig voraussagen läßt, weil in ihr zumeist alles anders kommt als voraussehbar war. In der griechischen Schrift über die Welt ist darum von ihr keine Rede. Und wenn es zutrifft, daß es vom Zufallenden kein wesentliches Wissen und keine Wissenschaft geben kann, dann fragt es sich in der Tat, ob die Pragmata der Geschichte überhaupt ein mögliches Thema der Philosophie sein können und nicht nur ein solches der Historie, welche die Ereignisse schlicht berichtet. Eine Philosophie der Weltgeschichte, wie sie erstmals Hegel, im Ausgang von der Theologie der Geschichte ausgedacht hat, wäre nur möglich, wenn die Geschehnisse der Geschichte einen geschichtlichen Kosmos bildeten und also eine geordnete Welt, in der Schritt für Schritt eine weltgeschichtliche Entscheidung und ein weltgeschichtliches Ereignis mit innerer Notwendigkeit auf das andere folgt. Wer könnte aber davon absehen, daß nichts in der Geschichte erfolgt, was nicht nach menschlichem Ermessen auch anders hätte kommen können? Die geschichtliche Welt, der »mundus hominum«, bewegt sich offenbar nicht mit derselben notwendigen Ordnung wie der »mundus rerum«, dem der Spielraum menschlicher Willkür und Freiheit fehlt. Geschichtliche Revolutionen verlaufen nicht wie kosmische re-volutiones, d. h. wie regelmäßige Umläufe. Wer nun aber wie Hegel gerade auch in den großen geschichtlichen Revolutionen einen notwendigen »Fortschritt im Bewußtsein der Freiheit« sieht und überhaupt eine weltgeschichtlich fortschreitende Ordnung, der muß in der Freiheit menschlicher Willkür und menschlichen Wollens die Notwendigkeit zum Aufweis bringen. Dazu dient in Hegels Philosophie der Geschichte die »List der Vernunft«, welche die Interessen und Leidenschaften der Menschen mit den verborgenen Absichten des Weltgeistes in Übereinstimmung bringt. Als eine vom Menschen selber geschaffene Welt gilt seit Vico der »mondo civile«, eine zweite, geschichtliche Welt, im Unterschied und im Gegensatz zur ersten Naturwelt, die nicht unsere Schöpfung ist. Der historische Materialismus von Marx, der die Welt programmatisch durch eine Kritik des Bestehenden verändern will, ist nur die äußerste atheistische Konsequenz der biblischen Position des schöpferischen Willens, ohne den keine Welt ist. Der Mensch, der nach biblischem Glauben, als ein Ebenbild Gottes das Ziel und der Herr der Schöpfung ist, wird damit abermals zum Ausgang und Ziel einer Schöpfung. Die Welt wird zu *unserer* Welt. Der übermenschliche physische Kosmos gerät in Vergessenheit, und die Welt wird von Grund aus vermenschlicht. Die Welt wird zur Menschenwelt. Zugleich mit diesem Schwund der Welt verflüchtigt sich die menschliche Natur in eine geschichtliche Existenz. Um diese Verkehrung der natürlichen Proportion von Welt und Menschenwelt in ihrer Herkunft und Tragweite zu ermessen, verfolgen wir einige wenige Schritte, die vom griechischen Kosmos zur christlichen Menschenwelt führen und schließlich zu Heideggers Begriff von der Welt als eines »Umwillen«.

II

Das dreißigste Fragment des Heraklit sagt von der Welt: »Diesen Kosmos hier vor uns, derselbe für alles und alle, hat weder einer der Götter erschaffen noch einer der Menschen. Er war immer schon, er ist und er wird sein. Sein Logosfeuer ist ewig aufflammend und verlöschend nach festen Maßen«. Als ein immerwährender, ewiger Kosmos ohne Anfang und Ende, dem als dem Einen und Ganzen alles dessen, was ist, nichts fehlt, ist er vollkommen, wie ein Kreis oder eine Kugel. Er ist sich selbst völlig genug und darum göttlich[7]. Diesen freien Ausblick auf den Anblick der Welt hat auch die sokratische Wende nicht zu verdunkeln vermocht. Die Abwendung des Sokrates von der natürlichen Welt und seine Zuwendung zu den Fragen nach der Verfassung der Polis und der menschlichen Seele, hat Platon nicht gehindert, im Timaios abermals eine Kosmologie zu erdenken, ohne

7   Siehe dazu Werner Jaeger, *Die Theologie der frühen griechischen Denker*. Stuttgart: Kohlhammer, 1953, S. 28 ff. [2. Kap.] und 196 ff. [10. Kap.], über die Zusammengehörigkeit des »Ganzen« mit dem Vollkommenen und Göttlichen.

die auch seine Politeia nicht denkbar ist, denn das Ordnungsprinzip des Weltalls und der Seele sowie der Gemeinschaft der Menschen ist ein und dasselbe. Auch das Zusammenleben der Menschen in einer Polis kann nicht in Ordnung sein, wenn es nicht kosmosartig verfaßt ist. Der Großmütige ist als ein menschlich Geordneter kosmosartig gestimmt. Griechische Philosophen und östliche Weise denken in dieser Hinsicht sehr ähnlich, nämlich kosmo-politisch im wörtlichen Sinn. Die schon im Altertum aufgeworfene Frage, ob die gerechte Ordnung der Polis ein Abbild der kosmischen Weltordnung ist, oder ob umgekehrt diese nur ein Paradigma der wahren Polis, diese Alternative bleibt nicht in einer unentscheidbaren Schwebe, denn entscheidend ist für den Ordnungsgedanken als solchen der Anblick der Himmelswelt, in deren regelmäßiger Bewegung der Bestand einer übermenschlichen und unverbrüchlichen Ordnung evident ist, wogegen eine vergleichbare Ordnung in der politisch-geschichtlichen Welt so sehr ein Problem ist, daß alles Platonische Denken um ihre Herstellung geht. Herstellen läßt sich aber, nach griechischer und östlicher Weisheit, eine vergleichbare Ordnung nur dann, wenn sich der Unfug der Menschenwelt der bestehenden Ordnung der Himmelswelt fügt. In Platons Alterswerk, den *Nomoi* (903, vgl. 966), heißt es: »Auch das noch so winzige Teilchen, das du ausmachst, armseliger Wicht, hat seine innere Beziehung und Richtung immer auf das All. Dir aber bleibt verborgen, daß alles Werden um jenes willen geschieht, auf daß dem Leben des Alls selige Wesenheit zuteil werde. Nicht um deinetwillen geht es hervor, sondern du um seinetwillen« – der äußerste Gegensatz zur biblischen Schöpfungslehre, aus der die gesamte Metaphysik der Subjektivität in nachchristlicher Zeit entspringt. Übereinstimmend mit Platon läßt Xenophon (*Memorabilien* I, 4.8) Sokrates sagen: »Glaubst du, daß du eine Kraft der Vernunft in dir hast? Im übrigen aber meinst du, daß nirgendwo ein Funke von Vernunft in der Welt sei? Und das meinst du, obwohl du weißt, daß du nur einen winzigen Teil der Erde in deinem Körper und nur ein Weniges von all der Feuchtigkeit, die es gibt, in dir hast und daß dein Leib nur aus einem kleinsten Teil der in der Natur vorhandenen Stoffe gebildet ist. Nur den Geist soll es sonst nirgends geben, und du meinst ihn wie einen Zufallsfund an dich gerafft zu haben und bildest dir ein, daß jene übergewaltigen und unzähligen Himmelskörper sich kraft bloßer Unvernunft so wohlgeordnet bewegen.« Auch wir meinen das, entgegen aller vernünftigen Einsicht, wenn wir von Weltgeschichte und

Geistesgeschichte, ohne Welt und Natur, reden und uns die von Dilthey formulierte These des Historismus zu eigen machen, daß wir keinen Sinn von der Welt der Natur in das Leben des Menschen tragen, weil Sinn und Bedeutung erst mit dem geschichtlich existierenden Menschen entsprängen. Nach griechischer Ansicht hat umgekehrt der Kosmos selbst einen Logos, und der Unterschied zwischen den sterblichen Menschen und dem ewigen Kosmos liegt darin, daß die Gestirne durch ihre Kreisbahn die Kraft haben, den Anfang an das Ende zu binden, wogegen die Menschen als Einzelne vergehen und nur durch Fortzeugung ihr Ende in einem anderen Geschlecht überleben.

Wenn aber der physische Kosmos nicht mehr als das Höchste und am besten Geordnete anerkannt wird oder doch nur als das Größte unter den *sichtbaren* Dingen[8], wenn das Höchste und Beste, das *summum bonum*, ein unsichtbarer, aber glaubwürdiger Schöpfergott ist und die ganze Welt eine persönliche aber vergängliche Schöpfung, dann eröffnet sich, auf dem Weg über den biblischen Gott, ein anthropologischer Weltbegriff, der auch die Grundlage unseres geschichtlichen ist. Das Heilsgeschehen wird zur Weltgeschichte. Die Welt wird aus der von Gott gewollten Schöpfung zu einer Welt umwillen des Menschen. Vorbereitet ist dieser Übergang vom übermenschlichen Kosmos zur Menschenwelt in der Spätantike. Der römische *mundus* entspricht zwar dem griechischen *kosmos*, und Prägungen wie »praeclara mundi natura« oder »aeterna sidera mundi« lassen sich ohne weiteres ins Griechische zurückübersetzen, aber die römische Rühmung des *mundus*, die bis in die Hymnologie der Kirchenväter nachwirkt, kommt mit der Auflösung der römisch-hellenistischen Welt und dem Einbruch des Christentums zu einem Ende. Plinius ist der letzte, der noch von der Welt sagen konnte: »[Mundus ...] sacer est, aeternus, immensus; totus in toto; immo vero ipse totum; infinitus et finito similis; omnium rerum certus et similis incerto; extra, intra, cuncta complexus in se; idemque rerum naturae opus et rerum ipsa natura« [*Nat. Hist.*, II, 1]. Aber schon bei den Stoikern wird die Welt zum bloßen Wohnort des römischen Weltbürgers. Sie verliert ihre vollkommene Selbständigkeit im gleichen Maße, wie sich der Mensch der Spätantike zu Mysterienkulten unter der Erde flüchtet und sich in christlichen Katakomben auf ein überweltliches Gottesverhältnis bezieht, weil ihn nur noch Gott und seine eigene Seele interessiert. Die

8 Siehe Augustin, *De civitate Dei* XI, 4.

Rühmung des Kosmos verwandelt sich in Weltverachtung und Weltüberwindung. Ein Fragment aus dem ersten oder zweiten Jahrhundert
nach Christus hat diesen Verfall der Verehrung des Kosmos prophe-
tisch verkündigt: »Einst wird aus Überdruß der Menschen der Kosmos
weder bewundert werden noch anbetungswürdig erscheinen. Dieses
größte Gut in seiner Gesamtheit, das Beste, was jemals gewesen ist und
ist und zu schauen sein wird, es wird in Gefahr geraten. Es wird dem
Menschen eine Last sein und verachtet werden. So wird dieser ganze
Kosmos nicht mehr geliebt werden, dieses wunderbare Werk, dieser
ruhmreiche Bau, dieses Eine, Einzige, vielfältig Gestaltete, das von
Sehenden erblickt und verehrt, gelobt und geliebt werden kann.«
    Das Alte und Neue Testament kennt nicht den griechisch verstan-
denen Kosmos. Wenn die Welt eine auf den Menschen abzielende
Schöpfung Gottes ist, die sich in dem Gottmenschen Christus erfüllt,
dann ist sie als natürliche Welt depotenziert und denaturiert; es fehlt
ihr das fundamentale »aus sich selbst« der Selbstbewegung und Selbsterhaltung der Physis. Kosmos bedeutet im Neuen Testament zwar
auch noch das Weltall, im Sinne von Schöpfung, aber vor allem die
Oikumene, die Wohnstätte des Menschen, der sich von seinem Schöpfer abgekehrt hat, um sich in der Welt weltlich einzurichten, anstatt
wie ein Pilger zum Reiche Gottes durch sie hindurch zu gehen. Der
immerwährende Kosmos wird zum *saeculum*, zu einer vergehenden
Welt-Zeit[9], nach deren Ablauf Gott einen neuen Himmel und eine
neue Erde schaffen wird. Die Welt, die für den griechischen Anblick
Wahrheit, Leben und Licht ist, wird zum Gegenbegriff der Gottes-
sohnschaft Christi, der nun seinerseits die Wahrheit, das Leben und
das Licht ist. Die Verwandlung und Verkehrung des griechischen
Kosmosbegriffs durch Paulus und Johannes wird von Augustin nach-
haltig festgelegt. »Amare mundum« wird gleichbedeutend mit »non
cognoscere Deum«. Seit Adams Sündenfall ist auch der physische

---

9   Denselben Sinn wie *saeculum* hat, nach Friedrich Kluge *(Etymolog. Wörterbuch der dt. Spr.)*, sprachgeschichtlich das Wort »*Welt*« *(world)* ahd. *wër-
alt (old)*, zusammengesetzt aus *wër (vir)* = *Mensch* und *alt*: Zeitalter des
Menschen. Leibniz hat *(Unvorgreifliche Gedanken, betreffend die Ausübung
und Verbesserung der teutschen Sprache* (Anm. 61)) dieser Etymologie eine
andere zur Seite gestellt, wonach *werelt* soviel wie Umkreis der Erde *(orbis
terrarum)* bedeutet, und er hat die Wurzel für das Um-herum im Sprachlaut W
empfunden, der eine Bewegung anzeige, die ab- und zugehe oder umgehe, wie
in: Wind, Wogen, Wellen, wehen, bewegen, wenden, winden usw.

Kosmos erlösungsbedürftig. *Kosmikos*, zur Welt gehörig, wird gleichbedeutend mit fleischlich und irdisch, unfromm und weltlich. Die *philia* des Menschen zum Kosmos und des Kosmos zu sich selbst verkehrt sich zum »contemptus mundi«. Der Liebhaber der Welt, die nur ein großes Meer ist, worin die größeren Fische die kleineren verschlingen, »amat amarum«. Erst Christus hat die Welt von sich selbst befreit, »mundum de mundo liberavit«. Die wechselseitige »Sympathie« der Dinge in dem einen, wohlgeordneten Kosmos zerfällt in zwei Gegenwelten, die beide bezeichnenderweise keinen natürlichen Namen haben, sondern einen politisch-geschichtlichen aus der römischen Menschenwelt: die »civitas Dei« ist Sinnbild des ewigen Jerusalem, die »civitas terrena« des vergänglichen Babylon. Die kosmologische Unterscheidung von ewig-unveränderlicher Himmelsphäre und veränderlicher sublunarer Welt verlegt sich in die theologisch-anthropologische Unterscheidung von zwei entgegengesetzten Existenzweisen: der Gläubigen und der Ungläubigen, der in Christus Wiedergeborenen und der bloß von Natur aus Gezeugten.

Auf dem Boden der christlichen Überlieferung bewegt sich auch alle Verweltlichung der entweltlichten Welt in der Neuzeit. Die Säkularisierung bleibt eine solche des christlichen *saeculum*. Der Kosmos, dieses Größte und Höchste, wird bei Descartes zu einer bloß räumlich ausgedehnten Außenwelt einer christlich gewesenen Innenwelt oder Seele. Eine methodische Weltbezweiflung und Weltdestruktion ermöglicht Descartes, auf dem Umweg über einen Gottesbeweis, die neue physikalische Weltkonstruktion. Kants Kritik destruiert nebst dem ontologischen auch den kosmologischen und physikotheologischen Gottesbeweis, um einen moralischen zu retten. Die eine und ganze Welt zerfällt in zwei disparate Ordnungen, deren eine auf Freiheit beruht, wogegen es für die andere genügen würde, über ein Stück Materie zu verfügen, um daraus nach mechanischen Gesetzen eine Welt zu bilden. »Der bestirnte Himmel über mir« hat mit dem »moralischen Gesetz in mir« nichts gemeinsam, wenn die Natur des Menschen auf Moralität reduziert ist und die äußere Welt, ohne Leben und Geist, auf einen Weltmechanismus. Aber auch alle spätere Revision und Kritik der cartesischen Grundunterscheidung von Welt (res extensa) und Mensch (res cogitans), wie sie Husserl und Heidegger vollzogen, vermag nicht den natürlichen Weltbegriff, den das Christentum denaturiert und vermenschlicht hat, wieder zu gewinnen. Husserls Bemühen, den »naiven Weltglauben« durch eine eigens erdachte Reduktion einzuklammern, um ihn transzendental, aus dem Ichbewußtsein zu begründen, und Heideggers gleichsinnige Analyse der Weltwirklichkeit der Welt aus dem »Umwillen« des sorgend-besorgenden Daseins, stehen noch durchaus auf dem Boden der cartesisch-augustinischen Rückwendung[10] des Menschen auf sich selbst und auf sein eigenes Verhalten zur Welt. Was sie von Descartes prinzipiell unterscheidet, ist nicht die nachchristliche Metaphysik der Subjektivität, sondern der Verzicht auf einen Gottesbeweis, der bei Descartes die fragliche Wahrheit der Welt- und Selbsterfahrung begründen sollte. Was sie jedoch mit Descartes und dem deutschen Idealismus verbindet, ist, daß sie überhaupt die Welt aus einem anderweitigen Ursprung, »ursprünglich« – transzendentalphänomenologisch oder fundamentalontologisch – begründen, rechtfertigen und sogar »verantworten« wollen, als wäre das unvordenkliche und unverantwortliche Faktum der Welt einer Begründung fähig und bedürftig. Der Grund ihrer begründensollenden Reflexion ist immer noch das überlieferte christliche Mißtrauen in die Verläßlichkeit der Welt. Sie wollen sich nicht von der Welt her verstehen; sie fürchten, ihr zu »verfallen« und das Selbstbewußtsein zu vergegenständlichen.

Seit Heideggers *Sein und Zeit* spricht man zwar vielfach vom Dasein als »In-der-Welt-sein«, aber die Welt dieses Daseins ist nicht der geordnete Kosmos, sondern unsere nächste und weitere Mitwelt und Umwelt, die nur insofern noch eine Art Ordnung hat, als sie im sorgend-besorgenden Menschen zentriert ist. Die drei Bindestriche des In-der-Welt-seins vermögen nicht, die Welt als das Eine und selbständige Ganze des von Natur aus Seienden deutlich zu machen. Sie sollen es auch nicht, denn sie wollen ja die dem *Menschen* »natürliche« Welt als ein existenziales »Strukturmoment« des je eigenen Daseins erweisen, dem es in seinem Sein um es selbst und damit zugleich um die

10 In Husserls *Cartesianischen Meditationen* wird zum Abschluß Augustins *reditus in se ipsum* (*De vera religione*, 39 [Anm. 62]) zitiert und das delphische Wort »erkenne dich selbst« – welches bedeutet: erkenne, daß du ein sterblicher Mensch und kein Gott bist – im Sinne der christlichen Reflexion interpretiert. Denn man müsse aus der »Weltverlorenheit« zu sich selber zurückfinden und die Welt durch *epoché* verlieren, um sie in universaler Selbstbesinnung wieder zu gewinnen. Aber auch Heideggers Frage nach dem Sinn von Sein überhaupt nimmt ihren fundamental-ontologischen Ausgang von demjenigen Seienden, dem es in seinem Sein »um sich selbst geht« [S. 12], weil nur die »radikalste Individuation« [S. 38] auch das Sein überhaupt zugänglich mache (*Sein und Zeit.* §§ 7 und 8).

Welt als eigenem In-der-Welt-sein geht. Es ist auch gar nicht zu bestreiten, daß diese so verstandene Welt unsere nächste und alltägliche ist, wohl aber ist zu fragen, ob von ihr aus die Welt selbst, im Großen und Ganzen, zugänglich wird. Am Ende beginnt die Welt erst dort zu erscheinen, wo sie nicht mehr an der Leine des um sich selbst besorgten Daseins mit diesem entlang läuft, sondern sich um sich selbst bewegt[11].

In der Abhandlung *Vom Wesen des Grundes*, worin die Weltanalyse von *Sein und Zeit* weitergeführt wird, hat Heidegger zum anthropologischen Weltbegriff positiv Stellung genommen, ohne jedoch dessen christliche Herkunft in Frage zu stellen. Die Erörterung geht davon aus, daß »Kosmos« nicht so sehr das All des Seienden bezeichnet als vielmehr eine Weise des Seins. Das Ganze des Seienden kann kosmosartig oder chaotisch verfaßt sein. Anstatt nun aber daraus zu folgern, daß die Welt, griechisch verstanden, in erster Linie eine Welt*ordnung* ist[12], folgert Heidegger, daß nicht erst die christlich verstandene Welt, sondern bereits der griechische Kosmos »relativ« auf das menschliche Dasein sei, obwohl er dieses zugleich umgreift. Das Christentum, sagt Heidegger, habe den wesentlichen Bezug der Welt auf den Menschen nur »verschärft und verdeutlicht«. Zur Begründung dieser angeblichen Daseinsrelativität der Welt beruft sich Heidegger auf das 89. Fragment des Heraklit, wo gesagt wird, daß die Wachen in *einer* gemeinsamen Welt leben, die Schlafenden jedoch jeder in seiner eigenen. (Anm. 63) Besagt aber diese Unterscheidung, daß die Welt der Wachen ebenso wie die der Schlafenden zum Dasein des Menschen »gehört« und also relativ auf uns ist und nichts an ihr selbst? Oder besagt der Satz des Heraklit nicht umgekehrt, daß der Kosmos – »derselbe für alles und alle« – nur den Wachen wahrhaft erscheint, nämlich in seiner übermenschlichen Selbständigkeit? Die griechisch geschaute ewige Ordnung der Welt ist nicht daseinsrelativ im Sinne von *Sein und Zeit*, dessen Weltbegriff der christlichen Existenzerfahrung entspringt. Kein griechischer Denker ist je auf den Gedanken

---

11 Als G. Santayana nach Kriegsende die ersten Nachrichten über den inzwischen populär gewordenen Existenzialismus erhielt, schrieb er an einen Freund (an Philip Roddman, 27. 10. 1947, in: *The letters of George Santayana*. London: Constable, 1955, S. 368), er habe den Eindruck bekommen, als sei für einen so Denkenden die Welt nichts weiter als »a feature in his autobiography«.
12 Siehe dazu W. Kranz, a.a.O. [s. o. Anm. 5], II, S. 243 und 254 Anm., vgl. I, S. 8 ff.

verfallen, daß der Erforschung des Seins und der Welt aus methodischen Gründen eine grundlegende Analyse des auf sich vereinzelten Daseins vorhergehen müsse. Einen Bezug auf den Menschen hat der griechische Kosmos nur insofern, als auch die gerechte Ordnung der Menschenwelt auf die Weltordnung im Großen und Ganzen verweist. Von einer Welt-*Ordnung* kann aber existenzial keine Rede sein; denn das Kennzeichen aller Existenzphilosophie ist gerade der radikale Verzicht auf sie. Sie kennt nur eine »Weltorientierung« (Jaspers) und »Weltentwürfe« (Heidegger) und die bodenlose Freiheit der Selbstbestimmung (Sartre), aber sie schaut nicht die eigene und ewige Ordnung der Welt an ihr selbst. Ein an ihm selber ungeordnetes Wesen, das wesentlich »existiert» – in »Grenzsituationen« oder als eine »geworfene Faktizität« oder gar als ein »für sich« seiendes »Loch« im Ganzen des an sich Seienden – kann nicht den Kosmoscharakter der Welt erblicken. Es kann nur als vereinzelter Einzelner oder in Kommunikation und geschichtlich in einer weltgeschichtlichen Situation existieren. Die Welt ist dann nicht ein physischer Kosmos, dessen verborgener Logos erforscht werden kann, sondern ein auf uns bezügliches »Welt-phänomen«[13] und als solches ein »Phänomen der Transzendenz«. Wenn aber die Welt ursprünglich nicht in der Freiheit eines Weltentwurfs gründet und kein »Strukturmoment« unseres eigensten Daseins ist, sondern nach wie vor eine von Natur aus bestehende Weltordnung, dann kann auch Heideggers ontologische Frage nach der Weltlichkeit der Welt nicht ohne Rücksicht auf die Natürlichkeit der Natur gestellt werden. Die Natur kann sich aber keinem leib- und geschlechtslosen »Dasein« erschließen[14]. Von der Natur ist in *Sein und Zeit* nur insofern die Rede, als sie ein innerweltlich Seiendes unter anderem Seienden und ein »Grenzfall« ist, weil sie weder wie der Mensch »ex-sistiert« noch wie ein Zeug »zuhanden« noch wie ein Stein »vorhanden« ist. Daß es mit der lebendigen Natur eine andere Bewandtnis hat als mit dem innerweltlich Seienden und mit der Welt als »Worumwillen«, ist zwar auch Heidegger nachträglich bewußt geworden[15], aber ohne ihn zu veranlassen, den existenzialen Ansatz

---

13 Siehe dazu Wolfgang Cramer, *Die Monade. Das philosophische Problem vom Ursprung.* Stuttgart: Kohlhammer, 1954, S. 80 ff.

14 *Vom Wesen des Grundes*, 1929, S. 27 [4. Aufl. 1955, S. 38; in: Wegmarken, 1967, S. 54].

15 *Vom Wesen des Grundes*, 1929, S. 25, Anm. 2 [4. Aufl. 1955, S. 36, Anm. 55; in: Wegmarken, 1967, S. 52, Anm. 55].

seiner Analyse der Welt in Frage zu stellen. Auch die Erfahrung der Natur soll in der »Sorge« gründen. Eine Umkehr der Fragerichtung erfolgt erst in der Abhandlung *Vom Ursprung des Kunstwerks* und über *Das Ding*, wo erstmals Himmel und Erde genannt werden, aber in einer Sprache, die sich nicht eignet zu einer kritischen Auseinandersetzung.

Die christliche Herkunft des existenzialen Weltbegriffs wird bei Heidegger selbst nicht deutlich, wohl aber indirekt durch seine fundamentalontologische Orientierung und einen Hinweis auf Kant, von dessen anthropologischem Weltbegriff gesagt wird, daß er noch durchaus der Augustinische sei, nur ohne dessen negative Bewertung der Weltlichkeit (Anm. 64). Dasselbe gilt auch für Heideggers Weltbegriff in *Sein und Zeit*. Seine Analyse der Welt ist daher durchwegs umkehrbar in eine solche der menschlichen Existenz, weil die Weltbezogenheit des Daseins nur die welthafte Kehrseite der Daseinsrelativität der Welt ist. Diese ist ja nur »da«, sofern menschliches Dasein »existiert«. Infolgedessen bedeutet der Satz von *Sein und Zeit*: »Es geht dem Dasein um es selbst« dasselbe wie: »Es geht ihm um die Welt«. Desgleichen besagt der Satz *(Vom Wesen des Grundes)*: »Dasein existiert umwillen der Welt« dasselbe wie: »umwillen seiner selbst« (Anm. 65). Angenommen jedoch, die Welt wäre nach wie vor ein von Natur aus bestehender und lebendig geordneter Kosmos, worin es unter anderem auch denkende Naturen oder Menschen gibt, dann würde die Welt nicht zu einem welthaft existierenden Dasein gehören, sondern dieses zu jener. Die fundamentale These von *Sein und Zeit*, Dasein ist »In-der-Welt-sein«, wehrt zweierlei kritisch ab: die Welt fällt nicht in die Innensphäre eines für sich vorhandenen Subjekts, und das Subjekt fällt nicht in die Außensphäre einer an sich vorhandenen Welt. Trotz dieser doppelten Abwehr hat aber die existenziale Subjektivität des eigensten Daseins einen unverkennbaren Vorzug; sie ist fundamental für die Frage nach dem Sein alles Seienden und nach der Weltlichkeit der Welt. Die Welt »gehört« zum Dasein, obgleich dieses von ihr umfaßt ist. Daß der Mensch in allem Transzendieren »inmitten« des Seienden ist, erscheint in Heideggers Analyse des »In-seins« wie auch des »In-mittenseins« wiederum nur als ein existenziales Moment unserer gestimmten Befindlichkeit, und zwar im Gegensatz zu dem vorgegebenen Faktum, daß wir uns immer schon in einer schon immer bestehenden Welt vorfinden. Nur ein im Menschen verankerter Weltbegriff kann dazu führen, mit *Sein und Zeit* ein

»Umwillen« als den »primären Weltcharakter« festzustellen. Das Wort um-willen verweist auf einen Willen, der sich – um seiner selbst willen – eine Welt entwirft; nicht *die* eine Welt, sondern eine unter anderen, meine je eigene und unsere je eigene geschichtliche Umwelt. Der Wille des Menschen hat die Freiheit, Welt zu bilden, er ist weltbildend und weltbegründend. Die zur Frage stehende »Transzendenz«, der Überstieg zur Welt, ist daher im »Grunde«, nach dessen Wesen gefragt wird, nichts anderes als die Freiheit selbst. Gewiß: eine von Grund aus endliche Freiheit, deren Entwurf geworfen ist, aber gerade dadurch um so schärfer als Freiheit bestimmt und begrenzt. Diese Freiheit allein, wird zum Schluß der Abhandlung *Vom Wesen des Grundes* gesagt, könne dem Dasein eine Welt welten und walten lassen.

Auch *die* Welt, von der wir ausgingen, als wir die griechische Schrift *Über die Welt* besprachen, waltet auf ihre Weise, aber nicht, weil sie ein Existenzial ist, sondern weil ihre gewaltige Macht und geordnete Größe das Dasein von Menschen unendlich übersteigt und übertrifft. Innerhalb einer existenzial-anthropologischen Perspektive kann nicht gesehen werden, daß die natürliche Welt sich selber bildet und umbildet, weil die Natur alles Seienden das unbedingt Selbständige, aus sich selbst Bestehende und Bewegte ist. Das Äußerste, was von ihr in der existenzialen Perspektive zum Vorschein kommt, ist, daß das weltenbildende Dasein zugleich von dem, was es übersteigt, auch schon durchstimmt und durchwaltet ist, daß es vom Seienden im Ganzen, inmitten dessen es ist, benommen und eingenommen ist. Die gegenwendige Entsprechung von Sichverhalten zu und Sichbefinden in, von Entwurf und Geworfenheit, von Überschreiten und Eingenommensein, überhaupt von Macht und Ohnmacht, zeigt aber nur nochmals, daß Heideggers Interpretation des »Inseins« wie des »Inmittenseins« von einem Dasein aus erfolgt, dem es primär nicht um das Ganze der Welt, sondern um sein eigenstes Ganzseinkönnen geht. Wenn nur die »Angst vor dem In-der-Welt-sein« die Welt als Welt erschlösse und erst in der Nichtung alles von Natur aus Seienden das Sein als solches hervorträte, dann wäre der Anhalt an der gehaltvollen Größe und Schönheit der von Natur aus geordneten Welt in der Tat ein naiver Weltglaube und eine existenzielle Leichtfertigkeit. Aber weshalb sollte man sich nicht an diese von Natur aus seiende Welt halten können, wenn sie doch ihrerseits allem, was ist, sein Dasein und Sosein verleiht? Auf diese Frage gibt Heideggers Schrift über den

Humanismus eine aufschlußreiche Antwort, die auch der Schlüssel für seine Frage nach dem Sein, im Unterschied zu allem Seienden, ist: es sei »die Erschütterung alles Seienden« im »jetzigen Weltaugenblick«, welche die Frage nach dem Sein als solchem hervorrufe (Anm. 66). Diese weltgeschichtliche Begründung der Frage nach dem Sein, das in dieser Schrift dasselbe wie Welt meint, ist der griechischen Kosmo-Ontologie so fern, wie sie der christlichen Anthropo-Theologie verwandt ist. An einer dramatischen Stelle der *Konfessionen* [XI, 4, 6] fragt Augustin die ganze Welt des Seienden – Himmel und Erde, Meer und Luft und alles, was darin lebt – daraufhin ab, ob sie Gott sind, und alles antwortet ihm: »nein« – »aber er machte uns«. Desgleichen sagt Heidegger: »Wo immer und wie weit auch alle Forschung das Seiende absucht, niemals findet sie das Sein.« Sie trifft immer nur auf Seiendes – »und sonst nichts«. Dadurch verfehle sie aber die Seinsfrage, die durch die Erfahrung des Nichts hindurchgehen müsse. »Ex nihilo omne ens qua ens fit« – ein Satz, mit dem Heidegger den klassischen Gegensatz »ex nihilo nihil fit« umdreht und die creatio ex nihilo enttheologisierend im doppelten Sinne »aufhebt« (Anm. 67). Die Welt, von der *Sein und Zeit* spricht und die in der Tat zum Dasein des Menschen gehört, ist stets unsere Menschenwelt und als solche eine Welt der Geschichte und nicht das Ganze des Seienden.

Aber, und damit kommen wir wieder auf die eingangs aufgeworfene Frage zurück: Was ist die Welt selbst, wenn sie weder die bloße Summe aller in ihr vorhandenen Dinge noch eine kosmologische Idee und auch kein bloßer Totalhorizont oder ein vom menschlichen Dasein erfüllter Entwurf ist? Gibt unsere alltägliche Rede von »Welt« nicht doch denen recht, die im Zuge der christlichen Tradition den anthropologischen Weltbegriff zum Leitfaden für das Verständnis von Welt überhaupt nehmen? Wir reden von »aller Welt« und meinen damit nicht das Weltall, sondern jedermann; wir nennen jemanden einen »Mann von Welt«, wenn er sich in der Menschenwelt weltklug beträgt; wir sprechen vom »Lauf der Welt« und informieren uns darüber nicht aus astronomischen Lehrbüchern, sondern aus Weltgeschichten und Zeitungen; wir sprechen von einer »alten« und »neuen«, »westlichen« und »östlichen« Welt, von »Weltkriegen«, »Weltnöten«, »Weltstunden« und vielleicht auch noch von »Weltüberwindung«. Andererseits kann sich die ganze »Welt« in einem einzigen Menschen konzentrieren, so daß mit dem Bruch oder dem Verlust eines mitmenschlichen Verhältnisses die ganze Welt zerbricht und verlorengeht. In all solchen Wortverbindungen mit »Welt«, die in anderen Sprachen Entsprechungen haben, meinen wir immer den *mundus hominum*, unsere geschichtliche Welt, die um uns befindliche Mitwelt sowie deren Vorwelt und Nachwelt und überlassen die ganze übrige Welt billiger Weise den Naturwissenschaften. Die Naturwelt ist aber nicht die Welt des Kindes oder des Bauern, eines Dichters oder Denkers und noch weniger eine kapitalistische oder kommunistische, christliche oder heidnische Welt. Die Welt der Natur läßt sich überhaupt nicht verhältnismäßig aus unserem Verhalten zu ihr zureichend bestimmen. Auch der Weltraum läßt sich nicht auf die von uns Menschen eingeräumten Plätze, Orte und Gegenstände zurückführen, als wäre er nur privativ, aus dem Verlust der Umweltlichkeit zu verstehen. Die elementare Natur zeigt sich zwar besonders aufdringlich im Verhältnis zu einer vom Menschen kultivierten Umgebung, aber die Elemente selbst, etwa die Macht von Feuer und Wasser, lassen sich nicht im Ausgang von einer Flußregulierung oder einer Heizanlage angemessen verstehen. Man entdeckt auf diese Weise immer nur das, was Heidegger selbst die »Umweltnatur« unserer nächsten Welt nennt. Nur diese nächste Welt läßt sich in überzeugender Weise als eine »Bewandtnisganzheit« von »Verweisungszusammenhängen« darstellen, die alle auf ein »Umwillen« verweisen, von dem aus sich alle Dinge der Umwelt im Sinne eines Umzu und Dazu, Woraufhin, Womit und Wozu strukturieren. Sobald man aber seine vier Wände und seinen Wohnort und das geschichtliche Land und Volk, zu dem man zufällig gehört, verläßt und aus der Zivilisation des »mondo civile« heraustritt, erschließt sich möglicherweise auch dem heutigen Höhlenbewohner der geschichtlichen Welt die elementare Gewalt und die eintönige Größe der Welt, die nicht die unsere ist und die nicht auf uns als ihr »Umwillen« verweist, sondern nur auf sich selbst.

Eine solche exzentrische Betrachtung der Welt, worin der Mensch kein Mittelpunkt ist und deren Umkreis nicht in der Umwelt des Menschen zentriert, ist heute aus zweierlei Gründen unzeitgemäß; erstens, weil sie überhaupt eine *Betrachtung* ist, d. h. die Haltung der »Theorie« oder der reinen Ansicht, im Unterschied zur Umsicht der alltäglichen Praxis, voraussetzt und zweitens, weil die von ihr betrachtete immerwährende Welt nicht diejenige ist, deren zeitgeschichtlicher Andrang uns täglich bedrängt, sondern eine Welt, die uns scheinbar nichts angeht, weil sie nicht eine Welt *für uns* ist.

III

Der theoretische Anblick der Welt bedeutet nicht einen »defizienten Modus« der praktischen Umsicht oder gar ein bloßes »Begaffen« des nur noch Vorhandenen und nicht mehr Zuhandenen[16], sondern diejenige Verhaltensweise zum Ganzen der sichtbaren Welt, welche es allererst möglich macht, daß diese schon immer bestehende Welt als ein vollkommen selbständiges Ganzes überhaupt in den Blick kommt. Die alltägliche praktische Umsicht, ihr Zugriff und Angriff, versteht sich auf dieses und jenes zum Zweck der Benutzung und der Veränderung, sie erblickt aber nicht das Ganze der Welt, die nicht zu anderem da ist und die sich auch nicht verändern läßt. Weil aber die neuzeitliche Naturwissenschaft und ihre Philosophie das ursprüngliche Ethos der Theoria zugunsten des Eingriffs und Angriffs preisgab, bedarf es nun zur Rechtfertigung des rein theoretischen Anblicks der Welt einer Vergegenwärtigung des Wandels im Verhältnis von theoretischer Einsicht und praktischer Absicht. Diese Besinnung auf den ursprünglichen Sinn der philosophischen Theorie und ihres Verfalls in eine konstruierende Spekulation und Ideologie soll zugleich ihre mögliche Wiederholbarkeit nahebringen. Ein solches Festhalten an dem klassischen Begriff der Philosophie als *episteme theoretike* scheint jedoch unserem historischen Bewußtsein als ein unmöglicher Rückgriff auf eine vergangene griechische Welt, in der es noch Sklaven und Freie, Banausen und Philosophen gab. Wenn wir trotzdem an dem griechischen Begriff der Philosophie als dem klassichen festhalten, so tun wir es nicht um eine vergangene Etappe in der Geschichte der fortgeschrittenen Philosophie zu repristinieren, sondern in der Überzeugung, daß die Griechen eine Entdeckung machten, die – wie jede erste Entdeckung – für immer wahr bleibt, auch wenn sie verschüttet und wieder vergessen wird oder in Mißkredit fällt, weil es keine Philosophen mehr gibt, die noch das gute Gewissen zur Betrachtung der Welt haben. Die Griechen entdeckten einmal für immer, daß es ein Sehen und eine Einsicht gibt, die frei sind von den Beschränktheiten der alltäglichen praktischen Umsicht, die sich im Umkreis unserer jeweiligen Absichten bewegt. Wer z. B. einen Hörsaal betritt, der sieht und erkennt mit einem Blick all das, aber auch nur das, was ihn in dieser Situation unmittelbar angeht: freie oder belegte Plätze, bequeme oder unbe-

16 *Sein und Zeit*, §16; vgl. dagegen Platon, *Timaios*, 47 a.

queme Sitze, ein offenes oder geschlossenes Fenster, fremde und bekannte Gesichter. Ähnlich verhalten sich auch die Tiere: sie nehmen in ihrer Umwelt nur dasjenige wahr, was ihr triebhaftes Interesse anspricht. Um aber einzusehen, daß ein Hörsaal überhaupt ein Raum und dieser im Weltraum ist und daß die zuhörenden Menschen in diesem Raum denkende Lebewesen und also etwas sehr Zweideutiges sind, dazu gehört schon eine philosophische Abstraktion, ein Absehen von der gewohnten und gewöhnlichen Umsicht und ihrer Absicht. Mit einem solchen absichtslosen Hinsehen rein um der Einsicht willen beginnt das Philosophieren als zweckloses *theorein*. Es ist deshalb eine Sache für wenige, und doch ist es allgemein zugänglich. Denn es gehört zur Auszeichnung des Menschen, daß er nicht gebunden ist an das, was ihn unmittelbar angeht und anspricht, sei es triebhaft oder auch existenziell. Zum Menschsein gehört der aufrechte Gang und der dadurch frei gewordene Umblick[17], der es ihm möglich macht, den theoretischen Abstand zur Welt und allem, was in ihr ist, zu gewinnen, aus dem heraus man erstaunen und sich besinnen kann. Mit einem solchen besinnlichen Erstaunen wird einem das scheinbar längst Bekannte und stets Vertraute unbekannt und fremd. Jedermann kennt die »Welt«, und man bewegt sich alltäglich in ihr, aber eines Tages fragt man sich erstaunt, was Welt und Mensch sind und was es heißt, sich als Mensch in der Welt vorzufinden. Das allererste Phänomen, das ein Erstaunen hervorruft, ist aber natürlicher Weise nicht der erstaunende Mensch, sondern die erstaunliche Welt, weil die natürliche Blickrichtung ein Ausblick ist, der nach außen geht, und nicht die Reflexion auf uns selbst, die als eine Rückwendung die Zuwendung zu dem voraussetzt, was wir nicht selber sind. Das erste und ursprüngliche Thema der Philosophie ist das Ganze des von Natur aus Seienden oder die Welt, und die Verhaltensweise, in der dieses Ganze wissentlich zugänglich wird, ist die philosophische Theorie. Vorausgesetzt, daß Philosophie noch immer das ist oder doch sein kann, was sie von jeher war, ein Wissenwollen um des Wissens willen, so kann sie nicht zu einem anderweitigen Zweck und Nutzen dienen. Von diesem her beurteilt, ist sie so unnütz wie zwecklos und eine Beschäftigung für Müßiggänger und also nichts für eine Zeit, die auch die Freizeit organisiert.

17 Siehe dazu Erwin Straus, *Die aufrechte Haltung. Eine anthropologische Studie*, in: Monatsschrift für Psychiatrie und Neurologie 117 (1949), S. 367–379.

In Herodots Persergeschichten [I 30] sagte der König Krösus zu dem griechischen Weisen Solon: »Ich habe gehört, daß du philosophierend viele Länder um der bloßen *theoria* willen durchwandert hast.« Das bedeutet nicht, daß Solon auf seinen Reisen über tiefsinnige Probleme nachgedacht hat, die er einem Buch über die Geschichte der Philosophie entnahm, sondern besagt, daß er diese Länder rein um des Sehens und Wissens willen bereist hat. Auch Herodot war in dieser Weise philosophierend, ein Forschungsreisender, ohne dabei auf die Entdeckung von Uran oder Ölquellen zum Zweck ihrer technischen Ausnutzung aus zu sein. Er durchreiste Kleinasien aus Freude am Schauen von Dingen, die er bisher nicht gesehen hatte – aus »Neugier« könnte man sagen, um dieses *theorein* zu verdeutlichen. Diese griechische Neugier ist durch das Christentum (Augustinus) als »cupiditas rerum novarum« und als »curiositas« nach unnützen Dingen in Verruf gekommen. Für die Griechen, die im Sehen und Schauen lebten – »okular« wie es Yorck von Wartenburg von seinem christlichen Standpunkt aus nennt –, bezeugte dagegen diese Möglichkeit des *theorein* die höchste menschliche Daseinsweise und Tätigkeit. Sie ist die höchste, weil sie die von allen praktischen Zwecken freieste ist: ein freimütiger Anblick der Welt und alles dessen, was an ihr und in ihr erscheint. Die Stimmung der philosophischen Theoria ist das erstaunende Schauen. Aristoteles hat wie kein anderer Philosoph vor ihm und nach ihm das Erstaunen als den beständigen Ursprung des Philosophierens erfaßt und damit zugleich den »theoretischen« Charakter der Metaphysik als der ersten Wissenschaft in ein helles Licht gesetzt. Als eine Vorstufe der reinen Einsicht begreift er das sinnlich wahrnehmende Sehen, sofern es um seiner selbst willen geübt und geschätzt wird und nicht nur der praktischen Umsicht dient. Durch oft wiederholte, erprobte und erinnerte Wahrnehmung bildet sich Erfahrung aus und vermittels ihrer theoretische Wissenschaft. Die bloße Erfahrung bezieht sich auf einzelne Fälle, die theoria auf viele gleichartige oder auf sämtliche Fälle. Für praktische Zwecke, z. B. für das Heilen einer bestimmten Krankheit, wird zwar der erfahrene Praktiker unter Umständen leichter und rascher das Richtige treffen als der bloße Theoretiker, der nur die allgemeinen Regeln kennt. Trotzdem gilt die theoretische Einsicht für wertvoller als ein bloß praktisches Sichauskennen, denn sie übersieht das Ganze und kennt dessen Prinzip, auch wenn sie nicht mit allen zufälligen Einzelheiten von Fall zu Fall vertraut ist. Und je prinzipieller eine Wissenschaft ist, desto mehr ist sie Theoria im strengen Sinn, d. h. ein Wissen um des Wissens willen. Wer sich innerhalb der Praxis bewegt, wird zwar auch wissen müssen, wie etwas beschaffen ist und wie es sich demgemäß verhält – er wird z. B. das Material kennen müssen, aus dem er etwas herstellen will –, aber diese Umsicht der Praxis ist nicht nur sachlich, sondern auch zeitlich beschränkt. Das praktische Wissen ist nur an dem interessiert, was *jetzt* und für die *nächste Zukunft* von Bedeutung ist, während das prinzipielle Wissen der theoretischen Einsicht dadurch ausgezeichnet ist, daß es einsehen will, was *immer* oder doch meistens so ist, wie es ist.

Die Bemühung um ein solches Wissen, rein um des Wissens willen, dessen angemessener Gegenstand nicht das augenblicklich Vordringliche, sondern das unaufdringlich Immerseiende ist, ein solches Leben in der Theoria ist für Aristoteles die ausgezeichnete Weise, in welcher der Mensch am meisten bei sich und zugleich bei der Sache ist. Es liegt in der Natur des Menschen, daß er – über alle beschränkte praktische Absicht und Umsicht hinaus – um des Sehens willen sehen und um des Wissens willen wissen kann und also sein ganzes Leben der Ausbildung der Theoria widmet, statt in Geschäften aufzugehen. Nötiger, sagt Aristoteles, mögen zwar alle andern Wissenschaften sein, wertvoller aber sei keine. Wer das Wissen um des Wissens willen begehrt, sei wie ein freier, selbständiger Herr, der nicht um eines Anderen willen da ist, sondern sich selbst genügt. Während der von den alltäglichen Nöten des Lebens Besessene immer nur so viel und so weit sieht als im zufälligen Umkreis seiner jeweiligen Interessen und Absichten liegt, vermag der Philosophierende darüber zu erstaunen, daß die Dinge so und nicht anders sind. Wer darüber erstaunt und verwundert ist, hat das Gefühl, daß er das Erstaunliche nicht versteht und, um diesem Unverstand abzuhelfen, beginnt er nachzudenken. Diese Art der theoretischen Hinsicht und Einsicht beginnt man aber erst zu suchen, wenn die Menge der praktischen Bedürfnisse bereits befriedigt ist. Und weil die meisten Menschen zeitlebens genötigt sind, für die Befriedigung zahlloser praktischer Bedürfnisse zu sorgen, ist die Beschäftigung mit der Philosophie beinahe mehr als menschlich. Die praktische Voraussetzung der Theoria als philosophischer Einsicht um der Einsicht willen ist also, daß diejenigen Bedürfnisse, die gemeinhin die dringendsten und nötigsten sind, schon befriedigt sein müssen, um sich mit dem, was von ihnen aus beurteilt das Überflüssige, Nutzlose und Zwecklose ist, in Freiheit beschäftigen zu können.

Das Erstaunen richtet sich natürlicher Weise vor allem auf das erstaunliche Faktum der sichtbaren Welt, auf den regelmäßigen Umlauf der Sonne, die Phasen des Mondes und die Bewegung der Sterne, überhaupt auf die Himmelswelt und all das, was auf der Erde lebt, indem es hervorgeht und vergeht. Dazu gehört das erstaunliche Faktum »Mensch« und die mit dem Menschen gegebene Möglichkeit des Erstaunens selbst. Das Erstaunen vor dem Erstaunlichen hält zu ihm einen Abstand ein, der für alles theoretische Wissen und Erkennen konstitutiv ist[18]. Tiere kennen ihre Umwelt auf ihre Weise wahrscheinlich sehr viel besser und genauer als wir, aber sie erkennen sie nicht, weil ihnen die Freiheit zum theoretischen Anblick fehlt. Das betrachtende Erstaunen vor etwas setzt sich also nicht triebhaft oder auch existenziell für etwas ein, sondern es hält an sich – wie der Zuschauer eines Schauspiels, der zwar als Schauender daran teilnimmt, aber nicht unmittelbar selber mitspielt. Der Anblick von etwas Erstaunlichem fesselt den Blick, aber so, daß dieser in einer freien Zuwendung sich an das bindet, wovor er staunend stehen bleibt, still hält und standhält. Worüber das Erstaunen letzten Endes erstaunt, ist, daß etwas überhaupt so ist, wie es ist, daß es so und nicht anders ist. Wer die Welt anders haben will als sie ist, wer sie verändern will, weiß nicht, was Philosophie ist, und verwechselt die Welt mit der Weltgeschichte und diese mit einem Gemächte des Menschen.

Was Aristoteles in der Einleitung zur Metaphysik vor zweieinhalb Jahrtausenden von der Philosophie gesagt hat, wurde von Hegel wörtlich übernommen. In der Vorrede zur *Wissenschaft der Logik* zitiert Hegel aus der Metaphysik des Aristoteles dessen Begründung der Philosophie als *episteme theoretike*, um ungebrochen fortzufahren: »In der Tat setzt das Bedürfnis, sich mit den reinen Gedanken zu beschäftigen, einen weiten Gang voraus, den der Menschengeist durchgemacht haben muß; es ist, kann man sagen, das Bedürfnis des schon befriedigten Bedürfnisses der Notwendigkeit, der Bedürfnislosigkeit, zu dem er gekommen sein muß, der Abstraktion von dem Stoffe [...], der konkreten Interessen des Begehrens, der Triebe, des Willens [...]. In den stillen Räumen des zu sich selbst gekommenen und nur in sich seienden Denkens schweigen die Interessen, welche das Leben der Völker und der Individuen bewegen. ›Nach so vielen Seiten‹, sagt Aristoteles [...], ›ist die Natur des Menschen abhängig; aber diese

18 Siehe im Vorhergehenden S. 285 f.

Wissenschaft, die nicht zu einem Gebrauch gesucht wird, ist allein die
an und für sich freie, und sie scheint darum nicht ein menschlicher
Besitz zu sein‹.« (Anm. 68) Aus dieser Freiheit der philosophischen
Wissenschaft, deren reinste Gestalt die »Logik« ist, zieht Hegel die für
unser heutiges Denken höchst merkwürdige Folgerung, daß ihr Studium besonders der Jugend zukomme, weil diese noch frei sei von den
alltäglichen Nöten und Interessen des bedürftigen Lebens.

IV

Der klassische Begriff der Theoria hat sich im Hinblick auf die
Erkenntnis Gottes im christlichen Begriff der *contemplatio*[19] und
deren Vorrang vor allen praktischen Tätigkeiten und Erkenntniswei-
sen erhalten[20]. Erst mit F. Bacon und dem Programm der neuzeitlichen
Naturwissenschaft hat sich das traditionelle Verhältnis von Theorie
und Praxis geändert, bis schließlich Marx die äußerste Konsequenz
aus Hegels Übersteigerung der philosophischen Spekulation zog,
indem er die gesellschaftlich-geschichtliche Praxis zum kritischen
Maßstab der Theorie erhob. Die Abwertung der philosophischen
Spekulation durch Pragmatismus, Lebensphilosophie und Existenzialismus ist nur ein bürgerliches Nachspiel zu jener prinzipiellen Verkehrung, und die »Soziologie des Wissens« erweitert und differenziert nur
die marxistische Ideologienlehre. Die Grundtendenz der neuzeitlichen
Entwicklung von F. Bacons »operativer« Wissenschaft bis zu der
praktischen Theorie der Gesellschaft von Marx entsprang aber nicht
derjenigen Wissenschaft, die sich unmittelbar mit der Welt des Menschen befaßt, sondern der modernen Naturwissenschaft. Sie hat die
Natur und ihre Erforschung zum erstenmal prinzipiell in den Dienst
der Geschichte des Menschen gestellt.

F. Bacon wendet sich im Namen von »proficience« und »advancement«, d. h. des Fortschritts, der Neues hervorbringt[21], gegen die
erstarrte Tradition der aristotelischen Scholastik, um eine neue

19 Siehe dazu Josef Pieper, *Glück und Kontemplation.* München: Kösel,
1957.
20 Vgl. dazu Max Scheler, *Die Wissensformen und die Gesellschaft.* Leipzig:
Der Neue Geist Verlag, 1926 [GW VIII].
21 Am Ende des 17. Jahrhunderts hat Daniel Defoe diese Tendenz zu immer
neuen Entwürfen und Unternehmungen zum Zweck der Verbesserung der

Methode für die Erforschung der Natur zu begründen und sie experimentell auf die Probe zu stellen. Diese Erneuerung der Wissenschaften, d. h. der Naturwissenschaften, erfolgt im Hinblick auf ihre gemeinnützige Anwendung. Bacon teilt daher die »natural philosophy« in eine »spekulative« und »operative« ein; nur die erste ist theoretisch, die zweite praktisch, und zu dieser bedarf es einer »Kunst des Erfindens«, d. h. die Entdeckungen der Wissenschaft sollen nicht mehr dem Zufall überlassen bleiben, sondern regelrecht geplant und systematisch vorangetrieben werden. Die Wissenschaft verlegt sich von dem Herausfinden der Natur der Dinge auf das Erfinden. Das Altertum habe nur ganz wenige gemeinnützige Erfahrungen gemacht, weil es »epikureisch« das Wissen um des Wissens willen schätzte und die technische Anwendung dementsprechend gering schätzte. Worauf Bacon aus war, ist nicht die Erkenntnis des Immerseienden und Sichgleichbleibenden, sondern der unaufhörliche Fortschritt der Wissenschaft. Ihre Würde besteht in der Vermehrung und Steigerung des praktisch Wissenswerten, wie schon die Titel *De dignitate et augmentis scientiarum* und *The proficience and advancement of learning* deutlich zum Ausdruck bringen. Das Ziel dieser so betriebenen Wissenschaft und Erfindungskunst ist die Steigerung der menschlichen Macht über die Natur durch technisches Hervorbringen von erfundenen Artefacten. Wissen ist selber schon Macht, wenn sich der Forscher mittels des Wissens der Natur bemächtigt und sie zwingen kann, um durch die »interpretation of nature« das »Kingdom of man« herzustellen. Das Wissenwollen dieser Wissenschaft entspringt nicht einem »Bedürfnis der Bedürfnislosigkeit«, sondern im Gegenteil: es ist selbst nur Mittel zu einem praktischen Zweck, und dieser ist Befriedigung von Bedürfnissen, welche ihrerseits durch Erfindungskunst hervorgebracht werden.

Mit diesen Grundsätzen von Bacons Erneuerung der Wissenschaften ist bereits der Fortgang der Wissenschaft bis zu unserer Zeit vorgezeichnet. Denn so sehr die Wissenschaften von der Natur noch immer beanspruchen, rein theoretisch zu sein und die praktische Anwendung ihrer Erkenntnisse scheinbar den Technikern überlassen, zeigt ihre faktische Entwicklung doch das Gegenteil, nämlich die

---

Menschenwelt in einem weit verbreitet gewesenen *Essay upon Projects* [1697] befördert und zugleich ironisiert. Das Wort »projector« kam damals in England auf.

Indienstnahme der sich selber genügen sollenden, theoretischen Wissenschaft durch praktische Abzweckung. Wir haben nicht einerseits eine rein theoretische Wissenschaft, die dann auch noch andererseits von andern praktisch angewandt wird, sondern es sind die praktisch bestehenden und künstlich erfundenen Bedürfnisse der modernen, industriellen Gesellschaft, die sich den größten Teil der theoretischen Wissenschaften zu ihrer Verwendung anschaffen. Der moderne Betrieb der Wissenschaften – nicht nur der Naturwissenschaften, sondern auch der Medizin, der Jurisprudenz und Nationalökonomie – könnte gar nicht in Betrieb gehalten werden, wenn er nicht mittelbar oder unmittelbar gemeinnützig wäre.

Was Bacon als praktischer Staatsmann für die Erneuerung der Wissenschaften geplant hat, ist wenige Jahrzehnte später von dem Philosophen Descartes ebenfalls zum Programm erhoben worden. Auch er wollte als Physiker die Naturwissenschaft der Naturbeherrschung dienstbar machen. Er schreibt im sechsten Teil seiner *Abhandlung über die Methode*: »Sobald ich aber zu einigen allgemeinen Begriffen in der Physik gelangt, und, da ich sie bei verschiedenen besonderen Schwierigkeiten zu erproben begann [...], habe ich geglaubt, man könne sie nicht verborgen halten, ohne gewaltig gegen das Gesetz zu verstoßen, nach dem wir, soweit es uns möglich ist, verpflichtet sind, für das allgemeine Wohl aller Menschen zu sorgen. Sie haben mir nämlich gezeigt, daß es möglich ist, zu Erkenntnissen zu gelangen, die für das Leben recht nützlich sind und an Stelle jener spekulativen Philosophie, wie man sie in den Schulen lehrt, eine praktische zu finden, die uns die Kraft und Wirkungen des Feuers, des Wassers, der Luft, der Gestirne, des Himmelsgewölbes und aller übrigen Körper, die uns umgeben, so genau kennen lehrt, wie wir die verschiedenen Tätigkeiten unserer Handwerker kennen, so daß wir sie in derselben Weise zu allen Zwecken, wozu sie geeignet sind, verwenden und uns auf diese Weise zu Herrn und Eigentümern der Natur machen können«[22].

22 Der Ausdruck »maître et possesseur du monde« erinnert nicht zufällig an *Genesis* 1, 26 ff. und die darauf beruhenden Formulierungen der Scholastik, z. B. bei Hugo v. St. Victor, wonach Gott den Menschen als »possessorem et dominum mundi« geschaffen hat. »Si enim omnia Deus fecit propter hominem, causa omnium homo est.« [*De sacramentis christianae fidei*, I, 2, 1, in: Migne, *Patrologia latina*, Bd. 176, S. 205 B, C]. Der Mensch kann zwar nach christlichem Glauben nicht die verursachende Ursache der Welt sein, aber weil die

Mit dieser Veränderung des Verhältnisses von Theorie und Praxis hat sich auch der Begriff von der Theorie als solcher gewandelt: die *reine* Theorie sinkt im Hinblick auf die Praxis zur *bloßen* herab, die sich nach der Praxis zu richten hat. Dieser Wandel spricht sich besonders deutlich in einem populären Aufsatz von Kant aus, über den Gemeinplatz, daß etwas zwar in der Theorie richtig sein mag, aber nicht für die Praxis tauge. Kant unterscheidet vermeintliche und wirkliche Praxis. Die vermeintliche Praxis meint, sie käme auch ohne theoretische Regeln und Prinzipien aus, die wirklich erfolgreiche Praxis praktiziert jedoch theoretische Regeln, auch wenn sie davon kein Bewußtsein hat. Wenn eine Theorie für die Praxis nichts taugt, so liegt das daran, daß der Mann der Praxis zu wenig Theorie hatte. Durch bloßes Herumtappen in empirischen Versuchen, sagt Kant, komme man nicht voran, und andererseits sei es widersinnig, der Theorie einen bloß theoretischen Wert zuzusprechen und einen praktischen abzusprechen. Eine Praxis ohne Theorie ist so wenig möglich wie ein empirisches Hantieren mit Maschinen ohne theoretische Mechanik, nach deren Ergebnissen jeder praktische Mechaniker verfährt. Wenn beide nicht zusammenstimmen, so liegt dies an einer noch unvollständigen Theorie der Mechanik. Das Gleiche, sagt Kant, gelte für eine philosophische Theorie, z. B. dessen, was gut und was schlecht ist. Wenn eine philosophische Ethik für die Praxis nichts taugt, so deshalb, weil sie schon als Theorie unzulänglich ist. Zwar können die zufälligen empirischen Bedingungen die   praktische Ausführung einer theoretisch einsichtigen Moral erschweren oder verhindern, aber die Wahrheit einer philosophisch einsichtigen Moral wird damit nicht falsch.

Trotz dieser Rehabilitierung des Vorrangs der Theorie vor der Praxis bedeutet aber Kants Rechtfertigung der Theorie *für* die Praxis doch auch schon einen Abweg von derjenigen Theoria, die Aristoteles aus ihrem Unterschied zur Praxis begründet hat. Mit Kants Unterscheidung einer theoretischen Vernunft einerseits und einer praktischen andererseits wird das theoretische Ethos als philosophische Lebenshaltung aufgegeben. Descartes' Unterscheidung einer »provisorischen Moral«[23], zu der die Übernahme der bestehenden Tradition

---

Welt ihre causa finalis in der Schöpfung des Menschen durch Gott hat, kann der Mensch selbst schöpferisch werden, wenn dieser Gott nicht mehr glaubwürdig ist und die durch die Bibel vorgezeichnete Idee vom Menschen dennoch weiter besteht.

23 *Abhandlung über die Methode*, III.

und, im Falle des Handelnmüssens, der blinde Entschluß gehören, und
einer endgültigen, mathematischen Naturwissenschaft, die sich auf
keinerlei Tradition verläßt, entspricht bei Kant die Trennung von
Moralgesetz und Naturgesetz. Der »bestirnte Himmel über mir« und
das »moralische Gesetz in mir« sind einander so fremd wie die auf
einen leblosen Mechanismus reduzierte physische Welt und die auf
Moralität verengte Natur des Menschen. Innerhalb des deutschen
Idealismus von Fichte bis Hegel, der zu dem Gang der Naturwissenschaften keine wesentliche Beziehung hatte, wurde zwar der theoretische Wissenschaftsbegriff in den transzendentalphilosophischen »Wis-
senschaftslehren« festgehalten und zu einer apriorischen Konstruktion
alles Seienden übersteigert, aber der unvermeidliche Erfolg dieser
hyperphysischen Konstruktionen war, daß mit Hegels Vollendung ein
Ende erreicht war, an dem ein allgemeiner Aufstand gegen die Metaphysik überhaupt als philosophischer Spekulation erfolgte. Hegels
Konstruktion aus der absoluten »Idee« wird für die radikalen Linkshegelianer zu einer »Ideologie«, d. h. zu einer Funktion der gesellschaftlich-geschichtlichen Praxis, und das einzige, was Marx aus
Hegels *Phänomenologie des Geistes,* dieser »Wissenschaft von den
Erfahrungen des Bewußtseins«, gelernt zu haben glaubte, war, daß der
Mensch seine Welt und sich selbst durch gesellschaftliche Arbeit
praktisch-produzierend hervorbringt. Ein »Bedürfnis der Bedürfnislosigkeit« gibt es weder für Marx noch für Feuerbach, A. Ruge und M.
Heß, B. Bauer und Kierkegaard. Alle zusammen fordern in verschiedener Weise und Richtung eine »Verwirklichung« der Philosophie,
sozial und politisch oder existenziell.

»Die Philosophen«, heißt eine bekannte These von Marx, »haben
die Welt nur verschieden interpretiert; es kommt aber darauf an, sie zu
verändern.« (Anm. 69). Das Neue und Umstürzende dieser These
beruht, wie stets bei Marx, auf ihrer entschiedenen Radikalität. Schon
viele Philosophen haben von Platon bis Nietzsche die bestehenden
Verhältnisse prinzipiell in Frage gestellt und auch Versuche zur politischen Verwirklichung ihrer Ideen gemacht, aber keiner hat so wie
Marx, im Anschluß an Hegels Vollendung der Philosophie zu einer
durchsichtig gewordenen und »begriffenen« Welt, gefordert, daß nun
die Philosophie aus sich heraustreten, sich selbst aufheben und aufge-
ben, daß sie Marxismus werden müsse, um Hegels Prinzip von der
Vernünftigkeit des Wirklichen in der Tat zu verwirklichen und eine
noch unvernünftige Welt zur Vernunft zu bringen. Das kann aber

nach Marx' Einsicht in Deutschland, wo die revolutionären Gedanken nur einen philosophischen Ausdruck finden[24], nicht geradezu und ohne philosophische Theorie geschehen. Es bedarf dazu einer »theoretischen Kritik«, nicht nur des praktisch Bestehenden, sondern vor allem der bestehenden Theorien, weil diese selbst nur der ideologische Ausdruck der bestehenden Verhältnisse sind. Diese Kritik richtet sich bei Marx zunächst gegen die englische Theorie der Nationalökonomie und gegen Hegels Staatsphilosophie, um von da aus die gesamten sozialökonomischen und politischen Verhältnisse in Frage zu stellen und mit ihnen die bisherige Weise des Menschseins. Denn der Mensch ist nach der Überzeugung von Marx unter den derzeit bestehenden Verhältnissen überhaupt noch kein Mensch, sondern bloß ein Bourgeois, ein habsüchtiger Privatmensch und, im Widerspruch dazu, außerdem noch ein Staatsbürger.

Die philosophische Theoria, die von Aristoteles bis zu Hegel als die höchste, weil freieste und darum menschenwürdigste Tätigkeit galt, sinkt auf diese Weise für Marx zur theoretischen Kritik des Bestehenden herab, die ihrerseits aber auch nur die vorbereitende Funktion hat, die bestehende Welt zu verändern. Verändern läßt sich aber durch eine Revolution nicht die Ordnung des Kosmos und der Umlauf der Himmelskörper, sondern nur die Welt der Geschichte, und auch diese nur insoweit, als wir sie selbst hervorbringen. Zu erweisen, daß wir sie selbst hervorgebracht haben und daß sie uns deshalb einsichtig ist, war die Aufgabe, die sich Vico gestellt hatte[25], obschon es seiner *Neuen Wissenschaft* noch gänzlich fern lag, die »gemeinschaftliche Natur der Völker«, den »mondo civile« durch eine Kritik verändern zu wollen. Wenn Marx den klassischen Begriff der Theorie als der höchsten, weil freiesten menschlichen Tätigkeit zur theoretischen Kritik des Bestehenden zum Zweck einer revolutionären Veränderung umwertet, und zwar im Ausgang von Hegel, so liegt die Möglichkeit dieses Ausgangs und jener Umwertung darin, daß Hegel[26] das Heraustreten aus der

24 Vgl. zu Marx (*Einleitung zur Kritik der Hegelschen Rechtsphilosophie* [Marx/Engels, *Werke*, Bd. I, Berlin: Dietz, 1957, S. 378–391]) in Hegels *Vorlesungen über die Geschichte der Philosophie*, Werke, XV (2. Aufl. 1844), S. 501 über die Französische Philosophie und ihren Sinn für die praktische Durchführung des Gedankens [1. Aufl., S. 552 f.].
25 Siehe Marx, *Das Kapital*, I, 4. Abschnitt, Kapitel 13, 4. Anm., wo Vico deshalb zitiert wird. Vgl. Georg Lukács, *Der junge Hegel. Über die Beziehungen von Dialektik und Ökonomie*. Zürich/Wien: Europa-Verlag, 1948, S. 690.
26 *Grundlinien der Philosophie des Rechts*, § 4, Zusatz. (Anm. 70)

Theorie in die Praxis als eine bloße Modifikation des bei sich seienden Geistes und den Willen als dessen Wendung nach außen bestimmt hat. Der Wille ist für Hegel nur »eine besondere Weise des Denkens: das Denken als sich übersetzend ins Dasein, als Trieb sich Dasein zu geben«. Für Marx ergibt sich daraus umgekehrt, daß sich im Denken die faktischen Existenzverhältnisse in die Form des Bewußtseins übersetzen. Und weil Hegel die theoretische Tätigkeit nicht nur, wie Aristoteles, als die von allem praktischen Bedürfnis freieste faßt, sondern die Freiheit des *Wollens* zu einer positiven Grundbestimmung des *Geistes* macht, konnten seine radikalen Schüler aus dieser Vertauschbarkeit von Wille und Geist, vertauschbar infolge ihrer gemeinsamen Bestimmung durch Freiheit, folgern, daß Hegel schon selber im Prinzip ein Revolutionär gewesen sei.

Marxismus im Sinne der Lehre von Marx ist in der Tat nichts weniger als die »Aufhebung« der Hegelschen Philosophie durch ihre »Verwirklichung« in der Praxis des geschichtlichen Lebens. Und weil Marx in Hegels Philosophie das vollendete Ende der gesamten philosophischen Überlieferung sah, bedeutet die Aufhebung der Hegelschen Philosophie zugleich eine solche der Philosophie überhaupt. Ein sich selbst verstehender Marxismus kann daher die Philosophie nicht neben sich weiter bestehen lassen, denn sie ist in der Tat zu Ende gekommen, wenn sich der Vorrang der Theorie im Verhältnis zur Praxis umgekehrt hat und diese die Theorie als Ideologie entlarvt. Diese Verkehrung beginnt aber bereits in Bacons Unterscheidung einer spekulativ-theoretischen und einer operativ-praktischen Wissenschaft und mit der Rechtfertigung des Wissens als einer sozialen Macht. Die Möglichkeit dieser Gleichung von Wissen und Macht entsprang der neuzeitlichen Forderung, daß die Naturwissenschaft dem »Kingdom of man« dienen solle, so daß der Fortschritt der Naturerkenntnis dem Fortschritt der Naturbeherrschung und damit der fortschreitenden Verbesserung der Menschenwelt dient. Diese neuzeitliche Forderung ist uns aber bereits so selbstverständlich geworden, daß man sich kaum noch fragt: weshalb hat die philosophische Wissenschaft vom Ganzen der 'Welt dem Reich des Menschen und dem Fortschritt zu dienen? Die Antwort darauf hat Bacon durch seinen Hinweis auf die biblische Tradition gegeben, welche uns sagt, daß der Mensch »the most excellent work of nature« ist, weil er das einzige Geschöpf ist, das nach dem Bilde Gottes geschaffen wurde und auf das die gesamte Schöpfung abzielt. »And therefore therein the heathen opinion differeth from the sacred truth; for they supposed the world to be the image of God, and man to be an extract or compendious image of the world; but the Scriptures never vouchsafe to attribute to the world that honour, as to be the image of God, but only the works of his hands; neither do they speak of any other image of God, but man.«[27] Aus dieser ausgezeichneten Sonderstellung des Menschen im Ganzen der Welt erklärt sich letzten Endes, weshalb sich die philosophische Erforschung der natürlichen Welt bei Bacon von der Physik und Metaphysik zu »morals« und »politics« wandte und damit zur Menschenwelt und ihrem geschichtlichen Fortschritt. Wenn der Mensch das höchste Wesen im Ganzen der Welt ist, verliert die Betrachtung und Erforschung der ewigen Ordnung des natürlichen Universums ihren klassischen Vorrang, und der »übermenschliche« Charakter der aristotelischen Theorie spricht dann nicht für, sondern gegen sie[28].

Bacons Unterscheidung von »natural philosophy« und »human philosophy«, mit dem Akzent auf der letzteren, beruht also auf der christlichen Unterscheidung von Mensch und Welt, wobei der Mensch als einziges Ebenbild Gottes dem Schöpfer prinzipiell näher als alle anderen Geschöpfe steht. Für das natürliche Denken der Griechen war nicht der sterbliche Mensch das höchste Werk der Natur, sondern die sich ewig im Kreise bewegenden Gestirne[29]. Desgleichen ist Pascals Satz[30], daß das Universum nicht einen einzigen Gedanken des Menschen, aufwiegen könne, denn der Mensch wisse von sich selbst und der Welt, wogegen diese nichts von sich und ihm wisse, nur denkbar auf dem Boden der christlichen, aus der Welt heraus- und ausgenommenen Ek-sistenz und ihres Selbstbewußtseins. Ein solcher Gedanke ist der griechischen Selbst- und Welterfahrung so fremd wie die gesamte Philosophie des Selbstbewußtseins, die sich von Augustin über Descartes und Pascal bis zu Sartres Begriff vom »Für-sich-sein« erstreckt.

Historisch hat die Philosophie im frühen Griechentum mit der Erfahrung der Welt als eines physischen Kosmos begonnen, um dann

---

27 Francis Bacon, *The Philosophical Works*, ed. by J. M. Robertson. London 1905, S. 91 (*Of the Proficience and Advancement of Learning*, II, 6, 1).
28 Siehe Leo Strauss, *The Political Philosophy of Hobbes. Its Basis and Its Genesis*. Oxford 1936, S. 79 ff. [= Ch. VI: *History*].
29 Aristoteles, *Nik. Ethik*, VI 7, 1141 a 19 ff.
30 *Pensées,* §793 und §347 [nach der Zählung der Ausgabe von Léon Brunschvicg].

durch die christliche Gottes- und Schöpfungslehre in den Schatten gestellt zu werden und schließlich, in der Neuzeit, das Ganze des Seienden aus dem Selbstbewußtsein des Menschen aufzubauen und die »Substanz« als »Subjekt« zu begreifen. Je nach dem Ansatzpunkt, entweder bei der griechisch verstandenen Welt oder bei dem biblischen Schöpfergott oder bei dem modernen selbstbewußten Menschen, modifiziert sich auch der Sinn der jeweils anderen Begriffe. Sie sind weder gleichwertig noch zueinander gleichgültig. Wer wie Thomas in der *Summa* Gottes schöpferische Existenz als Prinzip alles Seienden voraussetzt und den Menschen als Gottes Ebenbild denkt, der kann von ihm und von der Welt nicht ebenso denken wie die Vorsokratiker, die mit dem selbständigen Kosmos beginnen und an ihm auch das Göttliche erblicken und den Menschen den »Sterblichen« nennen. Und Griechen wie Christen denken von Gott und der Welt anders als der emanzipierte, losgelassene Mensch, der seinen Ausgangspunkt von sich selber nimmt und für den die Welt eine kosmologische »Idee« unserer Vernunft (Kant) oder ein »Existenzial« unseres Daseins (Heidegger) und Gott ein moralisches »Postulat« oder abwesend ist.

Diese historische Folge ist aber kein kontinuierlicher »Fortschritt im Bewußtsein der Freiheit«, sondern der Übergang vom Griechentum zum Christentum ist ein entschiedener und entscheidender Bruch, während der Fortgang von der christlichen Tradition zur modernen Bewußtseinsstellung das christliche *saeculum* nur verweltlicht hat. Wenn das Göttliche nicht mehr ein Prädikat des Kosmos ist und als solches zum Anblick der Welt gehört, sondern ein Subjekt, gegenüber und über der Welt, ihr persönlicher Schöpfer, und wenn der Mensch nicht mehr ein zur Sprache und Kunst befähigtes Lebewesen der Welt ist, sondern Gottes einzigartiger Partner, dann ist der nächstmögliche Schritt der Fortschritt zur neuzeitlichen Weltkonstruktion durch den erfinderischen Verstand eines Menschen, der Gottes ursprünglichen Weltentwurf mittels der Wissenschaft nachmacht[31]. Und wenn der heutige Mensch keine Scheu mehr hat vor den kosmischen Mächten und keine Ehrfurcht mehr kennt vor Zeugung, Geburt und Tod als den Grundphänomenen alles irdischen Lebens, so vielleicht deshalb,

31 Siehe dazu Graf Paul Yorck von Wartenburg, *Bewußtseinsstellung und Geschichte. Ein Fragment aus dem philosophischen Nachlaß.* Tübingen: Niemeyer, 1956, S. 14: »Die christliche Bewußtseinsstellung (radikaler Transzendenz) hat ursprünglich durch ihre Weltfreiheit das moderne mechanistische konstruktivistische Bewußtsein ermöglicht.«

weil das Christentum den lebendigen Kosmos entheiligt hat und die
Welt als Kosmos überhaupt nicht mehr kennt. Der Mensch ist zwar
durch seine Kunst oder *techne* nun auf dem Weg, den Gedanken der
eingangs erwähnten griechischen Schrift *Über die Welt* zu verwirklichen und tatsächlich in den Weltraum vorzustoßen, aber nicht um
diesen »heiligen Bezirk« zu verehren und zu bewundern, sondern um –
gemäß der biblischen Zusage – seinen Herrschaftsbereich auszudehnen und zu befestigen. Daß der moderne, emanzipierte Mensch mittels
der universal gewordenen wissenschaftlichen Technik alles *macht,
was er machen kann*, und die Natur nicht mehr »nachahmt«[32],
sondern maßlos überschreitet und übermächtigt, dürfte seinen fern-
sten und tiefsten Grund immer noch in der geschichtlich gewordenen
Vorbildlichkeit jenes Gottes haben, dessen schöpferischer Wille die
Welt um des Menschen willen gemacht hat[33]. Und dennoch kann die
Welt, zu der wir gehören, niemals die unsere und mit der Mitwelt
gleichartig werden. Sie bleibt immer sie selbst: übermenschlich und
absolut selbständig. Angenommen, es könnte dem Menschen gelingen,
die Welt der Natur wie seine Umwelt zu beherrschen und Bacons
Gleichung von Wissen und Macht zur Vollendung zu bringen, so wäre
der Mensch nicht mehr Mensch und die Welt nicht mehr Welt.

---

32 Siehe dazu Hans Blumenberg, *Nachahmung der Natur. Zur Vorgeschichte
der Idee des schöpferischen Menschen*, in: Studium Generale 10 (1957),
S. 266–283.
33 Vgl. dazu vom Verfasser: *Weltgeschichte und Heilsgeschehen*. Stuttgart
1953, S. 183 ff. [wird in Bd. II dieser Ausgabe erscheinen].

Zur Frage einer philosophischen Anthropologie

1975

Die Benennung Anthropologie ist doppeldeutig. Sie kann (wie in den analog gebildeten Begriffen: Theologie, Kosmologie, Ontologie) das Wissen oder die Wissenschaft vom Menschen meinen; sie kann aber auch den Logos des Anthropos (Menschen) selber meinen. Das letztere ist der primäre, obgleich ungebräuchliche Sinn. Anthropologie, verstanden als der Logos des Menschen, ist der ursprüngliche Sinn; denn wenn der Mensch nicht an ihm selbst einen Logos hätte, d. h. Vernunft und Sprache, dann könnte es auch keine Wissenschaft von ihm geben. Desgleichen kann es eine Theologie und Kosmologie nur geben, wenn Gott und die Welt selbst einen Logos haben, wenngleich keinen menschlichen. Andernfalls wären Theologie und Kosmologie eine Erfindung des Menschen. Was unterscheidet jedoch eine philosophische Anthropologie von anderen Anthropologien, etwa einer medizinischen oder biologischen? Man kann den Menschen anatomisch und physiologisch, biologisch und psychologisch erforschen und ihn auf diese Weise nach bestimmten Hinsichten kenntlich machen. Aber auch wenn man all die verschiedenen Aspekte des Menschen zusammenfassen würde, ergäbe das nicht den Menschen als solchen. Denn der Mensch ist weder ein anatomisch präparierbares Skelett noch ein physiologisch funktionierender Organismus noch das, was die verschiedenen Psychologien an ihm untersuchen. Im Unterschied zu solchen Anthropologien ist die philosophische ein einziger Versuch, den Menschen *als solchen und im ganzen* zu erfassen, weil die Philosophie überhaupt auf das Ganze geht und keine Fachwissenschaft ist. Als eine prinzipielle Wissenschaft vom Ganzen kann sie auch keinen besonderen Nutzen und Zweck für etwas anderes haben, wie etwa die Anatomie für die Chirurgie oder die Pharmakologie für die Behandlung geistiger Krankheiten. Die Philosophie ist insofern zwecklos und nutzlos: ein Wissenwollen um des Wissens willen, das seinen Zweck in sich selbst hat und kein bloßes Mittel zu einem anderweitigen Zweck sein kann. Der Mensch als solcher und im ganzen ist immer schon mitgemeint, wenn wir vom »Wesen« des Menschen oder von seiner »Natur« sprechen.

»Im ganzen« kann aber zweierlei bedeuten, nämlich erstens den einen und ganzen Menschen im Unterschied zu den vielen besonderen Teilansichten – und dann meint »im ganzen« dasselbe wie »als solcher«: der Mensch als Mensch – und zweitens den ganzen Menschen im Ganzen dessen, was überhaupt ist. Der Mensch als solcher und im ganzen im ersten Sinn ist nicht schon das Ganze des Seienden im zweiten Sinn. Eine Anthropologie, die philosophisch sein will, kann nicht umhin zu fragen, wie sich das rätselhafte Bruchstück Mensch als solcher und im ganzen zum Ganzen dessen, was ist, verhält. Das heißt, sie muß sich selbst als eine besondere und abgesonderte Anthropologie in Frage stellen. Der Mensch muß über sich selbst hinaus fragen, um sich im Verhältnis zum Ganzen in seiner wahren Proportion zu erkennen. Das Ganze des Seienden nennen wir aber gemeinhin Weltall oder Welt. Erst mit dieser umfassenden Frage nach dem Verhältnis von Mensch und Welt wird die Anthropologie philosophisch. Dieses Weltverhältnis ist nicht auf ein einseitiges Verhalten des Menschen zur Welt reduzierbar, denn das würde voraussetzen, daß der Mensch für es maßgebend ist und nicht auch die Welt. Die Frage liegt aber nahe: Wie soll man vom Ganzen des Seienden oder der Welt etwas wissen können ohne Bezug auf den Menschen, der von sich selbst ein Selbstbewußtsein und vom Ganzen Bewußtsein hat? Sofern der Mensch der Ausgangs- und Bezugspunkt für das Wissen von allem Seienden ist, scheint die Philosophie notwendig auf ihn zurückzuführen und auf ihn bezogen zu sein. Die von Kant gestellten drei Fragen: Was kann ich wissen, was soll ich tun, was darf ich hoffen? vereinigen sich in der einen Grundfrage: Was ist der Mensch? Die Philosophie wäre dann, obwohl sie an das Ganze denkt, in einem wesentlichen Sinn anthropologisch, auch wenn die Anthropologie in speziellen Sinn nicht grundlegend für die Erkenntnis des Ganzen ist. Auch Heideggers »Fundamentalontologie« befestigt die fundamentale Frage nach dem Sein überhaupt am Seinsverständnis des menschlichen Daseins. »Philosophie ist universale phänomenologische Ontologie, ausgehend von der Hermeneutik des Daseins, die als Analytik der *Existenz* das Ende des

Leitfadens alles philosophischen Fragens dort festgemacht hat, woraus es *entspringt* und wohin es *zurückschlägt« (Sein und Zeit*, S. 38, 436).

Andererseits kann man sich aber auch nicht der Einsicht verschließen, daß dieser ausgezeichnete Bezugspunkt Mensch eben doch nur ein Punkt, ein Mikromegas (kleiner Großer) (Anm. 71) im Ganzen des Seienden ist, und das Bewußtsein ein Wissen von Seiendem, das ist, was es ist, auch wenn es nicht vom Menschen gewußt wird und nach Menschenart von sich weiß. Nun gilt aber seit Descartes (1641, I. und II. Meditation) dieses besondere, weil seiner selbst bewußte Sein als das einzig sichere Fundament für die Frage nach dem Seienden überhaupt. Die Ontologie ist von Descartes bis zu Hegel eine Ontologie des Bewußtseins. Sie ist es in ausgezeichneter Weise in Hegels *Phänomenologie des Geistes*, welche die Erfahrungen des Bewußtseins mit der Dialektik der sinnlichen Gewißheit beginnen läßt und sich im absoluten Wissen des Absoluten vollendet.

Was wir heute philosophische Anthropologie nennen, hat bei Hegel den Titel »Lehre vom subjektiven Geist«. Der Mensch ist subjektiver Geist im Unterschied zum objektiven, der in der Weltgeschichte, im Staatenleben und in der bürgerlichen Gesellschaft erscheint. Hegel selbst hat die Philosophie des subjektiven Geistes in keinem eigenen Werk behandelt, sondern nur innerhalb der *Enzyklopädie der philosophischen Wissenschaften* thesenartig skizziert. Aber ein Schüler Hegels, Karl Rosenkranz, hat 1837 aus diesem kurzen Aufriß eine systematische Anthropologie entwickelt, an der sich die Tragweite und die Grenze einer Anthropologie aufzeigen läßt, die das Wesen des Menschen als Geist und Bewußtsein oder auch existentialontologisch als Dasein bestimmt. Rosenkranz gab ihr den Titel *Psychologie* mit dem Untertitel *Wissenschaft vom subjektiven Geist*. Sie ist ein ausgeführter Kommentar zu Hegels Entwurf. Der subjektive Geist, wie ihn Rosenkranz im Anschluß an Hegel verstand, ist als subjektiver ein endlicher Geist und in seiner Erscheinung – aber nicht in seinem Wesen – an die Natur gebunden. Er äußert sich im seelischen und leiblichen Leben des Individuums als einer endlichen Person. Als subjektiver *Geist* ist der Mensch zugleich schon immer über seine Naturbestimmtheit hinaus, und Rosenkranz' Anthropologie will den Prozeß aufweisen, in dem der subjektive Geist für sich wird, was er an sich, seiner Anlage nach, schon von Anfang an ist. Ein neugeborenes Kind ist zwar noch kein vernünftig sprechender Mensch, aber doch von vornherein dazu bestimmt und kann deshalb im Prozeß des

Menschwerdens zu sich selbst kommen und für sich werden. Die Natur geht also im Menschen von Anfang an über sich hinaus, aber nicht als Natur sich selbst übersteigend, sondern weil sie selbst nur »das Anderssein der Idee« und insofern etwas geistig Vermitteltes ist. Die Tiere sind nur mit Leben begabt, der Mensch mit einem lebendigen Geist, und weil zum Hegelschen Begriff des Geistes die ihrer selbst bewußte Freiheit des Wollens gehört, endet auch Rosenkranz' Ausgang von der Naturbestimmtheit des subjektiven Geistes mit der Idee einer vollkommenen Freiheit.

Zunächst, führt Rosenkranz aus, erscheint der das Wesen des Menschen bestimmende Geist in unmittelbarer Einheit mit seiner Natürlichkeit, und das verweist auf die Verwandtschaft des Menschen mit den nichtmenschlichen Lebewesen. Was den Menschen vom Tier unterscheidet, kann sowohl ein Vorzug wie ein Nachteil im Verhältnis zum Tier sein. Der Geruchssinn und der Gesichtssinn vieler Tiere ist dem des Menschen weit überlegen, aber nur der Mensch kann Brillen, Mikroskope und Teleskope erfinden. Die unterscheidenden Merkmale des Menschen betreffen eben primär nicht einzelne Organe und Fähigkeiten, sondern seine gesamte Organisation. Tiere übertreffen den Menschen in besonderen Organleistungen, aber nicht in der Totalität ihrer Organisation. Das Tier ist schon kurz nach der Geburt ein fertiges, lebensfähiges Wesen, das laufen, schwimmen, fliegen und sich ernähren kann. Der Mensch ist schon durch seinen nackten Leib so schutzlos und hilfsbedürftig, daß er ohne jahrelange Pflege zugrundegehen würde. Er ist als Mensch von vornherein auf Mitmenschen angewiesen. Die Kehrseite dieser Mängel ist, daß er sich selber durch Kunst Kleidung und Behausung schafft und in den verschiedensten Erdteilen unter den verschiedensten Bedingungen leben kann. Das Tier ist im Unterschied zu den bodenständig mit der Erde verwachsenen Pflanzen zwar auch schon beweglich, und Vögel sind es im höchsten Grad, aber auch der Vogel ist seiner Umgebung, ebenso wie der Fisch dem Wasser, genau angepaßt. Er kann sich nicht wie der Mensch mit Kunst sowohl über die Erde erheben wie auf dem Meeresgrund fortbewegen. Tiere haben infolge ihrer Gebundenheit an das ihnen eigentümliche Element eine ungleich größere Sicherheit im Verhältnis zu allen Notwendigkeiten des Lebens als der relativ instinktlos gewordene Mensch, der sich jederzeit so und auch anders verhalten kann, weil sein Verhalten zur Umwelt nicht von Natur aus artgemäß festgelegt ist. Das Tier hat Begierden und empfindet vermutlich Lust und

Unlust, aber nicht Freude und Trauer, die sich im Lachen und Weinen des Menschen kundgeben. Es gibt kein Tier, das lachen und weinen kann, dagegen beginnt das kleine Kind schon sehr bald beim Anblick seiner nächsten Mitmenschen zu lächeln. Tiere können sich sehr genau in bezug auf bestimmte Situationen miteinander verständigen und ihre Stimmungen verlautbaren, aber das eigensinnig fordernde und begehrende Schreien eines kleinen Kindes ist etwas anderes als das Brüllen oder Bellen eines Tieres. Die sog. Tiersprache äußert sich nicht mit sinnvollen Worten in einer Sprache, die sich in andere Sprachen übersetzen läßt. Und mit dem Phänomen der Sprache ist man bereits beim Vorstellen und Denken, beim Bewußtsein und Geist angelangt, und damit beim wesentlich Menschlichen.

Rosenkranz, der mit Hegel vom Geist als der Wesensbestimmung des Menschen ausgeht, nennt den Geist, sofern er noch in unmittelbarer Einheit mit der Natur ist, Seele. Der Geist ist aber beim Menschen kein hinzukommendes oberes Stockwerk, sondern von vornherein in allem mit dabei und schon in den einfachsten Empfindungen der Seele und des Leibes wirksam, auch wenn er noch nicht »für sich« oder freigesetzt ist wie beim bewußt und vernünftig handelnden erwachsenen Menschen. »Als Seele träumt der Geist« [S. 37], ohne seiner selbst bewußt zu sein. Das Bewußtsein ist daher die Kluft, welche Mensch und Tier unterscheidet und trennt. Bewußtsein ist aber mehr als ein bloßes Wissen um etwas. Es ist gleichbedeutend mit Hellsein und Wachsein. Dieses helle, wache Bewußtsein ist der entscheidende Akt des Sichunterscheidens von allem anderen. Das tierische Lebewesen lebt ohne menschliches Selbstbewußtsein wahrnehmend und beobachtend in seine Umwelt hinein und von ihr her, es hat aber seine Umwelt nicht, wie der Mensch, im Abstand gegenständlich sich gegenüber, weil es sich nicht von dem andern, was es nicht selber ist, bewußtermaßen unterscheiden kann. Es ist noch nicht von seiner Umwelt entbunden oder emanzipiert. Die vielbeklagte und angeblich überwundene oder doch zu überwindende Subjekt-Objekt-Spaltung ist also nichts zu Beklagendes und zu Überwindendes, sondern konstitutiv für das Menschsein. Auch Hegels Definition der Freiheit als »Beisichselbstsein im Anderssein« beseitigt diesen Unterschied nicht, sondern vollendet ihn nur. Als Bezug eines Subjekts auf das von ihm unterschiedene andere ist das menschliche Bewußtsein ein *Weltbewußtsein*, dem ein *Selbstbewußtsein* entspricht. Mit dem einen fehlt dem Tier auch das andere. Diese Selbstunterscheidung beginnt schon sehr früh,

lange bevor das Kind »ich« sagt und von sich noch in der dritten
Person spricht, wenn es von anderen etwas haben will. Der subjektive
menschliche Geist, der im Selbstbewußtsein für sich ist, erscheint auch
schon in den leibgebundenen Empfindungen. Wir *sind* nicht einfach
unser Leib, wir *haben* ihn, d. h., wir haben zu ihm ein eigenes und
wandelbares Verhältnis. Der Geist ist zwar von der Natur wesensver-
schieden, aber in seinem primitiven Dasein doch so mit ihr eins, daß
die natürlichen Bestimmtheiten zugleich auch Qualitäten des Geistes
sind.

Die erste natürliche Bestimmtheit des Geistes betrifft das planetari-
sche Leben der Erde sowie das solarische und lunarische Leben, und
weil die Erde durch ihre Beziehung zur Gestirnwelt mitbestimmt ist,
betrifft sie auch das siderische Leben. Kein Menschenleben kann sich
diesen kosmischen Bezügen entziehen, und dies um so weniger, als wir
meist ohne Bewußtsein in ihnen leben und also gar nicht wissen,
wieweit sie uns bedingen und bestimmen. Was wissen wir schon für
gewöhnlich von diesen anonymen Verhältnissen unseres leiblichen
Lebens zum planetarischen, solarischen und siderischen? Seltene,
meist als krankhaft beurteilte Ausnahmen bestätigen diese Regel, so
z. B., wenn ein Mondsüchtiger herumwandelt und selbst nichts davon
weiß. Diese kosmischen Bezüge äußern sich meist nur in den dadurch
bedingten Stimmungen, d. h. in der Art und Weise, wie man im ganzen
gestimmt ist, z. B. durch das Schwerefeld der Erde und der Erdatmo-
sphäre, durch Witterungswechsel, durch den Rhythmus der Jahres-
und Tageszeiten. Je nachdem, ob es Winter oder Sommer ist, ob man
in den tropischen, polaren oder gemäßigten Zonen lebt, ist man
anders gestimmt. Man kann auch durch Drogen bestimmte Stimmungen künstlich erzeugen, die aber in ihrer Wirkung auf Leib und Seele
nicht minder natürlich sind, weil sie sich aus der Natur dieser Drogen
unwillkürlich ergeben. Alltäglich unterliegen wir dem Wechsel der
Tageszeiten, nach dem sich Wachsein und Schlafen zumeist regeln. Es
ist noch keine Wissenschaft und Kunst im Schlaf erfunden worden.
Der Mensch kann sich zwar diesen natürlichen Periodizitäten der
Tages- und Jahreszeiten weitgehend entziehen und z. B. im Winter
irgendwohin fliegen, wo es Sommer ist; aber die Regel und das
Normale bleibt doch die natürliche Relation zu diesen kosmischen
Veränderungen. Als spezifisch menschlich wird trotzdem gelten müs-
sen, daß der Mensch, im Unterschied zum Tier, in allen Zonen und in
jedem Klima leben und die Nacht zum Tage machen kann; er kann

neuerdings sogar in einer Metallkapsel den Mond umkreisen. Ein Eisbär kann nicht in den Tropen und der Affe nicht am Nordpol leben. Es gibt daher eine Pflanzen- und Tiergeographie, welche die Ausbreitung bestimmter Pflanzen- und Tierarten auf der Erde untersucht, während die menschliche Gattung terrestrische Ubiquität hat, infolge der Universalität der menschlichen Organisation. Der Mensch kann sich daher auch alles Vegetabilische und Animalische als Nahrung homogen machen, und dieser Universalität in betreff der Nahrung entspricht die sinnliche Genußfähigkeit. Je zivilisierter der Mensch ist, desto unumschränkter werden seine Gelüste und Bedürfnisse, und es gibt nichts, was ihn nicht reizen könnte, wogegen die Tiere bezüglich ihrer sinnlichen Begierden auf einen ganz bestimmten Umkreis beschränkt und insofern viel wählerischer sind als der Mensch, ohne jedoch selber bewußtermaßen wählen zu können. Wir können uns unsere Ernährung ohne Zucker und Salz, Kaffee, Gewürze und dergleichen kaum mehr vorstellen, so sehr wird das historisch Erworbene dem Menschen zur zweiten Natur oder Gewohnheit.

Die Naturbestimmtheit des Menschen betrifft nicht nur seine Angewiesenheit auf die Natur außer ihm, sondern auch seine eigene. Zur allgemeinen Natur des Menschen gehört nicht nur eine dem menschlichen Organismus eigentümliche Temperatur, sondern auch ein individuell verschiedenes Temperament sowie bestimmte natürliche Anlagen und Idiosynkrasien. Die Temperamentenlehre ist zuerst von griechischen Philosophen-Ärzten entwickelt worden und wird heute meistens innerhalb der Charakterologie und Psychologie abgehandelt. Kretschmers Untersuchung über den Zusammenhang von »Körperbau und Charakter« war eine der bekanntesten Forschungen dieser Art. Populär unterschied man seit Jahrtausenden sanguinische und cholerische, phlegmatische und melancholische Temperamente. Wesentlich für die Temperamente ist, wie für jede Naturbestimmtheit, daß sie etwas Bleibendes, Dauerndes sind und sich in der Zeit wiederholen. Niemand kann sein angeborenes Temperament willkürlich ändern. Stimmungen können je nach den Umständen wechseln, und Launen sind schon als solche wechselnd, aber die Grundstimmung, die Tonart, in der sich ein menschliches Leben abspielt, ist immer dieselbe. Ein Phlegmatiker kann zwar gelegentlich auch zornig werden, er wird dadurch aber kein Choleriker. Und wenn ein Philosoph eine bestimmte Befindlichkeit – etwa die Angst – als die Grundbefindlichkeit des menschlichen Daseins behauptet, so darf man annehmen, daß

auch solche Behauptungen ihren Grund in dem eigentümlichen Temperament dieses Denkers haben. Das Temperament von Kant ist ein
ganz anderes als das von Fichte und so verschieden wie ihre Denkweise, und die allgemeine Denkungsart, welche einen bestimmten
Menschen stimmungs- und temperamentmäßig charakterisiert, läßt
sich nicht herstellen. Man hat sie von Natur aus, wie sehr sie auch
durch Übung und Erziehung umgebildet und ausgebildet werden
kann.

Zur Naturbestimmtheit des Geistes gehört ferner das, was Rosenkranz »Anlagen« nennt, worunter er »den Sinn für etwas« versteht
[S. 87–89]. Nicht jeder hat für alles den gleichen Sinn und die gleiche
Empfänglichkeit, und wir unterscheiden demnach spezifische »Begabungen« und »Talente«. Dieser allgemeine Sinn für etwas kann sich in
dem Vorzug bestimmter Sinne ausprägen, z. B. dem Gesichtssinn. Das
griechische Denken ist vorzüglich vom Sehen des Sichtbaren her
bestimmt, das biblische vom Hören des Unsichtbaren. Die Art und
Weise, wie sich die Welt dem Sehen oder dem Hören erschließt, ist
aber eine ganz andere. Das läßt sich im einzelnen anhand der Sprache
nachweisen. Die Verfasser des Alten Testament interessieren sich
nicht für das gegenständliche Aussehen der Dinge. Die ganze Welt ist
ihnen vielmehr die kontingente Handlung eines unsichtbaren Gottes,
der sie geschaffen hat und sich in der Geschichte seines Volkes
offenbart. Dieser Gott handelt und spricht durch seinen Willen und
sein Wort. Der Mensch wird dann nicht als eine menschliche Natur
und Gestalt gesehen, sondern als ein Geschöpf, das auf Gottes Wort zu
hören und ihm zu gehorchen hat. Umgekehrt wird in der griechischen
Denkweise, bei Platon, auch noch das Unsichtbare, die Idee, einem
theoretischen Schauen zugänglich.

Für den Griechen ist daher das Wahre, »a-letheia«, wörtlich das
Unverhüllte, Nichtverborgene, Offenbare, das Evidente, das deutlich
zu sehen ist. Der hebräische Begriff für Wahrheit ist dagegen von dem
Verbum »aman« abgeleitet, das soviel wie »zuverlässig sein« bedeutet.
Wahr ist das, worauf man sich verlassen kann, analog dem angelsächsischen Wort für Wahrheit, »truth«, d. h. Vertrauen, Treue, verwandt
mit dem Wort »trust«. Auch der christliche Begriff vom Glauben
meint eine unbedingte Zuversicht in Dinge, die sich nicht sehen lassen.
Der gläubige Sinn des Alten und Neuen Testaments hat keinen Sinn
für das Sichtbare und Gestalthafte, er ist unbegabt zum »theorein«
(Betrachten) im griechischen Sinn.

Zur Naturbestimmtheit des menschlichen Geistes gehören ferner alle spontanen Zu- und Abneigungen, Sympathie und Antipathie für bestimmte Dinge, Töne, Farben, Gerüche, Tiere, Menschen. Man fühlt sich unwillkürlich von bestimmten Menschen angezogen und von anderen abgestoßen, ohne zu wissen weshalb, weil solche natürlichen Zu- und Abneigungen ohne Wille und Bewußtsein vor sich gehen und gerade deshalb alle menschlichen Verhältnisse in entscheidender Weise stimmen und bestimmen. Zur Naturbestimmtheit gehören ferner alle natürlichen Veränderungen im Leben des Menschen. Die allgemeinste Naturveränderung eines jeden Menschenlebens ist das Anderswerden infolge des Älterwerdens von der Geburt bis zum Tode und die Geschlechtsreife, welche ein kritischer Wendepunkt in diesem Ablauf ist. Jedermann erlebt im Laufe seines Lebens diese naturwüchsigen Veränderungen. Geborenwerden, Heranwachsen, Erwachsensein, Altwerden und Sterben sowie der tägliche Wechsel von Wachsein und Schlafen bestimmen jedes menschliche Dasein. Diese Phänomene sind nichts »je Eigenes«, sondern jedermann eigentümlich, weil sie das allgemeine Menschenwesen, die menschliche Natur kennzeichnen. Geburt und Tod beweisen, daß sich das je eigene Selbst am Anfang und am Ende seiner Existenz nicht gegen das allgemeine Wesen seiner Gattung behaupten kann; es folgt dem Weg alles Lebendigen, Entstehenden und Vergehenden. Und wenn der Erwachsene wiederum einen Menschen zeugt, so setzt sich in der persönlichen Liebe von Mann zu Weib wiederum die Gattung durch, und man nennt den Akt der Zeugung deshalb Begattung und spricht von Ehegatten. Scheinbar hat es die Liebe beim Menschen zwar nur mit diesem bestimmten Individuum zu tun, aber im Hintergrund treibt die Allgemeinheit der Gattung das eine zum anderen Geschlecht, wie Schopenhauer (1859) in seiner *Metaphysik der Geschlechtsliebe* deutlich gemacht hat (*Die Welt als Wille und Vorstellung* II, Kap. 44). Zwischen den beiden Extremen des ersten Anfangs und des letzten Endes, zwischen Geburt und Tod, lebt das Individuum bewußtermaßen selbstisch oder für sich und zugleich unbewußt im Sinne der Gattung als eine je besondere Allgemeinheit, und der physische Lebenslauf hat seine genauen Entsprechungen im seelischen und geistigen Leben. Liebe hat zur Bedingung, daß man ein Geschlechtswesen ist, Weisheit, daß man nicht mehr jung und unerfahren ist; artikulierte Sprache setzt, im Unterschied zum bloßen Lallen, voraus, daß man Mensch unter Menschen ist; jede Kunstfertigkeit setzt voraus, daß der Mensch in der Folge seines aufrechten Ganges frei bewegliche Hände für ein mögliches Handwerk, z. B. das Schreiben hat.

Wir wollen zum Abschluß, im Anschluß an eine hervorragende Abhandlung von E. Straus (1956, S. 279 ff.; 1963, S. 926 ff.), *das* alltägliche Grundphänomen der Naturbestimmtheit menschlichen Daseins beschreibend analysieren, um an ihm die prinzipielle Schranke der traditionellen Wesensbestimmung des Menschen als Bewußtsein und Geist, Fürsichsein und Existieren aufzuzeigen: den Unterschied von Wachsein und Schlafen. Nichts scheint so selbstverständlich zu sein wie die triviale Tatsache, daß der Mensch ein Drittel seines Lebens verschläft, und doch hängt am täglich wiederkehrenden Aufwachen alles spezifisch Menschliche. Jedes Denken über sich selbst und die Welt und das Verhältnis des einen zum andern setzt voraus, daß man überhaupt wach ist und nicht träumend schläft. Diese alternierenden Zustände des menschlichen Daseins, wobei man nur im Wachen eigentlich »da« ist, gehen Hand in Hand mit einer Verschiedenheit der Körperhaltung. Zum Schlaf legt man sich nieder, das Wachsein beginnt mit dem Aufwachen und Aufstehen und ist selber ein Aufsein. Die organischen Funktionen gehen im Schlaf so unbewußt weiter, wie sie es auch im Wachen tun, aber die gesamte Sensibilität und Motorik und damit die Aufgeschlossenheit für die Welt um uns herum ist im Zustand des Schlafes reduziert. Der Mensch ist im Schlaf auf sich selber zurückgezogen, er lebt in einer Traumwelt, bis er wieder im Erwachen in die mit anderen gemeinsame Welt des Tages zurückkehrt. Kaum sind wir wach, so knüpfen wir wieder an die Zeit vor dem Einschlafen an, als sei in den acht Stunden dazwischen überhaupt nichts geschehen. Wir setzen nicht das unbewußte Leben des Schlafes fort, sondern behandeln den Schlaf nur wie eine Unterbrechung des wachen Tageslebens, das wir an dem Punkte wieder aufnehmen, wo es durch Einschlafen unterbrochen wurde. Wir leben also nicht kontinuierlich, sondern in einer sprunghaften Fortsetzung des wachen Daseins und seiner Zeitigung. Die Geburt, der Hervorgang ans Licht der Welt, ist das erste elementare Erwachen, das der Neugeborene vermutlich schockartig empfindet, von dem wir aber kein eigenes Bewußtsein haben und an das wir uns nicht erinnern können. Wir erinnern uns nicht einmal an die für alle weitere menschliche Entwicklung so entscheidenden ersten vier bis fünf Jahre. Aber auch nach der Geburt verbringt das neugeborene Kind die meiste Zeit noch mit Schlafen, und auch die Stellung des Erwachsenen wiederholt während des Schlafes die Lage des Foetus im Uterus. Dieser periodische Wechsel von Schlaf und Wachen ist bei den niederen tierischen Lebewesen noch nicht ausgeprägt; sie sind weder wach, noch schlafen sie. Erst beim erwachsenen Mensch bildet sich ein regelmäßiger Wechsel nach Maßgabe der Tageszeiten heraus. Der zivilisierte Mensch kann zwar diese Naturbestimmtheit überschreiten und durchbrechen, er kann die Zeit des Schlafes bis auf wenige Stunden verkürzen und die Nacht zum Tage machen, aber kein Mensch kann schlaflos leben. Im Erwachen erwacht der Mensch zum Selbstgefühl und Selbstbewußtsein. Erst durch diese Beziehung auf sich selbst hebt sich dann alles andere als ein anderes von uns selber ab. Es wird zum Gegenüber unserer selbst. Wenn ich erwachend zum Bewußtsein meiner selbst komme, ist auch schon die andere Erfahrung gemacht, daß es anderes gibt als mich selbst. Das Wachsein ist das zur Gewohnheit gewordene Setzen des Unterschieds von Subjekt und Objekt, ein Unterschied, der sich in der bewußtlosen Gesammeltheit des Schlafes wieder aufhebt. Der Übergang vom Wachen zum Schlafen, das Einschlafen, bedeutet aber nicht, daß das Schlafen nur ein vermindertes Wachsein wäre und bloß gradweise sich von ihm unterschiede. Das Einschlafen kann zwar längerer oder kürzerer Zeit bedürfen, der Übergang als solcher geschieht jedoch abrupt durch ein plötzliches und schon nicht mehr bewußtes Abbrechen der Kontinuität des wachen Lebens. Man ist dann auf einmal nicht mehr für sich da, sondern weg und nur noch für andere Wachende vorhanden und auch für sie anders als zuvor. Ebenso abrupt wie das Einschlafen geschieht das Erwachen, auch wenn ihm ein halbes Wachwerden vorausgeht, ehe man die Augen aufschlägt und aufsteht. Um einzuschlafen, schließt man die Augen, d. h., man verschließt sich dem sinnlichen Eindruck der Außenwelt. Was man im Schlaf träumend erlebt, ist, auch wenn es lebhaft geträumt wird, doch immer eine Traumwelt, in der die Gesetze des wachen Lebens nicht gelten. Alles kann sich im Traum ineinander verwandeln. Personen, Ereignisse, Dinge verschieben, überlagern und verdichten sich. Eine Person kann so aussehen wie A, sich aber verhalten wie B und sich in eine dritte verwandeln. Alles kann widerstandslos ineinander übergehen. Was im wachen Leben vergessen, unterdrückt und verdrängt wurde, kann im Traum wieder zum Vorschein kommen. An längst Vergessenes kann man sich erinnern, so wie umgekehrt Künftiges manchmal vorausgeahnt wird. Man ist im Traum unmittelbar bei sich, aber nicht, wie im wachen Leben, *im*

Anderssein bei sich selbst, weil das Traumleben den Akt der Selbstunterscheidung nicht kennt. Man hat immer wieder versucht, ein objektives Kriterium für die Unterscheidung von Wachsein und Träumen
festzustellen, mit dem negativen Ergebnis, daß es ein solches nicht
gibt. Dieses Ergebnis erklärt sich daraus, daß sich der Unterschied
zwischen Wachen und Träumen eben nur im Akt des Sich-Unterschei-
dens ergibt, welches Sich-Unterscheiden das plötzliche Erwachen aus
dem Schlaf und seinen Träumen ist. Denn auch wenn man träumt, daß
man träume, ist man deshalb nicht wach, und der Zweifel, ob etwas
nur geträumt war oder sich wirklich ereignet hat, ist theoretisch nicht
zu beheben. Es verhält sich mit dem Schlafen und Träumen ähnlich
wie mit der Trunkenheit: nur der wieder nüchtern Gewordene weiß,
daß er betrunken war.

In der an Hegels *Phänomenologie des Geistes* orientierten Anthropologie von Rosenkranz wird der Schlaf und seine Traumwelt insofern
mit Recht vom wachen Leben her und auf dieses hin ausgelegt, weil
der Schlaf und seine Träume eine Privation des wachen und bewußten
Lebens ist und sich selbst nicht verstehen und auslegen kann. Alles
Unbewußte ist als ein Nichtbewußtsein vom Bewußtsein her interpretiert, und wenn man wissen will, was Schlaf und Traum und Unbewußtes sind, darf man nicht schlafen und träumen und bewußtlos
dahinleben. Trotz dieses methodischen Vorrangs des Bewußtseins und
des selbstbewußten Geistes für das Verständnis derjenigen Vorgänge,
die sich ihrem Wesen nach ohne Bewußtsein vollziehen, ist aber doch
mit Rosenkranz einzusehen (Anm. 72), daß der im wörtlichen Sinn
ursprüngliche Zustand des Menschen vor der Geburt der unbewußte
und schlafende ist. Die Geburt ist das erste elementare Erwachen
durch Heraustreten aus der naturhaften Geborgenheit, in die wir
alltäglich im Schlafe zurückkehren, obschon auch der erwachsene und
wache Mensch nicht rein als bewußtes Sein leben kann. Könnte er es,
so wäre er kein leibhaftiger Mensch, sondern ein naturloser Geist oder
ein Gespenst.

Die Voraussetzung der Ontologie des Bewußtseins, von Descartes
bis zu Hegel und darüber hinaus bis zur Existenzphilosophie, daß das
seiner selbst bewußte und sich zu sich selbst verhaltende Sein auch für
das Verständnis des unbewußten oder des bloß lebendigen Seins das
maßgebliche sei, diese traditionelle Voraussetzung ist nur die halbe
Wahrheit. Wenn man sie für die ganze nimmt, ist sie falsch, denn
voraus geht dem seiner selbst bewußten Sein eine Weise menschlichen

Daseins, die nicht durch waches Bewußtsein bestimmt ist. Der Umstand, daß das Bewußtsein maßgeblich ist für das *Verständnis* des Unbewußten, besagt nicht, daß es auch maßgeblich ist für das, was das Lebendige selber *ist*, nämlich etwas anderes und mehr als ein bloßer Mangel an Bewußtsein. Selbst angenommen, daß alles vorbewußte, unterbewußte und unbewußte Sein auf Bewußtwerdung angelegt wäre, so bliebe doch immer noch die andere Hälfte der ganzen Wahrheit nicht minder wahr, nämlich die, daß auch während unseres bewußten und wachen Lebens und Existierens das allermeiste ohne Bewußtsein geschieht und wir zumeist nur nicht wissen, wie tief und wie weit die Physis des leibhaftigen Menschen in seine bewußte Existenz hineinreicht. Sämtliche vegetativen und organischen Prozesse vollziehen sich auch im Menschen zeitlebens unbewußt und deshalb mit großer Sicherheit. Wir könnten aber auch nicht denken und sprechen, wenn unser Gehirn nicht ständig durchblutet wäre. Auch kann man nicht denken, weil man bewußtermaßen denken will; es muß einem unwillkürlich etwas einfallen; die Gedanken müssen einem zukommen und zufallen und sich miteinander verbinden. Kein Denken läßt sich erdenken. Die Gedanken kommen einem also auch nicht aus einem leblosen und naturlosen Sein, das sich uns zudenkt und zuspricht. Wir müssen allem zuvor die Natur, die uns erzeugt hat, und den Zufall, daß wir zur Welt kamen, voraussetzen, damit sich ein Welt- und Selbstbewußtsein ausbilden kann. Man muß also den Hegelschen bzw. Rosenkranzschen Weg von der Idee bzw. vom Geist zur Natur und vom selbstbewußten zum naturbestimmten Geist und vom Wachsein zum Schlafen auch in umgekehrter Richtung gehen, um die ganze Wahrheit zu vergegenwärtigen und sich klarzumachen, daß und inwiefern die dauernde Grundlage unseres bewußten Daseins das unbewußte Leben der Natur aller Dinge ist, deren Nicht-um-sich-wissen keineswegs gleichbedeutend mit Geistlosigkeit ist. Wenn z. B. die Zugvögel nicht selber wissen, daß sie sich bei ihren Flügen über Kontinente am Stand der Sonne orientieren, so kann man daraus nicht folgern, daß sie aus purer Geistlosigkeit so sicher ihren Weg finden. Diesen Gesichtspunkt vom Vorrang des unbewußten Lebens der Natur erstmals in seiner ganzen Tragweite erfaßt und geltend gemacht zu haben, ist das Verdienst eines philosophischen Psychologen, der mit Goethe befreundet war, von Carl Gustav Carus, in seinen beiden Werken *Psyche* und *Physis* (Anm. 73).

On speech and silence

1946

The mere fact of meeting another person stimulates the conventional impulse of talking. Our world ist full of loud speech, and therefore silence is apprehended as a mere interruption of speech. There seems to be only one moment of perfect stillness in the life of man – when he is dead! The dead alone are perfectly silent and at peace because they no longer speak. As long as we are alive, talking seems to be our destiny. To be a »speaker« is considered as a respectable profession, regardless of whether or not a man has something to say. If it were possible to take a record of all the speeches of all the people of one city and condense their voices into one single sound, the effect would be appalling. It is amazing how much noise even a small company of friends produces when talking. The power of speech is indeed an integral factor of human existence. We are not human without this specific way of self-expression and communication through the words of a language. By being able to speak we are distinguished from all the other living creatures, whose names were given to them not by themselves, but by the first man. And we are not only talking, but also thinking in words, and even perceiving the world through the medium of words. We »see« trees and a house and people on the street because we have as many words meaning or signifying such things.

Being gifted with universal self-expression, we are, however, also capable of self-concealment. Only a being who can speak can also conceal his thoughts by deceiving and lying. Flowers and animals can neither speak the truth nor tell a lie; they are innocent, for they can neither express nor conceal their inner life. Animals may sing and howl or neigh and bark, but compared with human beings they are essentially mute. They are not properly silent, for they cannot speak. Whoever has a dog or a cat knows that our communication with them is hopelessly one-sided; they are sadly and happily contained in themselves.

It must have been such an experience of man with animals which induced the Greek philosophers to define man as a *zoon logon echon*, as an animal having logos, that is, reason as well as speech, reasonable speech. Both are ultimately the same, for there is no human reason apart from the faculty of speech. All our reasoning is a thinking in and through the meaning of words, bound up with language. The Greeks in particular were extremely gifted for reasoning and talking; they cultivated the great gift of language to a degree of subtlety which is unparalleled in modern times. Rhetoric was a most serious part of their education, and one can still feel the influence of it in the great preachers and writers of the early Church.

But why did all the great founders and leaders of the Christian Church condemn the power of speech, by which man is distinguished from animals? Why did they time and again warn against the use and abuse of speech, and work out severe rules in regard to our natural habit of talking? Why does, e.g., St. Benedict in his monastic rule recommend silence as one of the most important spiritual disciplines? He says that it is not enough to refrain from bad and idle talk, but we must also refrain from good and edifying speech, for silence is in principle preferable to speech. According to his rule, to speak and instruct is the business of the master, while to listen and be silent the proper attitude of the disciple. He did not believe like our modern education, that so-called findings will emerge by mere discussion among several equally uninformed people. He took it for granted that only thoroughly competent people should speak about matters of spiritual importance, and that the rest should be silent. Like all Christian ascetics, Benedict understood the ascetic value of silence, though he does not explain in detail the dangerous implications of speech.

A follower of Benedict, Pope Gregory the Great, was more explicit about this. He wrote in the 6th century a book on *Pastoral Rule*. In its third part, it contains more profound advice for spiritual counselling than all of the contemporary pseudo–scientific literature on this subject. He did not rely on experiments, statistics, and questionnaires, but on his direct Christian insight into the soul of man. In the 14th chapter he deals with the question, »How the silent and the talkative are to be admonished«. (Anm. 74) He goes far beyond the rule of Benedict, for he realized that we might be caught not only in our speech, but also in our silence. Let us first consider how the talkative are to be admonished, and then how the silent.

The talkative, Gregory says, flow out in a multitude of words, like water when let loose falls away, dispersing itself unprofitably through the lowest places, instead of being held back at higher levels. A talkative man who is unrestrained by the censorship of silence is dissipated by his many superfluous words. He ist unable to return to inward knowledge of himself, and exposed to all kinds of spiritual danger, having no defense of watchfulness around his self. His city of the mind has no wall of silence to protect him. Having no wall of silence, he also has no inner peace. And while he neglects to guard against idle words, he will easily go on to hurtful ones, from harmless words to detraction and slander. He has forgotten the words of Isaiah, that »the culture of righteousness is silence,« and of James, »be swift to hear but slow to speak« (Anm. 75).

Let us now turn to Gregory's advice to the over–silent. Though they are wiser than the talkative, by avoiding the temptation of wasteful and sinful talk, they are by their very wisdom involved in other vices. They are restrained and reserved but only in their relations to others, while this very reserve involves them in a loquacity of the heart. There is a type of silent people who, out of pride and conceit, do not want to compromise themselves by talking. They listen with an inner feeling of superiority to those who are so naive as to reveal their foolishness by talking. They follow the Latin maxim, *si tacuisses philosophus mansisses*, i.e., if you had kept silent, you would have remained a philosopher. Their wisdom is worldly prudence. Other people keep silent when they suffer from some injustice, but inwardly they feel it the more keenly as they swallow it down, thus fixing their choked resentment. The natural character would speak out and then he would be again at peace with himself and his fellow men. Gregory admonishes these over-silent people that they should by no means keep from their neighbors the grounds on which they justly blame them, if they really love their neighbors as themselves.

Taking both considerations of the talkative and the silent together, Gregory's advice is that a wise man will discriminate between the right time to be silent and to speak out. He will set guard before his mouth, and a door at his lips, not a wall, but a door which can be opened and closed at the proper time. Gregory's analysis of speech and silence shows that the significance of silence depends entirely upon its motivations. There are as many kinds of silence as there are motivations for it. Silence can be the cheap virtue of prudence motivated by cautiousness. It can be the expression of temperamental and intellectual poverty; not *all* still waters are deep. Silence can be a heroic discipline; martyrs as well as great criminals have this power of taciturnity. Silence can be motivated by revenge. Silence can be motivated by courage and strength as well as by cowardice and weakness.

Like all human expressions, the power of silence and speech is profoundly ambiguous. Hence, one of the Old Testament proverbs: »Death and life are in the power of the tongue« [*Prov. Sal.* 18, 21].

The classic definition of man as a *zoon logon echon*, as a living being capable of reasonable speech, can be supplemented by another Greek definition of man as a *zoon politikon*, i.e., a living being which is essentially living in and with the polis, the political community where we have things in common. Both definitions supplement one another, because the faculty of speech is indeed the chief communicative link by which a man lives together with his fellow man, not isolated, but in a community of common interests. Speech is concomitant with sociability. It is unnatural to talk to one's self. It is, however, most natural to talk in company, and even a monologue requires some real or imaginary audience. On the other hand, silence is concomitant with aloneness. It is unnatural to be silent in company, but most natural to be silent in solitariness. If all men became suddenly mute and deaf, all communication by speech would cease and each person would live as a self-contained individual, beside others but not together with them. Silence separates and individualizes.

Insofar the social aspect of silence is primarily negative, for silence isolates man from his talkative sociability. This aspect of silence has been most vividly emphasized by the devotional classics. In *The Imitation of Christ* (Bk. I, ch. XX and X) we read, »If thou wilt withdraw thyself from superfluous words and from unprofitable runnings-about and from hearing of rumors and of vain tales, thou shalt find time convenient to be occupied in holy meditations. The most holy men and women that ever were, as far as they could, fled the company of worldly-living men and chose to serve God in the secret of their hearts; and one holy man said: ›As oft as I have been among worldly company I have departed with less fervour of spirit than I had when I came.‹ And that we know well, whensoever we talk long, for it is not so hard always to keep silence as it is not to exceed in words when we speak much. It is also easier to be always solitary at home than to go forth into the world and not offend. Therefore, he that intendeth to come to an inward setting of his heart in God and to have the grace of devotion must, with our Savior Christ, withdraw him from the people. No man may safely appear among the people but he that would gladly be solitary if he might; none speaketh surely but he that would gladly keep silence if he might«.

Silence and solitude are inter-related. Both are what they are by privation: privation form company and thereby also from the temptation of being talkative. Thomas' advice is to flee the company of worldly living people because it hinders the fervour of spirit, though it be done with a good intent. »I would I had holden my peace many times when I have spoken, and that I had not been so much among worldly company as I have been. But why are we so glad to speak and commune together, since we so seldom depart without some hurt of conscience? This ist the cause: by our communing together we think to comfort each other and to refresh our hearts when we be troubled with vain imaginations; and we speak most gladly of such things as we most love, or else of things that be most contrarious unto us. But alas for sorrow, all is vain that we do, for this outward comfort is no little hindrance to the true inward comfort that cometh of God. Nevertheless a devout communing of spiritual things sometimes helpeth right much to the health of the soul, especially when men of one mind and of one spirit in God do meet, and speak, and commune together«.

This brings to mind an apparent exception to the thesis that the social aspect of silence is solitariness. There is also a kind of social silence as practiced by the Quakers. In their meetings they are silent and at the same time in communication with one another – but only insofar as they are communicated to by the Divine Presence. This communicative silence is, however, no less opposed to the ordinary intercourse by speaking than the solitary silence. Though communicating in silence, the whole group is isolated from the world and its noise.

But silence and solitude – either individual or group solitude – are not merely negative states of our social and talkative being. If silence were only an interruption of speech, a mere pause in the flux of conversation, a lack of response and expression, it would not be worthwhile to talk about silence. Real silence is more than absence of speech. It is affirmative and significant, even in ordinary conversation. One speaks last not least through omissions. Most decisive things are often said by unspoken words, and silences can be as expressive as a crash of sound. Only by being silent can one *listen* to a speech and think about it. In the ordinary reciprocity of listening and talking this silence is, however, restricted to short intervals; we listen only insofar and inasmuch as we are eager to respond. Our conversational listening is conditioned by our intention to speak.

But we can also listen without communicative purpose. We can simply be in the attitude of listening. To what? To the silence as such; and only then we apprehend the quiet eloquence of silence. Such attentive listening into the surrounding silence is not mere passivity, but a kind of obedient hearing, of surrendering one's own ego and its selfish will to something greater than ourselves. This is not a talkative listening, but a metaphysical and religious listening to the voice of silence, by which silence, as such, is revealed as »the oldest of things.« It is that silence which brooded over the waters in the creation, an eternal silence, eternity itself. And now we must reverse our first impression that silence is only an interruption of speech, and say: human speech, eloquence and loquacity are only an interruption of that eternal silence, the understanding of which is the beginning and end of all true philosophy and religion.

It is particularly characteristic of all oriental spirituality. Oriental people have an atmosphere of impenetrable silence around themselves, not because they are dull and expressionless, but because they know how to listen. They are trained in the discipline of silence. For a Westerner, this Oriental silence is sometimes exasperating. Perfect composure and calmness of body and mind are foreign to the Western practice of being busy, in alternation with relaxation and laziness. The classic expression of this Oriental silence is the *Flower Sermon* of Buddha. After having preached for 45 years, Buddha declared that he had not said one word about the truth. Instead of preaching, at this occasion he silently raised a flower. From this flower sermon a whole spiritual movement, Zen Buddhism, grew. But since Oriental silence is rather strange to us, it is better that this essay on speech and silence be closed with a passage from a great American writer. In his novel *Pierre or the Ambiguities* Herman Melville describes a journey of the tragic

hero and his sister, during which no word was spoken. Melville
introduces this scene with the following words: »All profound things
and emotions of things are preceded and attended by silence. In silence
the child Christ was born into the world. Silence is the general
consecration of the universe. Silence is the invisible laying-on of the
Divine Pontiff's hands upon the world. Silence is at once the most
harmless and the most awful thing in all nature. It speaks of the
reserved forces of Fate. Silence is the only voice of our God. Nor is this
so august silence confined to things simply touching or grand. Like the
air, silence permeates all things and produces its magical power, as
well during that peculiar mood which prevails at a solitary traveler's
first setting forth on a journey, as at the unimaginable time when
before the world was, silence brooded on the face of the waters.«
(Anm. 76)

Modern man has forgotten to listen to this silence. Our world
becomes increasingly loud, noisy, — deafening with noise. We can no
longer hear and our words have become false.

Die Sprache als Vermittler
von Mensch und Welt

1958

I

Seit Luther hat das Wort des Alten und Neuen Testaments wieder das entscheidende Gewicht bekommen, das ihm zukommen muß, wenn der christliche Glaube, und mit ihm die Theologie, auf etwas Gesagtem und Niedergeschriebenem beruht, auf einem Buch, der Heiligen Schrift, in deren Wort sich Gott durch Jesus Christus und die Propheten des Alten Testaments offenbart haben soll. Auch wer nicht an den verbalen Inspirationscharakter der Bibel glaubt, kann als Theologe nicht umhin, sie philologisch wörtlich zu nehmen – sei es auch nur, um die historisch bedingten und mythischen Elemente als solche zu erkennen und so das Wesentliche der christlichen Verkündigung, ohne Einkleidungen, Zutaten und Entstellungen, interpretierend herauszustellen. Die Heilige Schrift verlangt einen aufhorchenden Leser, das gesprochene Befehlswort Gottes einen gehorsamen Hörer. Dieser auf Gottes Wort gehorsam hörende Leser ist aber ein gefallener, gottloser, ungöttlicher Mensch und darum als angesprochener Fürsprecher Gottes – als »Theo-loge« – in einer fundamentalen Verlegenheit.

Es ist das Verdienst von K. Barth, daß er vor achtundzwanzig Jahren diese Verlegenheit deutlich machte. »Wir sollen«, heißt es in seinem programmatischen Vortrag von 1922 über *Das Wort Gottes als Aufgabe der Theologie* (Anm. 77) »als Theologen von Gott reden. Wir sind aber Menschen und können als solche nicht von Gott reden. Wir sollen beides, *unser Sollen und unser Nichtkönnen*, wissen und eben damit Gott die Ehre geben«[1]. Wenn die Fragwürdigkeit des theologischen Redens von Gott an den »*Grenzen der Humanität*«

---

1 Vgl. Rudolf Bultmann, *Welchen Sinn hat es, von Gott zu reden?* und *Der Begriff des Wortes Gottes im Neuen Testament;* beides in: R. Bultmann, *Glauben und Verstehen. Gesammelte Aufsätze.* Tübingen: Mohr, Bd. I, 1933 [2. Aufl. 1954].

liegt, dann kann der Mensch von Gott nicht so reden, als stünde er mit
Ihm auf dem gemeinsamen Boden einer wechselseitigen Unterredung.
Wie soll er in seiner erbärmlichen Menschlichkeit und Endlichkeit von
dem ewigen Gott reden und ihn bezeugen können, es sei denn »dialektisch«, durch ein beharrliches Nein-sagen zu dem jeweils einen Glied
des Mißverhältnisses? Denn von Gott, der ganz anders ist, reden,
bedeutet ja nicht vom Menschen »in etwas erhöhtem Ton« reden[2]. Die
Möglichkeit, daß nicht nur der Mensch, indem er *über* Gott redet, zu
Wort kommt, sondern daß Gott *selbst* zum Menschen spricht, wo von
ihm gesprochen wird, diese Möglichkeit, sagt Barth, liegt auch nicht
auf dem dialektischen Weg, sondern dort, wo auch dieser Weg
abbricht und als Ausweg erkannt wird. Der Dialektiker ist an sich
nicht besser daran als der Dogmatiker und der Kritiker. Eigentlich von
Gott kann nur Gott selber reden. Und wenn die Aufgabe der Theologie das »Wort Gottes« ist, dann bedeutet das »die sichere *Niederlage*
der Theologie und aller Theologen«. Auch der Hinweis darauf, daß
unsere Bedrängnis unsere Verheißung sein könnte, nutzt nichts, wenn
ich – ein Mensch – das so hinsage. Es müßte auch hier wieder Gott
selber sein, der solches sagt und verheißt. Einen wirklichen Ausweg
aus der Verlegenheit gäbe es nur dann, wenn das Wort Gottes, »das
wir nie sprechen werden«, unsere Schwachheit und Verkehrtheit
angenommen hat, »so daß *unser* Wort *in* seiner Schwachheit und
Verkehrtheit fähig geworden wäre, wenigstens Hülle und irdenes
Gefäß des Wortes Gottes zu werden«. Das könnte, meint Barth, so
sein. Wenn ich recht verstehe, bedeuten diese letzten Sätze, daß man
von Gott nur sprechen kann, weil und sofern er sich selbst in einem
irdenen Gefäß, in der Gestalt eines von ihm *redenden Menschen*
geoffenbart hat. Die vermittelnde Mitte, durch die wir Menschen
Gottes Wort vernehmen können, ist Jesus Christus, durch den Gott
selbst auf menschliche Weise zum Menschen spricht. Das Problem der
Theologie als eines Redens von Gott wird aber damit nicht weniger
problematisch. Es sammelt sich in dem Wunder der Selbstoffenbarung
Gottes in einem sterblichen Menschen. Dieses Wunder der Inkarna-
tion ist der letzte Grund alles menschlich-theologischen Hören- und
Redenkönnens.

Barth ist in den fünfundzwanzig Jahren seit seinem programmatischen Aufruf naturgemäß älter und auch weiser und humaner gewor-

2 Vgl. Karl Barth, *Ludwig Feuerbach*, in: Zwischen den Zeiten 5 (1927),
S. 11–40.

den. Er hat seine damalige kritisch-polemische Position in einer retrac-
tatio über *Die Menschlichkeit Gottes* (Anm. 78) korrigiert, ohne die
prinzipielle anthropologisch-theologische Differenz auszugleichen
oder gar preiszugeben. Es ist erstaunlich, wie er im Ausgang von dem
schmalen Gratweg der entscheidenden Differenz dennoch zu einer
breitangelegten »kirchlichen Dogmatik« (Anm. 79) fortschreiten
konnte. Aber auch dieses Werk enthält m. W. nichts Weiterführendes
zur Problematik des Verhältnisses von Gotteswort und menschlicher
Rede, in der auch der orthodoxeste Theologe sprechen und schreiben
muß, wenn er nicht überhaupt schweigen will. Das Problem wäre nur
dann *kein* Problem, wenn – wie es einmal bei Platon hieß – die Götter
alles anders nennen als wir, so daß Götter und Menschen aneinander
vorbeireden, oder wenn Christus nur so wie der Ironiker Sokrates vom
Göttlichen geredet hätte, ohne zu beanspruchen, daß Gott selbst
authentisch aus ihm spricht. Angenommen aber, daß Gott selbst durch
Christus in der Sprache des Menschen redet (aramäisch oder griechisch oder deutsch), wo bleibt dann die entscheidende Differenz
zwischen Gott und Mensch? Verwandelt sie sich in eine Identität oder
doch in eine Analogie? Und wie sollte man, wenn Gott mittels des
Gottmenschen die Sprache des Menschen spricht, noch eindeutig
unterscheiden können, was in dieser zwiefachen Sprache Gotteswort
und Menschenwort ist, was von uns hörend aufgefaßt und hineinge-
legt und was von ihm sprechend ausgesagt wird? Er spricht z. B. von
der »Liebe« zum Nächsten, die etwas anderes ist als die bekannte
sinnliche Menschenliebe zum anderen Geschlecht. Aber wie sollte man
ihre Andersartigkeit als Mensch verstehen können, wenn nicht die
dem Menschen natürliche Liebe auch den Zugang zur platonisch oder
christlich verstandenen gibt und sich in dieser mehr als natürlichen
Liebe steigert, umkehrt oder fortsetzt? Auch der vielberufene
»Anspruch« der Anrede Gottes vermag keine kritische Unterscheidung beizustellen, denn *jeder* Anspruch eines jeden andern ist, indem
er von mir vernommen wird, zweideutig: er wird nur als Anspruch
vernehmbar, indem ich auch selber etwas beanspruche, nämlich eben
dies, daß mich die Rede eines andern in ganz besonderer Weise angeht
oder in Anspruch nimmt. Desgleichen besteht in jedem Fall die
Möglichkeit, einem Anspruch gehorsam zu folgen oder nicht zu
folgen. Auch Heidegger spricht vom Logos[3] als einem versammelnden

3 Vorträge und Aufsätze, 1954, S. 207 ff. [= Aufsatz über *Logos (Heraklit,
Fragment 50)*].

»Hören« im Sinn von Gehorchen, und auch er beansprucht, das Wort des sich ihm zusprechenden Seins zur Sprache zu bringen, ohne jedoch offenbarungsgläubig im christlichen Sinne zu sein. In jedem Fall *entspricht* dem hörbaren Anspruch des Einen – Gottes, beziehungsweise des Seins – die horchsame Antwort des Andern: des Christen, beziehungsweise des menschlichen Daseins. Aus diesem dehnbaren, aber unzerbrechlichen Kreise des einander Entsprechens ist nicht herauszukommen, es sei denn, daß uns etwas in einer Sprache gesagt wird, die uns überhaupt nicht anspricht, weil wir sie nicht verstehen können, so daß wir der Anrede auch gar nicht entsprechen können. Wir hören dann nur Laute ohne Sinn, auch wenn wir wissen oder vermuten, daß sie für den Andern einen solchen haben müssen, der aber nicht für menschliche Ohren ist. In diesem Fall treten wir aber auch nicht aus dem Umkreis einer möglichen Entsprechung heraus, sondern wir begeben uns gar nicht in ihn hinein, wir ziehen uns statt dessen auf uns und unseresgleichen zurück, weil wir nur mit solchen reden können. Ein Mensch oder auch ein Gott, der eine nur ihm eigene Sprache spräche, kann nicht erwarten, daß man ihm Rede und Antwort steht und seinen Anspruch vernimmt. Es bedürfte dazu eines Dolmetschers, der sich sowohl auf die Sprache der Menschen wie auf die Sprache Gottes versteht. Die seit Barth und Bultmann gebräuchlich gewordene Rede vom »Anspruch« des »Wortes Gottes« bleibt unfruchtbar, dogmatisch-existenziell, solange nicht versucht wird, die besondere Sprache der christlichen Verkündigung und Theologie in ihren prinzipiellen Zusammenhang mit der allgemein menschlichen Sprach- und Denkfähigkeit hineinzustellen.

E. Schlink[4] hat in einer durch den ökumenischen Gesichtspunkt bedingten Abhandlung über *Die Struktur der dogmatischen Aussage* einen solchen Versuch unternommen. Seine leitende Absicht ist jedoch nicht die Erörterung der Sprache als solcher, sondern die Einbeziehung der dogmatischen Aussage über Gott in die elementaren Aussageweisen des Glaubens, wie Anbetung und Gebet, Verkündigung, Predigt, Bekenntnis. Dabei stößt Schlink, im Anschluß an Cassirer und Leisegang, auf die »anthropologischen Grundformen« des Denkens, Erkennens und Sagens, innerhalb derer sich auch die theologische Aussage bewegt, um sie in ihrer besonderen Eigenart davon abzuheben [S. 275 ff.]. Wodurch hebt sie sich aber ab, wenn nicht schon durch

---

4 In: Kerygma und Dogma 3 (1957), S. 251–306.

ihren dogmatischen Anspruch? Schlink sagt, daß die christliche Verkündigung, wenn sie den Menschen treffe, ihn bis in sein Grundgefüge
erschüttere und die Grundformen durchbreche, in denen er gemeinhin
sein Leben gesichert wähnt. »Die Selbstverständlichkeiten seines ...
Existenzbewußtseins und das Gehäuse seiner Umwelterkenntnis und
-bemächtigung werden ihm zerschlagen« [S. 285]. Kann dies aber
wirklich als das unvergleichlich Besondere des Hörens und Lesens des
Evangeliums beansprucht werden? Gewiß sind die Bekehrten aller
Zeiten, von Augustin bis zu Hamann, durch das Lesen des Evangeliums erschüttert und aufgeschlossen worden, und sofern sie über die
Sprache nachdachten, hat ihre Umkehr auch die gewöhnliche Ansicht
von ihr verändert. Aber welcher bedeutende Denker von Platon bis
Nietzsche hat nicht auch die selbstverständlichen Grundformen unseres gewöhnlichen Existenzbewußtseins und unseres alltäglichen Denkens und Sprechens durchbrochen, ohne den Anspruch des Evangeliums zu Hilfe zu nehmen? Und was sind diese gewöhnlichen Grundformen unseres Sprechens und Denkens? Schlink führt als eine solche
Grundform unseres Denkens die bekannte Subjekt-Objekt-Spaltung
an [S. 277] und in sprachlicher Hinsicht die unter der Herrschaft der
traditionellen Logik zum Modell gewordene Aussage eines Subjekts
über einen objektiven Sachverhalt, im Unterschied zu den ursprünglichen Formen der Rede, wie Anrede, Frage, Wunsch, Befehl. Aber auch
dieses Aufbrechen einer festgefahrenen und unzulänglichen Aussage-
form und einer fixierten Gegenüberstellung von Subjekt und Objekt
ist keineswegs eine besondere Leistung der Theologie, sondern eine
kritische Entdeckung der Philosophie, die sich seit Hegels spekulativer
Logik und seit Heideggers Destruktion der traditionellen Ontologie
um gar nichts anderes bemüht als um den Abbau der gegenständlichen
Aussage und der objektivierenden Subjektivität, indem sie alle metaphysischen Grundformen des Denkens in Frage stellt, nicht zuletzt die
Grundsätze der überlieferten Philosophie, den Satz vom Grunde und
von der Identität. Es bedarf also offenbar keines göttlichen Mittlers,
um über den Gegensatz von Subjektivität und Objektivität oder von
Immanenz und Transzendenz hinaus zu kommen. Es bedarf auch
nicht des Evangeliums, um das »Vorverständnis« in allem Verstehen
in Frage zu stellen. Vielmehr hat die protestantische Theologie diesen
Begriff aus Heideggers *Sein und Zeit* übernommen. Desgleichen ist der
Versuch, das Verhältnis von Gott und Mensch nicht sach-, sondern
personenhaft, als persönliche »Begegnung« von »Ich und Du« zu

fassen, bereits lange vor M. Buber und F. Ebner von Feuerbach unternommen worden, obschon nicht im Dienste der Theologie, sondern der Anthropologie, und lange vor Feuerbach hat W. von Humboldt die prinzipielle Zusammengehörigkeit von erster und zweiter Person im Unterschied zur dritten sprachphilosophisch entwickelt. Im übrigen warnt Schlink selbst mit Recht vor einer Verabsolutierung dieses Ich-Du-Modells [S. 273 f.], als ließe sich dadurch die ontologisch-theologische Frage beseitigen und der Abstand zwischen Gott und Mensch überbrücken.

Wenn somit die gegenwärtige Philosophie der gegenwärtigen Theologie auf mehr als halbem Wege entgegenkommt, kann dann die »theologische Aussage« einen von allen andern Aussagen verschiedenen Grund in Anspruch nehmen, der nur ihr zu eigen ist, weil sie allein »Antwort auf Gottes Offenbarung« ist? Daß sie darauf antworten möchte, ist unbestreitbar, wohl aber wäre zu fragen, ob der Mensch überhaupt etwas offenbart bekommen und darauf antworten kann, wenn diese Offenbarung nicht auch zu seinen menschlichen Sinnen und in menschlicher Sprache spricht und also auf uns abgestimmt ist und nicht wie etwas gänzlich Anderes und Fremdes in das Eigene hereinbricht? Das würde aber, theologisch gesagt, bedeuten, daß sich die übernatürliche Offenbarung nicht ohne eine natürliche offenbaren kann und daß sich folglich die christliche Theologie nicht ohne die natürliche Theologie der Philosophie menschlich verständlich machen kann. Woher sollten wir Menschen überhaupt wissen, daß Gottes Offenbarung Gottes Offenbarung ist, wenn sich Gott nicht in menschlicher Weise und in menschlicher Sprache offenbart und sich damit in die prinzipielle Zweideutigkeit des Zirkels der Entsprechung hineinbegibt? Gerade wenn man einsieht, daß Gottes Offenbarung, wie schon eine jede menschliche Selbstenthüllung, kein objektiver Sachverhalt gegenüber einer in sich verschlossenen Subjektivität ist, wird man zum mindesten der Barthschen »Dialektik« Raum geben müssen und damit die Unmöglichkeit einer rein theologischen Aussage anerkennen müssen. Auch der »Beweis des Geistes und der Kraft« hilft hier nichts, denn eine umwandelnde Wirkung auf unser Denken, Sprechen und Tun hat nicht nur die Lesung der Heiligen Schrift, sondern auch das Lesen ganz anderer Schriften, und auch ohne jedes hörbare und lesbare Wort kann es geschehen, daß jemand eine Erfahrung macht und eine wortlose Erleuchtung hat, die fortan sein ganzes Leben und Denken neu bestimmt. Die »theologia crucis« wird zwar auch eine

»philologia crucis« erfordern und, wie bei J. Böhme und Hamann, die tiefsinnigsten und unsinnigsten Spekulationen über die Sprache veranlassen, aber das bedeutet nicht, daß das universale und fundamentale Problem der Sprache und ihrer Aussageweisen, wenn es »vom Evangelium her« behandelt wird und also im Hinblick auf Gottes Offenbarung, aus dem Umkreis der menschlichen Möglichkeiten des Hörens und des entsprechenden Antwortens herausführen könnte – es sei denn, es geschähe in den Antworten des Glaubens »die pfingstliche Durchbrechung« der Schranken der Sprache und der durch sie bedingten Denkformen. Wer aber an die Möglichkeit des geistlichen Redens »mit anderen Zungen« glaubt, ohne sich wie die Zeitgenossen des Verfassers der Apostelgeschichte zu »entsetzen« und »irre zu werden«, der kann m. E. auch von vornherein an die verbale Inspiration der Heiligen Schrift glauben und damit das Problem der theologischen Aussage mit einem Schlage lösen. Ohne eine solche Durchbrechung des menschlichen Geistes durch den Heiligen Geist, d. h. ohne ein absolutes Wunder, das von einem Mirakel schwerlich zu unterscheiden ist[5], kann es keine spezifisch und ausschließlich theologische Aussage geben, d. h. eine Aussage, die den Anspruch einseitig und eindeutig von Gott empfängt und nicht auch vom Menschen als solche beansprucht wird. Wir verlassen damit die Problematik der theologischen Aussage, um uns dem nicht minder Rätselhaften der menschlichen Rede zuzuwenden, deren dunkler Ursprung im Faktum der Menschwerdung liegt und deren unerschöpfliches Thema das Ganze des Seienden oder die Welt ist.

II

Die Besinnung auf das Rätsel der Sprache ist so alt wie die Philosophie; Sprachphilosophie im modernen Sinn gibt es jedoch erst seit Herder, F. Schlegel und W. von Humboldt. – Im Lehrgedicht des Parmenides [Frg. 8, 38 f.] heißt es, die Menschen hätten den Dingen einen Namen gesetzt, einem jeglichen zur Bezeichnung. Zugleich sagt Parmenides aber auch: bloße Namen nur sind es, die der Sterblichen Sprache erfunden. In diesen beiden Sätzen liegt eine Anerkennung und zugleich eine Kritik der Sprache: alles was ist, empfängt durch den es nennenden Menschen einen Namen, der es in bezeichnender Weise zur

5 Rudolf Bultmann, *Zur Frage des Wunders*, a.a.O. (Anm. 1), S. 214 ff.

Sprache bringt; alles von uns zur Sprache Gebrachte ist aber ein bloßer
Name, eine Erfindung des Menschen, der ein Sterblicher ist und dessen
Benennungen darum ebenso unbeständig sind wie er selbst. Die Reich-
weite des Bereichs der Sprache begrenzt sich in diesen Sätzen des
Parmenides theologisch an der Endlichkeit des Menschen, im Unter-
schied zu den unsterblichen Göttern. Mit dieser Unterscheidung von
Mensch und Göttern taucht zugleich die von Platon entwickelte Frage
nach dem Verhältnis von menschlicher Sprache und anonymer Sache
auf oder von Wort und Ding. Ist es bloß menschliche Satzung und
Willkür, die den Dingen bestimmte Namen zuspricht, oder kommt die
Natur der Dinge in den menschlichen Worten wahrhaft zur Sprache?
Sind unsere Worte bloße und also vertauschbare Zeichen für etwas
ganz anderes, ohne für das mit ihnen Bezeichnete sachlich kennzeichnend zu sein, oder ist das Wort in irgendeiner Weise eine Nachahmung
und ein natürliches Abbild der Natur der Dinge? Platons Dialog
Kratylos spricht unter dem Titel νόμος und φύσις beide Möglichkeiten durch, ohne sich am Ende für eine der beiden Thesen zu entscheiden, weil beide in Ausweglosigkeiten führen. Wenn die Nomos- oder
Satzungstheorie zuträfe und die Sprache nur ein willkürlich festgesetztes und dann gebräuchlich gewordenes System von Bezeichnungen
wäre, die nichts über die Natur der bezeichneten Dinge sagen, wenn
das Wort bloß νόμῳ und τύχῃ, aber nicht φύσει wäre, dann würde es
überhaupt keine Wahrheit und Richtigkeit der Erkenntnis geben, und
der Weg wäre frei für jede beliebige Festsetzung bestimmter Worte für
bestimmte Dinge. Es wäre dann z. B. nicht einzusehen, weshalb der
Mensch nicht Pferd und das Pferd nicht Mensch heißen könnte. Wenn
umgekehrt die Worte die Natur oder φύσις der Dinge genau so, wie
sie selber sind, nachahmend wiedergäben, dann wäre alles doppelt da,
und man würde von keinem der beiden mehr angeben können,
welches das Ding selbst und welches das Wort ist. Andererseits
können aber die Worte auch nicht völlig verschieden von den Dingen
sein, denn wie könnten wir sonst die Dinge schon dadurch verstehen,
daß wir die sie nennenden Worte verstehen? Auch wer zum ersten Mal
wie ein wortbildender Gesetzgeber ein bestimmtes Wort für ein Ding
festsetzte, muß doch wohl der Meinung gewesen sein, daß das Ding so
ist, wie er es wörtlich festsetzte. Wie soll man aber Wörter festsetzen
können, wenn nicht schon irgendwelche Benennungen verfügbar sind?
Es scheint unmöglich zu sein, aus dem Umkreis der Sprache herauszutreten, um namenlose Dinge sachgemäß zu benennen.

Nachdem Sokrates durch das Ausfragen der beiden Hauptunterredner die Aporien entwickelt hat, die sowohl in der Physistheorie wie
in der Nomostheorie enthalten sind, deutet er am Schluß die Möglichkeit ihrer Überwindung durch eine übersprachliche Wesenserkenntnis
an. Denn wenn die Wörter in Streit geraten, indem sie gegeneinander
behaupten, der Wahrheit der Sache am meisten ähnlich zu sein, dann
würde sich dieser Streit nur entscheiden lassen, wenn es noch etwas
gäbe, das uns ohne Worte offenbart, was das Wesen der Dinge ist.
Zum mindesten wäre es viel sicherer und besser, wenn man die Dinge
durch sie selbst kennenlernen könnte und nicht nur in der fragwürdigen Vermittlung durch die Worte der Sprache, die ständig in Bewegung und Verwandlung sind, wie der sterbliche Mensch. Sokrates
beschließt die Erörterung mit der Bemerkung, daß es einem vernünftigen Menschen nicht anstehe, seine Seele lediglich den Wörtern in
Pflege zu geben. Wie alle platonischen Dialoge endet auch der *Kratylos* mit einer offenen Frage, offen für weitere Untersuchung, und
untersuchen heißt auf griechisch σϰέπτεσϑαι. Im Vergleich zu dieser
sokratischen Skepsis sind wir alle Dogmatiker, die die Fragen theologisch oder philosophisch zum Abschluß bringen möchten.

Deutlicher als im *Kratylos* hat Platon im 7. *Brief* seinen prinzipiellen Zweifel an der Sprache geäußert, indem er dort ausdrücklich sagt,
daß er sein letztes und bestes Wissen weder mündlich noch schriftlich
festgelegt habe. Besonders wenn eine Rede einmal aufgeschrieben ist,
heißt es im *Phaidros*, treibt sie sich allerorten herum, bei den Verständigen nicht minder als bei den Unverständigen, und weiß nicht, zu
wem sie eigentlich reden oder nicht reden soll; sie vermag sich weder
zu wehren noch zu helfen. Die schriftliche Festlegung erzeuge Vielwisser, die im Grund Nichtwisser sind. Nur aus dem fortgesetzten Bemühen in Gemeinschaft mit Gleichgesinnten trete eines Tages die letzte
Einsicht in das Wesen der Dinge plötzlich hervor und entzünde wie ein
abspringender Funke ein Licht, das sich dann durch sich selbst
ernährt. Also eine Art wortlose Erleuchtung, wie sie auch von allen
Weisen des Ostens bezeugt wird. Diese kritische Herabsetzung der
Rede und Schrift ist um so beachtenswerter, als niemand so sehr wie
Platon ein Meister der Unterredung und der begrifflichen Unterschei-
dung mittels der Worte der Sprache war. Innerhalb ihrer ist das
Höchste, das sich erreichen läßt, daß man im Durchsprechen der
Schwierigkeiten ohne nachzulassen alles durchgeht und »durchirrt«,
und dabei zeigt sich, daß sowohl die Nomostheorie wie die Physis-

theorie in Aporien führt, weil die Sprache weder ein indifferentes Mittel zu einem anderweitigen Zweck oder ein bloßes Werkzeug ist, noch ein unmittelbares Abbild der Natur der Dinge.

Aus den im *Kratylos* entwickelten Aporien gibt es keinen Ausweg, solange man die Sprache in einzelne Worte aufteilt, die Worte als Namen für einzelne Dinge fixiert und die Beziehung der Worte auf Dinge als bloße Benennung festsetzt. Der Zusammenhang der Worte im ganzen einer sie wechselseitig bestimmenden Rede und der ursprüngliche Bezug des redenden Menschen zur besprochenen Welt wird damit von vornherein eliminiert, ein Bezug, der allen Worten und Sätzen vorausgeht und sie einbezieht. Schon ein einfacher Imperativ wie »Komm!« oder »Geh!« ist eine verkürzte Aussage, die Mitwelt und Umwelt zur Sprache bringt, und alle Verbindungsworte wie »und«, »weil«, »mit«, »durch« und dergl., ohne die kein Gedankengang aussprechbar wäre, lassen sich so wenig wie die »Verba« im engeren Sinn unter den Nennworten unterbringen.

Weshalb erfolgt nun aber im *Kratylos* die Erörterung der Sprache in dieser Verengung auf Name und Benennung? Die Antwort ergibt sich aus einer Eigenart griechischen Denkens und Sehens. Beherrschend ist für den griechischen Anblick der Welt der Hinblick auf das εἶδος der Dinge, auf ihr bildhaft gestaltetes Aussehen. Die griechische Welt und Götterwelt ist eine Welt von Gestalten, und ihnen entspricht das Wort als eigentümlicher Name, ein ὄνομα, ein Eigenname. Das Wort als eigener Name für eine namhafte Gestalt erhält damit eine vorbildliche Bedeutung für die gesamte Erfahrung und Theorie der Sprache. Das ὄνομα hebt sich aus dem sprachlichen Zusammenhang plastisch heraus und ist selbst schon eine Totalität, die für das Ganze der Sprache einsteht. Sagen läßt sich vielerlei, reden über alles, aber namhaft machen läßt sich nur Gestalthaftes und vor allem die vollkommenen Gestalten der Götter. Daher spielt im *Kratylos* die Erörterung von Götternamen eine so hervorragende Rolle. Wenn Platon die Frage nach der Richtigkeit der Worte mit vielen etymologischen Wortspielen, hinter denen ein ironischer Ernst steckt, vorzüglich an Götternamen entwickelt, so handelt es sich dabei nicht um Etymologie im modernen, sprachwissenschaftlichen Sinn, sondern um eine hintergründige Kritik des Mythos[6]. Der Name war als Göttername religiös

---

6   Siehe dazu Max Warburg, *Zwei Fragen zum »Kratylos«* (= Neue philologische Untersuchungen, 5. Heft, 1929).

sanktioniert und seine etymologische Zergliederung konnte entweder der Begründung oder der Kritik seines mythischen Gehaltes dienen, der Frömmigkeit oder dem Atheismus. Die vielen Etymologien von Götternamen, die einzelne Silben und Buchstaben verschieben, um einen sachlichen Sinn ans Licht zu bringen, haben zum Hintergrund den Zerfall der populären Mythologie und eine philosophische Kritik der Religion.

Die Aufteilung der Sprache in einzelne Worte für einzelne Dinge und die Fixierung der Beziehung von Wort und Ding als einer benennenden Bezeichnung von namenlosen Dingen beschränkt sich jedoch keineswegs auf die Fragestellung des platonischen Dialogs. Sie beherrscht auch noch die sprachphilosophischen Analysen von J. Locke und Leibniz[7]. Erst mit Herders Abhandlung über den Ursprung der Sprache und dann mit F. Schlegel und W. von Humboldt hat die Besinnung auf die Sprache den weiten Horizont bekommen, der auch Heideggers Zurückführung der logisch-grammatischen Aussage auf die welterschließende Rede des menschlichen Daseins kennzeichnet.

III

Das Besondere und Fruchtbare an Humboldts philosophischen Abhandlungen zur Sprache[8] ist, im Unterschied zu Heideggers existenzial-ontologischer Analyse der Rede, daß Humboldt die Sprach*philosophie* von der vergleichenden Sprach*wissenschaft* nicht trennt, sondern diese in jener zur Geltung bringt. Er entwickelt das weltweite Problem der menschlichen Sprache an ganz bestimmten grammatischen und historischen Einzelheiten, aber so, daß er schon in der Analyse einzelner Satz- und Wortbildungen das Ganze der darin antönenden Sprech- und Denkweise, den sprechenden Menschen und die besprochene Welt, im Auge behält. Der Ausgangspunkt seiner Analysen ist, nach dem Vorgang von Herder, nicht mehr ein göttliches Offenbarungswort, sondern ausschließlich die vom Menschen erfahrene und zur Sprache gebrachte Welt. Die Sprache ist kein Wörter-

7 John Locke, *An Essay concerning human understanding*, 3. Buch, und G. W. Leibniz, *Nouveaux Essais sur l'entendement humain*, 3. Buch.
8 Siehe zum Folgenden vor allem Bd. V–VII der Akademieausgabe der *Gesammelten Schriften* (1906–08).

buch, sondern die beständig wandelbare Erzeugung der Aussprache der Menschheit über sich selbst und die Welt. Sie ist nur da im Sprechen, das ein *Sichaussprechen-über-etwas-zu-andern* ist, d. h., sie ist nur lebendig in ihrem wesentlichen Bezug auf die Mitwelt und Umwelt. Sie ist ineins Selbstentäußerung, Mitteilung und sachliche Aussage, aber so, daß das Sichaussprechen zu andern die Welterfahrung mit einschließt. In der Art und Weise wie der Mensch seine Welterfahrung ausspricht, spricht er sich auch schon selber und zu andern aus. Die Sprache vermittelt nicht nur in Anrede und Erwiderung, in Frage und Antwort, den Menschen mit seinen Mitmenschen, sondern sie ist das Medium unseres Weltverhältnisses und insofern schon selbst eine »Weltansicht«. Sie ist es auch dann, wenn wir scheinbar etwas unmittelbar und vor aller Sprache wahrnehmen. Wir gehen auf die Straße und sehen Häuser, Geschäfte, Menschen und Autos, aber wir können nur deshalb diese Dinge verstehend wahrnehmen, weil wir sie *als* Häuser, Menschen und Autos, d. h. in diesen *Bedeutungen* sehen und durch die *Bedeutung der Worte* wahrnehmend hindurchgehen. Wo uns die Worte für eine Sache fehlen, haben wir keine deutliche Wahrnehmung. Wenn Humboldt die Sprache eine »Weltansicht« nennt, so meint er damit keine bloß subjektive Ansicht, sondern zugleich den gegenständlichen Anblick, der sich in einer bestimmten Weise des Hinsehens und Ansehens bestimmt und begrenzt. Die Dinge der Welt machen auf uns diesen oder jenen Eindruck, dem wir in der Sprache einen entsprechenden Ausdruck geben. In den Worten der Sprache formiert sich eine bestimmte Auffassung der Dinge der Welt. Weil die Sprache nie bedeutungslose Dinge bloß zeichenhaft benennt, sondern eine Ansicht der Dinge zur Sprache bringt, wird auch ein und derselbe Gegenstand in verschiedenen Sprachen verschieden benannt. Der Elefant heißt z. B. in einer Sprache der »Zweimaltrinkende« (weil er zuerst mit dem Rüssel und dann mit dem Maul trinkt), in einer anderen der »Zweizahnige«. Keine dieser Bezeichnungen ist falsch, keine ist absolut richtig, aber beide sind zutreffend, indem sie etwas für den Elefanten Eigentümliches und an ihm Auffallendes zur Sprache bringen. Der sprachliche Ausdruck ist also weder ein willkürlich festgesetztes Zeichen noch ein die Natur der Sache wiedergebendes Abbild, sondern Ausdruck für mögliche Ansichten. Humboldt sagt, der Irrtum sei schon längst überwunden, als ob die Sprache ein Inbegriff von Zeichen für außer ihr bestehende Dinge sei, vielmehr müsse man auf die bestimmte

Bezeichnung in bestimmten Sprachen achten, um zu erkennen, daß die Sprache das bildende Organ unserer Auffassung der Welt, eine Weltansicht ist. Die Worte der Sprache bezeichnen nicht bloß wie ein Wegoder Verkehrszeichen unverbindlich etwas ganz anderes, sondern sie sind schon selber, als Wortbedeutungen, das sachlich Bedeutsame an den Dingen der Welt be-deutend. Der Mensch lebt mit den Dingen der Welt so, wie sie ihm die Sprache zuführt, und weil auch sein Empfinden und Handeln von seinen Vorstellungen abhängt, lebt er sogar ausschließlich im Umkreis der Sprachwelt.

Infolge dieses verbindlichen Bezugs der Sprache zu der vom Menschen erfahrenen Welt beantwortet sich auch die Frage des *Kratylos* nach der Richtigkeit und Falschheit der Worte nicht ausweglos absolut oder losgelöst, sondern konkret und verhältnismäßig, aus dem Verhältnis der Worte zum Satz und des Satzes zur Rede, innerhalb derer sich alle einzelnen Worte wechselseitig bestimmen[9]. Der Sinn z. B. des Verbums »stehen« ist ein ganz anderer, wenn ich sage: das Tintenfaß »steht« auf dem Tisch, und wenn ich frage: wo »steht« das geschrieben? Und wenn ich frage: auf welcher Seite steht das? können »Seite« wie »stehen«, je nach der Situation der Rede, links oder rechts von etwas stehen bedeuten oder auch das Stehen eines Zitats auf einer Buchseite. Nur wenn der Hörende dem Sinn einer solchen Rede nicht entspricht, wird er sie mißverstehen, aber nicht, weil die Worte falsch sind, sondern weil er sich nicht nach dem Redenden und dem, wovon die Rede ist, richtet. Wenn man mit Humboldt von der Sprache in ihrer »lebendigen Verrichtung« ausgeht und sie nicht wie ein fertiges Produkt nimmt, dann zeigt sich, wie sich die Richtigkeit des Gesagten aus dem zweifachen Verhältnis der Daseinsbedingungen jeder Sprache bestimmt: aus dem Zusammenhang der Worte im ganzen einer Rede und aus der Rede als einer Zwiesprache und Wechselrede über eine gemeinsame Welt von Dingen. Die Richtigkeit der Worte beruht nicht auf einer freischwebenden Anpassung einzelner Worte als einzelne Dinge, sondern sie bestimmt sich in der Art einer Entsprechung, des Wortes zur Sache und des Hörens zur Anrede. Keiner versteht bei denselben Worten genau das gleiche wie der andere, aber beide verständigen sich über dasselbe, wenn jeder etwas Entsprechendes versteht, in immer neu gewagten Versuchen, sich über etwas verständ-

---

9 Vgl. Ivor A. Richards, *The Philosophy of Rhetoric.* Oxford U. Pr., 1936, ch. 3: »The interinanimation of words« und ch. 5 über »Metaphor«.

lich zu machen. Schon in derselben Sprache wird daher ständig übersetzt. Die isolierte Wortbedeutung kann als solche nie absolut bestimmt sein, denn jedes Wort hat einen Umkreis und Spielraum der Bedeutung, die sich erst in diesem Sichaufeinandereinspielen von Rede und Beredetem sowie von Redenden und Erwidernden bestimmt und modifiziert. Die Bedeutung eines lebendigen Wortes ist, wenn es nicht terminologisch fixiert oder durch den Alltagsgebrauch abgestumpft ist, produktiv »überschwankend« und »überschießend« und gerade durch dieses Über-sich-Hinausweisen offen für weitere Bestimmbarkeit und Bestimmtheit.

Um Humboldts Begriff von der Sprache als einer »Weltansicht« abschließend zu verdeutlichen, referiere ich noch kurz seine Abhandlung über eine bestimmte grammatische Form, den *Dualis* [VI/1, S. 4–30]. Um in einer solchen grammatischen Form die lebendige innere Sprachform des sie formierenden Sprechens zu entdecken, muß man unterscheidend vergleichen, wie sich in verschiedenen Sprachen der Dualis ursprünglich bildet, nämlich auf Grund der »Weltansicht«, die das Zweifache an etwas auffaßt und ausspricht. So kommt es z. B. in einigen Sprachen zur Ausbildung des Dualis auf Grund der Erfahrung der Zweigeschlechtigkeit oder des sich täglich aufdrängenden Unterschieds von Tag und Nacht, von Himmel und Erde, von Land und Wasser, oder auch des von Natur aus Paarweisen (Augen, Ohren, Arme, Beine), um von da aus die Dualität überhaupt zu bezeichnen. In diesen Fällen wird der Dualis vorzüglich in einem *Nomen* zum Ausdruck kommen; er kann aber auch abstrakt in einem *Zahlwort* fixiert werden, je nach der maßgebenden Ansicht und Auffassung des Zweifachen. Die der Sprache am nächsten liegende Ausbildungsstätte des Dualis ist aber das Sprechen selber, weil es als Mitteilung des einen an einen andern schon selbst dual geteilt ist. In diesem Fall wird die grammatische Form kein Nomen und kein Zahlwort, sondern ein persönliches *Fürwort* sein. Der andere, zu dem *Ich* spreche, ist keine »zweite« Person im bloß numerischen Sinn und gleichartig der Dritten, sondern als *Du* oder *alter ego* ein Verhältnisbegriff, wohl unterschieden von jedem *Er*, das nicht wie ein *Du* zu einem *Ich* gehört. Nur äußerlich betrachtet sind Du und Er beide ein Nicht-Ich und alle drei in gleicher Weise Pronomina, in Wirklichkeit ist nur das Du persönliche zweite Person und jeder Er unpersönlicher »Dritter«. Das Er liegt in der Sphäre aller andersartigen Wesen, das Du in der eines gemeinsamen Lebens. In der logisch behandelten Grammatik gilt aber kein

Sprachteil als das, was er für den Vollzug des Sprechenden ist, sondern nur repräsentativ, so wie im grammatischen Satz jedes beliebige Subjekt (S) Subjekt eines Prädikats (P) ist. Analysiert man jedoch einen Satz wie »ich erzählte dir…« im Sinne der Sprache und nicht der Grammatik, so hat er nicht dieselbe Sinnstruktur wie der formal gleichgebaute Satz »er erzählte mir…«. Satzmäßig sind zwar beidemal ein Pronomen Subjekt und ein anderes Objekt, dem ursprünglichen Sprechsinn nach sind aber ich und dir und andererseits er und mir ungleichartige Verhältnisbegriffe.

So sehr aber der Sprachsinn nicht aus der Grammatik, sondern aus der Erfahrung der Welt schöpft, kann er doch auch von sich aus über den nächsten Anblick der Welt übergreifen und eine eigentümlich sprachliche Weltansicht begründen. Ein einfaches Beispiel für einen solchen Übergriff ist das grammatische Genus. An sich hat die Unterscheidung nach dem Geschlecht einen anschaulich erfüllbaren Sinn nur in bezug auf gattungsmäßig verschiedene Lebewesen, aber einige Sprachen bezeichnen darüber hinaus alle Dinge mit einem Genus, auch wenn sie ohne Geschlecht sind. Weshalb ist im Deutschen z. B. *der* Mond männlich und *die* Philosophie weiblich? Mittels des bestimmten Artikels läßt sich auch in besonderer Weise philosophieren und z. B. von *dem Ich, dem* Bewußtsein und *dem* Sein sprechen. Der Infinitiv des Verbums »sein« (esse) läßt sich zu *dem* Sein substantivieren und als *ens, essentia, existentia*, als Seyn und Seiendheit, Seiendes, Dasein, Seinkönnen und Seinlassen manipulieren. Platon und Aristoteles hätten ohne den griechischen Artikel und Hegel und Heidegger hätten ohne den deutschen Artikel und die Substantivierung von Verben nicht sagen können, was sie sagen wollen. Schon im Ciceronianischen Latein und im heutigen Englisch lassen sich diese Sprachkünste und Denkformen nicht adäquat wiedergeben[10]. Der Umstand, daß diese sprachlich-grammatischen Formen die Möglichkeiten der Denkweise vorzeichnend bestimmen, besagt jedoch nicht, daß sich all unser Denken im Gehäuse und Gefängnis der Sprache bewegt und verfängt. Denn andererseits entspringen ja diese gramma-

---

10 Siehe dazu Julius Stenzel, *Über den Einfluß der griechischen Sprache auf die philosophische Begriffsbildung*, in: Neue Jahrbücher für das klassische Altertum, Bd. 47, 24 Jg. (1921), S. 152–164 [auch in: J. Stenzel, *Kleine Schriften zur griechischen Philosophie*. Darmstadt: Gentner, 1956; ebd.: Wiss. Buchgesellschaft, 1957, S. 72–84].

tischen Sprachformen selbst schon bestimmten Möglichkeiten des abstrahierenden Denkens, und so wenig es ein sprachloses Denken[11] gibt, so sehr bleibt doch das Denken vom Sprechen auch unterschieden. Es ist dieselbe geistige Tätigkeit, durch die wir, mit Humboldt gesagt, die Sprache »aus uns herausspinnen« und uns in sie »einspinnen«, ein Kreis, aus dem man nur insofern heraustreten kann, als man zugleich in die Weltansicht einer anderen Sprache eintritt, in immer neuen Versuchen, das rechte Wort für die Wahrheit der Dinge zu finden.

IV

Humboldts Einsicht in die Sprache als eine Weltansicht kann jedoch nicht bedeuten, daß die Welt in die Sprache des Menschen vollkommen eingeht und in ihr aufgeht. Das lebendige Weltall, der außer- und übermenschliche Kosmos, ist immer mehr als der Mensch mit seiner nächsten Umwelt und seiner geschichtlichen Mitwelt, in der allein die Sprache zu Hause ist. Als ein ausschließlich menschliches Phänomen ist sie jedoch, wie der Mensch selber, ein Rätsel, weil sie sich weder auf die wortlose Sprache der Tiere noch auf ein göttliches Wort zurückführen läßt. Daß nur der Mensch sprechen kann und die Welt zur Sprache bringt, ist gerade dadurch bedeutsam, daß die Welt – im Unterschied zu dem Gott, der die Welt durch sein Wort erschuf – *nicht* spricht, sondern stumm ist und uns nur in einem metaphorischen Sinne »anspricht«. Aber: kann man überhaupt sprechen, ohne in Metaphern zu reden? Beschränkt sich die Metapher auf eine spezielle grammatische Redeform, oder macht sie den durchgängigen Charakter der Sprache aus? Nicht nur die dichterische Sprache, auch die alltägliche Umgangssprache, desgleichen die Sprache der Wissenschaft, der Philosophie und der Theologie sind nicht nur voller Metaphern, sondern die ganze Sprache ist metaphorisch. Jean Paul, der selbst in ausgezeichneter Weise ein Dichter der Metapher ist, hat einmal gesagt, die Sprache sei, sofern sie nicht bloß einzelne Gegenstände, sondern »Verhältnisse« zwischen den Dingen bezeichnet, »ein Wörterbuch vergilbter Metaphern« – was wiederum eine Metapher

---

11 Hegel, *Encyclopädie der philosophischen Wissenschaften*, § 462 *Zusatz;* Géza Révész, *Denken und Sprechen*, in: Acta Psychologica 10 (1954), S. 3–50.

zweiten Grades ist, denn weder vergilben Worte wie grüne Blätter, noch ist das Vergilben von Laub eine bloße Verfärbung ins Gelbe. Doch spielt das eine auf das andere an, im Spiel der Worte. Metaphorisch reden heißt wörtlich im übertragenen Sinne reden. Der lateinische Terminus für das griechische Wort ist *translatio*. Die Rede von einer übertragenen Bedeutung setzt als Ausgangspunkt voraus, daß es eine eigentliche, ursprüngliche oder doch gebräuchlicherweise *feststehende Grund*bedeutung gibt, von der die übertragene abgeleitet ist. In dieser Weise hat schon Aristoteles im 21. Kapitel seiner *Poetik* die Metapher definiert, um die poetische Bildersprache ihrer logischen Struktur nach aufzuklären. Vergleicht man die abgeleitete Bedeutung mit der ursprünglichen, dann ergibt sich, daß die metaphorische Rede eine Art abgekürztes Gleichnis ist, das sich formal auf die Form »so – wie« zurückführen läßt. Eine solche Abkürzung ist oft drastisch und witzig[12]. Dabei kann an den Bedeutungswandel des Wortes »Witz« erinnert werden. Das Wort stammt vom Wissen und bedeutet ursprünglich Verstand (Mutterwitz, Wahnwitz, Aberwitz). Im Englischen hat »wit« noch heute diesen Doppelsinn, im Deutschen wird der Verstand erst im 18. Jahrhundert witzig. Als besonders geistreich und witzig gilt es, wenn man dank einer raschen Auffassungsgabe zwischen weit entfernten, unähnlichen Dingen Ähnlichkeiten und Zusammenhänge entdeckt. Und wenn Verstand, Witz, Scharfsinn darin bestehen, daß man Ähnlichkeiten entdeckt, wo stumpfere Geister nur ganz Verschiedenes sehen, und andererseits Unterschiede bemerkt, wo andere nur Gleiches sehen, dann lebt auch der philosophische Verstand oder Witz nicht zuletzt in der Metapher als einem vergleichenden Unterscheiden entfernter Ähnlichkeiten. Einfache Metaphern, die auf einem solchen mehr oder minder witzigen Vergleich von Unterschiedenem beruhen, sind viele Komposita, z. B. Worte wie Fingerhut, Türflügel, Flaschenhals. Eigentlich ist der Hut etwas, das man auf dem Kopf trägt, im uneigentlich übertragenen Sinn trägt man beim Nähen auf dem Finger gleichsam auch so etwas wie einen Hut. Solche handgreiflichen Metaphern verdeutlichen aber gerade nicht den *universalen* und *fundamentalen* Charakter der Sprache als einer metaphorischen Rede. Um bei unserem Beispiel zu bleiben: ist nicht auch das Verbum »tragen« eine

---

12 Siehe zum folgenden Fritz Mauthner, *Beiträge zu einer Kritik der Sprache*. Stuttgart/Berlin: Cotta, Bd. II, 1912, S. 473 ff.

Metapher? Aber von woher wird diese Bedeutung auf anderes übertragen? Angenommen »tragen« bedeute ursprünglich und eigentlich: etwas wie eine Last von einem Ort zu einem andern tragen, wie ist es dann zu verstehen, daß man auch Hüte »trägt«, und zwar gerade dann, wenn man sie nicht irgendwohin oder in der Hand trägt? Und was haben ferner ein Antrag, ein Vortrag, ein Übertrag, Zuträglichkeit und Verträglichkeit mit dem angeblich eigentlichen »tragen« zu tun und dieses mit dem »übertragen« im Sinn der Metapher? Hat es hier noch einen Sinn, nach dem *tertium comparationis* zu suchen, das Verschiedenes vergleichbar macht? Und lassen sich diese ganz verschiedenen Bedeutungen von »tragen«, die sich jeweils aus dem Zusammenhang der Rede bestimmen, als Variationen einer maßgebenden Grundbedeutung fassen? Ist etwa der Fortschritt im Vortrag unseres Gedankenganges nur ein übertragenes, leibhaftig fortschreitendes Gehen? Oder ist ein »düsterer Plan« nur eine Übertragung der äußerlich sichtbaren Düsterkeit eines Novembertags auf die unsichtbaren inneren Absichten eines Menschen? Oder lassen sich solche Bedeutungen nur deshalb übertragen, weil sie etwas aussagen, das gar nicht auf einen bestimmten Gegenstandsbereich zugeschnitten und festgelegt ist, sondern einen beweglichen Umkreis an Bedeutsamkeit hat, der sich in ganz verschiedener Richtung und an ganz verschiedenen Erscheinungen — »äußeren« wie »inneren« — näher bestimmen und erfüllen kann? Das »verwitterte« Gesicht einer alten Frau ist keine bloße Übertragung von dem Eindruck verwitterten Gesteins, sondern auch ein Gestein erscheint nur deshalb als verwittert, weil sich die Bedeutungssphäre »verwittert« auf sehr Vieles und ganz Verschiedenes bedeutungsmäßig in ähnlicher Weise beziehen kann. Am nächsten kommt diesem Sachverhalt B. Snell in seiner Analyse Homerischer Gleichnisse[13]. Wenn in der Ilias das Anstürmen gegen eine feindliche Phalanx geschildert und gesagt wird, sie habe so ausgeharrt *wie* ein Fels in der Meeresbrandung, dann wird nicht menschliches Verhalten auf einen toten Fels anthropomorph übertragen, sondern der Fels in der Brandung eignet sich zur Verdeutlichung menschlichen Ausharrens, weil sich dieses seinerseits petromorph oder felsähnlich deutet. »Ausharren« ist weder ein Privileg von Felsen noch von Menschen ,

---

13 Bruno Snell, *Die Entdeckung des Geistes. Studien zur Entstehung des Geistes bei den Griechen.* Hamburg: Claassen, 3. erw. Aufl. 1955, Kap. XI, S. 258 ff., vor allem S. 269.

sondern eine gegenständlich unfestgelegte Bedeutungssphäre, die sich im Weltverhältnis des Menschen sowohl umweltlich wie mitweltlich erfüllen kann, und zwar so, daß sich die Erfahrung der Umwelt und Mitwelt wechselseitig erhellen, bedeuten und bestimmen. Das eine erinnert an das andere, und wenn man eine Beobachtungsfähigkeit und Einbildungskraft wie M. Proust hat, dann fallen einem bei den gewohntesten und gewöhnlichsten Dingen die scheinbar fernliegensten und ungewöhnlichsten anderen Dinge ein und machen das Gewohnte in einer neuen und ganz ungewöhnlichen Weise bedeutsam. Und weil das sprachliche Weltverhältnis des Menschen nicht auf das Benennen einzelner Dinge beschränkt ist, läßt sich alles mit allem vergleichen und zueinander in eine wechselseitig erhellende Beziehung setzen. Die Metapher erstreckt sich genau so weit wie die Möglichkeit wechselseitiger Verweisung. Das gegenständlich Fernste und Verschiedenste läßt sich bedeutungsmäßig nahebringen und miteinander vergleichen, weil das Verschiedenste denselben charakteristischen Eindruck machen kann, so daß im einen das andere anklingt und anspricht. Man kann eine Landschaft mit genau demselben Recht und derselben Richtigkeit »heiter« oder »düster« nennen wie die Gemütsart eines Menschen, und das eine ist nicht subjektiver und innerlicher oder objektiver und äußerlicher als das andere. Der Grund der sogenannten Übertragbarkeit beruht darauf, daß Worte kein für sich bestehender Wortschatz sind, der sich auf Worte für Äußeres und Inneres, für Außenwelt und Innenwelt verteilt, sondern der Mensch befindet sich in einem alles umfassenden Weltverhältnis, das sich in verschiedener Richtung artikulieren kann und demzufolge alles mit allem in einem wechselseitigen Verhältnis der Bedeutsamkeit steht, das in den Wortbedeutungen zur Sprache kommt. *Wie* freilich den Worten von den Dingen und den Dingen von den Worten Bedeutungen zuwachsen, ist so rätselhaft wie das Faktum, daß überhaupt alles etwas bedeuten kann. Vorausgesetzt jedoch, daß nichts in der Welt bedeutungslos ist, läßt sich einsehen, weshalb wir uns unmittelbar in übertragener Weise von der Welt her und diese von uns her verstehen. Wir können und müssen uns von der Welt her verstehen, weil wir die Welt auch immer schon von uns her verstehen. Die Vermenschlichung der Welt und die Verweltlichung des Menschen sind nur zwei Seiten ein und desselben Sachverhalts. Dieses prinzipiell doppeldeutige Verhältnis ermöglicht auch in der Sprache die gegenseitige Spiegelung und damit die universale Reichweite der Metapher. Im Prinzip ist darum die extrem metaphorische Sprache, etwa von Jean Paul, nicht *mehr* metaphorisch als die Alltagssprache und die wissenschaftliche Prosa. Auch alles, was wir über die Metapher sagten, bestand, etwas »näher besehen«, aus lauter Metaphern.

Philosophie und Theologie machen davon keine Ausnahme. Gemäß der einseitig festgelegten Übertragungstheorie würde sich ihre Rede, soweit sie nicht eindeutig festgelegte Grundbedeutungen aussagt, im Uneigentlichen bewegen und alles nur gleichsam sagen. Trotzdem verstehen wir ihre Sprache ohne Rekurs auf eine angeblich ursprüngliche Grundbedeutung. Die Philosophie redet vom »Ursprünglichen«, ohne an Quellen zu denken, an denen Wasser entspringt; bei Kant gibt es »Formen« der Anschauung; bei Hegel »heben« sich Begriffe »auf«; bei Heidegger macht sogar der Grundsatz vom Grunde einen »Satz« im Sinn von Sprung. Fragen werden »gestellt« und nicht »gelöst«, ohne daran zu denken, daß man »eigentlich« Blumen vors Fenster stellt und einen Hund von seiner Kette löst. Man »führt« etwas auf anderes »zurück«; Sein und Dasein »entsprechen« einander; zwei Sätze, die selber nicht reden können, »widersprechen« sich usw. in jedem Satz einer jeden Seite. Ist also alles Reden metaphorisch und gleichnishaft? Darauf läßt sich mit Ja und mit Nein antworten. Mit Nein, wenn die Übertragung im engeren Sinn von speziellen Metaphern verstanden wird, mit Ja, wenn man verstanden hat, worin alle Vergleichbarkeit und Übertragbarkeit gründet, nämlich in dem ungeteilten aber beziehungsreichen Weltverhältnis des Menschen, worin das eine das andere bedeuten kann.

Zum Abschluß noch ein kurzer Hinweis auf die Konsequenzen, welche sich aus dem prinzipiell metaphorischen Charakter der Sprache für die theologische Aussage ergeben. Theologen sind Ausleger der Heiligen Schrift. Als Exegeten wollen sie feststellen, was dieser oder jener Satz »in Wahrheit« bedeutet, was er eigentlich besagt. Das hat bekanntlich schon bei den Kirchenvätern zu der Unterscheidung eines mehrfachen Schriftsinnes geführt. Einer dieser Schriftsinne ist der nicht-wörtlich zu verstehende, der metaphorische und allegorische, wobei freilich alles darauf ankommt, was man unter dem »wahren«, »eigentlichen« und »ursprünglichen« Sinn versteht und woran sich dieser Anspruch bemißt – z. B. an einer Idee von eigentlicher »Existenz«. Die Unterscheidung eines wörtlichen und eines bloß sinnbildlichen Sinnes ist dann von Augustin aufgenommen worden (*De doctrina Christiana* II, c. 6), und auf ihn beruft sich auch Luther in seiner

Streitschrift *Contra Latomus*, worin er das Problem der theologischen Metapher bespricht[14].

Indem Luther das Heil des Menschen auf das rechte Verständnis des göttlichen Offenbarungswortes stellte, bekam die Philologie die ausgezeichnete Bedeutung der Bewahrung und Erneuerung *des* Wortes, auf das es einzig und allein ankam. Die Sprache als solche hat für Luther keine entscheidende Bedeutung für das Verständnis der Welt und des Menschen. Der Mensch ist ihm kein ζῷον λόγον ἔχον,

14 *Werke* (Weimarer Ausgabe), Bd. VIII, 1889, S. 83 ff.; deutsche Übersetzung von Robert Frick in: *Ausgewählte Werke*, hrsg. v. H. H. Borchardt u. G. Merz. 3. Aufl., Ergänzungsreihe, Bd. 6, München: Kaiser, 1953. Den Hinweis auf diese Schrift verdanke ich Herrn Professor Peter Brunner. Eine Auslegung von Luthers Bemerkungen zur Metapher enthält die Abhandlung von Friedrich Karl Schumann, *Gedanken Luthers zur Frage der »Entmythologisierung«*, in: Schumann, *Wort und Gestalt*. Gesammelte Aufsätze. Witten 1956, S. 165–178. Schumanns Auslegung läßt Luthers kritische Einschränkung des Sinnes der figürlichen Rede im Hinblick auf eine maßgebende Grundbedeutung beiseite und hält sich ausschließlich an die positive Würdigung der bildhaften Rede als solcher, die er seinerseits sprachtheologisch interpretiert. Nach Schumanns Ausdeutung liegt in Luthers Rede von einer *rerum metaphora* die Einsicht enthalten, daß die Übertragung unserer Sünde auf Christus nur in der uneigentlichen, metaphorischen Aussage eigentlich angemessen gesagt werden könne, weil die *metaphora rerum* der *metaphora verborum* entspreche und eine eigentlich-direkte Redeweise die Übertragung unserer Sünde auf Christus begrifflich zu etwas »Vorfindlichem« vergegenständlichen würde. Die uneigentliche Redeweise entspreche »existenziell« dem Charakter der christlichen Verkündigung. Diese existenzielle Interpretation ist trotz ihrer halben Einsicht in das Positive und Unumgängliche der metaphorischen Rede – Schumann läßt sie allenfalls noch für die Dichtung gelten – nicht stichhaltig, und zwar aus zweierlei Gründen: erstens, weil sich der metaphorische Charakter der Sprache, im Unterschied zu handfesten Metaphern, auf *sämtliche* Bereiche der Sprache erstreckt und nicht nur auf die christliche Verkündigung, und zweitens, weil Luther die Übertragung unserer Sünde auf Christus nicht deshalb eine *rerum* metaphora nennt, weil er der Ansicht gewesen wäre, daß sich das eigentlich Gemeinte nur uneigentlich sagen lasse, sondern weil er im Gegenteil voraussetzt, daß der Heilige Geist eindeutig rede und daß diese eine und einzigartige Übertragung keine bloß metaphorische, sondern eine reale ist. Die Übertragung unserer Sünde auf Christus ist, im Unterschied zu allen andern Metaphern, keine bildhaft abgeleitete, sondern die einzig ursprüngliche und entscheidende Realübertragung. Sie betrifft die Heilstatsache, über deren sachlichen Bezug auf die Bedeutung der Worte der Sprache Luther als Gläubiger gar nicht reflektiert. Luther versichert einfach aus dem Glauben, daß diese, unser Heil betreffende Metapher eine »reale« und keine figurative ist, ohne wie Schumann auf das allgemeine und prinzipielle Verhältnis von Sache und Sprache einzugehen.

sondern ein erlösungsbedürftiger Sünder. Die Bedeutung der Sprache liegt dann nicht darin, daß sie den Menschen mit seinesgleichen und mit der Welt vermittelt, sondern darin, daß Gott zum Menschen gesprochen hat – einmal für immer. Luther sagt, Gott hätte auch einen andern, direktere Weg wählen können, um sich dem Menschen zu offenbaren, aber der Mensch wäre nicht imstande gewesen, Gottes unverhüllte Majestät zu ertragen, und deshalb sei ihm die Offenbarung im Schriftwort mitgeteilt worden, welches ebensosehr offenbart wie verhüllt und darum einer Exegese bedarf. Das Wort der Schrift ist nur ein *corpus* des Heiligen Geistes, aber eine für den Menschen unentbehrliche Verkörperung. Niemand habe gewußt, warum Gott die Sprachen habe hervorkommen lassen, bis man einsah, daß es nur um des Evangeliums willen geschehen sei, denn Gott wolle niemand den Geist und den Glauben geben, »ohne das äußerliche Wort und Zeichen, so er dazu eingesetzt hat«. Das Evangelium läßt sich nicht erhalten, ohne die Sprachen, denn sie sind die Scheiden, darin das Messer des Heiligen Geistes steckt. Und weil die christliche Mitteilung ursprünglich nur in den zwei besonderen Sprachen des Hebräischen und Griechischen geschah, ist der Geist Gottes in ihnen wie in einem körperlichen Behältnis enthalten, und der Zugang zum Wort Gottes geht notwendig über die Kenntnis dieser zwei Sprachen, die Luther ins Deutsche verdolmetscht hat, worauf seitdem unsere deutsche Schriftsprache beruht. Bei dieser Übersetzung konnte es nicht ausbleiben, daß Luther auf die vielen Metaphern des Alten und Neuen Testamentes stieß. Sein kritischer Grundsatz gegenüber dieser bildhaften Rede ist scheinbar sehr einfach. Er sagt: »Ich werde keine Bilderrede dulden, solange nicht die Sinnwidrigkeit eines wörtlichen Verständnisses nachweisbar ist.« Wo sich keine Sinnwidrigkeit ergibt, wenn man die betreffende Stelle wörtlich nimmt, müsse man auf die »einfache, eigentliche und ursprüngliche« Bedeutung der Worte dringen, denn der Heilige Geist – behauptet Luther – spreche nicht vieldeutig, sondern eindeutig. Was Luther z. B. gegen des Latomus Differenzierung des einen und eindeutigen Begriffs der Sünde (als Strafe, Fehler, Unvollkommenheit usw.) beweisen will, ist, daß die vielerlei sinnbildlichen Redeweisen auf eine einfache Grundbedeutung zurückweisen und daß die Metapher nur deshalb eine Metapher ist, weil sie sich von der *res vera* unterscheidet, indem sie den wahren Sachverhalt durch *similitudo* ausspricht.

Von dieser bloß bildhaften Redeweise unterscheidet Luther aber ausdrücklich *eine* übertragene Redeweise, die in der Sache begründet ist, eine *rerum metaphora*, und eine solche liege vor, wenn Paulus im *Römerbrief* (8, 3) sagt, Gott habe um der sündigen Menschen willen seinen Sohn in einer Gestalt, die dem sündlichen Fleisch ähnlich war, gesandt, d. h. in Luthers Auslegung: wer das glaubt, daß sich Gott für uns in einem sterblichen Menschen verleiblicht und geopfert hat, der wird in Wahrheit frei von der Sünde, denn er weiß als Gläubiger, daß unsere Sünde von uns fortgetragen ist, indem sie durch Gottes Willen auf Christus übertragen wurde – eine *rerum metaphora*. An und für sich sei die Sünde für den Menschen eine untragbare Last, aber übertragen oder metaphorisch sei sie höchst heilsam.

Mit diesem Rekurs auf eine tatsächliche und alles christliche Leben begründende Übertragung – »tatsächlich« für den Glauben als Wunderglauben – hat Luther den Ausweg aus dem metaphorischen Charakter aller menschlichen Rede und ihrer Mehrdeutigkeit gefunden. Scheinbar! Denn eine *rerum metaphora* gibt es nicht deswegen, weil Dinge oder Geschehnisse auch wortlos das sein könnten, was sie für uns bedeuten, sondern weil schon die Worte der Sprache von sachlicher Bedeutung sind und unsere Ansicht der Dinge bestimmen. Ein »Heilsgeschehen« kann es »tatsächlich« nur geben, wenn es ein Gläubiger im Sinne des Heiles auslegt, und es läßt sich nicht heilsmäßig auslegen, ohne das Wort »Heil« in seiner ebenso sachlichen wie sprachlichen Bedeutung zu verstehen. Die Bedeutung von »Heil« ist aber so wenig eindeutig wie irgendeine andere Bedeutung, sofern nicht absichtlich festgelegt wird, daß sie nur dies und nichts anderes bedeuten solle. Man wird das vieldeutig Metaphorische der Sprache nicht dadurch los, daß man mit einem dogmatischen Kurzschluß eine bestimmte Metapher: die »Übertragung« unserer Sünde auf Christus, als eine tatsächlich geschehene und grundlegende behauptet, als wäre die Rede von der Übertragung unserer Sünde nicht wiederum eine Metapher. Eine solche ist aber auch die philosophische Rede vom »Transzendieren« oder Überschreiten, die ihrerseits theologischer Herkunft ist und voraussetzt, daß der Mensch *ad imaginem et similitudinem* Gottes geschaffen und also von Grund aus ein zu seinem Ursprung transzendierendes Gleichnis ist[15]. »Transzendieren« läßt

---

15 Siehe z. B. Calvin, *Institutio religionis christianae*, I, 15, 8; Zwinglis Predigt *Von Clarheit und Gewüsse oder Unbetrogliche des Worts Gottes*, in: Werke, hrsg. v. M. Schuler u. J. Schulthess. Bd. I, Zürich 1828, S. 52–82, hier S. 56

sich aber auf sehr verschiedene Weisen. Man kann eine Türschwelle
leibhaftig überschreiten ohne zu »transzendieren«, und man kann die
vereinbarte Vortragszeit überschreiten, ohne sich von der Stelle zu
bewegen, und beide lassen sich nicht in der gleichen Weise überschreiten, wie die »Existenz« zur »Transzendenz« oder das ek-sistierende
»Dasein« zum »Sein« oder das Geschöpf zu seinem Schöpfer.

»Viele beklagen sich, daß die Worte der Weisen immer wieder nur
Gleichnisse seien, aber unverwendbar im täglichen Leben, und nur
dieses allein haben wir. Wenn der Weise sagt: ›Gehe hinüber‹, so meint
er nicht, daß man auf die andere Seite hinübergehen solle, was man
immerhin noch leisten könnte, wenn das Ergebnis des Weges wert
wäre, sondern er meint irgendein sagenhaftes Drüben, etwas, das wir
nicht kennen, das auch von ihm nicht näher zu bezeichnen ist und das
uns also hier gar nichts helfen kann. Alle diese Gleichnisse wollen
eigentlich nur sagen, daß das Unfaßbare unfaßbar ist, und das haben
wir gewußt. Aber das, womit wir uns jeden Tag abmühen, sind andere
Dinge.

Darauf sagt einer: ›Warum wehrt ihr euch? Würdet ihr den
Gleichnissen folgen, dann wäret ihr selbst Gleichnisse geworden und
damit schon der täglichen Mühe frei.‹

Ein anderer sagte: ›Ich wette, daß auch das ein Gleichnis ist.‹

Der erste sagte: ›Du hast gewonnen.‹

Der zweite sagte: ›Aber leider nur im Gleichnis.‹

Der erste sagte: ›Nein, in Wirklichkeit; im Gleichnis hast du verloren.‹«[16]

[auch in: Sämtliche Werke, hrsg. v. E. Egli u. G. Finsler. Bd. I, Berlin 1905 (=
Corpus Reformatorum, Bd. 88), S. 342 f.].

16 Franz Kafka, *Von den Gleichnissen* [Erzählung aus dem Nachlaß], zuerst
in: Kafka, *Beschreibung eines Kampfes*, Prag 1936, S. 96 [in: *Gesammelte
Werke*, Frankfurt a. M.: S. Fischer, Bd. 7, 1954, S. 96].

Hegel und die Sprache

1965

Sprache als Konvention und Instrument

Das Interesse an der Sprache ist in den letzten Jahrzehnten in den Mittelpunkt der Philosophie gerückt. Eine ganz moderne Schulrichtung reduziert Philosophie auf logische Sprachanalyse. In dieser zur ersten Philosophie erhobenen Sprachanalyse erscheint wieder die durch Hegel[1] abgetane Erkenntniskritik der Kantianer[2]. Was mag der Grund dieses vorwiegenden Interesses an der Sprache als solcher sein, die doch gewöhnlich nur als ein Mittel zur Mitteilung von Erfahrungen und Gedanken gebraucht wird, als ein mehr oder minder taugliches Instrument für das Erfassen von Sachverhalten, die selber nichts Sprachliches sind? Der Grund könnte sein, daß die Philosophie sachlich nichts mehr zu sagen hat und sich deshalb zurückzieht auf das bloße Interpretieren des von andern Gesagten und auf das Sagen als solches, vergleichbar der gegenstandslosen Kunst moderner Dichtung und Malerei. In den Schauspielen von S. Beckett hat die Literatur einen Punkt erreicht, an dem sie endlos vergeblich redet, ohne etwas zu sagen. Ein anderer, besserer Grund könnte sein, daß die überlieferte philosophische Sprache der Metaphysik ausgelaugt und verbraucht ist, so daß man für die sprachliche Fassung neuer Sachgehalte auch eine neu geschöpfte Sprache braucht und deshalb auf die Sprache als

---

1 Siehe Hegels Einleitung zur *Phänomenologie des Geistes* [Hamburg: Meiner, 6. Aufl. 1952, S. 63–65, 71 f.].
2 Siehe dazu Karl-Otto Apel, *Die Idee der Sprache in der Tradition des Humanismus von Dante bis Vico*. Bonn: Bouvier, 1963 (= Archiv für Begriffsgeschichte, 8), S. 22.

solche zurückgeht. Die Frage wäre dann, ob diese neuen Sprachexperimente wirklich schöpferisch sind, indem sie bisher noch nicht beachtete Gehalte zur Sprache bringen, oder ob sie nur in steriler Weise scharfsinnig sind und spekulative Wortspiele treiben. Wittgensteins abgründig skeptische Sprachspiele und Heideggers apodiktische Wortfugen berühren sich wie zwei entgegengesetzte Extreme im gemeinsamen Medium eines Denkens, das von der Sprache gefesselt ist. – Sprechen und Denken sind aber nicht dasselbe. Es gibt zwar kein sprachloses Denken, aber man könnte auch nicht über die Sprache als solche in einer bestimmten Sprache nachdenken, wenn Denken und Sprechen einfach dasselbe wären. Wer irgendetwas in irgendeiner Wissenschaft entdeckt – und ich setze voraus, daß auch die Philosophie etwas wissen will und eine Wissenschaft ist –, entdeckt es nicht dadurch, daß er die Sprache für sich selber sprechen und für uns denken läßt, sich also ganz und gar auf sie verläßt. Wenn es wirklich so wäre, wie Heidegger einmal gegenüber dem Vorwurf, er spiele mit der Sprache, gesagt hat, daß man gar nicht mit ihr spielen könne, weil sie, die Sprache selbst, immer schon *mit uns* spiele, wenn das wirklich das letzte Wort über die Sprache wäre, dann würde das die Preisgabe eines jeden Versuches sein, sachliche Erkenntnis zu erreichen.

Trotz dieser notwendigen Vorbehalte gegenüber der Reichweite und Tragweite der Sprache ist aber nicht zu bestreiten, daß wir uns alltäglich und zumal als Lehrende und Studierende, als Sprechende, Schreibende und Lesende ganz und gar in der Sprache bewegen. Wir tun es auch dann, wenn wir keine Bücher lesen und nicht zueinander sprechen. Es genügt, sich umzusehen und einen Hörsaal mit Türen und Fenstern und auf Stühlen sitzenden Menschen zu erblicken, um sich schon in den Wortbedeutungen der Sprache zu bewegen. Denn wie sollte man einen »Hörsaal« mit »Türen« und »Stühlen« mit »Menschen« sehen können, ohne durch die Bedeutung der Worte: Hörsaal, Tür, Stuhl, Mensch gleichsam hindurch zu sehen? Was immer wir wahrnehmen, ist schon wörtlich be-deutet, und um zu wissen, was etwas *ist*, begnügen wir uns gemeinhin damit, daß etwas so *genannt* wird. Das Sogenannte ist unsere erste Bekanntschaft mit den Dingen, obwohl die Dinge selbst doch keine bloßen Worte und Namen sind und das Bekannte nicht schon ein Erkanntes ist. Weil sich die Dinge aber nicht selber namentlich nennen, vorstellen und bedeuten, scheint die Tragweite der Sprache ganz auf der Seite des Menschen zu liegen. Das Faktum der Sprache steht und fällt mit dem

Menschen. Denken wir uns den Menschen aus der Welt weg, dann bleibt eine sprachlose, nicht bedeutete Welt, wie sie war, bevor es den Menschen gab, und wie sie wieder sein wird, wenn es ihn nicht mehr gibt. Solange es ihn aber gibt, erhebt sich die Frage nach dem Verhältnis des Menschen zur außer- und übermenschlichen Welt und damit nach dem Verhältnis der menschlichen Sprache zu den mit ihr bezeichneten Dingen.

Im Lehrgedicht des Parmenides [Frg. 8, 38 f.] heißt es, die Menschen hätten den Dingen einen Namen gesetzt, einem jeglichen zur Bezeichnung. Ebenda heißt es aber auch: bloße Namen nur sind es, die der Sterblichen Rede erfunden. Wie können aber bloße Namen, von Sterblichen erfunden, die Dinge selber bezeichnen? Ist es bloß menschliche Satzung und Willkür, die den Dingen Namen zuspricht, so wie man einem namenlos geborenen Menschenkind einen Eigennamen gibt, bei dem es künftig genannt wird, der aber in keiner Weise für die Eigenart dieses Menschen kennzeichnend ist? Oder kommt die Natur der Dinge selbst irgendwie in den Worten der menschlichen Sprache zur Sprache, und zwar so, daß die Worte für die Dinge selbst kennzeichnend sind? Sind unsere Worte bloß vertauschbare Zeichen für etwas ganz anderes, ohne für das mit ihnen Bezeichnete sachlich kennzeichnend zu sein, oder ist das Wort in irgendeiner Weise eine Nachahmung, ein natürliches Abbild oder Sinnbild der Natur der Dinge sagen, wenn das Wort bloß νόμῳ und τύχῃ, aber nicht φύσει φύσις beide Möglichkeiten durch, ohne sich für eine der beiden Thesen zu entscheiden, weil beide in Ausweglosigkeiten führen. Wenn die Nomos- oder Satzungstheorie zuträfe und die Sprache nur ein willkürlich festgesetztes und dann gebräuchlich gewordenes System von Bezeichnungen wäre, die nichts über die Natur der bezeichneten Dinge sagen, wenn das Wort bloß νόμῳ und τύχῃ aber nicht φύσει wäre, dann würde es überhaupt keine Wahrheit und Richtigkeit der Erkenntnis geben, und der Weg wäre frei für jede beliebige Festsetzung bestimmter Worte für bestimmte Dinge. Es wäre dann z. B. nicht einzusehen, weshalb der Mensch nicht Pferd und das Pferd nicht Mensch heißen könnte. Wenn umgekehrt die Worte die Natur der Dinge genau so, wie sie selber sind, nachahmend wiedergäben, dann wäre alles doppelt da, und man würde von keinem der beiden mehr angeben können, welches das Ding selbst und welches das Wort ist. Andererseits können aber die Worte auch nicht völlig verschieden von den Dingen sein, denn wie könnten wir sonst die Dinge schon dadurch verstehen, daß wir die sie nennenden Worte verstehen? Auch wer zum ersten Male wie ein wortbildender Gesetzgeber ein bestimmtes Wort für ein Ding festsetzte, muß doch wohl der Meinung gewesen sein, daß das Ding so ist, wie er es wörtlich festsetzte. Wie soll man aber Wörter festsetzen können, wenn nicht schon irgendwelche Benennungen verfügbar sind? Es scheint unmöglich zu sein, aus dem Umkreis der Sprache herauszutreten, um namenlose Dinge sachgemäß zu benennen.

Nachdem Sokrates durch das Ausfragen der beiden Hauptunterredner die Aporien entwickelt hat, die sowohl in der Physistheorie wie in der Nomostheorie enthalten sind, deutet er am Schluß die Möglichkeit ihrer Überwindung durch eine übersprachliche Wesenserkenntnis an. Denn wenn die Wörter in Streit geraten, indem sie gegeneinander behaupten, der Wahrheit der Sache am meisten ähnlich zu sein, dann würde sich dieser Streit nur entscheiden lassen, wenn es noch etwas gäbe, das uns ohne Worte offenbart, was das Wesen der Dinge ist. Zum mindesten wäre es viel sicherer und besser, wenn man die Dinge durch sie selbst kennenlernen könnte und nicht nur in der fragwürdigen Vermittlung durch die Worte der Sprache, die ständig in Bewegung und Verwandlung sind. Sokrates beschließt die Erörterung mit der Bemerkung, daß es einem vernünftigen Menschen nicht anstehe, seine Seele lediglich den Wörtern in Pflege zu geben. Wie alle platonischen Dialoge endet auch der *Kratylos* mit einer offenen Frage, offen für weitere Untersuchung, und untersuchen heißt auf griechisch σκέπτεσθαι. Im Vergleich zu dieser sokratischen Skepsis sind wir alle Dogmatiker, die die Fragen von vornherein zum Abschluß bringen möchten.

Deutlicher als im *Kratylos* hat Platon im siebenten Brief seinen prinzipiellen Zweifel an der Sprache geäußert, indem er dort ausdrücklich sagt, daß er sein letztes und bestes Wissen weder mündlich noch schriftlich festgelegt habe. Besonders wenn eine Rede einmal aufgeschrieben ist, heißt es im *Phaidros,* treibt sie sich allerorten herum, bei den Verständigen nicht minder wie bei den Unverständigen, und weiß nicht, zu wem sie eigentlich reden oder nicht reden soll; sie vermag sich weder zu wehren noch sich zu helfen. Die schriftliche Festlegung erzeuge Vielwisser, die im Grunde Nichtwisser sind. Nur aus dem fortgesetzten Bemühen in Gemeinschaft mit Gleichgesinnten trete eines Tages die letzte Einsicht in das Wesen der Dinge plötzlich hervor und entzünde wie ein abspringender Funke ein Licht, das sich dann durch sich selbst ernährt. Eine Art wortlose Erleuchtung, wie sie

von allen Weisen des Ostens bezeugt wird. Diese kritische Herabsetzung der Rede und Schrift ist um so beachtenswerter, als niemand so
sehr wie Platon ein Meister der Unterredung und der begrifflichen
Unterscheidung mittels der Worte der Sprache war. Innerhalb ihrer ist
das Höchste, das sich erreichen läßt, daß man im Durchsprechen der
Schwierigkeiten alles durchgeht und »durchirrt«, und dabei zeigt sich,
daß sowohl die Nomostheorie wie die Physistheorie in Aporien führt,
weil die Sprache weder ein indifferentes Mittel zu einem anderweitigen
Zweck oder ein bloßes Werkzeug ist, noch ein unmittelbares Abbild
der Natur der Dinge.

Aus den im *Kratylos* entwickelten Aporien gibt es keinen Ausweg,
solange man die Sprache am einzelnen Wort orientiert, die Worte als
Namen für einzelne Dinge fixiert und die Beziehung der Worte auf
Dinge als bloße Benennung festsetzt. Der Zusammenhang der Worte
im ganzen einer sie wechselseitig bestimmenden Rede und der
ursprüngliche Bezug des redenden Menschen zu seiner Umwelt und
Mitwelt wird damit eliminiert, ein Bezug, der allen Worten und Sätzen
vorausgeht und sie einbezieht. Aber auch Humboldt, der diesen Weg
beschritten hat, alle sprachlichen Einzelheiten aus dem Weltverhältnis
des Menschen zu durchleuchten und die Sprache selbst als »Weltansicht« zu verstehen, bewegt sich noch innerhalb des durch Platon
vorgezeichneten Weges, d. h. innerhalb des Widerstreits von Nomos
und Physis. Er sagt: »Da die Sprache *zugleich* Abbild und Zeichen,
nicht ganz Produkt des Eindrucks der Gegenstände und nicht ganz
Erzeugnis der Willkür der Redenden ist . . ., so beruht ihr Verständnis
auf der Stimmung des Gemüts, das Wort entweder *mehr als Abbild*
oder mehr als Zeichen nehmen zu wollen.« Die Schwierigkeit, eine
ursprüngliche Mitte zu finden, in der sich der Widerstreit zwischen
dem bloßen Zeichencharakter und dem wesentlichen Sachcharakter
der Sprache aufhebt, wird auch nicht dadurch gelöst, daß man die
Zeichen- und Zeigefunktion hinter sich läßt und wie Heidegger dekla-
riert, daß alles Bezeichnen und Zeigen in einem Sichselber-Zeigen
beruhe, weil sich das Sein selber dem Menschen zudenke und zuspre-
che. Es sei überhaupt nicht der Mensch, welcher spricht, sondern die
Sprache selber spreche, und wir haben nur zu hören, was sie sagt, um
reden zu können. Das Phänomen der Sprache läßt sich aber nicht
dadurch erhellen, daß man auf rationale Analyse verzichtet und
stattdessen mit einer Metapher sagt, sie sei das »Haus des Seins« und
das in ihrer Sage »waltende Ereignis«. Es hätte wenig Sinn, über solche

Aussagen zu diskutieren, denn sie wollen ja gar keine diskutierbaren Aussagen sein, sondern »Winke«. Heideggers »Weg zur Sprache« ist, ebenso wie sein unentwegtes Fragen nach dem »Sein«, eine totale und radikale Destruktion aller bisherigen Ontologie und Philosophie der Sprache. Sein Weg zur Sprache will zeigen, daß der von Aristoteles bis zu Humboldt begangene Weg, im Ausgang von der Sprache als Zeichen und Bezeichnung, ein Abweg und Irrweg der »Metaphysik der Subjektivität« sei, derzufolge die Wahrheit des Seins zur bloßen Richtigkeit der Erkenntnis wird und die Sprache zu einem technischen Instrument der Erkenntnis und ihrer Mitteilung, zu einer »Sprache des Gestells«. Zugrunde liegt dieser Kritik an der instrumentalen Verding-lichung der Sprache aber keine Rückkehr zur theosophischen Sprach-spekulation eines J. Böhme und Hamann, deren Idee von einer göttli-chen »Signatur« der geschaffenen Dinge die griechische Physistheorie auf dem Boden der biblischen Schöpfungslehre wiederholt, sondern eine Abkehr sowohl von der Nomos- wie von der Physistheorie.

Wenn man von Heideggers eigenwilligem Monolog mit der Spra-che absieht und seine Wortspiele nicht ebenso ernst nimmt wie er selbst, dann kann man sagen, daß sich die philosophische Analyse der Sprache von Descartes bis zu Locke und Leibniz und weiterhin bis zu Wittgenstein und der Wiener Schule im wesentlichen innerhalb der instrumentalen Auslegung hält. Ihr maßgebendes Vorbild ist die Klar-heit und Deutlichkeit, d. i. die Eindeutigkeit mathematischer Sätze. Dieses Ideal der wissenschaftlichen Präzision verbietet von vornherein jede gewollte oder auch unwillkürliche Undeutlichkeit, d. i. Viel- und Zweideutigkeit der Bedeutung wissenschaftlicher Sätze. Im wesentli-chen hat bereits J. Locke im 3. Buch seines *Essay concerning human understanding* das Programm des logischen Positivismus und der Reduktion philosophischer Erkenntnis auf Sprachanalyse vollständig entworfen, und kein Geringerer als Leibniz hat in seinen *Nouveaux Essais sur l'entendement humain* darauf eingehend erwidert. Was Locke eigentlich untersuchen wollte, war nicht die Sprache, sondern die menschliche Erkenntnis, wie schon der Titel seines Essays sagt. Aber die Sache selbst zwang ihn, auf die Worte der Sprache zu reflektieren, um die Reichweite der Erkenntnis aufzuklären. »Ich gestehe, daß bei dem Beginn dieses Werkes über den Verstand, und selbst noch ein gut Teil länger, ich nicht daran dachte, daß auch die Untersuchung der Worte dazu gehöre. Allein, nachdem ich den Ursprung und die Bildung unserer Vorstellungen durchgegangen war, und die Ausdehnung und Gewißheit unseres Wissens zu prüfen begann, fand ich eine so enge Verbindung desselben mit den Worten, daß zuvor deren Einfluß und die Weise dieser Bezeichnung untersucht werden mußte, ehe ich mich klar und angemessen über das Wissen auslassen konnte, das immer mit Sätzen zu tun hat, wenn es die Wahrheit bieten will.« Die Sprache ist für Locke, ebenso wie für Leibniz, wesentlich zur Mitteilung und Verständigung da – *the great instrument and common tie of society* [III, 1, 1] –, weil der Mensch selbst eine *sociable creature* ist. Diese dem sozialen oder, mit Aristoteles gesagt, »politischen« Charakter des Menschen entsprechende Sprache besteht aus Zeichen *(external sensible signs* oder *marks)*, mittels derer wir unsere inneren, unsichtbaren *ideas* (Ideen, Vorstellungen, Gedanken) anderen mitteilen. Zwischen den Sprachzeichen (dem artikulierten Laut bzw. dem geschriebenen Buchstaben) und den durch sie bezeichneten Ideen besteht nach Locke keine wesentliche und natürliche Verbindung. Auf Grund dieser Unverbindlichkeit können wir z. B. Sichtbares, etwa eine Farbe, mit etwas nicht Sichtbarem, sondern nur Hörbarem, mit dem Sprachlaut ›rot‹ bezeichnen. Die Worte werden durch eine *arbitrary imposition* [III, 3, 8] zum Zeichen einer Idee gemacht. Locke betont immer wieder, daß die Worte in ihrer ursprünglichen und unmittelbaren Bedeutung ausschließlich für die von unserem Verstand gebildeten *Ideen* einstehen und nicht für die Dinge, *which they are supposed to represent.* Und wir können uns weder darauf verlassen, daß die Ideen, welche *wir* von etwas haben, genau dieselben sind wie die, welche andere haben, die das gleiche Wort gebrauchen, noch darf man annehmen, daß die Worte, deren Bedeutung immer eine allgemeine ist, für die je individuelle Wirklichkeit der Dinge einstehen. Unsere wörtlichen Bezeichnungen sind Hervorbringungen unseres Verstandes, und sie betreffen nur das nominelle Wesen *(nominal essence)* und nicht das reale Wesen einer Sache, das uns völlig unzugänglich ist. Es sei deshalb ein sinnloses Bemühen, z. B. feststellen zu wollen, was das wirkliche Wesen des Menschen ist, und die Definition des Menschen als *animal rationale* sei darum ebenso gut und brauchbar wie die, daß er ein zweibeiniges Lebewesen ohne Federn sei. Worauf es zum Zweck der Verständigung ankomme – und sie ist der hauptsächliche Zweck und Ursprung der Sprache –, sei keine illusorische Entsprechung zum wirklichen Wesen einer Sache, sondern die möglichst genaue, d. i. eindeutige Bestimmung des Wortgebrauchs. Die Umgangssprache ist aber von einer solchen sich stets gleichbleibenden *Eindeutigkeit* der Bedeutungen weit entfernt. Schon eine so einfache Partikel wie das englische ›but‹ hat je nach dem Zusammenhang einen ganz verschiedenen Sinn. Noch viel unbestimmter und mehrdeutiger sind die Worte des moralischen Lebens, wo kaum einer unter Ehre, Gerechtigkeit, Liebe, Glauben dasselbe wie der andere versteht und die Zeit im Laufe der Geschichte den Sinn verändert. Besonders aber in der Philosophie müsse man sich hüten, die vielfachen Bedeutungen eines Wortes zu vermischen und durch »affektierte Dunkelheit« Tiefsinn vorzutäuschen. Der philosophische Gebrauch der Sprache stellt strengere Ansprüche als der bürgerliche, er erlaubt keine Unklarheit und Vieldeutigkeit. Eine anspielungsreiche, figurative Rede, wie sie der Dichtung eigentümlich ist, ist nach Locke ein Mißbrauch der Sprache für ernstliche Zwecke und beweist, wie alle Äquivokationen, einen Mangel an Perfektion, d. h. an Präzision. Heideggers Sprachkunst, die von der Geschichte zum Geschick als Seinsgeschick hinüberspielt oder vom »es gibt« (Sein) zum Sichgeben oder vom »was heißt« (Denken) zum Geheißensein oder vom »Satz« (vom Grund) zum Sprung, könnte vor Locke und Leibniz so wenig bestehen wie vor Carnap und Wittgenstein. Denn »dry truth« und »real knowledge« vertragen sich nicht mit der unterhaltsameren Sprache der Anspielung und Einbildungskraft. Philosophie ist nicht Rhetorik, sie will nicht überreden, sondern lehren und informieren.

Locke ist sich dabei der Härte seiner Forderung bewußt. Er beschließt den Paragraphen über die metaphorische Rede: »Da Witz und Phantasie leichter in der Welt Aufnahme finden, als trockene Wahrheit und richtige Kenntnisse, so wird man die bildliche Rede und die Anspielungen schwerlich als eine Unvollkommenheit oder als einen Mißbrauch der Sprache gelten lassen. In Reden, von denen man nur Vergnügen und Genuß, aber keine Belehrung und Bereicherung des Wissens verlangt, mögen auch die von daher entlehnten Verzierungen nicht als Fehler gelten; will man aber von den Dingen, wie sie wirklich sind, sprechen, so muß man gestehen, daß alle rhetorischen Künste, die über die Ordnung und Klarheit hinausgehen, sowie jeder künstliche und bildliche Gebrauch der Worte nur dazu dienen, unrichtige Vorstellungen unterzuschieben, die Leidenschaften zu wecken, dadurch das Urteil irrezuführen und also reinen Betrug zu verüben. Die Neigung, zu täuschen und getäuscht zu werden, ist sehr gewachsen, seitdem die Beredsamkeit, dieses mächtige Werkzeug des Irrtums und Betrugs, seine festen Professoren erhalten hat, öffentlich gelehrt

wird und überall in großem Ansehen steht. Man wird mich sicherlich
für dreist, wo nicht unvernünftig halten, daß ich mich so dagegen
geäußert habe; denn die Beredsamkeit hat, gleich dem schönen
Geschlecht, eine verführerische Schönheit an sich, daß sie keinen
Widerspruch verträgt, und es ist vergeblich, daß man in diesen Kün-
sten die Täuschung aufdeckt, da jedermann gern sich selber täuschen
läßt«[3] [III, 10, 34].

Sprache als Sache und Sage

In der Abgrenzung von Lockes nominalistischer Sprachtheorie soll im
folgenden der Standort von Hegels Philosophie der Sprache bestimmt
werden. Denn auch Hegel geht vom Zeichen aus, um das Wesen der
Sprache zu bestimmen, aber so, daß er es in die allgemeine Struktur
der Negativität des Geistes zurücknimmt und auf dem Boden eines
zweideutigen Logos »Sache« und »Sage« identisch setzt. Der maßgebende Ort von Hegels fragmentarischen Äußerungen zur Sprache – in
der Jenenser Realphilosophie, in der Enzyklopädie, in den Vorlesungen zur Ästhetik und in der Vorrede zur Logik – ist die Philosophie des
Geistes in der besonderen Bestimmung des Denkens. Der Mensch ist
seinem Wesen nach Geist, d. i. lebendiger, tätiger Geist, der sich
wesentlich manifestiert, indem er aus sich herausgeht oder entäußert
und sich von sich selber entfremdet, um aus dem Anderen seiner selbst
zu sich selber zurückzukehren.

Durch diese produktive Selbstentzweiung unterscheidet sich der
Mensch vom Tier, das nicht gegen sich selbst sein kann, und von
allem, was bloß lebendig ist. Auch im Fühlen und Wollen sowie in den
Leidenschaften herrscht Geist, sofern es *menschliches* Fühlen und
Wollen ist. Geist und Wille sind nicht zweierlei, sondern der Wille ist

---

3 Ein englischer Herausgeber von Lockes Werken sagt dazu in einer Anmerkung, daß Lockes Angriff auf die Rhetorik im Widerspruch mit seiner eigenen
Sprache stehe. Denn auch Locke mache ständig Gebrauch von Metaphern,
nicht um die Sache zu verschönern und zu verunklären, sondern um sie zu
klären. Von einem Philosophen zu verlangen, er solle völlig unfigürlich, bildlos
reden, das sei so, wie man von einer Frau verlangen würde, nackt zu gehen,
weil auch Kurtisanen Kleider tragen.

der nach außen gewandte, praktisch gewordene Geist. Am meisten bei
sich oder frei ist aber der Geist als Denken. Die Sprache wird in Hegels
System vom denkenden Geist her verstanden; sie ist also nichts
Ursprüngliches und Selbständiges, das man rein aus ihm selbst begreifen könnte. Sie hat keine ontologische Dignität, sie ist nicht das »Haus
des Seins«, sondern nur die Behausung des menschlichen Denkens. Die
reinen Denkformen oder Kategorien der Logik sind zwar ›zunächst‹ in
den Worten der Sprache niedergelegt, und was der Mensch sprachlich
äußert, enthält, eingehüllt und vermischt, eine Kategorie und manchmal auch schon spekulativen Geist, nämlich dann, wenn manche
Worte nicht nur verschiedene Bedeutungen haben, sondern entgegengesetzte, wie z. B. das Wort ›aufheben‹. Es ist aber nicht die Sprache als
solche, sondern das Denken in ihr, »das Werk des Verstandes«, der
seine Kategorien in sie einbildet. Die Sprache hat ihren Ort in der
Lehre vom subjektiven menschlichen Geist, der sich als allgemeiner
Volksgeist in den verschiedenen Sprachen objektiviert.

Die Jenenser Vorlesungsmanuskripte (Anm. 80) handeln in· dem
Abschnitt ›Philosophie des Geistes‹ zunächst vom Bewußtsein.
Bewußtsein ist die erste Erscheinungsweise des Geistes. Es ist zweifach
bestimmt: Bewußtsein von etwas und zugleich Selbstbewußtsein: ich
bin mir einer Sache bewußt. In diesem doppelten Wissen hat der Geist
theoretische Existenz. Zu seiner konkreten Erfüllung gehören noch
weitere Momente, nämlich: Gedächtnis, Sprache und Verstand. Es
genügt nicht, daß ich etwas im Bewußtsein habe, ich muß es auch
behalten, um in verständiger Weise von etwas sprechen zu können.
Wenn ich augenblicklich vergäße, was ich eben noch im Bewußtsein
hatte und wovon ich eben noch gesprochen habe, dann könnte ich
weder denken noch verständig sprechen. Eine praktische Existenz hat
der tätige Geist als Arbeit. *Sprache* und *Arbeit* sind *gleich ursprüngliche Existenzweisen des als Bewußtsein erscheinenden Geistes.* Als
geistige Verhaltensweisen sind Sprechen und Arbeiten dem Menschen
so natürlich wie das Geistige überhaupt, obwohl sie in der Natur nicht
vorkommen. Tiere sprechen und arbeiten nicht, weil sie geistlos sind.
Im Verhältnis zur außermenschlichen Natur sind Sprechen und Arbeiten negative Verhaltensweisen. Die menschliche Rede bringt innerhalb
der natürlichen Welt eine zweite, ideelle hervor, so wie die menschliche Arbeit innerhalb der natürlichen Welt die Welt der Kultur hervorbringt. In beiden bekundet sich die Herrschaft des seinem Wesen nach
geistigen Menschen gegenüber der Natur und über sie. Die Überlegen-

heit des Menschen gegenüber der Natur setzt voraus, daß er zu ihr einen Abstand hat, aus dem heraus sie ihm zum Gegenstand werden kann. Im Arbeiten bearbeiten wir mittels selbstgemachter Werkzeuge und Maschinen die unmittelbar natürliche Natur, wir machen sie zu etwas anderem und damit uns selber zu eigen. Im Sprechen überschreiten wir ebenfalls die gebundenen Möglichkeiten naturhafter Verlautbarung. Der bloße Naturlaut wird als verständlicher Sprachlaut zu einem System von Zeichen, die sich als Bezeichnungen von dem Bezeichneten entfernen und eine Welt der Sprache zwischen uns und die natürliche Welt stellen. Arbeit und Sprache sind nichts Unmittelbares; sie vermitteln den Menschen mit seiner Welt durch geistige Abstraktion und Negativität. Wenn ein Tier unmittelbar mit seinen Krallen die Erde aufscharrt oder sich in Gebärden und Lauten kundgibt, so ist das etwas ganz anderes, als wenn ein Mensch mittels selbstgefertigter Werkzeuge oder Maschinen arbeitet und mittels der Sprache etwas Gedachtes mitteilt. Sprache und Arbeit produzieren beide durch Negation der Unmittelbarkeit eine zweite, geistig vermittelte Welt. Der Geist *ist* geradezu die bewegende Mitte, welche zwischen dem Menschen und seiner Welt vermittelt, zwischen Selbstsein und Anderssein, Fürsichsein und Ansichsein. Die Bearbeitung der natürlichen Welt durch Arbeit und das Benennen der Dinge durch die Worte der Sprache sind zwei ausgezeichnete Erscheinungsweisen geistiger Tätigkeit. »Arbeiten«, so lautet eine Notiz von Hegel, »heißt die Welt vernichten oder fluchen«. Sprechen, könnte man in analoger Weise sagen, heißt, die Stummheit der Welt durchbrechen.

Es ist jedoch ein Zustand denkbar, worin sich der Mensch noch nicht sprechend, sondern nur anschauend und einbildend verhält und in einem Reich der Bilder lebt. In diesem Zustand hat sich der Mensch noch nicht bewußtermaßen aus der Welt heraus und ihr gegenüber gestellt. Bild und Einbildung sind in diesem Zustand noch ungeschieden, und erst wenn sich die Bilder und unsere Einbildung entzweien, entsteht die Möglichkeit, zu sagen, was ist, und jegliches Ding zu benennen. Indem der Mensch selbständig wird, wird es zugleich ihm gegenüber die Welt. Das Bewußtsein wird dann nicht mehr abwechselnd von auftauchenden und wieder verschwindenden Bildern überflutet oder leer gelassen, sondern der Geist operiert mit ihnen selbständig, sie nach Belieben verbindend und trennend. In der Natur der Dinge selbst findet keine solche Trennung und Wiederverbindung des Getrennten statt. Es ist das die Kraft und Arbeit des analysierenden

Verstandes, die »verwundersamste und größte«, sogar die absolute Macht[4]. Alle Wissenschaften, Künste und Techniken beruhen auf dieser negativen Macht des das Konkrete, d. h. Zusammengewachsene, auseinandersetzenden Geistes, dem nichts widerstehen kann. Er bricht alles kreisförmig in sich Geschlossene und nur Substantielle auf. Das unmittelbar Substantielle ist für Hegel nichts Verwunderliches. Das Erstaunliche sei vielmehr, daß das von Natur aus aneinander Gebundene und nur in seinem Zusammenhang mit anderem Wirkliche durch diese negative Kraft des Geistes ein eigenes, abgesondertes Dasein und Freiheit gewinnt. Alles was der Mensch theoretisch und praktisch behandelt, verdankt seine Existenz dieser tödlichen Macht des lebendigen Geistes, wie sie schon in jedem Wort der Sprache wirksam ist, indem sie das konkrete Bild einer Sache diskursiv in seine Bestandteile zerlegt und von einer Bestimmung zur anderen unterscheidend und verbindend hin und her geht.

Der entscheidende Überschritt von einer Welt der Bilder zur Welt der Sprache geschieht durch das Mittel des Zeichens. »Das Zeichen muß für etwas Großes erklärt werden. Wenn die Intelligenz etwas bezeichnet hat, ist sie mit dem Inhalt ihrer Anschauung fertig geworden und hat dem sinnlichen Stoff eine ihm fremde Bedeutung zur Seele gegeben« (*Enc.*, § 457 Zus.). Von Natur aus gibt es keine Zeichen, wohl aber gehört es zur Natur des Menschen, daß er auf etwas Entferntes hinzeigen und es mit etwas anderem bezeichnen kann. Das Zeichen selbst, etwa ein Wegzeichen oder ein Verkehrszeichen, ist etwas ganz anderes als das mit ihm Bezeichnete; das Zeichen meint etwas, was es nicht selber ist. Dieses Meinen ist meine eigene Zutat, denn das mit einem Zeichen Gemeinte liegt nicht in der Bestimmtheit des Zeichens selbst. Ganz Verschiedenes kann daher als Zeichen für dasselbe gelten. Ein Pfeil, ein Farbfleck, ein Stein kann mir gleicherweise als Wegzeichen dienen. Damit es das kann, muß ich davon absehen oder abstrahieren, daß diese zum Zeichen dienende Sache an ihr selbst ein Stück Holz oder ein Farbfleck oder ein Stein ist. Im Zeichen, sagt Hegel, »ist das Fürsichsein als Wesen des Gegenstandes«, d. h., das Wesentliche an einem solchen Gegenstand, der etwas anderes bezeichnet, ist nicht er selbst, sondern sein bloßes Zeichensein für anderes, das es aber nur für mich, für meinen Geist ist. Das an sich gegenständliche Zeichen verdankt sein Dasein dem menschlichen

4 *Phänomenologie des Geistes*, Leipzig: Meiner, 4. Aufl. 1937 [6. Aufl. 1952]. Vorrede, S. 29.

Geist, der damit, mit diesem Mittel, etwas ganz anderes bezeichnet, und man versteht das Zeichen nur durch Rückbezug auf unsere Zeichensetzung. Das gilt auch für alle Schriftzeichen und Lautzeichen. Der Laut ›au‹ ist als bloßer Laut kein doppelter Vokal und der gezeichnete Kreis ist an ihm selber nicht der Buchstabe ›o‹ oder Null. Die Sprachzeichen vermitteln etwas, indem sie etwas bedeuten, was sie in ihrem sinnlichen Dasein nicht sind. Nur durch diesen geistigen Abstand von dem Gemeinten sind sie selbst Zeichen für es. Hegel drückt dies so aus, daß er sagt: »Dies, daß Ich das Ding nur als Zeichen, sein Wesen aber als Ich, als Bedeutung anschaue, ist ebenso selbst Gegenstand, Innerlichkeit, die selbst *da ist*.« Im Zeichending ist die Innerlichkeit meines Bezeichnens und Bedeutens äußerlich gegenständlich vorhanden. Dem Gegenstand als solchem ist sein Zeichensein jedoch äußerlich; es ist ihm nicht anzusehen, daß er für mich, d. h. für den Geist, ein bloßes Zeichen für anderes ist. Das Zeichensein *als solches* ist bei dem gewöhnlichen Zeichen also noch nicht ins Dasein getreten. Das wäre erst der Fall, wenn es Gegenstände gäbe, die nicht nur nebenbei sondern wesentlich nichts anderes *sind* als ein System von Zeichen. Und darin liegt die geistige Bedeutung der Sprache, mit der wir etwas bezeichnen, so daß in der Sprache die Bedeutungen, die beim gewöhnlichen Zeichen eine bloß äußere Zutat zum Gegenstand waren, nun ein selbständiges Dasein gewinnen, in einem Reich, nicht mehr von Bildern und bloßen Zeichen, sondern von *Namen*, die etwas nennen. Die Sprachkraft ist, im Unterschied zur Einbildungskraft, eine den Dingen Namen gebende Kraft. Indem der menschliche Geist für alles, was ist, es nennende Bezeichnungen schafft, setzt er seine Innerlichkeit zu einem äußeren Dasein heraus. Die Sprache realisiert die Idealität des Geistes, und im Verstehen von Worten versteht der Geist den Geist. Der Ton als solcher verhallt, wenn er als Sprachlaut verstanden wird; über das Schriftbild als solches wird hinweggelesen, man hält sich nicht bei ihm als einem sinnlich sichtbaren Zeichen auf oder nur dann, wenn man etwas nicht entziffern kann. Erst wenn ein Wort unlesbar ist, stoßen wir auf seine zeichenhafte Zeichnung als unlesbares Schriftzeichen. Sofern man die Worte lesend oder hörend als Worte versteht, verschwindet das bloß Hörbare und Sichtbare von Sprachlaut und Schriftbild. Man versteht ohne weiteres die Wort*bedeutung*, also etwas Geistiges, durch den Geist[5]. Mittels dieser Wort-

5 Siehe *Ästhetik*, III, 3, 3, B 1 a; [*Werke*, X/3 =] Jubiläumsausgabe, XIV, S. 276.

386 Hegel und die Sprache

bedeutungen erschließt sich sogleich die Bedeutung der Dinge. Auf die Frage: Was ist das?, antworten wir: ein Haus, ein Tier. Häuser und Tiere sind zwar wirkliche Dinge und keine bloßen Worte, aber ohne die es nennenden Namen würden wir keine solchen Dinge sehen. Wir nehmen die Welt durch die Sprache hindurch wahr, in dieser geistigen Vermittlung. Der Name ist in gewisser Weise schon die Sache. Durch den Namen, sagt Hegel, ist der Gegenstand als seiend herausgeboren. »Dies ist die erste *Schöpfer*kraft, die der Geist ausübt. Adam gab allen Dingen einen Namen. Dies ist das Majestätsrecht und erste Besitzergreifung der ganzen Natur oder das Schaffen derselben aus dem Geiste. Logos ist Vernunft, *Wesen* der Dinge und Rede, *Sache* und *Sage*. Der Mensch spricht zu dem Dinge als dem *seinigen* und lebt in einer geistigen Natur, in seiner Welt, und dies ist das *Sein* des Gegenstandes. Geist verhält sich zu sich selbst; er sagt zum Esel: Du bist ein Inneres und dies Innere ist Ich und dein Sein ist ein Ton, den ich willkürlich erfunden. *Esel* ist ein Ton, der ganz etwas Anderes ist als das sinnliche Sein selbst. Insofern wir ihn sehen, auch fühlen oder hören, sind wir es selbst, unmittelbar eins mit ihm und mit ihm erfüllt. Zurücktretend aber als Name ist er ein Geistiges, etwas ganz Anderes« (*Jenenser Realphilosophie* II, S. 183) (Anm. 81). Indem der Mensch den namenlosen Dingen einen Namen gibt, steht er erstmals der Welt als der seinen gegenüber. Der in bloßen Bildern Lebende träumt, der Namengebende ist wach, und der Träumende kann sich nicht vom Wachen unterscheiden, wohl aber dieser von jenem.

Elf Jahre später hat Hegel in der *Enzyklopädie* (§ 458 ff.) nochmals von der Sprache gehandelt, wiederum im Zusammenhang mit der Philosophie des subjektiven Geistes. Voraus geht auch hier der Analyse der Sprache eine solche der Anschauung als der untersten Stufe des theoretischen Geistes. Das Zeichen bedarf zwar auch eines Anhalts am Anschaubaren, aber was dieses sinnlich sichtbare Zeichen bezeichnet, ist etwas ganz anderes, z. B. eine bestimmte Nationalität, mittels eines farbigen Tuchs. Dagegen sind *Symbole* keine bloßen Zeichen, sondern in ihrem sinnlichen Gehalt für das Symbolisierte selber bezeichnend. Ein symbolisches Blau, das traditionelle Blau der Madonnenbilder, oder das symbolische Rot der Revolution und Gefahr, ist der bezeichneten Sache nicht völlig fremd und äußerlich, sondern, wie das Schwarz der Trauerfarbe, das Gemeinte versinnlichend. Im Symbolisieren liegt daher ein weniger geistiger Bezug zum Symbolisierten vor als in der abstrakteren, weil vom Bezeichneten

freieren bloßen Bezeichnung. Desgleichen ist Papiergeld etwas Geisti-
geres, weil Abstrakteres als eine Münze aus Gold, die nicht nur einen
Wert bezeichnet, sondern selbst einer ist. Das Zeichen tilgt den
unmittelbaren Gehalt der Anschauung, und dieses Vertilgen ist die
produktive Negativität des Geistes, der das unmittelbar und äußerlich
Gegebene in sich hereinnimmt und es verinnerlicht. Indem der
menschliche Geist etwas sinnlich Gegebenes zum bloßen Zeichen
herabsetzt, wird dieses als Mittel zu einem anderweitigen Zweck zu
einer geistigen Bedeutung heraufgesetzt.

Das eigentliche Element der Sprache ist aber noch nicht das im
Hören verhallende und im Lesen verschwindende Laut- und Schriftzeichen, sondern der Name. Wenn man ein bestimmtes Tier *Hund* nennt,
oder *chien*, oder *dog*, so sind diese drei Worte lautlich und buchstäblich ganz verschieden, bedeuten aber dennoch dasselbe. Gerade deshalb, weil diese vier, bzw. fünf, bzw. drei zeichnerisch verschiedenen
Schriftzeichen von einem Hund so entfernt sind wie ein bloßes Zeichen von dem Bezeichneten, können diese Zeichen als bedeutungsvolle
Worte dieselbe Sache nennen. Zwar entspricht auch der Name nicht
einfach der Sache, wohl aber der Sache »wie sie im Reich der Vorstellung gilt«. Als was eine Sache gilt, steht jedoch nicht einmal für immer
fest; es kann sich ändern im Laufe der Bedeutungsgeschichte, die zur
allgemeinen Geschichte des Geistes gehört. Aus diesem Grund lehnt
Hegel Leibniz' Projekt einer fertigen, universalen Zeichensprache ab
(*Enz.*, § 459). Wieso freilich die Benennung einer Sache, die von sich
aus namenlos ist, sachgemäß sein kann, so daß im Begriff die Sache
selbst zu ihrem eigensten Begriff kommt, und nicht nur unser Begreifen von ihr, bleibt rätselhaft, es sei denn, das Wesen der ›Sache‹ sei
selber schon logos als ›Sage‹. Wie immer es sich damit verhalten mag,
wir verstehen alles, was ist, durch die Worte der Sprache und können
nur in Worten denken, obwohl das Denken nicht mit der Sprache
zusammenfällt. Denn wie könnte man sonst die Sprache als solche
kritisch, d. h. unterscheidend, bedenken?

»Wir wissen von unseren Gedanken nur dann, haben nur dann
bestimmte, wirkliche Gedanken, wenn wir ihnen die Form der *Gegenständlichkeit*, des *Unterschiedenseins* von unserer *Innerlichkeit*, also
die Gestalt der Äußerlichkeit geben, und zwar einer *solchen* Äußerlichkeit, die zugleich das Gepräge der höchsten *Innerlichkeit* trägt. Ein
so innerliches Äußerliches ist allein der *artikulierte Ton*, das *Wort*.
Ohne Worte denken zu wollen erscheint daher als eine Unvernunft. Es

ist aber auch lächerlich, das Gebundensein des Gedankens an das Wort für einen Mangel des ersteren und für ein Unglück anzusehen; denn obgleich man gewöhnlich meint, das *Unaussprechliche* sei gerade das Vortrefflichste, so hat diese von der Eitelkeit gehegte Meinung doch gar keinen Grund, da das Unaussprechliche in Wahrheit nur etwas Trübes, Gärendes ist, das erst, wenn es zu Worte zu kommen vermag, Klarheit gewinnt. Das Wort gibt demnach den Gedanken ihr würdigstes und wahrhaftestes Dasein. Allerdings kann man sich auch, ohne die Sache zu erfassen, mit Worten herumschlagen; dies ist aber nicht die Schuld des Wortes, sondern die eines mangelhaften, unbestimmten gehaltlosen Denkens.« (*Enc.*, § 462 Zus.).

Der *poetische Ausdruck* ist, im Unterschied zur Darstellungsart aller anderen Künste, ausschließlich das Wort der Sprache. Es ist weder Symbol noch adäquate räumliche Äußerlichkeit des Innern noch ein musikalisches Tönen der ganzen Seele, sondern »ein bloßes Zeichen«. »Als Mitteilung des *poetischen* Vorstellens aber muß auch diese Seite im Unterschiede der prosaischen Ausdrucksweise theoretisch zum Zweck gemacht werden und gebildet erscheinen. In dieser Rücksicht lassen sich drei Hauptpunkte bestimmter unterscheiden.

Erstens nämlich scheint zwar der poetische Ausdruck durchaus nur in den Worten zu liegen und sich deshalb rein auf das Sprachliche zu beziehen, insofern aber die Worte selbst nur die Zeichen für *Vorstellungen* sind, so liegt der eigentliche Ursprung der poetischen Sprache weder in der Wahl der einzelnen Wörter und in der Art ihrer Zusammenstellung, noch in dem Wohlklang, Rhythmus, u.s.f., sondern in der Art und Weise der *Vorstellung*. Den Ausgangspunkt für den gebildeten Ausdruck haben wir demnach in der gebildeten *Vorstellung* zu suchen und unsere erste Frage auf die Form zu richten, welche das Vorstellen, um zu einem poetischen Ausdruck zu kommen, annehmen muß. *Zweitens* aber wird die in sich selbst dichterische Vorstellung nur in *Worten* objektiv, und wir haben deshalb ebensosehr den *sprachlichen* Ausdruck nach seiner rein sprachlichen Seite zu betrachten, nach welcher sich poetische Wörter von prosaischen, poetische Wendungen von denen des gewöhnlichen Lebens und des prosaischen Denkens unterscheiden, wenn wir auch zunächst von der Hörbarkeit derselben abstrahieren. *Drittens* endlich ist die Poesie wirkliches *Sprechen*, das klingende Wort, das sowohl seiner zeitlichen Dauer als auch seinem realen Klange nach gestaltet sein muß, und

Zeitmaß, Rhythmus, Wohlklang, Reim u.s.f. erforderlich macht.«[6] Was bedeutet hier die Bezeichnung des poetischen Ausdrucks als eines »bloßen Zeichens«? Wenn der Dichter, wie Hegel betont, nicht in wissenschaftlichen Begriffen und prosaischen Vorstellungen denkt, sondern den Begriff der Sache in konkret individuellen Bildern zum Dasein bringt, dann kann der behauptete Zeichencharakter der poetischen Sprache nicht bedeuten, daß sie die Sache nur so vorstellt wie etwa ein farbiges Tuch, als Flagge aufgefaßt, eine Nationalität bezeichnen kann. Worauf es Hegel in diesem Zusammenhang ankommt, ist die Abgrenzung des dichterischen Vorstellens vom außersprachlichen Bilden und Darstellen in Musik, Malerei und Skulptur. Was jedoch auch beim dichterischen Vorstellen die Rede vom bloßen Zeichen rechtfertigt, ist die der dichterischen Sprache eigentümliche geistige Freiheit vom ›Positiven‹, d.h. vom unmittelbar Gegebenen oder Vor-Gesetzten.

In diesem Sinn interpretiert Hegel auch Hamanns »Geschmack an Zeichen« als Bekundung seines freien, geistigen Verhältnisses zum Christentum. »Was Hamann seinen Geschmack an Zeichen nennt, ist dies, daß ihm alles *gegenständlich* Vorhandene seiner eigenen inneren und äußeren Zustände, wie der Geschichte und der Lehrsätze, nur gilt, insofern es vom Geiste gefaßt, zu Geistigem geschaffen wird, so daß der durch diese Umschaffung entstehende *Sinn* des Gegenständlichen weder nur Gedanke, noch Gebilde einer schwärmenden Phantasie, sondern allein das Wahre, das Geistige ist, das so gegenwärtige Wirklichkeit hat. Obgleich Hamanns Glaube eine feste positive Grundlage zur Voraussetzung behielt, so war für ihn doch weder ein äußerlich vorhandenes Ding (die Hostie der Katholiken), noch eine als buchstäbliches Wort behaltene Lehrformel (wie bei dem Wortglauben der Orthodoxie vorkommt), noch gar ein äußerlich Historisches der Erinnerung ein Göttliches; sondern das Positive ist ihm nur Anfang, und wesentlich zur belebenden Verwendung für die Gestaltung, für Ausdruck und Verbildlichung. Hamann weiß, daß dies belebende Prinzip wesentlich eigener individueller Geist ist, und daß die Aufklärerei, welche sich mit der Autorität des Buchstabens, welchen sie nur *erkläre*, zu brüsten nicht entblödete, ein falsches Spiel spielte, da der *Sinn*, den die Exegese gibt, zugleich verstandener, subjektiver Sinn ist; welches Subjektive des Sinnes aber damals die Verstandes-Abstraktionen der wolfischen Schule, wie nachher anderer Schulen, waren«[7].

»So ist Hamanns Christentum eine Energie lebendiger individueller Gegenwart; in der Bestimmtheit des positiven Elements bleibt er der freieste, unabhängigste Geist, daher für das am entferntesten und heterogensten Scheinende wenigstens formell offen.« Die Sprache ist also für Hegel auf allen Ebenen wesentlich deshalb »Zeichen«, weil sie subjektiver Geist und als solcher Freiheit vom bloß positiv Vorhandenen ist. Wie wenig sie aber für Hegel absolut, rein als Sprache, und nicht nur als subjektive Tätigkeit der Aneignung in Betracht kommt, zeigt sich daran, daß er in seiner siebzig Seiten umfassenden Rezension von Hamanns Schriften auf die für Hamann selbst entscheidende Grundlage des Wortes im Verbum Dei überhaupt nicht eingeht, sondern die positive Grundlage von Hamanns Sprachspekulation im Glauben als eine Schranke seines unabhängigen Geistes auffaßt.

Die Sprache des Menschen und die Stummheit der Welt

Wenn der systematische Ort der Sprache der subjektive Geist ist, erhebt sich die Frage nach seinem Verhältnis zum absoluten. Nur als absoluter ist der Geist Anfang und Ende von allem, was ist. Als das absolute Ganze und Wahre bestimmt er auch alle besonderen Erscheinungsweisen des Geistes, wie Sprache und Arbeit. Dieses absolute Ganze ist der Geist der Welt oder der christliche Gott, welcher Geist ist. Gott oder das Absolute und der Mensch, beide sind im Unterschied zur Natur, die kein eigenes Verhältnis zum Absoluten hat und weder denkt noch spricht, ihrem Wesen nach Geist: endlicher und unendlicher. So sehr sich aber endlicher und unendlicher Geist wechselseitig vermitteln, ist es doch der unendliche, ewig gegenwärtige Geist, der vor dem endlichen einen Vorrang hat, indem er sich selbst zur Welt und zum Menschen verendlicht und verzeitlicht. Wenn aber der Geist ein absolut allgemeines Selbst, ein universaler und ewiger ist, und der subjektive Geist seinen Grund im Absoluten hat, dann müßten auch

---

7 *Über Hamanns Schriften*, in: Werke, XVII (1835), S. 73 f. [Jubiläumsausgabe, XX, S. 238 f.].

das Denken und die Sprache nicht nur zum Menschen gehören, sondern ihren ursprünglichen Ort im absoluten Ganzen des Weltgeistes haben. Von einer solchen onto-theologischen Bedeutung der Sprache ist aber bei Hegel nicht die Rede; er beschränkt sie auf ihre mittelbare Bedeutung für das menschliche Denken. Die Sprache zeigt, in Verbindung mit dem Denken, die wesentliche Differenz von Mensch und Tier, wie das schon Descartes im 5. Teil des *Discours* aufgeführt hat. Andererseits ist aber die Sprache in Hegels Darstellung auch nicht nur ein mehr oder minder brauchbares Instrument des Denkens, das sich durch eine nach mathematischem Vorbild erdachte universale Zeichensprache vervollkommnen ließe. Eine solche fix und fertige Universalsprache widerspräche dem geschichtlichen Wandel der »Zeichen für Geistiges«. Die dialektische Struktur des spekulativen Denkens verbietet von vornherein, das Instrument der Sprache so präzisieren und festlegen zu wollen, daß es eindeutige Sätze ergibt.

Wenn die Sprache aber weder am absoluten Charakter des absoluten Geistes teilhat noch ein bloßes Instrument zu mehr oder minder eindeutigen Aussagen ist, was ist sie dann in Hegels System? Müßte der göttliche Geist, der sich zu einer Welt entäußert und im Menschen zum Selbstbewußtsein kommt, nicht auch schon selber, wie in der biblischen Schöpfungsgeschichte, ein *Verbum Dei*, ein schöpferisches Wort sein, damit der denkende Geist des Menschen ihm so entsprechen kann, daß die Sache selbst zu ihrem Begriff kommt, und nicht nur unsere Ideen oder Vorstellungen von einer unfaßbaren Sache mit austauschbaren Wörtern bezeichnet werden? Zwar kann die Sprache nur etwas sagen, sofern sie vom Denken inspiriert ist, sie ist aber für Hegel, trotz seines Ausgangs vom Zeichen, kein willkürlich ausgedachtes Bezeichnen, sondern ein sachgemäßes Benennen, und ebenso ist das Denken kein subjektives Reflektieren über etwas an sich Gedankenloses, sondern es denkt und sagt den Logos der Dinge, den Begriff der Sache, »die Gedanken des Universums«. »Wie der wahrhafte Gedanke die Sache ist, so auch das Wort, wenn es vom wahrhaften Denken gebraucht wird; indem sich daher die Intelligenz mit dem Worte erfüllt, nimmt sie die Natur der Sache in sich auf« *(Enc., § 462, Zus.)*. Wie sollen aber der Begriff der Sache und die Gedanken des Universums im menschlichen Denken wahrhaft zur Sprache kommen, wenn die Sache nicht selber schon sprachgemäß und die Sprache sachgemäß ist? Die damit bezeichnete Aporie ist nur auflösbar, wenn man den Unterschied zwischen dem absoluten und dem endlichen

Geist dialektisch relativiert und eine Art Menschwerdung Gottes oder Verendlichung des Absoluten denkt. Nur auf dem Boden einer hintergründigen christlichen Anthropo-Theologie kann der unendliche Geist mit dem endlichen und der absolute mit dem subjektiven zusammenkommen und der übermenschliche Anspruch begründet werden, daß »die Sache selbst« in der Sprache des Menschen zu *ihrem* Begriff komme. Denn wie sollten sich Sache und Sage wahrhaft entsprechen können, wenn nicht – wie in der ganzen christlichen Logosspekulation von Cusanus bis Leibniz[8] – vorausgesetzt wird, daß das Ganze der Welt eine göttliche Schöpfung ist und der Mensch ein *alter Deus*, dessen Sprache und Geist dem welterschaffenden göttlichen Wort wesentlich korrespondiert, so daß der Mensch als Gottes Ebenbild fähig ist, die in der Schöpfung explizierten Gedanken Gottes nachzudenken und auszusprechen und im ›Buch‹ der Natur zu lesen, das wie die Bibel von Gott verfaßt ist, weshalb auch alles sinnlich Erfahrbare eine gleichsam göttliche Rede ist. Nur wenn sich alles, was ist, dem schöpferischen Wort Gottes verdankt und der Mensch Gottes Fürsprecher ist, hat auch die Sprache des Menschen onto-theologische Relevanz, andernfalls ist sie ein menschliches Instrument. Denn wie könnte eine wahre Verbindung von »res et verba« in verbindlicher Weise beansprucht werden, wenn der spekulativ-theologische Hintergrund, wie bei Hegel, zu einer Dialektik ohne Dogma verblaßt und schließlich zu einer meta-physischen Hinterwelt wird, die nicht mehr für uns verbindlich ist?

In Hegels Philosophie des Geistes steht die Welt der Natur als geistlos und sprachlos außerhalb des Verhältnisses von Gott und Mensch als endlichem und unendlichem Geist. Sie ist als Äußerlichkeit dem Zufall überlassen und, im Unterschied zur Geschichte des Geistes, ohne innere Notwendigkeit. Hätte Hegel die Welt der Natur nicht von vornherein privativ, vom sich selber wissenden und denkenden Geist her, als das »Anderssein der Idee«, d. i. als eine Art Schöpfung ohne personalen Schöpfer bestimmt, dann hätte sich auch die Beschränktheit der Sprache auf den Menschen in einem anderen Licht gezeigt, nämlich so entschieden und eindeutig wie der Unterschied zwischen dem sterblichen Menschen und der immerwährenden Welt. Denn was ist offenkundiger für den redenden und fragenden Menschen als die

---

8   Siehe Karl-Otto Apel, *Die Idee der Sprache bei Nik. v. Cues*, in: Archiv für Begriffsgeschichte 1 (1955), S. 200–221.

Stummheit der Welt, deren Schweigen um so beredter ist, als der Mensch auf seine Fragen von ihr keine Antwort erhält? Welt und Mensch – ohne Gott als gemeinsamen Schöpfer – entsprechen sich nicht, weil nur der Mensch an die übermenschliche Welt einen Anspruch stellt. »Silence is the general consecration of the universe; it is at once the most harmless and the most awful thing in all nature.«[9] Hält man an der Erfahrung fest, daß das einzig wirkliche Ganze und Absolute die von Natur aus bestehende Welt ist und daß diese ist, wie sie ist, ohne zu reden und auf menschliche Weise zu denken, dann reduzieren sich die Erfahrungen, die das Bewußtsein mit sich selbst und seinem Gegenstand macht, und auch alle Gestalten des geschichtlichen Geistes mit ihren Sprachen, ausschließlich auf die Menschenwelt, auf unsere Mitwelt und Umwelt. Nur innerhalb dieser zweiten, sekundären Welt, die eine Welt für uns ist und die im selben Maße etwas bedeutet, wie wir zu ihr deutend Stellung nehmen[10], ist mit dem Menschen auch die Sprache zu Hause, wogegen die erste und uns überlebende Welt der Natur nur auf die Weise zu uns spricht, daß sie stumm ist. Die ganze neuzeitliche Naturwissenschaft ist ein Versuch, der Natur »die Zunge zu lösen«[11], nämlich mittels der Mathematik, die jedoch keine Sprache ist, die in bedeutsamen Worten spricht.

Aber auch innerhalb der spezifisch menschlichen Welt der geschichtlichen Völker und Sprachen ist die Bedeutung der Worte im Abnehmen, seitdem sich im Gefolge der wissenschaftlich-technischen Zivilisation das Ideal der Perfektion und der Präzision immer mehr durchsetzt. Man kann sich mit Valéry fragen: »Was wird aus der Philosophie, die von Entdeckungen umlagert ist, deren Unvorhersehbarkeit zu den größten Zweifeln Anlaß gibt hinsichtlich der Tauglichkeit von Ideen des rein auf sich selber verwiesenen Geistes in seiner Auseinandersetzung mit der Welt? Was wird aus ihr, wenn sie – auf der einen Seite überrannt von der Betriebsamkeit der Naturwissenschaften und sich auf der anderen Seite in ihren eingefleischtesten

---

9 Herman Melville, *Pierre or the Ambiguities*, Ch. XIV, 1. Absatz.

10 Damit ist nicht gesagt, daß alle Bedeutsamkeit ausschließlich im Wort der Sprache und nur für den Menschen da ist. Vielmehr ist anzunehmen, daß auch im Verhalten der sprachlosen Tiere die Bedeutsamkeit der Umwelt irgendwie erfahren wird. Aber wir wissen nicht, was einer Eidechse Steinmauern, Gras, Fliegen bedeuten. Und auch für uns gibt es Bedeutungen, die nicht sprachlich vermittelt sind, z. B. die Bedeutung der Musik und Malerei.

11 Siehe Keplers Vorrede zum *Mysterium Cosmographicum* [Widmungsbrief zur 1. Aufl., Übers. von M. Caspar, 1923, S. 6].

Gewohnheiten bedroht sieht durch die ins Einzelne gehenden Untersuchungen von Sprachforschern? Was wird aus: *Ich denke*, und was wird aus: *Ich bin*? Was wird oder wird von neuem aus jenem nichtigen und geheimnisvollen Verbum *Sein*, das auf eine so ansehnliche Karriere im Leeren zurückblicken kann?«[12] Valéry, für den es charakteristisch ist, daß er ein Dichter mit einer Vorliebe für die Präzision der Mathematik war, hat die Situation der Philosophie in seiner Abhandlung über *Leonardo und die Philosophen* schon 1928 treffend charakterisiert: »Halten wir einfach Umschau und sehen wir zu, wie sich die Bedeutung der Sprache auf allen Gebieten verringert, auf denen sich gleichzeitig eine Zunahme an Genauigkeit bemerkbar macht. Zweifellos wird die gemeinverständliche Sprache stets die Rolle eines einführenden und allgemeinen Instruments im Leben der inneren und äußeren Beziehungen spielen; sie wird stets die Lehrmeisterin der andern bewußt geschaffenen Sprachen sein. Doch nimmt sie im Gegensatz zu ihnen allmählich den Charakter einer ersten Annäherung an. Ihre Rolle schrumpft angesichts der Ausbildung von Notationssystemen, die in jedem Falle reiner und einer einzigen Verwendung angepaßt sind. Darüber hinaus aber entspricht jedem Grad dieser Einschnürung eine Einengung des ehemaligen Horizonts der Philosophie ... Alles, was in einer Welt, die es auf Präzision angelegt hat, an Schärfe gewinnt, läßt sich mit ihren primitiven Ausdrucksmitteln nicht mehr fassen. – In gewissen sehr bemerkenswerten Fällen geschieht es schon heute, daß an die Stelle des in unterscheidende und willkürliche Zeichen übersetzten Ausdrucks die Spur der Dinge selber tritt oder die Aufzeichnungen, die unmittelbar von ihr herstammen. Die große Erfindung, Gesetze augenfällig und für den Gesichtssinn gewissermaßen lesbar zu machen, ist in die Erkenntnis eingegangen und *verdoppelt* sozusagen die Erfahrungswelt um eine sichtbare Welt von Kurven, Oberflächen, Diagrammen, in der sich die Eigenschaften in Figuren niederschlagen, bei deren Anblick wir das Gefühl der Schwankungen einer Größe haben. Die *graphische* Darstellung ist eines Inhalts mächtig, vor dem das Wort ohnmächtig ist; sie übertrifft es an Evidenz und an Genauigkeit. Gewiß wird sie vom Wort ins Dasein gerufen; das Wort verleiht ihr einen Sinn und interpretiert sie; aber es ist nicht mehr das Wort, in dem sich der Akt geistiger Besitzergreifung vollzieht.«[13]

12 In: Paul Valéry, *Leonardo. Drei Essays.* Frankfurt: Insel, 1960, S. 193 f. [Oeuvres. Paris: Gallimard (Bibl. de la Pléiade), I, S. 1255].
13 a.a.O., S. 212–214 [Oeuvres, I, S. 1265 f.].

Hegel konnte noch unbekümmert um technische Präzision und fachliche Terminologie, die sich »in einer halben Stunde« beibringen lasse, auf der »Landstraße der Vernunft« gehen, wo niemand sich auszeichne, und doch mit dem Wort »Vernunft« etwas ganz anderes denken als Kant und die Aufklärung. Er konnte das bloße Wissenwollen der »Resultate« einer Philosophie verachten und sie den Leichnam nennen, der die lebendige Tendenz hinter sich gelassen habe, und unter der »Wissenschaft« von den Erfahrungen des Bewußtseins das Gegenteil von dem verstehen, was man gemeinhin Wissenschaft nennt, und doch darauf bestehen, daß die Philosophie kein bloßes Philosophieren, sondern eine lehrbare Wissenschaft sei und keine ergebnislose Denkbewegung. Er konnte die Dialektik zweier abstrakter Bewußtseinsformen »Herr und Knecht« nennen, ohne doch damit eine bloß soziale Unterscheidung zu meinen und politische Herrschaftsverhältnisse abschaffen zu wollen. Er konnte die Anstrengung spekulativen Denkens als die »Arbeit des Begriffs« bezeichnen und doch mit Aristoteles daran festhalten, daß die Tätigkeit des reinen Denkens die höchste und freieste sei, weil sie »arbeitslos, theoretisch« ist. Er konnte überhaupt die abstrakten Denkformen der Logik: Selbstsein und Anderssein, Ansichsein und Fürsichsein, Fürunssein und An-und-für-sich-Sein mit plastischen Worten aus dem Bereich der sinnlichen Anschauung erläutern und seine Gedanken in einer Sprache darstellen, die ebenso abstrakt und bildlos wie metaphorisch und bildhaft ist.

Nur einmal, in der *Phänomenologie*, hat Hegel die Sprache rein als solche zum Thema gemacht, sofern sie die Gestalt einer bestimmten geschichtlichen Welt ist; die Sprache der geistreichen »Bildung«, in welcher der Geist sich selbst entfremdet ist, weil er nur noch in der gebildeten Sprache lebt. Diese Bildung anerkennt keine objektiven Gestalten des Geistes, sie verwandelt alle substantiellen Verhältnisse in ihre geistreich gebildete Rede. Der Gebildete lebt in einem Reich, nicht der angeeigneten Wirklichkeit, wie es Politik und Ökonomie oder ›Staatsmacht‹ und ›Reichtum‹ sind, sondern ausschließlich in einem Reich der Bildung, die er für die einzige Wirklichkeit hält. Die Sprache dient dann nicht mehr einem Tun, sie gilt rein als Sprache, und je mehr geistreiche Rede und Bildung, desto mehr Herrschaft über die Welt. Indem alles besprochen, zusammen- und auseinandergesetzt wird, ist der Geist scheinbar ganz bei sich und Herr seiner Welt; in Wahrheit ist er ihr jedoch entfremdet, weil er in nichts anderem bei sich oder frei ist. Das im Extrem der reinen Bildung in sich zusammengefaßte

Selbstbewußtsein ist in Wirklichkeit ein zerrissenes. Die Sprache dieser
Bildung ist nicht einfach und ehrlich, sondern so gebildet, daß sie
Dinge, die so weit auseinander liegen wie wahr und falsch oder gut
und schlecht, ineinander verkehrt und geistreich zusammenbringt.
Kraft seiner Reflexionsstufe ist dieses gebildete Bewußtsein dem einfachen, ungebildeten prinzipiell überlegen, nämlich so, wie der Sophist
dem gemeinen Verstand, aber auch so wie Hegels spekulatives Denken
dem ›abstrakten‹, nicht spekulativen. Dem einfachen, ›natürlichen‹
Bewußtsein, welches meint, das Wahre sei einfach wahr und das Gute
sei einfach gut, muß die geistreiche Rede dieser Bildung als eine
Verkehrung und Verwirrung erscheinen, der sie doch nichts entgegen-
zusetzen vermag. »Betrachten wir der Rede dieser sich selbst klaren
Verwirrung gegenüber die Rede eines *einfachen Bewußtseins* des
Wahren und Guten, so kann sie gegen die offene und ihrer bewußte
Beredsamkeit des Geistes der Bildung nur einsilbig sein; denn es kann
diesem nichts sagen, was er nicht selbst weiß und sagt. Geht es über
seine Einsilbigkeit hinaus, so sagt es daher dasselbe, was er ausspricht,
begeht aber darin noch dazu die Torheit, zu meinen, daß es etwas
Neues und Anderes sage. Wenn dieser Geist in seiner Rede alles
Eintönige verkehrt, weil dieses sich Gleiche nur eine Abstraktion ist,
und wenn dagegen das gerade Bewußtsein das Gute und Edle, d. h. das
sich in seiner Äußerung Gleichhaltende, auf die einzige Weise, die hier
möglich ist, in Schutz nimmt, – daß es nämlich seinen Wert nicht
darum verliere, weil es an das Schlechte *geknüpft* oder mit ihm
gemischt sei – so hat dies Bewußtsein, indem es zu widersprechen
meinte, damit nur den Inhalt der Rede des Geistes in eine triviale
Weise zusammengefaßt, welche gedankenlos, indem sie das *Gegenteil*
des Edeln und Guten zur *Bedingung* des Edeln und Guten macht,
etwas anderes zu sagen meint, als dies, daß das edel und gut Genannte
in seinem Wesen das Verkehrte seiner selbst, so wie das Schlechte
umgekehrt das Vortreffliche ist.« (Anm. 82)
  Genau dasselbe, was Hegel von der entfremdeten Bildung sagt,
kann und muß aber auch auf seine eigene angewendet werden: auch
sie ist dem eintönigen und einsilbigen Bewußtsein prinzipiell überlegen, wenn sie z. B. das einfache Gewissen durchschaut und es zur
Heuchelei umkehrt, weil die dialektische Bildung überhaupt die Einseitigkeit oder Abstraktheit alles einfachen Meinens begreift. In der
Kritik des geraden, undialektischen Bewußtseins ist sich Hegel mit
dem geistreichen Bewußtsein der sich entfremdeten Bildung durchaus

einig! Und wenn schließlich das einfache Bewußtsein die Auflösung dieser ganzen Welt der Verkehrung fordert und aus ihrer Sprache heraus will, so kann es das dem einzelnen Individuum nicht zumuten, denn der Einzelne ist von den allgemeinen gesellschaftlichen Verhältnissen bedingt und man müßte schon das ganze System der Verhältnisse ändern, um diese Entfremdung aufzuheben. Das gebildet gewordene Bewußtsein kann sich nicht in die ›Wildnis‹ einer angeblich natürlichen Unschuld zurückversetzen.

Die Forderung der Auflösung des geistreich gewordenen Bewußtseins müßte sich auf den Geist der Bildung selber richten, aber nicht um hinter sie zurückzufallen, sondern um über sie hinauszugehen, zu einer noch höheren Stufe der Bildung und des Wissens. Sie muß bis zum absoluten Wissen des Absoluten weitergehen, um in ihm die sich selbst entfremdete Bildung positiv aufzuheben. – Die fragwürdige Voraussetzung dieser dialektischen Aufhebung ist in Hegels Philosophie die These, daß die Wahrheit selbst die »Tendenz« habe, sich im Laufe der Erfahrungsgeschichte des Bewußtseins fortschreitend zu »entwickeln« und daß es darum kein Zurück geben könne. Nimmt man Hegels Voraussetzung an, so würde das für unser Verhältnis zu seinem Denken und seiner Sprache bedeuten, daß man entweder anerkennen müßte, daß diese fortschreitende Entwicklung der Wahrheit in der Geschichte des europäischen Geistes mit Hegels absolutem Wissen des Absoluten zur Vollendung und damit zum Abschluß kam, oder daß dies nicht der Fall sei und man auf der von ihm erreichten Stufe der Reflexion über ihn hinausgehen müsse. Daß irgendwer nach Hegel über ihn hinausgegangen wäre, zu einem gleichsam noch absoluteren Wissen, wird niemand zu behaupten wagen. Diese Unfähigkeit dürfte jedoch auf keinem Zufall beruhen. Was einmal in einer so vollendeten Weise zu Ende gekommen ist, läßt sich nicht in der gleichen Richtung und mit den gleichen Mitteln fortsetzen. Feuerbach hat daraus die einzig mögliche Folgerung gezogen, indem er von dem Gipfel der Metaphysik als Onto-Theo-Logik herabstieg – zu den Niederungen der sinnlichen Gewißheit, während Marx mit Hegels Metaphysik die Philosophie als solche preisgab, indem er sie sozial verwirklichen wollte. Wenn es aber nicht zu umgehen ist, daß man, wie es faktisch schon längst geschah, von dem Gipfel der Metaphysik herabsteigt, dann muß auch auf Hegels dialektisch gebildete Sprache verzichtet werden. Man muß den Mut haben, weniger dialektisch und weniger geistreich zu sein, und in einer Sprache denken, die berücksichtigt, daß das Ganze der von Natur aus bestehenden Welt nicht in den Bedeutungen aufgeht, die ihr der Mensch zuspricht, obwohl er selber seinem Ursprung nach ein Erzeugnis der Welt und kein extramundaner Geist ist. Der Ursprung der Sprache bleibt dann aber so rätselhaft wie das Faktum des Menschen selbst im Ganzen der Welt. Es scheint, daß mit der Entstehung des Menschengeschlechts die Natur einen unwahrscheinlichen Sprung gemacht hat, der sie nun selber in Frage stellt.

Töten, Mord und Selbstmord: Die Freiheit zum Tode

1962

Das biblische Gebot »Du sollst nicht töten« wäre nur dann eindeutig, wenn es unter allen Umständen und in jeder Hinsicht gälte. Faktisch ist man sich aber selbst in der christlichen Kirche nicht darüber einig, ob der Kriegsdienst unbedingt zu verwerfen und ob Kriegsdienstverweigerung ein unbedingtes Gebot für den Christen ist. In den fünf Büchern Moses werden die Feinde Israels keineswegs geliebt, sondern dem Willen Gottes gemäß massenhaft vernichtet. Und wir töten nicht nur im Ausnahmefall des Kriegs, der so häufig ist, wie die Geschichte vorwiegend eine solche von Kriegen um Herrschaft ist, sondern wir töten auch ständig ohne Bedenken andere Lebewesen, die uns zur Nahrung dienen, ohne solches Töten als Mord zu empfinden. Auch das Töten im Krieg ist nicht einfach »Massenmord«. Im Unterschied zum erlaubten und geforderten Töten im Krieg gilt das Töten im bürgerlichen Leben als Mord, der die Todesstrafe verdient. Im Krieg gilt das Recht auf die Erhaltung des eigenen Lebens nicht als das höchste Recht, und der Staat verlangt von seinen Bürgern etwas sehr Unbürgerliches: die Bereitschaft zum Opfer des individuellen Lebens. Wenn freilich der Staat nichts anderes wäre als ein Gesellschaftsvertrag, dann wäre eine solche Zumutung widersinnig und ungerecht. Aus diesem Unterschied zwischen der Beurteilung des Tötens im Krieg und im bürgerlichen Leben, der ein Widerspruch ist, haben unbedingte Pazifisten gefolgert, daß es ein eklatanter Widersinn sei, im öffentlichen Leben des Staats zu rechtfertigen, was im privaten, bürgerlichen Leben als ein Verbrechen gilt. Die Sachlage ist aber im einen und im anderen Fall nicht dieselbe, denn der Krieger setzt sich selbst dem Tode aus, indem er andere tötet. Ares, heißt es in der Ilias, ist gerecht, denn er tötet die, welche töten. Zum Töten im Krieg gehört Mut, denn jeder wagt sein eigenes Leben, indem er andere angreift und tötet. Der Krieg ist ein Kampf auf Leben und Tod, Töten und Getötetwerden sind in ihm aufeinander bezogen. Der Mörder tötet, ohne zum Kampf herausgefordert zu sein, und er wagt nicht unmittelbar sein Leben; er riskiert nur die Verfolgung durch die Kriminalpolizei. Dagegen ist es mehr als ein Verbrechen, das einen Rechtszustand voraussetzt, wenn man rechtlose und wehrlose Menschen in Massen vernichtet, ohne dabei selber sein Leben oder auch nur Bestrafung zu riskieren.

Es gibt aber außer dem Töten im Kriege und dem Mord im bürgerlichen Leben noch eine dritte Möglichkeit des Tötens: *der Mensch kann sich selber töten*. Man nennt diese äußerste Möglichkeit der Stellungnahme zum eigenen Dasein gewöhnlich »Selbstmord«, ein Wort, das mit seinem Beiklang des Verbrecherischen ebenso unpassend ist wie das allzu harmlose »Freitod«, das aber doch den Vorzug hat, das Moment der Freiheit im Entschluß zur Selbstvernichtung zu betonen. Der Freiheit zu einem solchen Entschluß widerspricht nicht, daß dieser seinerseits motiviert und physisch wie psychisch bedingt ist. Man redet meist nicht gerne davon, wenn sich ein Mensch das Leben nahm, oder man spricht von »temporary insanity«, obwohl es wenige Menschen geben dürfte, die nicht mindestens einmal im Leben mit dieser Möglichkeit in Gedanken mehr oder weniger ernsthaft gespielt haben. An und für sich ist die Freiheit zur Selbstvernichtung des eigenen Daseins eine spezifisch menschliche Möglichkeit. Ein notwendig existierendes Wesen wie Gott kann sich nicht selbst vernichten. Desgleichen kann sich ein Tier so wenig selber töten, wie es sich selbst ins Leben hervorgebracht hat; es kann nur von Natur aus verenden. Ein Hund, der nach dem Tode seines Herrn zu fressen aufhört und stirbt, begeht keinen Selbstmord. Der Mensch hat sich zwar auch nicht selber ins Dasein gebracht, aber er kann den Akt der Selbstvernichtung vollziehen, weil er überhaupt von allem, was ist, nicht zuletzt von seiner eigenen natürlichen Existenz, Abstand nehmen kann.

Der Hauptunterschied zwischen Selbstvernichtung und Mord sowie dem Töten im Krieg scheint zu sein, daß keine Handlung so bezugslos zu anderen Menschen ist wie der Selbstmord. Im Krieg geht es wechselseitig um Leben und Tod, man tötet, um nicht selber getötet zu werden[1]. Wer mordet, ist einseitig auf einen anderen bezogen, den

---

1 Man kann aber auch in den Krieg gehen, um sich töten zu *lassen* und dem Entschluß zur direkten Selbstvernichtung zu entgehen. »Sobald jetzt irgendein Krieg ausbricht, so bricht damit immer auch gerade in den Edelsten eines

er aus irgend einem Grunde tötet: aus Haß, Rachsucht, Eifersucht; aus sexueller Perversion im Lustmord; aus Habgier im Raubmord, oder um einen politischen Gegner zu beseitigen. Der Selbstmord geschieht jedoch scheinbar in radikaler Vereinzelung auf sich selbst. Schon jede Andeutung oder gar Androhung zu anderen, daß man sich selber töten werde, entzieht dem Entschluß die Entschiedenheit. Um radikale Vereinzelung handelt es sich auch im Falle des Doppelselbstmords, wenn sich zwei Menschen zusammen das Leben nehmen, weil sie so sehr zueinander gehören, daß sie nicht ohne den anderen weiterleben mögen. Dennoch ist der Mensch auch noch in dieser äußersten Tat der Vereinzelung nicht ganz und gar auf sich selbst gestellt und allein, alles in einem, sondern Mitmensch unter Mitmenschen. Wer sich selbst vernichtet, will nicht mehr sein, d. h. er will nicht mehr auf der Welt

Volkes eine freilich geheim gehaltene Lust aus: sie werfen sich mit Entzücken der neuen Gefahr des *Todes* entgegen, weil sie in der Aufopferung für das Vaterland endlich jene lange gesuchte Erlaubnis zu haben glauben – die Erlaubnis, *ihrem Ziele auszuweichen:* – der Krieg ist für sie ein Umweg zum Selbstmord, aber ein Umweg mit gutem Gewissen« (Nietzsche, *Werke* [Großoktavausgabe], V, S. 262 (Anm. 83)). Der Ausbruch eines Krieges kann dem schal gewordenen Leben einer ziellos gewordenen Gesellschaft einen neuen Sinn und Inhalt geben. Man weiß wieder, oder meint doch zu wissen, wozu man überhaupt da ist. Es ist kein Zufall, daß zwei große Zeitromane, *Der Zauberberg* von Th. Mann und *Der Mann ohne Eigenschaften* von R. Musil, die unlösbaren Probleme ihrer Helden, die keine sind, dadurch auflösen, daß sie sie in den Krieg ziehen lassen.– Clemenceau hat sich im Ersten Weltkrieg gefragt, ob denn die jungen Deutschen, die mit einem merkwürdigen Enthusiasmus als Freiwillige in den Krieg zogen und vor Ypern und Verdun massenhaft fielen, das Leben nicht ebenso wie die Franzosen liebten. Er kam zu dem Ergebnis, daß die Deutschen einen Hang zum Tode haben, weil sie ihr bürgerliches Leben als unerfüllt empfinden und die Vernichtung beinahe herbei wünschen: »Dem Menschen ist es eigentümlich, das Leben zu lieben. Die Deutschen haben diesen Trieb nicht. In der Seele der Deutschen, in ihrer Kunstauffassung, in ihrer Gedankenwelt und in ihrer Literatur findet sich ein Mangel an Verständnis für das, was wirklich das Leben ausmacht, für seinen Reiz und seine Größe. Dagegen sind sie von krankhafter und satanischer Todessehnsucht erfüllt. Wie lieben diese Menschen den Tod! Zitternd, wie im Taumel, und mit ekstatischem Lächeln schauen sie zu ihm auf wie zu einer Art Gottheit. Woher haben sie das? Ich weiß es nicht . . . Lesen Sie nur ihre Dichter: überall finden Sie den Tod! Den Tod zu Fuß und den Tod zu Pferd . . . den Tod in allen Posen und in allen Gewändern! Das beherrscht sie, das ist ihre fixe Idee . . .« (Jean Martet, *Der Tiger. Weitere Unterhaltungen Clemenceaus mit seinem Sekretär Jean Martet.* Berlin 1930, S. 54 f. [*Le Tigre.* Paris: A. Michel, 1930, S. 74]).

sein, d. h. in der Mitwelt seine Rolle weiterspielen. Die Menschen töten sich zumeist, um sich unerträglichen *Verhältnissen* zu entziehen, um einem fundamentalen Mißverhältnis zu ihrer Welt zu entgehen. Auch wer sich wegen einer unheilbaren Krankheit tötet, entzieht sich damit dem Verhältnis seines Selbst zu seinem Leib, er entleibt sich. Wenn sich solche Verhältnisse plötzlich ändern und zum Besseren wenden, wird der Entschluß zur Selbstvernichtung wieder aufgegeben. Wer an ihm festhält, tut es unter der Voraussetzung, daß sich die Verhältnisse nicht ändern werden, daß sie aussichtslos und hoffnungslos sind. Wie sehr der Mensch als Mitmensch von seinen Verhältnissen bedingt und nicht unbedingt selbständig ist, läßt sich auch daraus entnehmen, daß ein Mensch sich selber töten kann, um nicht einen anderen umzubringen. Man kann an einem anderen zum Mörder werden, weil man sich von ihm mißachtet, gequält, erniedrigt oder verraten weiß; man kann aus denselben Gründen auch sich selbst das Leben nehmen. Die Leidenschaften, die das Verhältnis der Menschen zueinander beherrschen: Liebe und Haß, Eifersucht, Herrschsucht, Habsucht, Ehrgeiz, wirken stets zweiseitig und zweideutig. Die Selbstachtung des Menschen hängt mit tausend unsichtbaren Fäden von der Achtung anderer ab. Die massenhaften Selbstmorde deutscher Juden am Beginn und während der Herrschaft des Nationalsozialismus haben deutlich gezeigt, daß der Mensch nicht mehr leben will, wenn er sich von der für ihn maßgebenden Mitwelt verachtet weiß. Man tötete sich nicht nur, um der Deportation und Vergasung zu entgehen, sondern aus der Verzweiflung über die grenzenlose Entwürdigung, in dem Bewußtsein, daß man für die anderen überhaupt nicht mehr ein Mensch war, sondern ein auszurottendes Ungeziefer. Und wenn man Berichte von Überlebenden der Konzentrationslager liest, so kann man nur staunen, unter welchen Verhältnissen diese Menschen weitergelebt haben und sich an das nackte Leben hielten. Aber auch die wenigen, welche dieses Leben, das keines mehr war, überstanden haben, kamen nicht als dieselben wieder. Man fragt sich: wie konnte ein solches Übermaß an Entmenschung ertragen werden, warum haben sich diese Menschen nicht, wie viele ihrer Leidensgenossen, getötet? Am Beginn des Nationalsozialismus waren es vorwiegend deutsche Juden gewesen, die Selbstmord begingen; am Ende waren es hauptsächlich Männer in führender Stellung, die sich durch Selbstmord der Verantwortung entzogen. In Japan, wo der Selbstmord eine alte, vornehme Tradition hat, töteten sich die maßgebenden Staatsmänner nach der Kapitulation nicht, um sich der Verantwortung zu entziehen, sondern um ihre Ehre zu retten und in dem Bewußtsein der Solidarität mit ihrem besiegten Volk, stellvertretend. Alle diese Menschen haben sich freiwillig, unter dem Zwang der Verhältnisse, das Leben genommen: frei und gewolltermaßen, weil kein Mensch gezwungen werden kann, sich selbst zu töten[2], und gezwungenermaßen, weil sich im allgemeinen kein Mensch das Leben nimmt, solange er noch eine Spur von Hoffnung hat, daß sich die Verhältnisse ändern könnten. Die Ansicht liegt deshalb nahe, daß jeder Selbstmord aus Verzweiflung am Leben geschieht oder besser gesagt: aus De-speration, was wörtlich Fehlen von Hoffnung heißt. Es hat zunächst den Anschein, daß es einen nicht verzweifelten, gelassenen, philosophischen Selbstmord und eine echte Freiheit zum Tode nicht gibt und nicht geben könne.

Hat man aber überhaupt ein Recht und hat es einen Sinn, den Selbstmord »Mord« zu nennen? Ist diese Bezeichnung nicht noch viel fragwürdiger als die Bezeichnung des Kriegs mit »Massenmord«? Hat schon jemals ein Mensch sich selbst gemordet, so wie ein Verbrecher mordet? Wenn es zutrifft, daß der Mensch im Unterschied zum Tier Selbstbewußtsein und Wille ist und daß er überhaupt nur lebt, sofern er leben will, warum sollte er sich nicht auch das Leben nehmen dürfen, das er sich selbst nicht gegeben hat, das ihm zufällig zufiel, ob er es wollte oder nicht? Woher das allgemeine Vorurteil, daß Selbstmord eine Sünde sei oder doch unmoralisch? Es gibt nur ein einziges stichhaltiges Argument gegen das Recht zur Selbstvernichtung, und dieses ist kein eigentlich moralisches, sondern ein religiöses. Es steht und fällt mit dem christlichen Glauben, daß der Mensch ein Geschöpf Gottes ist, daß er sein Leben als eine Gabe geschenkt bekam. Dann, aber auch nur dann, ist der Selbstmord in der Tat ein Mord, ein höchstes Unrecht gegen Gott. Wir sind dann nicht ursprünglich und ausschließlich uns selbst verantwortlich und uns selbst gehörend, sondern wir haben uns vor dem zu verantworten, der uns geschaffen

---

2 »Als Lebendiges kann der Mensch wohl *bezwungen*, d. h. seine physische und sonst äußerliche Seite unter die Gewalt Anderer gebracht, aber der freie Wille kann an und für sich nicht *gezwungen* werden, als nur sofern *er sich selbst aus der Äußerlichkeit*, an der er festgehalten wird, oder aus deren Vorstellung *nicht zurückzieht*. Es kann nur der zu etwas gezwungen werden, der sich *zwingen* lassen *will*.« Hegel, *Grundlinien der Philosophie des Rechts*, § 91.

hat. Die Selbstvernichtung ist dann eine ungehörige Anmaßung, ein Aufstand des Menschen gegen seinen Schöpfer, ein Bruch mit der Schöpfungsordnung, ein Verbrechen, ein Mord. Die christliche Kirche verweigert deshalb dem Selbstmörder ein kirchliches Begräbnis. Der Selbstmord ist diffamiert, seitdem es die christliche Kirche gibt. In der römischen und griechischen Welt, im sogenannten Heidentum, galt er als legitim und ehrenhaft, wie noch heute in nichtchristlichen Ländern. Das Alte Testament kennt zwar auch die heidnische Unbefangenheit gegenüber dem Selbstmord (Saul stürzt sich nach unglücklichem Kampf mit den Philistern ins Schwert, Absaloms Ratgeber hängt sich auf, und das Neue Testament berichtet von dem einzigartigen Selbstmord des Judas Ischarioth), aber Saul, Absaloms Ratgeber und Judas Ischarioth sind keine Christen.

Die Behauptung, daß nur der christliche Glaube ein stichhaltiges Argument gegen das Recht zum Selbstmord gibt, läßt sich am besten an Augustin ausweisen. Er geht in einer Erörterung des Gottesstaats (XI, 26 ff.) davon aus, daß der Mensch ein Ebenbild Gottes sei, daß er nur als Gottes Geschöpf überhaupt *ist*, um sein Dasein weiß und es natürlicherweise liebt. Kein Mensch will nicht sein und nicht glücklich sein. Das pure Dasein ist mit einer Art natürlicher Wucht so sehr etwas Wünschenswertes, daß selbst die Unglücklichen nicht zugrunde gehen wollen. Sie wünschen zwar ihr Unglück hinweg, nicht aber sich selbst. Die von Gott geschaffene Natur des Menschen schrecke so sehr vor dem Nichtsein zurück, daß selbst diejenigen, die das elendeste Leben führen, ihr unseliges Dasein unbedingt dem Nichtsein vorziehen würden, wenn sie vor die Wahl gestellt würden, entweder auf ewig so oder überhaupt nicht zu existieren. Augustin war sich als Römer bewußt, daß es in der römischen Welt zahlreiche Beispiele für das Gegenteil gab, daß eine so bedeutende philosophische Schule wie die Stoa den frei gewählten Tod als Erweis der menschlichen Würde lehrte und praktizierte, und daß unter den Römern jedermann die berühmten Fälle hochgeachteter Selbstmorde kannte, z. B. den des Cato und der Lukretia. Er bemüht sich deshalb, diese berühmten Selbstmorde zu diskreditieren, vor allem den Selbstmord der Lukretia, die aus einem vornehmen Geschlecht stammte und verheiratet war. Sie nahm sich das Leben, weil ein anderer Mann sie vergewaltigt hatte. Andererseits gab es Christinnen, die in römischen Gefängnissen vergewaltigt worden waren und die sich nicht das Leben nahmen. Augustin verteidigt das Verhalten seiner Glaubensgenossen gegen die Verachtung der heidnischen Römer und versucht zu beweisen, daß der Selbstmord der Lukretia keineswegs rühmlich war, wohl aber das Weiterleben der geschändeten Christinnen. Sein Argument (a.a.O. XI, 26 f.; I, 16 ff.) ist kurz gesagt dies: es gibt in der Heiligen Schrift keinen einzigen Hinweis, der es einem Christen erlauben würde, sich selber zu töten[3]. Das Verbot »Du sollst nicht töten« beziehe sich nicht nur auf den Nächsten, sondern auf jeden Menschen, also auch auf sich selbst. Es betreffe jedoch nicht außermenschliche Lebewesen, denn diese seien vernunftlose Geschöpfe und dem Menschen von Gott unterstellt. Die römische Ansicht, daß freiwilliger Tod ein Zeichen von Seelengröße ist, sei falsch; vielmehr beweise der Selbstmord nur die schwächliche Unfähigkeit, ein hartes Geschick oder von anderen begangene Sünden nach dem Vorbild von Christus geduldig zu ertragen, der das Kreuz des schuldlosen Leidens auf sich nahm. Wenn viele Selbstmord begehen, um nicht den Feinden in die Hände zu fallen, so handeln sie unchristlich; denn Christus habe nicht gelehrt, daß man Hand an sich legen solle, um einem irdischen Übel zu entgehen. Und wenn Cato nach Caesars Sieg Selbstmord beging, so war das kleinlich gehandelt und keine Heldentat: er wollte Caesar nicht den Ruhm der Begnadigung gönnen! Und wenn sich die vergewaltigte Lukretia das Leben nahm, so habe »diese vielgepriesene, schuldlose Frau« zu dem Übel, das ihr von einem anderen angetan worden war, noch das größere hinzugefügt, sich selbst »aus schwächlicher Scham« umzubringen, um übler Nachrede aus dem Wege zu gehen. Wenn sie wirklich unschuldig war, argumentiert Augustin, und bei ihrer Vergewaltigung keine Lust

---

3   Vgl. dazu die höchst merkwürdige Verteidigung des Selbstmords durch Duverger de Hauranne, Abt von Saint-Cyran und Gründer von Port-Royal, dessen Traktat über den Selbstmord 1609 erschien und von Voltaire (in: Oeuvres complètes, hrsg. v. L. Moland, 1877–85, Bd. 25, S. 567–569), zitiert wird (Anm. 84). Die Hauptstelle daraus lautet übersetzt: „Im Gebot, nicht zu töten, das Gott uns gegeben hat, ist sowohl der Mord an sich selbst wie der am Nächsten einbezogen. Deshalb wurde es ohne irgendeine Modifikation in so allgemeine Worte gefaßt, um darunter jede Art Menschenmord zu begreifen. Nun ereignen sich aber, ungeachtet dieses Verbots und ohne daß dagegen verstoßen wird, Umstände, die dem Menschen das Recht und die Macht geben, seinen Nächsten zu töten. Es können also auch solche eintreten, die ihm die Ermächtigung erteilen, sich selbst zu töten, ohne daß er das Gebot selbst verletzte." Die öffentliche Autorität, die die Stelle Gottes vertritt, kann über unser Leben verfügen. Die Vernunft des Menschen kann gleichfalls die Vernunft Gottes vertreten.

empfand, warum hat sie sich dann getötet? Leugnet man den Ehebruch, so belaste man um so mehr ihren Mord, ihren Selbstmord;
entschuldigt man ihn aber, so bestätige man damit den Ehebruch!
Augustins unerbittliche Argumentation zur Verurteilung des Selbstmords beruht auf zwei Voraussetzungen: erstens darauf, daß der
Mensch gegenüber Gott überhaupt kein Recht hat, über sein Leben zu
verfügen, und zweitens darauf, daß Seele und Körper etwas so völlig
Verschiedenes sind, daß alle körperlichen Leiden und Erniedrigungen
der unsterblichen Seele des Christen nichts anhaben können.

Diese christliche Auffassung vom Selbstmord hat sich in abge-
schwächter Form bis in die Zeit der Aufklärung fast unverändert
erhalten. Ich greife nur ein Beispiel aus der Geschichte der Philosophie
heraus; es steht in einer Vorlesung Kants über Ethik[4]. Gott und die
Unsterblichkeit der Seele sind zwar für Kant nicht mehr Glaubensge-
wißheiten, sondern moralische Postulate der praktischen Vernunft,
aber die Folgerungen bezüglich der Idee vom Menschen und der Frage
des Selbstmords sind noch dieselben. Der Mensch ist nach Kant
seinem Wesen nach nicht von Natur aus bestimmt, sondern er hat die
Freiheit zur Selbstbestimmung; er ist als »Person« sein eigener Zweck,
»Selbstzweck«, d. h. er darf sich selbst und andere Menschen nie als
bloßes Mittel zum Zweck benützen. Alles andere außer dem Menschen ist dagegen für ihn ein erlaubtes Mittel zum Zweck, bloße
»Sache«. Auch die vernunftlosen Tiere sind bloß lebendige Sachen,
weil sie ihren Lebenszweck nicht selber in Freiheit wählen können.
Der Mensch kann und darf deshalb über sie als Mittel für seine
Zwecke nach seinem Willen verfügen. Im Verhältnis des Menschen
zum Menschen, also auch im Verhältnis des Menschen zu sich selbst,
ist aber der bloße Mittel-zum-Zweck-Gebrauch ein Mißbrauch,
unmoralisch, widermenschlich. Kant illustriert es an einigen drasti-
schen Beispielen. Wenn sich einer seine gesunden Zähne ausreißen
läßt, um sie zum Zweck des Gelderwerbs als Mittel zum Zweck wie
eine Sache zu veräußern, so handelt er widermenschlich; denn die
Zähne sind *seine* Zähne, sie gehören zu ihm als ganzer Person und er
darf deshalb mit ihnen nicht wie mit einer Sache als Mittel zu einem
anderweitigen Zweck umgehen. Dasselbe liege vor, wenn einer einen
anderen als bloßes Mittel zum Zweck des sexuellen Genusses

4 Hrsg. v. Paul Menzer. Berlin 1924, S. 185 ff. Vgl. *Grundlegung zur Metaphysik der Sitten*, 1. Aufl. 1785, S. 69 f., 83 ff. *Die Metaphysik der Sitten*, A
71–75 [= Tugendlehre, § 6].

gebraucht und im Extrem, wenn sich ein Mensch selbst entleibt und damit über sich wie über eine Sache, eine res corporalis, disponiert. Die Anstrengung, welche Kant macht, um den Selbstmord als eine unmoralische, d. i. wider den Sinn des Menschseins gehende Handlung zu erweisen, steht und fällt mit dem im Hintergrund stehenden Glauben, daß uns das Leben von Gott geschenkt ist. Nur auf dem Boden dieses christlichen Glaubens kann Kant das Unmenschliche des Selbstmords scheinbar rein ontologisch, aus der Seinsart des Menschen und ohne direkten Bezug auf theologische Glaubenssätze begründen. In der Ethik-Vorlesung [S. 189 und 193] spricht sich jedoch die religiöse Voraussetzung der moralischen Begründung deutlich aus. Die »Menschheit«, d. h. das Sein des Menschen, sei etwas »Heiliges«, das uns »anvertraut« ist, weshalb der Selbstmord den »Absichten des Schöpfers« widerspreche. Schon im nächsten Satz spricht Kant jedoch statt vom Schöpfer von der Weisheit der »Natur« und deren natürlichen Erhaltungsabsichten, denen sich der Mensch nicht widersetzen dürfe. So wie ein Leibeigener nach römischem Recht kein Recht hatte, sich durch Selbstmord dem Dienst seines Herrn zu entziehen, so habe auch der freie (christliche) Mensch kein Recht, sich Gott als seinem Eigentümer zu entziehen – ein schwacher Abglanz der christlichen Auffassung vom Bewährungscharakter des irdischen Lebens in der Nachfolge Christi. Auch nach Kant hätte sich Lukretia gegen den Angriff auf ihre weibliche Ehre so lange wehren müssen, bis man sie umgebracht hätte. Zwar gibt Kant zu, daß die Pflicht zur Selbsterhaltung nur so lange gelte, als das Leben wert ist, gelebt zu werden, denn moralisch beurteilt sei es nicht nötig zu leben, wohl aber, so lange man lebt, ehrenwert zu leben. Aber Kant war der merkwürdigen Ansicht, daß dies jederzeit und unter allen Umständen möglich sei, wenn man nur die Pflichten gegen die Menschheit in seiner Person erfülle, ohne Gewalt über sich auszuüben. Es scheine zwar ein moralischer Vorzug des Menschen zu sein, daß er sich kraft seiner Freiheit der Welt auch entziehen könne, so wie ein freier Bürger aus seinem Staate auswandern kann. Aber diese scheinbar äußerste Freiheit sei verkehrt, denn die Freiheit habe eine unwandelbare Bedingung, nämlich die, daß ich sie nicht zur Selbstvernichtung gebrauchen darf. Wäre ihr Gebrauch erlaubt, dann würden auch alle Pflichten gegen andere ins Wanken geraten, denn wer die Menschheit nicht in seiner eigenen Person achte, den könne nichts hindern, sie auch in anderen Personen zu verachten und also z. B. einen Mord zu begehen.

Wenn Kant aber die Widermenschlichkeit des Selbstmords ohne Bezug auf einen Schöpfer schon dadurch erweisen will, daß er das Über-sich-selber-verfügen mit den Begriffen von Mittel und Zweck bestimmt, so ist das nicht überzeugend. Denn wenn sich der Mensch totaliter, mit Leib und Seele, vernichtet und sich nicht nur (wie im Beispiel der Veräußerung von Zähnen) als eine res corporea zu einem anderweitigen Zweck teilweise schädigt, so gebraucht er sich gerade nicht als bloßes Mittel zu einem anderweitigen Zweck. Man kann nicht sinnvoll fragen: wozu, zu welchem Zweck sich ein Mensch vernichtet[5], denn er vernichtet mit sich alle nur möglichen Zwecke, und so wie der Mensch im Selbstmord über sich verfügen kann, läßt sich über eine Sache gerade nicht verfügen. Der Selbstmord ist nicht *eine* »Grenzsituation« unter anderen, sondern eine ausgezeichnete Möglichkeit des Menschen als Menschen. Wäre er nur ein Lebewesen, so könnte er sich nicht das Leben *nehmen* und wäre er nicht *auch* ein Lebewesen, so könnte er sich nicht sein *Leben* nehmen. Wer einmal eingesehen hat, daß die Freiheit des Wollens zu diesem Können zum Wesen des Menschen gehört, ganz gleich, wie weit sie in ihrer faktischen Ausübung durch innere und äußere Umstände und Verhältnisse beschränkt und bedingt ist, wird nicht umhin können, sie auf alles anzuwenden, wovon sich der Mensch befreien kann, also auch auf sein eigenes Leben.

Hegel hat dieser Einsicht einen entschiedenen Ausdruck gegeben[6]. Er sagt in seiner Analyse des Willens als der Grundlage aller Rechtsverhältnisse, der Mensch *sei* geradezu die Freiheit seines Eigensinns, und diese Freiheit bestehe darin, daß er als geistiger Wille die »absolute Möglichkeit« habe, von jeder Bestimmtheit, in der er sich vorfin-

5 Eine beachtenswerte Ausnahme ist es, wenn sich ein Mensch vorsätzlich tötet, um einem anderen das Leben zu retten. In Japan kann es noch heute geschehen, daß sich eine Frau das Leben nimmt, um einem erblindeten Geliebten nach ihrem Tode durch Transplantation der Hornhaut das Augenlicht wiederzugeben. Sie behandelt sich dann, mit Kant gesagt, wie eine »Sache« als Mittel zum Zweck, und zwar total. Wer möchte aber so leichthin behaupten, sie habe unmoralisch gehandelt? Wo liegt überhaupt die Grenze zwischen Selbstvollbringung und Selbstvernichtung, wenn ein Mensch für einen anderen sein Leben hingibt? Und was kann es, gerade vom moralischen Standpunkt aus, Höheres geben? Siehe K. Löwith, *Bemerkungen zum Unterschied von Orient und Okzident*, Abschnitt II, in: *Vorträge und Abhandlungen. Zur Kritik der christlichen Überlieferung*. Stuttgart 1966, S. 9 f.
6 Hegel, *Grundlinien der Philosophie des Rechts*, §§ 5, 47, 70; vgl. *Jenenser Realphilosophie I*, 1933, S. 218 [s. Hrsg.-Anm. 80].

det, »abstrahieren« zu können. Er gibt dafür zwei entgegengesetzte
Beispiele [§ 5, Anm.]: der religiöse Fanatismus der indischen Meditation, die von allem Bestimmten abstrahiert und sich in das reine Nichts
versenkt, welches Alles ist, und der politische Fanatismus der Französischen Revolution, der alles Bestehende zertrümmert, um in solcher
Zerstörung die absolute Freiheit des Eigenwillens zur Geltung zu
bringen. Zwar ist diese Negativität des Willens nur *eine* Seite des
ganzen Wollens, die sich positiv beschränkt, sobald man nicht nur
überhaupt will, sondern etwas Bestimmtes will, aber diese abstrakte
und abstrahierende Willkür des Wollens ist und bleibt doch ein
wesentliches Moment allen Wollens. In einem erläuternden Zusatz
zum § 5 der *Rechtsphilosophie* sagt Hegel: »In diesem Elemente des
Willens liegt, daß ich mich von Allem losmachen, alle Zwecke aufge-
ben, von Allem abstrahieren kann. Der Mensch allein kann Alles
fallenlassen, auch sein Leben: er kann einen Selbstmord begehen: das
Tier kann dieses nicht; es bleibt immer in einer ihm fremden Bestimmung, an die es sich nur gewöhnt.« Und im § 47 Anm. heißt es, daß
der Mensch als Person auch seinen Körper und sein leibliches Leben
»wie andere Sachen« nur habe, »insofern es sein Wille ist«, sofern er
sie haben will. »Ich habe diese Glieder, das Leben nur, *insofern ich
will*; das Tier kann sich nicht selbst verstümmeln oder umbringen,
aber der Mensch.« Die Tiere haben »kein Recht auf ihr Leben, weil sie
es nicht wollen« können. Die Freiheit des Willens, die aufs Ganze
gesehen darin besteht, daß ich überhaupt nur bin, sofern ich sein will,
erstreckt sich auf den ganzen Menschen; sie verteilt sich nicht auf
Körper und Seele. Es ist ein sophistischer Verstand, sagt Hegel, der die
Unterscheidung macht, daß die Seele nicht berührt werde, wenn der
Körper mißhandelt wird und die Existenz der Person der Gewalt eines
andern unterworfen wird. Zwar könne sich der Mensch, wie es die
Stoiker lehrten und taten, aus seiner konkreten Existenz auf sein
Inneres zurückziehen und damit die körperliche Existenz zu etwas
bloß Äußerlichem machen und insofern auch in Fesseln und als Sklave
frei sein. Aber auch dies ist mein Wille, und für den anderen bin ich in
meinem Körper, und eine meinem Körper angetane Gewalt ist eine *mir*
angetane Gewalt. Es gibt aber keine fremde Gewalt, von der man sich
nicht befreien kann, wenn man es will; letzten Endes durch Selbstvernichtung.

Man könnte nun erwarten, daß Hegel aus der Einsicht, daß der
Mensch und nur er ein »Recht« auf sein Leben hat, weil er es wollen

kann, folgern würde, daß er folglich auch ein Recht darauf habe, es unter Umständen nicht mehr zu wollen. Merkwürdigerweise zieht Hegel aber gerade diese Konsequenz nicht. Er behauptet nur, daß der Mensch seinem Wesen nach diese *Möglichkeit* hat, daß er es kann[7]. Er bestreitet jedoch, daß die einzelne, bestimmte Person in ihrer unmittelbaren Existenz ein Recht habe, sich zu vernichten. Im Gegenteil: sie müsse den Tod von »fremder Hand« empfangen, sei es unmittelbar von der Natur im natürlichen Sterben oder im Dienste einer höheren Macht und Idee. Ein Recht zur Aufopferung der Individuen komme nur einer mehr als persönlichen, allgemeinen Macht zu, die über den einzelnen herrscht, und als eine solche übergeordnete Macht und Idee von höchster Berechtigung sah Hegel die allgemeine Sittlichkeit des Staatslebens an und den allgemeinen Geist der Geschichte der Welt. Im Zusatz zum § 70 sagt Hegel: »Wenn der Staat daher das Leben fordert, so muß das Individuum es geben, aber darf der Mensch sich selbst das Leben nehmen?« Auf diese für alles Nachdenken über die Situation des Menschen entscheidende Frage antwortet Hegel: »Man kann das sich Töten zuvörderst als eine Tapferkeit ansehen, aber als eine schlechte von Schneidern und Mägden. Dann kann es wiederum als ein Unglück betrachtet werden, indem Zerrissenheit des Innern dazu führt, aber die Hauptfrage ist, habe ich ein Recht dazu? Die Antwort wird sein, daß ich als dies Individuum nicht Herr über mein Leben bin, denn die umfassende Totalität der Tätigkeit, das Leben, ist gegen die Persönlichkeit, die selbst diese (sc.: Totalität der Lebensäu-

---

7 Auch Heidegger umgeht eine positive Stellungnahme zum Selbstmord, indem er die „Freiheit zum Tode" nur als existenzial-ontologische Möglichkeit erörtert und von ihrer „ontischen" absieht. Er betont zwar in *Sein und Zeit*, S. 261 ff.; vgl. 228 f. und 284, den »Lastcharakter« der ins Dasein geworfenen Existenz, und in dem Entwurf eines »eigentlichen Ganzseinkönnens« unterstreicht er doppelt die »Freiheit zum Tode«. Aber das darauf folgende Kapitel von der »existenziellen Bezeugung« der existenzial-ontologischen Möglichkeit vermag in keiner Weise klarzumachen, weshalb das in sein Da geworfene Dasein nicht nur *de facto* ist, sondern auch »zu sein hat«. Wer wie Heidegger davon ausgeht, daß sich kein menschliches Dasein selbst ins Dasein gebracht hat, sondern in es geworfen ist und darum den nicht selbst gelegten Grund seines Daseins zu übernehmen hat, der kann das Muß oder die Notwendigkeit dieses Unternehmens nicht mehr nachträglich begründen – es sei denn, er mache eine Kehre um 180 Grad, so daß das faktisch lastende »Da« die Lichtung und Gabe der Huld eines Seins wird, aus dem gegebenenfalls auch wieder ein Gott oder Götter hervorgehen sollen. Vgl. Karl Barth, *Die Kirchliche Dogmatik*, Zollikon-Zürich: Evang. Verl., Bd. III/4, 1951, S. 464 f.

ßerung) unmittelbar ist, kein Äußerliches (d. h. nichts, worüber man, wie über etwas Anderes, zu verfügen ein Recht haben könnte). Spricht man also von einem Recht, das die Person über ihr Leben habe, so ist dies ein Widerspruch, denn es hieße, die Person habe ein Recht über sich. Dieses hat sie aber nicht, denn sie steht nicht über sich und kann sich nicht richten. Wenn Herkules sich verbrannte, wenn Brutus sich in sein Schwert stürzte, so ist dieses das Benehmen des Heroen gegen seine (sc. partikulare) Persönlichkeit; aber wenn vom einfachen Recht, sich zu töten, gehandelt wird, so darf dies auch den Heroen abgesprochen werden.« Der Unterschied von Hegels Ansicht zur christlichen Verurteilung des Selbstmordes ist freilich der, daß bei ihm keine Rede mehr von einem persönlichen Gott ist, der den Menschen geschaffen hat und dem gegenüber es nicht nur Unrecht, sondern Sünde, sogar Todsünde wäre, sich selbst das von ihm geschenkte Leben zu nehmen, sondern die höhere Instanz ist für Hegel eine anonyme Macht, ein allgemeiner Geist, der »Geist der Welt«, die Weltgeschichte als das Weltgericht, der gegenüber die Schicksale der einzelnen Individuen von untergeordneter Bedeutung sind [§ 340]. Wie immer es sich aber mit dieser höheren Instanz verhalten mag, auf Grund derer Hegel dem Menschen das Recht zum Selbstmord abspricht, eines ist gewiß: der Mensch kann sich auch von der Totalität seiner Tätigkeit, seinem leibhaftigen Leben befreien, und wie sollte er sich selbst vernichten können, wenn er nicht »über sich« stehen könnte, sondern in seinem Dasein total befangen wäre?

Wenn Hegel nicht in einer christlichen Tradition gestanden hätte, dann würde er vermutlich weniger selbstgewiß dem Menschen das Recht, sich zu töten, abgesprochen haben und den Mut, der dazu gehört – sei es auch nur der Mut der Desperation – nicht als einen von »Schneidern und Mägden« bezeichnet haben. Die Anerkennung höherer Mächte allein genügt nicht, ihm dieses Recht zu nehmen. Die Griechen und Römer haben einen sehr ausgeprägten Sinn für das Walten höherer Mächte gehabt; das hat sie aber nicht gehindert, mit einer großartigen Unbefangenheit dem menschlichen Leben gegenüberzutreten und es daraufhin abzuschätzen, ob und unter welchen Umständen es lebenswert ist. Es gibt aber m. W. keinen christlichen und nachchristlichen Denker, der die entscheidende Frage, ob es besser sei, geboren zu sein als nicht zu sein, so freimütig, umsichtig und nüchtern erörtert hätte wie Platon im *Gorgias* (511 c) und Aristoteles in der *Eudemischen Ethik* (1215 b). Die griechischen Philosophen waren weit davon entfernt, dem sterblichen Menschen eine absolute Bedeutung im Ganzen des Seienden zuzusprechen wie das Christentum auf Grund seiner Lehre vom Menschen als Gottes Ebenbild. Ihre nüchterne Einschätzung des menschlichen Treibens hat sie jedoch nicht gehindert, die Größe und Schönheit der Welt in sich aufzunehmen und ihr gegenüber das Menschliche in all seinen Erscheinungen unverzerrt zur Sprache zu bringen: in Tragödie und Komödie, in Philosophie und Historie, in der bildenden Kunst und in jedem Handwerk. Kein griechisches oder römisches Recht hat den Freitod verurteilt. Dagegen behauptet das Kanonische Recht, daß Judas, als er sich erhängte, eine größere Sünde beging, als durch den Umstand, daß er Jesus Christus verriet.

Jacob Burckhardt hat in seiner *Griechischen Kulturgeschichte* von der »Gesamtbilanz« des griechischen Lebens gehandelt (Anm. 85) und kam zu folgendem Ergebnis: Es ist bei den Griechen eine »volkstümliche Tatsache«, die ohne Umschweife und Verbrämungen ausgesprochen wurde, daß das Leben nicht unbedingt unter allen Umständen zu schätzen sei. Nie ist es ihnen eingefallen, den Göttern dafür zu danken, als wäre es das kostbarste Geschenk [S. 344, 360]. Und weil man das Leben nicht den Göttern verdankte, war der Selbstmord auch kein Frevel gegen sie, sondern ein Recht des Menschen und eine anerkannte Sache. »Er gehört zu den freimütigsten Äußerungen des ganzen antiken Daseins.« Insbesondere stehe der Historiker Herodot als der große Hauptzeuge über den Unwert des Lebens zum Verhör [S. 364]. Welcher Geschichtsschreiber unserer Zeit, sagt Burckhardt, würde den Trieb empfinden, sich über diese Sache auszusprechen, selbst wenn sich Anlässe dazu bieten, »die wahre Sachlage unseres Erdentreibens« zu verdeutlichen. Nicht anders als Sophokles sah auch Burckhardt im Dasein ein Übel und im Menschen einen Dulder [S. 368]. Es erregte deshalb seinen Widerwillen, daß Augustin die vornehmen Römerinnen verdammte, die sich zur Zeit der gotischen Invasion freiwillig das Leben nahmen. Auch unheilbare Krankheiten galten im Altertum als ernster Grund für einen freiwilligen Tod. Unheilbar Kranke, sagt Platon [S. 383 f.], sollten überhaupt nicht leben und jedenfalls keine Kinder zeugen, und der Gott der Heilkunst habe diese nicht gelehrt, um heillos Kranke, die weder sich noch anderen zu etwas nütze sind, bei einem möglichst langen und jämmerlichen Leben zu erhalten. Für völlig berechtigt galt auch das Verlassen der Welt wegen Altersgebrechen. Desgleichen war die Aussetzung und Tötung

von mißgeborenen Kindern erlaubt. Man schätzte überhaupt Wohlge-
borenheit als Vorbedingung alles übrigen Glücks und einen mäßigen
Wohlstand und Gesundheit als die natürlichen Bedingungen eines
lebenswerten Lebens. Unbedingt und unter allen Umständen am
Leben hängen, das schien den Griechen eine sklavische Gesinnung,
nicht würdig eines frei geborenen Menschen.

Eine rühmliche Ausnahme von dem christlichen Vorurteil, daß
Selbstmord ein Mord sei, ist die posthum veröffentlichte Schrift von
D. Hume: *Essays on Suicide and the Immortality of the Soul.* Die
Ausgabe von 1784 enthielt zusätzliche Bemerkungen des unbekannten
Herausgebers »intended as an antidote to the poison contained in
these performances«. Ursprünglich sollten diese Essays zusammen mit
anderen erscheinen, doch entschloß sich Hume im letzten Augenblick
mit Rücksicht auf die in England herrschenden Vorurteile zur Unter-
drückung: die beiden Aufsätze wurden aus den fertigen Exemplaren
wieder herausgeschnitten und vernichtet. Auch die uns so harmlos
scheinenden *Dialoge über natürliche Religion* von 1751 konnten erst
nach Humes Tod 1779 veröffentlicht werden, gegen den Widerstand
seines Freundes und Testamentsvollstreckers Adam Smith, (Anm. 86)
der in seiner Vorrede zu Humes Werken auf das Schönste bezeugt, daß
es auch noch im 18. Jahrhundert echte Stoiker von antiker Gesinnung
gab[8].

Die Absicht von Humes Schrift über den Selbstmord (Anm. 87) ist,
durch Prüfung aller herkömmlichen Argumente gegen den Selbstmord, »den Menschen wieder in seine angeborene Freiheit einzusetzen« − »wieder«, d. i. nachdem der »Aberglaube« (der christlichen
Orthodoxie) den Menschen »dieses letzten Heilmittels« beraubt hat,
wogegen es die allgemeine Überzeugung »aller alten Philosophen«
(d. i. vor dem Christentum) war, daß diese Handlung frei von Schuld
und Tadel ist [S. 406 f.]. Denn weshalb sollte der Mensch nicht mit
vollem Recht von der Macht Gebrauch machen, welche ihm die Natur
verliehen hat? »Eine Fliege ist im Stande, das mächtige Wesen, dessen
Leben von solcher Bedeutung ist, zu zerstören. Ist die Annahme
absurd, daß menschliche Einsicht verfügen darf über das, was von so
nichtigen Ursachen abhängig ist? Den Nil oder die Donau aus ihrem

---

8 Die erste deutsche Ausgabe der *Dialoge über natürliche Religion* erschien
1781, mit der Entschuldigung, daß eine Übersetzung dieser „trostlosen" Schrift
ja doch nicht zu verhindern sei. Auch Hamann hatte sie übersetzt, aber trotz
der Empfehlung von Herder und Kant keinen Verleger dafür gefunden.

Lauf abzulenken, wäre kein Verbrechen, wenn ich es vermöchte. Wo ist denn das Verbrechen, einige wenige Unzen Blut aus ihrem natürlichen Kanal abzulenken? Meint Ihr, daß ich meine Erschaffung verwünsche, weil ich aus dem Leben gehe und einem Dasein ein Ende mache, das mich elend machte, wenn ich es fortsetzte? Fern seien solche Gedanken von mir! Ich bin bloß von einer Tatsache überzeugt, welche ihr selbst für eine mögliche ansieht, daß nämlich das menschliche Leben unglücklich sein kann, und daß mein Dasein, wenn weiter ausgedehnt, unwünschenswert sein würde, aber ich danke der Vorsehung sowohl für das Gute, das ich genossen, als für die Macht, womit sie mich ausgestattet, den drohenden Übeln mich zu entziehen. Agamus Deo gratias, quod nemo in vita teneri potest (Danken wir Gott, daß niemand im Leben festgehalten werden kann). Seneca, Epist. XII [Briefende]« [S. 410]. Das letzte Motiv aber für Humes Rechtfertigung des Selbstmords ist nicht schon das Recht zur Ausübung unserer Freiheit, sondern, daß der Mensch im Ganzen der Welt keine universale Bedeutung hat. Hume teilt nicht mehr das biblische, anthropotheologische Vorurteil, wonach Gott die Welt um des Menschen willen geschaffen hat und dieser durch sein Verhältnis zu Gott unter allen Kreaturen einen absoluten Vorrang hat. »Ist es deshalb, weil menschliches Leben so große Bedeutung hat, daß es für menschliche Einsicht zu anmaßend ist, darüber zu verfügen? Aber das Leben eines Menschen hat für das Weltall nicht größere Bedeutung als das einer Auster; und wäre es von wie großer Bedeutung immer, so hat die Ordnung der menschlichen Natur es tatsächlich doch menschlicher Einsicht unterworfen und nötigt uns in jedem Augenblick bezüglich desselben Beschlüsse zu fassen. Wäre die Verfügung über das menschliche Leben dem Allmächtigen als besonderer Wirkungskreis vorbehalten, so daß es ein Eingriff in sein Recht wäre, wenn Menschen selbst über ihr Leben verfügten, so würde es in gleicher Weise verbrecherisch sein, für die Erhaltung des Lebens tätig zu sein als für die Zerstörung« [S. 410].

»Daß Selbstmord oft mit dem Interesse und mit der Pflicht gegen uns selbst verträglich ist, kann niemand bezweifeln, der zugibt, daß Alter, Krankheit oder Unglück das Leben zu einer Last und selbst schlimmer als seine Vernichtung machen können. Ich glaube, daß noch niemand ein Leben wegwarf, das zu erhalten der Mühe wert war. Denn unsere natürliche Furcht vor dem Tode ist so groß, daß kleine Beweggründe nie im Stande sein werden uns mit ihm auszusöhnen;

und wenn vielleicht jemandes Gesundheits- oder Glücksumstände dieses Mittel nicht zu erfordern scheinen, so dürfen wir wenigstens dessen sicher sein, daß derjenige, der ohne augenscheinlichen Grund es anwendet, an so unheilbarer Verderbtheit oder Düsterheit des Temperaments litt, daß dieselbe alle Lust vergiftete und ihn ebenso elend machte, als wenn er mit dem schwersten Mißgeschick beladen gewesen wäre. Wenn Selbstmord ein Verbrechen ist, so ist es Feigheit allein, die uns dazu antreiben kann. Wenn er kein Verbrechen ist, so sollten sowohl Einsicht als Tapferkeit uns anhalten uns auf einmal von dem Dasein zu befreien, wenn es eine Last wird« [S. 414].

Damit endet Humes Essay. In einem Zusatz wird noch mit Rücksicht auf die herrschenden Vorurteile gesagt, daß es sich leicht beweisen lasse, daß Selbstmord auch für Christen ebenso rechtmäßig sei wie für Heiden, denn es gebe kein einziges Schriftwort, das ihn verbiete. »Du sollst nicht töten hat offenbar den Sinn, das Töten Anderer, über deren Leben uns kein Recht zusteht, auszuschließen.... Aber ginge dies Verbot auch ganz ausdrücklich auf Selbstmord, so würde es jetzt doch keine Geltung haben, denn das Gesetz Moses' ist abgeschafft, soweit es nicht durch das Gesetz der Natur aufrechterhalten wird. Und wir haben schon zu beweisen versucht, daß Selbstmord nicht gegen dies Gesetz ist. In allen Fällen sind Christen und Heiden genau auf demselben Fuß; Cato und Brutus, Arria und Portia handelten heldenmütig; diejenigen, welche ihr Beispiel heute nachahmen, verdienen bei der Nachwelt dasselbe Lob. Die Macht, einen Selbstmord zu begehen, wird von Plinius [*Naturalis Historia*] als ein Vorzug angesehen, welchen der Mensch vor der Gottheit selbst hat. ›Deus non sibi potest mortem consciscere si velit, quod homini dedit optimum in tantis vitae poenis‹ (›Gott kann sich, auch wenn er wollte, nicht den Tod geben, was er dem Menschen als bestes Geschenk in so großem Leid des Lebens verlieh‹). Lib. II, c. 5« [§ 27].

Die prinzipielle Frage, auf die uns die wirkliche Möglichkeit des Selbstmords stößt, ist in Humes Satz beschlossen, daß der Mensch, und nur er, die »angeborene« Freiheit hat, sich selbst das Leben zu nehmen, d. h. er hat von Natur aus die Macht, sich gegen alle Natur und seine eigene zu stellen. Wenn aber alles was ist, mit Spinoza gesagt, den einen Grundtrieb hat, sich in seinem Sein zu erhalten, dann erhebt sich die Frage: wieso kann unter allen Lebewesen nur der Mensch sich selbst vernichten, obgleich auch er ein Naturwesen ist und niemand sich selbst zur Welt hervorgebracht hat? Wenn der philosophisch erweisbare Gott als *ens causa sui* die *natura naturans* ist und diese die Eine *potentia* aller von Natur aus seienden Dinge, dann müßte auch für den Menschen Spinozas Grundsatz gelten, daß kein Ding seiner eigenen Natur nach auf Nichtsein aus sein könne, sondern notwendig danach strebe, sich in seinem Zustand zu bewahren und zu bestärken[9]. Als eine Natur müßte der Mensch, wie alle Natur, eine einfache Affirmation sein, mit Nietzsche gesagt: ein »Ja des Seins«, und wie die Welt der Natur sich selbst bejahend, sich selber wollend. Wenn aber nicht zu leugnen ist, daß der Mensch die Freiheit zum Tode hat, dann bleibt die menschliche Natur mit der ihr angeborenen Freiheit so rätselhaft wie die biblische Lehre, daß Gott, sich gegenüber, im Menschen ein Ebenbild geschaffen hat, das trotz seiner Kreatürlichkeit die Freiheit hat, sich gegen seinen Schöpfer zu wenden. Die Antwort, welche Spinoza auf die Frage gibt, wieso es überhaupt zum Selbstmord kommen kann, obwohl der Mensch als ein Teil der Natur seinem innersten Wesen nach danach strebt, sich in seinem Sein zu erhalten und dies auch die einzige Grundlage aller »Tugend« ist, beruht auf dem äußeren Umstand, »daß wir es niemals dahin bringen können, zur Erhaltung unseres Seins nichts außerhalb unserer zu bedürfen«. Die Selbstmörder sind »ohnmächtigen Gemüts«, indem sie den äußeren Ursachen, die sich ihrer Natur entgegensetzen, völlig erliegen. »Niemand also, der nicht äußeren und seiner Natur entgegengesetzten Ursachen erlegen ist, unterläßt es, seinen Nutzen zu suchen oder sein Sein zu erhalten. Niemand, sage ich, verabscheut die Nahrung oder nimmt sich das Leben infolge der Notwendigkeit seiner Natur, sondern allein, wenn äußere Ursachen ihn dazu zwingen. Es kann so auf vielerlei Weisen zum Selbstmord kommen: der eine tötet sich selbst, weil ihn ein anderer dazu zwingt; [...] der andere, weil er, wie Seneca, durch den Befehl eines Tyrannen gezwungen wird, sich die Adern zu öffnen, d. h., weil er ein größeres Übel durch ein geringeres zu vermeiden begehrt; ein dritter endlich, weil verborgene äußere Ursachen sein Vorstellungsvermögen derart beeinflussen und den Körper derart affizieren, daß dieser eine andere der früheren entgegengesetzte Natur annimmt, von der es in der Seele keine Idee geben kann. Daß aber der Mensch infolge der Notwendigkeit seiner Natur danach streben sollte, nicht zu existieren, ist ebenso unmöglich, als daß aus

---

9 Spinoza, *Ethik*, IV, 4 und 18 Anm.; *Kurze Abhandlung von Gott, dem Menschen und seinem Glück*, I, 1 u. 5; II, 26 (Anm. 88).

Nichts Etwas werde, wie jeder bei einigem Nachdenken sehen kann«[10]. Spinozas Alleinheitslehre vom Sein als *Deus sive Natura* hat kein positives Verhältnis zum Nichts und zur Nichtung. Sie ist daher prinzipiell undialektisch, »geometrisch« deduzierend. Das zeigt auch der 67. Lehrsatz des vierten Teils der *Ethik:* »Der freie Mensch denkt an nichts weniger als an den Tod; und seine Weisheit ist nicht ein Nachsinnen über den Tod, sondern ein Nachsinnen über das Leben. Beweis: Der freie Mensch, d. h. der Mensch, der allein nach der Leitung der Vernunft lebt, wird [...] nicht von der Furcht vor dem Tode geleitet, sondern begehrt [...] unmittelbar das Gute, d. h. [...] er begehrt zu handeln, zu leben und sein Sein zu erhalten auf der Grundlage des Suchens nach dem eigenen Nutzen. Und somit denkt er an nichts weniger als an den Tod, vielmehr ist seine Weisheit ein Nachsinnen über das Leben.«

10 Spinoza, *Ethik*, IV, Lehrsatz 18 Anm. und Lehrsatz 20 (Anm. 89).

Die Freiheit zum Tode

1969

Der Tod ist nicht nur der Widerspruch zum Leben, sondern konstitutiv für es. Leben und Tod gehören zusammen wie Entstehen und Vergehen. Sobald ein Mensch geboren wird, ist er auch schon alt genug zu sterben. Als ein durch Zeugung entstandenes Lebewesen untersteht auch der Mensch diesem allgemeinen Naturgesetz. Geburt und Tod, Anfang und Ende unseres bewußten menschlichen Lebens, geschehen jedoch *ohne unser Wissen und Wollen*; sie begrenzen den Spielraum unseres freien Verhaltens und Könnens, das wir zumeist zum Maßstab der Beurteilung des spezifisch Menschlichen nehmen, als wäre der Mensch nicht auch eine Hervorbringung der *einen* Natur *aller* Dinge.

Und doch lebt und stirbt der Mensch nicht ebenso wie ein Tier. Er hat die spezifische Möglichkeit, sich zu seinem Leben und Ableben als dem seinen verhalten zu können. Er hat die Freiheit, das Faktum seines leibhaftigen Daseins nicht bloß hinzunehmen, sondern es eigens anzunehmen oder abzulehnen und das Nichtmehrdasein in Gedanken, oder auch in der Tat, vorwegzunehmen. Für gewöhnlich bedeutet jedoch eine solche Vorwegnahme des Todes keine Freiheit zu ihm, sondern Angst vor ihm. Diese Angst betrifft in den ursprünglichen Kulturen nicht so sehr Angst vor dem eigenen Tod, sondern Angst vor den schon gestorbenen Anderen. Denn man glaubt nicht, daß sie im Tode endgültig zunichte werden; man hält sie für noch lebendig; sie geistern weiter wirksam herum, sie können den Lebenden Nutzen und Schaden bringen und fordern von ihnen Opferkult. Gräberkult und Ahnenkult gehören zu den ältesten Kennzeichen menschlicher Kultur, weil die jeweils Lebenden über dem Reich der Toten leben. Ein später Abglanz dieses Empfindens von der lebendigen Macht der Toten ist C. F. Meyers Gedicht *Chor der Toten*:

Wir Toten, wir Toten sind größere Heere
Als ihr auf der Erde, als ihr auf dem Meere!
Wir pflügten das Feld mit geduldigen Taten,
Ihr schwinget die Sicheln und schneidet die Saaten,
Und was wir vollendet und was wir begonnen,
Das füllt noch dort oben die rauschenden Bronnen,
Und all unser Lieben und Hassen und Hadern,
Das klopft noch dort oben in sterblichen Adern,
Und was wir an gültigen Sätzen gefunden,
Dran bleibt aller irdische Wandel gebunden,
Und unsere Töne, Gebilde, Gedichte
Erkämpfen den Lorbeer im strahlenden Lichte,
Wir suchen noch immer die menschlichen Ziele –
Drum ehret und opfert! Denn unser sind viele!

Eine Welt der Gesinnung trennt uns von dieser altertümlichen Ehrfurcht vor den Toten und auch schon von der Treue zur geschichtlichen Überlieferung und der ihr eigentümlichen Autorität, weil sich das Festhalten an Herkunft und maßgebender Überlieferung nicht verträgt mit dem laufenden Fortschritt der wissenschaftlichen Technik, die unsere heutige Welt beherrscht – von der Mondsonde bis zur Geburtenregelung. Wissenschaft und Technik sind ein- und dasselbe geworden: eine traditionszerstörende Macht, die täglich Neues hervorbringt und das Alte veralten läßt. Der »Chor« der jetzt Lebenden gefällt sich in Entwürfen einer wissenschaftlich geplanten Zukunft, und die junge Generation hält sich dazu berufen, die Welt zu verändern. Anstelle des Ahnenkults nimmt sie Kredit auf die Zukunft, in welcher der Wille zum Fortschritt wirkt.

Der letzte Grund aber, weshalb wir uns nicht mehr um die Toten kümmern und schon einen Gang auf den Friedhof zu den Gräbern Verstorbener als eine lästig und sinnlos gewordene Konvention empfinden und uns auch vor dem eigenen Tod kaum noch fürchten, ist, daß wir nicht mehr glauben, eine »Seele« zu haben, die den Zerfall des Leibes überlebt. Wir denken psychosomatisch die Seele mit dem Leib zusammen, so daß das leibhaftige Ende auch Seele und Geist mit verenden läßt. Alles moderne Denken über den Tod setzt als selbstverständlich voraus, daß im Tod mit dem Leib auch die Seele stirbt und daß eine unsterbliche Seele weder eine sinnvolle Idee noch ein moralisches Postulat ist, wie sie es in der Geschichte der Philosophie von

Platon bis zu Kant gewesen ist. Wer aber nicht an die Unsterblichkeit der Seele glaubt und also die Endlichkeit auf den ganzen Menschen bezieht, der wird auch die Freiheit zum Tode in dem Sinn behaupten müssen, daß der Mensch ein Recht auf Selbstvernichtung hat. Denn was sollte uns moralisch daran hindern können, unter bestimmten Umständen über unser Leben zu verfügen, wenn dieses weder eine Gabe Gottes ist noch unsterblich beseelt? Nur innerhalb des christlichen Horizonts konnte der Selbstmord von Augustin bis zu Rousseau, Kant und Dostojewskij als ein Verbrechen verworfen und nicht als Freiheit zum Tode gewürdigt werden (Anm. 90).

Dostojewskij, der wie kein anderer immer wieder die Frage des Mordes und Selbstmordes durchdacht hat, beantwortet sie mit dem Hinweis auf die Unsterblichkeit der menschlichen Seele. In den *Dämonen* [Kap. 20/2] beweist sich der Selbstmörder Kirilloff, daß er Gott überlegen ist, indem er ihm die »Eintrittskarte« zurückgibt und seinen Eigenwillen total und absolut setzt. Denn er erschießt sich nicht, wie die gewöhnlichen Selbstmörder, aus irgendeinem bestimmten Anlaß, sondern »aus Überzeugung«, rein aus dem Willen zum Eigenwillen. Dostojewskij läßt den modernen Menschen, der ein »Materialist«, d. h. Naturalist ist, fragen: Welches Recht hat die Natur gehabt, mich ohne meine Einwilligung in die Welt zu setzen, und zwar mit einem Bewußtsein um das eigene Dasein und folglich uneins mit sich selbst an der Last des Lebens leidend? Der Gedanke liegt nahe: „Was, wenn man den Menschen nur zu einer frechen Probe in die Welt gesetzt hat, um zu sehen, ob ein solches Geschöpf es auf Erden aushalten könne oder nicht?" Die Natur kann mir auf meine Frage nach dem Sinn des Lebens keine Antwort geben, und da ich gleichzeitig Ankläger und Beklagter bin, so verurteile ich diese blinde Natur, die mich so ungeniert geschaffen hat. Weil ich aber die Natur, derzufolge ich da bin, nicht vernichten kann, vernichte ich mich selbst, einfach weil es mir zu langweilig ist, diese Tyrannei, an der kein Mensch schuld ist, zu ertragen. Diese Konsequenz ist nach Dostojewskij unvermeidlich, wenn es keine »höchste Idee« gibt, die über alle Natur hinausgeht, nämlich die Idee von der Unsterblichkeit der menschlichen Seele. Ohne sie könne der Mensch nicht vernünftig und sinnvoll leben, denn bloß wie ein Tier dahinleben und seinesgleichen zeugen, sei für den Menschen ungenügend. Auch die Liebe zur Menschheit, die jederzeit in Haß umschlagen könne, sei nur möglich, wenn man an die Unsterblichkeit der Seele glaubt.

»Ich behaupte sogar, daß die Liebe zur Menschheit im allgemeinen, als eine Idee genommen, eine für den menschlichen Verstand
unfaßbare Idee ist. Gerade als Idee. Nur das Gefühl allein kann sie
rechtfertigen. Aber das Gefühl ist nur bei einer gleichzeitigen Überzeugung von der Unsterblichkeit der menschlichen Seele möglich.
Darum ist es klar, daß der Selbstmord eine unvermeidliche Notwendigkeit für jeden Menschen ist, der den Glauben an die Unsterblichkeit verloren und sich auch nur ein wenig über das liebe Vieh erhoben
hat. Die Unsterblichkeit, die das ewige Leben verheißt, fesselt dagegen
den Menschen um so fester an die Erde.
Darin könnte man einen Widerspruch erblicken. Richtig ist aber
gerade das Gegenteil: nur durch den Glauben an seine Unsterblichkeit
erfaßt der Mensch den vernünftigen Zweck seines Seins auf Erden.
Ohne die Überzeugung von der Unsterblichkeit werden die Bande, die
den Menschen an die Erde fesseln, zerrissen; sie werden immer
dünner, aber der Verlust des höchsten Sinnes für das Leben führt
zweifellos zum Selbstmord. Die Idee von der Unsterblichkeit ist das
Leben selbst, das lebendige Leben, seine endgültige Formel und die
Hauptquelle der Wahrheit.«

Wir fragen nun: wie stellt sich ein zeitgenössischer Denker zur
Freiheit zum Tode? Ich meine Heidegger, der wie kein anderer in *Sein
und Zeit* das Verhalten zum nichtigen Ende des Lebens in den Mittelpunkt der »Analytik des Daseins« gestellt hat, um in einer existenzialen Analyse das eigentliche *Sein zum Tode* vom bloßen Verenden,
Ableben und Sterben abzugrenzen – mit einer methodischen Ausführlichkeit und einer begrifflichen Eindringlichkeit, die noch immer zu
denken gibt, wenngleich ›Sein und Zeit‹ vor 40 Jahren erschien und
heute nicht mehr wie damals *das* aufsehenerregende philosophische
Werk ist. Der große Vorzug von *Sein und Zeit* war und ist, daß es hier
wieder einmal um das Eine und Ganze ging, obschon in der Verengung
auf das unum necessarium des »je eigenen Ganzseinkönnens«. *Sein
und Zeit* ist auch das einzige philosophische Werk, welches das
existenzielle Pathos Kierkegaards auf verborgene Weise in sich enthält
und sich Wesentliches daraus angeeignet hat, vor allem den *Begriff der
Angst,* aber auch *Die Krankheit zum Tode,* deren Frage es ist, wie
man, statt am Dasein zu verzweifeln, vor Gott ein »Selbst« werden
könne. Von Gott ist freilich in *Sein und Zeit* keine Rede, wohl aber
vom Selbst. Kierkegaards christlicher Horizont hat sich bei Heidegger
auf das je eigene „In-der-Welt-sein« und das Verfallen an das Besor-

gen der Welt verlegt. Der Tod ist in Heideggers Analyse das in die
Existenz hereinzuholende Ende des Daseins als eines je eigenen In-der-
Welt-seins und das Sein zum Tode eine Möglichkeit eigentlicher und
eigenster Existenz. Die Frage, was nach dem Tode noch sein könnte
und ob es Sinn hat, von Unsterblichkeit zu reden, bleibt ausdrücklich
außer Betracht (S. 247 f.). Die Analyse des Seins zum Tode ist rein
diesseitig, indem sie sich auf die Frage konzentriert, wie der Tod in
diese unsere Existenz hereinstehe. Das Dasein des Menschen wird
prinzipiell als Existenz bestimmt, d. h. es reduziert sich auf das nackte
Faktum, daß ich überhaupt da bin und »zu sein habe«, ohne eine
Antwort auf die Frage nach dem Woher und Wohin zu geben. Die
Freiheit zum Tode, von der Heidegger mit doppeltem Sperrdruck
(S. 266) im Hinblick auf das eigene Ganzseinkönnen spricht, beruht
gerade darauf, daß kein menschliches Dasein je frei darüber entschie-
den hat, ob es ins Dasein kommen will oder nicht (S. 228). Der
Mensch ist in sein Da geworfen und muß sich darum selbst mit seinem
nichtigen Ende »übernehmen«, um frei existieren zu können und sich
auf seine Möglichkeiten zu entwerfen. Die Freiheit zum Tode ist in
Heideggers Analyse des Daseins die »höchste Instanz« unseres In-der-
Welt-seins (S. 313). An ihr bemißt sich, wie der Mensch existieren
kann: flüchtig vor dem Bevorstand des Todes oder mit dem Mut zur
Angst vor ihm. Diese letzte und höchste Instanz eines freien Existierens, welche das Sein zum Tode ist, will aber keineswegs etwa als
Freiheit zur Selbstvernichtung verstanden werden. Im Gegenteil: sie
wirft den Menschen auf seine augenblickliche Existenz zurück, um
den Bevorstand des Todes in dieser wirksam werden zu lassen, aber
so, daß er ganz und entschlossen so ist, wie er sein kann. Dagegen
würde die Selbstvernichtung dem Dasein den Boden für ein existenziales Sein zum Tode entziehen.

Daß Heidegger trotz seines existenzialen Begriffs vom Tode als
einem eigensten Seinkönnen auch die mögliche Wirklichkeit der
Selbstvernichtung mit bedenkt, zeigt sein Hinweis (S. 229) auf den
»Skeptiker«, der in der »Verzweiflung des Selbstmords« seinem Leben
ein Ende macht und damit auch jedes Verhalten zum Bevorstand des
Todes auslöscht. Der existenzial interpretierte Tod ist und bleibt eine
Seinsmöglichkeit, die das Dasein je selbst zu übernehmen hat, und
zwar ist er – nach Heidegger – die äußerste, eigentlichste und eigenste,
auf Andere und Anderes unbezügliche und unüberholbare Möglichkeit (S. 250). Der existenzial verstandene Tod ist kein Verenden,

Ableben und Sterben. Nicht er stehe wie ein noch ausstehendes Ereignis bevor, sondern das Dasein stehe sich selbst als die Möglichkeit des Seins zum Tode bevor, und das Sterben gründe existenzial im Sein zum Tode und in der Sorge um das eigene Ganzseinkönnen. Die Erfahrung des Todes an Anderen, die vor uns gestorben sind, also die einzige Erfahrung, die wir faktisch vom Tode haben, interessiert von diesem existenziàlen Gesichtspunkt aus so wenig, wie der physiologische Vorgang des Sterbens. Was die existenziale Analyse des Todes angeht, ist ausschließlich die Möglichkeit eines eigenen Verhaltens zu ihm. Man soll sich die Angst vor dem Tode zumuten, um seiner selbst, d. h. seines Daseins als solchen und im ganzen mächtig zu werden.

Die Schwäche dieses existenzialen Entwurfs liegt in seiner scheinbaren Stärke. Er setzt nämlich dem Phänomen eine Moral voraus, die Moral des »Sich-selbst-übernehmens« und damit der Verantwortung für das Faktum des eigenen Daseins, an dem ich nicht schuld bin. Es ist, wie so oft, ein moralisches Vorurteil, das die Erkenntnis leitet. Infolge dieses Vorurteils kann es die existenziale Analyse nicht wahrhaben wollen, daß der Tod keine eigenste Möglichkeit ist, sondern ein uns allen gemeinsames Schicksal, in dem wir mit jedermann übereinkommen. Der Tod gleicht aus und macht einander gleich. Erst der Tod belehrt uns in unwiderleglicher Weise, daß Mensch gleich Mensch ist. Er ist vom allgemeinen Phänomen der Lebendigkeit gar nicht zu trennen. Zwar kann man auch in ausgezeichneter Weise existieren wollen und eine solche Idee von Existenz existenzial-ontologisch ausdenken; aber das ändert nichts daran, daß wir vor jedem eigenen Existieren am Leben sein müssen und ein Lebewesen sind und darum auch sterben müssen, und dieses Müssen antizipieren können. Geburt und Tod, Beginn und Ende jeder Existenz sind existenzial nicht faßbar, weil sie nicht auf einem selbstbewußten und eigenwilligen Verhalten beruhen. Sie ereignen sich schlechthin, unabhängig von unseren Möglichkeiten oder unserem Seinkönnen. Und wie sollte man je auf die Idee kommen, den Tod als ein Sein zum Bevorstand des eigenen Todes existenzial zu verstehen, wenn wir nicht andere hätten sterben sehen? Am Ende ist die existenziale Analyse noch immer durch die christliche Moral bestimmt, eine Art memento mori, und andererseits von der ganz unchristlichen Idee der Freiheit zum Tode, die nicht nur eine existenziale Möglichkeit ist, sondern auch eine jederzeit mögliche Wirklichkeit, vor deren Rechtfertigung Heidegger jedoch zurückweicht, ohne uns zu sagen, weshalb Dasein nicht nur faktisch ist, sondern auch »zu sein« habe. Was von seiner Analyse standhält, ist nur die moralische Kritik an der Art und Weise, wie »man« gemeinhin dem gewissen Bevorstand des Todes ausweicht.

In Heideggers Analyse des Daseins, deren zentrales Stück die Analyse des Seins zum Tode ist, fehlen zwei Dinge, erstens eine explizite Erklärung ihrer Gottlosigkeit, wie sie in der Definition des Daseins als In-der-Welt-sein liegt, und zweitens eine positive Berücksichtigung der Welt der Natur und des irdischen Lebens, ohne welches der Tod zu etwas ganz Unverhältnismäßigem wird. Zwar wird niemand bestreiten können, daß die Erfahrung des Todes, die wir an den vor uns Sterbenden machen, etwas Einschneidendes und Erschütterndes ist, woran wir unsere allgemein menschliche Endlichkeit und Nichtigkeit wahrnehmen – aber auch etwas tief Befriedigendes, weil der Tote in die vollendete Ruhe und Stille eines wie immer vollbrachten Lebens eingeht. *Requiescat in pace* oder einfach *pax* ist und bleibt die zutreffendste Grabinschrift. Mehr läßt sich über den Tod nicht sagen. Ein Schlüssel zum Verständnis unseres Daseins ist er nicht. Und was am Tode ängstigen kann, ist nicht der Tod selbst, sondern die imaginäre Vorstellung, daß man ihn miterlebe, und der Todeskampf des Sterbenden. »Der Tod spricht mit tiefer Stimme zu uns, um nichts zu sagen.« (Anm. 91).

Und weshalb sollte es zum Tode nicht auch ein philosophisches Verhalten geben, welches ebenso frei von existenzialem Pathos wie von gedankenloser Indifferenz ist? Die wirkliche Freiheit zum Tode kann sich sowohl in der Selbstvernichtung bezeugen wie in dem Gleichmut zum bevorstehenden Ende. Beides, der Selbstmord und der stoische Gleichmut gegenüber dem Tod, wurde von christlichen Denkern seit jeher als unverträglich mit der Schöpfungslehre und der Unsterblichkeit der Seele verworfen. Es ist das Verdienst von David Hume, daß er beide wieder zu Ehren brachte, in den posthum veröffentlichten *Essays on Suicide and the Immortality of the Soul*. (Anm. 92)

Hume hatte keinen Anlaß, von der angeborenen Freiheit, sich selbst das Leben zu nehmen, Gebrauch zu machen. Er hatte ein nach menschlichem Ermessen erfülltes Leben hinter sich, als er mit 65 Jahren schwer erkrankte. Während dieser tödlichen Krankheit empfing er noch seine Freunde und sprach mit ihnen mit großem Freimut über sein herannahendes Ende. Seine letzte Lektüre waren *Die Totengespräche* von Lukian, worin all die Ausreden erwogen werden, mit denen man den Tod meint hinausschieben zu können, weil man dieses oder jenes noch in Ordnung zu bringen habe, z. B. daß man Verbesserungen für eine Neuauflage seiner Schriften vorgenommen habe und deren Aufnahme beim Publikum noch abwarten müsse (Anm. 93). Hume läßt Charon darauf antworten:

»Wenn du die Wirkung deiner Verbesserungen gesehen haben wirst (nämlich neue Mißverständnisse von seiten der Leser), wirst du wieder andere Veränderungen machen wollen. Da gibt es kein Ende für solche Ausflüchte. Also, geehrter Freund, steig gefälligst in mein Boot.« Und wenige Tage vor dem Eintritt des Todes schrieb er an die Comtesse de Boufflers, die kurz zuvor ihren geliebten Prinzen Conti verloren hatte, folgenden Abschiedsbrief:

»Obschon ich mit Gewißheit innerhalb weniger Wochen und vielleicht schon weniger Tage selber sterben werde, konnte ich doch nicht umhin, vom Tode des Prinzen Conti sehr betroffen zu sein – welcher Verlust für Sie in jeder Beziehung! Meine Überlegungen führten mich unmittelbar zu Ihrer Situation in diesem schmerzlichen Vorfall. Was für ein Unterschied für Sie in Ihrem ganzen Lebensplan. Bitte schreiben Sie mir einige Einzelheiten, aber so, daß Sie keine Sorge zu haben brauchen, wenn der Brief bei meinem Ableben in andere Hände fällt. Meine Krankheit, die mich seit 2 Jahren untergräbt, hat in den letzten 6 Monaten rasche Fortschritte gemacht und beschleunigt sichtlich mein bevorstehendes Ende. Ich sehe den Tod ohne jede Angst oder Bedauern Schritt für Schritt näher kommen. Ich grüße Sie zum letzten Male mit großer Zuneigung und Hochschätzung. Ihr David Hume.« (Anm. 94)

Ein solcher Brief bezeugt aufs schönste und beste, was eine freie philosophische Gelassenheit zum Tode sein kann.

Voltaires Bemerkungen zu Pascals Pensées

1967

Zum Text

Pascal ist der letzte große Apologet des Christentums. Nietzsche bekennt, daß er Pascal nicht nur lese, sondern liebe – als »das lehrreichste Opfer des Christentums«. (Anm. 95) Pascal verteidigt es als ein an Montaigne geschulter skeptischer Weltmann gegenüber den ungläubigen Skeptikern seiner Mitwelt. Er verteidigt es nicht massiv theologisch wie Tertullian, er greift auch nicht, wie Kierkegaard, die moderne, verweltlichte Christenheit an, um das eigentlich Christliche auf die existenzielle Entscheidung für einen paradoxen Glauben zu reduzieren und von jedem dogmatischen Gehalt zu abstrahieren. Er verteidigt es vielmehr mit kühl berechnender Leidenschaft vor der ganzen Breite der allgemeinen Menschennatur. Er will mit allen Mitteln seiner denkerischen Kraft und sprachlichen Kunst sich selbst und seinen Leser überzeugen und überreden, daß nur der christliche Glaube das Rätsel des menschlichen Daseins löst, von der Not der Existenz erlöst und die Verbindung von menschlicher Größe und Elend im Hinblick auf den gekreuzigten Gottmenschen aufklärt. Der christliche Glaube scheint ihm eine Angelegenheit des Menschen schlechthin zu sein und die einzige überzeugende Antwort auf die Frage der »condition humaine«. Seine Apologie ist auch heute noch die einzige, die sich einem denkerischen Anspruch stellen kann[1]. Aller späteren Apologetik fehlt nicht nur die Energie seines Glaubens, sondern auch die unvoreingenommene Haltung des wissenschaftlich geschulten Denkens. Sie setzt entweder die Ansprüche des Christentums herab, um sich der Welt annehmbar zu machen, oder sie vereinfacht sich die Aufgabe, indem sie die moderne »pluralistische

---

1 S. dazu: Franz Overbeck, *Christentum und Kultur. Gedanken und Anmerkungen zur modernen Theologie.* Basel: Schwabe, 1919, [Kap. IV/2] S. 126 ff.

Gesellschaft« und die Vielfalt der bestehenden Religionen zum Maßstab religiöser Toleranz erhebt und nach einem gemeinsamen Boden
für ein »Gespräch« mit Andersgläubigen und Ungläubigen sucht. Das
Kreuz von Pascals Apologie liegt nicht in solcher Schwäche, sondern
in ihrer exzessiven Stärke, wobei sie nicht nur die Grenzen der
katholischen Überlieferung sprengt, sondern den Zweifel an der
Wahrheit des Christentums gerade dadurch anreizt und erweckt, daß
sie ihn mit verblüffenden Argumenten niederschlägt.

Als Wissenschaftler steht Pascal in einer Reihe mit den großen
Mathematikern und Physikern seiner Zeit; als Skeptiker ist er ein
Schüler Montaignes; als Gläubiger steht er in der Tradition von Paulus
und Augustin. »Man muß zweifeln, wenn es nötig ist; sich Gewißheit
verschaffen, wo es nötig ist; und sich unterwerfen, wo es nötig ist«
[Pensées, § 268]. Alle drei: Zweifel, wissenschaftliche Gewißheit und
gläubige Unterwerfung vereinigen sich in Pascal als Skeptiker, Mathematiker und Christ. »Behaupten, alles sei beweisbar, kann nur, wer
vom Beweisen nichts versteht; alles bezweifeln wird nur der, der nicht
weiß, wo man sich zu unterwerfen hat; sich in allen Fällen unterwerfen kann nur der, der nicht weiß, wo er zu urteilen hat« [ebd.]. Alle
drei Verhaltensweisen sind in ihrem Bereich vernünftig. Man muß
schließlich einsehen, daß nichts der Vernunft so angemessen ist, wie
ihre Selbstaufhebung (§ 267 ff.). Abgesehen von der Glaubensgewißheit gibt es keinerlei Gewißheit, ob der Mensch durch einen guten
Schöpfer oder durch einen bösen Dämon oder von Natur aus durch
Zufall da ist. Diese prinzipielle Ungewißheit unseres Ursprungs
schließt mit ein die Ungewißheit unseres Wesens. »Was wird der
Mensch in dieser Lage tun?« [§ 434, S. 530] Er scheint eine Monstro-
sität zu sein, das einzige Geschöpf, das um sich selbst und das Ganze
des Seienden weiß, und zugleich ein Nichts im Ganzen der Welt, »ein
Verwalter der Wahrheit und zugleich eine Kloake der Irrheit, der
Ruhm und der Auswurf des Universums« [ebd., S. 531]. Da bleibt nur
eines übrig: daß sich die menschliche Vernunft demütigt und begreift,
»daß der Mensch den Menschen unendlich übersteigt«, nämlich von
Gott her und zu ihm hin. Der Mensch muß lernen, seine wirkliche
Lage nicht aus sich selber verstehen zu wollen, sondern im Hören auf
das Wort des Schöpfers. Zwei christliche Lehren sind es vor allem, die
seine rätselhafte Lage erhellen: die Verderbnis der menschlichen Natur
durch den Sündenfall und die Erlösung von ihr durch Jesus Christus.
Beides sind Geheimnisse, die unsere natürliche Vernunft übersteigen.

Ohne das Mysterium der Sünde und Sündenvergebung ist sich der Mensch unbegreiflicher, als es dieses Mysterium selbst ist [ebd. S. 532]. So löst sich für Pascal das Rätsel der menschlichen Lage durch den Glauben, jedoch mit Hilfe der Skepsis, die den Menschen zum Finden der Glaubensgewißheit bereit macht, indem sie alle anderen, vermeintlichen Gewißheiten erschüttert. Zugleich ist Pascal realistisch genug, um zu wissen, daß es nur sehr wenige wahrhaft Gläubige gibt und daß der Mensch zu schwach ist, um rein auf Grund einer inneren Überzeugung glauben zu können. Er ist Seele und Leib und muß sich deshalb in seinen Überzeugungen auch leiblich, durch Glaubensgewohnheiten befestigen, sich also einüben in christlichen Gebräuchen, z. B. im Niederknien, Sichbekreuzigen, Weihwassersprengen, Rosenkranzbeten, Messelesenlassen (§ 245).

Die letzte Frage ist: Warum finden die einen die Gewißheit des Glaubens, während andere sie vergeblich suchen? Pascals Antwort ist so einfach wie eindringlich: Er glaubt es ihnen einfach nicht, wenn sie behaupten, sie hätten allen Ernstes gesucht und doch nicht gefunden (§ 194). Er meint, daß diese geschäftige Wahrheitssuche, die nirgends das Gesuchte findet, in Wirklichkeit einer Nachlässigkeit entspringt und daß es nicht nur solche gibt, die bloß aus Gewohnheit glauben, sondern auch solche, die bloß aus Nachlässigkeit nicht glauben. Wenn sich ein Mensch damit zufrieden geben kann, aus der Ungewißheit ein philosophisches Bekenntnis zu machen, dann, sagt Pascal, »fehlen mir die Worte, um ein derart extravagantes Geschöpf zu benennen«'. Er beschreibt die Geistesverfassung eines solchen Menschen folgendermaßen:

»Weder weiß ich, wer mich ins Dasein gesetzt hat, noch, was die Welt ist, noch, was ich selber bin, abgesehen davon, *daß* ich eben da bin, in irgendeinem Winkel des Universums, ohne zu wissen, woher und wohin, warum gerade hier und jetzt. Alles, was ich weiß, ist, daß ich endlich bin und daß mein Dasein ein Ende hat, aber *was* der Tod ist, weiß ich nicht. Darum bin ich bereit, ohne Furcht und Hoffnung, diesem Letzten entgegenzusehen und mir angesichts dieser Nichtigkeit meines Daseins keine nutzlosen Gedanken über die Ewigkeit zu machen« (§ 194, S. 418 f.; vgl. §§ 205, 434, 469).

Es sei aber ungeheuerlich, für das Wichtigste: den endgültigen Verlust des Daseins im Tode und das Heil der Seele so völlig unempfindlich zu sein und zugleich so empfindlich für die geringste Einbuße an Ehre, Freiheit und Besitz.

Voltaires Randbemerkungen zu Pascals *Pensées* bestreiten es, daß die Lage des Menschen eine so extreme zwischen den beiden Abgründen des unendlichen Alls und des Nichts sei, und folglich bezweifelt er auch die Notwendigkeit einer Heilsgewißheit. Man kann das Elend und die Größe des Menschen durchaus ohne eine so extreme Voraussetzung wie die Erbsünde verstehen. Daß der Mensch weder vollkommen und wissend, noch völlig elend und unwissend ist, verweist nicht auf einen Abfall von einem göttlichen Ursprung, sondern beweist nur, daß er ein Mensch ist. Um aber die Natur des Menschen als solche zur Sprache zu bringen, bedurfte es zunächst der Kritik ihrer christlichen Auslegung, einer Kritik, die mit Spinoza begann und sich mit Nietzsche vollendet. *Menschliches, Allzumenschliches* ist Voltaire zu seinem hundertsten Todestag gewidmet.

In unserer Zeit hat Paul Valéry, dem wir auch eine hervorragende Gedenkrede auf Voltaire verdanken, dessen Kritik an Pascal wieder aufgenommen. In der *Variation über einen Gedanken*[2] kommentiert und interpretiert er den vielzitierten Satz der *Pensées:* »Le silence éternel de ces espaces infinis m'effraie« [§ 206]. Er billigt ihm zu, daß er ein sprachlich und rhetorisch vollendetes Gebilde sei, aber keineswegs ein durchdachter Gedanke. Ein solcher verlange, daß man von jedem unmittelbar persönlichen Interesse abstrahieren könne. Wann aber hätte Pascal, der um sich selbst und sein Seelenheil bekümmerte Christ, jemals von sich absehen können?

»Er kann sich nicht damit abfinden, nur das zu sein, was er ist. Es genügt ihm nicht, Pascal zu sein« [S. 462; dt. S. 151].

Als Christ konnte er nicht darauf verzichten, die Welt so anzusehen, als ob sie um des Menschen willen geschaffen sei und der Mensch das einzige Geschöpf, dem sich Gott zuwendet, um ihn vor dem Abgrund zu retten. Valéry fragt: Was hätte wohl ein Geist wie Leonardo da Vinci zu Pascals Rede vom »Abgrund« gesagt?

»Für Leonardo gibt es keine Offenbarungen. Kein Abgrund gähnt zu seiner Rechten. Ein Abgrund ließe ihn an eine Brücke denken. Ein Abgrund könnte vielleicht den Versuchsflügen eines großen mechanischen Vogels dienen« [S. 1210].

Die neuen Entdeckungen am Sternenhimmel, die im siebzehnten

---

2 Zitiert nach der Ausgabe: *Oeuvres*, éd. par Jean Hytier. Paris: Gallimard (Bibl. de la Pléiade), Bd. I, 1957, S. 458–473. Deutsche Übersetzung [von der zitierten abweichend]: Jürgen v. Stackelberg, *Drei Dichter als Kritiker: André Gide, Marcel Proust, Paul Valéry*. Göttingen: Kl. Vandenhoeck-Reihe, 1965, S. 141–155 [Sonstige Zitate aus Bd. I und II (1960) der *Oeuvres*].

Jahrhundert gemacht wurden, lassen in Pascal, dem Zeitgenossen Galileis, nur neue Ängste entstehen. »Pascal blickt aus der Unendlichkeit der Räume nichts als Schweigen entgegen. Er nennt sich selbst einen ›Entsetzten‹. Er klagt bitter darüber, verlassen in der Welt zu sein . . . *Entsetzen, entsetzt, entsetzlich, ewiges Schweigen, stummes Universum*, das ist die Sprache, in der von dem, was ihn umgibt, einer der mächtigsten Geister spricht, der je in Erscheinung trat. Er empfindet sich, er schildert sich, er beklagt sich wie ein gehetztes Tier; ja noch mehr, wie ein Tier, das sich selber hetzt, das seine großen Hilfsquellen, die Macht seines Gedankens, die großartige Kraft seiner Sprache darin verausgabt, alles zu verderben, was sichtbar und was keineswegs trostlos ist. Er will sich selber gebrechlich und in seinem ganzen Sein bedroht, von Gefahren und Einsamkeit umstellt und von all dem umgeben, was Schrecken und Verzweiflung verursacht. Er kann es nicht ertragen, in die Netze der Zeit, der Zahl und des Raumes gestürzt und in der Falle des Weltsystems gefangen zu sein. Nichts Geschaffenes, das ihn nicht an seine erbärmliche Lage erinnerte . . ., so daß die Betrachtung ihn jedesmal unweigerlich den Tod anjaulen läßt. Etwas zwingt mich unwiderstehlich an jenes unerträgliche Geheul der Hunde im Angesicht des Mondes zu denken; aber dieser Verzweifelte, der fähig wäre, den Mond zu berechnen, würde seinen Klagelaut am Ende ebensogut gegen seine eigenen Berechnungen richten.« [S. 461/463; dt. vgl. S. 142 f.]

Und wie soll ein solcher Mensch, der sich selber haßt, das Gebot der Nächstenliebe erfüllen können? »Wenn das Ich hassenswert ist, dann wird aus dem Liebe deinen Nächsten wie dich selbst eine grausame Ironie.« Was aber schließlich Pascals Angst vor dem Tode betrifft und den Ausblick auf die Ewigkeit, so sagt Valéry in den *Mauvaises Pensées* (II, S. 841 f.):

»Was am Tod erschreckt, ist ein bestimmtes Leben, von dem man sich vorstellt, daß es ihn begleite, mitempfinde und ermesse. Was am Tod schrecklich ist, ist nicht, von ihm besiegt zu werden, sondern der Todeskampf des Lebenden. – Der Tod spricht mit tiefer Stimme zu uns, um nichts zu sagen. Meditationen über den Tod (nach der Art Pascals) sind die Angelegenheiten von Menschen, die nicht um ihr Leben zu kämpfen, ihr Brot zu verdienen und Kinder zu erhalten haben. – Die Ewigkeit beschäftigt jene, die Zeit zu verlieren haben. Sie ist eine Form der Muße.«

Voltaires Bemerkungen

»Pascal, né en 1623, génie prématuré. Il voulut se servir de la
supériorité de ce génie comme les rois de leur puissance; il crut tout
soumettre et tout abaisser par la force. Ce qui a le plus révolté certains
lecteurs dans ses Pensées, c'est l'air despotique et méprisant dont il
débute. Il ne fallait commencer que par avoir raison. Au reste, la
langue et l'éloquence lui doivent beaucoup.«

Hier folgen einige kritische Bemerkungen, die ich seit langem zu
den Gedanken Pascals aufgezeichnet habe. Ich muß jedoch bitten,
mich deshalb nicht mit Hiskia[3] zu vergleichen, der sämtliche Bücher
Salomos verbrannt sehen wollte. Ich achte Pascals Genius und seine
Redekunst hoch; je höher ich sie aber achte, um so überzeugter bin
ich, daß er selber viele dieser *Gedanken*, die er aufs Geratewohl
hingeworfen hatte, um sie in der Folge noch zu überprüfen, später
verbessert haben würde; und gerade weil ich seinen Genius bewundere, bekämpfe ich einige seiner Ideen. Im allgemeinen scheint mir,
Pascal habe seine Gedanken in der Absicht geschrieben, den Menschen
in hassenswertem Licht zu zeigen; er ist darauf versessen, uns alle als
böse und unglücklich zu schildern; er schreibt gegen die menschliche
Natur fast so, wie er gegen die Jesuiten schrieb. Unserm eigentlichsten
Wesen legt er zur Last, was nur auf ganz bestimmte Menschen zutrifft;
höchst beredt spricht er Beleidigungen gegen das Menschengeschlecht
aus.

Ich wage es, die Partei der Menschheit gegen diesen sublimen
Menschenfeind zu ergreifen; ich wage zu behaupten, daß wir weder so
böse noch so unglücklich sind, wie er sagt. Mehr noch bin ich fest
überzeugt, daß das geplante Buch, wenn Pascal darin die gleiche
Absicht wie in den Gedanken verfolgt hätte, ein Buch voll beredter
Trugschlüsse und bewundernswert deduzierter Unwahrheiten geworden wäre. Man sagt ja sogar, daß alle Bücher, die in letzter Zeit zum
Beweis der christlichen Religion geschrieben wurden, viel geeigneter
seien, Ärgernis zu erregen als zu erbauen. Beanspruchen diese Autoren
mehr von ihr zu verstehen als Christus und seine Apostel? Das wäre
so, als wenn man eine Eiche dadurch stützen wollte, daß man sie mit
nutzlosem Schilfrohr umgibt, ohne Furcht, dem Baum damit zu
schaden!

3 König von Juda, ca. 721–693 a. D. (Anm. 96).

Ich habe mit Umsicht einige von Pascals Gedanken ausgewählt; die Antworten habe ich darunter gesetzt. Im übrigen kann hier gar nicht oft genug wiederholt werden, wie gänzlich absurd und ungerecht es wäre, wollte man aus dieser Überprüfung der Pascalschen Gedanken eine Parteinahme ableiten: ich habe keine andere Partei als die Wahrheit. Meiner Meinung nach ist es sehr richtig, daß es nicht Sache der Metaphysik ist, die christliche Religion zu beweisen, und daß die Vernunft ebenso tief unter dem Glauben steht wie das Endliche unter dem Unendlichen. Nur um Vernunft handelt es sich hier, und das ist etwas so Geringes bei den Menschen, daß es sich nicht lohnt, sich darüber zu ärgern.

Pascals Gedanken

I. »Größe und Elend des Menschen sind so sichtbar, daß uns die wahre Religion notwendigerweise darüber unterichten muß, daß es in ihm ein großes Prinzip der Größe und zugleich ein großes Prinzip des Elends gibt: denn die wahre Religion muß unsere Natur von Grund auf kennen, d. h., sie muß alles, was diese an Größe und Elend besitzt, und die Ursache der einen wie des anderen kennen. Auch muß sie uns die erstaunlichen Gegensätzlichkeiten, die sich hier begegnen, erklären können.« [§ 430, S. 521]

Die Art zu argumentieren scheint falsch und gefährlich, denn die Fabel von Prometheus und Pandora, die Zwitter Platons, die Lehren der alten Ägypter und die Zoroasters erklären diese anscheinenden Gegensätzlichkeiten ebensogut. Die christliche Religion bleibt nicht weniger wahr, wenn man keine solchen ausgeklügelten Schlußfolgerungen aus ihr zieht, die doch nur dazu dienen, den Geist glänzen zu lassen. Damit eine Religion wahr sei, muß sie offenbart sein, keinesfalls aber muß sie diese angeblichen Gegensätzlichkeiten erklären. Weder ist ihr Sinn, uns Metaphysik zu lehren noch Astronomie.

II. »Man möge alle Religionen der Welt daraufhin prüfen und sehen, ob eine andere als die christliche hier befriedigen kann. Etwa die, welche die Philosophen lehren, die uns als das wahre Gut eines, welches in uns liegt, vorschlagen? Ist dies das wahre Gut?« [§ 430, S. 522]

Die Philosophen haben ja gar keine Religion gelehrt; es handelt sich aber hier nicht darum, ihre Philosophie zu bekämpfen. Kein

Philosoph hat sich je als von Gott inspiriert bezeichnet, denn dann
hätte er aufgehört, Philosoph zu sein und wäre Prophet geworden. Es
handelt sich nicht darum zu wissen, ob Christus über Aristoteles
triumphieren soll; es handelt sich darum zu beweisen, daß die Religion
Christi die wahre ist und daß die von Mohammed, Zoroaster, Konfu-
cius, Hermes und alle anderen falsch sind. Es ist nicht richtig, daß die
Philosophen uns als das wahre Gut eines, welches in uns liegt,
vorgeschlagen hätten. Man lese Platon, Marc Aurel, Epictet; nach
ihnen sollen wir danach streben zu verdienen, daß wir mit der
göttlichen Natur, aus der wir hervorgegangen sind, wieder vereinigt
werden.

III. »Und dabei sind wir ohne dieses von allen unbegreiflichste
Mysterium uns selber unbegreiflich. In diesem Abgrund verknotet und
verwickelt sich unsere menschliche Lage derart, daß der Mensch ohne
dieses Mysterium noch unbegreiflicher ist als das Mysterium selber für
den Menschen.« [§ 434, S. 532]

Welch eine merkwürdige Erklärung! *Der Mensch ist unbegreiflich
ohne ein unbegreifliches Mysterium.* Es ist ganz genug, daß wir nichts
von unserm Ursprung verstehen, wir müssen ihn nicht auch noch
durch etwas Unverständliches erklären. Wir wissen nicht, wie der
Mensch zur Welt kommt, wie er wächst, wie er verdaut, wie er denkt,
wie seine Gliedmaßen seinem Willen gehorchen. Würde man es gut
aufnehmen, wenn ich dieses Rätsel durch ein unverständliches System
erklärte? Ist es nicht richtiger zu sagen: *ich weiß nichts?* Ein Mysterium war niemals eine Erklärung, es ist etwas Göttliches und Unerklärliches.

Was hätte Pascal geantwortet, wenn ihm jemand eingewendet
hätte: »Ich weiß, daß das Mysterium der Erbsünde ein Gegenstand
meines Glaubens und nicht meiner Vernunft ist; ich weiß sehr wohl
ohne Mysterium, was der Mensch ist; ich sehe, daß er ebenso wie die
übrigen Tiere zur Welt kommt; daß das Gebären der menschlichen
Mütter in dem Maße, wie sie empfindlicher sind, schmerzhafter ist;
daß Frauen ebenso wie weibliche Tiere bisweilen bei der Entbindung
sterben, daß bisweilen unvollkommen ausgebildete Kinder geboren
werden, denen der eine oder andere Sinn oder die Gabe des Verstandes
fehlt; daß die am besten Veranlagten die mit den lebhaftesten Leidenschaften sind; daß die Eigenliebe bei allen Menschen gleich ist und
ebenso notwendig wie die fünf Sinne; daß Gott uns die Eigenliebe zur
Erhaltung unseres Seins gegeben hat und die Religion, um diese

Eigenliebe in Schach zu halten; daß unsere Ideen richtig oder inkonsequent, dunkel oder klar sind, je nachdem ob unsere Organe mehr oder weniger kräftig oder mehr oder weniger fein und ob wir mehr oder weniger leidenschaftlich sind; daß wir im ganzen von der uns umgebenden Luft und von der Nahrung, die wir zu uns nehmen, abhängen, und daß es in all diesem nichts Widersprüchliches gibt.«

Der Mensch ist in dieser Hinsicht keineswegs ein Rätsel, als welches ihr ihn hinstellt, nur um das Vergnügen zu haben, ihn zu enträtseln. Es scheint, daß der Mensch in der Natur am richtigen Platze steht. Den Tieren überlegen, denen er mit seinen Organen ähnlich ist, anderen Wesen, denen er wahrscheinlich durch sein Denken ähnelt, jedoch unterlegen; gemischt aus Gut und Böse, aus Lust und Schmerz; er ist mit Leidenschaften ausgestattet, um handeln zu können, und mit Vernunft, um seine Handlungen zu beherrschen. Wäre der Mensch vollkommen, so wäre er Gott, und seine angeblichen Gegensätzlichkeiten, die ihr Widersprüche nennt, sind die notwendigen Ingredienzien, die das Ganze des Menschen ausmachen, welcher, wie die übrige Natur auch, ist, was er sein soll.

Dies wäre das, was die Vernunft sagen kann. Es ist also keineswegs die Vernunft, die den Menschen über den Sturz aus der menschlichen Natur unterrichtet; dafür muß man sich allein an den Glauben wenden.

V. »Gar nicht wetten, daß Gott ist, ist das gleiche wie wetten, daß er nicht ist. Was werdet ihr also wählen? Wägen wir Gewinn und Verlust gegeneinander ab! Wenn ihr euch für den Glauben, daß Gott ist, entscheidet, so gewinnt ihr, wenn ihr gewinnt, alles; verliert ihr aber, so verliert ihr nichts. Wettet also ohne Zögern, daß er ist. Ja, man muß den Einsatz machen, aber ich setze vielleicht zu hoch. Bedenkt doch, da die Chance für Gewinn und Verlust die gleiche ist, so würde sich, wo es ja nur darum ginge, zwei Leben für eines zu gewinnen, der Einsatz immer noch lohnen.« [§ 233, S. 437–439]

Augenscheinlich ist es falsch zu sagen: »Gar nicht wetten, daß Gott ist, ist das gleiche wie wetten, daß er nicht ist«, denn wer zweifelt und wen es nach Aufklärung verlangt, wettet gewiß weder dafür noch dagegen. Übrigens erscheint dieser Ausspruch ein wenig anstößig und jugendlich. Diese Idee von Spiel, Verlust und Gewinn paßt nicht zum Ernst des Gegenstandes; auch ist das Interesse, welches ich habe, eine Sache zu glauben, kein Beweis für die Existenz dieser Sache. Ihr versprecht mir das Reich der Welt, wenn ich glaube, daß ihr recht habt; ich wünsche also von ganzem Herzen, daß ihr recht habt, aber bis ihr es nicht bewiesen habt, kann ich euch nicht glauben. Als erstes, so könnte man zu Pascal sagen, müßt ihr meine Vernunft überzeugen. Zweifellos bin ich interessiert daran, daß es einen Gott gibt; wenn aber Gott in eurem Sinn nur für so wenige gekommen ist, wenn die Zahl der Auserwählten so erschreckend klein ist, wenn ich überhaupt nichts durch mich selber kann, welches Interesse habe ich dann, das sagt mir bitte, euch zu glauben? Habe ich nicht ein sichtbares Interesse, vom Gegenteil überzeugt zu sein? Was gibt euch die Kühnheit, mir ein unendliches Glück vorzuhalten, nach dem kaum einer aus einer Million Menschen ein Recht hat zu streben? Wenn ihr mich überzeugen wollt, müßt ihr es anders anfangen und mir nicht mit Glücksspiel, Wetten, mit Kopf oder Wappen kommen und mich nicht so erschrecken durch die Dornen, die ihr mir auf den Weg, dem ich folgen will und soll, streut. Eure Argumentation könnte höchstens Atheisten erzeugen, wenn uns nicht die Stimme der gesamten Natur ebenso kraftvoll, wie diese Subtilitäten schwächlich sind, zuriefe: es gibt einen Gott.

VI. »Wenn ich die Blindheit und das Elend des Menschen ansehe und die erstaunlichen Gegensätzlichkeiten, die in seiner Natur zutage treten, und wenn ich das ganze stumme Universum betrachte und den gänzlich nur auf sich angewiesenen, wie in einem Winkel des Universums verirrten, lichtlosen Menschen, der nicht weiß, wer ihn dorthin gestellt hat, wozu er dort ist, und was bei seinem Tod aus ihm wird, so faßt mich ein Grauen wie jemanden, den man im Schlaf auf eine verlassene und furcherregende Insel gebracht hat, der dann erwacht, ohne zu wissen, wo er ist, und ohne irgendein Mittel wieder fortzukommen; und ich bewundere bloß, wie ein so elender Zustand einen nicht zur Verzweiflung bringt.« [§ 693]

Beim Lesen dieser Überlegung erhalte ich einen Brief von einem Freund, der an einem weit entfernten Orte wohnt.

Dies ist, was er schreibt: »Ich lebe hier weiter in derselben Weise wie ihr mich verließet. Weder lustiger noch trauriger, weder reicher noch ärmer; ich erfreue mich bester Gesundheit, habe alles, was das Leben angenehm macht; ohne Liebe, ohne Knauserei, ohne Ehrgeiz, ohne Neid; und solange all dies anhält, werde ich mich kühn einen sehr glücklichen Menschen nennen.«

Viele Menschen sind ebenso glücklich wie er. Die Menschen sind darin nicht anders als die Tiere; der eine Hund schläft und frißt zusammen mit seiner Geliebten; der andere dreht seinen Bratspieß und ist ebenfalls zufrieden; wieder ein anderer wird tollwütig und man tötet ihn.

Was mich betrifft, so sehe ich, wenn ich Paris oder London betrachte, keinerlei Grund, in die von Pascal erwähnte Verzweiflung zu verfallen; ich sehe eine Stadt, die in keiner Weise einem verlassenen Eiland ähnelt, sondern bevölkert ist, üppig und geordnet, und wo die Menschen glücklich sind, soweit die menschliche Natur dies zuläßt. Welcher Weise wird verzweifeln, weil er nichts von der Natur seines Denkens weiß, weil er bloß einige Eigenschaften der Materie kennt, weil ihm Gott seine Geheimnisse nicht offenbart hat? Ebenso müßte er verzweifeln, weil er nicht vier Füße oder zwei Flügel hat. Warum bei sich gegen das eigene Wesen Widerwillen erregen? Unser Dasein ist keineswegs so unglücklich, wie man uns glauben machen will. Das Universum wie einen Kerker ansehen und alle Menschen als Verbrecher, die hingerichtet werden sollen, ist die Idee eines Fanatikers. Zu glauben, daß die Welt ein Ort der Wonne sei, wo es nur Vergnügen geben darf, ist der Traum eines Sybariten. Daß aber die Erde, die Menschen und die Tiere das sind, was sie nach der Ordnung der Vorsehung sein sollen, das ist, glaube ich, weise gedacht.

X. »Wenn es einen Gott gibt, sollen wir nur ihn lieben und nicht die Geschöpfe.« [§ 479]

Wir sollen die Geschöpfe sogar sehr innig lieben; wir sollen unser Vaterland, unser Weib, unseren Vater und unsere Kinder lieben; so sehr sollen wir sie lieben, wie Gott sie uns gegen unsre Natur lieben macht.

Die gegenteiligen Prinzipien sind geeignet, unmenschliche Verstandesmenschen hervorzubringen, und dies ist so wahr, daß Pascal in Ausnutzung dieses Grundsatzes seine eigene Schwester und ihre Dienste zurückwies aus Angst, den Anschein zu erwecken, als liebe er ein Geschöpf: so steht es in seiner Lebensgeschichte zu lesen. Wie wäre die menschliche Gesellschaft beschaffen, wenn man so mit ihr verfahren sollte!

XI. »Wir werden ungerecht geboren, denn ein jeder neigt sich selbst zu: dies ist gegen alle Ordnung. Man muß dem Allgemeinen zugeneigt sein; der Hang zur eigenen Person ist der Beginn jeglicher Unordnung, im Kriege, in der Politik, in der Ökonomie, usw.« [§ 477]

Dies entspricht aller Ordnung. Es ist ebenso unmöglich, daß eine Gesellschaft sich ohne Eigenliebe bilden und bestehen könnte, wie es unmöglich wäre, ohne Sinnenlust Kinder zu zeugen oder ohne Appetit sich zu ernähren. Unsere Eigenliebe hilft ja gerade der Liebe zu den andern auf; gerade durch unsere gegenseitigen Bedürfnisse sind wir dem Menschengeschlecht nützlich; sie ist die Grundlage allen Handelns und das ewige Band zwischen Menschen. Ohne sie wäre nicht *eine* Kunstfertigkeit erfunden worden, noch hätte sich eine Gesellschaft von auch nur zehn Personen gebildet. Gerade diese Eigenliebe, die jedes Tier von Natur aus besitzt, mahnt uns, die der andern zu achten. Das Gesetz regelt die Eigenliebe und die Religion vervollkommnet sie. Wohl hätte Gott Geschöpfe, die nur das Wohl des Nächsten im Auge haben, machen können. In diesem Fall würden die Kaufleute aus Nächstenliebe nach Indien gehen; der Maurer würde seine Steine behauen, um seinem Nächsten gefällig zu sein, usf. Gott hat die Dinge aber anders eingerichtet; schelten wir den Instinkt nicht, den er uns gibt, sondern gebrauchen wir ihn nach seinem Gebot.

XIII. »Die Zeit der ersten Erscheinung Jesu Christi ist vorausgesagt. Die Zeit der zweiten dagegen nicht, weil die erste Erscheinung verborgen sein sollte, die zweite hingegen so auffallend und offenbar sein soll, daß seine Feinde ihn sogar erkennen werden.« [§ 757]

Die Zeit der zweiten Erscheinung Jesu Christi ist noch deutlicher als die erste vorausgesagt. Pascal hat anscheinend vergessen, was Jesus im 21. Kap. des Lukas-Evangeliums ausdrücklich sagt: »Wenn ihr aber Jerusalem von Kriegsheeren umringt sehen werdet, dann merket, daß seine Verwüstung genaht ist! (Vers 20) Jerusalem wird zertreten werden (aus 24) und es werden Zeichen eintreten an Sonne und Mond und Sternen (25); die Wogen des Meeres werden sehr laut tosen (frei aus 25); ›die Kräfte der Himmel werden erschüttert werden‹ (aus 26). Und dann wird man ›den Sohn des Menschen auf einer Wolke kommen‹ sehen mit großer Macht und Herrlichkeit (27). Dieses Geschlecht wird nicht vergehen, bis alles geschehen sein wird (32).«

Dieses Geschlecht ist aber vergangen, und keineswegs ist dies alles geschehen. Zu irgendeiner Zeit, da Lukas schrieb, hat Titus freilich Jerusalem erobert, und weder wurden Zeichen in den Sternen noch der *Menschensohn* in den Wolken gesehen. Wenn nun aber das zweite Kommen noch nicht erfolgt ist, wenn diese Vorhersage sich nicht erfüllt hat, so steht es uns an zu schweigen, die Vorsehung nicht zu befragen und zu glauben, was die Kirche lehrt.

XV. »Um die Prophezeiungen zu prüfen, muß man sie begreifen; wenn man nämlich glaubt, daß sie nur *einen* Sinn haben, ist es sicher,

daß der Messias noch nicht gekommen ist; wenn sie aber zwei
Bedeutungen haben, ist sicher, daß er in Jesus Christus gekommen
ist.« [§ 642]

Die christliche Religion, die sich auf die Wahrheit selbst gründet,
bedarf keiner zweifelhaften Beweise. Wenn irgend etwas die Grundlagen dieser heiligen und vernünftigen Religion erschüttern könnte, so
diese Meinung Pascals. Er möchte, daß alles in der heiligen Schrift
doppelten Sinn habe. Es könnte aber jemand, der das Unglück hätte,
ungläubig zu sein, zu ihm zu sagen: Wer seinen Worten einen doppelten Sinn gibt, will die Menschen täuschen; solche Doppelzüngigkeit
wird immer vom Gesetz bestraft; wie könnt ihr also, ohne zu erröten,
für Gott gutheißen, was man bei den Menschen bestraft und verabscheut? Was sage ich? Mit welcher Verachtung und Entrüstung behandelt ihr doch die heidnischen Orakel, weil sie einen doppelten Sinn
hatten? Angenommen, eine Prophezeiung sei dem Buchstaben nach
erfüllt; würdet ihr behaupten, diese Prophezeiung sei falsch, weil sie
nur dem Buchstaben nach wahr ist, weil sie auf einen mystischen Sinn,
den man ihr geben kann, keine Antwort geben will? Zweifellos nicht,
denn das wäre absurd. Wie soll denn eine Prophezeiung, die sich nicht
in Wirklichkeit erfüllt hat, in einem mystischen Sinne wahr werden?
Wie? Wenn sie wahr ist, könnt ihr sie nicht falsch machen, und wenn
sie falsch ist, könntet ihr sie wahr machen? – eine seltsame Schwierigkeit! In diesen Dingen darf man sich allein an den Glauben halten, dies
ist das einzige Mittel, allen Streit zu enden.

XVI. »Die unendliche Entfernung von Körper und Geist versinn-
bildlicht die unendlich größere von Geist und Nächstenliebe; denn
diese ist übernatürlich!« [§ 793, S. 695 f.]

Man muß annehmen, daß Pascal diesen Galimathias in seinem
Werk nicht verwendet haben würde, hätte er Zeit gehabt, es nochmals
durchzulesen.

XVIII. »Man möge uns nun keinen Mangel an Klarheit mehr
vorwerfen, denn daran gerade ist uns gelegen; man möge vielmehr die
Wahrheit der Religion in ihrer Dunkelheit erkennen, in dem wenigen
Licht, welches wir von ihr haben und in unserer Gleichgültigkeit ihrer
Erkenntnis gegenüber.« [§ 565]

Hier bringt uns Pascal seltsame Kennzeichen der Wahrheit. Welche anderen Kennzeichen besitzt denn die Lüge? Wie! Es sollte
genügen, damit einem Glauben geschenkt wird, zu sagen: *ich bin
obskur, ich bin unverständlich*? Es hätte gewiß mehr Sinn, uns nur die

Lichter des Glaubens vor Augen zu halten an Stelle einer solchen
Finsternis von Gelehrsamkeit.

XXI. »Das Wichtigste im Leben ist die Wahl des Berufs; der Zufall
entscheidet darüber. Die Sitte macht Maurer, Soldaten, Dachdecker.«
[§ 97]

Was anderes als was wir *Zufall* und *Sitte* nennen, könnte denn
Soldaten, Maurer und alle mechanischen Arbeiter bestimmen? Nur für
einen geistigen Beruf bestimmt man sich selbst. Für die Berufe, die
jedermann ausfüllen kann, ist es nur natürlich oder vernünftig, daß die
Sitte darüber entscheidet.

XXII. »Ein jeder prüfe seine Gedanken: er wird sie ständig mit der
Vergangenheit oder mit der Zukunft beschäftigt finden. Wir denken
fast gar nicht an die Gegenwart, und wenn wir daran denken, so bloß
um zu sehen, wie wir die Zukunft einrichten können. Die Gegenwart
ist niemals unser Ziel; Vergangenheit und Gegenwart sind nur Mittel,
einzig die Zukunft ist uns Gegenstand.« [§ 172]

Es stimmt nicht, daß wir gar nicht an die Gegenwart dächten; wir
denken daran, indem wir die Natur erforschen und indem wir alle
Funktionen des Lebens erfüllen. Wir denken auch viel an die Zukunft.
Danken wir dem Schöpfer der Natur dafür, daß er uns diesen Instinkt,
der uns unablässig auf die Zukunft richtet, gibt. Der kostbarste Schatz
des Menschen ist die Hoffnung, die unsere Sorgen beschwichtigt und
uns im Besitz der gegenwärtigen Annehmlichkeiten künftige ausmalt.
Wären die Menschen so unglücklich, daß sie sich mit nichts als der
Gegenwart beschäftigten, so würde nichts gesät, nichts gebaut und
nichts gepflanzt werden; man würde keinerlei Vorsorge treffen und
inmitten solchen falschen Genusses würde einem doch alles fehlen.

Wie konnte ein Geist wie Pascal auf einen so verkehrten Gemeinplatz verfallen? Die Natur hat es so eingerichtet, daß jeder Mensch die
Gegenwart genießen soll, indem er sich ernährt, Kinder zeugt, ange-
nehme Laute hört, seine Fähigkeit zu denken und zu fühlen betätigt;
und daß er nach solchen Betätigungen, oft sogar inmitten ihrer, an den
kommenden Tag denkt; denn sonst würde er heute im Elend umkom-
men. Nur Kinder und Schwachsinnige denken an nichts als an die
Gegenwart. Sollen wir ihnen etwa gleichen?

XXIII. »Bei näherem Hinsehen aber habe ich gefunden, daß es eine
sehr reale Ursache dafür gibt, daß die Menschen sich so von der Ruhe
entfernt haben und nicht mehr bei sich selber bleiben können, nämlich
das natürliche Unglück unserer schwachen und sterblichen und derart

elenden Lage, so daß uns nichts trösten kann, weil uns nichts hindert zu denken, und wir immer nur uns selber sehen.«[§ 139, S. 390]

Dieses Wort »*nur uns selber sehen*« ergibt keinen Sinn. Was ist das für ein Mensch, der überhaupt nicht handelt und nur sich selber betrachten soll? Nicht nur sage ich, daß er ein für die Gesellschaft unnützer Schwachkopf wäre, sondern ein solcher Mensch könnte gar nicht existieren. Denn was würde er betrachten? Seinen Leib, seine Füße, seine Hände, seine fünf Sinne? Entweder er wäre schwachsinnig oder er würde sehr wohl Gebrauch von all diesem machen. Würde er schließlich seine Denkfähigkeit betrachten? Diese kann er aber gar nicht betrachten, ohne sie auszuüben. Entweder wird er an gar nichts denken oder an die Ideen, die ihm bereits gekommen sind, oder er wird sich neue bilden; nun können ihm aber Ideen nur von außen kommen. Er muß also notwendigerweise entweder mit seinen Sinnen oder mit seinen Ideen beschäftigt sein: also ist er entweder außer sich oder ein Schwachkopf. Noch einmal: es ist der menschlichen Natur unmöglich, in solcher eingebildeten Stumpfheit zu verharren; es ist absurd, solches zu denken und sinnlos, danach zu streben. Der Mensch ist zum Handeln geboren, so wie das Feuer nach oben strebt und der Stein nach unten. Ohne jede Betätigung oder gar nicht existieren ist für den Menschen das gleiche. Der ganze Unterschied besteht in den ruhigen oder stürmischen, den gefährlichen oder nützlichen Beschäftigungen. Hiob hat wohl gesprochen, wenn er sagt: *Der Mensch ist für die Arbeit geboren wie der Vogel für das Fliegen.* Doch kann der Vogel beim Fliegen in die Falle geraten.

XXIV.»Die Menschen haben einen geheimen Instinkt, der sie dazu bringt, daß sie draußen Zerstreuung und Beschäftigung suchen; er kommt aus der heftigen Empfindung ihres fortwährenden Elends; sie haben aber noch einen anderen geheimen Instinkt, welcher ihnen von der Größe ihrer ursprünglichen Natur geblieben ist und sie erkennen läßt, daß es Glück nur in der Ruhe gibt.«[§ 139, S. 393 f.]

Dieser geheime Instinkt, der erstes Prinzip und notwendige Grundlage der Gesellschaft ist, kommt vielmehr aus der Güte Gottes und ist viel mehr das Instrument unseres Glückes als die heftige Empfindung unseres Elends. Ich weiß nicht, was unsere Vorväter im irdischen Paradies getan haben; wenn aber jeder nur an sich gedacht hätte, wäre freilich die Existenz des Menschengeschlechts auf dem Spiel gestanden. Ist der Gedanke nicht absurd, daß sie vollkommene Sinne, d. h. vollkommene Instrumente des Handelns einzig zum Zwecke der

Selbstbetrachtung gehabt haben sollten? Und ist es nicht zum Lachen, daß denkende Köpfe sich einbilden können, Trägheit sei ein Anspruch auf Größe und Handeln eine Herabsetzung unserer Natur?

XXVI. »Man muß also anerkennen, daß der Mensch so unglücklich ist, daß er auch ohne eine äußere Ursache sich langweilen würde, allein durch die Lage, in der er sich von Natur aus befindet.« [§ 139, S. 394]

Könnte man nicht ebenso wahr sagen, daß der Mensch vielmehr sehr glücklich in dieser Hinsicht ist und daß wir dem Schöpfer der Natur vielfach verpflichtet sind, weil er die Langeweile mit der Untätigkeit verbunden hat, um uns so zu zwingen, unserm Nächsten und uns selber nützlich zu sein?

XXVII. »Woher kommt es, daß dieser Mensch, der vor kurzem seinen einzigen Sohn verloren hat, und der, mit Prozessen und Streitigkeiten überhäuft, heute morgen so voller Sorge war, jetzt gar nicht mehr daran denkt? Wundert euch nicht darüber; er ist ganz erfüllt davon zu sehen, wo ein Hirsch, den seine Hunde mit Eifer seit sechs Stunden verfolgen, durchkommen wird. Mehr braucht es für den Menschen nicht: sei er auch noch so betrübt, wenn man ihn dazu bringen kann, sich auf irgendeine Zerstreuung einzulassen, wird er, solange sie währt, glücklich sein.« [§ 139, S. 395]

Dieser Mensch verhält sich bewundernswert. Zerstreuung ist eine sicherere Medizin gegen den Schmerz als Chinin gegen das Fieber. Tadeln wir die Natur nicht dafür, die immer bereit ist, uns zu Hilfe zu kommen. Ludwig XIV. ging auf die Jagd an dem Tage, an dem er eines seiner Kinder verloren hatte, und er tat sehr weise daran.

XXVIII. »Man stelle sich eine Anzahl von Menschen in Ketten und alle zum Tode verurteilt vor, von denen täglich einige angesichts der übrigen umgebracht werden, so daß diese ihre eigene Lage in derjenigen, die ihresgleichen erleiden, sehen und, indem sie einander mit Schmerz und ohne Hoffnung anblicken, warten, daß sie darankommen: das ist das Abbild der allgemeinen Lage der Menschen.« [§ 199]

Dieser Vergleich ist sicherlich nicht richtig. In Ketten gelegte Unglückliche, die einer nach dem andern umgebracht werden, sind nicht nur, weil sie leiden, unglücklich, sondern auch, weil sie durchmachen, was die übrigen Menschen nicht erleiden. Das natürliche Los der Menschen ist weder gefesselt zu sein noch umgebracht zu werden; aber alle Menschen sind, ebenso wie die Tiere und Pflanzen, gemacht um zu wachsen, um eine bestimmte Zeitlang zu leben, um ihresglei-

chen hervorzubringen und um zu sterben. In einer Satire kann man
zwar den Menschen, soviel man will, von der schlechten Seite zeigen,
wenn man aber auch nur ein klein wenig Gebrauch von seiner
Vernunft macht, wird man zugeben müssen, daß der Mensch von allen
Tieren das vollkommenste, glücklichste und langlebigste ist, denn was
man von Hirschen und Raben hört, ist eine Fabel. Wir sollten also,
anstatt uns über das Unglück und die Kürze des Lebens zu wundern
und zu beklagen, über unser Glück und seine Dauer erstaunen und
froh sein. Schon aus philosophischer Überlegung wage ich zu sagen,
daß Stolz und Verwegenheit dazu gehören zu verlangen, wir sollten
von Natur aus besser sein als wir sind.

XXIX. »Denn schließlich, wäre der Mensch nie verderbt worden,
so würde er sich in Sicherheit der Wahrheit und des Glückes freuen,
usw.: so offenbar ist es, daß wir uns in einem Zustand der Vollkommenheit befunden haben, aus dem wir unglücklicherweise gefallen
sind.« [§ 434, S. 531 f.]

Es ist sicher, nach dem Glauben und nach unserer so hoch über
menschliche Erleuchtung erhabenen Offenbarung, daß wir gefallen
sind; der Vernunft nach ist dies jedoch nichts weniger als offenbar;
denn ich möchte wohl wissen, ob Gott nicht, ohne von seiner Gerechtigkeit abzuweichen, den Menschen so, wie er heute ist, schaffen
konnte; hat er ihn denn nicht geradezu erschaffen, um zu werden, was
er ist? Ist der gegenwärtige Zustand des Menschen nicht eine Wohltat
des Schöpfers? Woher wißt ihr denn, daß Gott euch mehr schuldet?
Wer hat euch gesagt, daß euer Sein mehr Kenntnisse und mehr Glück
erfordert? Wer hat euch gesagt, daß es mehr davon erträgt? Ihr
wundert euch, daß Gott den Menschen so borniert, so unwissend, so
wenig glücklich gemacht hat, warum wundert ihr euch nicht, daß er
ihn nicht noch bornierter, unwissender, unglücklicher gemacht hat?
Ihr beklagt euch über ein so kurzes und so glückloses Leben; dankt
Gott lieber, daß es nicht kürzer und unglücklicher ist. Wie denn!
Wenn man nach euch folgerichtig räsonnieren wollte, müßten alle
Menschen die Vorsehung anklagen außer den Metaphysikern, die
über die Erbsünde räsonnieren!

XXXII. »Wieviele Sterne, die es für unsere Philosophen von früher
gar nicht gab, hat uns das Fernrohr entdeckt! Man hat die Heilige
Schrift wegen der großen Anzahl Sterne, von der man an vielen Stellen
liest, dreist angegriffen: es gibt nur tausendzweiundzwanzig, wir
wissen es, so sagte man.« [§ 266]

Es steht fest, daß sich die Heilige Schrift in Dingen der Physik immer den gängigen Ideen angepaßt hat; so nimmt sie an, daß die Erde unbeweglich sei, daß die Sonne wandere, usw., usw. Nicht aus astronomischem Raffinement sagt sie, die Sterne seien unzählbar, sondern um sich mit den vulgären Ideen auf gleiche Stufe zu stellen. Unsere Augen entdecken zwar in der Tat nur ungefähr 1 022 Sterne und auch diese nur mit großer Mühe; sieht man jedoch den Himmel ganz fest an, so ist der Blick verwirrt und geblendet: man glaubt alsdann eine Unendlichkeit zu sehen. Die Heilige Schrift spricht also dem vulgären Vorurteil gemäß, denn sie ist uns nicht gegeben worden, um Physiker aus uns zu machen, und aller Wahrscheinlichkeit nach hat Gott weder dem Habakuk noch dem Baruch, noch Micha offenbart, daß eines Tages ein Engländer namens Flamsteed seinen Katalog mit nahezu dreitausend Sternen, die er mit dem Fernrohr gefunden hatte, aufstellen würde. Bitte seht doch, welche Folgerung sich aus Pascals Meinung ziehen ließe. Wenn die Verfasser der Bibel von der großen Zahl der Sterne mit Sachkenntnis gesprochen haben, so waren sie wohl hinsichtlich der Physik erleuchtet. Und wie konnten so große Physiker sagen, der Mond sei mittags über Ajalon und die Sonne über Gibeon in Palästina stehengeblieben; daß das Korn faulen müsse, um zu keimen und Frucht zu tragen, und hundert ähnliche Dinge mehr? Ziehen wir also den Schluß, daß wir nicht Physik, sondern Moral in der Bibel zu suchen haben, daß sie uns zu Christen, nicht aber zu Philosophen machen soll.

XXXIV. »Gern glaube ich solche Geschichten, deren Zeugen sich umbringen lassen.« [§ 593]

Die Schwierigkeit besteht nicht nur darin zu wissen, ob man Zeugen, die zur Unterstützung ihrer Aussage sterben, wie viele Fanatiker getan haben, glaubt, sondern auch ob diese Zeugen tatsächlich dafür gestorben sind. Ob ihre Aussagen aufbewahrt wurden; ob sie an den Orten, wo man sagt, daß sie gestorben seien, gewohnt haben. Warum sagt Josephus, der zur Zeit von Christi Tod geboren wurde, Josephus, der Feind des Herodes, Josephus, der dem Judentum wenig zugetan war, kein Wort von all diesem? Das hätte Pascal gewiß mit Erfolg herausbekommen.

XXXV. »Es gibt zwei sich berührende Extreme in den Wissenschaften: das erste ist die reine, natürliche Unwissenheit aller Menschen, wenn sie geboren werden; das andere Extrem ist die Unwissenheit, bei der die großen Seelen wieder ankommen, die, nachdem sie alles, was die Menschen wissen können, durchlaufen haben, finden, daß sie gar nichts wissen und sich in der gleichen Unwissenheit, von der sie ausgegangen waren, wieder antreffen.« [§ 327]

Dieser Gedanke scheint sophistisch, und zwar steckt die Unwahrheit in dem Wort *Unwissenheit*, welches in zwei verschiedenen Bedeutungen gebraucht wird. Wer nicht lesen und schreiben kann, ist unwissend; ein Mathematiker aber steht, weil er die verborgenen Ursprünge der Natur nicht kennt, deshalb doch nicht auf dem gleichen Punkt von Unwissenheit, von dem er ausging, als er anfing lesen zu lernen. Newton wußte nicht, warum der Mensch seinen Arm bewegt, wenn er dies will, aber deshalb war er nicht weniger gelehrt in bezug auf das übrige. Wer kein Hebräisch, aber Lateinisch kann, ist gelehrt im Vergleich mit dem, der nur Französisch versteht.

XXXVI.»Es bedeutet nicht, daß man wirklich glücklich ist, wenn einen Zerstreuung erheitern kann, denn diese kommt von außen und ist daher abhängig und unterliegt folglich der Störung durch tausend Zufälle, die unvermeidlich Kummer mit sich bringen.« [§ 170]

Dies ist, als ob man sagte:»Es bedeutet nicht, daß man wirklich unglücklich ist, auch wenn man vom Schmerz überwältigt sein kann, denn er kommt ja von außen.« Tatsächlich glücklich ist, wer Vergnügen hat, und dies Vergnügen kann nur von außen kommen; wir können fast keine Empfindungen und Ideen haben, die nicht von äußeren Gegenständen kommen; so wie wir auch unsern Körper nur ernähren können, indem wir ihm fremde Substanzen zuführen, die sich in unsere eigenen verwandeln.

XXXVII.»Der extreme Geist wird des Wahnsinns beschuldigt ebenso wie der extreme Mangel an Geist; nichts gilt als gut außer der Mediokrität.« [§ 378]

Nicht den extremen Geist, sondern die extreme Regsamkeit und Zungenfertigkeit des Geistes beschuldigt man des Wahnsinns. Extremer Geist ist extreme Gerechtigkeit, extreme Feinheit, extreme Weite, dem Wahnsinn diametral entgegengesetzt. Der extreme *Mangel an Geist* ist ein Mangel an Auffassungsgabe, eine Ideenleere: keineswegs Wahnsinn, sondern Dummheit. Wahnsinn ist eine Zerrüttung in den Organen, die macht, daß man mehrere Gegenstände zu schnell sieht oder aber die Einbildungskraft bei einem einzigen mit viel Eifer und Heftigkeit festhält. Es ist auch keineswegs die Mittelmäßigkeit, die als gut gilt, sondern die Entfernung von den beiden entgegengesetzten Lastern; dies nennt man *juste-milieu*, aber nicht *Mediokrität*.

Diese Bemerkung, wie einige andere in dieser Art, sollen nur dazu dienen, genaue Ideen zu geben. Sie sollen mehr aufklären als widersprechen.

XXXVIII. »Wäre unsere Lage wahrhaft glücklich, so brauchten wir uns nicht dadurch zu unterhalten, daß wir darüber nachdenken.«

[§ 165]

Unsere Lage besteht genau darin, daß wir über die äußeren Gegenstände, zu denen wir in notwendiger Beziehung stehen, nachdenken. Es ist falsch, daß man einen Menschen davon abbringen könnte, über die menschliche Lage nachzudenken. Denn auf welchen Gegenstand er auch seinen Geist richten mag, immer wird es etwas der Lage des Menschen Verbundenes sein; und nochmals, an sich denken und dabei von den natürlichen Dingen abstrahieren, heißt nichts denken; an gar nichts, sage ich, man beachte dies wohl. Weit entfernt davon, einen Menschen am Nachdenken über seine Lage zu hindern, unterhalten kann man ihn immer nur mit den Annehmlichkeiten seiner Lage. Einem Gelehrten spricht man von Reputation und Wissenschaft; einem Fürsten von dem, was zu seiner Größe Beziehung hat; zu jedermann spricht man von dem, was Vergnügen macht.

XLII. »Da ich überlegt habe, woher es kommt, daß so vielen Betrügern, die behaupten, sie besäßen Hilfsmittel, so viel Glauben geschenkt wird – oft legt man sogar sein Leben in ihre Hand – hat es mir geschienen, daß die wirkliche Ursache die ist, daß es wahre Hilfsmittel gibt; denn es wäre nicht möglich, daß es so viele falsche gäbe und man ihnen so viel Glauben beimäße, wenn die wirklichen nicht wären. Hätte es jemals gar keine gegeben und alle Übel wären unheilbar gewesen, so wären die Menschen unmöglich darauf verfallen, daß es sie geben könnte; und, mehr noch, unmöglich hätten so viele andere denen Glauben geschenkt, die sich rühmten, solche Mittel zu besitzen. Ebenso würde, wenn jemand sich rühmte, er könne das Sterben verhindern, niemand ihm glauben, weil es kein Beispiel dafür gibt. Da es aber eine Menge von Hilfsmitteln gibt, die sich nach Kenntnis selbst der größten Menschen als wirklich erwiesen haben, hat sich die Meinung der Leute dem angepaßt. Weil sich die Sache im allgemeinen nicht bestreiten läßt (da es besondere Wirkungen, die wirkliche sind, gibt), glaubt das Volk, das nicht unterscheiden kann, welche von den besonderen Wirkungen die wirklichen sind, an alle. Aus dem gleichen Grund glaubt man an die vielen vermeintlichen Wirkungen des Mondes, weil es auch wahre gibt, wie z. B. die Flut des Meeres.

Daher erscheint es mir ebenso einleuchtend, daß es nur deshalb so viele falsche Wunder, falsche Offenbarungen und Zauberei gibt, weil es auch wahre gibt.« [§ 817]

Die Lösung dieses Problems ist sehr einfach. Man hat ungewöhnliche physikalische Wirkungen gesehen. Schelme setzten sie einem als Wunder vor. Man sah, wie Krankheiten mit dem Vollmond zunahmen, und die Dummen glaubten, das Fieber nehme zu, weil der Mond voll sei. Ein auf dem Wege der Besserung befindlicher Kranker befand sich am Tage, nachdem er Krebse gegessen hatte, besser, und man schloß daraus, daß Krebse das Blut reinigen, weil sie in gekochtem Zustand rot sind.

Mir scheint, daß die menschliche Natur, um ins Falsche zu verfallen, nicht des Wahren bedarf. Man hat dem Mond schon tausend falsche Einflüsse zugeschrieben, bevor man auf den geringsten wirklichen Zusammenhang mit der Meeresflut verfiel. Der erste Mensch, der krank wurde, hat ohne Umschweife dem ersten Scharlatan geglaubt. Niemand hat Werwölfe oder Zauberer erblickt, aber viele haben daran geglaubt. Keiner hat je eine Verwandlung von Metallen gesehen, aber viele haben sich durch den Glauben an den Stein der Weisen ruiniert. Haben etwa die Römer, die Griechen, die Heiden nur deshalb an falsche Wunder, mit denen sie überschwemmt wurden, geglaubt, weil sie wahre gesehen hatten?

XLIII. »Der Hafen ist die Obrigkeit für die, welche sich auf dem Schiff befinden; wo aber finden wir einen solchen Halt in der Moral?« [§ 383]

In diesem einzigen, von allen Nationen akzeptierten Grundsatz, *Was du nicht willst, daß man dir tu', das füg' auch keinem andern zu.*

XLIV. »Sie lieben den Tod mehr als den Frieden: die andern lieben den Tod mehr als den Krieg. Jede Meinung läßt sich dem Leben vorziehen, dessen Liebe so stark und so natürlich scheint.« [§ 156]

Die Katalanen waren es, von denen Tacitus übertreibend gesagt hat: *ferox gens nullam esse vitam armis putat;* dieses wilde Volk glaubte, ohne Krieg sei kein Leben. Aber eine Nation, von der man gesagt hätte oder sagen könnte: »sie liebt den Tod mehr als den Krieg«, gibt es nicht.

XLV. »In dem Maße, wie man selber mehr Geist besitzt, findet man auch, daß es mehr originelle Menschen gibt. Die gewöhnlichen Leute finden keinen Unterschied zwischen den Menschen.« [§ 7]

XLIX. »Cäsar war zu alt, scheint mir, um zum Vergnügen auf die

Eroberung der Welt auszugehen. Dies Vergnügen war etwas für Alexander; er war ein junger Mann, den man schwerlich aufhalten konnte, Cäsar aber sollte reifer sein.« [§ 132]

Man stellt sich gewöhnlich vor, Alexander und Cäsar seien ausgezogen in der Absicht, die Welt zu erobern: so war es aber keineswegs. Alexander folgte auf Philipp in der Feldherrnschaft über Griechenland, und er wurde mit dem gerechten Unternehmen beauftragt, die Griechen für die Beleidigungen des Perserkönigs zu rächen. Er schlug den gemeinsamen Feind und setzte seine Eroberungen bis nach Indien fort, weil das Reich des Darius sich bis nach Indien erstreckte, gerade so wie der Herzog von Marlborough ohne den Marschall Villars bis nach Lyon gekommen wäre. Was Cäsar betrifft, so war er einer der ersten der Republik; er überwarf sich mit Pompejus – so wie die Jansenisten mit den Molinisten – und dieser sollte sich dabei zugrunde richten. Eine einzige Schlacht, bei der es keine zehntausend Tote gab, entschied alles. Übrigens ist Pascals Gedanke vielleicht in einem Sinne falsch; es bedurfte der Reife Cäsars, um sich aus allen Intrigen herauszuziehen; und es ist vielleicht erstaunlich, daß Alexander, bei seiner Jugend, auf alles Vergnügen verzichtete, um einen so mühevollen Krieg zu führen.

L.»Etwas ist lustig zu betrachten, nämlich daß es Leute auf der Welt gibt, die alle Gesetze Gottes und der Natur ausgeschlagen haben, um sich dann selber welche zu geben, denen sie genau gehorchen: wie z. B. die Diebe usw.« [§ 393]

Das ist wohl eher nützlich als lustig zu betrachten, denn es beweist, daß keine menschliche Gesellschaft auch nur einen Tag ohne Gesetze bestehen kann. Es ist bei jeder Gesellschaft das gleiche wie beim Spiel: ohne Regel sind beide unmöglich.

LIII.»Wenn der Mensch anfinge, sich selber zu studieren, würde er sehen, wie unfähig er ist, über sich selbst hinauszukommen. Wie könnte es geschehen, daß ein Teil das Ganze kennte? Er würde vielleicht danach streben, wenigstens die Teile zu kennen, mit denen er das gleiche Verhältnis gemeinsam hat, aber alle Teile der Welt haben einen solchen Bezug und Zusammenhang miteinander, daß ich es für unmöglich erachte, einen ohne den anderen und ohne das Ganze zu kennen.« [§ 72, S. 355]

Man sollte den Menschen durch diese Überlegung, daß er nicht alles kennen kann, keinesfalls davon ablenken zu suchen, was ihm nützlich ist.

Non possis oculo quantum contendere Lynceus,
Non tamen idcirco contemnas lippus inungi. (Anm. 97)

Wir kennen viele Wahrheiten, wir haben viele Erfindungen nützlich
gefunden; trösten wir uns darüber, daß wir die Zusammenhänge, die
zwischen einem Spinnennetz und dem Ring des Saturn bestehen
mögen, nicht kennen, und fahren wir fort mit der Untersuchung
dessen, was in unserer Reichweite liegt.

LV. »Die Weise, wie Geist und Körper zusammengesetzt sind, hat
bewirkt, daß fast alle Philosophen die Ideen der Dinge durcheinander-
gebracht haben, dem Körper das, was nur dem Geist gehört, und dem
Geist, was nur für den Körper passen kann, zugeschrieben haben.«
[§ 72, S. 357]

Wenn wir wüßten, was *Geist* eigentlich ist, könnten wir darüber
klagen, daß die Philosophen ihm zugeschrieben haben, was nicht zu
ihm gehört; wir kennen aber weder den Geist noch den Körper. Wir
haben gar keine Idee vom einen und nur sehr unvollkommene Ideen
vom anderen, können also nicht wissen, welches ihre Grenzen sind.

LIX. »Wenn das Universum den Menschen zermalmen würde, so
wäre er immer noch edler als sein Vernichter, weil er weiß, daß er
stirbt; das Universum aber weiß nichts von dem Vorteil, den es über
ihn hat.« [§ 347]

Was bedeutet dieses Wort *edel*? Es ist wahr, daß mein Gedanke
etwas anderes ist als z. B. der Sonnenball; ist aber wohl erwiesen, daß
ein Tier, weil es ein paar Gedanken hat, *edler* ist als die Sonne, die
alles, was wir von der Natur kennen, belebt? Soll der Mensch darüber
entscheiden? Er ist sowohl Richter als Partei. Man sagt, ein Werk sei
einem anderen überlegen, wenn seine Herstellung den Arbeiter mehr
Mühe gekostet hat, und daß es von nützlicherem Gebrauch sei; hat es
aber den Schöpfer weniger gekostet, die Sonne zu machen als ein
kleines, etwa fünf Fuß großes Tier zu formen, welches gut oder
schlecht räsonniert? Was ist der Welt nützlicher: dieses Tier oder das
Gestirn, das so viele Himmelskugeln erhellt? Und worin sind die paar
Ideen, die ein Hirn hervorbringt, dem materiellen Universum vorzuziehen?

LX. »Man wähle jede beliebige Situation und versammle dort alle
Güter und alles, was einen Menschen sonst noch befriedigen zu
können scheint; wenn der in diesen Zustand Versetzte ohne Beschäftigung und Unterhaltung ist, und wenn man ihn dann nachdenken läßt

über das, was er ist, wird dieses schwächliche Glück ihn nicht aufrecht halten.« [§ 139, S. 390 f.]

Wie kann man alle Güter und jede Befriedigung um einen Menschen versammeln und ihn zugleich ohne Beschäftigung und ohne Unterhaltung lassen? Ist das nicht ein sehr empfindlicher Widerspruch?

LXI. »Man lasse einen König, ohne irgendeine Befriedigung der Sinne, ohne eine Sorge im Geiste, ohne Gesellschaft, einzig mit aller Muße an sich denken, und man wird sehen, daß ein König, der sich selber sieht, ein Mensch voller Elend ist und dies wie jeder andere empfindet.« [§ 142, S. 398]

Immer der gleiche Sophismus. Ein König, der in Ruhe nachdenkt, ist damit durchaus beschäftigt; wenn er sich aber mit seinem Denken nur auf sich konzentriert, um zu sich selbst zu sagen: »ich regiere«, und weiter nichts, wäre er ein Idiot.

LXIV. »Ich sehe nicht ein, daß es schwieriger sein soll, an die Auferstehung der Körper und an die jungfräuliche Geburt zu glauben als an die Schöpfung. Ist es schwieriger, einen Menschen zu reproduzieren als ihn zu produzieren?« [§ 223]

Man kann, durch bloßes Überlegen, Beweise für die Schöpfung finden; wenn man nämlich sieht, daß die Materie nicht durch sich selbst existiert und sich nicht durch sich selbst bewegt usw., kommt man dahin zu erkennen, daß sie notwendigerweise erschaffen sein muß. Man kommt aber durch Überlegung nicht dahin einzusehen, daß ein immer sich verändernder Körper eines Tages wieder auferstehen soll als der gleiche, der er zu der Zeit, da er sich veränderte, war. Ebensowenig führt eine Überlegung dahin, daß man einsieht, ein Mensch könne ohne Keim geboren werden. Die Schöpfung ist also ein Gegenstand der Vernunft, aber die beiden anderen Wunder sind Gegenstände des Glaubens.

Curriculum vitae

1959

Vor zwei Jahren hatte mir Gadamer anläßlich des 60. Geburtstages meinen Werdegang aus der Perspektive eines Weggenossen gedeutet. Wenn ich mich heute selber, aus meinem eigenen Gesichtspunkt, vorstellen soll, so kann sich die relative Eindeutigkeit der Perspektive für das, was man erstrebt hat, nur aus dem Fortgang der Zeit ergeben, im Rückblick auf die innere Folgerichtigkeit der zufälligen Begegnungen und der aufeinander folgenden Schritte, die man bei allen Um- und Abwegen einen Lebenslauf nennt.

Die erste Begegnung mit der Philosophie und mit der Wissenschaft, die heute so sehr auseinanderfallen, daß die Philosophie schon innerhalb ihrer eigenen philosophischen Fakultät wie innerhalb der Akademie der Wissenschaften eine prekäre Sonderstellung einnimmt, verdanke ich der Schulzeit: meinem Lateinlehrer H. Poeschel und meinem Zeichenlehrer E. Esenbeck am Münchener Realgymnasium. Diese beiden väterlichen Freunde förderten mein Interesse an der Philosophie. Die Wissenschaft begegnete mir in der Person eines hervorragenden Lehrers der Biologie, P. Wimmer, der uns mikroskopische Präparate anfertigen ließ und uns die Wunder der lebendigen Welt erschloß. Beides: die philosophische Reflexion auf das eigene Dasein im Ganzen der natürlichen Welt, wie sie mir zuerst durch Schopenhauer und Nietzsche vermittelt wurde, und die unreflektiertere Wissenschaft vom Lebendigen haben mich nach meiner Rückkehr aus Krieg und Kriegsgefangenschaft, in der ich viel Muße zum freien Nachdenken hatte, veranlaßt, in München und Freiburg nebeneinander *Philosophie und Biologie* zu studieren. Philosophie zunächst bei A. Pfänder und M. Geiger, die uns in ihren Vorlesungen zum eigenen Denken anregten, Biologie bei dem Botaniker K. v. Goebel und hernach, in Freiburg, bei dem Nobelpreisträger H. Spemann, der uns zu entwicklungsmechani-

schen Experimenten anleitete. Diese zwei großen Naturforscher haben
in mir den in der gegenwärtigen Philosophie weithin verloren gegangenen Sinn für ein Wissenwollen rein um des Wissens willen erweckt.
Die Unruhen der Münchener Räterepublik hatten mich nach Freiburg vertrieben, wo ich die strenge phänomenologische Schule durch
E. Husserl genoß. Unvergeßlich ist mir, wie dieser große Erforscher
des Unscheinbaren in jenen Tagen, als man Freiburgs Besetzung durch
französische Truppen befürchtete und die Hörsäle leer wurden, mit
einer erhöhten Ruhe und Sicherheit in seinen Darlegungen fortfuhr,
als könne der Ernst des wissenschaftlichen Forschens durch nichts in
der Welt gestört werden. Sein Assistent war der Privatdozent Heidegger, der uns in Husserls *Logische Untersuchungen* einführte, aber
auch in Dilthey, Bergson und Simmel. Die spürbare Intensität und der
undurchsichtige Tiefgang von Heideggers geistigem Antrieb ließ alles
andere verblassen und machte uns Husserls naiven Glauben an eine
endgültige philosophische Methode abspenstig. Diese ersten Freibur-
ger Studienjahre von 1919–22 waren eine unvergleichlich reiche und
fruchtbare Zeit. Alles, wovon meine Generation auch heute noch
geistig zehrt, wurde damals hervorgebracht, nicht obwohl, sondern
weil alles im Zeichen der Auflösung stand und auf eine kritische
Erneuerung aus war. Auch Heideggers Anziehungskraft beruhte auf
einem produktiven Abbau, der »Destruktion« der überlieferten Metaphysik auf ihre fragwürdig gewordenen Fundamente hin. Ein solches
Fundament, das *Sein und Zeit* in Frage stellte, ist der zeitliche Sinn des
griechisch verstandenen Seins, die Voraussetzung, daß nur dasjenige
wahrhaft »ist«, was immer gegenwärtig anwesend ist. In Frage gestellt
konnte dieses überlieferte Seinsverständnis aber nur werden, weil für
Heidegger selbst der maßgebliche zeitliche Horizont für das Verständnis des menschlichen Daseins und des Seins überhaupt das Kommende
und Künftige ist. Und weil es in der Zeit nach dem Ersten Weltkrieg
und seither in unserer Welt in der Tat ein *nunc stans* und einen
beständigen Bestand nicht mehr gibt, wurde Heideggers Analyse der
Zeitlichkeit und weiterhin der Geschichtlichkeit selber zu einem Zeichen der Zeit. Ich habe mir diesen zeitlichen Sinn von *Sein und Zeit* in
späteren Jahren an einer Konfrontation von *M. Heidegger und F.
Rosenzweig, ein Nachtrag zu ›Sein und Zeit‹* (1958; englische Fassung
1942) (Anm. 98) deutlich zu machen versucht, denn ohne einen
Horizont von Ewigkeit gibt es so wenig eine Zeitlichkeit, wie es ohne
einen Bezug zum All eine vereinzelte, eigene Existenz gibt.

In diesen entscheidenden Jahren nach dem Zusammenbruch von 1918 wurde ich durch die Freundschaft mit P. Gothein vor die Wahl gestellt: sollte ich mich dem Kreis um St. George und Gundolf anschließen, oder als Einzelgänger Heidegger folgen, der auf ganz andere Weise eine nicht minder diktatorische Macht über die jungen Gemüter ausübte, obwohl niemand von seinen Hörern verstand, worauf er eigentlich abzielte. In Zeiten der Auflösung gibt es verschiedene Arten von »Führern«, die sich nur darin gleichen, daß sie das Bestehende radikal verneinen und entschlossen sind, einen Weg zu dem »Einen das not tut« zu weisen. Ich entschied mich für Heidegger, und diese positive Entscheidung liegt auch der Kritik zu Grunde, die ich 35 Jahre später unter dem Titel *Heidegger: Denker in dürftiger Zeit* (1953) veröffentlichte, um den Bann einer sterilen Imitation auf seiten einer gefesselten Anhängerschaft zu brechen und den Sinn für die Fragwürdigkeit von Heideggers seinsgeschichtlichem Denken zu erwecken. Nach der Promotion (1923) bei M. Geiger mit einer Arbeit über Nietzsche [1] und auf dem Höhepunkt der Inflation übernahm ich eine Hauslehrerstelle auf einem Mecklenburgischen Gut, und 1924 folgte ich meinem Lehrer nach Marburg, um mich bei ihm mit einer phänomenologischen Arbeit über *Das Individuum in der Rolle des Mitmenschen* (1928) zu habilitieren. Zuvor hatte ich mich aus dem Widerwillen gegen die übliche Absitzerei des erstrebten akademischen Ziels für ein Jahr nach Rom und Florenz absentiert. Die personhafte Mitwelt von Ich und Du, worin jeder – als Sohn seiner Eltern, als Mann seiner Frau, als Freund seiner Freunde, als Schüler seiner Lehrer und als Lehrer von Schülern – verhältnismäßig durch den andern bestimmt ist, diese uns auch als »In-dividuen« konstituierende Mitwelt, schien mir damals unsere maßgebliche Welt zu sein, weil sie uns unmittelbar und alltäglich angeht. Das Erscheinen der Frühschriften von K. Marx (1927) veranlaßte mich, diesen allzumenschlichen Horizont von Welt zu erweitern und die objektive Macht der geschichtlich gewordenen Gesellschaftsstruktur in den Umkreis der eigenen Existenz einzubeziehen und also mit Marx einzusehen, daß das scheinbar

---

1 *Auslegung von Nietzsches Selbst-Interpretation und von Nietzsches Interpretationen* [bislang unveröffentlicht; für Bd. VI dieser Ausgabe vorgesehen]. In meiner späteren Arbeit über *Nietzsches Philosophie der ewigen Wiederkehr des Gleichen* (1935, neu bearbeitet 1956) ist der Gesichtspunkt die *Welt*auslegung. Dieser Verlagerung des Gesichtspunktes entspricht der Fortgang von der nächsten Mitwelt auf das selbständige Ganze der Welt.

unabhängige, weil vereinzelte »Individuum« ein Mitglied der bürgerlichen Gesellschaft, ein »bourgeois«, im Unterschied zu sich selbst als Staatsbürger ist. Das eigentliche Motiv für die Einbeziehung von Marx in die Geschichte der Philosophie – sie war damals akademisch noch anstößig – war aber nicht so sehr das Problem der bürgerlichen Gesellschaft, sondern das vom jungen Marx proklamierte *Ende der Philosophie nach Hegel* und ihre Verwandlung in eine theoretische Kritik des Bestehenden zum Zweck einer praktisch-revolutionären Veränderung, also die Verwandlung der *Philosophie* in *Marxismus*. Die philosophische Bedeutung von Marx liegt nicht erst in seiner Analyse der »Selbstentfremdung« des Menschen in einer alles als »Ware« produzierenden Gesellschaft, sondern darin, daß Marx in der Auseinandersetzung mit Hegel die Philosophie als solche »aufheben« wollte. Zufolge dieser Tendenz ist der Marxismus in der Tat *der* Widerpart alles bisherigen philosophischen Denkens. Wer die Welt »verändern« möchte, wer sie anders haben will, als sie ist, der hat noch nicht zu philosophieren begonnen und verwechselt die Welt mit der *Weltgeschichte* und diese mit einem Gemächte des Menschen. Mein Interesse an der Hegelkritik der Linkshegelianer, die zugleich eine Kritik an der Philosophie überhaupt war, begegnete sich mit Heideggers Abstieg von der Verstiegenheit der spekulativen Ontologie des absoluten Bewußtseins auf das faktische, endliche und geschichtliche Dasein. Diesem doppelten, aber einstimmigen Interesse an der Revolte von Kierkegaard und Marx und an Heideggers Angriff auf die gesamte überlieferte Metaphysik, der schon Dilthey den Boden entzogen hatte, entsprach das Thema meines Habilitationscolloquiums über *Feuerbach und der Ausgang der klassischen Philosophie*. Denn die deutsche klassische Philosophie war mit Hegel in der Tat an das Ende einer Vollendung gekommen.

Das erste Ergebnis dieser Beschäftigung mit den philosophischen Frühschriften von Marx[2] war eine Abhandlung über *M. Weber und K. Marx* (1932). Sie ging unschlüssig aus, weil mir Webers existenzieller Relativismus in bezug auf die freie Wahl eines obersten Wertes ebenso

---

2   Unter anderen Gesichtspunkten wurde das Thema »Marx« wieder aufgenommen in *Von Hegel zu Nietzsche* mit Bezug auf Kierkegaard, in *Weltgeschichte und Heilsgeschehen* im Zusammenhang mit der Säkularisierung der Geschichtstheologie und zuletzt in einem Vortrag über *Marxismus und Geschichte* (Neue Deutsche Hefte, Januar 1958) im Hinblick auf die Grenzen des radikalen Historismus.

unhaltbar schien wie die marxistische These vom Menschen als einem sozialen Gattungswesen, dessen Aufgabe es ist, die allgemeine Tendenz der Weltgeschichte zu realisieren. Ich hatte 1919 das Glück, M. Webers Münchener Vortrag über *Wissenschaft als Beruf* zu hören, und seitdem weiß ich, was ein bedeutender Mann ist. Die herben Schlußworte seines Vortrags sind mir noch wie vor 40 Jahren gegenwärtig. Sie gipfelten in der Feststellung, daß »für alle jene Vielen, die auf neue Propheten und Heilande harren, die Lage die gleiche ist, wie sie aus jenem schönen Wächterlied in der Exilszeit klingt: ›Es kommt ein Ruf aus Seir in Edom: Wächter, wie lange noch die Nacht? Der Wächter spricht: Es kommt der Morgen, aber noch ist es Nacht. Wenn ihr fragen wollt, kommt ein andermal wieder‹«. »Das Volk«, schloß M. Weber, »dem das gesagt wurde, hat gefragt und geharrt durch mehr als zwei Jahrtausende, und wir kennen sein erschütterndes Schicksal. Daraus wollen wir die Lehre ziehen, daß es mit dem Sehnen und Harren nicht getan ist, und an unsere Arbeit gehen und der ›Forderung des Tages‹ gerecht werden.« M. Weber war der Überzeugung, daß diese Forderung schlicht und einfach sei, »wenn jeder den Dämon findet und ihm gehorcht, der *seines* Lebens Faden hält«.

Gleichzeitig mit diesem unmarxistischen Studium von Marx bemühte ich mich um eine kritische Klärung des Verhältnisses der *Philosophie zur Theologie* im Hinblick auf die Aneignung von Heideggers »Analytik des Daseins« durch Bultmann. Das einigende Moment war der Anstoß, den beide von Kierkegaards These empfangen hatten, daß die Wahrheit nur wahr werde, wenn sie von einem Existierenden subjektiv angeeignet wird. Das Pathos der praktisch-existenziellen »Entscheidung«, welches Kierkegaard und Marx gegen die bestehende Christenheit und gegen die bestehende Gesellschaft inspiriert hatte, erwachte in den 20er Jahren zu einer neuen Aktualität, um zu einem theologischen, philosophischen und politischen Dezisionismus zu führen – und zu verführen. Davon handelt eine 1935 pseudonym erschienene Polemik gegen den *Politischen Dezisionismus* von C. Schmitt und ein in Frankreich 1946 erschienener Aufsatz über *Die politischen Implikationen von Heideggers Philosophie der Existenz.*

Durch die Befassung mit Hegel, Marx und Kierkegaard war meine spätere Arbeit *Von Hegel zu Nietzsche* vorgezeichnet, worin die Linkshegelianer eine zentrale Stellung einnahmen, wogegen Nietzsche für mich von meiner Jugend an eine besondere und ausgezeichnete

Bedeutung hatte, weil er wie kein anderer die Herkunft und Heraufkunft des »Europäischen Nihilismus« voraus gedacht hatte und am
Ende des »fin de siècle« von neuem begann. Er hat das kühne
Experiment gewagt, den Willen zum Nichts soweit voranzutreiben,
daß er umschlagen mußte in den Versuch zur Wiedergewinnung der
Welt, nachdem ihm die meta- und hyperphysische Hinterwelt endgültig zur »Fabel« geworden war. Ich greife damit voraus auf die Zeit
der Emigration, in der ich an diesen Dingen arbeitete.

1933 verlangte von mir keine eigene Entscheidung; sie ergab sich
zwangsläufig von selbst durch die jetzt vergessenen, aber 1935 möglich gewesenen und im Handumdrehen ausgeführten Nürnberger
Gesetze. Die Emigration führte mich durch eine Reihe glücklicher
Zufälle, die man gern Schicksal nennt, über Rom nach einer japanischen Universität. Nach dem deutschen Bündnis mit Japan und unter
dem Druck der nationalsozialistischen Auslandspropaganda wurde
meine Stelle unsicher. Damals verhalfen mir P. Tillich und R. Niebuhr
– ein halbes Jahr vor Pearl Harbour – zu einer Lehrstelle an einem
amerikanischen theologischen Seminar (1941), von dem ich 1949 an
die »New School for Social Research« berufen wurde. Nach 18 Jahren
Abwesenheit kehrte ich (1952) nach Deutschland zurück, wo ich,
trotz allem, was inzwischen geschehen war, die Universitätsverhältnisse merkwürdig unverändert vorfand. Wie wenig diese Emigration
in fremde Länder mit anderen Denkweisen, wie wenig überhaupt die
Geschicke der Geschichte das Wesen eines erwachsenen Menschen
und auch eines Volkes zu verändern vermögen, das wurde mir erst
nachträglich klar. Man lernt zwar Einiges hinzu und man kann den
Restbestand des alten Europa nicht mehr ebenso ansehen, wie wenn
man sich nie von ihm entfernt hätte, aber man wird nicht ein Anderer;
man bleibt auch nicht einfach derselbe, aber man wird, was man ist
und innerhalb seiner Grenzen sein kann. Ich schrieb zuerst in Rom, in
der Ausarbeitung von Marburger Vorlesungen, eine systematische
Interpretation von *Nietzsches Philosophie der ewigen Wiederkunft
des Gleichen* (1935)[3] und eine Monographie über *J. Burckhardt*
(1936) und dann in Japan *Von Hegel zu Nietzsche* (1941), worin ich
den Versuch unternahm, die entscheidenden Ereignisse in der denkerischen Geschichte des 19. Jahrhunderts auf eine unkonventionelle

---

3   Eine neu bearbeitete Auflage erschien 1956. Eine kurze Gesamtcharakteristik Nietzsches enthält *Die großen Deutschen*, Bd. III.

Weise zu vergegenwärtigen. Ich hatte für diese Arbeit während meiner Lehrtätigkeit in Sendai das unwahrscheinliche Glück, vor japanischen Studenten dort fortfahren zu können, wo ich in Marburg abbrechen mußte.

Daß ich trotz des Festhaltens an dem in Marburg eingeschlagenen Weg von der Erfahrung des gar nicht mehr fernen Ostens nicht unberührt blieb, sondern von dem Land und dem Volk und seiner subtilen Gesittung und von der großen buddhistischen Kunst einen unvergeßlichen Eindruck empfing, der sich mir jetzt, nach 20 Jahren, anläßlich einer Vortragsreise in Japan bestätigt hat, das alles läßt sich nicht mit ein paar Worten verdeutlichen. Was einen als Europäer anspricht, ist natürlich nicht die fortschreitende Modernisierung des alten Japan, sondern der Fortbestand der orientalischen Tradition und das urwüchsige shintoistische Heidentum. Ich habe angesichts der volkstümlichen Konsekration aller natürlichen und alltäglichen Dinge – der Sonne und des Mondes, des Wachsens und Vergehens, der Jahreszeiten, der Bäume, Berge, Flüsse und Steine, der Zeugungskraft und der Nahrung, der Reispflanzung und des Hausbaus, der Ahnen und des Kaiserlichen Hauses – zum ersten Mal auch etwas von dem religiösen Heidentum und der politischen Religion der Griechen und Römer verstanden. Das Gemeinsame ist die Scheu und Verehrung allgegenwärtiger, übermenschlicher Mächte, auf Japanisch »Kami« genannt, auf Römisch »superi«, was wörtlich dasselbe bedeutet, nämlich einfach »die Oberen«, über uns Menschen. Gemäß dieser Anerkennung übermenschlicher Mächte im alltäglichen Leben der Menschen ist die natürliche Haltung gegenüber dem Schicksal, es mag durch Erdbeben und Taifune oder durch Krieg und Bomben veranlaßt sein, die unbedingte Ergebenheit. Man nimmt überhaupt das eigene Leben nicht so überaus wichtig und opfert es leichten Herzens aus uns kaum verständlichen Anlässen. Diese Ergebenheit ist im selben Maße im Schwinden, als die selbstbewußt fordernde Zivilisation des Westens in Gestalt des wissenschaftlichen Fortschritts und des ihm dienenden Marxismus an Macht und Boden gewinnt. Ein japanischer Soziologe sagte mir: »Ihr habt uns die wissenschaftliche Technik gebracht, ihr solltet uns nun auch zeigen, wie wir damit zu Rande kommen können, ohne uns selbst zu verlieren.«

In Japan erwartet niemand von einem Ausländer, daß er sich anpassen und also veröstlichen sollte. Man will von ihm europäische Geistesart lernen, und ich konnte in meiner Sprache unterrichten. In

Amerika, das ursprünglich eine europäische Kolonie war, aber in dem, worauf die moderne Welt aus ist, das alte Europa so sehr überholt hat, daß es nun als »der Westen« schlechthin gilt, war ein »adjustment to the American way of life« nicht ganz zu umgehen, wenn man akzeptiert werden wollte. Man mußte vor allem nicht nur Englisch sprechen, sondern auch englisch denken lernen, um sich nicht dauernd, mehr schlecht als recht, aus dem Deutschen ins Englische zu übersetzen, wobei ich die Erfahrung machte, daß viele berühmte deutsche Bücher sehr schlecht geschrieben und gedacht sind. Der Unterricht an einem protestantischen Seminar machte mich mit einem Christentum bekannt, das sozial und moralisch sehr wirksam, aber als Glaube dem Fortschrittsglauben des 18. und 19. Jahrhunderts ähnlicher ist als dem des Neuen Testaments. Der Unterricht an diesem theologischen Seminar gab mir Anlaß, mich näher mit den Kirchenvätern zu befassen, und daraus ergab sich mir der Plan, die geschichtsphilosophischen Konzeptionen von Vico bis zu Hegel und Marx auf ihre Bedingtheit durch die älteren Geschichtstheologen durchzunehmen. Die leitende Idee des Fortschritts zu einem künftigen Ziel, dem die Vergangenheit als Vorbereitung dient, ließ sich zurückverfolgen auf den urbildlichen Fortschritt von einem Alten zu einem Neuen Testament und auf das teleologische Schema der »praeparatio Evangelii« und des »procursus« zu einem eschatologischen Ziel. Ein indirekter Beweis für die Herkunft der Geschichts*philosophie* aus der biblischen Geschichts*theologie* ist das Fehlen jeder Philosophie der Geschichte im griechischen Denken, das die Geschichte den Historikern überließ. Der positive Grund für diesen Mangel an geschichtsphilosophischer Konstruktion liegt aber darin, daß es von den wechselvollen Geschicken, der *tyche* der Geschichte, kein eigentliches Wissen, sondern nur Bericht oder Historie geben kann. Die Absicht des Buches *Meaning in History* (1949), das später (1953) unter dem passenderen Titel *Weltgeschichte und Heilsgeschehen* übersetzt erschien, war eine kritische: es sollte daraus die Unmöglichkeit einer *Philosophie* der Geschichte hervorgehen. Diese Absicht wurde oft positiv-christlich mißverstanden, weil sie bestimmten Tendenzen der protestantischen Theologie konform zu sein schien. Ich hoffe, dieses Mißverständnis durch die kleine Schrift über *Wissen, Glaube und Skepsis* (1956) behoben zu haben und mit den Theologen darin einig zu sein, daß die Weisheit dieser Welt eine Torheit vor Gott ist. Ich möchte nicht versäumen, meinen theologischen Partnern und Freunden an der Heidelberger

Universität bei dieser Gelegenheit meinen Dank auszusprechen für die
christliche Geduld, mit der sie meine nicht immer harmlose Einmi-
schung aufgenommen haben. Vielleicht sind wir uns auch darüber
einig, daß das Alte und Neue Testament weder eine aus sich selber
bewegte *Natur* und eine von Natur aus geordnete Welt, einen *Kosmos*
kennt, noch eine *Geschichte* im Sinn des modernen historischen
Bewußtseins und einer existentialen Geschichtlichkeit. Die Natürlichkeit der Natur, φύσις, ist uns durch die neuzeitliche Physik
abhanden gekommen und der unbefangene Anblick der politischen
Geschichte ist uns durch die philosophische Theologie der Geschichte
verstellt worden. Parallel zu der theologisch bedingten Problematik
der Geschichtsphilosophie wäre aber auch in bezug auf das mechani-
sche Weltbild der Physik zu zeigen, daß es ebenfalls theologischer
Provenienz ist und nicht auf die griechische Kosmologie zurückgeht.
Es verweltlicht die biblische Schöpfungslehre, deren Gott kein Prädikat des Kosmos, sondern ein der Welt transzendentes Subjekt ist. An
die Stelle des göttlichen Weltentwurfs, der noch für Newton maßgeblich war, trat ein Entwurf des menschlichen Verstandes, der bei
Kant und Laplace die Hypothese eines göttlichen Schöpfers überflüssig machte. Vorausgesetzt, daß wir das allgemeine Gravitations-
gesetz kennen, so genügt es für Kant, ein Stück Materie zu haben,
um zu zeigen, wie die Welt »gemacht« werden kann. Wie freilich
ein mechanisches Weltsystem ohne Leben und Geist auch Planzen,
Tiere und Menschen und mit dem Menschen Geschichte hervorbringen kann, das bleibt auf dem Standpunkt von Newtons »Weltwissen-
schaft« und einer Physik ohne Logos und Physis ein unauflösbares
Rätsel[4].

Wenn sich nun aber das Wesen und der Sinn der Geschichte weder
aus ihrer theologischen Deutung philosophisch einsichtig machen läßt,
noch aus dem nicht minder eschatologischen Schema der spekulativen,
positivistischen und materialistischen Geschichtsphilosophie von
Hegel, Comte und Marx, und auch nicht aus der Existenzialisierung
der »vulgären« Geschichte zu einer je eigenen »Geschichtlichkeit« und
noch weniger aus der Hypostasierung des Geschicks der Geschichte zu
einem universalen Charakter *des* Seins, dann wird nicht nur diese oder

---

4 Vgl. *Der Weltbegriff der neuzeitlichen Philosophie*. Sitzungsberichte der
Heidelberger Akademie der Wissenschaften, Philos.-hist. Klasse, Jg. 1960,
4. Abh.

jene Geschichtsauslegung fragwürdig, sondern der in allen Interpretationen vorausgesetzte Begriff einer »*geschichtlichen Welt*«[5].

Die natürliche Welt ist eine Welt und kein Chaos, weil sie in sich von Natur aus geordnet oder ein Kosmos ist. Die sogenannte geschichtliche Welt ist auch nur dann eine Welt, wenn in ihr eine Ordnung herrscht, und als Ordnungsprinzip ihres zeitlichen Fortgangs galt bislang der kontinuierliche (Comte) oder auch dialektische (Hegel) und antagonistische (Marx) Fortschritt zu einer Vollendung hin. Alle Geschichtserfahrung bezeugt jedoch, daß die Menschen für ihr Zusammenleben, im engsten oder auch weitesten Umkreis, zwar darauf angewiesen sind, daß es eine gemeinsame Ordnung gibt, deren Autorität und Gerechtigkeit allgemein anerkannt wird, aber nicht minder zeigt die Geschichte, daß jede solche Rechtsordnung von relativer Dauer ist, durchbrochen wird, sich auflöst und immer wieder von Neuem hergestellt werden muß, ohne jemals an ein Ende zu kommen, worin sich der Fortgang der Geschichte erfüllt. Denn wenn auch im Fortgang einer bestimmten Epoche ein Schritt auf den andern mit einer Art Folgerichtigkeit folgt, weil bestimmte Entscheidungen bestimmte Konsequenzen nach sich ziehen, so ist doch der Zufall der Umstände und die Vielfalt des Wollens und der Spielraum der Willkür ein nicht minder wesentliches Moment im Fortgang des Geschehens. Der Gedanke, daß alles auch hätte anders kommen können, ist nicht hinweg zu denken. Hegels Absicht, den Zufall aus dem vernünftigen und innerlich notwendigen Gang der Geschichte auszuschalten, kann nicht ihr Ziel erreichen, und seine folgerichtige Konstruktion der Philosophie der Geschichte als einer »philosophischen Weltgeschichte«, und desgleichen der Geschichte der Philosophie, ist eigentlich aus dem Gesichtspunkt des faktischen Erfolgs geschrieben. Dieser Glaube, daß die Weltgeschichte das Weltgericht ist, weil in ihr das Rechte und Vernünftige notwendig zum Austrag kommt, ist so unglaubwürdig geworden, wie der ihm vorausgegangene Glaube an eine göttliche Führung und Vorsehung. Die Frage nach dem »Sinn« der Geschichte, die schon für meine Schrift *Von Hegel zu Nietzsche* (Vorwort zur 1. Auflage) leitend war und dann insofern beantwortet wurde, als in *Weltgeschichte und Heilsgeschehen* gezeigt werden

---

5 Ein erster Versuch zur Kritik der »geschichtlichen Existenz« war ein Vortrag über *Natur und Geschichte*, der 1951 bei den Alpbacher Hochschulwochen gehalten wurde.

sollte, daß sie nur im Glauben an ein Heilsgeschehen eine indirekte und auch dann noch sehr fragwürdige Antwort finden kann, mußte über die geschichtliche Welt und die geschichtliche Denkweise hinausführen, zur *Welt überhaupt*[6], welche das Eine und Ganze des von Natur aus Seienden ist. Gegenüber der Welt im Großen und Ganzen verliert aber die Frage nach dem Sinn im Sinn eines »Wozu« oder Zweckes ihren Sinn, denn das immer gegenwärtige Ganze des von Natur aus Seienden, welches wir Welt nennen, kann nicht noch zu etwas anderem außer ihm und in Zukunft da sein. Als das Ganze des Seienden ist die Welt immer schon vollständig und vollkommen selbständig und die Voraussetzung auch aller unselbständigen Existenzen[7]. Eine solche durchaus unselbständige Existenz ist aber gerade auch diejenige, welche von sich »Ich« sagt und sich selbst meint und eine eigene geschichtliche Welt auf der Erde hervorgebracht hat. Als eine menschengeschichtliche Welt ist sie relativ auf den Menschen, *seine* Welt, aber nichts »an sich« oder an ihr selbst. Aus sich selbst bewegt und bestehend ist nur die Naturwelt. Wie weit immer es dem Menschen gelingen mag, sich die Natur durch Bearbeitung anzueignen und seine Herrschaft über sie auszudehnen, sie wird niemals zu unserer Umwelt, sie bleibt immer sie selbst, so wie in Heideggers ontologischer Rede das »Sein« sich darin erweist, daß es »es selbst« ist. Von dieser Welt, die nicht eine Welt unter andern und keine bloße »Idee« (Kant) oder ein »Horizont« (Husserl) und »Entwurf« (Heidegger) ist, sondern die eine und ganze wirkliche Welt, ließe sich sagen, was die Theologie in ihren Gottesbeweisen von Gott gesagt hat: daß über sie hinaus nichts noch Größeres denkbar ist. Sie braucht aber auch gar nicht als existierend bewiesen zu werden, denn sie weist sich alltäglich und fortwährend selber aus, obwohl wir von unserer Weltgemäßheit zumeist so wenig wissen wie die Zugvögel, die sich auf

6   In dieser Absicht hieß es schon im Vorwort zu *Weltgeschichte und Heilsgeschehen* (1952): »Das eigentliche Anliegen dieser historischen Darstellung unseres geschichtlichen Denkens ist der Versuch, eine Antwort zu finden auf die vor zehn Jahren gestellte Frage: ›Bestimmt sich das Sein und der Sinn der Geschichte überhaupt aus ihr selbst, und wenn nicht, woraus dann?‹ (*Von Hegel zu Nietzsche*, Vorwort). Am Ende führt der Nachweis des theologischen Sinnes unseres geschichtsphilosophischen Denkens über alles bloß geschichtliche Denken hinaus.«

7   Vgl. in *Das Individuum in der Rolle des Mitmenschen* § 8 über »Die Selbständigkeit der Natur im Unterschied zu der des Menschen« und in meiner Schrift über Heidegger S. 67 f.

ihrem Flug am Stand der Sonne orientieren. Wir können keinen Augenblick existieren ohne die Welt, aber diese kann auch ohne uns sein. Man kann sich auch keinen Zustand *vor* der Welt oder *nach* ihr vorstellen, sondern nur eine Zustandsänderung innerhalb einer schon immer bestehenden Welt, es sei denn, man postulierte ein absolut nichtiges Nichts, aus dem nichts hervorgehen kann und das auch noch ein Nichts an Welt sein würde.

Im Sinne solcher Überlegungen habe ich auf dem letzten deutschen Kongreß für Philosophie in Marburg (1957) *Welt und Weltgeschichte* zum Thema eines Vortrags gewählt und es auch einer Vortragsreihe in Japan (Herbst 1958) zu Grunde gelegt. Der gedankliche »Lebenslauf« scheint mir damit an ein folgerichtiges Ende und auf Umwegen zum wahren philosophischen Anfang zu kommen. Er führte von der Analyse der nächsten *Mitwelt* über die *Welt der bürgerlichen Gesellschaft* und die *Geschichte von Hegel zu Nietzsche*, dessen »neue Weltauslegung« in der Lehre von der »ewigen Wiederkehr« gipfelt, zur *Weltgeschichte* in der Abhebung vom Heilsgeschehen und schließlich zur Frage nach der *Welt überhaupt*, innerhalb derer es den Menschen und seine Geschichte gibt. Mit dieser für uns letzten, aber an sich ersten Frage, ist man am Ende wieder dort angelangt, wo die griechische Philosophie begann, mit ihren Schriften, welche betitelt sind: »*Peri kosmou*« oder »Von der Welt«. Von ihr hat Heraklit gesagt (Fragm. 30), daß sie immer »dieselbe« sei »für alles und alle«, von keinem besonderen Gott und von keinem Menschen gemacht. (Anm. 99)

Die Frage nach *Gott* und dem *Menschen* wird damit nicht beseitigt, wohl aber einbezogen in das Ganze des von Natur aus Seienden, welches der Kosmos ist. Als ein Prädikat des ganzen und darum vollkommenen Kosmos ist das Göttliche kein persönlicher Gott über und außer der Welt und der Mensch kein einzigartiges, weil gleichfalls überweltliches Ebenbild Gottes, sondern wie jedes lebendige Wesen ein Weltwesen, durch das die Welt zur Sprache kommt. Daß aber die lebendige Welt ein Wesen wie den Menschen hervorbringen konnte, wird umso rätselhafter, wenn der Mensch weder aus einem übernatürlichen Ursprung entspringt noch bruchlos auf seine tierische Herkunft zurückführbar ist, weil seine »*Natur*« von vornherein eine *menschliche* ist[8]. Dieselbe Rätselhaftigkeit gilt von der zum Menschen gehöri-

---

8 *Natur und Humanität des Menschen* in der Festschrift für H. Plessner, 1957.

gen *Sprache*[9], wenn sie weder einer göttlichen Eingebung entspringt, noch aus der wortlosen Sprache der Tiere ableitbar ist. Irgendein Sprung muß in einem bestimmten Weltalter erfolgt sein, damit es zum Menschen kam, der die fraglos gegebene Welt und sich selber zum Thema macht und in Frage stellt. Und wenn ich schließlich auf den Anlaß zu dieser Selbstvorstellung zurückkommen darf, so kann ich nicht umhin, mir dessen bewußt zu sein, daß zu den ehemaligen und gegenwärtigen Mitgliedern der Heidelberger Akademie Husserl, Jaspers und Heidegger gehören. Wer aber diese Namen nennt und ihr Werk kennt, dem fallen angesichts der eigenen Schriften wohl oder übel die Verse aus einer Ode von Horaz ein:

aetas parentum, peior avis, tulit
nos nequiores, mox daturos
progeniem vitiosiorem. (Anm. 100)

Doch mag man sich mit Kant[10] über diesen fortschreitenden Verfall mit dem Hinweis trösten, daß dieses »Jetzt« der letzten Zeit, in welcher der Untergang der Welt vor der Tür zu stehen scheint, so alt ist wie die Geschichte selbst.

9 *Die Sprache als Vermittler von Mensch und Welt*, Vortrag auf dem Berliner Theologentag, 1958.
10 *Die Religion innerhalb der Grenzen der bloßen Vernunft*, I [1. Aufl. 1793, S. 3 f.].

Ansprache zur Verleihung der Ehrendoktorwürde der Universität Bologna

1969

Ich danke Ihnen sehr für die große Ehre, die Sie mir zugedacht haben, indem Sie mir den Ehrendoktor Ihrer Universität verleihen, der ältesten Universität Europas, berühmt durch so viele bedeutende Gelehrte. Wir alle wissen zwar, daß Europa nicht nur alt geworden ist, sondern auch seine ehemalige Rolle ausgespielt hat und daß Alter nicht mehr gleichbedeutend ist mit der Autorität einer altehrwürdigen Tradition. Die junge Generation, die von der Vergangenheit nichts mehr hält und mit der Gegenwart zerfallen ist und darum ausschließlich an die Zukunft denkt, stellt heute alle Tradition und Autorität in Frage – zum Teil mit guten und zum Teil mit schlechten Gründen. Aber man könnte schwerlich den Titel eines »Philosophen« in Anspruch nehmen, wenn man sich durch solche geschichtlichen Krisen und Veränderungen – es sei zum Besseren oder auch zum Schlechteren – an der Einsicht in die konstante Natur des Menschen und aller menschlichen Dinge beirren lassen würde. Zu dieser sich gleichbleibenden Natur des Menschen gehört, daß er niemals mit dem Bestehenden zufrieden ist und immer neue Entwürfe macht, daß er herrschsüchtig und habsüchtig ist und nur selten wohlwollend, geduldig und mit sich selbst im Einklang.

Ich selber gehöre zu jener bürgerlichen Generation, die noch vor der Jahrhundertwende geboren wurde und im 1. Weltkrieg heranwuchs und heranreifte, um dann nach Kriegsende das Universitätsstudium zu beginnen. In diese Kriegszeit fällt meine erste Bekanntschaft mit Italien und meine nachhaltige Liebe zur Italianità. Es war im Sommer 1915, als mein Regiment von den Schützengräben Frankreichs an die italienische Gebirgsfront versetzt wurde. Wir stiegen schwer bepackt von Brixen in die Dolomiten hinauf, um gegenüber

von Cortina d'Ampezzo am Berg Il Falè in Stellung zu gehen. Bei einer
nächtlichen Patrouille hinab ins Tal des Ampezzo stieß ich plötzlich
auf eine Gruppe Bersaglieri. Es folgten beiderseits einige Schüsse, und
dann lag ich verwundet am Boden, bis man mich auf einen Lastwagen
verlud und in ein Spital von Belluno transportierte, wo mich ein Arzt
aus Palermo aufs freundlichste behandelte. Nach etwa einem halben
Jahr wurde ich in ein Gefangenenlager in Finalmarina gebracht, dann
nach Forte Sperone oberhalb Genuas, dann nach Volterra, dann nach
dem ehemaligen Mediceer Kastell von Trebbio und schließlich nach
der Certosa di Calci, von wo ich als nicht mehr kriegsdiensttauglich
über die Schweiz durch das Rote Kreuz nach Deutschland ausge-
tauscht wurde. Die Certosa di Calci war nur von fünf uralten, aus
Frankreich vertriebenen Karthäusermönchen bewohnt. Ihrer strengen
Ordensregel gemäß lebten sie in vollkommener Abgeschiedenheit von
der Welt. Sie wußten gar nicht, daß vor zwei Jahren ein Krieg
ausgebrochen war und fragten uns, wie es dazu gekommen sei. Als wir
ihnen erzählten, daß der Anlaß des Krieges die Ermordung des öster-
reichischen Erzherzogs gewesen ist, hielten sie eine Totenmesse für ihn
ab – das war ihre einzige, zweifellos christliche Antwort auf das
Ereignis des Weltkriegs.

Ich möchte diese harte Zeit von Krieg und Kriegsgefangenschaft
nicht missen. Denn es war und ist für einen jungen Menschen nur
natürlich, daß er danach verlangt, aus den gewohnten häuslichen und
bürgerlichen Verhältnissen herauszutreten, Abenteuer zu erleben, sich
zu erproben und sein Leben aufs Spiel zu setzen. Wir 17–18jährige
Kriegsfreiwillige kamen durch die Erfahrung des Krieges zu uns selbst.
Durch bloße Reflexion – sie sei religiös motiviert wie bei Kierkegaard
oder sozial und politisch wie bei Marx – kommt man nicht zu sich
selber. Und wann hätte ich je wieder soviel Muße zum Nachdenken
gehabt wie in den Hospitälern und Festungen der italienischen Kriegsgefangenschaft? Durch das Rote Kreuz konnte ich mir Bücher beschaffen, ich las Schopenhauer, Nietzsche und Feuerbach, über den ein
junger österreichischer Kadett nächtelang mit mir diskutierte, und ein
ungarischer Offizier gab mir O. Weiningers *Geschlecht und Charakter*
(1903) zu lesen. Als ich nach Deutschland zurückkam und während
der Münchner Revolution nach Freiburg entfloh, um bei Husserl und
dem damals noch ganz unbekannten jungen Heidegger zu studieren,
fühlte ich mich bevorzugt vor denen, die den Krieg nicht mitgemacht
hatten. Denn so schön es ist, jung zu sein, so kommt es doch darauf

an, in der rechten Weise älter und reifer zu werden, und dazu gehört die Fähigkeit zum Verzicht und die recht verstandene Skepsis gegenüber allen Prätentionen und Illusionen. Diese humane Skepsis habe ich zum ersten Mal bei den Italienern kennen- und schätzengelernt, die uns in den Kriegsgefangenenlagern zu bewachen hatten. Sie ist ein spätrömisches Erbe und christlich getönt, indem sie um die Hinfälligkeit alles Menschlichen weiß, nicht zuletzt der sogenannten Geschichte. B. Croce hat einmal sehr treffend gesagt, es sei die Überlegenheit der italienischen Faschisten gegenüber den deutschen Nationalsozialisten gewesen, daß sie nicht wie diese fanatisch an ihren Führer glaubten. Man kann nur hoffen, daß diese skeptische Humanität nicht ausstirbt. Ich habe sie in späteren Jahren, als ich 1934 nach Italien emigrierte, wieder in Rom kennen- und schätzengelernt, in Gabettis Deutsch-Italienischem Institut, bei seinen Assistenten Carlo Antoni, Delio Cantimori und Scaravelli. Alle drei sind bereits gestorben, und ich möchte am Schluß ihrer bei dieser Gelegenheit in Freundschaft gedenken.

Anhang

Zur Textgestaltung

Die vorliegende Ausgabe folgt grundsätzlich den jeweiligen Letztfassungen des Autors, insbesondere denjenigen, die er selbst für die Aufnahme in seine drei Aufsatzsammelbände redigiert hat. In seltenen Fällen wurde einer früheren Version der Vorzug gegeben; da es sich hierbei aber nur um geringfügige stilistische Details handelt, erscheint ein Einzelnachweis nicht sinnvoll. Abweichungen von sachlichem Interesse werden in den Nachweisen und Anmerkungen des Herausgebers verzeichnet.

Zusätze des Herausgebers stehen in eckigen Klammern; innerhalb eines Zitats bezeichnen die eckigen Klammern Zusätze Löwiths. Auslassungen innerhalb eines Zitats hat Löwith meist, aber nicht immer, durch drei Punkte angezeigt. Da Löwith in dem von ihm Zitierten sehr häufig gestrichen hat, aber in der Regel nur Füllwörter und Pleonasmen, und da andererseits nicht alle Auslassungen hätten gekennzeichnet werden können, ohne daß das Schriftbild der Zitate unübersichtlich geworden wäre, hat der Herausgeber auf die Kenntlichmachung der Auslassungen verzichtet, wenige Fälle ausgenommen, wo etwa durch eine längere Auslassung ein stilistischer Bruch im Zitat entstünde, würde man den Sprung nicht anzeigen.

Wenn Löwith die von ihm behandelten Autoren zuweilen eigenwillig behandelt, dann nie durch Verkürzung der Zitate; diese wirkt sic eher als Straffung und Klärung aus, vor allem bei Philosophen wie Dilthey oder Scheler. Die eigene Absicht Löwiths kommt viel eher in der Auswahl der Zitate und in ihrer Abgrenzung zum Ausdruck. Aus diesem Grunde wurde viel Mühe darauf verwandt, die bibliographischen Verweise möglichst genau zu gestalten, denn in vielen Fällen könnte es für den Leser reizvoll sein zu verfolgen, wie Löwith – auch dort, wo er scheinbar nur paraphrasiert und zitiert – in Wirklichkeit die eigene Gedankenrichtung energisch, wenn auch unausdrücklich zur Geltung bringt. Leider konnten nicht alle Zitate nachgewiesen werden; Löwith selbst hat nur für einen Teil die Fundorte festgehalten, in anderen Fällen summarische Hinweise gegeben, in wieder anderen ganz auf Fundortangaben verzichtet.

Eine weitere Schwierigkeit kommt hinzu: Löwith hat gern prägnante charakteristische oder auch indirekt oder ironisch gemeinte Wendungen zwischen Anführungsstriche gesetzt; in vielen Fällen ist schwer zu entscheiden, ob es sich um eine solche Verwendung der Anführungsstriche oder um ein wörtliches Zitat handelt. Andererseits hatte Löwith die Gewohnheit, wenn er einen Autor referierte, ihn in weit größerem Umfang wörtlich zu zitieren, als es in den Auszeichnungen als Zitate sichtbar wird. Der volle Reiz der philosophischen Instrumentierungskunst Löwiths wird nur demjenigen offenbar, der die behandelten Autoren zugleich unmittelbar zu sich sprechen läßt.

Bibliographische Angaben Löwiths in den Fußnoten wurden, soweit nötig, ohne Kenntlichmachung vervollständigt; der Hinweis auf heute gebräuchliche Ausgaben steht dagegen in eckigen Klammern. Ausnahmen von dieser Regel (z. B. in *Das Individuum in der Rolle des Mitmenschen*, § 38, Anm. 14) sind angegeben.

Charakteristische Eigentümlichkeiten von Orthographie und Zeichensetzung wurden beibehalten; nur dort, wo der Gebrauch bei Löwith selbst schon schwankt (bzw. Satzfehler stehen geblieben sind – eine Grenze läßt sich hier nicht ziehen), wurde vorsichtig ausgeglichen. Dabei wurde letzte Konsequenz freilich nicht erstrebt. Sie ist in sinnvoller Weise kaum realisierbar und wäre angesichts des sensiblen philosophischen Stils, den Löwith pflegte, gewiß nicht erwünscht.

Nachweise und Anmerkungen
des Herausgebers

Das Individuum in der Rolle des Mitmenschen

Diese Arbeit wurde unter dem Titel *Phänomenologische Grundlegung der ethischen Probleme* am 15. Dezember 1927 der Philosophischen Fakultät der Universität Marburg als Habilitationsschrift eingereicht. Diese Schreibmaschinenfassung, die sich, wie aus Heideggers Habilitationsgutachten ersichtlich, von der Druckfassung in einigen nicht unwesentlichen Punkten unterschied, ist nicht erhalten.

Am 23. Juni 1928 hielt Löwith die Probevorlesung. Von den zwei vorgeschlagenen Themen: *Feuerbach und der Ausgang der klassischen deutschen Philosophie* und *Dialektisches und dialogisches Denken* hatte die Fakultät das erste gewählt. Für die öffentliche Antrittsvorlesung genau eine Woche später hat sich die Fakultät zwischen den beiden Themen *J. Burckhardts Stellung zu Hegels Geschichtsphilosophie* und *Diltheys Grundlegung der Geisteswissenschaften* ebenfalls für das erste entschieden. Die Arbeit über Feuerbach erschien in *Logos* 17 (1928), die über Burckhardt in der *Deutschen Vierteljahrsschrift für Literaturwissenschaft und Geistesgeschichte* 6 (1928).

Die Habilitationsschrift erschien ebenfalls 1928 im Drei-Masken-Verlag, München, und ging später auf den Verlag Mohr in Tübingen über. Heidegger hatte zu der Titeländerung: *Beiträge zur anthropologischen Grundlegung der ethischen Probleme* geraten. Das war inhaltlich zwar nicht in Löwiths Sinne, aber Heideggers Absicht war, mit dem Akzent auf »Anthropologie« im Titel der Habilitationsschrift es leichter möglich machen zu können, Löwith einen Lehrauftrag für Sozialphilosophie zu verschaffen. »Sozialphilosophie« war zu der Zeit das einzige Fach, für das in Marburg ein Lehrauftrag mit einiger

Aussicht auf Erfolg beantragt werden konnte, und in der Tat hat Löwith ihn auch drei Jahre später, zum Sommersemester 1931, erhalten.

Die erste Auflage der Schrift trug dann den Titel: *Das Individuum in der Rolle des Mitmenschen. Ein Beitrag zur anthropologischen Grundlegung der ethischen Probleme*. 1962 erschien in der Wissenschaftlichen Buchgesellschaft Darmstadt ein photomechanischer Neudruck mit nur wenigen Änderungen (vgl. Hrsg. Anm. 1, 11 und 27). Der Untertitel, hinter dem Löwith nie gestanden hatte, fiel weg, ebenso die Widmung an Walther Marseille.

Zur ersten Fassung der Habilitationsschrift schrieben vier Mitglieder der Fakultät Gutachten: am ausführlichsten Martin Heidegger als Hauptgutachter; kürzere Voten gaben der Psychologe E. Jaentsch, der Philosoph D. Mahnke und der Literaturwissenschaftler M. Deutschbein ab. Eigenständiges Gewicht hat – allein schon wegen seiner Länge – nur das Gutachten Heideggers. Es lautet:

»Die vorliegende Untersuchung ist ein Beitrag zur Grundlegung der ethischen Probleme. Sie stellt sich die Aufgabe, das Ich-Du-Verhältnis als das Grundphänomen vor Augen zu legen, aus dem heraus und in das zurück alle Probleme der Ethik grundsätzlich zu stellen sind. Demzufolge gewinnt die Frage, »was ist der Mensch?«, auf die schon Kant (vgl. Logikvorlesung, Einleitung Abs. III) alle Fragen der Philosophie zurückgeleitet hat, durch die vorliegende Arbeit eine neue Exposition. Es soll gezeigt werden, daß schon die anthropologische Grundfrage *als Frage*, von der Art ihrer Beantwortung noch ganz abgesehen, weder in der verengten Orientierung auf ein isoliertes Subjekt noch mit Rücksicht auf dieses isolierte Ich in seiner bloßen Beziehung zu Objekten gestellt werden darf, daß sich vielmehr alle personalen Verhältnisse sowohl als auch alle Sachbezüge der Subjekte zur »Welt« auf dem Grunde des *ursprünglichen Miteinanderseins* von Menschen konstituieren.

Demgemäß geben die »Einleitung« und das I. Kapitel (S. 1–19 [Druckfassung S. 1–13]), in dem Feuerbachs »Grundsätze der Philosophie der Zukunft« entwickelt werden, zunächst eine historische Einführung in die Problematik der Funktion der »Mitwelt« für die allgemeine Interpretation des menschlichen Daseins. Aus der Darstellung der Feuerbachschen Lehre entwickeln sich drei Fragen: 1.) Wie begegnet einem selbst ein »Du« unter den Anderen? (Kap. II, S. 20–196 [14–126]); 2.) Bist »Du« wirklich nur *Du eines Ich?*

(Kap. III, S. 197–264 [127–168]); 3.) Bin »Ich« wirklich nur *Ich eines Du?* (Kap. IV, S. 265–285 [169–180]).

Die Beantworung dieser Fragen wird zu einer konkreten Analyse der wesentlichen Strukturen des Grundverhältnisses des Menschen zu Menschen als desjenigen Lebensbezugs, der alle »Lebens- und Wirkungszusammenhänge« trägt und leitet. Das II. Kapitel gibt zunächst (S. 20–70 [14–46]), zum Teil orientiert an W. Dilthey, eine Analyse des Weltbegriffes. Es wird gezeigt, daß dergl. wie »Welt« nie bloßes Korrelat eines solipsistischen Subjekts ist, sondern immer schon den gleichursprünglichen Bezug auf meinesgleichen in sich trägt. Dementsprechend ist auch alle Erfahrung und Bestimmung der dinglichen Umwelt mitbestimmt durch das Dasein der Einzelnen in einer Mitwelt mit Anderen. Die zentralen Analysen der Struktur des Miteinanderseins (S. 70–196 [46–126]) machen einsichtig: Die Mitwelt ist ein Verhältniszusammenhang von »personae«, die eine »Rolle« spielen innerhalb und für ihre Mitwelt, aus der heraus sie sich selbst personhaft bestimmen. Die Mitwelt ist sonach nicht eine indifferente Mannigfaltigkeit von Individuen, die einem Subjekt gegenüberstehen. Das menschliche Tun und Lassen ist daher von Grund auf, nicht erst mit Rücksicht auf ein nachträgliches Ver[hältnis] zu Anderen, durch eine ursprüngliche Verbindlichkeit und Verantwortlichkeit bestimmt (vgl. bes. S. 173 ff. [112 ff.]). Das Ich-Du-Ver[hältnis] läßt sich daher auch nicht als eine personifizierte Subjekt-Objekt-Beziehung fassen. Es gilt somit, mit Rücksicht auf eine eindeutige Interpretation des Verhältnisses des Einen zum Anderen die traditionelle Vorherrschaft der Dingbegriffe zu brechen. Ein Exkurs über Hegels Analyse des »Etwas« (S. 98 ff. [63 ff.]) verdeutlicht diese Vorherrschaft des »Irgend Etwas« vor dem »Irgend Einer«, d. h. der Welt der Sachen vor der der Personen. Die Analyse der Struktur des Miteinanderseins ermöglicht nun auch eine grundsätzliche Klarstellung der Begriffe »Egoismus« und »Altruismus« (S. 113 ff. [71 ff.]).

Die bisherigen Betrachtungen verschaffen eine wichtige Einsicht in die prinzipielle »Zweideutigkeit« aller Bezüge des Miteinanderseins (S. 121 ff. [76 ff.]): das Hinsehen auf den Anderen enthält eine mehr oder minder unausdrückliche Rücksicht auf sich selbst und kann daher »objektiv« nur aus der Doppelbewegung interpretiert werden. Schließlich führt die Untersuchung zur Herausstellung der Genesis des »absoluten Verhältnisses« des Einzelnen zum Anderen in seiner jeweiligen »Selbständigkeit«. Die Analysen des II. Kap. werden bewährt und erweitert durch eine eingehende Explikation einer ausgezeichneten Weise des Miteinanderseins, des *Miteinander-Sprechens*. Hierbei finden W. v. Humboldts sprachphilosophische Einsichten eine systematische Verwertung.

Das III. Kapitel behandelt die Frage: ob »Du« wirklich nur »zweite Person«, »Du« eines Ich, und nicht vielmehr eine ebenbürtige »erste Person«, ein »Du selbst«, wenngleich kein anderes »Ich« bist. Die Kritik der entsprechenden Erörterungen Schelers (der Andere als »Fremd-Ich«), Ebners und Gogartens (»Du« als »Subjekt« der Ich-Du-Beziehung), ferner die Auseinanderlegung von Diltheys zweifachem Erfahrungsbegriff betr. die Selbständigkeit der anderen Person führen zurück auf die grundlegende systematische Behandlung dieser Frage in Kants praktischer Philosophie. Die Kantinterpretation wird ergänzt durch eine Erläuterung von Hegels Kritik der kantischen Moralphilosophie (S. 254 ff. [162 ff.]).

Abschließend wird die dritte Frage nach dem »Ich selbst« im IV. Kapitel gestellt. Die vor Anderen unverantwortliche »Individualität« im strengen Sinne konstituiert sich auf Grund eines einzigartigen Existenzverhältnisses zu sich selbst. Kierkegaards Begriff vom »Einzelnen« und Stirners Begriff vom »Einzigen« verdeutlichen diese spezifisch individuelle, d. i. inkommunikable und deshalb auch nur noch indirekt mitteilbare Situation, an der die durch das Mitsein mit Anderen bestimmte ›persona‹ ihre Grenze findet.

Die Arbeit zeigt in ihrer ganzen Anlage und Durchführung eine wissenschaftliche Selbständigkeit, die über den Durchschnitt der Habilitationsschriften im Fach der Philosophie wesentlich hinausgeht. Selbst das Verhältnis zur phänomenologischen Forschung ist nirgends schülerhaft und äußerlich; zuweilen sogar eher übertrieben selbständig, so daß die Kritik an Schelers und meinen eigenen Untersuchungen nicht überall zum Positiven vordringt. Das Hauptgewicht der Arbeit liegt weniger im systematischen Aufbau als in der eindringlichen Durchführung konkreter Einzelanalysen und den historischen Interpretationen. Die Interpretation von Kants praktischer Philosophie dringt nicht bis zu den letzten Fundamenten vor, wie denn der Verf. überhaupt in der Erörterung letzter systematischer Probleme sich eine weise Beschränkung auferlegt hat. Zwei sachliche Bedenken, die der Verf. in der öffentlichen Auseinandersetzung wird beheben müssen, möchte ich hier nicht unerwähnt lassen. Sie betreffen 1.) Die Interpretation Feuerbachs (S. 87–91 [56–58]), die eine Umdeutung ist mit

Hilfe von Einsichten, die F[euerbach] nie gehabt hat; 2.) die an sich äußerst wertvolle Analyse des Miteinandersprechens (S. 158–196 [103–126]), in der neben der Betonung des Verhältnisses der Redenden zu einander über Gebühr das Verhältnis beider zu dem, *worüber* gesprochen wird, zurückgedrängt ist.

Auf meinen Rat hat der Verf. für den Druck im vorliegenden Manuskript folgende Änderungen vorgenommen:

1.) Der Titel wird lauten: Beiträge zur anthropologischen Grundlegung der ethischen Probleme.

2.) Die Einleitung (S. 1–6 [1–4]) und der darauf bezugnehmende Zusatz I (S. I–II) sowie § 18 und § 31 werden umgearbeitet im Interesse einer klareren Unterscheidung vom »ontologischem« und »anthropologischem« Verständnis des menschlichen Daseins.

3.) S. 260 erfährt eine sachliche Korrektur.

4.) Zusatz II (S. II–VI – zu Anm. 1, S. 25 [17]) wird gestrichen.

5.) Im Ganzen werden einzelne terminologische und stilistische Verbesserungen vorgenommen.

Schon aus dem Inhalt der Arbeit bekundet sich der Verf. als eine gewissenhafte, erfahrene und aufgeschlossene Persönlichkeit mit einer überaus reichen und gründlichen Bildung. Soweit eine Habilitationsschrift ein vorausblickendes Urteil zuläßt, darf gesagt werden, daß der Verf. in seinen künftigen wissenschaftlichen Arbeiten zweifellos Wertvolles und Beachtenswertes vorzulegen haben wird. Seine ganze menschliche Art, die ich seit neun Jahren zu beobachten Gelegenheit hatte, befähigt Herrn Dr. L. zu einer lebendigen und eindringlichen Lehrtätigkeit. Die Pflege seines besonderen Arbeitsgebietes wird überdies eine begrüßenswerte Bereicherung der Lehrtätigkeit im Fach der Philosophie darstellen.

Ich bitte daher die Fakultät, die vorliegende Untersuchung als Habilitationsschrift anzunehmen und den Bewerber zu den weiteren Habilitationsleistungen zuzulassen.

Marburg a./L. 16. Febr. 1928   M. Heidegger

1   Die Vorbemerkung zur 1. Auflage wurde in der Neuauflage 1962 weggelassen. Die Seitenzahlen der Originalausgabe 1928 und des photomechanischen Nachdrucks 1962 sind im Text mit eckigen Klammern angegeben.

2   Spätere Auflagen unter dem Titel *Das dialogische Prinzip*. Darin auch *Ich und Du*, ebenso in: Werke, Bd. I: Schriften zur Philosophie. München: Kösel, Heidelberg: L. Schneider, 1962.

3   *Das Sein und das Nichts*. Versuch einer phänomenologischen Ontologie.
     Hamburg: Rowohlt, 1952, S. 112–123 und 352–355 (gekürzt); Neuauf-
     lage ebd. 1962, S. 91–100 und 527–548.

4   Wiederabgedruckt in: Alfred Schütz, *Gesammelte Aufsätze*, Bd. III. Den
     Haag: M. Nijhoff, 1971, S. 86–118.

5   Schelling, *Philosophische Briefe über Dogmatismus und Kriticismus*,
     8. Brief (gegen Ende).

6   Georg Simmel, *Hauptprobleme der Philosophie*. Leipzig: Sammlung Gös-
     chen Nr. 500, 1. Aufl. 1910.

7   Ludwig Feuerbach, *Sämtliche Werke*. Leipzig: Wigand, 1846–1866.

8   »Woraufhin« ist in diesem Satz zugleich als Substantiv und als Relativad-
     verb zu lesen, also: »Denn es ist ja nichts anderes als das bedeutsame
     Woraufhin, woraufhin das eine wie das andere Sein angesehen wird.«

9   S. o. I. Kap., Anm. 1. Die Hervorhebungen stammen von Löwith.

10   *Beiträge zur Lösung der Frage vom Ursprung unseres Glaubens an die
     Realität der Außenwelt und seinem Recht* (1890).

11   In der ersten Auflage lautete der Schluß des Satzes von hier ab: »sondern
     anthropologisch begründet, womit aber nicht gesagt ist, daß die Natur
     über den Menschen keine ontische Übermacht gewinnen könnte«.

12   Löwith benutzte die folgenden Ausgaben: *Maschere nude*. Seconda rac-
     colta in 31 volumi, vol. XI: *Così è (se vi pare)*. Parabola in tre atti.
     Firenze: Bemporad, 1925. – *So ist es – wie Sie meinen*. Ein Gleichnis in 3
     Akten. Deutsch von Margit Veczi. Berlin: A. Häger, 1925 (im Rahmen
     der von Hans Feist herausgegebenen deutschen Gesamtausgabe).

13   *Avvertenza sugli scrupoli della fantasia*, Ende des 5. Abschnitts; erschien
     zuerst 1921 als getrennter Aufsatz und als Anhang zum Neudruck des
     Romans. Vgl. oben § 3, Anm. 12.

14   Hegel, *Wissenschaft der Logik*, Leipzig: Meiner, 1923, I. S. 108.

15   *Mathematische Existenz. Untersuchungen zur Logik und Ontologie
     mathematischer Phänomene*. Auch in: Jahrbuch für Philosophie und
     phänomenologische Forschung 8 (1927), S. 441–810; 2. unveränd. Aufl.
     Tübingen: Niemeyer, 1973.

16   Alphonse-Joseph-August Gratry (1805–1872), Philosoph und katholi-
     scher Theologe (Oratorianer), Erneuerer einer die Intuition betonenden
     spiritualistischen Philosophie.

17   Kritische Friedrich-Schlegel-Ausgabe, hrsg. v. Ernst Behler. München:
     Schöningh; Zürich: Thomas, Bd. X, 1969.

18   Die ersten drei Werke hat Löwith nach folgenden Ausgaben zitiert: *Kritik
     der praktischen Vernunft*, Leipzig: Reclam [1. Aufl. 1878]; *Grundlegung
     zur Metaphysik der Sitten*. Leipzig: Reclam [1. Aufl. ca. 1903]; *Die
     Metaphysik der Sitten*. Leipzig: Meiner, 3. Aufl. 1919; da diese Ausgaben
     heute nicht mehr zugänglich sind, wurden ausnahmsweise die auf sie
     bezüglichen Verweise gestrichen und der Text der Anm. 14 (o. S. 155)
     insoweit geändert.

19   Löwith verweist an dieser Stelle auf S. 346 der *Metaphysik der Sitten* in
     der Ausgabe Leipzig: Meiner, 3. Aufl. 1919 (= TL § 52, Anm.) – vermut-
     lich ein Irrtum. In der *Metaphysik der Sitten* findet sich Entsprechendes in
     TL, S. 51 u. ö.

20 = Sämtliche Werke, hrsg. v. G. Lasson, Bd. VII. – In: Werke (1832), I, S. 350 f. u. 357.
21 In: Werke (Weimarer Ausgabe), Briefwechsel Bd. I, S. 86 f. In Luthers Brief heißt es:»Non te, sed Christum in te admiror.«»Deus enim aut solus aut nullus vult esse amicus.«
22 Franz Overbeck, *Christentum und Kultur. Gedanken und Anmerkungen zur modernen Theologie.* Basel: Schwabe, 1919, S. 6.
23 Der Verweis bezieht sich auf die Schrift *Der Geist ist es, der lebendig macht* (= *Zur Selbstprüfung der Gegenwart anbefohlen*, III); in: Ges. Werke, 27.–29. Abt., 1953: *Erbauliche Reden 1850/51*..., S. 105 ff.
24 = *Der Einzelne. Zwei Bemerkungen zu meiner schriftstellerischen Tätigkeit*, in: Ges. Werke, 33. Abt., 1951: *Die Schriften über sich selbst*, S. 96 ff.
25 = *Eine Gelegenheitsrede*, in: Ges. Werke, 18. Abt., o. J.: *Erbauliche Reden in verschiedenem Geist*, 1847, S. 132 ff.
26 In: Ges. Werke, 24./25. Abt., 1954, S. 8 f., 25, 43 ff., 77 f. Im folgenden werden die drei vorgenannten Schriften (abgekürzt: E, G und K) mit der Seitenzahl der alten Ausgaben und, nach dem Schrägstrich, derjenigen der entsprechenden Bände der neuen Ausgabe der *Gesammelten Werke* zitiert.
27 Der folgende Schlußabsatz fehlt in der 1. Auflage.

Besprechung des Buches von Ludwig Ferdinand Clauss, *Rasse und Seele*, München: Lehmann, 1926.

Erstveröffentlichung in: Zeitschrift für Menschenkunde, Blätter für Charakterologie und angewandte Psychologie 2 (1926/27), S. 18–26. Löwith hatte Clauss flüchtig kennengelernt, als beide bei Husserl in Freiburg studierten. Clauss befand sich damals wie später in der Position eines Aussenseiters. Die Rezension beschränkt sich auf die anthropologisch-ethischen Konsequenzen eines Buches, dessen Verfasser sich durch die politische Entwicklung nach 1933 zunächst einmal bestätigt fühlte. Er arbeitete sein Buch noch zweimal gründlich um und vertrat im Vorwort zur 3. Auflage 1937 (S. 10) die These, *jede Rasse müsse sich auf ihr Eigenes besinnen, so daß es auch umgekehrt unsere Aufgabe sei,»daß wir die Fremden freimachen vom nordischen Vorbild«.»Der Stil des nordischen Leistungslebens greift um die Erde mit dem erbarmungslosen Werkzeug mechanischer Macht und zerstört alles artrechte Leben derer, die nicht Leistungsmenschen sind.«

28 Victor Hehn, *Gedanken über Goethe*, 1. Aufl. Berlin 1887. 3. Kap.:
    »Naturformen des Menschenlebens«.
29 Briefwechsel zwischen Wilhelm Dilthey und dem Grafen Paul Yorck von
    Wartenburg 1877–1897. Halle: Niemeyer, 1923. Nachdruck Hildesheim:
    Olms, 1974.

Besprechung des Buches von Siegfried A. Kaehler, *Wilhelm v. Humboldt und der Staat. Ein Beitrag zur Geschichte deutscher Lebensgestaltung um 1800*, München/Berlin: Oldenbourg, 1927.

Zweite durchgesehene und um zwei Briefe von Friedrich Meinecke
und Siegfried A. Kaehler erweiterte Auflage Göttingen: Vandenhoeck
& Ruprecht, 1963. Die Seitenzählung stimmt mit der 1. Auflage
überein.
Erstveröffentlichung in: Logos 17 (1928), S. 361–367.

30 Rudolf Haym, *Wilhelm von Humboldt. Lebensbild und Charakteristik*.
    Berlin: Gaertner, 1856.
31 Jacob Burckhardt, *Weltgeschichtliche Betrachtungen*, 1. Aufl. 1905, Ein-
    leitung I, 2.
32 a.a.O., I, 1.
33 *Gesammelte Schriften*, Bd. VII, Leipzig/Berlin: Teubner, 1927, S. 246.

Besprechung des Buches von Johannes Volkelt, *Das Problem der Individualität*, München: C. H. Beck, 1928.

Erstveröffentlichung in: Deutsche Literaturzeitung, 3. Folge, 1. Jg.,
21. Juni 1930, Sp. 1162–1165.

Max Scheler und das Problem einer philosophischen Anthropologie

Erstveröffentlichung in: Theologische Rundschau, N. F. 7 (1935),
S. 349–372.
    Zu Beginn des Aufsatzes, der eher ein kritischer Essay über Max
Scheler als eine Rezension seiner Werke sein will, werden – dem

Brauch der Theologischen Rundschau folgend, die fast ausschließlich Sammelbesprechungen zu umgrenzten Themen veröffentlicht – die folgenden Schriften von und über Scheler aufgeführt:

Schriften von M. Scheler

1. Philosophische Schriften:

Der Formalismus in der Ethik und die materielle Wertethik, in: Jahrbuch für Philosophie und phänomenologische Forschung 1 (1913), S. 405–565 und 2 (1916), S. 21–480. Auch als Sonderdruck (Halle: Niemeyer) erschienen. 2. und 3. Aufl. 1921 und 1927 [GW II].

Vom Umsturz der Werte. Der Abhandlungen und Aufsätze zweite durchges. Aufl. 2 Bde. Leipzig: Der Neue Geist Verlag, 1919 [1. Aufl. 1915 u. d. T.: Abhandlungen und Aufsätze; GW III].

Wesen und Formen der Sympathie. Der »Phänomenologie der Sympathiegefühle« 2. verm. u. durchges. Aufl. Bonn: Cohen, 1923. 3. Aufl. 1926 [GW VII].

Vom Ewigen im Menschen. Leipzig: Der Neue Geist Verlag, 1. Aufl. 1921, 2. Aufl. 1923 [GW V].

Mensch und Geschichte [zuerst in: Die Neue Rundschau 37/2 (1926), S. 449–476]. Zürich: Verlag der Neuen Schweizer Rundschau, 1929 [auch in: Philosophische Weltanschauung (s. u.), sowie in: GW IX].

Die Sonderstellung des Menschen, in: Mensch und Erde, hrsg. v. Hermann Graf Keyserling (Darmstadt: Reichl) = Der Leuchter 8 (1927), S. 161–254 [hiernach wird zitiert]. Als Sonderausgabe u. d. T.: Die Stellung des Menschen im Kosmos. Darmstadt: Reichl, 1928 [GW IX].

Philosophische Weltanschauung. Bonn: Cohen, 1929 [GW IX].

Schriften aus dem Nachlass. Bd. I: Zur Ethik und Erkenntnislehre. Berlin: Der Neue Geist Verlag, 1933 [GW X].

2. Soziologische Schriften:

Schriften zur Soziologie und Weltanschauungslehre. 3 Bde. Leipzig: Der Neue Geist Verlag, 1923–24 (vor allem Bd. I: Moralia, 1923) [GW VI].

Die Wissensformen und die Gesellschaft. Leipzig: Der Neue Geist Verlag, 1926 (darin vor allem: Probleme einer Soziologie des Wissens) [GW VIII].

3. Kulturpolitische Schriften:

Der Genius des Krieges und der deutsche Krieg. Leipzig: Verlag der Weissen Bücher, 1915 [vorgesehen in GW IV].

Krieg und Aufbau. Leipzig: Verlag der Weissen Bücher, 1916 [die meisten Aufsätze daraus auch in: Schriften zur Soziologie und Weltanschauungslehre (s. o.), Bd. I u. II, sowie vorgesehen in GW IV].

Die Ursachen des Deutschenhasses. Eine nationalpädagogische Erörterung. Leipzig: K. Wolff, 1917 [vorgesehen in GW IV].

Die Idee des Friedens und der Pazifismus. Berlin: Der Neue Geist Verlag, 1931.

Walter Rathenau. In: Walter Rathenau. Eine Würdigung zu seinem Gedächtnis von Max Scheler, Eduard Heimann, Arthur Baumgarten. Köln: Marcan Block Verlag, 1922, S. 1–22 [GW VI].

Schriften über Scheler:

Nicolai *Hartmann*. Max Scheler †, in: Kant-Studien 33 (1928), S. IX–XVI.

Dietrich von *Hildebrandt*, Max Scheler als Persönlichkeit, in: Hochland 26/1 (1928/29), S. 70–80.

Paul *Honigsheim*, Max Scheler † als Sozialphilosoph, in: Kölner Vierteljahreshefte für Soziologie 8 (1929/30), S. 94–108.

Theodor *Haecker*, Geist und Leben. Zum Problem Max Scheler, in: Hochland 23/2 (1926), S. 129–155, und in: Th. Haecker, Christentum und Kultur. München/Kempten: Kösel, 1927, S. 227–281, 2. unveränd. Aufl. 1946; ferner in: Th. Haecker, Essays. München: Kösel, 1958, S. 213–256.

Theodor *Haecker*, Was ist der Mensch? Leipzig: Hegner, 1933.

Harald *Eklund*, Evangelisches und Katholisches in Max Schelers Ethik. Uppsala: Almqvist & Wiksell, 1932 [auch in: Uppsala Universitets Arsskrift, Jg. 1932, Bd. 1, Teologi 1.].

Gerhard *Kraenzlin*, Max Schelers phänomenologische Systematik. Leipzig: Hirzel, 1934. – Diese Arbeit enthält auch eine vollständige Bibliographie der Schriften von Scheler und über ihn [vgl. neuerdings: Max Scheler. Bibliographie. Hrsg. v. Wilfried Hartmann. Stuttgart-Bad Cannstatt: Frommann, 1963].

34 *Beiträge zur Feststellung der Beziehungen zwischen den logischen und ethischen Prinzipien.* Jena: Vopelius, 1899.

35 *Die transzendentale und die psychologische Methode. Eine grundsätzliche Erörterung zur philosophischen Methodik.* Leipzig: Dürr, 1900. 2. unveränd. Aufl. Leipzig: Meiner, 1922.

36 »Gestern kam noch ein Ereignis: die befreundete Großmacht, die Hexe von Endor, der Magier aus Thum, unser lieber Bloch telefonierte mir, daß Scheler in Bern ist. Und wir verabredeten und trafen uns zusammen im Café. Stell dir einen Totenkopf vor mit blauen Sadistenaugen. Dann hast Du Scheler. Einen verwesenden Menschen kannst Du Dir nicht leicht denken. Er erzählte Plattituden und Literaturanekdoten. Man muß aber sein Gesicht sehen dabei, sein Mienenspiel. Haß, Ekel, katholische Schwärmerei, ludendorffscher Sadismus, das alles gibt sich in seinem Gesicht ein Stelldichein. Er kommt aus Wien, hat eine Tochter Metternichs, Bischöfe, Generäle, Blei, Kraus – alles im Gefolge. Ich suchte ihn ein wenig festzulegen. Aber das kannte er wohl schon . . . Scheler erzählte uns von Berlin, von Rathenau und Erzberger usw. Es gibt vielleicht heute keinen verdorbeneren Menschen als Scheler, und das will doch etwas heißen. Bloch sagte ihm die derbsten Despektierlichkeiten ins Gesicht und auch ich hatte mich bald zu einem größeren Relief entschlossen. Scheler lächelt nur: ›Was wollen Sie, meine Herren? Relativitäten . . . Die Kirche

wird stehen bleiben, wenn rings alles zusammenpurzelt.‹ Er nimmt sich das Recht zu verwesen nach seinem Geschmack – in der Kirche. Als Katholik. Und die Kirche hat einen guten Magen. Sie wird noch tausend Schelers vertragen. Das ist sein Postament. Er sagte mir interessante Dinge von Blei und von Borchard, dem es gelungen sein soll, mit einer Ode Ludendorff zu Tränen zu rühren. Das ist ohne Zweifel der erste Schritt, aus unserem altpreußischen Generalstab perfekte Jesuiten zu machen« (aus einem in Bern geschriebenen Brief Hugo Balls an Emmy Ball-Hennings).

37 In: *Schriften aus dem Nachlaß*, Bd. I, S. 53–148; GW X, S. 65–147.

38 In: *Vom Ewigen im Menschen*, S. 5–58; GW V, S. 27–59.

39 Löwith verweist an dieser Stelle, wohl irrtümlich, auf »Nachl. I, S. 209 und 216«. Auf die »tiefe ›Weltfeindschaft‹ des modernen Denkens« kommt Scheler zu sprechen in: *Vom Ewigen im Menschen*, S. 181; GW V, S. 389.

40 In: *Vom Ewigen im Menschen*, S. 124–203 und 204–278; GW V, S. 355–401 und 403–447.

41 *Der Mensch im Weltalter des Ausgleichs.* Rede, gehalten in Berlin bei der Jahresfeier der Deutschen Hochschule für Politik am 5. November 1927, in: *Philosophische Weltanschauung*, S. 47–83.

42 *Probleme der Religion (Zur religiösen Erneuerung)*, in: Vom Ewigen im Menschen, 1. und 3. Aufl., 1921 u. 1933, S. 279–723. In der 2. Aufl. (1923) in zwei Bänden füllt diese Abhandlung den zweiten Band aus. GW V, S. 101–354.

43 In: *Schriften aus dem Nachlaß*, I, S. 1–51; GW X, S. 9–52.

44 In den späteren Auflagen heißt es bei Scheler: »das, was wir die ›Welt‹ nennen«, statt: »auch die Welt selbst«.

Die Einheit und die Verschiedenheit des Menschen

Erstveröffentlichung in: Philosophia (Belgrad) 3 (1938), S. 444–459. Die von Arthur Liebert herausgegebene Zeitschrift war eine Plattform für alle Philosophen, die in Deutschland nicht mehr veröffentlichen konnten. Zwei Jahre vorher hatte Husserl hier Teile seiner Arbeit über *Die Krisis der europäischen Wissenschaften* erscheinen lassen. Löwiths Beitrag kam aus Sendai (Japan).
Der erste Abschnitt markiert erstmals in programmatischer Kürze Löwiths späteres philosophisches Grundthema. Der zweite Abschnitt konfrontiert ähnlich wie das drei Jahre später erschienene Buch *Von Hegel zu Nietzsche*, jedoch in eigenständiger Weise, Goethe und Hegel. Der dritte und vierte Abschnitt nimmt die bereits in Löwiths letzter Marburger Seminarübung Wintersemester 1933/34 und in

einem Aufsatz von 1935[1] an Carl Schmitts politisch-philosophischer
Position geübte Kritik unter *anthropologischen* Gesichtspunkten wieder auf. Von daher läßt sie sich mit der Kritik am Menschenbild von
Max Scheler und Martin Heidegger verbinden. Zur Heidegger-Kritik
bietet dieser Abschnitt nur einen ersten Ansatz.[2]

1   Hugo Fiala (Pseudonym für Karl Löwith), *Politischer Dezisionismus*, in:
Revue internationale de la théorie du droit/Internationale Zeitschrift für
Theorie des Rechts (Brno/Brünn) 9 (1935), S. 101–123. Unter dem Titel *Der
okkasionelle Dezisionismus von C.* Schmitt wiederabgedruckt in: *Karl Löwith
Gesammelte Abhandlungen. Zur Kritik der geschichtlichen Existenz*, Stuttgart
1960, S. 93–117. Der Aufsatz wird in Bd. VIII dieser Ausgabe erscheinen.
2   Die 1940 entstandene grundlegende Auseinandersetzung mit Heidegger ist
teilweise noch unveröffentlicht und wird in Bd. VIII dieser Ausgabe erscheinen.
Französische Teilübersetzung: *Les implications politiques de la philosophie de
l'existence chez Heidegger*, in: Les Temps Modernes, 2. Jg., Nr. 14 (Nov.
1946), S. 343–360. Ein noch kürzerer Auszug daraus ist in die Wiederveröf-
fentlichung (1960, dort S. 118–123) des in der vorigen Anmerkung genannten
Aufsatzes eingegangen.

45   *Encyclopädie der philosophischen Wissenschaften*, § 377, Zusatz. Die
»Zusätze« sind außer in der Erstausgabe der Werke nur in der Theorie-
Werkausgabe des Suhrkamp-Verlags: Werke in zwanzig Bänden, Bd.
8–10, Frankfurt a. M. 1970 abgedruckt.
46   *Hölderlin und das Wesen der Dichtung*, in: Martin Heidegger, *Erläute-
rungen zu Hölderlins Dichtung*. Frankfurt a. M.: Klostermann, 2. verm.
Aufl. 1951. Dieser Vortrag wurde am 2. April 1936 in Rom gehalten, wo
Löwith damals lebte; er erschien 1937 separat bei Langen & Müller,
München.
In einer Aufzeichnung von 1940 notierte Löwith zu der Rektoratsrede
von 1933 und dem Hölderlin-Vortrag von 1936, Heidegger betone »am
Schluß der Rektoratsrede, es sei zu spät, um alte Einrichtungen abzuän-
dern oder gar neue hinzuzufügen, man müsse vielmehr bis auf die ersten
Anfänge bei den Griechen zurückgehen, um in Europa neu beginnen zu
können. Die Gefahr sei aber, daß, ehe wir uns dazu entschließen, die
geistige Kraft des Abendlandes versagt und dieses in seinen Fugen kracht,
›wenn die abgelebte Scheinkultur in sich zusammenstürzt und alle Kräfte
in die Verwirrung reißt‹. Damals war Heidegger noch der Meinung, daß,
ob solches geschieht oder nicht geschieht, allein davon abhänge, ›ob wir
uns selbst noch und wieder wollen«, oder ob wir uns nicht mehr wollen‹
und daß die Entscheidung darüber bereits im positiven Sinne gefallen sei,
nämlich durch die Gefolgschaft zum Führer. Drei Jahre später, im Hölderlin-Vortrag von 1936, endet Heidegger wesentlich resignierter. Er verweist mit Hölderlin auf ›die Zeit der entflohenen Götter und des kommenden Gottes‹ [1951, S. 44]. Weil aber die Gegenwart in diesem doppelten
Nicht stehe: dem Nichtmehrdasein der Entflohenen und dem Nochnicht-

dasein des Kommenden, sei sie wesentlich eine darbende und dürftige Zeit, und von der ›Herrlichkeit‹ des Aufbruchs von 1933 ist nicht mehr die Rede. Der Dichter dieser Zeit harre aus und halte stand im Nichts dieser Nacht – ein Bild, das an den Schluß von M. Webers Vortrag [über *Wissenschaft als Beruf*] erinnert. ›Und wozu Dichter in dürftiger Zeit?‹ So mag sich auch Heidegger oftmals gefragt haben: wozu Philosophen in dürftiger Zeit? Die Antwort darauf dürfte ihm aber noch schwerer fallen als seinem Dichter, für den die Götter mehr waren als bloße Zeitbegriffe.«

47 »Der Begriff der ›Menschheit‹ ist ein besonders brauchbares Instrument imperialistischer Machterweiterung. In seiner ethisch-humanitären Form ist dieses Wort sogar ein ganz typisches Werkzeug des ökonomischen Imperialismus. Hierfür gilt, mit einer naheliegenden Modifikation, ein von Proudhon geprägtes Wort: wer Menschheit sagt, will betrügen. Die Führung des Namens ›Menschheit‹, die Berufung auf die Menschheit, die Monopolisierung dieses Wortes, alles das könnte, weil man nun einmal solche Namen nicht ohne gewisse Konsequenzen führen kann, nur den schrecklichen Anspruch bekunden, daß dem Feind die Eigenschaft des Menschen abgesprochen [...] und dadurch der Krieg zur äußersten Unmenschlichkeit getrieben werden soll.« Carl Schmitt, Der Begriff des Politischen, Hamburg 1933, S. 37; ähnlich Ausgabe 1932, S. 42 f. und Neudruck 1963, S. 55.

48 In: *Philosophische Weltanschauung.* Bonn: Cohen, 1929, S. 47–83. GW IX, S. 145–170; im folgenden werden die Seitenzahlen dieser beiden Ausgaben zitiert. – Der Vortrag wurde am 5. Nov. 1927 in Berlin gehalten.

49 Angabe offenbar fehlerhaft. Zum Ausgleich zwischen Europa und Asien vgl. *Philosophische Weltanschauung*, S. 68 und 122. bzw. GW IX, S. 159 f. und 119.

Natur und Humanität des Menschen

Erstveröffentlichung in: *Wesen und Wirklichkeit des Menschen.* Festschrift für Helmuth Plessner, hrsg. v. Klaus Ziegler. Göttingen 1957, S. 58–87. Wiederabgedruckt in: Karl Löwith, *Gesammelte Abhandlungen. Zur Kritik der geschichtlichen Existenz.* Stuttgart 1960, S. 179–207.

50 *Sein und Zeit*, S. 401; *Briefwechsel zwischen Wilhelm Dilthey und dem Grafen Paul Yorck von Wartenburg 1877–1897.* Halle: Niemeyer, 1923, S. 83.

51 Bernhard Groethuysen, *Philosophische Anthropologie* (= Handbuch der Philosophie, hrsg. v. A. Baeumler & M. Schröter, Abt. III A). München/Berlin: Oldenbourg, 1931.

52 Nr. 1067; Werke, XVI, 2. Aufl., S. 401 f.

53 Vgl. Goethe, *Sämtliche Werke*. Jubiläumsausgabe in 40 Bänden. Bd. 39, Stuttgart/Berlin: Cotta, o. J., S. 3–6 (Zitat: S. 4); vgl. S. 347–350. – Goethe, *Werke*. Hamburg: Wegner, Bd. 13, 1955, S. 45–47; vgl. S. 48 f., 571 f.

54 Vgl. den Aufsatz *Can there be a Christian Gentleman?* in: K. Löwith, *Vorträge und Abhandlungen. Zur Kritik der christlichen Überlieferung.* Stuttgart: Kohlhammer, 1966, S. 28–36. Der Aufsatz wird in Bd. III dieser Ausgabe erscheinen.

55 Titel des 3. Kapitels von Victor Hehn, *Gedanken über Goethe*, 1. Aufl. Berlin 1887.

56 Auch in: K. Löwith, *Aufsätze und Vorträge 1930–1970*. Stuttgart: Kohlhammer, 1971, S. 21 ff.; der Aufsatz wird in Bd. III dieser Ausgabe erscheinen.

57 *Die Welt als Wille und Vorstellung*, Bd. II, Kap. 44.

58 Anfang von Buch 14 des Romans *Pierre or the Ambiguities*.

59 *Vom Wesen des Grundes*, 4. Aufl. 1955, S. 54; in: Wegmarken, 1967, S. 71.

60 Montaigne, *Essais*, II 12, vorletzter Absatz: »O la vile chose et abjecte, que l'homme, s'il ne s'esleve au dessus de l'humanité.« Seneca, *Quaestiones naturales*, I, praef., 5.

Welt und Menschenwelt

Erstveröffentlichung in: *Gesammelte Abhandlungen. Zur Kritik der geschichtlichen Existenz.* Stuttgart 1960, S. 228–255.

61 G. W. Leibniz, *Deutsche Schriften*, hrsg. v. G. E. Guhrauer. Bd. I, Berlin 1838 (Nachdruck Hildesheim: Olms, 1966), S. 499–486, vor allem S. 466 f., Nr. 49.

62 »Noli foras ire, in te [ipsum] redi, in interiore homine habitat veritas.« Zitiert bei Edmund Husserl, *Cartesianische Meditationen* (= Husserliana. Gesammelte Werke, Bd. I). Den Haag: Nijhoff, 1950, S. 183.

63 *Vom Wesen des Grundes*, 4. Aufl. 1955, S. 23 f.; in: Wegmarken, 1967, S. 39.

64 Ebd. S. 35 bzw. S. 51.

65 Ebd. S. 37–39, 43 bzw. S. 53–55, 59.

66 *Brief über den »Humanismus«*, 1949, S. 38; in: *Platons Lehre von der Wahrheit*, 1947, S. 105; in: *Wegmarken*, 1967, S. 184.

67 *Was ist Metaphysik?* 7. Aufl. 1955, S. 26, 40; in: Wegmarken, 1967, S. 5, 17.

68 Hegel, *Wissenschaft der Logik*, hrsg. v. G. Lasson. Leipzig: Meiner, 1923, 1951, Bd. I, S. 12 f.; Aristoteles, *Metaphysik* A 2, 982 b.

69 *Die deutsche Ideologie*, 11. These über Feuerbach; in: Die Frühschriften, hrsg. v. S. Landshut. Stuttgart: Kröner, 1953, S. 341.

70 Dieser Zusatz findet sich außer in der Erstausgabe der *Werke* (Bd. VIII,

1833) auch in: Hegel, Studienausgabe in 3 Bänden, hrsg. v. Karl Löwith und Manfred Riedel. Frankfurt: Fischer-Bücherei, 1968, Bd. II, S. 51, dagegen nicht in manchen anderen, heute geläufigen Ausgaben.

Zur Frage einer philosophischen Anthropologie

Erstveröffentlichung in: *Neue Anthropologie*. Hrsg. v. Hans-Georg Gadamer und Paul Vogler. Stuttgart: Thieme; München: dtv Bd. 7 (= *Philosophische Anthropologie*. Zweiter Teil), 1975, S. 330–342. Am Schluß des Aufsatzes hat der Verfasser wichtige Literatur angegeben, die im Text nur abgekürzt zitiert wird:

Carus, Carl Gustav: Physis. Zur Geschichte des leiblichen Lebens. 2. Ausgabe Lahr: Schauenburg, 1860.

Carus, Carl Gustav: Psyche. Zur Entwicklungsgeschichte der Seele (reprogr. Nachdruck der 2. Aufl. 1860). Darmstadt: Wissenschaftliche Buchgesellschaft, 1971.

Descartes, René: Meditationen über die Grundlagen der Philosophie mit den sämtlichen Einwänden und Erwiderungen. Hamburg: Meiner, 1965.

Hegel, G. W. F.: Phänomenologie des Geistes. 6. Aufl., hrsg. v. J. Hoffmeister. Hamburg: Meiner, 1952.

Hegel, G. W. F.: Enzyklopädie der philosophischen Wissenschaften, Bd. III. Frankfurt: Suhrkamp, 1970 [= Werke in zwanzig Bänden, Theorie-Werkausgabe, Bd. 10].

Heidegger, Martin: Zur Seinsfrage, 3. Aufl. Frankfurt: Klostermann, 1967, [1. Aufl. 1956].

Heidegger Martin: Sein und Zeit, 12. Aufl. Tübingen: Niemeyer, 1972 [1. Aufl. 1927].

Kant, Immanuel: Anthropologie (2. Nachdruck d. Ausg. v. 1923). Berlin: de Gruyter, 1969.

Kretschmer, Ernst: Körperbau und Charakter. Untersuchungen zum Konstitutionsproblem und zur Lehre von den Temperamenten. 25. Aufl. Berlin: Springer, 1967.

Rosenkranz, Karl: Psychologie oder die Wissenschaft vom subjectiven Geist. 3. sehr verm. u. verb. Aufl. Königsberg, 1863.

Schopenhauer, Arthur: Sämtliche Werke. Stuttgart: Cotta; Frankfurt: Insel, 5 Bde. 1960–1965.

Straus, Erwin: Vom Sinn der Sinne. Ein Beitrag zur Grundlegung der Psychologie. 2. verm. Aufl. Berlin: Springer, 1956.

Straus, Erwin: Psychiatrie und Philosophie. In: Psychiatrie der Gegenwart, Bd. I/2, hrsg. v. H. W. Gruhle, R. Jung, W. Mayer-Müller. Berlin: Springer, 1963.

71 Anspielung auf Voltaire, *Le Micromégas* (1752), »eine philosophische Erzählung von der Reise eines Sternenbewohners zum Planeten Saturn, wo er zufällig seltsame kleine Lebewesen aufliest, die sich ›Menschen‹ nennen. Sie sind der Sprache mächtig und merkwürdig intelligent. Auch bestehen sie darauf, eine ›Seele‹ zu haben. Einer von ihnen, ein Thomist, behauptet sogar, die ganze Schöpfung sei einzig um des Menschen willen gemacht. Bei dieser Rede schüttelt sich der himmlische Reisende vor nicht endenwollendem Gelächter« (K. Löwith, *Weltgeschichte und Heilsgeschehen*. Stuttgart 1952, S. 102).

72 In einem Typoskript dieses Aufsatzes sind der Rest dieses und der nächste Satz folgendermaßen korrigiert: »[. . .] daß der im wörtlichen Sinn ursprüngliche Zustand des Menschen der unbewußt-schlafende ist, in den wir alltäglich zurückkehren, weil auch der erwachsene und wache Mensch nicht rein als bewußtes Sein leben kann.«

73 In zwei Typoskripten dieses Textes heißt es an dieser Stelle weiter: »Er hat als ein an Goethe gebildeter, naturwissenschaftlicher Forscher mit der Einsicht Ernst gemacht, daß der Mensch zwar erstmals mit der Geburt zur Welt und zu sich selber erwacht und damit zu der fundamentalen Unterscheidung des *eigenen* und *fremden* Seins, daß aber diesem im wörtlichen Sinn ent-scheidenden Lebensabschnitt eine völlige unbewußte und auch gar nicht bewußtseinsfähige embryonale Entwicklung vorhergeht und daß der Mensch auch auf der höchsten Spitze des Selbstbewußtseins allnächtlich immer wieder in den viel breiteren und tieferen Bereich des bewußtlosen Lebens zurücksinkt. [. . .] In diesem Wechsel von Schlafen und Wachsein spiegelt sich im menschlichen Leben zugleich das solarische, kosmische Leben, indem die Helligkeit des Tageslichts erweckend und die Dunkelheit der Nacht einschläfernd wirkt. Das Aufschlagen der Augen beim Erwachen, dem das Aufstehen folgt, zeigt die innere Beziehung des wachen Bewußtseins zum Licht und des träumenden Lebens im Schlaf zur Dunkelheit.[. . .] Was Freud ›Verdichtung‹ in der Traumarbeit nennt, ist, vom wachen Bewußtsein her gesehen, ein Mangel an Unterscheidenkönnen. Wenn wir im Wachsein ähnliche Verwandlungen der Dinge und Menschen, der Orte und Zeiten erleben würden wie im Traum, so wäre das eine verrückte Welt. Im Wachsein unterscheidet sich aber nicht nur der Mensch von der Welt und das Selbstsein von allem andern, das es nicht selber ist; das wache, bewußte Leben ermöglicht auch jedes Miteinandersein in seiner gemeinsamen Welt, wogegen der Schlafende verbindungslos in seiner je eigenen Privatwelt träumt. Wenn zehn Schläfer zusammen in einem Raum schlafen, so bleiben sie doch für sich selber getrennt; zehn Reisende in einem Eisenbahnabteil brauchen zwar auch nicht miteinander zu reden, aber sie können als wache doch nicht vermeiden, zusammenzugehören und ihr Verhalten aufeinander abzustimmen. Und ein Letztes: der Schlafende ist ohnmächtig im doppelten Sinn von

machtlos und bewußtlos, im Unterschied zum Wachen, der kraft seines wachen Bewußtseins Macht hat: über sich selbst und seine Bewegungen, über seine Mitwelt und Umwelt. Auch das Denken ist, im Unterschied zum Träumen, eine weltverändernde Macht. Alle sozialen Veränderungen und politischen Umstürze hat das bewußte Denken des Menschen vollbracht. Indem er sich etwas ausdenkt und vorstellt, wird es in der Tat möglich gemacht. Hegel hat einmal gesagt: ›Wer das denkt, was die andern nur sind, ist ihre Macht.‹ Der entscheidende Übergang von der Ohnmacht zur Macht ist das Erwachen zu sich selbst und zur Welt, aber wir erwachen immer nur aus dem Schlaf, wobei sich alles andere im Verhältnis zu uns nach Nähe und Ferne, nach Anziehung und Abstoßung artikuliert. Der Schlafende hat keinen eigenen Stand gegenüber der Welt und keine Bewegungsfreiheit, in der sich die Unterscheidung meiner selbst und alles andern, sowie von Wahrheit und Schein, ausbilden könnte. Im Traum ist alles in gleicher Weise wahrscheinlich.

Auf solche trivialen Phänomene wie das tägliche Wachsein und Aufsein und Sich-Niederlegen zum Schlaf, die uns zeitlebens mit der Natur des organischen Lebens und der natürlichen Welt verbinden, muß man zurückgehen, um die Grenzen der traditionellen philosophischen Anthropologie des Geistes oder des Selbstbewußtseins und auch der ›Existenz‹ zu sehen. Weil wir aber den Zustand des Wachseins zumeist nicht *mit* wachem Bewußtsein leben, kann es so scheinen, als verstünde er sich von selbst und als sei er eine zureichende Grundlage für das Verständnis des Menschen. [...] Wir sind so sehr an ihn gewöhnt, daß es einer besonderen Aufmerksamkeit bedarf, um die natürlichen und unbewußten Vorbedingungen alles bewußten Lebens zu sehen. Der weitaus größte Teil unseres Verhaltens besteht nicht aus freien und bewußten Entscheidungen, sondern aus nicht bewußten Vorgängen und halb bewußten Gewohnheiten, die uns zur ›zweiten Natur‹ geworden sind. Alle menschlichen Geschicklichkeiten und Kunstfertigkeiten, alle unsere Einrichtungen beruhen auf Gewohnheit und sind Gewohnheit begründend. Auch die Art und Weise, wie wir über etwas denken, ist meist eine Denkgewohnheit. Wir sind z. B. infolge der biblischen Tradition gewohnt, vom Menschen so zu denken, als sei er die Krone der Schöpfung oder das Ziel der gesamten Evolution, gottähnlich und seinem Wesen nach überweltlich, begabt mit einer vom Leib radikal unterschiedenen Seele. Wir gewöhnen uns auch an das tägliche Aufstehen und Schlafengehen, an die tägliche Berufstätigkeit, an unsere Umwelt und Mitwelt und nicht zuletzt an uns selbst. Und der Schritt vom Gewohnten zum Gewöhnlichen ist gering. Die seltenen Ausnahmen, die alle Gewohnheiten einmal durchbrechen und das Leben neu zu beginnen und einzuschätzen wagen, bestätigen die Regel. Es gehört außerordentlich viel dazu, gewohnte Verhältnisse aufzugeben, denn sie bestehen auch gegen alles Widerwärtige. Das gilt auch für das Verhältnis des Menschen zu sich selbst. Obwohl die wenigsten Menschen sich selber lieben und nur egozentrisch sind, werden doch nur wenige leicht und willig aus dem Leben gehen. Die Gewohnheit des Daseins kann aber auch eine andere Ansicht bieten. In Goethes Egmont heißt es vom menschlichen

Leben, es sei eine ›schöne, freundliche Gewohnheit des Daseins und
Wirkens.‹ Ob die Gewohnheit des Daseins eine schöne und freundliche ist,
ob das Leben überhaupt lebens- und liebenswert ist, das hängt nicht von
unserem eigenen Willen und Eigensinn ab, sondern hauptsächlich von
glücklichen oder unglücklichen Umständen, von dem, was die Römer
fortuna und die Griechen *tyche* nannten, von günstigen oder ungünstigen
Zufällen, um nicht pathetisch vom ›Schicksal‹ zu reden. Diese für jedes
Menschenleben so entscheidenden Zufällen sind das einzige, woran sich
auch die immer gleiche Natur des Menschen, daß er so und nicht anders
ist, begrenzt. Vom einmalig Zufallenden gibt es jedoch kein theoretisches
Wissen. Was heute so und morgen anders sein kann, darüber gibt es nur
Bericht oder Historie, aber keine Erkenntnis. Wenn der Mensch eines
Tages einen Hund erzeugen würde oder wenn die Sonne morgen zur
Abwechslung im Westen aufginge, dann gäbe es weder eine Natur noch
Naturwissenschaft und auch keine Wissenschaft von der Natur des Menschen. Die Wissenschaft beschränkt sich ihrem eigensten Sinn nach auf die
allgemeinen und konstanten Grundzüge in der Natur der Dinge. Die
menschliche Natur ist das Konstante in allem Wechsel der persönlichen
und geschichtlichen Umstände und Verhältnisse. Man könnte dieses
Konstante und sich nach Gesetzen Verändernde mit Goethe die ›Urphänomene‹ nennen. Im Ganzen der lebendigen Welt betrachtet, ist auch der
Mensch, der für sich selbst ein Problem ist, ein erstaunliches Phänomen –
erstaunlich schon allein dadurch, daß er im Unterschied zu allen anderen
Lebewesen von sich selber zurücktreten und aus diesem Abstand heraus
über sich selbst wie über etwas anderes und Fremdartiges nachdenken
kann. Angenommen, ein Tier könnte sich fragen, was seine Tierheit
ausmacht – so wie wir fragen, was den Menschen zum Menschen macht –
so wär es nicht mehr ein Tier, sondern ein in ein Tier verzauberter
Mensch.«

On Speech and Silence

Erstveröffentlichung in: *The Foundation Stone,* published by the
Student Association of the Hartford Seminary Foundation, Vol. III
(May 1946), S. 9–17. Löwith lehrte seit 1939 Philosophie am Hartford Theological Seminary. Die Dozenten, in der Regel Theologen,
waren verpflichtet, turnusmäßig eine Art Andacht für die Studenten,
den sogenannten »Chapel Speech«, zu halten. Löwiths Bedenken, ob
er eine solche Rede halten könnte, wurden dadurch zerstreut, daß ihm
volle Freiheit der Themenwahl und der stilistischen Mittel zugestan-
den wurde.

74 »Quomodo admonendi taciturni et verbosi« (*Regula pastoralis,* III, 14,
    in: Migne, Patrologia latina, Bd. 77, Sp. 71–74).

75 »Cultus iustitiae silentium« (*Jes.* 32, 17); »velox ad audiendum, tardus autem ad loquendum« (*Jak.* 1, 19); ebd. S. 73 und 74.
76 Anfang von Buch 14: *The Journey and the Pamphlet.*

Die Sprache als Vermittler von Mensch und Welt

Erstveröffentlichung in: *Das Problem der Sprache in Theologie und Kirche.* Referate vom Deutschen Evangelischen Theologentag, 27.–31. Mai 1958 in Berlin, hrsg. v. W. Schneemelcher. Berlin 1959, S. 36–54. Wiederabgedruckt in: K. Löwith, *Gesammelte Abhandlungen. Zur Kritik der geschichtlichen Existenz.* Stuttgart: Kohlhammer, 1960, S. 208–227.

Für den Vortrag vor dem Theologentag erweiterte Löwith den Text um die folgende Einleitung:

»Der Titel enthält eine nicht eigens genannte Abgrenzung gegen die anderen Möglichkeiten, die Sprache als Medium zwischen Mensch und Gott aufzufassen. Angesichts des Umstandes, daß es Theologen sind, die mir freundlicherweise das Wort erteilen, das ein menschliches Wort von der Welt und kein göttliches Wort von Gott sein wird, mag es nützlich sein, diese Abgrenzung der weltlichen Rede des Menschen vom Gotteswort einleitungsweise zu verdeutlichen.«

77 In: Die Christliche Welt 36 (1922), S. 858–873. – Wiederabgedruckt in: Karl Barth, *Das Wort Gottes und die Theologie. Gesammelte Vorträge* [Bd. I]. München: Kaiser 1924, S. 156–178.
78 Karl Barth, *Die Menschlichkeit Gottes.* Vortrag. Zollikon-Zürich: Evang. Verlag, 1956 (Theol. Studien, 48).
79 Karl Barth, *Die Kirchliche Dogmatik.* Zollikon-Zürich: Evang. Verlag, 12 Bände, 1932–1967.

Hegel und die Sprache

Erstveröffentlichung in: Neue Rundschau 76 (1965), S. 278–297. Wiederabgedruckt in: *Vorträge und Abhandlungen. Zur Kritik der christlichen Überlieferung.* Stuttgart: Kohlhammer, 1966, S. 97–118. Der Abschnitt über Parmenides und Plato (S. 375–377) ist, kaum verändert und nur am Schluß gekürzt, aus dem vorangegangenen Aufsatz über *Die Sprache als Vermittler von Mensch und Welt*

(S. 355–358) übernommen. Obwohl die beiden Aufsätze nun in
unmittelbarer Nachbarschaft und nicht mehr in zwei verschiedenen
Bänden erscheinen, ist hier auf eine Streichung des Abschnitts verzichtet worden, damit der Gedankengang keine Unterbrechung erfährt.

80 *Jenenser Realphilosophie I*, hrsg. v. Johannes Hoffmeister. Leipzig: Mei-
    ner (Phil. Bibl., 66), 1933 (= Hegel, *Sämtliche Werke*, hrsg. v. Georg
    Lasson, Bd. 19).
81 Phil. Bibl., 67, 1931; Sämtl. Werke, Bd. 20 (im übrigen siehe vorige
    Anm.).
82 *Phänomenologie des Geistes*. 6. Aufl. 1952, S. 373 f.

Töten, Mord und Selbstmord: Die Freiheit zum Tode

Erstveröffentlichung unter dem Titel *Töten, Mord und Selbstmord* in:
Die Frage der Todesstrafe. 12 Antworten. Das Heidelberger Studio;
eine Sendereihe des Süddeutschen Rundfunks, Ltg. Johannes Schlemmer, 24. Sendefolge. München: Piper, 1962, S. 167–185. Wiederabgedruckt unter dem Titel *Die Freiheit zum Tode* in: K. Löwith, *Vorträge
und Abhandlungen. Zur Kritik der christlichen Überlieferung.* Stuttgart: Kohlhammer, 1966, S. 274–289. Die beiden Titel wurden für die
vorliegende Veröffentlichung kombiniert, um eine Verwechslung mit
dem nachfolgend abgedruckten Vortrag auszuschließen.
Löwith hat sich häufiger zum Problem des Selbstmordes, insbesondere
im Zusammenhang mit Kant und der christlichen Tradition, geäußert,
z. B. in *Das Individuum in der Rolle des Mitmenschen*, (§ 3, Nr. 4;
§ 39 zu Anm. 18; § 43 zu Anm. 3; § 44 zu Anm. 8) und in dem
Aufsatz *Schöpfung und Existenz* (in: K. Löwith, Wissen, Glaube und
Skepsis. Göttingen 1956, S. 71–73; wird in Bd. III dieser Ausgabe
erscheinen), in dem einige kürzere Passagen mit entsprechenden des
gegenwärtigen Vortrags wörtlich übereinstimmen. Solche textlichen
Doubletten dürfen wegen des jeweils verschiedenen sachlichen
Zusammenhangs nicht getilgt werden.

83 *Die fröhliche Wissenschaft*, Nr. 338.
84 In der Schrift: *Commentaire sur le livre des délits et des peines* (1776), ch.
    XIX: »Du suicide«. – Der eigentliche Ausgangspunkt dieser vor-janseni-
    stischen Jugendschrift des Jean Duverg(i)er de Hauranne wird bei Voltaire
    nicht voll sichtbar; heute ist sie, ein Gelegenheitswerk von 56 Blättern im
    Duodezformat, kaum noch zugänglich. Der vollständige Titel lautet:

*Question royale où est montré en quelle extrémité, principalement en
temps de paix, le sujet pourrait être obligé de conserver la vie du Prince
aux dépens de la sienne.* Ausgehend von einer organischen Gesellschafts-
lehre, verteidigt Saint-Cyran mit stoischen und aristotelischen Argumenten den Selbstmord, sofern damit vom Staat bzw. vom Fürsten eine
drohende Gefahr abgewendet wird.

85 Jacob Burckhardt, *Gesamtausgabe*, Bd. IX (= *Griechische Kulturgeschichte*, Bd. II). Stuttgart: Deutsche Verlags-Anstalt, 1930, S. 311–392.

86 Vgl. David Hume, *The Letters*, ed. by J. Y. T. Greig. Oxford 1932, Bd. II,
S. 453.

87 *Of Suicide*, in: D. Hume, *The Philosophihal Works*, ed. by T. H. Green &
T. H. Grose. London 1882, Bd. IV, S. 406–414.

88 *Korte Verhandeling von God, de Mensch en deszelfs welstand*, in: Spinoza, *Opera*, im Auftrag der Heidelberger Akademie der Wissenschaften
hrsg. v. Carl Gebhardt. Bd. I. Heidelberg 1925, S. 18, Z. 14 f., S. 40,
Z. 6–10, S. 111, Z. 12 ff.

89 Nach der Übersetzung von Otto Baensch in: Spinoza, *Ethik*. 6. (der neuen
Übersetzung 1.) Aufl., Leipzig: Dürr (Phil. Bibl. 92), 1905.

Die Freiheit zum Tode

Erstveröffentlichung in: Was ist der Tod? Erkenntnisse und Meditationen über den Tod. 11 Beiträge und eine Diskussion. Das Heidelberger Studio; eine Sendereihe des Süddeutschen Rundfunks, Ltg. Johannes Schlemmer. 45. Sendefolge. München: Piper, 1969, S. 167–178.
Löwith hat diesen Vortrag im Gegensatz zum voranstehenden nicht in
eine eigene Aufsatzsammlung aufgenommen; allerdings läßt sich daraus nicht auf eine bestimmte Absicht schließen. Sachlich ergänzt der
spätere Vortrag über *Die Freiheit zum Tode* den früheren vor allem
dadurch, daß er neben den schulphilosophischen Positionen auch
literarische und biographische Beispiele heranzieht. Da der Verfasser
diesen Vortrag nicht im Hinblick auf eine Veröffentlichung zusammen
mit jenem anderen von 1962 überarbeitet hat, läßt sich die Streichung
von zwei Abschnitten über Kant und Hume, die bereits im früheren
Vortrag begegneten, rechtfertigen.

90 Im folgenden ist ein Abschnitt über Kant ausgelassen, der sich, fast
wörtlich übereinstimmend und überdies ausführlicher, bereits im vorangegangenen Vortrag *Töten, Mord und Selbstmord: Die Freiheit zum Tode*
findet (S. 406, 2. Abs. bis S. 407).

91 Paul Valéry, *Mauvaises pensées et autres*, in: Oeuvres, éd. par Jean
Hytier. Paris: Gallimard (Bibl. de la Pléiade), Bd. II, 1960, S. 842.

92   Im Folgenden ist der Abschnitt über Humes Essay *Of Suicide* ausgelassen, der sich ebenfalls in ausführlicherer Fassung im voranstehenden Vortrag (s. o. S. 413, 3. Abs. bis 415, 1. Abs.) findet.

93   So Humes scherzhafte Ausmalung (Korrektur der Löwithschen Paraphrase auf Grund der Quelle). Dies und das Folgende berichtet Adam Smith in einem Brief an William Strahan vom 9. Nov. 1776 (in: David Hume, *The Letters*, ed. by J. Y. T. Greig. Oxford: Clarendon Press, 1932, Bd. II, S. 451).

94   Brief vom 20. August 1776, in: Hume, *The Letters*, a.a.O., S. 335. Die Übersetzung wurde an zwei Stellen geändert.

Voltaires Bemerkungen zu Pascals *Pensées*

Erstveröffentlichung unter dem Titel: *Voltaire, Über Pascal. Bemerkungen zu den »Gedanken«.* Eingeleitet und übersetzt von Karl und Ada Löwith, in: Der Monat 19 (Dez. 1967), H. 231, S. 49–62. – Wiederabgedruckt in: K. Löwith, *Aufsätze und Vorträge 1930–1970.* Stuttgart: Kohlhammer, 1971, S. 100–123.

Im Wesentlichen stammt die Einleitung von Karl Löwith und die Übertragung von Ada Löwith. Von den über siebzig *Bemerkungen* Voltaires haben die Verfasser 37 übersetzt. Die Numerierung der *Pensées* folgt der Ausgabe von Léon Brunschvicg (Blaise Pascal, *Pensées et opuscules.* Paris: Hachette, 1. Aufl. 1897), bei längeren Fragmenten mit Angabe der Seitenzahl dieser Ausgabe. Brunschvicgs Text weicht in einzelnen Formulierungen von demjenigen ab, der Voltaire vorlag, der sog. Edition de Port-Royal: *Pensées de M. Pascal sur la religion et sur quelques autres sujets.* Nouvelle éd. augmentée, Paris: G. Desprez & J. Desessarts, 1714.

Voltaires *Remarques sur les Pensées de Pascal* (1734) erschienen als fünfundzwanzigste der *Lettres philosophiques (sur les Anglais);* diese Zuordnung ist allerdings sekundär. Siehe Voltaire, *Oeuvres complètes,* hrsg. v. Louis Moland. Paris 1877–1885, Bd. XXII, S. 27–61; ferner: Voltaire, *Lettres philosophiques.* Ed. critique par Gustave Lanson. Paris 1909 (Société des textes français modernes), Bd. II, S. 184–244. Diese Edition geht auf die Ausgabe von 1734 zurück, deren Text an einigen Stellen differiert und deren Numerierung der *Bemerkungen* ab Nr. 31 um eine Nummer von der Zählung der späteren Werkausgaben, denen auch Löwith folgt, abweicht.

95 Nietzsche, *Ecce homo*, Warum ich so klug bin, 4; Werke, XV (2. Aufl.
    1911), S. 34.
96 Von Hiskia wird im Alten Testament (Jes. 36,7) berichtet, er habe die
    Kulte fremder Götter beseitigt. Die Tradition, daß er auch die Bücher
    Salomos, Inbegriff weltlicher Weisheit, habe verbrennen wollen, geht auf
    Eusebius von Cäsarea (ca. 260–339) zurück.
97 »Kannst du an Sehschärfe nicht mit Lynkeus wetteifern, so mögest du
    doch bei Lidentzündung die Salbe nicht verschmähen« (Horaz, *Ep.* I, 1 V.
    28–29).

Curriculum vitae

Antrittsrede vor der Heidelberger Akademie der Wissenschaften vom
9. Januar 1959. Gekürzt veröffentlicht in: Jahresheft 1958/59 (Sitzungsberichte der Heidelberger Akademie der Wissenschaften). Heidelberg 1960, S. 23–27. Der vollständige Text ist bislang nur in der
französischen Übersetzung von Marcel Régnier erschienen in: Archi-
ves de Philosophie 37 (1974), S. 181–192.
Der vorliegenden Erstveröffentlichung liegt das Typoskript aus dem
Nachlaß des Verfassers zugrunde.

98 Fundorte der in diesem Lebenslauf im folgenden erwähnten Aufsätze (in
    eckigen Klammern ist angegeben, in welchem Band dieser Ausgabe sie
    erscheinen werden):
*   *M. Heidegger und F. Rosenzweig. Ein Nachtrag zu »Sein und Zeit«,* in:
    Zeitschrift für philosophische Forschung 12 (1958), S. 161–187. [Bd.
    VIII].
    M. Heidegger und F. Rosenzweig, or Temporality and Eternity, in:
    Philosophy and Phenomenological Research 3 (1942/43), S. 53–77.
    L. Feuerbach und der Ausgang der klassischen deutschen Philosophie, in:
    Logos. Internationale Zeitschrift für Philosophie der Kultur 17 (1928),
    S. 323–347. [Bd. V].
*   *Max Weber und Karl Marx,* in: Archiv für Sozialwissenschaft und
    Sozialpolitik 67 (1932), S. 53–99, 175–214. [Bd. V].
    Marxismus und Geschichte, in: Neue Deutsche Hefte 4 (1957/58), Nr.
    42, S. 876–888.
*   *Politischer Dezisionismus,* in: Internationale Zeitschrift für Theorie des
    Rechts (Brünn), 9 (1935), S. 101–123. [Bd. VIII].
    *Les implications politiques de la philosophie de l'existence chez Heideg-
    ger,* in: Les Temps Modernes 2 (Nov. 1946), Nr. 14, S. 343–360;
    Réponse à M. de Waelhens, ebd. 3 (Aug. 1948), Nr. 35, S. 370–373.
    [Bd. VIII].
*   *Friedrich Nietzsche, 1844–1900,* in: Die großen Deutschen. Deutsche

Biographie in 4 Bänden, hrsg. v. H. Heimpel, Th. Heuss u. B. Reifenberg. Bd. III, Berlin: Ullstein/Propyläen, 2. Aufl. 1956, S. 582–598 [Bd. VI].
Natur und Geschichte, in: Die Neue Rundschau 62 (1951), H. 1, S. 65–79.
Weltgeschichte und Welt, in: Frankfurter Allgemeine Zeitung, 30. 4. 1958 (gekürzte Fassung des in Marburg gehaltenen Kongreßvortrags). Weitgehend übereinstimmend mit den beiden ersten Teilen von: * Welt und Menschenwelt [in diesem Band].
Sekai to Sekaishi (= Welt und Weltgeschichte). Tokyo: Iwanami, 1959.
* *Natur und Humanität des Menschen* [in diesem Band].
* *Die Sprache als Vermittler von Mensch und Welt* [in diesem Band].
Die mit * versehenen Aufsätze sind wiederabgedruckt in: K. Löwith, *Gesammelte Abhandlungen. Zur Kritik der geschichtlichen Existenz.* Stuttgart: Kohlhammer, 1960.

99   Eine kürzere Fassung dieses *Curriculum vitae,* die an dieser Stelle endete, hat Löwith später mit folgendem Nachtrag versehen:
»In meinem letzten Buch *Gott, Mensch und Welt in der Metaphysik von Descartes bis zu Nietzsche* (1967) habe ich dann das Motiv von *Weltgeschichte und Heilsgeschehen* in der gesamten neuzeitlichen Metaphysik zur Geltung gebracht, um die theologischen Voraussetzungen der nachchristlichen Metaphysik herauszustellen und zu zeigen, daß und weshalb sich das dreieinige Verhältnis von Gott, Mensch und Welt auf den Bezug von Mensch und Welt reduziert hat. Indem sich die christliche Botschaft vom Reich Gottes von der Kosmotheologie der Griechen und der moderne, emanzipierte Mensch von der biblischen Anthropotheologie befreit hat, in welchem Mensch und Gott eine Partnerschaft bilden, erhebt sich Nietzsches Frage ›Wozu überhaupt Mensch?‹«
100 »Die Zeit der Väter, schlechter als die der Großväter, brachte uns Nichtswürdigere hervor, die wir bald ein noch verworfeneres Geschlecht erzeugen werden« (Ode III, 6).

Ansprache zur Verleihung der Ehrendoktorwürde der Universität Bologna (9. Januar 1969)

Bislang nur italienisch erschienen: *Discorso pronunciato in occasione del conferimento della laurea ad honorem in filosofia presso l'Università di Bologna il 9-1-1969,* in: *Il Cannocchiale.* Rivista di cultura, Nuova Serie, Anno I, nn. 1/3, Gennaio-Dicembre 1976, pag. 63–65. Erstveröffentlichung nach dem Typoskript des Verfassers.

Abgekürzt zitierte Literatur

Aristoteles, Opera ex rec. Immanuelis Bekkeri ed. Academia Regia Borussia, 1831. Ed. altera, Berlin: de Gruyter, 1960.

Burckhardt, Jacob, Gesamtausgabe. Berlin/Leipzig: Deutsche Verlagsanstalt. 14 Bände, 1929–1933.

Dilthey, Wilhelm, Gesammelte Schriften. Leipzig/Berlin: Teubner, 1921 ff.

Feuerbach, Ludwig, Sämmtliche Werke. Leipzig: Wigand. 10 Bände, 1846–1866 (die 2. Auflage differiert in der Seitenzählung).

Goethe, Johann Wolfgang v., Werke, herausgegeben im Auftrage der Großherzogin von Sachsen. Weimar: Böhlau, 1887–1919.

Goethe, Johann Wolfgang v., Gespräche, hrsg. v. Flodoard v. Biedermann. Leipzig: Biedermann. 2. Aufl., 5 Bände, 1909–1911.

Hegel, G. W. F., Werke. Vollständige Ausgabe durch einen Verein von Freunden des Verewigten. Berlin: Duncker & Humblot. 19 Bände, 1832–1845 (die 2. Auflage einzelner Bände differiert in der Seitenzählung).

Hegel, G. W. F., Sämtliche Werke. Kritische Ausgabe, hrsg. v. Georg Lasson. Leipzig: Meiner, 1870 ff. (nicht vollendet).

Hegel, G. W. F., Sämtliche Werke, Jubiläumsausgabe in 20 Bänden, hrsg. v. Hermann Glockner, Stuttgart: Frommann, 1927–1940.

Hegel, G. W. F., Theologische Jugendschriften, nach den Handschriften der Königlichen Bibliothek in Berlin, hrsg. v. Herman Nohl. Tübingen: Mohr, 1907.

Humboldt, Wilhelm v., Gesammelte Schriften, hrsg. v. der Königlich Preußischen Akademie der Wissenschaften. Berlin: Behr, 12 Bände, 1903–1912.

Kant, Immanuel, s. o. die Angaben in: *Das Individuum in der Rolle des Mitmenschen*, § 38, Anm. 14.

Kierkegaard, Sören, Gesammelte Werke, übersetzt von Emanuel Hirsch und Hayo Gerdes. Düsseldorf: Diederichs. 36 Abteilungen, 1951–1969 (ohne nähere Angaben ist stets diese Ausgabe gemeint; die beiden früheren Ausgaben der Gesammelten Werke werden vorkommendenfalls genau bezeichnet).

Luther, Martin, Werke. Kritische Gesamtausgabe. Weimar: Böhlau, 1883 ff.

Nietzsche, Friedrich, Werke [Großoktavausgabe]. 19 Bände. Leipzig: Naumann, 1895–1904. 2. Auflage Leipzig: Kröner, 1901–1913

(einzelne Bände, besonders solche mit Nachlaßtexten, sind für die
zweite Auflage umgearbeitet worden).
Patrologiae cursus completus. Accurante J.-P. Migne. Series 1
(Latina). 221 Bände, Paris: Migne, 1844–1864.
Scheler, Max, Gesammelte Werke, hrsg. v. Maria Scheler. Bislang 10
Bände. Bern: Francke, 1954 ff. (vgl. das Literaturverzeichnis im
Anhang zu dem Aufsatz *Max Scheler und das Problem einer
philosophischen Anthropologie*, S. 479 f.).

Zu diesem Band

Wenn hier der erste Band der nunmehr vollständig gesammelten und nach inhaltlichen Gesichtspunkten geordneten Schriften Karl Löwiths vorgelegt wird, so sollen und können die Texte für sich selbst sprechen, und dies um so mehr, als es sich um das Werk eines philosophischen Stilisten handelt, der stets die Geste der Entschiedenheit mit dem Sinn für das Einfache verband. Einer Erläuterung bedarf nur die Abgrenzung der Thematik dieses Bandes und die Anordnung der Texte innerhalb des gesetzten Rahmens.

Wenn ein Philosoph wie Karl Löwith seine denkerische Bemühung auf das »dreieinige Verhältnis« von *Gott, Mensch und Welt* – so der Titel seines 1967 erschienenen Buches über die Metaphysik von Descartes bis Nietzsche – richtet und diese Reflexionen nicht nur systematisch darstellt, sondern zugleich aus der Geschichte der abendländischen Metaphysik heraus entwickelt, so ist unmittelbar deutlich, daß die Isolierung eines einzelnen dieser Bezugspunkte in Gefahr gerät, gerade diejenige gedanklichen Momente abzublenden, um die es Löwith vorzugsweise geht. Hinzu kommt, daß das Menschenbild im Orient ein grundsätzlich anderes ist als im Abendland – ein Aspekt, der zwar für die Betrachtung des Menschen, auch des westlichen, entscheidend ist, aber gleichwohl hier, im Rahmen anthropologischer Arbeiten, nur andeutungsweise (im *Curriculum vitae)* zur Sprache kommt, im übrigen aber seinen Platz in einem eigenständigen Zusammenhang finden muß, wo der Unterschied zwischen Orient und Okzident unter all seinen Gesichtspunkten dargestellt wird.

Des weiteren hat das Phänomen Mensch erst im Verlauf der abendländischen Geschichte seinen Ort in jenem dreieinigen Verhältnis gefunden, das Löwith nun seinerseits im Sinne der nachnietzsche-

schen Entwicklung destruiert, indem er die Belastung durch die theologische Tradition als eine – zweittausendjährige, aber dennoch vorübergehende – Episode der Geschichte interpretiert. Übrig bleibt der
Bezug zwischen Mensch und Welt, und hier ist es Löwiths Bestreben,
die Prädominanz des Menschen innerhalb dieses Bezuges zu relativieren. »Die vor- und übermenschliche Welt des Himmels und der Erde,
die ganz und gar auf sich selber steht und sich selbst erhält, übertrifft
unendlich die Welt, die mit dem Menschen steht und fällt. Welt und
Menschenwelt sind nicht einander gleichgestellt«, heißt es in dem
programmatischen Aufsatz *Welt und Menschenwelt* (1960), der –
ganz im Sinne Löwiths – im Mittelpunkt des vorliegenden Bandes
steht, aber zugleich dessen im Titel angedeutete rein anthropologische
Perspektive aufbricht.

Zweierlei ist also bei der Lektüre dieser »Beiträge zur Anthropologie« zu berücksichtigen: Erstens kann eine wahrhaft philosophische,
und das heißt für Löwith: umfassende Betrachtungsweise das Phänomen des Menschen nicht aus den Bezügen thematischer, geschichtlicher und kultureller Art herauslösen, in denen dieser auf Grund einer
langen Geschichte abendländischer Methaphysik steht. Zweitens gerät
eine, wenn auch nur thematische Hervorhebung des Menschen in
einen latenten Widerspruch zu der Relativierung, die der Mensch in
Löwiths Analysen erfährt. Die rechte Gewichtung der Fragen, die mit
dem Menschen zusammenhängen, wird sich also erst im Kontext
späterer Bände über geschichtsphilosophische, theologiekritische und
ideengeschichtliche Aspekte ergeben.

Betrachtet man nun speziell Löwiths Arbeiten zur Anthropologie,
so ist wenigstens den späteren unter ihnen ein Grundmotiv eigen: die
These, daß der Mensch als ein der Theorie fähiges Wesen Abstand
hält: von seiner eigenen »Natur« ebenso wie von der Welt im ganzen.
Entsprechend kann er sich als Handelnder zu seiner Umwelt und zu
seinen Lebensbedingungen je verschieden verhalten, ist nicht naturhaft
mit ihnen verschmolzen. Und schließlich vermag er zwar große Bereiche der Natur zu entdecken, zu beherrschen und auszubeuten, aber die
Natur als ganze, als Welt im umfassenden Sinne bleibt stets übermäch-
tig und unabhängig und läßt sich nie auf eine »Menschenwelt«
reduzieren. Diese im einzelnen natürlich weit vielfältiger ausgeführte
Position wird allerdings erst in den drei großen seit 1957 veröffentlichten Arbeiten (*Natur und Humanität des Menschen, Welt und Menschenwelt, Zur Frage einer philosophischen Anthropologie*) erreicht.

Löwiths erste veröffentlichte Arbeit, seine Habilitationsschrift über
Das Individuum in der Rolle des Mitmenschen (1928) ist dagegen
noch eine im phänomenologische Stil verfaßte Analyse der Mit-
menschlichkeit, die methodisch von der formalen Struktur des Ich-Du-
Verhältnisses ausgeht. Dementsprechend orientieren sich auch die
Beschreibungen menschlichen Rollenverhaltens an dem Phänomen,
daß ein Mensch im Verhältnis zu anderen nicht »an sich« ist sondern
in diesem und durch dieses Verhältnis als *persona*, u. U. sogar als
Maske bestimmt wird. Verständlicherweise hat diese Schrift mehr
Interesse bei Psychologen und Psychiatern als bei Soziologen gefunden. Löwith selbst hat die hier befolgte Methode später relativiert,
worüber das *Vorwort zur Neuauflage* Auskunft gibt.

Weitere Arbeiten markieren den Übergang von dieser frühen
Betrachtungsweise bis zu der endgültigen Position der drei genannten
Arbeiten aus den Fünfziger- und Sechzigerjahren. Allerdings kann
Löwiths seit 1928 wachsendes Interesse am Phänomen des Gesellschaftlichen in diesem Band nicht dokumentiert werden, da die entsprechenden, z. T. auch zeitgeschichtlich orientierten Arbeiten nicht
gut unter den Titel »Anthropologie« gestellt werden können. Einiges
wird dennoch in den Rezensionen sichtbar, vor allem in denen zu
Scheler und L. F. Clauss. Die Auseinandersetzung mit Clauss, einem
Außenseiter, der sich die Rassenphysiognomie zur Lebensaufgabe
gesetzt hatte, macht überdies deutlich, wie sich der junge Löwith 1926
das Verhältnis von Mensch und Natur vorstellte, letzteres hier unter
dem sehr begrenzten Aspekt der rassenbedingten Natur des Menschen
verstanden: Natur wird in solcher Blickrichtung zur »Schranke des
Willens«, zur »Grenze der eigenen Möglichkeiten« und damit zu
einem »unverständlichen Faktum«, dem das »existenzielle Aufsichnehmen« einer spezifischen menschlichen Möglichkeit entgegengesetzt
wird.

Auf dem Wege zu der oben angedeuteten endgültigen Position
befindet sich der in Japan entstandene und 1938 in Belgrad veröffentlichte programmatische Aufsatz über *Die Einheit und die Verschiedenheit des Menschen*. Unausgesprochener Hintergrund ist auch hier
die These von der unübersteigbaren Verschiedenheit aller Menschen,
die in der nationalistischen Rassentheorie lediglich ihre vergröberte
Ausformung, nicht ihre reflektierteste Rechtfertigung erhalten hat.
Löwith zeigt an Analytikern wie Scheler, Heidegger und Carl Schmitt,
wie bei ihnen die Einheit des Menschen, die sie leugnen, dennoch als

Problem ungewollt bestehen bleibt. Allerdings relativiert Löwith in diesem Aufsatz noch die naturbedingte Einheit des Menschen zugunsten einer *geschichtlich* sich realisierenden Einheit der Humanität, doch stellt sich mit deren geschichtlichem Verfall von Nietzsche bis zu Carl Schmitt die Frage, worin denn nun die Einheit des Menschen bestehe, wenn seine Natürlichkeit dafür keine ausreichende Grundlage bietet und die geschichtliche Entwicklung dazu geführt hat, daß zwischen den Menschen vorzugsweise nur noch Verschiedenheiten und Gegensätze sichtbar und in gegenseitigen Unterdrückungskämpfen ausgetragen werden. »Die Einheit der Menschen besteht weder in dünnen Menschheitsbanden noch in dicken Blutsbanden, sie besteht überhaupt nicht abgesondert für sich, sondern *in* den verschiedenen Menschen – als Menschen.«

Die dergestalt angedeutete Antwort weist eher auf die Habilitationsschrift zurück, als daß sie die endgültige Position bereits erkennen ließe, die – trotz einiger wörtlicher Wiederaufnahme aus diesem Aufsatz – in der bereits erwähnten Abhandlung über *Natur und Humanität des Menschen* in ganz anderer Weise begründet wird. Unabhängig davon aber läßt sie deutlich erkennen, daß das, was Menschen auf Grund der Einheit ihres Menschseins untereinander verpflichtet, nicht trotz, sondern in und mit allen ihren Verschiedenheiten gilt.

Behandeln die bisher genannten, im vorliegenden Band chronologisch angeordneten Arbeiten das Problem des Menschen in umfassender Weise, so folgen nun ergänzend Abhandlungen zu spezielleren Themen. An erster Stelle stehen drei Aufsätze zum Problem der Sprache: sie ist dasjenige Phänomen, an dem sich die Fähigkeit des Menschen, Abstand von seiner Umwelt halten zu können und sich mit den Dingen des Gebrauchs im unmittelbaren Umgang identifizieren zu müssen, am deutlichsten zeigt. Damit zusammen hängt die im engeren Sinne sprachphilosophische These, die besagt, daß Sprache stets und unvermeidlich von Metaphern Gebrauch macht und daß es folglich einen »wörtlichen« bzw. ursprünglichen Sinn von Bezeichnungen, auf Grund derer sie mit dem Bezeichneten in einer unmittelbaren Weise zusammenfielen, nicht geben kann. So konkretisiert sich auch im sprachlichen Bereich die These vom »abständigen Verhältnis« des Menschen zu seiner Welt.

Ein weiterer Themenkreis beschäftigt sich mit dem Tod, und zwar im Zusammenhang mit dem Faktum menschlicher Freiheit: es geht

also um den frei gewählten und nicht als Schicksal erlittenen Tod.
Gerade in dieser Möglichkeit des Menschen, dem eigenen Tod selbständig und mit innerem Abstand gegenüberzutreten und ihm nicht
unmittelbar ausgeliefert zu sein, zeigt sich etwas spezifisches Menschliches, so daß Löwith sagen kann: »Der Tod ist nicht nur der Widerspruch zum Leben, sondern konstituiert es.«

Daß für Löwith die Reflexion über den Menschen im allgemeinen
und der biographische Blick auf einen bestimmten Menschen nicht
zwei gattungsmäßig völlig verschiedenen Betrachtungsweisen entspringt, ist nach der in dem Aufsatz über *Die Einheit und die Verschiedenheit des Menschen* vertretenen These verständlich, nach der der
Mensch nur als *dieser bestimmte* Mensch *allgemeiner* Mensch sein
kann. In diesem Sinne hatte Löwith bereits 1928 die Humboldt-
Biographie von Siegfried A. Kaehler rezensiert, die daher ebenfalls in
den Umkreis der anthropologischen Schriften gehört: Wenn, wie bei
Kaehler, die biographisch-psychologische Analyse eines Menschen die
nötige »Sachlichkeit im Anthropologischen aufbringt, kann sie für die
Erkenntnis menschlichen Daseins im allgemeinen«, wie Löwith unter
Berufung auf Tolstoi sagt, nützlicher sein als eine künstlerisch überhö-
hende, auf das Überindividuelle abhebende Darstellung.

Von daher mag es gerechtfertigt erscheinen, daß der Band mit zwei
autobiographischen Texten schließt. Löwith selbst hätte sie wohl nicht
zu seinem philosophischen Oeuvre gezählt. Andererseit läßt sich aber
an diesen Lebensläufen beispielhaft beobachten, zu welcher Art di-
stanzierter und zugleich entschiedener Lebenseinstellung die philosophische Relativierung des Menschen führt. Das Grundmotiv der
Löwithschen Anthropologie ist in seinen Selbstdarstellungen nicht
mehr als These, sondern als Haltung gegenwärtig.

So ist es auch ein grundsätzlich philosophisch-anthropologisches,
kein biographisch-historisches Interesse, auf Grund dessen für Löwith
einzelne Menschen der Menschengeschichte besonders wichtig wurden: als Zeugen, die die eigene Erkenntnis bestätigten und überboten.
In erster Linie ist hier Paul Valéry zu nennen, auch wenn Löwith sich
erst spät in den Sechzigerjahren intensiver mit ihm zu beschäftigen
begann. Löwith hat ihm ein ganzes Buch gewidmet, gewissermaßen,
wie er sich selber ausdrückte, sein »philosophisches Testament«, das
nur aus Platzgründen keine Aufnahme in diesem Band finden konnte
und daher in einem späteren erscheinen wird. Neben Valéry bedeutete
ihm Blaise Pascal sehr viel, dessen Totenmaske er in seinem Arbeits-

zimmer aufbewahrte. Gerade bei Pascal mag dies erstaunen: denn dessen christliche Erniedrigungsideologie blieb Löwith fremd, aber unabhängig davon fand er bei ihm die Geringheit des Menschen realistisch und zugleich menschlich beschrieben – eine Geringheit, die den Menschen nie darüber hinauskommen läßt, mehr zu sein als ein Wassertropfen im Ozean.

Angesichts dieser Zweideutigkeit im Verhältnis zu Pascal ist es zu verstehen, daß Löwith sich für Voltaires Kritik an Pascal interessiert hat: destruierte Voltaire doch genau das, was Löwith an Pascal nicht akzeptieren konnte: die pathetische Unterordnung unter eine höhere Instanz. Und dennoch ist Pascal in der Diagnose der *condition humaine* so viel klarblickender als Voltaire, so daß Löwiths menschliches Interesse sich viel stärker auf denjenigen der beiden Autoren richtet, dessen Ideologie ihm fremd war.

Einige unveröffentlichte Textfragmente werden im Anhang zu den entsprechenden Stellen der Haupttexte veröffentlicht. Löwith hat im allgemeinen seine Manuskripte vernichtet, so daß diese Ausgabe sich im wesentlichen auf seine eigenen Druckfassungen stützt. Es sind nur eine geringe Anzahl maschinenschriflicher Typoskripte erhalten, die meist als Vorlage für Vorträge dienten und zum allergrößten Teil aus Abschnitten zusammengesetzt sind, die sich in den veröffentlichten Arbeiten finden. Die wenigen unveröffentlichten Passagen von eigenständigem Interesse unterscheiden sich von den veröffentlichten Texten häufig durch eine größere Direktheit des Zugriffs auf das Thema, durch eine unbefangenere Bildlichkeit und durch einige ungeschützte Zuspitzungen, die – liest man sie in der richtigen Weise – Löwiths Denken in einem plastischeren Relief erscheinen lassen. Da der Verfasser sie aus verschiedenen, darunter wohl auch eher zufälligen Gründen nicht selbst veröffentlicht hat, bringt diese Ausgabe sie, von den Haupttexten deutlich abgesetzt, in den Anmerkungen des Anhangs. Bedeutsam sind diese Fragmente nicht nur, weil sie z. T. einen Eindruck von Löwiths Rednergabe zu vermitteln geeignet sind, sondern auch, weil sie einen Haupttext, der in einigen Fällen in lakonischer Kürze endet oder ein bestimmtes Thema abzubrechen scheint, auf suggestive Weise abrunden.

Klaus Stichweh